〔丹麦〕克劳斯·芒克 (Claus Munk) 著
陈代云 译

Finance Textbook

高级金融学译丛

固定收益建模

FIXED INCOME MODELLING

格致出版社 上海人民出版社

序

本书统一介绍了各种动态期限结构模型以及它们在固定收益证券定价与风险管理中的应用。本书既可以作为固定收益证券的专业教材，也可以作为入门级衍生金融产品课程的后续教材。目标读者可以是金融和经济学专业的硕士研究生，也可以是研究方向偏量化的 MBA 学生以及处于一年级或二年级阶段的博士研究生。使用本书的读者必须修完中级金融课程，接受过一定的关于数学和统计正式训练，这样他们才会处理本书中所遇到的那些基本的概率理论、一般代数、向量和矩阵问题。如果先前对于基础的期权定价模型，如二项树模型、Black-Scholes 模型等股票期权定价模型有一定的了解，那么学习本书将会更为轻松。除了可以作为教科书之外，对于研究者和金融相关专业人士而言，本书也是一本非常有用的参考书。

本书的写作目的是读完本书，读者将：

- 对于利率期限结构的经济含义，不同的利率模型是否具有经济理论基础有一个深刻的理解；
- 熟悉基本的固定收益证券，它们的特点、运用以及彼此之间的联系；
- 对经典的仿射模型、HJM 模型、LIBOR 市场模型，以及如何将这些模型应用到利率风险管理，各种广泛交易的固定收益证券定价，如何比较这些模型有一个深刻的理解；
- 能够应用各种数值技术对固定收益证券进行定价和风险管理。

当前关于固定收益市场和模型的方方面面的著述可谓已经汗牛充栋，那么本书有何独到之处呢？

- 本书在介绍正规的数学建模与经济直觉和理解等方面取得了很好的平衡。本书有单独的一章介绍本书所用到的现代金融建模所必须具备的随机过程和随机积分知识，在内容处理上做到了既严谨有致又不拒人千里之外。
- 本书有单独一章解释利率期限结构与通货膨胀、总消费和生产等宏观经济变量之间的关系，以及在多大程度上，利率模型具有坚实的经济理论基础。
- 本书对于最重要的固定收益证券在各种不同模型下的定价做了详尽的分析，但是并没有试图为现实中成千上万的不同程度的奇异产品提供全面的综述。本书着重于介绍主要的定价原则和技术以及它们在最重要的几类证券上的应用，因此，读者应当能够将这些定价原则和技术应用于各种具体产品之上。

- 本书涵盖了主要模型类型以及各主要模型类型中的主要具体模型并有较为详细的分析，但是文献所介绍的模型不计其数，本书并不打算将其逐一分析。
- 本书设有独立章节探讨利率风险度量与管理，对关于这一话题的传统方法进行了批判性评估，同时，也介绍和讨论了一些建立在现代期限结构模型之上的更好的利率风险测度指标，以及如何将这些指标应用到利率风险管理。
- 本书设有独立章节介绍日益重要的按揭抵押贷款证券，介绍了这类相当复杂的资产的一些简单模型。
- 在每章结尾，都提供了一些问题供读者思考。

那些试图更详尽地了解固定式收益市场、产品和基本概念的读者可以参考 Fabozzi(2010)。Brigo 和 Mercurio(2006)的著述中有一些关于动态期限结构模型的实际应用与实施的信息。本书同时也提供了一些关于其他教科书以及原创性研究的参考信息。

本书建立在本人过去十年中所撰写的讲义的基础之上。经过日积月累，这些讲义逐渐形成了一个关于固定收益建模的全面而又连贯的成果。本书相当一部分的写作是本人还在南丹麦大学商业与经济系工作时完成的，并于 2009 年 1 月加入奥尔胡斯大学经济管理学院的数学科学系之后成书。对于这两个机构多年以来所提供的良好教学和科研条件，本人表示感激。我同时也得对南丹麦大学的 Lene Holbæk 以及奥尔胡斯大学的 Thomas Stephansen 出色的秘书工作表示感谢。本书早期的初稿得到了一些接触到这些材料的学生、以前和现在的同事所提出的宝贵建议和指正，对此我非常感激。我尤其要感谢 Simon Lysbjerg Hansen，他为第 13 章的写作提供了多方面的评论以及改进意见。我同样对牛津大学出版社，以及在牛津大学出版社所有接触到的所有人，在出版此书上所表现出的意愿、耐心以及专业协助表示感谢。

同样，我也要借此机会向 Kristian Risgaard Miltersen 和 Peter Ove Christensen 表达我的感激。他们在引领我进入现代金融理论的殿堂，指导我写作关于动态期限结构模型的硕士论文，以及最优消费和组合选择的博士论文方面做了大量的工作。在我的职业生涯中，Peter 既是一位良师益友，也是一位学术研究的楷模，对此，我常怀感激。同时我也得感谢那些与我一起工作的同事，从他们身上，我学到了很多，特别要提到的是 Holger Kraft 和 Carsten Sørensen。最后，我要深深感激我的妻子 Lene，她给予了我从不间断的爱与支持。

克劳斯・芒克
奥尔胡斯
2011 年 4 月

Contents

目 录

1 引论与概述

1.1 什么是固定收益分析?

本书研究并开发对固定收益证券分析产生助益的技术和模型。对于什么是"固定收益证券",要给出一个明确的、普遍接受的定义是非常困难的。当然,固定收益证券包括了发行人承诺在固定时点给付事先约定的支付的证券。这种情况就是标准的存款和债券。但是,我们也将几个相关的证券视为固定收益证券,虽然这些证券的支付在投资者购买时不是确定的,而是取决于未来某些利率或基础债券价格的变动。在这种广义的定义之下,许多不同的利率和债券衍生产品也被视为固定收益证券,例如,债券或利率的期权和期货、利率上限(caps)和利率下限(floors)、互换(swaps)和互换期权(swaptions)等。

许多固定收益证券的价格都通过各种利率和收益率来表示,所以了解固定收益定价等同于了解利率的行为。利率期限结构是固定收益分析和利率变动中的关键概念。贷款的利率通常会随着贷款期限不同而不同,而在债券市场,短期债券与长期债券之间的收益率也存在差异。宽泛地讲,利率期限结构被定义为利率与不同到期期限之间的依存关系。我们将在后文更具体地介绍。

我们将固定收益分析分成相互联系的两个部分。第一部分侧重于利率期限结构的经济学意义,也就是探讨利率与其他宏观经济变量,例如,总消费、总产出、通胀率以及货币供应之间的关系。这将有助于我们了解债券价格和利率的水平,以及在给定的时点利率期限结构的形状,并为我们了解和研究利率在各种宏观经济消息或冲击之下做出何种反应提供分析工具。第二部分分析侧重于定价和风险管理模型的开发与研究。这样的模型在那些交易固定收益证券或关注利率动态变化的机构中得到了广泛的应用。

在本章,我们将首先介绍一些基本的概念和术语,讨论如何用等价的方式表达利率期限结构。在1.3节,我们将带领读者更近地观察全球的债券和货币市场。除此之外,我们还将讨论不同市场的规模,国内市场与国际市场的区别,以及债券的发行者有哪些。第1.4节对固定收益衍生产品做了简单的介绍。最后,第1.5节给出了本书的概览。

1.2 债券市场基本术语

最简单的固定收益证券就是债券。债券只不过是一个可以交易的贷款协议。发行人出售一个向持有人承诺按事先确定的支付计划还本付息的合同。债券的发行主体可以是政府、私营或公众公司，以及金融机构。大多数债券在有组织的交易所或场外市场（over-the-counter，OTC）进行交易。债券的投资者包括养老基金、其他金融机构、中央银行、公司和家庭。投资者交易各种期限的债券，这些债券在支付协议上千差万别。在所谓的货币市场上，主要金融机构提供了大量与债券类似的贷款合约，这些贷款合约的期限一般短于一年。接下来，我们将介绍一些基本的概念与术语。

1.2.1 债券类型

我们将债券分为零息债券（zero-coupon bonds）和附息债券（coupon bonds）。零息债券可能是最简单的债券。它承诺在一个单一的未来日期，即债券的到期日一次性偿付。发行时承诺多次支付的债券被称为附息债券。除非另有说明，我们假设任何债券的面值（face value）等于一个记账单位。为了方便起见，我们通常以 1 美元作为 1 个记账单位。我们假设在某一交易日 t 交易的，到期日为 $T \geqslant t$ 的零息债券的市场价格为 B_t^T。这一价格反映了发生在 T 日的支付的贴现因子（discount factor）的大小。如果市场上存在许多具有不同到期日的零息债券在交易，那么我们可以构造一个 t 时刻的市场贴现函数 $T \mapsto B_t^T$。注意，$B_t^t = 1$，也就是当前的 1 美元就是 1 美元。想必所有的投资者愿意在某个 T 时刻获得 1 美元，而不是更晚的 S 时刻。因此，贴现函数应当是一个减函数，也就是

$$1 \geqslant B_t^T \geqslant B_t^S \geqslant 0,\ t \leqslant T \leqslant S$$

附息债券有多个支付日，我们一般将其表示为 $T_1, T_2, \cdots, T_n$。不失一般性，我们假设 $T_1 < T_2 < \cdots < T_n$。T_i 日发生的支付用 Y_i 表示。几乎所有交易的附息债券都有固定的支付间隔，也就是对于某些固定的 δ，对于所有的 $T_{i+1} - T_i = \delta$。如果我们以年度量时间，典型债券的 $\delta \in \{0.25, 0.5, 1\}$ 对应着季度、半年和年的支付间隔。每一支付的大小由债券的面值、息票率，以及债券的分期偿还原则所决定。债券的面值也被称为票面价值或债券本金。息票率也被称为票面利率或标称利率。在大多数情况下，尽管支付发生的频率会更高，但是票面利率以年化利率报价。如果一个具有支付频率 δ 的债券的票面利率为 R，那么期间息票率为 δR。

大多数债券都是所谓的子弹债券（bullet bonds）或纯粹附息债券（straight-coupon bonds），也就是说，在最后支付之前的所有单次支付等于债券面值与息票率的乘积*。到期日的最后一笔支付等于同一利息支付加上面值。如果用 R 表示期间息票率，那么每单位的面

---

* 原文此处不严谨，表述为面值与息票率的乘积除以年度支付次数更为恰当。——译者注

值的支付为

$$Y_i=\begin{cases}R, & i=1, \cdots, n-1\\ 1+R, & i=n\end{cases}$$

当然，当 $R=0$ 时，我们回到了零息债券的情况。

有一种债券叫年金债券(annuity bonds)，这种债券在每个支付日支付的金额都是相等的。每一笔支付都由一部分利息和一部分偿还的本金组成。对于年金债券而言，在其存续期间，未偿债务和利息都是逐渐减少的，所以每次偿还的本金逐渐增加。再次，用 R 表示期间息票率。假设面值为 1，固定的期间支付是

$$Y_i=Y\equiv\frac{R}{1-(1+R)^{-n}}, \ i=1, \cdots, n$$

在第 i 次支付完成之后，未偿债务为

$$D_i=Y\frac{1-(1+R)^{-(n-i)}}{R}$$

第 i 笔支付中的利息部分为

$$I_i=RD_{i-1}=R\frac{1-(1+R)^{-(n-i+1)}}{1-(1+R)^{-n}}$$

本金偿还部分为

$$X_i=Y(1+R)^{-(n-i+1)}$$

于是有 $X_i+I_i=Y$。

有些债券是所谓的分期还本债券(serial bonds)，这种债券的本金以等额分期偿还。在给定的支付日，支付金额是分期偿付的本金加上期间利率乘以未偿债务。分期还本债券的本金和利息随着债券剩余期限的缩短而减少。对于面值为 1 的分期还本债券而言，每一笔分期还款为 $X_i=1/n, i=1, \cdots, n$。在第 i 笔分期还款之后，未偿还债务为 $D_i=(n-i)/n=1-(i/n)$。T_i 时刻的利息支付因此为 $I_i=RD_{i-1}=R(1-(i-1)/n)$。因此，$T_i$ 时刻的总支付为

$$Y_i=X_i+I_i=\frac{1}{n}+R\left(1-\frac{i-1}{n}\right)$$

最后，少数债券是永久债券(perpetuities 或 consols)。这种债券是一种只偿付利息，不偿付本金，没有到期日的债券，这也就是说，$Y_i=R_i, i=1, 2, \cdots$。

大部分附息债券的票面利率是固定的，但是也有少数债券的票面利率在债券的存续期内进行定期的重设。这样的债券叫做浮动利率债券(floating rate bonds)。比较典型的情况是，每一阶段结束时所应支付的有效利率为该阶段开始时的当前市场利率，例如，半年一付的浮动利率债券的利率就是 6 个月期的利率。我们将在第 1.2.5 节对浮动利率债券进行更详尽的讨论。

一个附息债券可以视为一个零息债券的组合，也就是说 Y_1 份 T_1 时刻到期的零息债券，Y_2 份 T_2 时刻到期的零息债券，等等。如果这些零息债券在市场上进行交易，那么在任何时

刻,附息债券的价格为

$$B_t = \sum_{T_i > t} Y_i B_t^{T_i} \tag{1.1}$$

在此,仅对全部未来支付求和。如果这一关系式得不到满足,那么市场上将存在明显的套利机会。无套利机会是金融资产定价的基石,因为一个存在套利机会的市场不是一个处于均衡状态的市场。第 4 章有更多关于套利和资产定价理论的探讨。

[**例 1.1**] 考察一个面值为 100,票面利率 7%,年付,正好 3 年到期的债券。假定有面值为 1,到期日分别为 1、2 和 3 年的零息债券在市场上交易。假定这些零息债券的价格分别为 $B_t^{t+1}=0.94$, $B_t^{t+2}=0.90$ 和 $B_t^{t+3}=0.87$。根据式(1.1),该债券的价格为:

$$B_t = 7 \cdot 0.94 + 7 \cdot 0.90 + 107 \cdot 0.87 = 105.97$$

如果价格低于 105.97,那么我们可以通过买入该债券,卖出 7 份 1 年期,7 份 2 年期和 107 份 3 年期零息债券从而锁定无风险利润。如果价格高于 105.97,那么我们可以卖出该债券,买入 7 份 1 年期,7 份 2 年期和 107 份 3 年期零息债券。

如果并非所有相关的零息债券能够交易,我们就不再能证明关系式(1.1)是无套利原则的结果。但是,它仍然是一个有价值的关系式。假定有一个投资者(通过私有信息或宏观经济信息)确定了一个关于不同未来时点的支付的贴现函数,那么他就可以通过将这一贴现函数代入式(1.1)而为任何确定的现金流估值。

所有债券的市场价格反映了市场贴现函数,这是市场上供求双方互相作用的结果。我们可以将市场贴现函数想象为一个非常复杂的、关于各个市场参与者的贴现函数的平均。在大多数市场中,只有少数的零息债券在交易,所以关于贴现函数的信息必须从附息债券的市场价格中推导得出。我们将在第 2 章讨论怎样处理这样的问题。

1.2.2 债券收益率和零息票利率

尽管贴现因子包含了对现金流来回贴现的全部信息,但是我们仍然很难将其与 5 年期的贴现因子 0.783 5 联系起来。相反地,与 5 年期利息 5%联系起来倒是容易得多。利率通常是以年息报价,也就是以每年多少个百分比报价。然而,为了应用或估计利率的大小,我们也需要了解计算利息的频率。对于给定的年利率,计算利息的频率越高,得到的"有效"利率也就越高。更进一步,我们需要了解什么时间确定利率,对哪一阶段适用。我们首先考察即期利率(spot rate),这是从设定时刻开始的一段时间适用的利率。在下一节,我们将考察适用于未来某个阶段的远期利率。

债券的收益率(yield)就是使得债券全部未来支付的现值等于当前债券价格的贴现率。在很多市场,债券的收益率通常使用年复利报价。对于一个当前价格为 B_t,在 $T_1, \cdots, T_n$ 时刻的支付分别为 $Y_1, \cdots, Y_n$ 的债券而言,其年复利 $\hat{y}_t^B$ 满足

$$B_t = \sum_{T_i > t} Y_i (1 + \hat{y}_t^B)^{-(T_i - t)}$$

读者务必注意,在上式中我们对所有的支付使用了同一个贴现率。特别地,对于一个在 T 时刻支付 1 的附息债券,在 $t \leqslant T$ 时刻的年复利 $\hat{y}_t^T$ 使得

$$B_t^T = (1 + \hat{y}_t^T)^{-(T-t)}$$

成立，因此

$$\hat{y}_t^T = (B_t^T)^{-1/(T-t)} - 1$$

我们称 $\hat{y}_t^T$ 为到期日为 T 的零息债券收益率(zero-coupon yield)，零息债券利率(zero-coupon rate)或即期利率。作为到期日的函数的零息债券利率被称为零息债券收益率曲线(zero-coupon curve)或简单地称为收益率曲线(yield curve)。收益率曲线是一种表示利率期限结构的方法。由于在零息债券价格和零息债券收益率之间存在一一对应的关系，贴现函数 $T \mapsto B_t^T$ 和零息债券收益率曲线 $T \mapsto \hat{y}_t^T$ 之间包含了完全相同的信息。

图 1.1 显示了 1954 年 1 月到 2010 年 2 月，1 年期、5 年期和 10 年期美国政府债券的收益率。我们注意到在整个期间利率变化很大，但是在更短的时期看，收益率的水平具有一定的持续性。短期收益率的波动比长期收益率的波动要大。在大多数时候，1 年期的收益率要低于 5 年期的收益率，而 5 年期的收益率要低于 10 年期的收益率，这表明收益率曲线通常向上倾斜。这一点同样反映在图 1.2 中。图 1.2 给出了 1985、1990、1995、2000、2005 和 2010 年 1 月起的美国收益率曲线。1990 年 1 月起的收益率曲线几乎是平坦的，但是其他曲线在 5—10 年期都是上斜的，随后才变得相对平坦。然而，在一些相对短的时期，短期收益率高于长期收益率，显示出向下的倾斜或反转的收益率曲线。有时候，收益率曲线也是非单调(non-monotonic)的，可能表现出“峰”(首先上升至最高，然后下降)和“谷”(首先下降至最低，然后上升)的特征，甚至可能出现更复杂的形状。

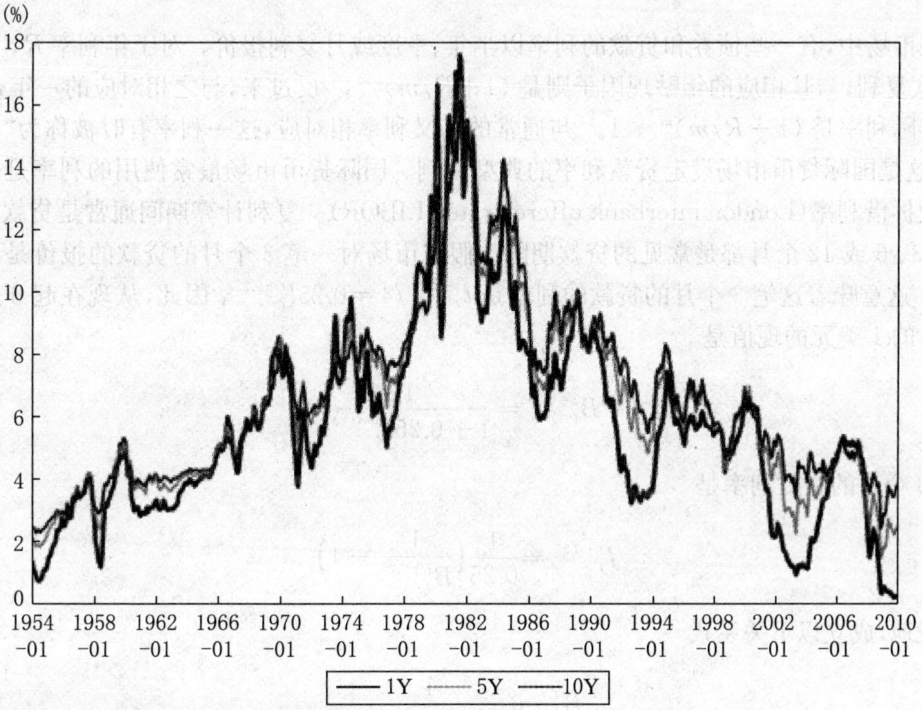

资料来源：2010 年 3 月 2 日的美联储主页(www.federalreserve.gov)。

图 1.1　1 年期、5 年期和 10 年期美国政府债券的名义收益率(1954 年 1 月到 2010 年 2 月)

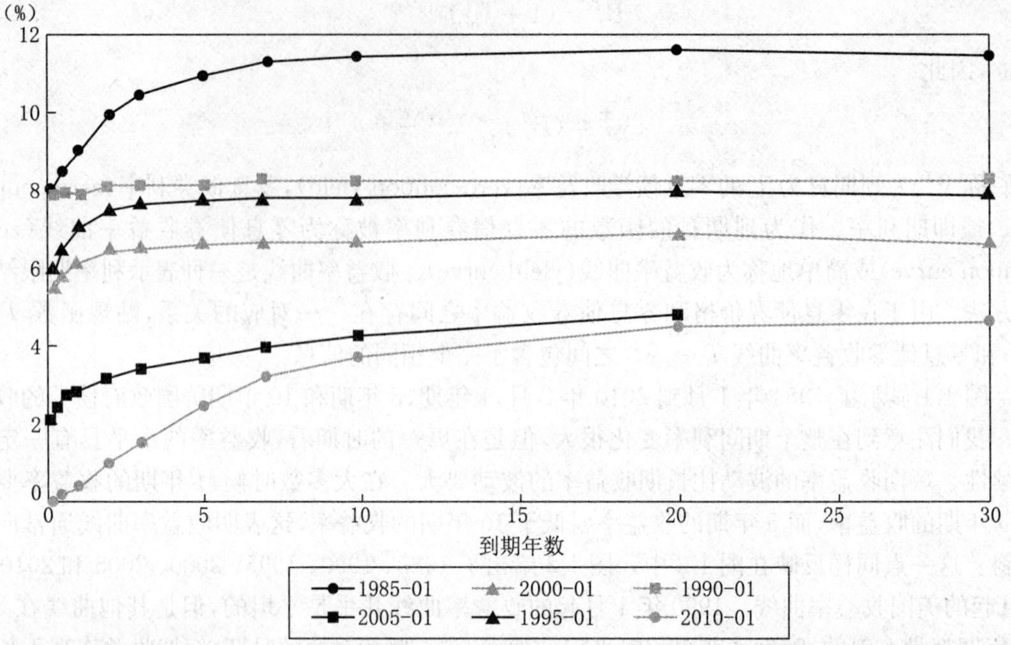

注：各条曲线由期限为 1、3、6 个月以及 1、2、3、5、7、10、20 和 30 年的报告收益率连接而成。1985、1990、1995 和 2000 年的收益率曲线中没有 1 月期收益率数据。1990 年收益率曲线中的 20 年收益率由报告的 10 年期和 30 年期收益率通过插值方法得到。2005 年的收益率曲线没有 30 年期收益率的数据。

资料来源：2010 年 3 月 2 日的美联储主页(www.federalreserve.gov)。

图 1.2　1985、1990、1995、2000、2005 和 2010 年各年度 1 月份美国国债收益率曲线

在市场中，有一些债券和贷款的利率以半年、季度或月复利报价。对于年利率 R，如果一年 m 次复利，与其相应的年贴现因子则是 $(1+R/m)^{-m}$。反过来，与之相对应的一年 m 次复利的实际利率是 $(1+R/m)^{m}-1$。与通常的名义利率相对应，这一利率有时被称为"有效利率"。这是国际货币市场设定贷款利率的典型惯例。国际货币市场最常使用的利率是伦敦银行同业拆借利率(London interbank offered rate, LIBOR)。复利计算期间通常是贷款的存续期，而 3、6 或 12 个月都是常见的贷款期限。假定市场对一笔 3 个月的贷款的报价是年利率 $l_t^{t+0.25}$，这意味着这笔 3 个月的贷款的利率是 $l_t^{t+0.25}/4=0.25l_t^{t+0.25}$，因此，从现在起 3 个月之后给付的 1 美元的现值是

$$B_t^{t+0.25}=\frac{1}{1+0.25l_t^{t+0.25}}$$

因此，3 个月的贷款利率是

$$l_t^{t+0.25}=\frac{1}{0.25}\left(\frac{1}{B_t^{t+0.25}}-1\right)$$

更一般地，成立以下关系式

$$B_t^T=\frac{1}{1+l_t^T(T-t)} \tag{1.2}$$

和

$$l_t^T = \frac{1}{T-t}\left(\frac{1}{B_t^T} - 1\right)$$

对于市场上的 LIBOR 利率报价，我们应当按照上述方式使用。注意，如果我们有一个完整的 LIBOR 利率曲线 $T \mapsto l_t^T$，这将与贴现函数 $T \mapsto B_t^T$ 的定义恰好相同。有一些固定收益证券所提供的支付取决于未来的 LIBOR 利率。为了给这些固定收益证券定价，很自然地涉及 LIBOR 利率的动态建模，这正是一类常用的期限结构模型所要解决的问题(见第 11 章)。

根据数学关系式

$$\lim_{m \to \infty}\left(1 + \frac{R}{m}\right)^m = e^R$$

可知，随着复利频率 m 的增加，以 R 的年利率投资 1 美元，1 年的有效回报增加至 e^R。一个连续复利的名义利率 R 等价于年复利 $e^R - 1$(这一利率大于 R)。相似地，零息债券的价格 B_t^T 与连续复利的债券收益率之间满足关系式

$$B_t^T = e^{-y_t^T (T-t)} \tag{1.3}$$

也就是

$$y_t^T = -\frac{1}{T-t} \ln B_t^T$$

函数 $T \mapsto y_t^T$ 同样是零息债券收益率曲线，它包含了与贴现函数 $T \mapsto B_t^T$ 以及年复利收益率曲线 $T \mapsto \hat{y}_t^T$(或者说具有任何其他不同复利频率的收益率曲线)相同的信息。在连续复利和年复利零息债券收益率之间存在以下关系：

$$y_t^T = \ln(1 + \hat{y}_t^T)$$

考虑到数学处理上的便利性，我们在大多数模型中将重点讨论连续复利收益率问题。

1.2.3 远期利率

零息债券的收益率或即期利率反映的是从现在开始到未来某一天到期的一笔贷款的价格，远期利率所反映的则是两个未来日期之间的贷款价格。我们用 $\hat{f}_t^{T,S}$ 来表示 t 时刻时间 T 与时间 S 之间的复利远期利率。在此，我们规定 $t \leqslant T < S$。这个远期利率就是 t 时刻，我们在时间 T 和 S 之间所能采用的合适的贴现率。如果我们要从时间 S 贴现到时间 t，可以首先考虑将其从时间 S 贴现到时间 T，然后再从时间 T 贴现到时间 t。因此，我们必定有

$$(1 + \hat{y}_t^S)^{-(S-t)} = (1 + \hat{y}_t^T)^{-(T-t)}(1 + \hat{f}_t^{T,S})^{-(S-T)} \tag{1.4}$$

从中我们可以得出

$$\hat{f}_t^{T,S} = \frac{(1 + \hat{y}_t^T)^{-(T-t)/(S-T)}}{(1 + \hat{y}_t^S)^{-(S-t)/(S-T)}} - 1$$

同样，我们可以将式(1.4)用零息债券价格的形式表示为

$$B_t^S = B_t^T(1+\hat{f}_t^{T,S})^{-(S-T)} \tag{1.5}$$

因此,远期利率由下式给出:

$$\hat{f}_t^{T,S} = \left(\frac{B_t^T}{B_t^S}\right)^{1/(S-T)} - 1$$

由于 $B_t^t = 1$,我们有

$$\hat{f}_t^{t,S} = \left(\frac{B_t^t}{B_t^S}\right)^{1/(S-t)} - 1 = (B_t^S)^{-1/(S-t)} - 1 = \hat{y}_t^S$$

这也就是说,从现在开始到某个时间的远期利率等于相同时间区间的零息债券收益率或即期利率。

接下来,我们可以再次使用周期性复利计算。对于在 $[T, T+0.5]$ 期间有效的 6 个月远期 LIBOR 利率 $L_t^{T, T+0.5}$ 而言,意味着贴现因子是

$$B_t^{T+0.5} = B_t^T(1+0.5L_t^{T, T+0.5})^{-1}$$

因此有

$$L_t^{T, T+0.5} = \frac{1}{0.5}\left(\frac{B_t^T}{B_t^{T+0.5}} - 1\right)$$

更一般地,t 时刻 $[T, S]$ 区间所对应的远期利率为

$$L_t^{T,S} = \frac{1}{S-T}\left(\frac{B_t^T}{B_t^S} - 1\right) \tag{1.6}$$

如果 $f_t^{T,S}$ 为 t 时刻 $[T, S]$ 区间所对应的连续复合远期利率,那么我们类比式(1.5),必定有

$$B_t^S = B_t^T e^{-f_t^{T,S}(S-T)}$$

因此,

$$f_t^{T,S} = -\frac{\ln B_t^S - \ln B_t^T}{S-T} \tag{1.7}$$

利用式(1.3),我们得到零息债券收益率与远期利率之间在连续复利情形下的关系式

$$f_t^{T,S} = \frac{y_t^S(S-t) - y_t^T(T-t)}{S-T} \tag{1.8}$$

在接下来几章中,我们将持续关注长度无限短的未来时间段的远期利率。我们把从 T 时刻起的无限短的区间里的远期利率简单称为 T 时刻的远期利率,并将其定义为 $f_t^T = \lim_{S\to T} f_t^{T,S}$。函数 $T \mapsto f_t^T$ 被称为远期利率期限结构(term structure of forward rates)或远期利率曲线(forward rate curve)。假设贴现函数 $T \mapsto B_t^T$ 可微,令表达式(1.7)中 $S \to T$,得到

$$f_t^T = -\frac{\partial \ln B_t^T}{\partial T} = -\frac{\partial B_t^T / \partial T}{B_t^T} \tag{1.9}$$

反过来，

$$B_t^T = e^{-\int_t^T f_t^u \mathrm{d}u} \tag{1.10}$$

注意，一个完整的远期利率期限结构 $T \mapsto f_t^T$ 包含了与贴现函数 $T \mapsto B_t^T$ 的相同的信息。

在假设即期利率期限结构 $T \mapsto y_t^T$ 可微的条件下应用式(1.8)，即期利率与无限短的远期利率之间的关系可以写成

$$f_t^T = \frac{\partial [y_t^T (T-t)]}{\partial T} = y_t^T + \frac{\partial y_t^T}{\partial T}(T-t)$$

远期利率反映了零息债券收益率曲线的斜率。特别是，当且仅当零息债券收益率曲线在 T 有水平切线时，远期利率 f_t^T 与零息债券收益率 y_t^T 相等。反过来，我们从式(1.10)和式(1.3)可知

$$y_t^T = \frac{1}{T-t}\int_t^T f_t^u \mathrm{d}u \tag{1.11}$$

这也就是说，零息债券收益率是远期利率的平均值。

1.2.4 利率期限结构的其他面具

我们强调过，贴现因子、即期利率和远期利率(以任何频率计算复利)在表达相同的信息方面是完全等价的。如果给出了一条完整的收益率曲线，比方说，按季度计算复利的即期利率曲线，我们就可以计算任何给定期间、任何复利计算频率的贴现函数，即期利率和远期利率。如果我们知道完整的远期利率期限结构，我们就可以计算贴现函数和即期利率，等等。学术界经常使用连续复利，这是由于使用数学指数表示相关计算可以更简洁。但连续复利收益率可以很容易地转化为任何其他复利频率。

甚至对于利率期限结构，也有更多的方式表达。由于大多数债券都是子弹型债券，许多的交易员和分析师都习惯于用子弹型债券收益率的方式，而不是贴现因子或零息债券收益率的方式去思考问题。对于一个给定的到期日，平价收益率(par yield)就是使得该子弹型债券的价格等于其面值的票面利率。再一次，我们要将债券的付息周期固定下来。美国国债通常是每半年付一次息，因此，在计算平价收益率时通常也是假设半年付息一次。给定贴现函数 $T \mapsto B_t^T$，这个 n 年期平价收益率就是随后的方程

$$\sum_{i=1}^{2n}\left(\frac{c}{2}\right) B_t^{t+0.5i} + B_t^{t+n} = 1$$

的解 c。这反映了一个 n 年期子弹型债券的当前市场利率。与 6.5 节比较可以发现，平价收益率和所谓的互换利率(swap rate)之间具有比较紧密的联系。互换利率是互换市场的一个重要概念。

1.2.5 浮息债券

浮息债券的票面利率在债券的存续期内会进行周期性的调整。我们将要考察一个最普通的浮息债券。这是一个子弹型债券,每一期结束所支付的有效票面利率在这一期开始的时候就被确定为当时的市场利率。

再次假定债券的支付日期为 $T_1 < \cdots < T_n$,在这里,对于所有 i 有 $T_i - T_{i-1} = \delta$。$[T_{i-1}, T_i]$ 期间的有效年化票面利率是 T_{i-1} 时所确定的以 δ 的频率计算复利的 δ 期市场利率。我们将这一利率表示为 $l_{T_{i-1}}^{T_i}$,这一利率并不必然是 LIBOR 利率,它也可以是国债利率。如果债券的面值为 H,$T_i(i=1, 2, \cdots, n-1)$ 时刻的支付等于 $H\delta l_{T_{i-1}}^{T_i}$,最后 T_n 时刻的支付为 $H(1+\delta l_{T_{n-1}}^{T_n})$。如果我们定义 $T_0 = T_1 - \delta$,那么 $T_0, T_1, \cdots, T_{n-1}$ 通常被称为债券的重置日。

我们将证明,在每一个利率重置日后,债券的价格当即回归其面值。为了了解这一点,请注意在最后一个重置日 T_{n-1} 后的瞬间,债券相当于一个票面利率等于上一个付息周期的市场利率的零息债券。根据市场利率的定义,这一债券在 T_{n-1} 的价值将恰好等于面值 H。从数学的角度看,将 T_n 期的支付贴现回 T_{n-1} 日的市场贴现因子是 $(1+\delta l_{T_{n-1}}^{T_n})^{-1}$,因此,$T_n$ 时的支付 $H(1+\delta l_{T_{n-1}}^{T_n})$ 在 T_{n-1} 时的价值恰好等于 H。在倒数第二个重置日 T_{n-2} 刚过,我们就可知道将在 T_{n-1} 收到支付 $H\delta l_{T_{n-2}}^{T_{n-1}}$,以及随后在 T_n 接受的支付在 T_{n-1} 的价值为 H,因此,我们必须将 $H\delta l_{T_{n-2}}^{T_{n-1}} + H = H(1+\delta l_{T_{n-2}}^{T_{n-1}})$ 从 T_{n-1} 贴现回 T_{n-2}。这一贴现值同样恰好为 H。继续这一过程,我们可以知道在每次利率重置后,浮息债券的价值处于平价状态。必须注意的是,要得到这一结果的前提条件是,重置所采用的利率应当是被市场所认可的公允利率。

我们同样可以推导出浮息债券在两个支付日之间的价值。假设我们对于 T_0 和 T_n 之间的某个时间 t 的价值感兴趣。我们引入符号

$$i(t) = \min\{i \in \{1, 2, \cdots, n\} : T_i > t\} \tag{1.12}$$

因此,$T_{i(t)}$ 就是 t 之后的最近的支付日。我们知道在 $T_{i(t)}$ 的下一笔支付等于 $H\delta l_{T_{i(t)-1}}^{T_{i(t)}}$ 以及全部后续支付在 $T_{i(t)}$ 时的价值为 H。因此,浮息债券在 t 时刻的价值将是

$$B_t^{fl} = H(1+\delta l_{T_{i(t)-1}}^{T_{i(t)}}) B_t^{T_{i(t)}}, \quad T_0 \leqslant t < T_n \tag{1.13}$$

这一等式在支付日 $t = T_i$ 时同样成立,此时结果为 H,它不包括当日完成的支付的价值。

市场上很少有浮息债券交易,但是,上面的结果对于 6.5 节所研究的利率互换的分析非常有用。

1.3 债券市场与货币市场

本节将对世界各地的债券和货币市场做一个概括性介绍,以便我们区别国内市场和国际市场。在一个国家的国内市场中交易的债券尽管也有些由某些外国政府、公司或国际组织发行,

但是大多数交易的债券由本地发行人面向本地投资者发行。在某个国内市场发行的债券必须接受该国的监管。国际债券市场通常是指欧洲债券市场。一个欧洲债券的发行人可以“定居”在甲国而债券的上市在乙国,发行货币则可以是丙国的货币。欧洲债券通常由一个国际辛迪加承销并同时在多个国家销售。欧洲债券市场的管制程度比国内债券市场的管制程度要宽松。欧洲债券通常在某个国家交易所挂牌,但是大多数此类债券的交易通过组织良好的场外市场进行。其他欧洲债券通过金融机构私募发行。欧洲债券主要由国际机构、政府或跨国公司发行。

国际清算银行(BIS)定期发布全球金融市场统计数据。BIS 对国内债务证券和国际债务证券做了区别。“债务证券”涵盖了债券和货币市场合约。“国内”的含义是指证券以本国货币发行,其发行对象也仅是本国投资者。所有其他的债务证券都被 BIS 归类为国际债务证券。根据 BIS 在《国际清算银行(2010)》中公布的统计数据,表 1.1 对 2009 年 9 月各国发行在外的债务证券金额进行了排序。美国拥有最大的本国债券市场,而日本以明显差距位居第二。各个国家本国债券市场的规模与 GDP 的比值差异显著。例如,比利时和丹麦的本国债券市场规模相对于 GDP 比例很高,而中国和英国这一比值则相对较低。有几个国家,其中包括美国,本国债券市场的规模与股票市场规模大体相当。

表 1.1　2009 年 9 月根据债务证券的发行人分类的规模最大的国内市场

国　家	发行在外的债券金额(10 亿美元)	全球市场占比(%)	国内市场所占比例(%)		
			政府	金融机构	公司发行人
美　国	25 105	39.0	36.5	52.3	11.2
日　本	11 602	18.0	83.6	9.6	6.8
意大利	3 770	5.8	54.5	32.3	13.2
法　国	3 189	4.9	53.1	38.1	8.9
德　国	2 927	4.5	53.3	34.9	11.8
中　国	2 413	3.7	58.7	28.9	12.4
西班牙	2 071	3.2	34.0	30.7	35.3
英　国	1 566	2.4	72.9	25.7	1.4
加拿大	1 260	2.0	68.7	20.6	10.7
巴　西	1 227	1.9	65.3	34.0	0.7
韩　国	1 071	1.7	39.7	29.9	30.4
荷　兰	1 003	1.6	38.4	51.5	10.1
澳大利亚	843	1.3	24.7	70.9	4.4
比利时	724	1.1	59.9	31.2	8.9
丹　麦	589	0.9	16.7	83.0	0.3
世界各国	64 448	100.0	52.7	36.4	10.9

资料来源:BIS(2010),表 16A-B。

表 1.2 列举了发行国际债务工具最为活跃的几个国家。国内市场的规模通常远远大于国际市场的规模,然而国际债券市场的规模远远大于国际货币市场规模。相对于欧洲国家,如德国、英国以及荷兰等国的 GDP,它们在国际债券和国际货币市场上占有较大的份额,而来自美国的发行人则相对不那么积极。这一点同样也反映在表 1.3 中,欧元是国际债务市场中最常用的货币,当然,美元也比较常见。

表 1.2　2009 年 12 月份根据发行人的国际所统计的国籍债务证券规模

国　家	总　计	有价证券(%)		发行人(%)		
		债券,票据	货币市场	政府	金融机构	公司发行人
美　国	6 712	99.0	1.0	0.2	81.5	18.4
英　国	3 174	96.3	3.7	1.6	89.2	9.2
德　国	2 932	96.1	3.9	10.3	85.2	4.5
法　国	2 017	95.0	5.0	2.8	77.4	19.9
西班牙	1 824	95.1	4.9	7.8	89.1	3.1
意大利	1 402	96.9	3.1	17.5	75.8	6.7
荷　兰	1 285	93.2	6.8	1.8	92.8	5.4
爱尔兰	589	91.4	8.6	10.6	87.7	1.7
比利时	586	95.3	4.7	25.0	69.4	5.6
加拿大	569	99.0	1.0	17.6	55.7	26.7
跨国机构	802	99.0	1.0	NA	NA	NA
世界各国	27 010	96.5	3.5	8.4	77.3	11.3

注:未偿债务的规模以 10 亿美元为单位。
资料来源:BIS(2010),表 12A-D 和 15A-B。

表 1.3　国际债务证券的币种

币　种	债券和票据	货币市场
欧　元	12 386	443
美　元	9 429	320
英　镑	2 149	99
日　元	691	17
瑞士法郎	366	21
加拿大元	306	1
澳大利亚元	268	10
瑞典克朗	69	2
港　币	61	9
挪威克朗	54	1
其　他	300	10
总　计	26 078	932

注:表中数字为 2009 年 12 月未偿债务的规模,以 10 亿美元为单位计。
资料来源:BIS(2010),表 13A-B。

表 1.1 和 1.2 按照发行人的三个类别:政府、金融机构以及公司发行人将不同的市场进行了分解。从平均水平看,国内市场交易的债务证券中 53%由政府发行,36%由金融机构发行,11%由公司发行。注意,国家之间存在很大的差异。在有些国内市场(如日本和英国),政府债券占了主导地位,其他国家(如丹麦和澳大利亚)金融机构占主导地位,另一些国家(如西班牙和韩国)公司债券较为发达而在有些国家根本就没有公司债的发行。金融机构是国际市场的主导者,将近 77%的债券发行背后都有金融机构的影子,11%由公司发行,8%由政府发行,3%由其他国际组织发行。有些政府(如比利时、加拿大和意大利)经常在国际市场发行债券,

而有些国家(如美国和英国)则很少这样做。接下来我们更仔细地了解各个类型的发行人所发行的典型债务证券。

政府债券是由政府发行的为公共债务提供融资或再融资的一种债券。在大多数国家,政府债券被认为没有违约风险,政府债券的利率也被视为其他债券利率的定价基准。但是在一些经济或政治不稳定的国家,政府债券的违约风险也不能忽视①。在美国,政府债券由财政部发行,因此,政府债券也被称为国债。美国国债分成短期国债(T-bills)、中期国库票据(T-notes)和长期国库债券(T-bonds)3 类。其中短期国债是指从发行日起,1 年以内到期的短期债券。短期债券是一种零息债券,因为它只在到期日一次性支付债券面值。而中期国库票据和长期国库债券都是 1 年两次付息的子弹型附息债券。两者的差别在于期限的长短。中期国库票据一般在 1—10 年到期,而长期国库债券通常在 10 年以上,甚至长达 30 年才到期。财政部出售两种中期国库票据和长期国库债券:一种是固定本金,另一种是通胀指数挂钩债券。固定本金债券承诺在未来时间给付特定金额,而通胀指数挂钩债券的美元给付则根据消费物价指数进行调整②。最后,美国财政部也向个人和某些组织发行所谓的储蓄债券(savings bonds),但是这些债券是不可交易的。

中期国库票据和长期国库债券都是附息债券,除此之外,美国财政部在 1985 年引入了所谓的本息分离债券(STRIPS),这使得投资者可以将大部分中期国库票据和长期国库债券的单个利息和本金分离作为独立证券而持有和交易③。这些通常被称为 STRIPS 的独立的证券都是零息债券。市场参与者通过分拆中期国库票据和长期国库债券的利息和本金部分而创造出 STRIPS。例如,一个 10 年期的票据包含了 20 笔半年给付一次的利息支付和到期日的本金支付。当我们将这一票据本息分离之后,20 笔利息支付和本金支付都成为一个单独的证券,可以被分开持有和转让。

在有些国家,包括美国,不同的公共机构也可以发行债券,例如,公用事业、铁路公司、出口支持基金,等等,并且往往得到了政府的支持,因此这些债券的违约风险等同于政府的违约风险。此外,还有一些政府资助成立的实体,为了方便农民、房屋拥有者、学生等借款并降低借款成本也会发行债券。但是这些实体发行的债券通常没有政府的支持,因此,持有此类证券将承担发行机构的违约风险。地方政府也可以发行债券。在美国,这样的债券就是市政债券。

在美国以及其他一些国家,传统上公司通过发行债券,也就是所谓的公司债(corporate bonds)募集了大量的资金。在其他国家,如德国和日本,公司主要从银行取得贷款,因此,公司债券市场规模有限。就公司债券而言,投资者不能忽视发行人违约的可能性,即发行人无法履行债券所代表的义务。投资者既可以自行评估发行人的资信,也可以依赖专业的评级机构,如穆迪投资者服务(Moody's Investor Service)和标准普尔公司(Standard & Poor's Corporation)。这些机构为美国以及其他国家的债券发行人指定字母编码。投资者通常将处于同一资信评级的发行人视为具有几乎相同的违约风险。由于存在违约风险,公司债券的交易价格低于相似的(没有违约风险)政府债券。债券发行公司的管理层能够非常便利地将财富

① 这一风险不是一种假设性的风险。Tomz 和 Wright(2007)报告称:自 1820—2004 年,总计 164 个国家违约 250 次。关于违约风险的内容可见第 13 章。

② 通胀指数挂钩的中期或长期债券的本金价值在每一给付日都会根据消费物价指数的变动进行调整。由于每半年给付的金额为固定的票面利率和当前本金的乘积,所以所有的通胀指数挂钩债券(中期或长期)都是经过通胀调整的债券。

③ STRIPS 是 Separate Trading Registered Interestand Principal Securities 的缩写。

从债券持有人转移给股票持有人,例如,增加红利、实施风险更高的项目,或发行在违约时具有同等优先度甚至更高优先度的债券。公司债券在发行时通常会有限制管理层采取诸如此类行为的协议(covenants indentures)。违约风险、资信评级,以及公司债券的估值将在第13章得到充分的讨论。

美国的公司债的期限通常在10—30年,而且通常是可赎回债券(callable bond),因此发行人有权在某些条件下(特定的时间点和特定的价格)可以将债券买回。有些公司债券是可转换债券,这也就是说债券的持有人可以按照事先约定的条件将债券转换为发行人的股票。虽然大部分公司债券在国内交易所上市,但是很大一部分公司债券的交易是在OTC市场完成。

当商业银行和其他金融机构发行债券的时候,债券承诺的支付往往与发行机构向家庭或企业所提供的一个贷款池的支付挂钩。按揭抵押支持债券(mortgage-backed bonds)就是一个重要的例子。在某些债券市场上,按揭抵押支持债券所占的比重相当大,例如美国、德国、丹麦、瑞典和瑞士等国的债券市场就是如此。一个按揭贷款就是一笔发放给借款人用于购买不动产,并以不动产作为担保的贷款。地产抵押可以是居住地产(家庭独户房屋、公寓等)或商业地产(公司、农场等)。贷款的发行人(出借人)是金融机构。典型的按揭期限一般为15—30年,因其总的偿付计划(利息和还款)中每一个支付日支付的金额是相等的,所以其形式与年金相似。固定利率按揭的利率是固定的,而浮动利率按揭的利率则根据一定的参考利率定期进行调整。大部分按揭有一个提前还款的期权,也就是说在贷款期间,借款人有权提前偿还所有未偿付本息。在标的地产的出售、或者是市场利率降低以及借款人可以获得更便宜的贷款时通常会出现这种情况。

发行人或其他机构都可以将按揭贷款汇集在一起,然后发行对该按揭贷款池具有所有权的按揭抵押证券。最常见的按揭抵押证券的形式就是过手证券(pass-through),所谓过手证券就是管理机构(pooling institution)只是简单地负责从该按揭贷款池的借款人处收集他们的付款,并在扣除一定服务费和担保费之后将这些现金流过手给投资者。许多过手证券的偿付方案与债券的偿付方案是等同的,例如,基于固定利率年金的按揭贷款池发行的过手证券的支付方案与年金债券的支付方案是等同的。然而,当按揭池中的借款人提前偿付他们的按揭贷款的时候,这些提前偿付的本息都会过手给证券持有人,此时,他们的支付将不同于年金债券。一般来讲,过手证券的持有人应当将按揭贷款池中的借款人发生违约的情况也考虑进来。在美国,大多数过手证券由三大组织发行,并且担保即便借款人违约也会确保证券得到支付。这三大组织是政府国民抵押贷款协会(Government National Mortgage Association, Ginnie Mae)(以下简称吉利美),联邦住宅抵押贷款公司(Federal Home Loan Mortgage Corporation, Freddie Mac)(以下简称房地美)和联邦国民抵押贷款协会(Federal National Mortgage Association, Fannie Mae)(以下简称房利美)。由这些机构发行的证券通常被视为没有违约风险的证券。在第14章有更多关于按揭抵押和按揭抵押证券的内容。

货币市场是一个期限可以长达一年的大额资金借贷市场。货币市场的主要参与者是金融机构和大型的私营公司。货币市场的债务工具主要是零息票贷款,通常只有一个本息偿付日。完成一笔贷款的实现工具是多样的。大型公司,包括金融机构和其他公司,通常通过发行所谓的商业票据(commercial paper)来满足短期的流动性要求。另一种标准的货币市场合约是回购协议(repurchase agreement)或简称回购(repo)。回购协议中的一方出售某一特定资产，如短期国债，给对方并承诺在未来某一天以市场价格从后者手中购回该资产。一个回购交易实际上是一笔抵押贷款，其中标的资产充当了抵押品的角色。正如其他国家的中央银行一样，美联储积极地通过回购市场实施它的货币政策。回购协议的利率简称回购利率。货币市场的其他常见工具还包括存单、外汇互换，当然，货币市场也包括了标准存款、远期利率协议，还有短期国债和其他的短期资产支持证券的交易。

中央银行是货币市场的重要参与者。银行通过在中央银行存款以满足准备金要求(reserve requirement)，促进金融交易和管理短期流动性。如果某一银行需要额外的准备金时，它可以从准备金多余的银行(通常是隔夜)拆借。拆借利率由两家银行进行协商。在美国，所有这些交易的利率的加权平均被称为美国联邦基金利率。这一利率是银行决定其收取客户利率水平的重要决定因素。美国联邦基金利率同样对浮息债券以及短期债券的价格和收益率产生重要影响。美国联邦储备银行的管理者们通常会定期根据他们对当前及未来的经济状况的看法确定一个目标联邦基金利率。美联储据此在公开市场上买卖证券以管理市场的流动性，从而影响联邦基金有效利率。图 1.3 显示了自 1954 年 7 月到 2010 年 2 月的美国联邦基金利率水平。银行也可以通过所谓的贴现窗口(discount window)直接从联储获得短期信用。美联储对于提供此类信用收取的利率被称为联邦贴现利率。但是，这样的借款在当今不是非常普遍，美国联邦贴现利率更多的是充当美联储政策目标的信号工具。

货币市场上的许多合约都以伦敦银行同业拆借的币种和利率作为基准。在欧洲货币市场，存款可以协商不同的条款与货币，但是多数 1、3 或 6 个月的存款是美元或欧元。伦敦银行同业市场无保险存款的利率被称为 LIBOR 利率。

关于美国货币市场的更多介绍可见 Fabozzi(2010)，而 Batten 等(2004)则为读者了解欧洲债券市场和货币市场提供了详细的信息。

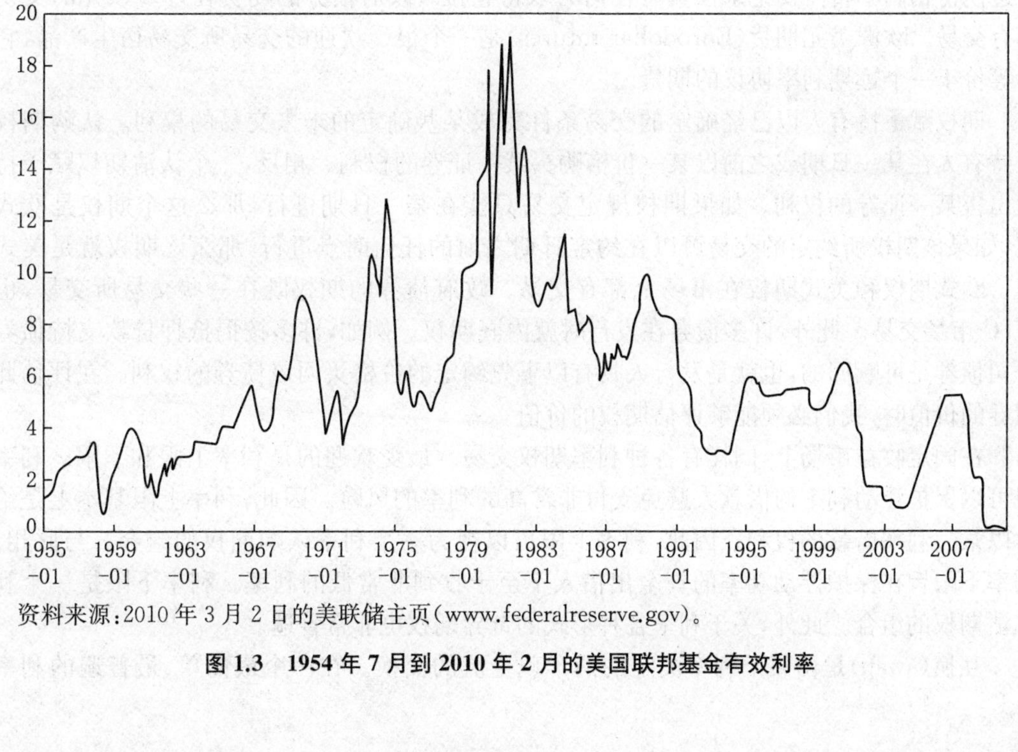

资料来源：2010 年 3 月 2 日的美联储主页(www.federalreserve.gov)。

图 1.3　1954 年 7 月到 2010 年 2 月的美国联邦基金有效利率

1.4 固定收益衍生产品

世界各地都有五花八门的固定收益衍生产品在交易。在本节我们将对固定收益衍生产品市场做一简单介绍。在后面的一些章节,我们还将对流行的固定收益衍生产品的定价模型进行探讨。第6章对一些固定收益证券做了详细介绍,例如它们所提供的现金流情况以及不同衍生产品之间的关系等。对信用衍生产品的讨论安排在第13章,同时,这一章也包括了关于信用衍生产品市场的一些重要统计数据。

远期(forward)是最简单的衍生产品。一个远期合约是就是订约双方就未来某一时点,按订约时所确立的价格进行某个交易的协议。例如,一个债券的远期就是买卖双方约定在未来某一时点以一个今天已经确定的价格交易该标的债券的合约。远期中的固定价格一般确定在使得该远期合约在订立时价值为0的水平。在这种情况下,在标的物交付日之前没有金钱的过手。与远期密切相关的合约是所谓的"远期利率协议"(forward rate agreement, FRA)。在远期利率协议中,订约双方同意一方将以订约时所确定的利率在未来某时点开始向对方借款一段期间。换句话说,交易双方锁定了未来某一段时间的利率。远期利率协议是货币市场中非常受欢迎的一种金融工具。

就像远期合约,期货合约是一个就某一指定的未来交易确立的合约,例如,一个关于某一证券的交易合约。期货的一个特点就是在它的存续期间,它的价值变动被连续地结算(通常就是每一交易日)。这种所谓的逐日盯市(marking-to-market)可以确保合约的价值(也就是未来支付的价值)在结算之后归零。这一方法使得期货可以在有组织的交易所进行交易,因为这使得我们不再需要记录投资者在何时取得仓位。政府债券的期货在许多领先的交易所都有交易。欧洲美元期货(Eurodollar futures)是一个很受欢迎的交易所交易衍生产品,它基本等价于一个远期利率协议的期货。

期权赋予持有人以已经确定的交易条件完成某些确定的未来交易的权利。认购期权给予持有人在某一日期或之前以某一价格购买某一证券的权利。相反,一个认沽期权赋予持有人出售某一证券的权利。如果期权规定交易只能在某一日期进行,那么这个期权是欧式期权;如果该期权所约定的交易可以在约定日期之前的任何时点进行,那么该期权就是美式期权。欧式期权和美式期权在市场上都有交易。政府债券的期权既在一些交易所交易,也在OTC市场交易。此外,许多债券在发行时就内嵌期权。例如,许多按揭抵押贷款支持债券和公司债券是可赎回的,也就是发行人具有以事先约定的价格买回该债券的权利。在评估此类债券的价值时,我们必须能够评估期权的价值。

在固定收益市场上,同样有各种利率期权交易。最受欢迎的是利率上限和下限。利率上限可以保护浮动利率的借款人避免支付非常高的利率的风险。因此,利率上限基本上是给予你以某一利率借款的权利。因此,利率上限可以视为一个利率认购期权的组合。与此相反,利率下限旨在保护浮动利率的资金出借人不至于收到非常低的利率。利率下限是一个利率认沽期权的组合。此外,关于利率各种形式的奇异期权也非常普遍。

互换(swap)是由某个利率决定的两个现金流的交换。在一个最简单、最普遍的利率互换，即单纯利率互换(plain vanilla swap)中，双方就一个固定利率支付流和一个浮动利率支付流进行交换。同样也有关于货币的互换，只不过交换的是不同货币的支付。此外，许多具有特殊特征的奇异互换也广为使用。无论从交易还是从未平仓合约规模来看，国际 OTC 互换的市场都是非常巨大。信用违约互换(credit default swap, CDS)是一类广为使用的合约。在信用违约互换中，互换的买方向卖方做出一系列的支付，换取在由第三方发行的债券或贷款发生违约(或另一个"信用事件")时卖方对买方的支付。更多关于信用违约互换以及其他信用相关证券的介绍可见第 13 章。

互换期权(swaption)是关于互换的期权。互换期权赋予持有人在某日或之前进入一个事先确定好交易条件的互换的权利而非义务。互换期权也分为欧式和美式。

国际清算银行同样发布世界衍生产品交易的统计数据。表 1.4 为有组织的交易所衍生产品市场规模提供了一些有意思的统计数据。利率衍生产品市场的规模远大于外汇或股票相关衍生产品的市场规模。按未平仓合约口径，期权市场的规模大于期货市场规模，而按成交量口径，则期货市场大于期权市场。

表 1.4 有组织交易所的衍生产品交易

衍生产种类 地区	期货		期权	
	未平仓合约	成交金额	未平仓合约	成交金额
整个市场	21 749	307 315	51 388	137 182
利　率	20 623	276 215	46 435	106 523
货　币	164	7 677	147	582
股票指数	962	23 423	4 807	30 077
北美洲	10 716	156 160	23 875	55 216
欧　洲	8 054	129 016	26 331	62 937
亚太地区	2 446	18 567	310	17 235
其　他	532	3 573	873	1 793

注：所有的金额单位都是 10 亿美元；未偿债务数据为 2009 年 12 月数据，而成交金额为 2009 年第四季度数据。

资料来源：BIS(2010)，表 23A。

国际清算银行的统计数据也包括了 OTC 衍生产品。比较 BIS(2010)表 19，国际清算银行估计在 2009 年 6 月未平仓 OTC 衍生产品的市场规模为 6 046 220 亿美元，其中单一货币的利率衍生产品占比 72.3%，外汇衍生产品为 8.1%，信用违约互换为 6%，股票相关衍生产品

表 1.5 2009 年 6 月 OTC 单一货币利率衍生产品未平仓金额(10 亿美元)

合　约	总　计	到期期限(年)		
		≤1	1—5	≥5
所有利率衍生品	437 198	159 143	128 301	149 754
远期利率协议	46 798	150 630	111 431	126 623
互　换	341 886			
期　权	48 513	8 513	16 870	23 130

资料来源：BIS(2010)，表 21A 和 21C。

为 1.1%，商品合约为 0.6%，其他不能归到前面任何一类。在表 1.5 中，利率衍生产品市场进一步根据工具和期限被进一步分解。从币种看，比较 BIS(2010)表 21B，大约 36.7%的 OTC 交易利率衍生产品为欧元，35.3%为美元，13.1%为日元，7.5%为英镑，剩下的 7.4%为其他货币。

1.5 本书概览

我们的分析的重点是利率的期限结构。关于利率与到期日之间的关系的最清晰的描述就是零息收益率曲线。在许多市场，只有少数零息债券可供交易，因此，我们不得不从附息债券的交易价格中提取一个估计的零息收益率曲线。我们将在第 2 章讨论如何构建零息收益率曲线。

风险是固定收益建模的中心概念。债券的价格和收益率都受到关于某些宏观经济变量的期望值和不确定性的影响。固定收益衍生产品反映了未来支付的现值，这通常取决于一些债券的未来价格或利率水平。因此，我们必须为这种不确定性变量或对象的行为建立模型。随机过程就可以解决此类问题。一个随机过程本质就是随机变量的集合，也就是说，在每一个时点的随机变量上，我们对对象的取值感兴趣。为了理解和使用现代固定收益模型，我们需要一些关于随机过程，它们的特点，以及如何进行与随机过程相关的计算的知识。第 3 章为我们达成这些目的提供了一些关于随机过程的介绍内容。

本书侧重于固定收益证券的定价。然而，固定收益证券的定价遵循与其他金融资产定价相同的一般原则。第 4 章对资产定价理论的一些重要结果进行了回顾。特别地，我们对套利，状态价格平减因子以及风险中性概率测度进行了定义和评述。有关市场完备性和投资者行为的联系也有涉及。所有这些结果都会在关于期限结构和固定收益证券定价的随后各章中得到应用。

在第 5 章，我们研究了利率期限结构与宏观经济变量，如总消费、产出和通胀之间的联系。利率的期限结构反映了各种不同期限债券的价格，而价格总是反映市场供给与需求之间的关系。如果一个投资者明显偏好当前资本用于投资或当前消费，他就可以通过向偏好未来消费的投资者发行债券而借入资金。因此，给定期限的债券价格取决于现实投资机会的吸引力以及个人对于债券存续期间的消费偏好。根据这一直觉理解，我们得到了利率、总消费和总产出之间的关系。我们同样探索了名义利率、真实利率以及通货膨胀之间的关系。最后，本章评述了一些关于收益率曲线形状的传统假设，例如，期望假设，以及讨论了它们与现代固定收益分析的相关性(或者不如说是它们之间的疏离)。

第 6 章概括介绍了时下最流行的固定收益衍生产品，比如债券期货与期权、欧洲美元期货、利率上限与下限、互换与互换期权等。我们探讨了这些证券的特征，并在没有坚实的利率期限模型的情况下对它们的价格做了点到为止的述评。

从第 7 章开始，我们侧重介绍为固定收益定价和利率风险管理所开发的动态期限模型。第 7 章讲解了所谓的单因素扩散模型。这类模型在文献中的首次应用起码可以追溯到 1970 年。在学术界和从业者之中，Vasicek 和 Cox、Ingersoll 和 Ross 的单因素模型得到了广泛运用。他们的结论有许多符合现实的特点，并为许多固定收益证券提供了简单的定价公式。第8章探讨了一些多因子扩散模型。与单因子扩散模型相比，多因子模型优势明显，但是在分析和应用时同样更为复杂。

扩散模型能够提供债券和衍生产品的价格。但是对于给定的债券而言，其模型价格可能并不与所观察到的价格相同。如果你试图去给这一债券的衍生产品定价，就会产生问题。如果模型都不能正确给出标的证券的价格，为什么要相信模型得出的衍生产品价格呢？在第9章我们说明了如何将单因子模扩散模型进行拓展使其与当前市场信息保持一致，如债券的价格和波动率。更直接地确保一致性的路线在第10章得到了探讨。第10章介绍、分析了所谓的 Health-Jarrow-Morton 模型。它们的特征就是将当前利率的市场期限结构视为确定，然后以无套利的方式为整个利率期限结构的演化建立模型。我们还将探索这些模型与前面几章所研究的单因子模型之间的关系。

然而，第11章研究的主题是另外一类模型。设计这些"市场模型"(market models)的目的在于为国际市场上大规模交易的具体产品提供定价和对冲的工具。这些产品包括了利率上限、利率下限、互换期权等。这些模型近年来变得十分流行。

在第6章到第11章，我们将重点放在各种固定收益证券的定价上。然而，衡量和管理风险也极其重要。为了了解投资者的组合的整体利率风险，以及每一证券对于整体风险的贡献程度，测量单个证券的利率风险是必要的。监管当局要求许多机构测量并在其会计报告中披露这些风险。此外，这些风险指标构成了组合管理的重要输入数据。第12章的主题是利率风险管理。在这一章，首先对传统的利率风险管理指标进行了回顾与扬弃，然后我们转向与前面几章所研究的动态期限结构模型相关的风险测度方法。

以下各章主要处理一些需要特殊关注的证券。第13章，我们讨论了在公司债券和其他固定收益证券定价中不能忽视的发行人的违约风险问题。第14章的主题是如何为按揭抵押证券建立定价和风险管理模型。本章的主要关注点是如何调整前面所研究的模型，使其在考虑提前偿付的情况下依然适用。第15章的关注重点是利率的随机变动对于那些支付并不与利率直接相关的证券，如股票期权和外汇期权的估值的影响。

最后，第16章描述并举例说明了几种在无法取得定价和对冲的显式公式情况下经常采用的数值技术。

练习

练习 1.1 证明如果贴现函数不满足以下条件

$$B_t^T \geqslant B_t^S, \ t \leqslant T < S$$

则存在负的远期利率。那么非负的远期利率可能存在吗？请解释。

练习 1.2 考察两只子弹型债券，每个都是每年付息且恰好4年到期。第一只债券的票面利率是6%，交易价格是101.00。另一只的票面利率是4%，交易价格是93.20。请问4年期贴现因子是多少？4年期的零息债券利率又是多少？

练习 1.3 考察一个1至5年零息债券的收益率分别为

$$\hat{y}^1 = 5\%,\ \hat{y}^2 = 6\%,\ \hat{y}^3 = 6.8\%,\ \hat{y}^4 = 7.4\%,\ \hat{y}^5 = 7.5\%$$

的债券市场。与其相对应的贴现因子 B^T，$T = 1, 2, \cdots, 5$ 分别是多少？一年远期利率 $\hat{f}^{T,T+1}$，$T = 0, 1, \cdots, 4$ 是多少？

练习 1.4 考察一个在 $T_i = i$，$i = 1, \cdots, n$ 时刻支付为 Y_i 的附息债券，也就是说第一年支付为 Y_1，第二年支付为 Y_2，等等。假设你将所有的未来支付按照一个固定的年复利 r 贴现。令 B 代表现值，也就是

$$B = \sum_{i=1}^{n} Y_i (1+r)^{-i}$$

(a) 证明如果债券是一个子弹型债券，票面利率为 R，面值为 1，那么

$$B = \frac{R}{r} + \left(1 - \frac{R}{r}\right)(1+r)^{-n}$$

(b) 证明如果债券是一个年金债券，票面利率为 R，面值为 1，那么

$$B = \frac{\alpha(n, r)}{\alpha(n, R)}$$

其中 $\alpha(N, \rho) = \rho^{-1}(1-(1+\rho)^{-N})$。

(c) 证明如果债券是一个分期还本债券，票面利率为 R，面值为 1，那么

$$B = \frac{R}{r} + \frac{1}{n}\left(1 - \frac{R}{r}\right)\alpha(n, r)$$

练习 1.5 在你的国家主要交易哪些债券？试着去搜集你们国家的历史利率数据的信息，政府债券的收益率或中央银行确定的利率，或两者都搜集。

2 从债券价格构建收益率曲线

2.1 引言

正如第 1 章所言，关于利率期限结构的最清晰的描述就是观察不同期限的零息债券的收益率。然而，在大多数国家，所有交易的债券都是附息债券而不是零息债券。本章要讨论的内容就是在给定的时点如何从债券价格中抽取或估计出零息债券收益率曲线。在美国，因为有美国国债的本息分离债券在交易，而本息分离债券实质就是零息债券，因此，它们的价格可以直接用于构建零息债券的收益率曲线。但是，本息分离债券的流动性比附息国债的流动性要差，所以本息分离债的定价会因这一因素而导致折扣。此外，对于某些投资者而言，本息分离债券具有税收上的不利因素。因此，大部分分析师和交易商都倾向于使用根据附息债券价格所构造的收益率曲线。

第 2.2 节将考察所谓的自举法(bootstrapping)。这一方法使得通过不同债券组合构建零息债券变得可能。这样我们就能推导出零息债券的无套利价格并将其转换为零息债券收益率。这就是通过自举法构建收益率曲线的基本思想。如果债券市场上具有足够多的不同期限的附息债券，而且在支付日上也有重叠，那么自举法就能产生非常合适的整个零息债券收益率曲线估计。在其他市场，则需要其他的方法。在任何情况下，自举法最多只能提供所考察支付日的零息债券的收益率。为了取得完整的、连续的收益率曲线，必须在相邻两个支付日进行插值计算。

我们在 2.3 节和 2.4 节研究了自举法之外的另外两种方法。这两种方法都是基于一个共同的假设，即贴现函数具有参数未知的特定函数形式。这些未知参数可以利用观察到的债券价格和由这一函数所计算得到的债券理论价格采用最小二乘方法进行估计。一般而言，假定的函数形式是关于到期日或某些组合的多项式或指数函数。这符合我们对贴现函数和收益率曲线的认知，即它们是连续且光滑的。如果某一到期日的收益率远高于另一个非常邻近到期日的债券的收益率，那么多数债券持有人可能会将低收益债券换成高收益债券。相反，债券的发行人(借款人)将转向低收益率的到期日。这些供给和需求方面的改变导致两个到期日之间的收益率缺口逐渐消失。因此,均衡的收益率曲线必须是连续且光滑的。

我们将重点介绍两种常用的参数估计方法,即三次样条插值(cubic splines)方法和Nelson-Siegel方法。关于文献中所提到的其他方法的综述可见 Anderson 等(1996,第 2 章),James 和 Webber(2005,第 5 章),以及 Hagan 和 West(2006)。更多近来提出的方法可见Tanggaard(1997), Jaschke(1998), Linton 等(2001)和 Andersen(2007)。

2.2 自举法

在许多市场,只有少数零息债券发行与交易(所有的附息债券都会在倒数第二次支付日和最后支付日之间最终变成零息债券)。通常,这样的零息债券的到期时间非常短。为了获得更长的关于市场零息债券收益率的信息,我们需要从附息债券的交易价格中获取信息。在有些市场,可以通过构造附息债券的组合来构建更长期限的零息债券。这些"合成"零息债券的市场价格和相应的零息债券收益率就可以推导出来。我们首先看一个简单的例子。

[**例 2.1**] 考察一个交易两支子弹型债券的市场。一支 10%的债券 1 年后到期,一支5%的债券两年后到期。两支债券都是每年付息一次,面值均为 100。这支 1 年期债券具有零息债券的支付结构:1 年后获得 110 美元,在其他时点没有任何支付。1/110 份债券将正好对应 1 年之后的 1 美元。如果 1 年期子弹债券的价格是 100,那么 1 年期的贴现因子为:

$$B_t^{t+1} = \frac{1}{110} \cdot 100 \approx 0.909\,1$$

这支 2 年期的债券在第一年支付 5 美元,在第二年支付 105 美元。因此,这一债券可以看成是由 5 个 1 年期零息债券和 105 个 2 年期零息债券构成的组合,每一个零息债券的面值为 1 美元。因此,2 年期子弹型债券的价格为:

$$B_{2,t} = 5B_t^{t+1} + 105B_t^{t+2}$$

见式(1.1)。将 B_t^{t+2} 分离,我们得到:

$$B_t^{t+2} = \frac{1}{105} B_{2,t} - \frac{5}{105} B_t^{t+1} \tag{2.1}$$

如果,假设 2 年期子弹型债券的价格是 90,那么 2 年期贴现因子将是:

$$B_t^{t+2} = \frac{1}{105} \cdot 90 - \frac{5}{105} \cdot 0.909\,1 \approx 0.813\,9$$

从式(2.1)可以看出,我们可以通过构造一个由 1/105 份的 2 年期子弹型债券和 −5/105 份 1 年期零息债券组成的债券组合来构造一个 2 年期零息债券。这等价于 1/105 单位的 2 年期子弹型债券和 −5/(105 · 110) 份 1 年期子弹型债券。给定贴现因子就可以计算出零息债券收益率和远期利率,参见 1.2 节。

上面的这个例子可以拓展到更长的期限。假定我们有 M 支债券,到期日分别为 1,2, …, M 个期间,每一期间只发生一笔支付,每一笔支付的支付日相同。我们可以依次为每一期间构造一个零息债券，并计算市场贴现因子 B_t^{t+1}，B_t^{t+2}，…，B_t^{t+M}。首先，可以用最短到期日的债券计算 B_t^{t+1}。然后，我们可以用到期日第二短的债券价格和已经计算出来的 B_t^{t+1} 计算 B_t^{t+2}。给定贴现因子 B_t^{t+1}，B_t^{t+2}，…，B_t^{t+M}，我们就可以计算零息债券收益率，从而到时间 $t+M$ 的零息债券收益率曲线（对于所选择的 M 个到期日）。这一方法叫做自举法或收益率曲线剥离法（yield curve stripping）。

自举法同样可以应用于 M 个债券的到期日并不是全部不同，但像上面一样，到期日期是增长的情形。只要 M 个债券一共至多只有 M 个不同的支付日，并且至多只有一个支付日没有任何一个债券发生支付，我们就可以为这些支付日构造零息债券并计算与其相应的贴现因子和收益率。我们用 Y_{ij} 表示债券 $i(i=1, \cdots, M)$ 在时间 $t+j(j=1, \cdots, M)$ 的支付。这些支付中可能某些是 0，例如，如果债券在 $t+M$ 前到期。令 $B_{i,t}$ 表示债券 i 的价格。从式(1.1)我们可知贴现因子 B_t^{t+1}，B_t^{t+2}，…，B_t^{t+M} 必须满足方程组

$$\begin{pmatrix} B_{1,t} \\ B_{2,t} \\ \vdots \\ B_{M,t} \end{pmatrix} = \begin{pmatrix} Y_{11} & Y_{12} & \cdots & Y_{1M} \\ Y_{21} & Y_{22} & \cdots & Y_{2M} \\ \vdots & \vdots & \ddots & \vdots \\ Y_{M1} & Y_{M2} & \cdots & Y_{MM} \end{pmatrix} \begin{pmatrix} B_t^{t+1} \\ B_t^{t+2} \\ \vdots \\ B_t^{t+M} \end{pmatrix} \tag{2.2}$$

对债券所规定的这些条件可以确保支付矩阵不是奇异矩阵，因此存在唯一解。

对于每一支付日 $t+j$，我们可以构建一个包含 M 个债券的组合，使得该组合在支付日 $t+j$ 的支付额等价于一只零息债券的支付金额 1。用 $x_i(j)$ 表示在支付日 $t+j$ 到期的零息债券复制组合中债券 i 的单位数。于是我们必须有

$$\begin{pmatrix} 0 \\ 0 \\ \vdots \\ 1 \\ \vdots \\ 0 \end{pmatrix} = \begin{pmatrix} Y_{11} & Y_{21} & \cdots & \cdots & \cdots & Y_{M1} \\ Y_{12} & Y_{22} & \cdots & \cdots & \cdots & Y_{M2} \\ \vdots & \vdots & \ddots & & & \vdots \\ Y_{1j} & Y_{2j} & \cdots & \cdots & \cdots & Y_{Mj} \\ \vdots & \vdots & & & \ddots & \vdots \\ Y_{1M} & Y_{2M} & \cdots & \cdots & \cdots & Y_{MM} \end{pmatrix} \begin{pmatrix} x_1(j) \\ x_2(j) \\ \vdots \\ x_j(j) \\ \vdots \\ x_M(j) \end{pmatrix} \tag{2.3}$$

在这，方程组左边的 1 是向量中第 j 个元素。当然，在式(2.2)的解 $(B_t^{t+1}, \cdots, B_t^{t+M})$ 和式(2.3)的解 $(x_1(j), \cdots, x_M(j))$ 之间存在关系式①：

$$\sum_{i=1}^{M} x_i(j) B_{i,t} = B_t^{t+j} \tag{2.4}$$

因此，首先我们可以构建零息债券，也就是对 $j=1, \cdots, M$ 解方程组(2.3)，然后可以利用式(2.4)计算贴现因子。

［**例 2.2**］ 在例 2.1 我们考察了一个 2 年期票面利率为 5%的子弹型债券。现在假设还

---

① 如果矩阵符号表示，那么方程组(2.2)可以写成 $\boldsymbol{B}_{\text{cpn}} = \boldsymbol{YB}_{\text{zero}}$，方程组(2.3)可以写成 $\boldsymbol{e}_j = \boldsymbol{Y}^{\top}\boldsymbol{x}(j)$，在这个方程组(2.3)的左边项，符号 ⊤ 表示向量的转置，其他符号的含义不言自明。因此 $x(j)^{\top}B_{\text{cpn}} = x(j)^{\top}YB_{\text{zero}} = e_j^{\top}B_{\text{zero}} = B_t^{t+j}$，与式(2.4)是等价的。

有一个票面利率为8%，具有相同支付日的2年期的分期还本债券在交易。这一债券1年之后的支付为58美元，2年之后的支付为54美元。假设这一分期还本债券的市场价格为98美元。从这两个债券，我们可以为求解贴现因子 B_t^{t+1} 和 B_t^{t+2} 建立如下方程组：

$$\begin{pmatrix}90\\98\end{pmatrix}=\begin{pmatrix}5 & 105\\58 & 54\end{pmatrix}\begin{bmatrix}B_t^{t+1}\\B_t^{t+2}\end{bmatrix}$$

方程组的解为 $B_t^{t+1}\approx 0.9330$ 和 $B_t^{t+2}\approx 0.8127$。

更一般地，如果市场有 M 支债券交易，有总共 N 个不同的支付日，那么方程组(2.2)变成 M 个方程，N 个未知数。如果 $M>N$，方程组可能无解，因为这可能无法找到与 M 个债券价格一致的贴现因子。如果找不到这样的解，那么市场上就存在套利机会。

［**例 2.3**］　在例2.1和例2.2我们已经考察了三支债券：一支1年期子弹型债券，一支2年期子弹型债券和一支2年期分期还本债券。在这里，总计有三支债券，两个不同的支付日。根据这三支债券的价格和支付信息，贴现因子 B_t^{t+1} 和 B_t^{t+2} 必须满足以下三个方程：

$$\begin{aligned}100&=110B_t^{t+1}\\90&=5B_t^{t+1}+105B_t^{t+2}\\98&=58B_t^{t+1}+54B_t^{t+2}\end{aligned}$$

该方程组无解。在例2.1中，我们发现前两个方程的解是

$$B_t^{t+1}\approx 0.9091 \text{ 和 } B_t^{t+2}\approx 0.8139$$

相反，我们在例2.2中得到后两个方程的解是

$$B_t^{t+1}\approx 0.9330 \text{ 和 } B_t^{t+2}\approx 0.8127$$

如果第一个解是正确的，分期还本债券的价格应当是

$$58\cdot 0.9091+54\cdot 0.8139\approx 96.68 \tag{2.5}$$

但是，它的实际价格并不是这样。这也就是说，相对于两个子弹型债券，分期还本债券出现错误定价，更准确地讲，分期还本债券定价太贵。我们可以通过以下方式来利用这一机会：出售分期还本债券然后买入两个子弹型债券复制（也就是复制分期还本债券的现金流）所卖出的分期还本债券。我们知道这一分期还本债券等价于58份1年期面值为1的零息债券和54份面值为1的2年期零息债券所构成的组合。在例2.1我们发现1年期零息债券相等于1/110份1年期子弹型债券，2年期零息债券相当于由 $-5/(105\cdot 110)$ 份1年期零息债券和1/105份2年期子弹型债券的组合。因此，这一分期还本债券等价于由

$$58\cdot\frac{1}{110}-54\cdot\frac{5}{105\cdot 110}\approx 0.5039$$

单位1年期子弹债券和

$$54\cdot\frac{1}{105}\approx 0.5143$$

单位2年期子弹债券所构成的债券组合。这一组合将产生与分期还本债券完全相同的现金

流，也就是一年后 58 美金，2 年后为 54 美金。这一组合的价格为

$$0.503\,9\cdot 100+0.514\,3\cdot 90\approx 96.68$$

这正是式(2.5)中所得到的结果。

在某些市场中，政府债券具有不同的支付日。方程组(2.2)中方程的个数将少于未知数的个数。在这种情况下，方程组存在许多解，这也就是说可以找到许多组既与观察价格值也与无套利原则相一致的贴现因子。

2.3 三次样条插值

自举法只能为所交易的债券提供(某些)支付日的贴现因子提供信息。在很多情况下，关于未来日期的市场贴现因子信息显得非常宝贵。在本节和下一节，我们将考察如何估计整个贴现函数 $T\mapsto B_t^T$（至少估计到某些较大的 T）。在后文中，为了简化符号，我们固定当前时间 t 并令 $\bar{B}(\tau)$ 表示下一个 τ 期的贴现因子，也就是 $\bar{B}(\tau)=B_t^{t+\tau}$。因此，函数 $\bar{B}(\tau)$ 对于 $\tau\in[0,\infty)$ 代表了 t 时刻的市场贴现函数。特别地，$\bar{B}(0)=1$。对于零息债券收益率和远期利率，我们将使用相似的符号，即 $\bar{y}(\tau)=y_t^{t+\tau}$ 和 $\bar{f}(\tau)=f_t^{t+\tau}$。本节和下节所使用的方法都是基于一个共同的假设，那就是贴现函数 $\tau\mapsto\bar{B}(\tau)$ 可以被某些包含未知参数的函数描述。参数的选择可以通过利用使设想的贴现函数所计算的理论价格贴近观察到的债券价格而得到。

本节所研究的方法是由 McCulloch(1971)所引入的三次样条插值，该方法后来被 McCulloch(1975)，Litzenberger 和 Rolfo(1984)所修改。插值这一词表示到期时间这一坐标轴被分割成更小的区间，在不同区间贴现函数都被独立的函数(但属于同一类型)所描述。这样做的道理很简单，对于如此众多的债券和不同的到期日，试图拟合一个相对简单的函数都是非常困难的任务。为了确保得到一条连续而且光滑的利率期限结构，我们必须对分割区间的到期日做些限制。

给定到期日为 $T_1\leqslant T_2\leqslant\cdots\leqslant T_M$ 的 M 支债券，将到期时间坐标轴按"节点" $0=\tau_0<\tau_1<\cdots<\tau_k=T_M$ 分割成子区间。对贴现函数 $\bar{B}(\tau)$ 的样条估计的表达式与下式相似：

$$\bar{B}(\tau)=\sum_{j=0}^{k-1}G_j(\tau)I_j(\tau)$$

在这里，G_j 是基函数(basis function)，I_j 是阶梯函数

$$I_j(\tau)=\begin{cases}1, & \tau\geqslant\tau_j\\ 0, & \text{其他}\end{cases}$$

因此，

$$\bar{B}(\tau)=\begin{cases}G_0(\tau), & \tau\in[\tau_0,\tau_1]\\ G_0(\tau)+G_1(\tau), & \tau\in[\tau_1,\tau_2]\\ \vdots & \vdots\\ G_0(\tau)+G_1(\tau)+\cdots+G_{k-1}(\tau), & \tau\geqslant\tau_{k-1}\end{cases}$$

我们要求基函数 G_j 必须是连续且可微的，唯有如此才能保证节点 τ_j 处的光滑过渡。多项式样条的基函数是多项式函数。我们现在考察一个三次样条，在这

$$G_j(\tau)=\alpha_j+\beta_j(\tau-\tau_j)+\gamma_j(\tau-\tau_j)^2+\delta_j(\tau-\tau_j)^3$$

其中 α_j，β_j，γ_j 和 δ_j 都是常数。

对于 $\tau\in[0,\tau_1)$，我们有

$$\bar{B}(\tau)=\alpha_0+\beta_0\tau+\gamma_0\tau^2+\delta_0\tau^3 \tag{2.6}$$

由于 $\bar{B}(0)=1$，我们必有 $\alpha_0=1$。对于 $\tau\in[\tau_1,\tau_2)$，我们有

$$\bar{B}(\tau)=(1+\beta_0\tau+\gamma_0\tau^2+\delta_0\tau^3)+(\alpha_1+\beta_1(\tau-\tau_1)+\gamma_1(\tau-\tau_1)^2+\delta_1(\tau-\tau_1)^3) \tag{2.7}$$

为了使得式(2.6)和(2.7)在节点 $\tau=\tau_1$ 之间过渡光滑，我们要求

$$\bar{B}(\tau_1-)=\bar{B}(\tau_1+) \tag{2.8}$$

$$\bar{B}'(\tau_1-)=\bar{B}'(\tau_1+) \tag{2.9}$$

$$\bar{B}''(\tau_1-)=\bar{B}''(\tau_1+) \tag{2.10}$$

在此，$\bar{B}(\tau_1-)=\lim_{\tau\to\tau_1,\,\tau<\tau_1}\bar{B}(\tau)$，$\bar{B}(\tau_1+)=\lim_{\tau\to\tau_1,\,\tau>\tau_1}\bar{B}(\tau)$。条件式(2.8)确保了贴现函数在节点 τ_1 是连续的。条件式(2.9)通过限制无论从上面还是从下面逼近节点 τ_1 的一阶导数必须相等而保证了贴现函数的图像在节点 τ_1 处不会出现扭结。而条件式(2.10)同样要求二阶导数相等，这可以保证图像在节点 τ_1 处更为光滑。

条件式(2.8)隐含着 $\alpha_1=0$。对式(2.6)和式(2.7)进行微分，我们发现

$$\bar{B}'(\tau)=\beta_0+2\gamma_0\tau+3\delta_0\tau^2,\ 0\leqslant\tau<\tau_1$$

和

$$\bar{B}'(\tau)=\beta_0+2\gamma_0\tau+3\delta_0\tau^2+\beta_1+2\gamma_1(\tau-\tau_1)+3\delta_1(\tau-\tau_1)^2,\ \tau_1\leqslant\tau<\tau_2$$

条件式(2.9)同样意味着 $\beta_1=0$。再次微分，我们得到

$$\bar{B}''(\tau)=2\gamma_0+6\delta_0\tau,\ 0\leqslant\tau<\tau_1$$

和

$$\bar{B}''(\tau)=2\gamma_0+6\delta_0\tau+2\gamma_1+6\delta_1(\tau-\tau_1),\ \tau_1\leqslant\tau<\tau_2$$

因此，由条件式(2.10)可知 $\gamma_1=0$。相似地，我们可以证明对于所有 $j=1,\cdots,k-1$，有 $\alpha_j=\beta_j=\gamma_j=0$。由此，三次样条可以简化为

$$\bar{B}(\tau)=1+\beta_0\tau+\gamma_0\tau^2+\delta_0\tau^3+\sum_{j=1}^{k-1}\delta_j(\tau-\tau_j)^3 I_j(\tau) \tag{2.11}$$

令 t_1，t_2，…，t_N 表示从今天(t 日)到数据集中所有支付日集合中每一个支付日的时间距离。令 Y_{in} 表示债券 i 在 t_n 期的支付。根据无套利定价关系式(1.1)，我们得到

$$B_i=\sum_{n=1}^{N}Y_{in}\bar{B}(t_n)$$

在这 B_i 是债券 i 的当前市场价格。由于等式中不是所有的零息债券都存在交易,因此我们考虑到了误差项 ε_i 使得

$$B_i = \sum_{n=1}^{N} Y_{in} \bar{B}(t_n) + \varepsilon_i \tag{2.12}$$

我们假设 ε_i 服从均值为 0,方差为 σ^2 的正态分布(对所有债券做相同假设),且不同债券的误差项彼此独立。我们的目标是挑选出合适的参数使得求和式 $\sum_{i=1}^{M} \varepsilon_i^2$ 最小。

将式(2.11)代入式(2.12)得到

$$B_i = \sum_{n=1}^{N} Y_{in} \left\{ 1 + \beta_0 t_n + \gamma_0 t_n^2 + \delta_0 t_n^3 + \sum_{j=1}^{k-1} \delta_j (t_n - \tau_j)^3 I_j(\tau) \right\} + \varepsilon_i$$

这意味着

$$\begin{aligned} B_i - \sum_{n=1}^{N} Y_{in} = & \beta_0 \sum_{n=1}^{N} Y_{in} t_n + \gamma_0 \sum_{n=1}^{N} Y_{in} t_n^2 + \delta_0 \sum_{n=1}^{N} Y_{in} t_n^3 \\ & + \sum_{j=1}^{k-1} \delta_j \sum_{n=1}^{N} Y_{in} (t_n - \tau_j)^3 I_j(t_n) + \varepsilon_i \end{aligned}$$

在给定 M 个债券的价格和支付方案的前提下,我们可以用普通最小二乘法估计 $k+2$ 个参数 $\beta_0, \gamma_0, \delta_0, \delta_1, \cdots, \delta_{k-1}$。将这些估计的参数代入式(2.11),我们就可以得到一个估计的贴现函数。如第 1 章所解释的,从这一估计的贴现函数可以进一步估计零息债券收益率曲线和远期利率。

还剩下一个问题未解决:如何选择子区间的数目 k 和节点 τ_j。McCulloch(1971; 1975)建议选取 k 为最接近 $\sqrt{M}$ 的整数,并将节点定义为

$$\tau_j = T_{h_j} + \theta_j (T_{h_j+1} - T_{h_j})$$

在这里,$h_j = [j \cdot M/k]$,括号([ ])代表整数部分,且 $\theta_j = j \cdot M/k - h_j$。特别地,$\tau_k = T_M$。此外,遵循 5.7 节所讨论的"期限偏好"(preferred habitats)的思想,我们也可以将节点放在 1 年、5 年和 10 年,这样的话,子区间就可以广义地与短期、中期和长期等细分市场对应起来。

三次样条方法也有几个潜在的不足之处。首先,在某些到期日,贴现函数的值可以用自举法中的无套利原理得出。三次样条所估计出来的贴现函数并不必然地与这些由自举法得到的值保持一致,因此应用估计的贴现函数可能会违背这一基础性的无套利定价原则。

其次,三次样条方法估计的贴现函数并不保障具有经济意义上可信的形式。特别地,贴现函数应当为正的减函数(保证正的远期利率),但是在三次样条方法中并没有这样的机制来确保如此。但是,在大多数情况下,至少对于数据集中接近最长到期日 T_M 的那些到期日而言,估计的贴现函数确实表现出了这些特性。当到期日趋向于无穷的时候,三次样条所估计的贴现函数值也将趋向于正无穷或负无穷,其符号取决于三阶项系数的符号。当然,这两个特点都是不可取的,我们也不能期望这一方法为超出数据集中的到期日提供合理的取值。

第三，根据估计的贴现函数所得出的零息债券收益率曲线和远期利率曲线的形状可能具有脱离现实的形状。推导出的零息债券收益率曲线在到期日趋近于 T_M 时经常不是急剧上升就是急剧降低，见 Shea(1984；1985)。所得到的远期利率曲线通常在节点处比较曲折，曲线本身对节点位置的选择非常敏感。因此，我们在应用三次样条方法得到的远期收益率曲线时务必格外小心。

第四，对于输入债券价格数据的很小的变动，有可能对估计的贴现函数和收益率曲线产生很大的影响。尤其是短期债券价格输入数据的变动甚至可能影响估计曲线的长端。

正如 Hagan 和 West(2006)以及 Andersen(2007)还有其他学者所讨论的，上面说到的有些问题可以通过应用不同的多项式，或者避免直接对贴现函数而是对贴现函数或收益率曲线的转换形式作三次样条估计。例如，美国财政部所发布的收益率曲线就是用一种所谓的拟三次样条(quasi-cubic spline)函数，使用当期的国债(on the run)(即最近发行的债券，通常也是流动性最好的债券)的到期日为节点计算得出①。各种其他的估计方法之间的竞争还在继续，但是很难找到一种明显优于其他方法的方法。

2.4 Nelson-Siegel 参数化

Nelson 和 Siegel(1987)为利率期限结构建模提出了一个简单的参数估计方法，这一方法后来很受欢迎。这一方法建立在对远期利率的进行以下的参数化之上：

$$\bar{f}(\tau)=\beta_0+\beta_1 e^{-\tau/\theta}+\beta_2\frac{\tau}{\theta}e^{-\tau/\theta} \tag{2.13}$$

在此，β_0，β_1，β_2 和 θ 都是有待估计的常数。这些常数对所有的到期期限都适用，因此不存在样条插值问题。简单的函数形式保证了一条光滑且非常灵活的曲线。图 2.1 给出了构成式(2.13)的三个函数的图像。平坦的曲线(对应常数项 β_0)将确定长期远期利率，$\beta_1 e^{-\tau/\theta}$ 项主要影响短期远期利率，而 $\beta_2\tau/\theta e^{-\tau/\theta}$ 项对中期远期利率有重要影响。参数 θ 的取值决定了非常数项将影响多大的到期日间隔。参数值 β_0，β_1 和 β_2 决定了三条曲线的相对权重。

根据式(1.11)，零息债券的期限结构由

$$\bar{y}(\tau)=\frac{1}{\tau}\int_0^\tau \bar{f}(u)\mathrm{d}u=\beta_0+\beta_1\frac{1-e^{-\tau/\theta}}{\tau/\theta}+\beta_2\left(\frac{1-e^{-\tau/\theta}}{\tau/\theta}-e^{-\tau/\theta}\right)$$

给出，该式我们可以重新写为

$$\bar{y}(\tau)=a+b\frac{1-e^{-\tau/\theta}}{\tau/\theta}+ce^{-\tau/\theta} \tag{2.14}$$

图 2.2 给出了 a，b 和 c 不同取值时，零息债券收益率曲线的可能形式。通过改变参数 θ，曲线可以在水平轴上伸展或收缩。

---

① 信息于 2010 年 3 月 2 日取自 www.treas.gov/offices/domestic-finance/debt-management/interest-rate。

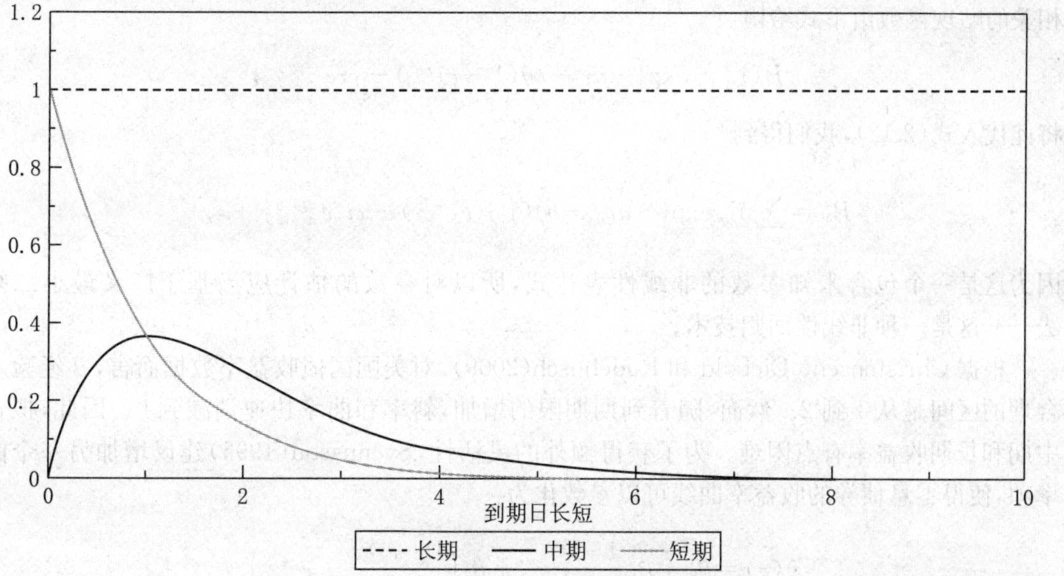

图 2.1 Nelson-Siegel 参数化所综合的三条曲线

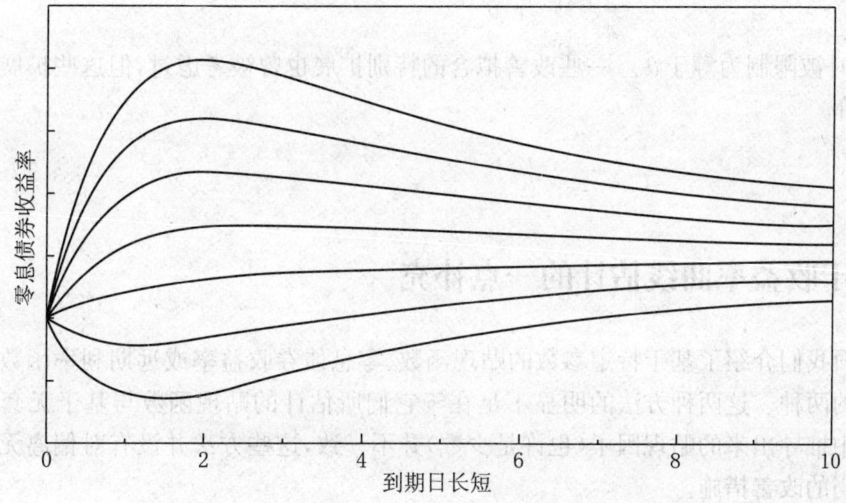

图 2.2 使用 Nelson-Siegel 参数化所能得到的零息债券收益率曲线的可能形状

假定我们能够直接观察到不同到期期限 T_i，$i=1, \cdots, M$ 的零息债券收益率 $\overline{y}(T_i)$。那么对于任何给定的 θ，我们能够利用简单的线性回归模型

$$\overline{y}(\tau)=a+b\frac{1-e^{-\tau/\theta}}{\tau/\theta}+ce^{-\tau/\theta}+\varepsilon_i$$

就可以估计参数 a，b 和 c，其中 $\varepsilon_i \sim N(0, \sigma^2)$，$i=1, \cdots, M$ 是独立的误差项。对不同的 θ 重复同样的工作，最后选择那个使得对应的 R^2 最高的回归模型的参数 a，b 和 c。这个模型是对数据解释最好的模型。这正是 Nelson 和 Siegel 对美国短期零息债券数据所使用的程序。

当数据集中包括附息债券时，估计程序变得稍微有点复杂。与式(2.14)中远期利率结构相关的贴现函数由下式给出。

$$\bar{B}(\tau)=\exp\{-a\tau-b\theta(1-e^{-\tau/\theta})-c\tau e^{-\tau/\theta}\}$$

将此代入式(2.12),我们得到

$$B_i=\sum_{n=1}^{N}Y_{in}\exp\{-at_n-b\theta(1-e^{-t_n/\theta})-ct_ne^{-t_n/\theta}\}+\varepsilon_i$$

因为这是一个包含未知参数的非线性表达式,所以对参数的估计应当基于广义最小二乘法——这是一种非线性回归技术。

根据 Christensen、Diebold 和 Rudebusch(2009),对美国国债收益率数据而言,θ 经验上合理的区间是从 1 到 2。然而,随着到期期限的增加,斜率和曲率快速消减到 0。因此,拟合中期和长期收益率有点困难。为了获得额外的灵活性,Svennsson(1995)建议增加另一个曲率项,使得零息债券的收益率曲线可以参数化为:

$$\begin{aligned}\bar{y}(\tau)=&\beta_0+\beta_1\frac{1-e^{-\tau/\theta}}{\tau/\theta}+\beta_2\left(\frac{1-e^{-\tau/\theta}}{\tau/\theta}-e^{-\tau/\theta}\right)\\&+\beta_3\left(\frac{1-e^{-\tau/\theta'}}{\tau/\theta'}-e^{-\tau/\theta}\right)\end{aligned}$$

在这 θ' 有时被限制为等于 θ。一些改善拟合的特别扩展也曾被考虑过,但这些扩展付出了灵活性的代价。

2.5 关于收益率曲线估计的一点补充

在前面我们介绍了基于特定参数的贴现函数、零息债券收益率或远期利率函数的众多估计方法中的两种。这两种方法的明显不足在于它们所估计的贴现函数与基于无套利原则从市场价格中推导出来的贴现因子(也许是少数)并不一致,这些方法并没有对偏离无套利的结果采取恰当的改善措施。

所有这些估计方法的一个更本质的不足之处是它们只考察某一具体时间点的利率期限结构。关于两个不同时点的估计是完全独立的,并没有考虑利率期限结构的动态变化。正如我们将要看到的,第 7 章和第 8 章也有许多同样能够提供给定日期的利率期限结构参数形式的动态期限结构模型。应用这些模型,估计可以(并且应当)建立在不同日期的债券价格观察数据的基础之上。通常情况下,这些模型中的可能期限结构形式与 Nelson-Siegel 方法中的形式相类似。我们将在第 7 章就这些问题再行讨论。

最后,我们将强调一点:在使用估计的利率期限结构模型时,务必保持警惕。我们所估计的收益率曲线的一个明显用途就是用于固定收益证券定价。特别地,用于估计的数据集中的附息债券可以利用估计得到的贴现函数进行定价。对于某些债券而言,根据估计的收益率曲线所得到的价格可能低于(或高于)市场价格。因此,有人会觉得这些债券可能被市场价值低估(或高估)(像式(2.12)中所估计的一样),这可以从残差(ε_i)直接看出来。买入价值低估的债券,卖出价值高估的债券似乎是一个很好的策略。但是,这样的策略并不是一个无风险的策略,而是一个风险策略。因为所应用的贴现函数并不是仅仅根据无套利原则推出的,而是依赖于所假设的参数形式以及数据集中的其他债券。如果采用另一种参数形式或者另一组不同的债券集,我们估计出的贴现函数也有可能不同,因此,对于一个债券是否价值高估或低估的评价也不相同。

练习

练习 2.1 从你所在国家的交易所找一个政府债券的当前报价。只应用无套利原理,也就是本章中自举法,推导尽可能多的贴现因子和零息债券收益率。

练习 2.2 考察一个交易 10 支债券的市场。所有债券的面值都是 1 000 元,票面利率为 5%,每年付息一次,且每次付息恰好间隔一年。债券分别在 1, 2, …, 10 年后到期。目前这些债券的价格如下表:

到期年份	价 格	到期年份	价 格
1	1 019.42	6	1 042.56
2	1 032.90	7	1 045.52
3	1 041.18	8	1 052.10
4	1 044.60	9	1 054.82
5	1 043.55	10	1 053.99

请利用自举法来确定贴现因子 B^T,年复利零息债券收益率 $\hat{y}^T$ 以及年复利一年期远期利率 $\hat{f}^{T-1,T}$,其中 $T = 1, 2, \cdots, 10$。

3 随机过程与随机分析

3.1 引论

大多数利率与资产价格随时间的变动充满不确定性。我们可以观察到给定资产今天的价格，但是对于同一资产在未来任何时点的价格却通常是一无所知的，换句话说，资产价格是一个随机变量。为了描述资产价格随时间的变化，我们需要一个随机变量集，也就是，对于每一个时间点有一个随机变量与其对应。这样的一个随机变量集被叫做随机过程。现代金融模型用随机过程来代表价格、利率随时间变化而变化的演变过程。本书所要介绍的动态利率模型也是如此。

本章将介绍随机过程以及对随机过程进行计算所需要的数学工具，即所谓的随机微积分。在介绍中我们将省略那些对于使读者获得合理的理解水平并不重要的许多技术细节，并着重于介绍后续章节所要用到的一些重要随机过程和结果。如读者需要了解更多的细节和证明，可以参考相关的随机过程教科书，如 Øksendal(2003)，Karatzas 和 Shreve(1998)；如果需要更广泛和更正式的介绍，可以参考 Dothan(1990)，Duffie(2001)和 Björk(2009)的数理金融教材。

本章剩余内容的提纲如下。在 3.2 节，我们对随机过程给出了更正式的定义，并介绍了相关的术语。在 3.3 节中，我们定义了一个特殊的随机过程，也就是所谓的布朗运动。在 3.4 中，我们介绍了一类扩散过程，在常用的固定收益模型中包括了此类过程的大多数过程。3.5 节对更一般的伊藤过程作了简短的介绍。无论是扩散过程还是伊藤过程，两者都涉及随机积分，这一内容在 3.6 节得到了讨论。在 3.7 节，我们介绍了非常重要的伊藤引理。伊藤引理经常用于处理随机过程问题。3.8 节介绍了在金融模型中广为使用的三个扩散模型。3.9 节讨论了多维随机过程。最后，3.10 节解释了与后面章节高度相关的测度变换理论。

3.2 什么是随机过程?

3.2.1 概率空间与信息渗流

研究不确定事件的基本对象是**概率空间**(probability space),我们用符号(Ω, $\mathcal{F}$, $\mathbb{P}$)来表示。现在我们对这三个元素进行解释。

Ω 是**状态空间**,它是不确定性对象的所有可能状态或结果的集合。例如,我们研究抛掷一个骰子(意指骰子上的点数),状态空间就是 $\Omega=\{1, 2, 3, 4, 5, 6\}$。在金融模型中,一个结果就是所有相关对象的不确定性在模型所研究的整个时间区间的实现。只有一个结果,也就只有是"真"的结果才会实现。

$\mathcal{F}$ 是一个可以赋予概率的事件集合,也就是说,它是一个"概率化"事件的集合。在此,"事件"是一个可能结果的结合,即状态空间的子集。在关于骰子的例子中,$\{1, 2, 3\}$,$\{4, 5\}$,$\{1, 3, 5\}$,$\{6\}$,以及$\{1, 2, 3, 4, 5, 6\}$都是事件。在金融模型中,一个事件就是不确定对象的实现结果的集合。例如,在一个关于某项资产价格 10 年期间动态不确定性模型中,未来 1 年后资产价格超过 100 就是一个事件。因为 $\mathcal{F}$ 是一个事件集合,所以它的确是状态空间的子集的集合。这要求:

① 整个状态空间能被赋予一个概率,也就是说 $\Omega\in\mathcal{F}$;

② 如果某些事件 $F\subseteq\Omega$ 能被赋予一个概率,那么它的补集 $F^c\equiv\Omega\backslash F$ 同样能被赋予一个概率,也就是说 $F\in\mathcal{F}\Rightarrow F^c\in\mathcal{F}$;

③ 给定一个概率化的事件序列,其并集同样也可概率化,也就是 $F_1, F_2, \cdots\in\mathcal{F}\Rightarrow\bigcup_{i=1}^{\infty}F_i\in\mathcal{F}$。

通常 $\mathcal{F}$ 被称为**西格玛代数**。

$\mathbb{P}$ 为**概率测度**,它是一个从西格玛代数 $\mathcal{F}$ 对应到区间$[0, 1]$的一个函数。对每一个事件 $F\in\mathcal{F}$,概率测度为其分配$[0, 1]$中的一个数值 $\mathbb{P}(F)$。这一数值被称为 F 的 $\mathbb{P}$—概率(有时简称为概率)。一个概率测度必须满足以下条件:

① $\mathbb{P}(\Omega)=1$ 且 $\mathbb{P}(\varnothing)=0$,在此 $\varnothing$ 表示空集;

② 不相交集合所组成的状态的概率等于这些集合的概率之和,也就是给定 $F_1, F_2, \cdots\in\mathcal{F}$ 且对所有 $i\neq j$,$F_i\cap F_j=\varnothing$,我们有 $\mathbb{P}(\bigcup_{i=1}^{\infty}F_i)=\sum_{i=1}^{\infty}\mathbb{P}(F_i)$。对于同一个西格玛代数 $\mathcal{F}$,我们可以定义不同的概率测度。在掷骰子的例子中,根据"公平"的思想定义的概率测度 $\mathbb{P}$ 被定义为

$$\mathbb{P}(\{1\})=\mathbb{P}(\{2\})=\cdots=\mathbb{P}(\{6\})=1/6$$

另一个概率测度 $\mathbb{Q}$ 可以定义为

$$\mathbb{Q}(\{1\})=1/12, \mathbb{Q}(\{2\})=\cdots=\mathbb{Q}(\{5\})=1/6, \mathbb{Q}(\{6\})=3/12$$

如果我们认为骰子存在某种不公平,这样定义也是合适的。

定义在相同的状态空间 Ω 和西格玛代数 $\mathcal{F}$ 的两个概率测度$\mathbb{P}$ 和$\mathbb{Q}$ 是等价的，如果两个测度对相同的事件赋予概率 0，即 $\mathbb{P}(A)=0\Leftrightarrow\mathbb{Q}(A)=0$。前面关于掷骰子的例子中所定义的两个概率测度是等价的。在金融市场的随机模型中，等价概率测度是非常重要的。

在我们关于金融市场中不确定性的模型中，不确定性会随着时间的推移而变得更加明朗。我们每一天都可以观察到价格和利率的值，而在先前这些值都是不确定的，因此，我们对真实的结果的了解越来越多。我们需要记录这一信息流。我们再次考察掷骰子的案例。在此，状态空间是 $\Omega=\{1, 2, 3, 4, 5, 6\}$，赋予概率的事件集 $\mathcal{F}$ 包括了 Ω 的所有子集。假定掷骰子的结果不是马上决定而是序贯决定。刚开始时，在“时点 0”，你对真实的结果一无所知，所以掷骰子的结果可能是 Ω 中的任何元素。然后在“时点 1”，你被告知结果可能在集合 $\{1, 2\}$，也可能在集合 $\{3, 4, 5\}$ 或集合 $\{6\}$。当然，在更后面的情形中，你会知道真实的结果。但是，在前两种状态中，对于真实的结果仍然具有不确定性。后来，在“时点 2”，真实的结果将被揭晓。

我们可以用对 Ω 的分割(partition)来表示到某一时点可获得的信息。对某一集合进行分割，我们是指由 Ω 不相交的一些子集构成的一组集合，这些子集的并集等于整个集合 Ω。在时点 0，我们只知道 Ω 中的 6 个元素之一会实现。这对应于分割 $F_0=\{\Omega\}$。时点 1 的信息可以由分割 F_1

$$F_1=\{\{1, 2\}, \{3, 4, 5\}, \{6\}\}$$

所表示。在时点 2，我们已经知道了真实的结果，对应的分割是 F_2

$$F_2=\{\{1\}, \{2\}, \{3\}, \{4\}, \{5\}, \{6\}\}$$

随着时间的流逝，我们多得到真实路径的信息越来越多。这反映在分割越来越细这一事实上，也就是说 F_1 中的每一个集合都是 F_0 中某些集合的子集，F_2 中的每一集合都是 F_1 中某些集合的子集。在这一简单例子中，信息流可以由序列 (F_0, F_1, F_2) 表示 Ω 的分割。在更一般的模型中，信息流可以由分割序列 $(F_t)_{t\in\mathcal{T}}$ 表示，在这里 $\mathcal{T}$ 是模型中相关的时间点所组成的集合。每一 F_t 由不相交的事件组成，其解释是，在时点 t，我们知道真实的结果将出自这些事件。我们对真实结果知道得越来越多，意味着分割越来越精细，也就是，对于 $u>t$，F_t 中的每一元素是 F_u 中元素的一个并集。

另一种表示信息流的术语是信息渗流。给定 Ω 的一个分割 F_t，我们可以将 $\mathcal{F}_t$ 定义为由 F_t 中所有集合的并集所构成的集合，包括空集的并集，也就是空集 $\varnothing$。在此，F_t 包括了 t 时刻不相交的“可决定”事件，而 $\mathcal{F}_t$ 包括了 t 时刻所有的“可决定”事件。每一个 $\mathcal{F}_t$ 都是一个西格玛代数。对于我们上面的例子，我们可以得到

$$\mathcal{F}_0=\{\varnothing, \Omega\}$$

$$\mathcal{F}_1=\{\varnothing, \{1, 2\}, \{3, 4, 5\}, \{6\}, \{1, 2, 3, 4, 5\}, \{1, 2, 6\}, \{3, 4, 5, 6\}, \Omega\}$$

然而 $\mathcal{F}_2$ 变成了 Ω 所有可能的子集的集合。我们把序列 $\mathbf{F}=(\mathcal{F}_0, \mathcal{F}_1, \mathcal{F}_2)$ 称为一个信息渗流。在包括时间点的集合 $\mathcal{T}$ 的模型中，信息渗流被写成 $\mathbf{F}=(\mathcal{F}_t)_{t\in\mathcal{T}}$。考虑到信息的累积这一事实，我们规定只要 $t<t'$ 就有 $\mathcal{F}_t\subset\mathcal{F}_{t'}$，也就是说 $\mathcal{F}_t$ 中的每一集合同样包括在 $\mathcal{F}_{t'}$ 中。

前面我们从一个分割序列构造了一个信息渗流。我们同样可以从一个信息渗流构造一个分割序列。在每一 $\mathcal{F}_t$，简单地移除全部 $\mathcal{F}_t$ 中由 $\mathcal{F}_t$ 中其他集合的并集。因此，在信息渗流

和分割序列之间存在一一对应的关系。当我们研究那些具有无限状态空间的模型时，信息渗流的表达式更为可取。因此我们关于不确定性和信息的模型是一个**滤过概率空间**(filtered probability space) $(\Omega, \mathcal{F}, \mathbb{P}, \mathbf{F})$，在此 $(\Omega, \mathcal{F}, \mathbb{P})$ 是一个概率空间，$\mathbf{F}=(\mathcal{F}_t)_{t\in\mathcal{T}}$ 是一个信息渗流。我们将经常假设所有的不确定性将随时间的推移而被解决。因此，在一个终点时间是 T 的经济体中，$\mathcal{F}_T=\mathcal{F}$。我们同样假设在开始时对不确定性的未来实现一无所知，也就是说 $\mathcal{F}_0$ 是一个只包含完全状态空间 Ω 和空集 $\varnothing$ 的平凡西格玛代数。

要确定一个可用于研究利率、债券价格等对象的滤过概率空间的工作看上去有点让人望而却步。然而在我们将要考察的模型中，经由对关键变量随时间改变的假设，隐晦地定义了相关的滤过概率空间。

在我们的模型中，我们经常要处理随机变量的期望问题，例如，一个资产在未来某一时点的(贴现)支付的期望。在计算这些期望时，我们必须将当前可用的信息考虑进来。因此，我们必须考察条件期望。我们一般将给定 σ 一代数在 $\mathcal{F}_t$ 条件下的随机变量 X 的期望记为 $\mathrm{E}(X \mid \mathcal{F}_t)$。对我们而言，$\sigma$ 一代数 $\mathcal{F}_t$ 代表到 t 时刻的信息，因此我们将期望记为 $\mathrm{E}_t[X]$ 而不是 $\mathrm{E}(X \mid \mathcal{F}_t)$。因为我们假设 0 时点的信息是平凡的，基于 0 时点的信息就是基于任何信息，因此 $\mathrm{E}_0(X) = \mathrm{E}(X)$。如果我们假设所有的不确定性在时点 T 都解决，我们有 $\mathrm{E}_T(X) = X$。有时我们将用到下面的结果：

定理 3.1 (**迭代期望定律**，Law of Iterated Expectations)如果 $\mathcal{F}$ 和 $\mathcal{G}$ 是两个 σ 一代数，且 $\mathcal{F}\subseteq\mathcal{G}$，$X$ 是一个随机变量，那么 $\mathrm{E}[\mathrm{E}[X \mid \mathcal{G}] \mid \mathcal{F}]=\mathrm{E}[X \mid \mathcal{F}]$。特别地，如果 $(\mathcal{F}_t)_{t\in\mathcal{T}}$ 是一个信息渗流且 $t'>t$，有

$$\mathrm{E}_t[\mathrm{E}_{t'}[X]]=\mathrm{E}_t[X]$$

并不严格地讲，这一定理告诉你的是，你今天对某个变量 2 天后的实现的期望等于今天你对该变量明天的实现的期望。这是一个非常直观的结果。更多的正式表述和证明请参见 Øksendal(2003)。

基于条件期望，我们可以定义条件方差、协方差和相关性，正如从(无条件)期望定义(无条件)方差、协方差和相关性一样：

$$\mathrm{Var}_t[X]=\mathrm{E}_t[(X-\mathrm{E}_t[X])^2]=\mathrm{E}_t[X^2]-(\mathrm{E}_t[X])^2$$

$$\mathrm{Cov}_t[X,Y]=\mathrm{E}_t[(X-\mathrm{E}_t[X])(Y-\mathrm{E}_t[Y])]=\mathrm{E}_t[XY]-\mathrm{E}_t[X]\mathrm{E}_t[Y]$$

$$\mathrm{Corr}_t[X, Y]=\frac{\mathrm{Cov}_t[X, Y]}{\sqrt{\mathrm{Var}_t[X]\mathrm{Var}_t[Y]}}$$

在这，以 t 时刻的信息为条件用下标 t 标示。

3.2.2 随机变量和随机过程

一个随机变量是一个从 Ω 到 $\mathbb{R}^K$ 的一个函数，其中 K 是整数。随机变量 $x:\Omega\to\mathbb{R}^K$ 将每一个结果 $\varpi\in\Omega$ 对应一个 $x(\varpi)\in\mathbb{R}^K$。有时我们强调维度，例如我们会说随机变量是 K 维的。在解决了一些序列性的不确定性之后，有些随机变量的值在所有的不确定性消除之前就已经变成已知。

在先前关于序列信息的骰子的例子中，假设你的朋友乔治在骰子的点数为 3、4 或 5，他付给你 10 美元，如果不是这些点数，那么他就不付钱给你。来自乔治的支付就是一个随机变量 x。当然，在时点 2 你将知道真正的结果，所以支付 x 在时点 2 也将明朗。我们说 x 是时点 2 可测的，或 $\mathcal{F}_2$—可测。在时点 1 你同样也可知道支付 x，因为你将知道真实的结果是在 $\{1, 2\}$，此时支付为 0，或者真实的结果是 $\{3, 4, 5\}$，此时支付将是 10，或者说真实的结果是 $\{6\}$，支付同样为 0。所以随机变量 x 同样也是 $\mathcal{F}_1$—可测的。当然，在时点 0 你不可能知道你将得到的支付 x，所以 x 不是 $\mathcal{F}_0$—可测的。假设你的朋友约翰答应在骰子点数为 4 或 5 的时候付给你 10 美元，其他情况付给你 0 元。我们用随机变量 y 来表示来自约翰的支付。那么，y 肯定是 $\mathcal{F}_2$—可测。然而，y 不是 $\mathcal{F}_1$—可测，这是因为在时点 1，你知道真实结果是 $\{3, 4, 5\}$，所以你仍然不能确定你是否得到了 10 美元。

一个随机过程 x 就是由每一个相关时点所对应的随机变量所组成的一个随机变量集。我们将其记为 $x=(x_t)_{t\in\mathcal{T}}$，其中每一个 x_t 都是一个随机变量。我们仍然还有一个基础的滤过概率空间 $(\Omega, \mathcal{F}, \mathbb{P}, \mathbf{F}=(\mathcal{F}_t)_{t\in\mathcal{T}})$ 代表不确定性和信息流。我们只考察对于每一个 $t\in\mathcal{T}$，$\mathcal{F}_t$—可测的适应随机过程 x。这只是说明，随机过程在 t 时刻的值会在 t 时刻知道。一些模型是考察效用最大化的投资者的动态投资决策过程（或不确定性下的其他动态决策问题）。我们用组合过程代表投资决策。组合过程描述了给定时点的投资组合是如何取决于投资者当时所拥有的信息。因此，我们要求组合过程适应信息渗流也就再自然不过了。你不能基于你不拥有的信息做出投资决策。

通过观察适应给定滤过概率空间 $(\Omega, \mathcal{F}, \mathbb{P}, \mathbf{F}=(\mathcal{F}_t)_{t\in\mathcal{T}})$ 的随机过程 x，我们获得关于真实状态的一些信息。事实上，我们可以定义一个由 x 生成的信息渗流 $\mathbf{F}^x=(\mathcal{F}_t^x)_{t\in\mathcal{T}}$。在此 $\mathcal{F}_t^x$ 表示可以通过知晓 x_s 而所能推演出来的信息，其中 $s\leqslant t$（因技术原因，这一西格玛代数因包括了 $\mathcal{F}$ 所有 $\mathbb{P}$—概率为 0 的集合而是"完备的"）。$\mathbf{F}^x$ 是关于适应的随机变量 x 的最小的西格玛代数。根据构造，$\mathcal{F}_t^x\subseteq\mathcal{F}_t$。

3.2.3 其他重要概念与术语

令 $x=(x_t)_{t\in\mathcal{T}}$ 为一个定义在滤过概率空间 $(\Omega, \mathcal{F}, \mathbb{P}, \mathbf{F}=(\mathcal{F}_t)_{t\in\mathcal{T}})$ 之上的一个随机过程。每一可能的结果 $x\in\Omega$ 将完全确定随机过程在所有时间点的取值。我们将 $(x_t(\omega))_{t\in\mathcal{T}}$ 的实现值称为随机过程的一条**(样本)路径**。

随着时间的推移，我们能够观察到随机过程所描述的对象的演变过程。在任何给定的时间 t'，它先前的取值 $(x_t)_{t\leqslant t'}$ 都会被知道。这些取值构成了随机过程到时间 t' 的历史。其未来值仍然还是随机的。

随着时间的推移，我们将获得关于真实结果的新信息。通常我们将修改随机过程的未来取值的期望，或者更准确地讲，修正我们对随机过程在未来任何时点的取值的概率分布。假设我们站在时点 t 考察随机过程在未来时点 t' 的取值。$x_{t'}$ 取值的分布的特征可由对不同的集合 A 的概率 $\mathbb{P}(x_{t'}\in A)$ 所确定。如果对所有 $t, t'\in\mathcal{T}$ 且 $t<t'$，和所有的集合 A，我们有

$$\mathbb{P}(x_{t'}\in A \mid (x_s)_{s\in[0,t]})=\mathbb{P}(x_{t'}\in A \mid x_t)$$

那么 x 就是一个**马尔科夫过程**(Markov Process)。从广义上讲,这种情形说明未来独立于过去。历史不包含关于未来值的任何信息,这也就是说,未来值不能从当前值提取出来。马尔科夫过程经常在金融模型中用于描述金融资产价格的变化,因为马尔科夫性质与所谓的弱有效市场理论是一致的。后者认为,人们不能利用资产的精确的历史数据获得超额收益①。如果这一方式能获得超额收益,那么所有的投资者都会据此盈利,因此价格将马上变化到没有超额收益的水平。因此,利用马尔科夫过程为资产价格建模是合理的。此外,基于马尔科夫过程的模型通常比没有马尔科夫过程的模型更易驾驭。

如果在所有的时间点,随机过程值在未来任何期间的变化的期望为零,这一随机过程叫做**鞅**(martingale)。换言之,随机过程的未来值等于随机过程的当前值。因为期望依赖于概率测度,所以鞅的概念与概率测度的应用有关系。更严格地讲,如果一个随机过程 $x=(x_t)_{t\geqslant 0}$ 对所有的 $t\in\mathcal{T}$是一个 $\mathbb{P}$一鞅,我们有

$$\mathrm{E}_t^{\mathbb{P}}[x_{t'}]=x_t\text{,对所有 } t'\in\mathcal{T}\text{且 } t'>t\text{ 时}$$

在此,$\mathrm{E}_t^{\mathbb{P}}$ 表示给定 t 时刻所能获得的信息,也就是说,给定随机过程到 t 时刻且包括 t 时刻的历史,在 $\mathbb{P}$一概率之下计算的期望。有时,上下文所指的概率测度很明确,因此常常被省略。

进一步假设所有的随机变量 x_t 都从同一个集合 S 中取值,我们称这一集合为**值空间**(value space)。更精确地讲,这意味着 S 是具有 $\mathbb{P}(\{x_t\in S\})=1$ 的性质的最小集合。如果 $S\subseteq\mathbb{R}$,将这一随机过程称为一维实数过程。如果 S 是 $\mathbb{R}^K$ 的子集(非 $\mathbb{R}^{K-1}$ 的子集),将这一随机过程称为 K 一维实数过程,这一过程也可以视为一个由 K 个一维实数过程所构成的集合。注意,只要将自己限定在等价概率测度,改变概率测度不会影响值空间。

3.2.4 不同类型的随机过程

描述某一对象在给定区间中每一时点的状态的随机过程叫做连续时间随机过程(continuous-time stochastic process)。这相当于令 $\mathcal{T}$为一个 $[0, T]$ 或 $[0, \infty)$ 形式的区间。与此相反,如果随机过程描述的是一个对象在可数的、分散的时点上的状态,这就是一个离散时间过程(discrete-time stochastic process)。这就是 $\mathcal{T}=\{0, \Delta t, 2\Delta t, \cdots, T\equiv N\Delta t\}$ 或 $\mathcal{T}=\{0, \Delta t, 2\Delta t, \cdots\}$ 所列举的情况,其中 $\Delta t>0$。如果随机过程能够取给定区间的全部值(例如,所有实数)则是一个连续变量随机过程(continuous-variable stochastic process)。反过来,如果随机过程只能取可数个不同值,这一过程叫做离散变量随机过程(discrete-variable process)。

在一般意义上的资产定价模型中,特别是固定收益分析中,该采用什么类型的随机过程呢?我们的选择既要考虑实际情况,又要考虑处理问题的便利性。首先,考虑时间维度。金融市场的投资者可以在或多或少的时间点上进行交易。因为出于对实际情况或交易成本的考虑,没有一个投资者会进行连续的交易。然而,我们却无法事先挑选一个相应数字的时间点,使得所有的交易在这些时间点发生。同样,市场上有诸多投资者,他们的交易几乎可以发生在任何时间点,所以资产价格和利率也将同样几乎是连续的。因此,选择连续时间随机过程看上去比选择离散事件随机过程来模拟现实情况比更好。在许多情况下,连续时间随机过

① 这与历史数据常用于发现随即过程的一些特征并不矛盾,如估计均值和方差。

程比离散事件随机过程更容易处理。

其次，我们从取值这一角度看。严格地讲，在实践中大多数经济变量只能取可数多个值。股票价格有最小的价格变动单位(在许多国家是0.01个货币单位)，利率也只保留小数点后若干位。但是由于它们可能的取值是如此接近，所以使用连续变量随机过程也是合理的。此外，数学中对连续变量随机过程的分析处理比对离散变量随机过程的分析处理更容易，也更优雅。积分比求和容易，求导比差分容易，如此等等，不一而足。有些利率模型最初使用的离散时间，离散变量过程，如Ho和Lee(1986)以及Black等(1990)所介绍的二项树模型。许多年来，所有重大的模型发展都应用了连续时间、连续变量随机过程，如今，这样的连续时间期限结构模型已经成为金融行业和学术界的标准。总之，我们将使用连续时间、连续变量随机过程来描述资产价格和利率的变化。因此，在本章接下来的几节中将主要介绍这些类型的随机过程。

值得一提的是，离散时间和/或离散变量过程同样有其优点。首先，在一个比较简单的框架下，许多概念和结果更易于理解或说明。其次，即便我们有许多金融变量的低频数据，但我们没有连续的数据。当我们对金融模型中的参数进行估计时，不得不用离散时间随机过程来近似连续时间随机过程。第三，尽管在连续时间模型中更容易得到资产价格、最优投资策略的显式结果，但并不是所有的问题都能得到明确的解答。有些问题通过计算机算法用数值方法解决，在这一目的下，经常有必要用离散时间、离散变量随机过程去近似连续时间、连续变量随机过程(见第16章)。

3.2.5 怎样描述随机过程?

许多金融模型描述各种变量的运动或协同运动。在固定收益模型中，我们对具有不同到期日的债券收益率，不同债券和期权的价格等感兴趣。标准的建模步骤就是假设存在某些共同的外生冲击，这些冲击对模型所有相关的变量产生影响，然后为所有变量对这一冲击的所做出的反应建立模型。首先，考察一个时间集为 $\mathcal{T}=\{0, t_1, t_2, \cdots, t_N \equiv Tt\}$ 的时间框架，在此处 $t_n=n\Delta t$。任一期间 $[t_n, t_{n+1}]$ 发生的冲击可由随机变量 $\varepsilon_{t_{n+1}}$ 表示，该随机变量一般是多维的，而我们在这重点考察一维的情况。冲击序列 $\varepsilon_{t_1}, \varepsilon_{t_2}, \cdots, \varepsilon_{t_N}$ 构成了模型中的基础不确定性。由于冲击代表了一些非期望的信息，我们假设每一 ε_{t_n} 的均值为0。

一个随机过程 $x=(x_t)_{t\in\mathcal{T}}$ 代表着价格、利率或其他的变量的动态特征，因此我们可以将其定义为初始值 x_0，增量 $\Delta x_{t_{n+1}} \equiv x_{t_{n+1}}-x_{t_n}$，$n=0, \cdots, N-1$。该增量通常被假定具有以下形式：

$$\Delta x_{t_{n+1}}=\mu t_n \Delta t+\sigma_{t_n}\varepsilon_{t_{n+1}} \tag{3.1}$$

一般而言，μ_{t_n} 和 σ_{t_n} 自身也可以是随机过程，但是必须在 t_n 时刻是已知的，也就是说，它们必须是 $\mathcal{F}_{t_n}$ —可测的随机变量。事实上，我们可以构造适应过程 $\mu=(\mu_t)_{t\in\mathcal{T}}$ 和 $\sigma=(\sigma_t)_{t\in\mathcal{T}}$。给定 t_n 时刻可获得的信息，式(3.1)右边的唯一随机变量是均值为0，方差为 $\mathrm{Var}[\varepsilon_{t_{n+1}}]$ 的随机变量 $\varepsilon_{t_{n+1}}$。因此，基于 t_n 时刻所能获得信息，$\Delta x_{t_{n+1}}$ 的均值与方差分别为

$$\mathrm{E}_{t_n}[\Delta x_{t_{n+1}}]=\mu t_n \Delta t,\ \mathrm{Var}\,t_n[\Delta x_{t_{n+1}}]=\sigma_{t_n}^2\,\mathrm{Var}[\varepsilon_{t_{n+1}}]$$

我们可以看到 μ_{t_n} 具有解释 x 在每一时期的期望变动的能力。

如果冲击 ε_{t_1}，…，η_{tN} 是产生所有随机性的根源，那么相关的信息渗流就恰好是 $\mathbf{F}^{\varepsilon}=(\mathcal{F}_t^{\varepsilon})_{t\in\mathcal{T}}$，也就是说 $\mathcal{F}_t=\mathcal{F}_t^{\varepsilon}$。在那种情况下，要求 μ_{t_n} 和 σ_{t_n} 是关于 $\mathcal{F}_{t_n}^{\varepsilon}$ 可测度的，也就是说它们依赖于 ε_{t_1}，…，ε_{t_n} 的实现。如果 σ_{t_n} 在全部时间和所有状态下都非 0，我们可以将式(3.1)转化为

$$\varepsilon_{t_{n+1}}=\frac{\Delta x_{t_{n+1}}-\mu_{t_n}\Delta t}{\sigma_{t_n}}$$

于是非常清楚的是，我们从观察 x 一过程中获得了与观察外生冲击相同的信息，也就是说 $\mathbf{F}^x=\mathbf{F}^{\varepsilon}=\mathbf{F}$。我们可以将可概率化的事件集 $\mathcal{F}$ 确定为 $\mathcal{F}_T^{\varepsilon}=\mathcal{F}_T^x$。概率测度 $\mathbb{P}$ 可根据指定每一个冲击 ε_{t_n} 的概率分布而定义。

由外生冲击序列 ε_{t_1}，ε_{t2}，…，ε_{tN}，我们可以令 $z_0=0$ 和 $Z_{t_n}=\varepsilon_{t_1}+\cdots+\varepsilon_{t_n}$ 而定义一个随机过程 $z=(z_t)_{t\in\mathcal{T}}$。因此，$\varepsilon_{t_{n+1}}=z_{t_{n+1}}-z_{t_n}$。现在，随机过程 z 捕捉了模型基本的不确定性。从观察 z 的路径所挖掘出来的信息规定了模型的信息渗流。不失一般性，我们可假设对于任何区间 $[t_n, t_{n+1}]$，$\mathrm{Var}[\Delta z_{t_{n+1}}]=\mathrm{Var}[\varepsilon_{t_{n+1}}]=\Delta t$。利用上述符号，我们可以将式(3.1)重新记为

$$\Delta x_{t_{n+1}}=\mu_{t_n}\Delta t+\sigma_{t_n}\Delta z_{t_{n+1}} \tag{3.2}$$

现在 $\mathrm{Var}_{t_n}[\Delta x_{t_{n+1}}]=\sigma_{t_n}^2\Delta t$，因此 $\sigma_{t_n}^2$ 可以解释为随机过程 x 在每一时期的变化的方差。

$\Delta x_{t_{n+1}}$ 的分布可以由冲击 $\varepsilon_{t_{n+1}}=\Delta z_{t_{n+1}}$ 的分布确定。如果假设冲击是服从正态分布，那么其增量 $\Delta x_{t_{n+1}}$ 也是服从以 t 时刻的信息为条件的正态分布，但是如果以更早的信息或没有任何信息为条件，那就并不必然如此。

不苛求严谨的话，我们可以这将连续时间模型视为离散时间模型令 Δt 趋向于 0 的结果。在这一精神下，我们通常将连续时间随机过程 $x=(x_t)_{t\in\mathcal{T}}$ 定义为

$$\mathrm{d}x_t=\mu_t\mathrm{d}t+\sigma_t\mathrm{d}z_t \tag{3.3}$$

这是式(3.2)中 $\Delta t\to 0$ 所得到的极限。因此，$\mathrm{d}x_t$ 表示在时间 t 后很短的时间内(无限短) x 的变化。$\mathrm{d}z_t$ 也是相似的情况。对 μ_t 和 σ_t 的解释同样与离散的情形相类似。而式(3.3)可能看上去更直观，但是讨论事物在无限短的时间内所发生的变化似乎并不怎么有意义。式(3.3)实际意味着 x 在任何时间区间 $[t, t']\subseteq\mathcal{T}$ 的改变由

$$x_{t'}-x_t=\int_t^{t'}\mu_u\mathrm{d}u+\int_t^{t'}\sigma_u\mathrm{d}z_u$$

给出。问题是，只有在我们确定两个积分之后，这一等式的右边才有意义。积分 $\int_t^{t'}\mu_u\mathrm{d}u$ 被当成随机变量，其取值在任何状态 $\bar{\omega}\in\Omega$，由 $\int_t^{t'}\mu_u(\bar{\omega})\mathrm{d}u$ 给出——这是一个实数函数的普通积分问题。如果 μ 是适应的，积分 $\int_t^{t'}\mu_u\mathrm{d}u$ 的值在时刻 t' 将是已知。积分 $\int_t^{t'}\sigma_u\mathrm{d}z_u$ 的定义更为优美。我们将在 3.6 节回到这一问题。

在本书所研究的几乎所有连续时间模型，我们都假设所有的基本外生冲击是服从正态分

布,也就是说,冲击过程 z 在任何时间区间的变化服从正态分布。具有这一特性的随机过程 z 就是所谓的标准布朗运动。在下一节,我们将正式定义这一过程并研究它的一些特性。然后,在后面的几节我们将从这一基础的随机过程 e 构建各种不同的随机过程 x。

3.3 布朗运动

在本书后面的章节中,所有应用在金融模型中的随机过程都建立在一类特别的随机过程,即布朗运动的基础之上。一个(一维)的随机过程 $z=(z_t)_{t\geqslant 0}$ 被称为一个**标准布朗运动**(Standard Brownian Motion),如果它满足下列条件:

(1) $z_0=0$,

(2) 对所有 $t, t'\geqslant 0$ 且 $t<t'$: $z_{t'}-z_t\sim N(0, t'-t)$[增量服从正态分布],

(3) 对所有 $0\leqslant t_0<t_1<\cdots<t_n$,随机变量 $z_{t_1}-z_{t_0}, \cdots, z_{t_n}-z_{t_{n-1}}$ 彼此独立[增量彼此独立],

(4) z 有连续的路径。

在此,$N(a, b)$ 表示均值为 a,方差为 b 的正态分布。

如果假设标准布朗运动 z 代表 $[0, T]$ 期间对一个经济体的外生冲击,那么相关的滤过概率空间 $(\Omega, \mathcal{F}, \mathbb{P}, \mathbf{F})$ 可以如下简单地给出。状态空间 Ω 是所有可能路径 $(z_t)_{t\in[0, T]}$ 所组成的集合。信息渗流由 z 所生成,即 $\mathbf{F}=\mathbf{F}^z$。概率事件集 $\mathcal{F}$ 等于 $\mathcal{F}_t^z$。概率测度 $\mathbb{P}$ 按照要求定义为对所有 $t<t'$ 和所有 $h\in\mathbb{R}$,

$$\mathbb{P}\left(\frac{z_{t'}-z_t}{\sqrt{t'-t}}<h\right)=N(h)\equiv\int_{-\infty}^{h}\frac{1}{\sqrt{2\pi}}e^{-a^2/2}\,\mathrm{d}a$$

在此 $N(\cdot)$ 表示一个服从 $N(0, 1)$ 分布的随机变量的累积分布函数。

注意,标准布朗运动是马尔科夫过程,因为从今天开始到任何未来时间点的增量独立于随机过程的历史。一个标准布朗运动同样也是一个鞅,因为该过程的变化的期望值为 0。

布朗运动的得名是为了纪念苏格兰植物学家 Robert Brown。他于 1828 年观察到了一个很显然的随机运动现象,即花粉在水中的运动。常用的名称"维纳过程"(Wiener process)取自 Norbert Wiener,他于 20 世纪 20 年代首先证明了具有这些特点的随机过程的存在,并用数学工具严谨地分析了这一随机过程。在 20 世纪初期,标准布朗运动被法国研究人员 Louis Bachelier 用于股票价格建模。Bachelier 还推导出了第一个期权定价公式,参见 Bachelier(1900)。

选择标准布朗运动来代表基本的不确定性有一个重要的结果。所有形如式(3.3)的等式所确定的随机过程都有连续的路径,也就是说,没有跳跃。路径不连续的随机过程也同样存在。这些随机过程的跳跃通常用泊松过程或其他的随机过程来描述。我们都清楚,例如,与股票市场崩盘相关的金融变量会一次又一次地发生巨大的、突然的变动。另外还有一些解释诸如此类大变动的原因,例如,某一行业或经济体因技术突破性的发展而促进生产力水平的突然提高。另一个导致突然发生巨大变化的因素是政治经济环境,如没有预料到的政府或中央银行的干预。股票市场的崩盘有时可用泡沫破灭来解释。这样突然的巨变是不是可由一系列小的、连续且同方向的运动来解释，还是用模型中必须包括跳跃，这一问题是一个尚无定论的经验性问题。利率和债券价格在很短的时间内发生突变的情况相对股票价格发生突变的情况更少。

允许股票价格产生跳跃的金融模型很多，例如，Merton(1976)就在这样的一个框架下讨论了股票期权的定价问题。但是，允许利率发生跳跃的模型相对较少，但是近年来在利率建模中引入跳跃过程变得越来越受欢迎(相关参考见以后各章)。当然，公司债券的模型必须能够处理发行公司可能违约的问题，在某些情况下，公司违约是震动金融市场的突发事件。因此，这样的模型将一般涉及跳跃过程。我们将在第 13 章研究此类模型，但是在其他章节，我们将主要研究无违约的合约，并使用连续样本路径的随机过程。

布朗运动的主要特征看上去不错，但是它们也有些严重不足。我们可以看到，一个标准布朗运动的路径是无处可微的，从宽泛意义上来讲，意味着各条路径在所有的时间点都是弯折的，因此，严格意义上讲是不可能举例说明的。然而，我们可以通过模拟布朗运动过程在不同时点的取值来获得大概的印象。如果 $\varepsilon_1, \cdots, \varepsilon_n$ 从标准 $N(0, 1)$ 分布中独立抽取，我们就可以模拟 $0 \equiv t_0 < t_1 < t_2 \cdots < t_n$ 标准布朗运动的取值如下：

$$z_{t_i} = z_{t_{i-1}} + \varepsilon_i \sqrt{t_i - t_{i-1}}, \ i = 1, \cdots, n$$

选取更多的时间点，也就是更短的时间间隔，我们就能获得布朗运动路径更贴近真实的印象。图 3.1 给出一条关于标准布朗运动的路径，该路径建立在 $[0, 1]$ 区间分割成 200 个等长间隔的基础之上。关于随机过程模拟的更多细节可见第 16 章。值得注意的是，因为服从正态分布的随机变量可以取无限多的值，因此，一个标准布朗运动可以有无限多条路径，每条路径发生的概率是 0。图中只给出了一条可能的路径。

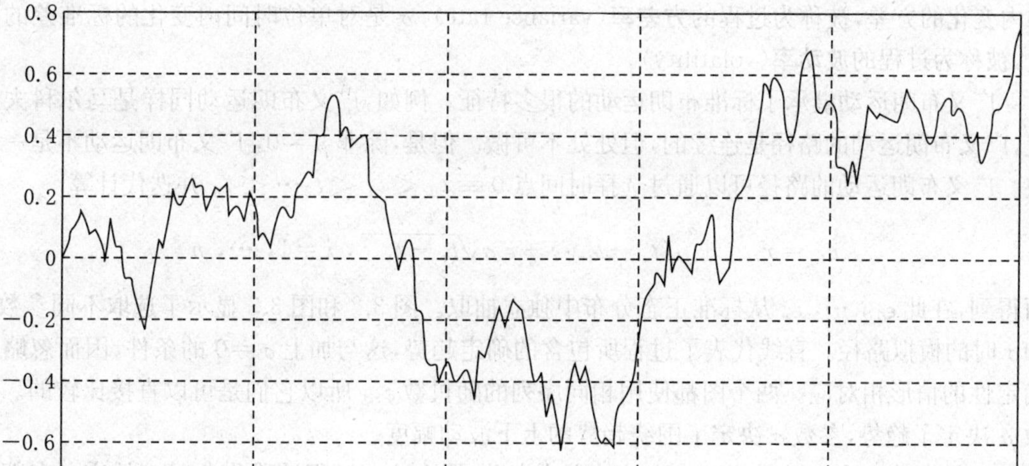

图 3.1 根据 200 个间隔所产生的布朗运动的模拟路径

关于标准布朗运动的另一个特征就是在任何未来时间区间(无论多短)，其路径的期望长度是无限的。此外，一个标准布朗运动在任何时间间隔里取任何给定值的次数也是无限的。

从直觉上理解,这些性质是因为标准布朗运动在间隔长度为 Δt 的时间里的增加量与 $\sqrt{\Delta t}$ 成正比,在这个意义上,也就是增量的标准差等于 $\sqrt{\Delta t}$。当 Δt 接近于0时,$\sqrt{\Delta t}$ 显著大于 Δt,因此,变化相对于变化所发生的时间间隔长度而言更大。

由一个标准布朗运动所刻画的对象的期望变化为0,在给定时间间隔的变化的方差等于区间的长度。这很容易推广。如同前面,令 $z=(z_t)_{t\geqslant 0}$ 是一个一维的标准布朗运动,我们定义一个新的随机过程 $x=(x_t)_{t\geqslant 0}$,其中

$$x_t = x_0 + \mu t + \sigma z_t,\ t \geqslant 0$$

在此,x_0,μ 和 σ 都是常数。常数 x_0 是过程 x 的初始值。从标准布朗运动的性质可知,从时点0起,x_t 服从均值为 $x_0+\mu t$ 方差为 $\sigma^2 t$ 的正态分布,也就是说 $x_t \sim N(x_0+\mu t,\ \sigma^2 t)$。

在任意两个时间点 t 和 t' 之间,在这 $t<t'$,过程发生的变化由

$$x_{t'} - x_t = \mu(t'-t) + \sigma(z_{t'} - z_t)$$

给出。$\Delta t \to 0$ 时,在无限短的时间间隔 $[t,\ t+\Delta t]$,其中内所发生的变化可以写成

$$dx_t = \mu dt + \sigma dz_t \tag{3.4}$$

在此,dz_t 可以宽泛地解释为一个服从 $N(0,\ dt)$ 分布的随机变量。正如前面所讨论的,这其实应当解释为

$$x_{t+\Delta t} - x_t = \mu \Delta t + \sigma(z_{t+\Delta t} - z_t)$$

在 $\Delta t \to 0$ 时的极限。过程 x 被称为**广义布朗运动**(generalized Brownian motion),或算术布朗运动或广义维纳过程。参数 μ 反映了过程在单位时间里的期望变化,叫做漂移率或简单称为"漂移"(drift)。参数 σ 反映了过程未来的不确定性。更准确的讲,σ^2 反映了过程在单位时间内变化的方差,被称为过程的**方差率**(variance rate)。σ 是对单位时间内变化的标准差的度量,被称为过程的**波动率**(volatility)。

广义布朗运动继承了标准布朗运动的很多特征。例如,广义布朗运动同样是马尔科夫过程,广义布朗运动的路径是连续的,但处处不可微。但是,除非 $\mu=0$,广义布朗运动不是一个鞅。广义布朗运动的路径可以通过选择时间点 $0 \equiv t_0 < t_1 < t_2 \cdots < t_n$ 并迭代计算

$$x_{t_i} = x_{t_{i-1}} + \mu(t_i - t_{i-1}) + \varepsilon_i \sigma \sqrt{t_i - t_{i-1}},\ i=1,\ \cdots,\ n$$

而得到,在此 ε_1,…,ε_n 从标准正态分布中独立抽取。图3.2和图3.3显示了选取不同参数 μ 和 σ 时的模拟路径。直线代表了过程所包含的确定趋势,这与加上 $\sigma=0$ 的条件,因而忽略不确定性的情形相对应。两个图都使用相同序列的随机数 ε_i,所以它们是可以直接比较的。参数 μ 决定了趋势,参数 σ 决定了围绕趋势的上下波动幅度。

如果参数 μ 和 σ 随时间以确定性的方式变动,那么这一过程被称为非时齐的广义布朗运动。这样的过程可以用微分的形式表示为

$$dx_t = \mu(t) dt + \sigma(t) dz_t \tag{3.5}$$

观察一个很短的间隔 $[t,\ t+\Delta t]$,期望的变化近似于 $\mu(t)\Delta t$,该变化的方差近似为 $\sigma(t)^2 \Delta t$。更准确地讲,在任何间隔 $[t,\ t']$ 的增量由

$$x_{t'}-x_t=\int_t^{t'}\mu(u)\mathrm{d}u+\int_t^{t'}\sigma(u)\mathrm{d}z_u$$

给出。最后一项积分就是所谓的随机积分，这一话题我们将在后面的章节继续。我们也将介绍一个定理，根据该定理，从时间 t 起，积分 $\int_t^{t'}\sigma(u)\mathrm{d}z_u$ 是一个服从均值为 0 方差为 $\int_t^{t'}\sigma(u)^2\mathrm{d}u$ 的随机变量。

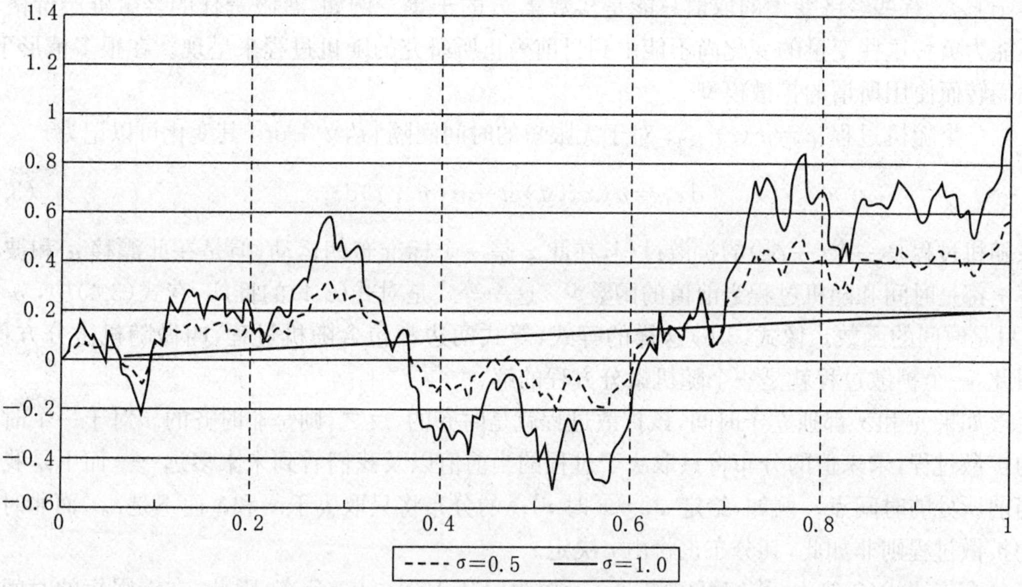

注：直线显示了与 $\sigma=0$ 对应的趋势。模拟建立在 200 个间隔的基础之上。

图 3.2　广义布朗运动的模拟(其中 $\mu=0.2$ 和 $\sigma=0.5$ 或 $\sigma=1.0$)

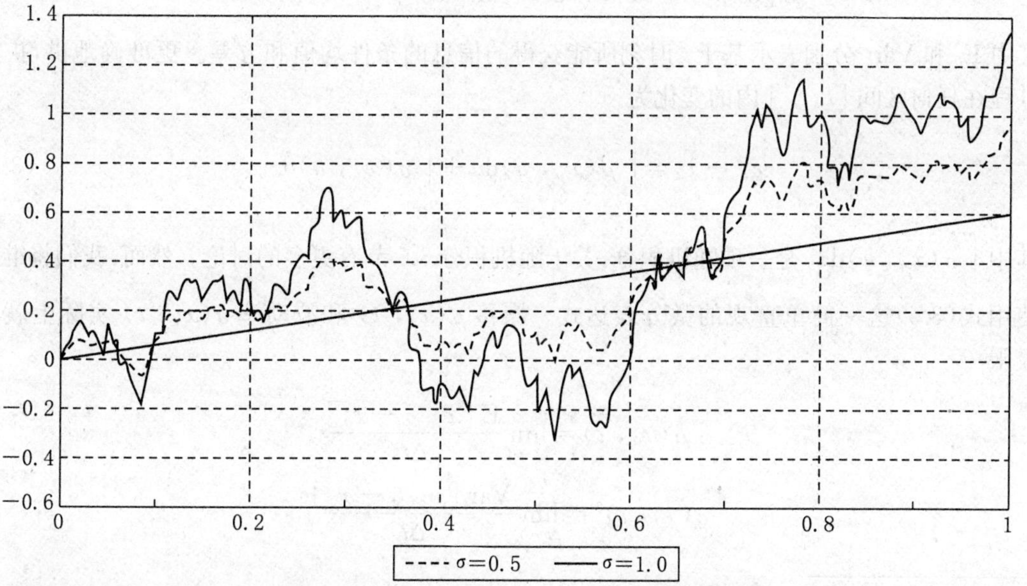

注：直线显示了与 $\sigma=0$ 对应的趋势。模拟建立在 200 个间隔的基础之上。

图 3.3　广义布朗运动的模拟(其中 $\mu=0.6$ 和 $\sigma=0.5$ 或 $\sigma=1.0$)

3.4 扩散过程

对标准布朗运动和广义布朗运动而言，未来值服从正态分布而且可取任何实数，值空间等于 $\mathbb{R}$ 。有些经济变量的取值只能是实数集 $\mathbb{R}$ 的子集。例如，有限责任的金融资产价格不可能为负。这些变量的变化尚不能由到目前为止所研究的随机过程来呈现。在很多情形下，我们转而使用所谓的扩散模型。

一个随机过程 $x=x(t)_{t\geqslant 0}$，对于无限短的时间间隔 $[t, t+\mathrm{d}t]$ 其变化可以记为

$$\mathrm{d}x_t=\mu(x_t, t)\mathrm{d}t+\sigma(x_t, t)\mathrm{d}z_t \tag{3.6}$$

该随机过程是一个(一维)的扩散过程，在此 z 是一个标准布朗运动，但是在此漂移 μ 和波动率 σ 都是时间和随机过程当前值的函数①。这一等式是对式(3.4)的推广，在式(3.4)中，μ 和 σ 只是时间的函数。像式(3.6)这样的等式，等式两边都包含随机过程，叫做随机微分方程。因此，一个扩散过程就是一个随机微分方程的解。

如果 μ 和 σ 都独立于时间，该扩散过程就是时齐的，反之，则是非时齐的。对于一个时齐的扩散过程，未来值的分布将只取决于过程的当前值以及我们看到未来多远——而不是我们当前所处的时间点。例如，给定 $x_t=x$ 时 $x_{t+\delta}$ 的分布将只取决于 x 和 δ 而不是 t。而非时齐的扩散过程则非如此，其分布也将由 t 决定。

在表达式(3.6)中，我们可以将 $\mathrm{d}z_t$ 设想为服从 $N(0, \mathrm{d}t)$ 分布，因此，在无限短的时间间隔 $[t, t+\mathrm{d}t]$ 内，均值和方差的变化分别为：

$$\mathrm{E}_t[\mathrm{d}x_t]=\mu(x_t, t)\mathrm{d}t,\ \mathrm{Var}_t[\mathrm{d}x_t]=\sigma(x_t, t)^2\mathrm{d}t$$

其中 E_t 和 Var_t 分别表示基于 t 时刻所能获得的信息的条件均值和方差。更准确地讲，扩散过程在任何区间 $[t, t']$ 内的变化为

$$x_{t'}-x_t=\int_t^{t'}\mu(x_u, u)\mathrm{d}u+\int_t^{t'}\sigma(x_u, u)\mathrm{d}z_u \tag{3.7}$$

其中 $\int_t^{t'}\sigma(x_u, u)\mathrm{d}z_u$ 是一项随机积分，关于随机积分 3.6 节有更多的讨论。然而，我们将继续使用式(3.6)这一简单直观的微分表达式。漂移 $\mu(x_t, t)$ 和波动率 $\sigma(x_t, t)$ 实际上就是极限

$$\mu(x_t, t)=\lim_{\Delta t\to 0}\frac{\mathrm{E}_t[x_{t+\Delta t}-x_t]}{\Delta t}$$

$$\sigma(x_t, t)^2=\lim_{\Delta t\to 0}\frac{\mathrm{Var}_t[x_{t+\Delta t}-x_t]}{\Delta t}$$

---

① 为了使得过程 x 在数学上有意义，函数 $\mu(x, t)$ 和 $\sigma(x, t)$ 必须满足特定的条件。参见 Øksendal(2003, Chap.7)和 Duffie(2001, App.E)。

由式(3.6)可见,一个扩散过程是一个马尔科夫过程,因为两者的漂移和波动率只取决于过程的当前值而不是先前值。除非漂移 $\mu(x_t, t)$ 对于所有的 x_t 和 t 都为 0,扩散过程不是鞅。扩散过程将具有连续但处处不可微的路径。扩散过程的值空间和未来值的分布将只依赖于函数 μ 和 σ。如果 $\sigma(x, t)$ 连续且非 0,那么由 x 生成的信息与 z 生成的信息是相同的,即 $\mathbf{F}^x = \mathbf{F}^z$。

在 3.8 节我们将给出一些重要的扩散过程的例子,在后面章节为某些经济变量的变化建模时我们将用到它们。

3.5 伊藤过程

我们有可能定义比扩散过程更一般的连续变量随机过程。如果一个随机变量的局部增量具有如下形式:

$$dx_t = \mu_t dt + \sigma_t dz_t \tag{3.8}$$

其中漂移 μ 和波动率 σ 自身就是随机过程,那么这一随机过程就是一个伊藤过程。扩散过程就是漂移 μ_t 和波动率 σ_t 由 t 和 x_t 确定的特殊情况。对于更广义的伊藤过程,漂移和波动率依赖于 x 过程的过去取值。或者漂移和波动率依赖其他的外生冲击,例如,另一个非 z 的标准布朗运动。伊藤过程通常不是马尔科夫过程,此外,它们也通常不是鞅,除非 μ_t 恒等于 0(且 σ_t 满足某些技术条件)。要使 x 过程定义明确,过程 μ 和过程 σ 必须满足某些正则条件。建议读者参考 Øksendal(2003,第 4 章)。

式(3.8)给出了一个关于伊藤过程变化的直观理解,但是更精确的表达应当是

$$x_{t'} - x_t = \int_t^{t'} \mu_u du + \int_t^{t'} \sigma_u dz_u \tag{3.9}$$

其中最后一项还是一个随机积分项。

3.6 随机积分

3.6.1 随机积分的定义和性质

式(3.7)和式(3.9)中都有形如 $\int_t^{t'} \sigma(x_u, u) dz_u$ 的积分项出现。这种类型的积分被称为随机积分或伊藤积分。尽管随机积分也可以定义为对更广义的随机过程积分,我们将只考察积分变量 z 为标准布朗运动的情况。对于给定 $t < t'$,随机积分 $\int_t^{t'} \sigma(x_u, u) dz_u$ 是一个随机变量。假定 σ_u 在 u 时刻已知,积分值在 t' 时刻也已知。过程 σ 称为被积函数。

可以为广义的被积函数定义随机积分。最简单的被积函数是分段常数。假设有时间点 $t\equiv t_0<t_1<\cdots<t_n\equiv t'$，使得 σ_u 在每一子区间 $[t_i, t_{i+1})$ 为常数。随机积分因此而被定义为

$$\int_t^{t'}\sigma_u \mathrm{d}z_u=\sum_{i=0}^{n-1}\sigma t_i(z_{t i+1}-z_{ti})$$

如果被积函数过程 σ 不是分段常数函数，而是一个分段常数序列 $\sigma^{(1)}$，$\sigma^{(2)}$，… 且该序列收敛于 σ。对每一过程 $\sigma^{(m)}$，积分 $\int_t^{t'}\sigma_u^{(m)}\mathrm{d}z_u$ 的定义如上。积分 $\int_t^{t'}\sigma_u \mathrm{d}z_u$ 于是被定义为近似过程的积分的极限

$$\int_t^{t'}\sigma_u \mathrm{d}z_u=\lim_{m\to\infty}\int_t^{t'}\sigma_u^{(m)}\mathrm{d}z_u$$

我们将不讨论如何理解这一极限以及我们能用哪些随机过程。同样建议感兴趣的读者参考 Øksendal(2003)。当然，积分 $\int_t^{t'}\sigma_u \mathrm{d}z_u$ 的分布取决于被积函数过程，而且一般来讲不能完全了解其特征，但是接下来的这条定理给出了积分的均值和方差：

定理 3.2 如果 $\sigma=(\sigma_t)$ 满足正则条件，随机积分 $\int_t^{t'}\sigma_u \mathrm{d}z_u$ 具有以下特征：

$$\mathrm{E}_t\left[\int_t^{t'}\sigma_u \mathrm{d}z_u\right]=0$$

$$\mathrm{Var}_t\left[\int_t^{t'}\sigma_u \mathrm{d}z_u\right]=\int_t^{t'}\mathrm{E}_t[\sigma_u^2]\mathrm{d}u$$

证明：假设 σ 是为分段常数，将区间 $[t, t']$ 分割成由时间点 $t\equiv t_0<t_1<\cdots<t_n\equiv t'$ 所确定的子区间，σ 在每一子区间 $[t_i, t_{i+1})$ 的值 σ_t 在 t_i 时刻是已知的，那么利用迭代期望定律有：

$$\mathrm{E}_t\left[\int_t^{t'}\sigma_u \mathrm{d}z_u\right]=\sum_{i=0}^{n-1}\mathrm{E}_t[\sigma t_i(z_{t i+1}-z_{ti})]=\sum_{i=0}^{n-1}\mathrm{E}_t[\sigma_{ti}\mathrm{E}_{ti}[(z_{t i+1}-z_{ti})]]=0$$

对于方差，有

$$\begin{aligned}\mathrm{Var}_t\left[\int_t^{t'}\sigma_u \mathrm{d}z_u\right]&=\mathrm{E}_t\left[\left(\int_t^{t'}\sigma_u \mathrm{d}z_u\right)^2\right]-\left(\mathrm{E}_t\left[\int_t^{t'}\sigma_u \mathrm{d}z_u\right]\right)^2\\&=\mathrm{E}_t\left[\left(\int_t^{t'}\sigma_u \mathrm{d}z_u\right)^2\right]\end{aligned}$$

和

$$\begin{aligned}\mathrm{E}_t\left[\left(\int_t^{t'}\sigma_u \mathrm{d}z_u\right)^2\right]&=\mathrm{E}_t\left[\sum_{i=0}^{n-1}\sum_{j=0}^{n-1}\sigma_{ti}\sigma_{tj}(z_{t i+1}-z_{ti})(z_{t j+1}-z_{tj})\right]\\&=\sum_{i=0}^{n-1}\mathrm{E}_t[\sigma_{ti}^2(z_{t i+1}-z_{ti})^2]=\sum_{i=0}^{n-1}\mathrm{E}_t[\sigma_{ti}^2](t_{i+1}-t_i)\\&=\int_t^{t'}\mathrm{E}_t[\sigma_u^2]\mathrm{d}u\end{aligned}$$

如果 σ 不是分段常数,可以用分段常数过程来近似并取合适的极限。在此不详述。

如果被积函数是一个关于时间的确定量函数,$\sigma(u)$,那么积分服从正态分布,因此以下结果成立:

定理 3.3 如果 $\sigma(u)$ 是一个关于时间的确定量函数,随机变量 $\int_t^{t'} \sigma(u) \mathrm{d}z_u$ 服从均值为 0,方差为 $\int_t^{t'} \sigma(u)^2 \mathrm{d}z_u$ 的正态分布。

证明: 我们只给出大概的证明。将区间 $[t, t']$ 分割成由时间点 $t \equiv t_0 < t_1 < \cdots < t_n \equiv t'$ 所确定的子区间,我们用求和式近似积分式

$$\int_t^{t'} \sigma(u) \mathrm{d}z_u \approx \sum_{i=0}^{n-1} \sigma(t_i)(z_{t_{i+1}} - z_{t_i})$$

布朗运动在任何子区间的增量服从均值为 0,方差等于子区间长度的正态分布。更进一步,求和式中的不同项之间是相互独立的。为人熟知的是,服从正态分布的随机变量的和同样服从正态分布,和的均值等于均值的和,在当前情况下为 0。由于和式中各项彼此独立,和的方差也等于方差的和,也就是

$$\begin{aligned} \mathrm{Var}_t\left(\sum_{i=0}^{n-1} \sigma(t_i)(z_{t_{i+1}} - z_{t_i})\right) &= \sum_{i=0}^{n-1} \sigma(t_i)^2 \mathrm{Var}_t(z_{t_{i+1}} - z_{t_i}) \\ &= \sum_{i=0}^{n-1} \sigma(t_i)^2 (t_{i+1} - t_i) \end{aligned}$$

这是对积分 $\int_t^{t'} \sigma(u)^2 \mathrm{d}z_u$ 的一个近似。随之可以通过令子区间长度趋近于 0 而取极限得到所要证明的结果。

注意,由 $y_t = \int_0^t \sigma_u \mathrm{d}z_u$ 所定义的过程 $y = (y_t)_{t \geqslant 0}$ 是一个鞅(在 σ 的正则条件下),这是因为

$$\begin{aligned} \mathrm{E}_t[y_{t'}] &= \mathrm{E}_t\left[\int_0^{t'} \sigma_u \mathrm{d}z_u\right] = \mathrm{E}_t\left[\int_0^t \sigma_u \mathrm{d}z_u + \int_t^{t'} \sigma_u \mathrm{d}z_u\right] \\ &= \mathrm{E}_t\left[\int_0^t \sigma_u \mathrm{d}z_u\right] + \mathrm{E}_t\left[\int_t^{t'} \sigma_u \mathrm{d}z_u\right] = \int_0^t \sigma_u \mathrm{d}z_u = y_t \end{aligned}$$

所以期望的未来值等于当前值。更一般地,对于常数 y_0,$y_t = y_0 + \int_0^t \sigma_u \mathrm{d}z_u$ 是一个鞅。从任何鞅都可以表示为随机积分这一意义上看,反过来也是正确的。这就是所谓的鞅表示定理:

定理 3.4 假定过程 $M = (M_t)$ 是一个由标准布朗运动 $z = (z_t)_{t \in [0, T]}$ 隐式定义的滤过概率空间的一个鞅,信息渗流是 $\mathbf{F} = \mathbf{F}^z$,那么存在一个唯一的适应过程 $\theta = (\theta_t)$ 使得对所有 t,

$$M_t = M_0 + \int_0^t \theta_u \mathrm{d}z_u$$

关于这一结果更正式、更精确地数学表达和证明参见 Øksendal(2003,定理 4.3.4)。

3.6.2 莱布尼兹随机积分规则

普通积分的莱布尼兹微分规则如下：如果 $f(t, s)$ 是一个确定性函数，我们定义 $Y(t) = \int_t^T f(t, s)\mathrm{d}s$，那么

$$Y'(t) = -f(t, t) + \int_t^T \frac{\partial f}{\partial t}(t, s)\mathrm{d}s$$

如果我们使用符号 $Y'(t) = \frac{\mathrm{d}Y}{\mathrm{d}t}$ 和 $\frac{\partial f}{\partial t} = \frac{\mathrm{d}f}{\mathrm{d}t}$，我们可以将结果重新记为

$$\mathrm{d}Y = -f(t, t)\mathrm{d}t + \left(\int_t^T \frac{\mathrm{d}f}{\mathrm{d}t}(t, s)\mathrm{d}s\right)\mathrm{d}t$$

并正式消掉 $\mathrm{d}t$ 项，得到

$$\mathrm{d}Y = -f(t, t)\mathrm{d}t + \int_t^T \mathrm{d}f(t, s)\mathrm{d}s$$

现在将考察 $f(t, s)$，从而 $Y(t)$ 是随机过程的情况下的相似结果。第 10 章将用到这一结果（而且也只在第 10 章用到）。

定理 3.5 对于任何 $s \in [t_0, T]$，令 $f^s = (f_t^s)_{t \in [t_0, s]}$ 是由

$$\mathrm{d}f_t^s = \alpha_t^s \mathrm{d}t + \beta_t^s \mathrm{d}z$$

所决定的伊藤过程，其中 α^s 和 β^s 为良态随机过程。那么随机过程 $Y(t) = \int_t^T f_t^s \mathrm{d}s$ 的动态特征由

$$\mathrm{d}Y_t = \left[\left(\int_t^T \alpha_t^s \mathrm{d}s\right) - f_t^t\right]\mathrm{d}t + \left(\int_t^T \beta_t^s \mathrm{d}s\right)\mathrm{d}z_t$$

给出。

由于这一结果通常不包括在关于随机微积分的标准教材中，所以在此给出了一个概要性的证明。证明应用了随机过程的广义富比尼规则，Heath 等(1992)在附录中表述并证明了这一规则。富比尼规则表明，如果被积函数是良态的，那么双重积分的顺序可以交换。我们将假设被积函数确实是良态的。

证明： 给定任意 $t \in [t_0, T]$，因为

$$f_{t_1}^s = f_{t_0}^s + \int_{t_0}^{t_1} \alpha_t^s \mathrm{d}t + \int_{t_0}^{t_1} \beta_t^s \mathrm{d}z_t$$

所以得到

$$\begin{aligned}
Y_{t_1} &= \int_{t_1}^T f_{t_0}^s \mathrm{d}s + \int_{t_1}^T \left[\int_{t_0}^{t_1} \alpha_t^s \mathrm{d}t\right]\mathrm{d}s + \int_{t_1}^T \left[\int_{t_0}^{t_1} \beta_t^s \mathrm{d}z_t\right]\mathrm{d}s \\
&= \int_{t_1}^T f_{t_0}^s \mathrm{d}s + \int_{t_0}^{t_1} \left[\int_{t_1}^T \alpha_t^s \mathrm{d}s\right]\mathrm{d}t + \int_{t_0}^{t_1} \left[\int_{t_1}^T \beta_t^s \mathrm{d}s\right]\mathrm{d}z_t \\
&= Y_{t_0} + \int_{t_0}^{t_1} \left[\int_t^T \alpha_t^s \mathrm{d}s\right]\mathrm{d}t + \int_{t_0}^{t_1} \left[\int_t^T \beta_t^s \mathrm{d}s\right]\mathrm{d}z_t
\end{aligned}$$

$$
\begin{aligned}
&-\int_{t_0}^{t_1} f_{t_0}^s\,ds - \int_{t_0}^{t_1}\left[\int_t^{t_1}\alpha_t^s\,ds\right]dt - \int_{t_0}^{t_1}\left[\int_t^{t_1}\beta_t^s\,ds\right]dz_t \\
&= Y_{t_0} + \int_{t_0}^{t_1}\left[\int_t^{T}\alpha_t^s\,ds\right]dt + \int_{t_0}^{t_1}\left[\int_t^{T}\beta_t^s\,ds\right]dz_t \\
&\quad -\int_{t_0}^{t_1} f_{t_0}^s\,ds - \int_{t_0}^{t_1}\left[\int_{t_0}^{s}\alpha_t^s\,dt\right]ds - \int_{t_0}^{t_1}\left[\int_{t_0}^{s}\beta_t^s\,dz_t\right]ds \\
&= Y_{t_0} + \int_{t_0}^{t_1}\left[\int_t^{T}\alpha_t^s\,ds\right]dt + \int_{t_0}^{t_1}\left[\int_t^{T}\beta_t^s\,ds\right]dz_t - \int_{t_0}^{t_1} f_s^s\,ds \\
&= Y_{t_0} + \int_{t_0}^{t_1}\left[\left(\int_t^{T}\alpha_t^s\,ds\right) - f_t^t\right]dt + \int_{t_0}^{t_1}\left[\int_t^{T}\beta_t^s\,ds\right]dz_t
\end{aligned}
$$

在此，我们在第二个等式和第四个等式用到了富比尼规则。从最后一个等式可以得到要证明的结果。

3.7 伊藤引理

在利率期限结构动态模型中，我们将把诸如短期利率的一些基础变量动态变化的随机过程视为已给定。我们感兴趣的许多数量都将是这些基础变量的函数。为了确定这些变量的动态特征，我们将应用到伊藤引理。伊藤引理基本上就是随机过程的链式法则。我们所表述的是一个广义伊藤过程函数的结果，但是，我们大多数时候是将这一结果应用于扩散过程的函数这一特殊情形。

定理 3.6 令 $x=(x_t)_{t\geqslant 0}$ 是一个具有动态特征

$$dx_t=\mu_t\,dt+\sigma_t\,dz_t$$

的实数伊藤过程，其中 μ 和 σ 都是实数过程，z 是一个一维的标准布朗运动。令 $g(x,t)$ 为一个对 x 两次连续可微，对 t 可微的实数函数。那么由

$$y_t=g(x_t,t)$$

定义的过程 $y=(y_t)_{t\geqslant 0}$ 就是一个具有以下动态特征

$$dy_t=\left(\frac{\partial g}{\partial t}(x_t,t)+\frac{\partial g}{\partial x}(x_t,t)\mu_t+\frac{1}{2}\frac{\partial^2 g}{\partial x^2}(x_t,t)\sigma_t^2\right)dt+\frac{\partial g}{\partial x}(x_t,t)\sigma_t\,dz_t$$

的伊藤过程。

对伊藤引理的证明是基于 $g(x_t,t)$ 的泰勒展开并取相应的极限，但是正式的证明超出了本书的范围。我们在此推荐 Øksendal(2003，Chap.4)或其他相似的教材。结果可以写成以下更便于记忆的形式

$$dy_t=\frac{\partial g}{\partial t}(x_t,t)\,dt+\frac{\partial g}{\partial x}(x_t,t)\,dx_t+\frac{1}{2}\frac{\partial^2 g}{\partial x^2}(x_t,t)(dx_t)^2 \tag{3.10}$$

在此，计算 $(dx_t)^2$ 时，我们必须应用到 $(dt)^2 = dt \cdot dz_t = 0$ 以及 $(dz_t)^2 = dt$，因此

$$(dx_t)^2 = (\mu_t dt + \sigma_t dz_t)^2 = \mu_t^2 (dt)^2 + 2\mu_t\sigma_t dt \cdot dz_t + \sigma_t^2 (dz_t)^2 = \sigma_t^2 dt$$

这些规则背后的直觉解释是：当 dt 接近于 0 时，$(dt)^2$ 远小于 dt 因此可以被忽略。由于 $dz_t \sim N(0, dt)$，我们得到 $E[dt \cdot dz_t] = dt \cdot E[dz_t] = 0$ 和 $Var[dt \cdot dz_t] = (dt)^2 \cdot Var[dz_t] = (dt)^3$，这同样远小于 dt，因此可以被忽略。最后我们有 $E[(dz_t)^2] = Var[dz_t] - (E[dz_t])^2 = dt$，随之可以证明①$Var[(dz_t)^2] = 2(dt)^2$。对接近于 0 的 dt，方差远小于均值，所以 $(dz_t)^2$ 可以由其均值近似。

在标准的数学中，对变量 x 和 t 为实数的函数 $g(x_t, t)$ 的微分是 $dy = \frac{\partial g}{\partial t} dt + \frac{\partial g}{\partial x} dx$。当 x 是一个伊藤过程时，式(3.10)表明我们不得不增加一个二阶项。

在 3.8 节，将给出伊藤引理的应用。本书将广泛使用到伊藤引理。

3.8 一些重要的扩散过程

本节将考察现代金融模型，包括在后面各章所讨论的常用的模型中一些特别的扩散模型。

3.8.1 几何布朗运动

如果一个随机过程 $x = (x_t)_{t \geqslant 0}$ 是随机微分方程：

$$dx_t = \mu x_t dt + \sigma x_t dz_t \tag{3.11}$$

的一个解，那么这一随机过程就是一个几何布朗运动。方程(3.11)中的 μ 和 σ 都是常数。这一过程的初始值假定大于 0，即 $x_0 > 0$。特别地，我们可以通过扩散过程式(3.6)中，插入 $\mu(x_t, t) = \mu x_t$ 和 $\sigma(x_t, t) = \sigma x_t$ 而得到一个几何布朗运动。路径可以通过计算

$$x_{t_i} = x_{t_{i-1}} + \mu x_{t_{i-1}} (t_i - t_{i-1}) + \sigma x_{t_{i-1}} \varepsilon_i \sqrt{t_i - t_{i-1}}$$

来模拟。图 3.4 给出了 $\sigma = 0.2$ 和 $\sigma = 0.5$ 各一条模拟路径。对于这两条路径，我们都采用 $\mu = 0.1$ 和 $x_0 = 100$ 以及相同的随机变量数值序列。关于几何布朗运动的更多模拟问题，参见 16.3 节。

等式(3.11)可以重新写为

$$\frac{dx_t}{x_t} = \mu dt + \sigma dz_t$$

---

① 这是基于计算 $Var[(z_{t+\Delta t} - z_t)^2] = E[(z_{t+\Delta t} - z_t)^4] - (E[(z_{t+\Delta t} - z_t)^2])^2 = 3(\Delta t)^2 - (\Delta t)^2 = 2(\Delta t)^2$。

这一等式表示在下一个无限短的时间间隔 $[t, t+\Delta t]$ 里随机过程取值的相对变化。如果 x_t 是某一交易资产的价格，那么 dx_t/x_t 就是该资产在下一瞬间的收益率。常数 μ 是每一期的期望收益，σ 是收益率的标准差。在这一背景下，μ 通常被称为漂移率（而不是 μx_t）而 σ 被称为波动率（而不是 σx_t）。严格地讲，我们必须区别相对的漂移率和波动率（分别是 μ 和 σ）和绝对的漂移和波动（分别是 μx_t 和 σx_t）。如果一个资产具有常数的期望收益率和常数的波动率，那么该项资产的价格遵循一个几何布朗运动。例如，这样的假设就使用在著名的 Black-Scholes-Merton 的股票期权定价模型对股票价格的假设中，见 4.8 节；几何布朗运动也用在一些描述短期利率变动的模型中，见 7.7 节。

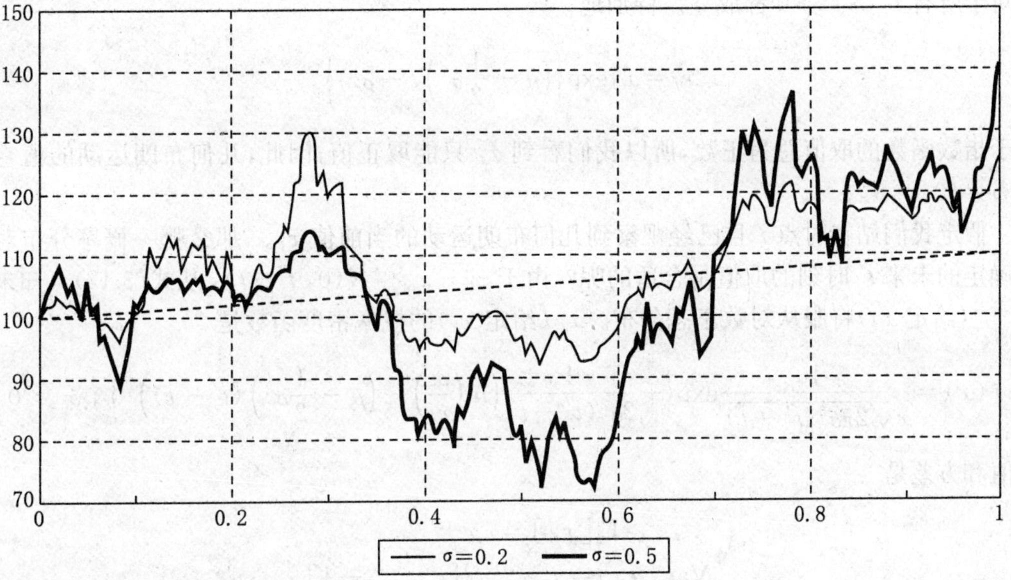

注：初始值为 $x_0 = 100$，相对漂移率 $\mu = 0.1$ 以及相对波动率分别为 $\sigma = 0.2$ 和 $\sigma = 0.5$ 时布朗运动的模拟。光滑的曲线显示了 $\sigma = 0$ 对应的趋势。模拟基于 200 个相等的间距，并且对于两个 σ 值使用了相同的随机数序列。

图 3.4　$\sigma = 0.2$ 和 $\sigma = 0.5$ 的模拟路径

接下来，我们将为 x_t 寻找显示表达式，这也就是说，寻找随机微分方程(3.11)的解。我们可以因此而确定过程未来值的分布。对函数 $g(x, t) = \ln x$ 应用伊藤引理并定义过程 $y_t = g(x_t, t) = \ln x_t$。由

$$\frac{\partial g}{\partial t}(x_t, t) = 0,\ \frac{\partial g}{\partial x}(x_t, t) = \frac{1}{x_t},\ \frac{\partial^2 g}{\partial x^2}(x_t, t) = -\frac{1}{x_t^2}$$

我们根据定理 3.6 可得到

$$dy_t = \left(0 + \frac{1}{x_t}\mu x_t - \frac{1}{2}\ \frac{1}{x_t^2}\sigma^2 x_t^2\right)dt + \frac{1}{x_t}\sigma x_t dz_t = \left(\mu - \frac{1}{2}\sigma^2\right)dt + \sigma dz_t$$

因此，$y_t = \ln x_t$ 是一个广义布朗运动。特别地，

$$y_{t'} - y_t = \left(\mu - \frac{1}{2}\sigma^2\right)(t'-t) + \sigma(z_{t'} - z_t)$$

这隐含着

$$\ln x_{t'} = \ln x_t + \left(\mu - \frac{1}{2}\sigma^2\right)(t'-t) + \sigma(z_{t'} - z_t)$$

对两边取指数，得到

$$x_{t'} = x_t \exp\left\{\left(\mu - \frac{1}{2}\sigma^2\right)(t'-t) + \sigma(z_{t'} - z_t)\right\} \tag{3.12}$$

这对于所有 $t' > t \geqslant 0$ 都成立。特别地，

$$x_t = x_0 \exp\left\{\left(\mu - \frac{1}{2}\sigma^2\right)t + \sigma z_t\right\}$$

由于指数函数的取值总为正数，所以我们看到 x_t 只能取正值，因此，几何布朗运动的值空间是 $S=(0,\infty)$。

假定我们站在时点 t 且已经观察到几何布朗运动的当前值 x_t。那么哪一概率分布对于不确定的未来 t' 时刻的取值是合适的呢？由于 $z_{t'} - z_t \sim N(0, t'-t)$，从式(3.12)可知未来值 $x_{t'}$（给定 x_t）将服从对数正态分布。$x_{t'}$（给定 x_t）的概率密度函数是

$$f(x) = \frac{1}{x\sqrt{2\pi\sigma^2(t'-t)}} \exp\left\{-\frac{1}{2\sigma^2(t'-t)}\left(\ln\left(\frac{x}{x_t}\right) - \left(\mu - \frac{1}{2}\sigma^2\right)(t'-t)\right)^2\right\}, \quad x > 0$$

均值和方差是

$$\mathrm{E}_t[x_{t'}] = x_t e^{\mu(t'-t)},$$
$$\mathrm{Var}_t[x_{t'}] = x_t^2 e^{2\mu(t'-t)}\left[e^{\sigma^2(t'-t)} - 1\right]$$

见附录 A。

因为漂移率和波动率都独立于时间，所以式(3.11)中的几何布朗运动是时齐的。我们同样用到了非时齐的变体，如

$$\mathrm{d}x_t = \mu(t) x_t \mathrm{d}t + \sigma(t) x_t \mathrm{d}z_t$$

在此，μ 和 σ 都是关于时间的确定性函数。根据与时齐几何布朗运动相同的处理，我们可以证明这一非时齐的变体满足

$$x_{t'} = x_t \exp\left\{\int_t^{t'}\left(\mu(u) - \frac{1}{2}\sigma(u)^2\right)\mathrm{d}u + \int_t^{t'}\sigma(u)\mathrm{d}z_u\right\}$$

根据定理 3.3，$\int_t^{t'}\sigma(u)^2\mathrm{d}z_u$ 服从均值为 0，方差为 $\int_t^{t'}\sigma(u)^2\mathrm{d}u$ 的正态分布。因此，非时齐的几何布朗运动的未来值同样服从对数正态分布。此外，我们有

$$\mathrm{E}_t[x_{t'}] = x_t e^{\int_t^{t'}\mu(u)\mathrm{d}u}$$
$$\mathrm{Var}_t[x_{t'}] = x_t^2 e^{2\int_t^{t'}\mu(u)\mathrm{d}u}\left(e^{\int_t^{t'}\sigma(u)^2\mathrm{d}u} - 1\right)$$

3.8.2 奥恩斯坦—乌伦贝克过程

在利率期限结构模型中应用的另一个随机过程就是所谓的奥恩斯坦—乌伦贝克过程(Ornstein-Uhlenbeck process)(后文或简称 OU 过程)。一个随机过程 $x=(x_t)_{t\geqslant 0}$ 如果具有以下动态特征

$$\mathrm{d}x_t=[\varphi-\kappa x_t]\mathrm{d}t+\beta\mathrm{d}z_t \tag{3.13}$$

其中 φ, β 和 κ 都为常数,且 $\kappa>0$。此外,也可以写成

$$\mathrm{d}x_t=\kappa[\theta-x_t]\mathrm{d}t+\beta\mathrm{d}z_t$$

在此,$\theta=\varphi/\kappa$。OU 过程具有均值回归特征,也就是说当 $x_t<\theta$ 时,漂移率为正,当 $x_t>\theta$ 时,漂移率为负。因此,该过程总是拉向其长期水平 θ。但是,由 $\beta\mathrm{d}z_t$ 所代表的随机外部冲击可能导致过程进一步偏离 θ。参数 κ 控制了回归长期水平的期望调整幅度,因此通常被称为均值回归参数或调整速度。

为了确定 OU 过程的未来值的分布,我们像前面处理几何布朗运动一样着手处理这一问题。定义一个新的过程 y_t 作为 x_t 的函数,使得 $y=(y_t)_{t\geqslant 0}$ 是一个广义的布朗运动。可以证明当 $g(x_t,t)=e^{\kappa t}x$ 时,$y_t=g(x_t,t)$ 是一个广义布朗运动。由伊藤引理得到

$$\begin{aligned}\mathrm{d}y_t&=\left[\frac{\partial g}{\partial t}(x_t,t)+\frac{\partial g}{\partial x}(x_t,t)(\varphi-\kappa x_t)+\frac{1}{2}\frac{\partial^2 g}{\partial x^2}(x_t,t)\beta^2\right]\mathrm{d}t+\frac{\partial g}{\partial x}(x_t,t)\beta\mathrm{d}z_t\\&=[\kappa e^{\kappa t}x_t+e^{\kappa t}(\varphi-\kappa x_t)]\mathrm{d}t+e^{\kappa t}\beta\mathrm{d}z_t\\&=\varphi e^{\kappa t}\mathrm{d}t+\beta e^{\kappa t}\mathrm{d}z_t\end{aligned}$$

这隐含着

$$y_{t'}=y_t+\int_t^{t'}\varphi e^{\kappa u}\mathrm{d}u+\int_t^{t'}\beta e^{\kappa u}\mathrm{d}z_u$$

将 y_t 和 $y_{t'}$ 的定义代入,并乘以 $-e^{\kappa t'}$,得到

$$\begin{aligned}x_{t'}&=e^{-\kappa(t'-t)}x_t+\int_t^{t'}\varphi e^{-\kappa(t'-u)}\mathrm{d}u+\int_t^{t'}\beta e^{-\kappa(t'-u)}\mathrm{d}z_u\\&=e^{-\kappa(t'-t)}x_t+\theta(1-e^{-\kappa(t'-t)})+\int_t^{t'}\beta e^{-\kappa(t'-u)}\mathrm{d}z_u\end{aligned}$$

这对于所有 $t'>t\geqslant 0$ 成立。特别地,可以得到随机微分方程(3.13)的解可记为

$$x_t=e^{-\kappa t}x_0+\theta(1-e^{-\kappa t})+\int_0^t\beta e^{-\kappa(t-u)}\mathrm{d}z_u$$

根据定理 3.3,积分 $\int_t^{t'}\beta e^{-\kappa(t'-u)}\mathrm{d}z_u$ 服从均值为 0,方差为 $\int_t^{t'}\beta^2e^{-\kappa(t'-u)}\mathrm{d}u=\frac{\beta^2}{2\kappa}(1-e^{-2\kappa(t'-t)})$ 的正态分布。因此而能够得出 $x_{t'}$(给定 x_t)服从正态分布的结论,其均值和方差分别为

$$\mathrm{E}_t[x_{t'}]=e^{-\kappa(t'-t)}x_t+\theta(1-e^{-\kappa(t'-t)}) \tag{3.14}$$

$$\mathrm{Var}_t[x_{t'}]=\frac{\beta^2}{2\kappa}(1-e^{-2\kappa(t'-t)}) \tag{3.15}$$

OU 过程的值空间为 $\mathbb{R}$。对于 $t'\to\infty$，均值趋向于 θ，方差趋向于 $\beta^2/(2\kappa)$。对于 $\kappa\to\infty$，均值趋向于 θ，方差趋向于 0。对于 $\kappa\to 0$，均值趋向于当前值 x_t，方差趋向于 $\beta^2(t'-t)$。过程当前水平与长期水平之间的距离在 $t'-t=\ln(2)/\kappa$ 时间后减半，这是因为 $\mathrm{E}_t[x_{t'}]-\theta=\frac{1}{2}(x_t-\theta)$ 隐含着 $e^{-\kappa(t'-t)}=\frac{1}{2}$，因此，$t'-t=\ln(2)/\kappa$。

不同参数的影响可以通过考察过程的路径进行评估。路径可由

$$x_{t_i}=x_{t_{i-1}}+\kappa[\theta-x_{t_{i-1}}](t_i-t_{i-1})+\beta\varepsilon_i\sqrt{t_i-t_{i-1}}$$

模拟。图 3.5 显示了不同的 x_0，κ，θ 和 β 的组合下的一条路径。在每一个子图中，只有一个参数变化而其他参数固定。基本参数为 $x_0=0.08$，$\theta=0.08$，$\kappa=\ln 2\approx 0.69$ 和 $\beta=0.03$。所有的路径都是用同一个随机数据序列 ε_1，…，ε_n 计算，因此可以直接进行比较。图中的所有路径没有一条有负值，但是其他的路径会有负值（见图 3.6）。而事实是，可以证明 OU 过程将以概率 1 迟早变成负值。更多关于 OU 过程的模拟见 16.3 节。

我们将同样应用非时齐 OU 过程，在这里 φ 和 β 都由确定量函数替代：

$$dx_t=[\varphi(t)-\kappa x_t]dt+\beta(t)dz_t=\kappa[\theta(t)-x_t]dt+\beta(t)dz_t$$

根据与上面一样的分析，可以看到给定 x_t 的情况下 $x_{t'}$ 服从正态分布，其均值和方差分别为

$$\mathrm{E}_t[x_{t'}]=e^{-\kappa(t'-t)}x_t+\int_t^{t'}\varphi(u)e^{-\kappa(t'-u)}du$$

$$\mathrm{Var}_t[x_{t'}]=\int_t^{t'}\beta(u)^2e^{-2\kappa(t'-u)}du$$

也可以令 κ 也是时间的函数，但是用不到这样的推广。

最早的利率期限结构动态模型之一就是假设短期利率遵循 OU 过程（目前仍然经常应用），见 7.4 节。在一个关于这一模型的推广中，短期利率被假设服从非时齐的 OU 过程，见 9.4 节。

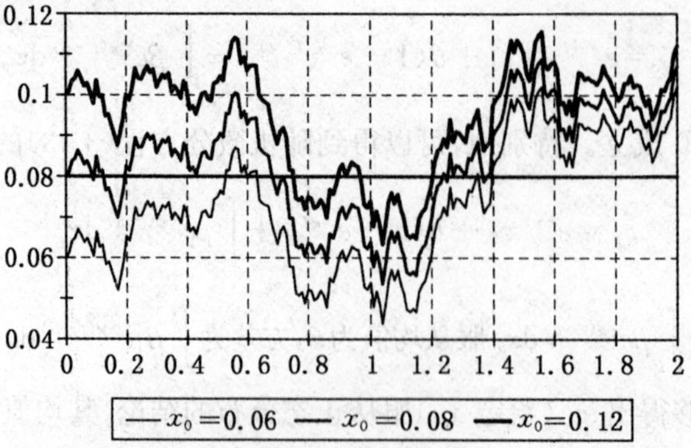

(a) 不同初始 x_0 值

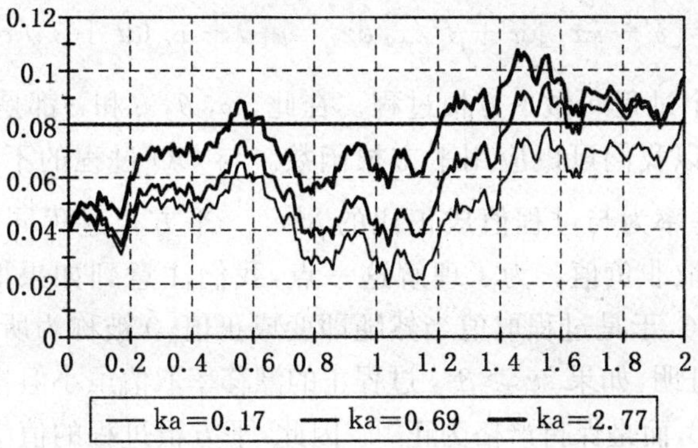

(b) 不同 κ 值, $x_0 = 0.04$

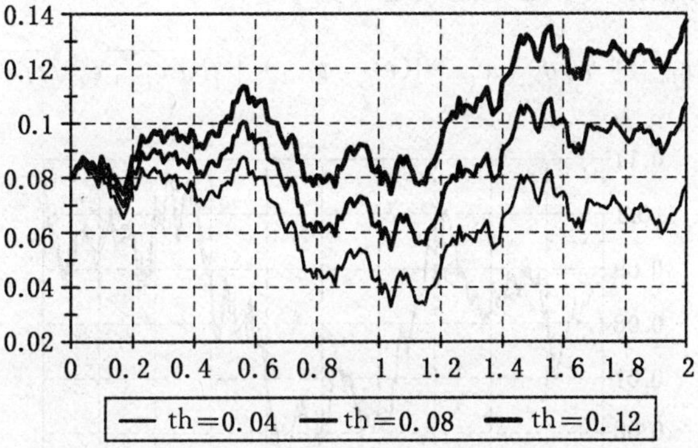

(c) 不同 θ 值

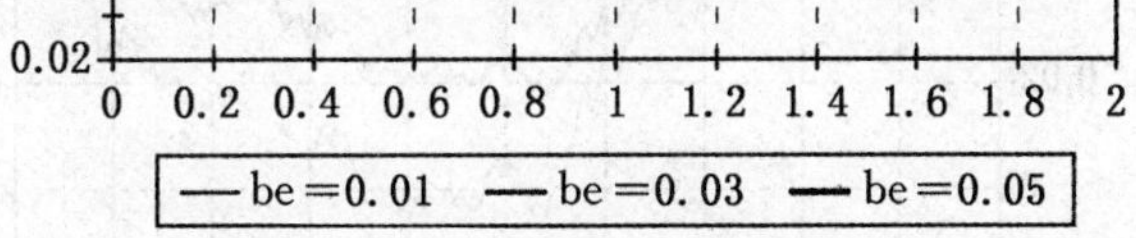

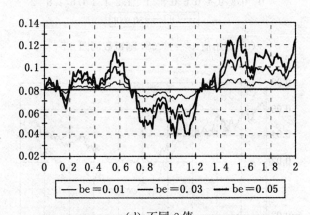

(d) 不同 β 值

注:基本参数取值为 $x_0 = \theta = 0.08$, $\kappa = \ln 2 \approx 0.69$, $\beta = 0.03$。

图 3.5 OU 过程的模拟路径

3.8.3 平方根过程

利率期限结构模型中另一种常用的随机过程是所谓的平方根过程。一个一维的随机过程 $x = (x_t)_{t \geqslant 0}$ 具有如下形式的动态特征

$$dx_t = [\varphi - \kappa x_t]dt + \beta\sqrt{x_t}\,dz_t = \kappa[\theta - x_t]dt + \beta\sqrt{x_t}\,dz_t \tag{3.16}$$

其中 $\varphi=\kappa\theta$，那么这个过程叫做平方根过程。在此，φ，θ，β 和 κ 都是正的常数。假设过程的初始值 x_0 为正，所以我们可以应用平方根函数。与 OU 过程的不同之处在于波动率项中的 $\sqrt{x_t}$。现在方差率为与过程值成正比的 $\beta^2 x_t$。平方根过程同样具有均值回归的特征。平方根过程只能取非负值。为了理解这一点，我们注意到如果取值将变成 0，那么漂移率为正且波动率为 0，于是过程取值当然随即变成正值[0 被称为所谓的**反射障碍**(reflecting barrier)]。可以证明，如果 $2\varphi \geqslant \beta^2$，过程正的漂移率取值虽小但相对于波动率如此之大以至于过程不能到达 0，而是保持严格为正①。因此，平方根过程的值空间是 $S=[0,\infty)$ 或 $S=(0,\infty)$。

平方根过程的路径模拟可以通过连续地计算

$$x_{t_i} = x_{t_{i-1}} + \kappa[\theta - x_{t_{i-1}}](t_i - t_{i-1}) + \beta\sqrt{x_{t_{i-1}}}\,\varepsilon_i\sqrt{t_i - t_{i-1}}$$

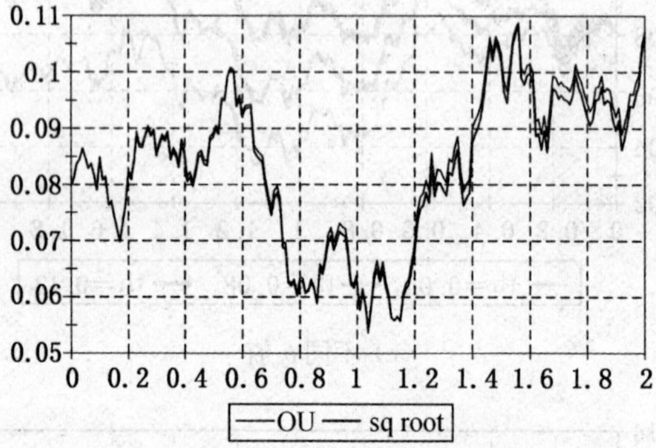

(a) 初始值 $x_0=0.08$，随机数同图 3.5

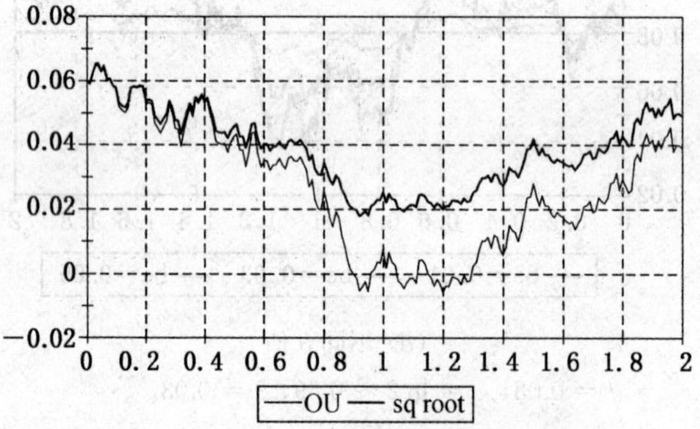

(b) 初始值 $x_0=0.06$，不同随机数

注：两个过程使用了相同的参数 $\theta=0.08$，$\kappa=\ln 2\approx 0.69$ 而 β 在 OU 过程中的等于 0.03，在平方根过程中为 $0.03/\sqrt{0.08}\approx 0.106\,1$。

图 3.6 OU 过程和平方根过程的模拟路径对比

① 为了证明这一点，可以利用 Karlin 和 Taylor(1981，226 页 ff)的结果。

而实现。不同参数的变化与 OU 过程中不同参数的变化所产生的影响比较相似。关于 OU 过程参数变化的影响可见图 3.5。在此,我们比较采用相同的漂移参数 κ 和 θ,但是令 OU 过程的 β 参数等于平方根过程的 β 参数乘以 θ 的平方根,这将使得两个过程在长期水平上具有相同的方差的情况下,平方根过程和 OU 过程的路径。图 3.6 比较了这两个过程的两对路径。在(a)部分中,初始值被确定等于长期水平,这两条路径连续地比较贴近。在(b)部分中,初始值低于长期水平,所以两个过程的方差率从开始就不同。对于给定的随机树序列,OU 过程变成负值,而平方根过程则维持为正。在这一情况下,两个过程的路径有着明显的差异。更多的关于平方根路径的模拟,见 16.3 节。

由于平方根过程不可能为负,因此,过程的未来值不可能服从正态分布。为了找到真实的分布,利用与应用在 OU 过程上相同的手法,也就是考察 $y_t = e^{\kappa t}x_t$。由伊藤引理,

$$\begin{aligned} \mathrm{d}y_t &= \kappa e^{\kappa t}x_t\,\mathrm{d}t + e^{\kappa t}(\varphi - \kappa x_t)\,\mathrm{d}t + e^{\kappa t}\beta\sqrt{x_t}\,\mathrm{d}z_t \\ &= \varphi e^{\kappa t}\,\mathrm{d}t + \beta e^{\kappa t}\sqrt{x_t}\,\mathrm{d}z_t \end{aligned}$$

因此,

$$y_{t'} = y_t + \int_t^{t'} \varphi e^{\kappa u}\,\mathrm{d}u + \int_t^{t'} \beta e^{\kappa u}\sqrt{x_u}\,\mathrm{d}z_u$$

计算普通积分并代入 y 的定义,得到

$$x_{t'} = x_t e^{-\kappa(t'-t)} + \theta(1 - e^{-\kappa(t'-t)}) + \beta\int_t^{t'} e^{-\kappa(t'-u)}\sqrt{x_u}\,\mathrm{d}z_u$$

由于 x 进入到随机积分中,不能立即从这一方程中确定给定 x_t 的情况下 $x_{t'}$ 的分布。但是,可以利用它来得出 $x_{t'}$ 的均值和方差。根据随机积分均值为 0 的事实,见定理 3.2,很容易得到

$$\mathrm{E}_t[x_{t'}] = e^{-\kappa(t'-t)}x_t + \theta(1 - e^{-\kappa(t'-t)}) = \theta + (x_t - \theta)e^{-\kappa(t'-t)}$$

为了计算方差,应用定理 3.2 中的第二个等式:

$$\begin{aligned} \mathrm{Var}_t[x_{t'}] &= \mathrm{Var}_t\left[\beta\int_t^{t'} e^{-\kappa(t'-u)}\sqrt{x_u}\,\mathrm{d}z_u\right] \\ &= \beta^2\int_t^{t'} e^{-2\kappa(t'-u)}\mathrm{E}_t[x_u]\,\mathrm{d}u \\ &= \beta^2\int_t^{t'} e^{-2\kappa(t'-u)}(\theta + (x_t - \theta)e^{-\kappa(u-t)})\,\mathrm{d}u \\ &= \beta^2\theta\int_t^{t'} e^{-2\kappa(t'-u)}\,\mathrm{d}u + \beta^2(x_t - \theta)e^{-2\kappa t' + \kappa t}\int_t^{t'} e^{\kappa u}\,\mathrm{d}u \\ &= \frac{\beta^2\theta}{2\kappa}(1 - e^{-2\kappa(t'-t)}) + \frac{\beta^2}{\kappa}(x_t - \theta)(e^{-\kappa(t'-t)} - e^{-2\kappa(t'-t)}) \\ &= \frac{\beta^2 x_t}{\kappa}(e^{-\kappa(t'-t)} - e^{-2\kappa(t'-t)}) + \frac{\beta^2\theta}{2\kappa}(1 - e^{-\kappa(t'-t)})^2 \end{aligned}$$

我们注意到均值与 OU 过程相同,但是平方根过程的方差更为复杂。对于 $t' \to \infty$,均值趋近于 θ,方差趋近于 $\theta\beta^2/(2\kappa)$。对于 $\kappa \to \infty$,方差趋近于 0。对于 $\kappa \to 0$,均值趋近于当前值

x_t，方差趋近于 $\beta^2 x_t(t'-t)$。

可以证明，以 x_t 为条件，$x_{t'}(t'>t)$ 的取值由非中心 χ^2 分布给出。非中心 χ^2 分布由自由度参数 a 和非中心参数 b 确定，表示为 $\chi^2(a, b)$。更准确地，给定 x_t 的情况下 $x_{t'}$ 的分布与随机变量 $Y/c(t'-t)$ 的分布是相同的，在此 c 是确定量函数

$$c(\tau)=\frac{4\kappa}{\beta^2(1-e^{-\kappa\tau})}$$

以及 Y 是一个服从 $\chi^2(a, b(t'-t))$ 分布的随机变量，且

$$a=\frac{4\varphi}{\beta^2},\ b(\tau)=x_t c(\tau)e^{-\kappa\tau}$$

服从 $\chi^2(a, b)$ 分布的随机变量的密度函数是

$$\begin{aligned} f_{\chi^2(a,\, b)}(y) &= \sum_{i=0}^{\infty}\frac{e^{-b/2}(b/2)^i}{i\,!}f_{\chi^2(a+2i)}(y) \\ &= \sum_{i=0}^{\infty}\frac{e^{-b/2}(b/2)^i}{i\,!}\ \frac{(1/2)^{i+a/2}}{\Gamma(i+a/2)}y^{i-1+a/2}e^{-y/2} \end{aligned}$$

在此，$f_{\chi^2(a+2i)}$ 是自由度为 $a+2i$ 的中心 χ^2 分布的密度函数。在第一个和式中插入这一密度函数将得到第二个和式。在此 Γ 代表所谓的伽马函数 $\Gamma(m)=\int_0^{\infty}x^{m-1}e^{-x}\,\mathrm{d}x$。对基于 x_t 的 $x_{t'}$ 的取值的概率密度函数因此是

$$f(x)=c(t'-t)f_{\chi^2(a,\, b(t'-t))}(c(t'-t)x)$$

服从 $\chi^2(a, b)$ 分布的随机变量的均值和方差分别是 $(a+b)$ 和 $2(a+2b)$。这就打开了另一扇给定 x_t 的情况下推导 $x_{t'}$ 的均值和方差的大门。这一方法将产生与前面给出的结果相同的结果，留给读者去证明。

一个经常应用的利率期限动态结构模型是基于短期利率服从平方根过程的假设，见 7.5 节。由于利率为正，而且从经验上看，其波动率也与利率水平正相关，所以平方根过程比 OU 过程更贴近利率动态变化的现实情况。但从另一角度看，基于平方根过程的模型远比基于 OU 过程的模型更难分析。

3.9 多维过程

到目前为止，我们只考察了一维随机过程，也就是说，值空间是 $\mathbb{R}$ 或 $\mathbb{R}$ 的子集的随机过程。在很多情况下，我们需要了解好几个随机过程，比方说，不同资产的价格过程，或者我们对不同过程的协方差和相关性感兴趣。

在一个外生冲击过程 $z=(z_t)_{t\in[0,\, T]}$ 是一维的连续时间模型中，任何两个过程的瞬时增量将是完美相关的。例如，考察两个伊藤过程 x 和 y，

$$dx_t = \mu_{xt}dt + \sigma_{xt}dz_t, \ dy_t = \mu_{yt}dt + \sigma_{yt}dz_t$$

于是 $\mathrm{Cov}_t[dx_t, dy_t] = \sigma_{xt}\sigma_{yt}dt$，因此瞬间相关性为

$$\mathrm{Corr}_t[dx_t, dy_t] = \frac{\mathrm{Cov}_t[dx_t, dy_t]}{\sqrt{\mathrm{Var}_t[dx_t]\mathrm{Var}_t[dy_t]}} = \frac{\sigma_{xt}\sigma_{yt}dt}{\sqrt{\sigma_{xt}^2 dt\sigma_{yt}^2 dt}} = 1$$

一般而言，任何不是无限短的时间内的增量之间的相关性不是完美相关的，也就是对任何 $h > 0$ 而言，$\mathrm{Corr}_t[x_{t+h} - x_t, y_{t+h} - y_t]$ 通常不是 1，但对于很小的 h 而言，将接近于 1。

为了使得模型所考察的最短的时间内的变化非完美相关，我们需要维数大于 1 的外生冲击，也就是说冲击向量。不失一般性，我们可以假设这一冲击的不同组成部分之间是彼此独立的，通过改变这些过程对不同外生冲击的敏感性，就能在相关的过程中产生非完美的相关性。我们将首先考察二维的情况，并在随后加以推广。

3.9.1 二维随机过程

在上面的例子中，我们可以通过引入第二个标准布朗运动来避免完美相关的问题，即

$$dx_t = \mu_{xt}dt + \sigma_{x1t}dz_{1t} + \sigma_{x2t}dz_{2t}, \ dy_t = \mu_{yt}dt + \sigma_{y1t}dz_{1t} + \sigma_{y2t}dz_{2t}$$

在此 $z_1 = (z_{1t})$ 和 $z_2 = (z_{2t})$ 是独立的标准布朗运动。这产生了一个瞬时协方差 $\mathrm{Cov}_t[dx_t, dy_t] = (\sigma_{x1t}\sigma_{y1t} + \sigma_{x2t}\sigma_{y2t})dt$ 以及瞬时相关性

$$\mathrm{Corr}_t[dx_t, dy_t] = \frac{\sigma_{x1t}\sigma_{y1t} + \sigma_{x2t}\sigma_{y2t}}{\sqrt{(\sigma_{x1t}^2 + \sigma_{x2t}^2)(\sigma_{y1t}^2 + \sigma_{y2t}^2)}}$$

其取值可以为 $[-1, +1]$ 区间的任何一点。

冲击系数 σ_{x1t}，σ_{x2t}，σ_{y1t} 和 σ_{y2t} 决定着瞬时方差和瞬时相关性。但是四个冲击系数的组合将会引起相同的方差和相关性的情况。我们有一个自由度解决冲击系数的问题。例如，我们可以令 $\sigma_{x2t} \equiv 0$，这是一个很好的处理，将简化各个表达式和解释。我们将 x 和 y 的动态特征分别表示为

$$dx_t = \mu_{xt}dt + \sigma_{xt}dz_{1t}, \ dy_t = \mu_{yt}dt + \sigma_{yt}[\rho_t dz_{1t} + \sqrt{1-\rho_t^2}dz_{2t}]$$

σ_{xt}^2 和 σ_{yt}^2 分别是 x_t 和 y_t 的方差率，而协方差 $\mathrm{Cov}_t[dx_t, dy_t] = \rho_t\sigma_{xt}\sigma_{yt}$。如果 σ_{xt} 和 σ_{yt} 两者都为正，那么 ρ_t 将是两个过程 x 和 y 的瞬间相关系数。

在许多连续时间模型中，一个随机过程往往被定义为另两个并不必然完美相关的随机过程的函数。因此，我们需要下面的二维伊藤引理。

定理 3.7 假定 $x = (x_t)$ 和 $y = (y_t)$ 是动态特征分别为

$$\begin{aligned} dx_t &= \mu_{xt}dt + \sigma_{x1t}dz_{1t} + \sigma_{x2t}dz_{2t} \\ dy_t &= \mu_{yt}dt + \sigma_{y1t}dz_{1t} + \sigma_{y2t}dz_{2t} \end{aligned} \tag{3.17}$$

的两个随机过程，在这 $z_1 = (z_{1t})$ 和 $z_2 = (z_{2t})$ 是两个独立的标准布朗运动。令 $g(x, y, t)$ 是一个实数函数，且所有的导数 $\frac{\partial g}{\partial t}$，$\frac{\partial g}{\partial x}$，$\frac{\partial g}{\partial y}$，$\frac{\partial^2 g}{\partial x^2}$，$\frac{\partial^2 g}{\partial y^2}$ 和 $\frac{\partial^2 g}{\partial x \partial y}$ 存在且连续，那么由 $w_t =$

$g(x_t, y_t, t)$ 所决定的过程 $W=(W_t)$ 是一个伊藤过程

$$dW_t=\left(\frac{\partial g}{\partial t}+\frac{\partial g}{\partial x}\mu_{xt}+\frac{\partial g}{\partial y}\mu_{yt}+\frac{1}{2}\frac{\partial^2 g}{\partial x^2}(\sigma_{x1t}^2+\sigma_{x2t}^2)+\frac{1}{2}\frac{\partial^2 g}{\partial y^2}(\sigma_{y1t}^2+\sigma_{y2t}^2)\right.$$
$$\left.+\frac{\partial^2 g}{\partial x\partial y}(\sigma_{x1t}\sigma_{y1t}+\sigma_{x2t}\sigma_{y2t})\right)dt+\left(\frac{\partial g}{\partial x}\sigma_{x1t}+\frac{\partial g}{\partial y}\sigma_{y1t}\right)dz_{1t}+\left(\frac{\partial g}{\partial x}\sigma_{x2t}+\frac{\partial g}{\partial y}\sigma_{y2t}\right)dz_{2t}$$

在此,所有偏导数对于 (x_t, y_t, t) 的依赖关系都从符号上予以简化。

另外,这一结果可以写成更为紧凑的形式

$$dW_t=\frac{\partial g}{\partial t}dt+\frac{\partial g}{\partial x}dx_t+\frac{\partial g}{\partial y}dy_t+\frac{1}{2}\frac{\partial^2 g}{\partial x^2}(dx_t)^2+\frac{1}{2}\frac{\partial^2 g}{\partial y^2}(dy_t)^2$$
$$+\frac{\partial^2 g}{\partial x\partial y}(dx_t)(dy_t)$$

在这,应当理解 $(dt)^2=dt\cdot dz_{1t}=dt\cdot dz_{2t}=dz_{1t}\cdot dz_{2t}=0$。

[**例 3.1**] 假设过程 x 和 y 的动态特征由式(3.17)给出,且 $W_t=x_t y_t$。为了确定 W_t 的动态特征,对函数 $g(x, y)=xy$ 应用前面的伊藤引理。相关的偏导数为

$$\frac{\partial g}{\partial t}=0,\ \frac{\partial g}{\partial x}=y,\ \frac{\partial g}{\partial y}=x,\ \frac{\partial^2 g}{\partial x^2}=0,\ \frac{\partial^2 g}{\partial y^2}=0,\ \frac{\partial^2 g}{\partial x\partial y}=1$$

因此,

$$dW_t=y_t dx_t+x_t dy_t+(dx_t)(dy_t)$$

特别地,如果 x 和 y 的动态特征形如

$$\begin{aligned}dx_t&=x_t[m_{xt}dt+v_{x1t}dz_{1t}+v_{x2t}dz_{2t}]\\dy_t&=y_t[m_{yt}dt+v_{y1t}dz_{1t}+v_{y2t}dz_{2t}]\end{aligned}\tag{3.18}$$

将得到

$$dW_t=W_t[(m_{xt}+m_{yt}+v_{x1t}v_{y1t}+v_{x2t}v_{y2t})dt+(v_{x1t}+v_{y1t})dz_{1t}$$
$$+(v_{x2t}+v_{y2t})dz_{2t}]$$

在 x 和 y 都是几何布朗运动的情况下,m_x, m_y, v_{x2}, v_{y1} 和 v_{y2} 都是常数,因此,$W_t=x_t y_t$ 也是一个几何布朗运动。

[**例 3.2**] 定义 $W_t=x_t/y_t$。在这一情况下,需要对函数 $g(x, y)=x/y$ 应用伊藤引理。相关的偏导数为

$$\frac{\partial g}{\partial t}=0,\ \frac{\partial g}{\partial x}=\frac{1}{y},\ \frac{\partial g}{\partial y}=-\frac{x}{y^2},\ \frac{\partial^2 g}{\partial x^2}=0,\ \frac{\partial^2 g}{\partial y^2}=2\frac{x}{y^3},\ \frac{\partial^2 g}{\partial x\partial y}=-\frac{1}{y^2}$$

因此

$$dW_t=\frac{1}{y_t}dx_t-\frac{x_t}{y_t^2}dy_t+\frac{x_t}{y_t^3}(dy_t)^2-\frac{1}{y_t^2}(dx_t)(dy_t)$$
$$=W_t\left[\frac{dx_t}{x_t}-\frac{dy_t}{y_t}+\left(\frac{dy_t}{y_t}\right)^2-\frac{dx_t}{x_t}\frac{dy_t}{y_t}\right]$$

特别地，如果 x 和 y 的动态特征由式(3.18)给出，那么 $W_t = x_t/y_t$ 的动态特征是

$$\begin{aligned} dW_t = W_t[&(m_{xt} - m_{yt} + (v_{y1t}^2 + v_{y2t}^2) - (v_{x1t}v_{y1t} + v_{x2t}v_{y2t}))dt \\ &+ (v_{x1t} - v_{y1t})dz_{1t} + (v_{x2t} - v_{y2t})dz_{2t}] \end{aligned}$$

在 x 和 y 都是几何布朗运动的情况下，$W = x/y$ 也是一个几何布朗运动。

我们可以应用二维伊藤引理来证明下面这一关于期望贴现值和漂移率的有用结果。

定理 3.8 在合适的正则条件下，当且仅当 $x_t = \mathrm{E}\left[x_T \exp\left\{-\int_t^T m_s \mathrm{d}s\right\}\right]$，伊藤过程 $x = (x_t)$ 的相对漂移率由过程 $m = (m_t)$ 给出。

证明：首先假设相对漂移率由 m 给出，因此 $\mathrm{d}x_t = x_t[m_t\mathrm{d}t + v_t\mathrm{d}z_t]$。用伊藤引理来确定过程 $W_t = x_t \exp\left\{-\int_0^t m_s \mathrm{d}s\right\}$ 或 $W_t = x_t y_t$ 的动态特征，在此，$y_t = \exp\left\{-\int_0^t m_s \mathrm{d}s\right\}$。因有 $\mathrm{d}y_t = -y_t m_t \mathrm{d}t$，因此 y 是具有局部确定性的随机过程。从例 3.1 可知，W 的动态特征变成

$$\mathrm{d}W_t = W_t[(m_t - m_t + 0)\mathrm{d}t + v_t\mathrm{d}z_t] = W_t v_t \mathrm{d}z_t$$

由于 W 的漂移为 0，所以它是一个鞅。随之有 $W_t = \mathrm{E}_t[W_T]$，也就是说，$x_t \exp\left\{-\int_0^t m_s \mathrm{d}s\right\} = \mathrm{E}_t\left[x_T \exp\left\{-\int_0^T m_s \mathrm{d}s\right\}\right]$，因此 $x_t = \mathrm{E}_t\left[x_T \exp\left\{-\int_t^T m_s \mathrm{d}s\right\}\right]$。

如果，反过来，对于所有 t，$x_t = \mathrm{E}_t\left[x_T \exp\left\{-\int_t^T m_s \mathrm{d}s\right\}\right]$，$x$ 的绝对漂移率可以从以下计算得出：

$$\begin{aligned} \frac{1}{\Delta t}\mathrm{E}_t[x_{t+\Delta t} - x_t] &= \frac{1}{\Delta t}\mathrm{E}_t[(\mathrm{E}_{t+\Delta t}[x_T e^{-\int_{t+\Delta t}^T m_s \mathrm{d}s}]) - (\mathrm{E}_t[x_T e^{-\int_t^T m_s \mathrm{d}s}])] \\ &= \frac{1}{\Delta t}\mathrm{E}_t[x_T e^{-\int_{t+\Delta t}^T m_s \mathrm{d}s} - x_T e^{-\int_t^T m_s \mathrm{d}s}] \\ &= \mathrm{E}_t\left[x_T e^{-\int_t^T m_s \mathrm{d}s} \frac{e^{\int_t^{t+\Delta t} m_s \mathrm{d}s} - 1}{\Delta t}\right] \\ &\to m_t \mathrm{E}_t[x_T e^{-\int_t^T m_s \mathrm{d}s}] = m_t x_t \end{aligned}$$

因此，相对漂移率等于 m_t。

3.9.2 *K*—维过程

同时为大量经济量的动态变化建模需要用到大量针对这些经济量的冲击。出于这一目的，我们将用一个标准布朗运动向量来表示这些冲击。我们将在下面定义这些并给出更高维度下的表述。

一个 K —维标准布朗运动 $z = (z_1, \cdots, z_K)^{\mathrm{T}}$ 是一个各成分过程 z_i 为彼此相互独立的一维标准布朗运动的随机过程。如果令 $\mathbf{0} = (0, \cdots, 0)^{\mathrm{T}}$ 表示 $\mathbb{R}^K$ 中的零向量，$\underline{\underline{I}}$ 表示 $K \times K$ 维的单位矩阵（对角线上为1，其他位置为0），那么可以将 K —维标准布朗运动 $\boldsymbol{z}$ 的限定性特征

写成如下所示：

(i) $\boldsymbol{z}_0=\boldsymbol{0}$,

(ii) 对所有 $t, t'\geqslant 0, t<t'$：$z_{t'}-z_t\sim \boldsymbol{N}(\boldsymbol{0}, (t'-t)\underline{\underline{I}})$［增量服从正态分布］,

(iii) 对所有 $0\leqslant t_0<t_1<\cdots<t_n$，随机变量 $\boldsymbol{z}_{t_1}-\boldsymbol{z}_{t_0}, \cdots, \boldsymbol{z}_{t_n}-\boldsymbol{z}_{t_{n-1}}$ 彼此相互独立［增量独立］,

(iv) $\boldsymbol{z}$ 在 $\mathbb{R}^K$ 中有连续的样本路径。

在此，$\boldsymbol{N}(\boldsymbol{a}, \underline{\underline{b}})$ 表示一个均值向量为 $\boldsymbol{a}$，方差—协方差矩阵为 $\underline{\underline{b}}$ 的 K 一维正态分布。

一个 **K 一维扩散过程** $\boldsymbol{x}=(x_1, \cdots, x_K)^\top$ 是一个增量形如

$$\mathrm{d}x_t=\boldsymbol{\mu}(x_t, t)\mathrm{d}t+\underline{\underline{\sigma}}(x_t, t)\mathrm{d}z_t$$

的过程，在这 $\boldsymbol{\mu}$ 是一个从 $\mathbb{R}^K\times\mathbb{R}_+$ 到 $\mathbb{R}^K$ 的函数，$\underline{\underline{\sigma}}$ 是一个 $\mathbb{R}^K\times\mathbb{R}_+$ 到 $K\times K$ 矩阵的函数。如同前面，$\boldsymbol{z}$ 是一个 K 一维标准布朗运动。多维扩散过程的变化同样也可以按成分写成

$$\begin{aligned}\mathrm{d}x_{it}&=\mu_i(x_t, t)\mathrm{d}t+\sigma_i(x_t, t)^\top\mathrm{d}z_t\\&=\mu_i(x_t, t)\mathrm{d}t+\sum_{k-1}^{K}\sigma_{ik}(x_t, t)\mathrm{d}z_{kt}, \quad i=1, \cdots, K\end{aligned}$$

在此，$\boldsymbol{\sigma}_i(\boldsymbol{x}_t, t)^\top$ 是矩阵 $\underline{\underline{\sigma}}(\boldsymbol{x}_t, t)$ 的第 i 行，$\sigma_{ik}(\boldsymbol{x}_t, t)$ 是第 (i, k) 个元素（也就是第 i 行，第 k 列）。由于 $\mathrm{d}z_{1t}, \cdots, \mathrm{d}z_{Kt}$ 彼此相互独立且全部服从 $\boldsymbol{N}(\boldsymbol{0}, \mathrm{d}t)$ 分布，第 i 个成分过程在无限短的时间内的期望变化是

$$\mathrm{E}_t[\mathrm{d}x_{it}]=\mu_i(x_t, t)\mathrm{d}t, \quad i=1, \cdots, K$$

因此，μ_i 可以解释为第 i 个成分的漂移。更进一步，第 i 个成分过程和第 j 个成分过程在无穷短的时间里的协方差为

$$\begin{aligned}\mathrm{Cov}_t[\mathrm{d}x_{it}, \mathrm{d}x_{jt}]&=\mathrm{Cov}_t\left[\sum_{k=1}^{K}\sigma_{ik}(x_t, t)\mathrm{d}z_{kt}, \sum_{l=1}^{K}\sigma_{jl}(x_t, t)\mathrm{d}z_{lt}\right]\\&=\sum_{k=1}^{K}\sum_{l=1}^{K}\sigma_{ik}(x_t, t)\sigma_{jl}(x_t, t)\mathrm{Cov}_t[\mathrm{d}z_{kt}, \mathrm{d}z_{lt}]\\&=\sum_{k=1}^{K}\sigma_{ik}(x_t, t)\sigma_{jk}(x_t, t)\mathrm{d}t\\&=\boldsymbol{\sigma}_i(x_t, t)^\top\boldsymbol{\sigma}_j(x_t, t)\mathrm{d}t, \quad i, j=1, \cdots, K\end{aligned}$$

在此我们应用了协方差的通常规则和 $\boldsymbol{z}$ 的成分过程之间的独立性。特别地，第 i 个成分过程在无穷短的时间里的方差由下式给出

$$\mathrm{Var}_t[\mathrm{d}x_{it}]=\mathrm{Cov}_t[\mathrm{d}x_{it}, \mathrm{d}x_{it}]=\sum_{k=1}^{K}\sigma_{ik}(x_t, t)^2\mathrm{d}t=\|\sigma_i(x_t, t)\|^2\mathrm{d}t, i=1, \cdots, K$$

第 i 个成分的波动率由 $\|\boldsymbol{\sigma}_i(\boldsymbol{x}_t, t)\|$ 给出。$\boldsymbol{x}_t$ 在下一瞬间的变化的方差—协方差矩阵为 $\underline{\underline{\sum}}(x_t, t)\mathrm{d}t=\underline{\underline{\sigma}}(x_t, t)\underline{\underline{\sigma}}(x_t, t)^\top\mathrm{d}t$。两个成分过程的瞬时增量之间的相关性是

$$\mathrm{Corr}_t[\mathrm{d}x_{it}, \mathrm{d}x_{jt}]=\frac{\sigma_i(x_t, t)^\top\sigma_j(x_t, t)\mathrm{d}t}{\sqrt{\|\sigma_i(x_t, t)\|^2\mathrm{d}t\,\|\sigma_j(x_t, t)\|^2\mathrm{d}t}}=\frac{\sigma_i(x_t, t)^\top\sigma_j(x_t, t)}{\|\sigma_i(x_t, t)\|\,\|\sigma_j(x_t, t)\|}$$

这可以是 $[-1, 1]$ 中的任何值，取决于 $\boldsymbol{\sigma}_i$ 和 $\boldsymbol{\sigma}_j$ 的元素。

相似地，我们可以定义一个 **K —维伊藤过程** $\boldsymbol{x}=(x_1, \cdots, x_K)^{\top}$ 是一个增量形如

$$\mathrm{d}x_t = \boldsymbol{\mu}_t \mathrm{d}t + \underline{\underline{\sigma}}_t \mathrm{d}z_t$$

的过程，其中 $\boldsymbol{\mu}=(\boldsymbol{\mu}_t)$ 是一个 K —维随机过程，$\underline{\underline{\sigma}}=(\underline{\underline{\sigma}}_t)$ 是一个在 $K\times K$ 矩阵空间取值的随机过程。

接下来将给出一个多维伊藤引理，其中一个一维过程被定义成一个关于时间和多维过程的函数。

定理 3.9 令 $\boldsymbol{x}=(\boldsymbol{x}_t)_{t\geqslant 0}$ 是 $\mathbb{R}^K$ 中的一个伊藤过程，其动态特征为 $\mathrm{d}\boldsymbol{x}_t=\boldsymbol{\mu}_t\mathrm{d}t+\underline{\underline{\sigma}}_t\mathrm{d}z_t$，或等价地表示为

$$\mathrm{d}x_{it} = \mu_{it}\mathrm{d}t + \sigma_{it}^{\top}\mathrm{d}z_t = \mu_{it}\mathrm{d}t + \sum_{k=1}^{K}\sigma_{ikt}\mathrm{d}z_{kt}, \quad i=1, \cdots, K$$

在这 $z_1, \cdots, z_K$ 为独立的标准布朗运动，$\boldsymbol{\mu}_i$ 和 $\boldsymbol{\sigma}_{ik}$ 是良态的随机过程。

令 $g(\boldsymbol{x}, t)$ 是一个实数函数，它的所有导数 $\frac{\partial g}{\partial t}$, $\frac{\partial g}{\partial x_i}$ 和 $\frac{\partial^2 g}{\partial x_i \partial x_j}$ 存在且连续。那么由 $y_t = g(\boldsymbol{x}_t, t)$ 所定义的过程 $y=(y_t)_{t\geqslant 0}$ 同样是动态特征为

$$\mathrm{d}y_t = \left(\frac{\partial g}{\partial t}(x_t, t) + \sum_{i=1}^{K}\frac{\partial g}{\partial x_i}(x_t, t)\mu_{it} + \frac{1}{2}\sum_{i=1}^{K}\sum_{j=1}^{K}\frac{\partial^2 g}{\partial x_i \partial x_j}(x_t, t)\gamma_{ijt}\right)\mathrm{d}t + \sum_{i=1}^{K}\frac{\partial g}{\partial x_i}(x_t, t)\sigma_{i1t}\mathrm{d}z_{1t} + \cdots + \sum_{i=1}^{K}\frac{\partial g}{\partial x_i}(x_t, t)\sigma_{iKt}\mathrm{d}z_{Kt}$$

的伊藤过程，其中 $\gamma_{ij}=\sigma_{i1}\sigma_{j1}+\cdots+\sigma_{iK}\sigma_{jK}$ 是过程 x_i 和 x_j 的协方差。

这一结果也可以记为

$$\mathrm{d}y_t = \frac{\partial g}{\partial t}(x_t, t)\mathrm{d}t + \sum_{i=1}^{K}\frac{\partial g}{\partial x_i}(x_t, t)\mathrm{d}x_{it} + \frac{1}{2}\sum_{i=1}^{K}\sum_{j=1}^{K}\frac{\partial^2 g}{\partial x_i \partial x_j}(x_t, t)(\mathrm{d}x_{it})(\mathrm{d}x_{jt})$$

其中在计算 $(\mathrm{d}x_{it})(\mathrm{d}x_{jt})$ 时，必须利用随后的规则，即对所有的 i，$(\mathrm{d}t)^2=\mathrm{d}t\cdot\mathrm{d}z_{it}=0$，对 $i\neq j$，$\mathrm{d}z_{it}\cdot\mathrm{d}z_{jt}=0$ 以及对所有的 i，$(\mathrm{d}z_{it})^2=\mathrm{d}t$。此外，结果也可以使用向量和矩阵符号表示为

$$\mathrm{d}y_t = \left(\frac{\partial g}{\partial t}(x_t, t) + \left(\frac{\partial g}{\partial x}(x_t, t)\right)^{\top}\mu_t + \frac{1}{2}\mathrm{tr}\left(\underline{\underline{\sigma}}_t^{\top}\left[\frac{\partial^2 g}{\partial x^2}(x_t, t)\right]\underline{\underline{\sigma}}_t\right)\right)\mathrm{d}t + \left(\frac{\partial g}{\partial x}(x_t, t)\right)^{\top}\underline{\underline{\sigma}}_t\mathrm{d}z_t$$

在此

$$\frac{\partial g}{\partial x}(x_t, t) = \begin{pmatrix} \frac{\partial g}{\partial x_1}(x_t, t) \\ \cdots \\ \frac{\partial g}{\partial x_k}(x_t, t) \end{pmatrix}$$

$$\frac{\partial^2 g}{\partial x^2}(x_t, t)=\begin{pmatrix} \frac{\partial^2 g}{\partial x_1^2}(x_t, t) & \frac{\partial^2 g}{\partial x_1 \partial x_2}(x_t, t) & \cdots & \frac{\partial^2 g}{\partial x_1 \partial x_K}(x_t, t) \\ \frac{\partial^2 g}{\partial x_2 \partial x_1}(x_t, t) & \frac{\partial^2 g}{\partial x_2^2}(x_t, t) & \cdots & \frac{\partial^2 g}{\partial x_2 \partial x_K}(x_t, t) \\ \vdots & \vdots & \ddots & \vdots \\ \frac{\partial^2 g}{\partial x_K \partial x_1}(x_t, t) & \frac{\partial^2 g}{\partial x_K \partial x_2}(x_t, t) & \cdots & \frac{\partial^2 g}{\partial x_K^2}(x_t, t) \end{pmatrix}$$

且 tr 表示二次矩阵的迹，也就是主对角线上元素之和。例如，$\operatorname{tr}(\underline{\underline{A}})=\sum_{i=1}^{K} A_{ii}$。

K —维扩散过程的概率特征完全由漂移函数 $\boldsymbol{\mu}$ 以及方差—协方差函数 $\underline{\underline{\sum}}$ 所决定。方差—协方差函数值是一个对称的正定矩阵。上面我们对一般的 $(K\times K)$ 矩阵 $\underline{\underline{\sigma}}$ 有 $\underline{\underline{\sum}}=\underline{\underline{\sigma}}\,\underline{\underline{\sigma}}^{\top}$。从线性代数可知，一个对称的正定矩阵可用下三角矩阵 $\hat{\underline{\underline{\sigma}}}$ 记为 $\hat{\underline{\underline{\sigma}}}\ \hat{\underline{\underline{\sigma}}}^{\top}$，下三角矩阵 $\hat{\underline{\underline{\sigma}}}$ 中，对所有 $k>i$，$\hat{\sigma}_{ik}=0$。这就是所谓的 Cholesky 分解。因此，可以将其动态特征写成

$$\begin{aligned} dx_{1t} &= \mu_1(x_t, t)dt+\hat{\sigma}_{11}(x_t, t)dz_{1t} \\ dx_{2t} &= \mu_2(x_t, t)dt+\hat{\sigma}_{21}(x_t, t)dz_{1t}+\hat{\sigma}_{22}(x_t, t)dz_{2t} \\ &\vdots \\ dx_{Kt} &= \mu_K(x_t, t)dt+\hat{\sigma}_{K1}(x_t, t)dz_{1t}+\hat{\sigma}_{K2}(x_t, t)dz_{2t}+\cdots+\hat{\sigma}_{KK}(x_t, t)dz_{Kt} \end{aligned} \tag{3.19}$$

我们可以考虑从 x_1 开始构造模型。对 x_1 的冲击由标准布朗运动 z_1 表示，它的系数 $\hat{\sigma}_{11}$ 是 x_1 的波动率。然后将模型拓展至包含 x_2。除非 x_1 和 x_2 的瞬间变化之间是完美相关的，否则我们必须引入另一个标准布朗运动 z_2。确定系数 $\hat{\sigma}_{21}$ 使其匹配 x_1 和 x_2 的变化之间的协方差，然后选择 $\hat{\sigma}_{22}$ 使得 $\sqrt{\hat{\sigma}_{21}^2+\hat{\sigma}_{22}^2}$ 等于 x_2 的波动率。这一模型可以以同样的方式引入更多的过程。

有些作者喜欢将多维过程的动态特征写成每一成分过程 x_i 的单个标准布朗运动 $\hat{z}_i$，如下所示：

$$\begin{aligned} dx_{1t} &= \mu_1(x_t, t)dt+V_1(x_t, t)d\hat{z}_{1t} \\ dx_{2t} &= \mu_2(x_t, t)dt+V_2(x_t, t)d\hat{z}_{2t} \\ &\vdots \\ dx_{Kt} &= \mu_K(x_t, t)dt+V_K(x_t, t)d\hat{z}_{Kt} \end{aligned} \tag{3.20}$$

很显然，$V_i(\boldsymbol{x}_t, t)$ 就是 x_i 的波动率。为了捕捉不同成分过程的一个瞬间的非 0 相关性，标准布朗运动 $\hat{z}_1, \cdots, \hat{z}_K$ 必须是彼此相关。令 ρ_{ij} 表示 $\hat{z}_i$ 和 $\hat{z}_j$ 之间的相关系数。如果式(3.20)和(3.19)代表相同的动态特征，必然有

$$V_i=\sqrt{\hat{\sigma}_{i1}^2+\cdots+\hat{\sigma}_{ii}^2},\ i=1, \cdots, K,$$

$$\rho_{ii}=1;\ \rho_{ij}=\frac{\sum_{k=1}^{i}\hat{\sigma}_{ik}\hat{\sigma}_{jk}}{V_i V_j},\ \rho_{ji}=\rho_{ij},\ i<j$$

3.10 概率测度变换

当我们用一个随机过程代表一个经济变量的变化并讨论这一过程的分布特征时,暗含了概率测度 $\mathbb{P}$ 固定的假设。例如,在利用式(3.16)中的平方根过程 $x=(x_t)$ 来描述某一利率的动态特征时,我们就采用了使得随机过程 $z=(z_t)$ 是一个标准布朗运动的概率测度 $\mathbb{P}$。既然假定过程 x 用于代表我们所处世界里的利率的不确定性的动态变化,我们将测度 $\mathbb{P}$ 称为真实世界概率测度。当然,我们最终感兴趣的还是经济变量在现实世界的动态特征和分布特征。然而,为了计算和理解价格和利率,从一个不同于现实世界的世界里研究这些变量的动态特征和分布特征更为方便。首要的例子就是一个投资者保持风险中性而不是风险厌恶的假想世界。宽泛地说,数学语言中的不同世界就是不同的概率测度。因此,我们必须能够在不同的概率测度下分析和处理随机变量和随机过程的问题。

首先考察一个具有有限多元素的状态空间 $\Omega=\{\bar{\omega}_1, \cdots, \bar{\omega}_n\}$。与前面一样,可以赋予事件集合,也就是 Ω 的子集概率,由 $\mathcal{F}$ 表示。假设单元素集合 $\{\omega_i\}$, $i=1, \cdots, n$ 属于 $\mathcal{F}$。在这种情况下,可以用向量 $(p_1, \cdots, p_n)$ 表示赋予每一元素的概率的概率测度 $\mathbb{P}$:

$$p_i=\mathbb{P}(\{\omega_i\}),\ i=1, \cdots, n$$

当然,必须有 $p_i \in [0, 1]$ 且 $\sum_{i=1}^n p_i=1$。任何其他事件的概率都可以从这些基础概率中计算出来。例如,事件 $\{\omega_2, \omega_4\}$ 的概率为

$$\mathbb{P}(\{\omega_2, \omega_4\})=\mathbb{P}(\{\omega_2\} \cup \{\omega_4\})=\mathbb{P}(\{\omega_2\})+\mathbb{P}(\{\omega_4\})=p_2+p_4$$

相似地,$\mathcal{F}$ 上的另一个概率测度 $\mathbb{Q}$ 由向量 $(q_1, \cdots, q_n)$ 给出,其中 $q_i \in [0, 1]$ 且 $\sum_{i=1}^n q_i=1$。我们只对等价概率测度感兴趣。在这些设定之下,只要对所有 $i=1, \cdots, n$, $p_i>0 \Leftrightarrow q_i>0$,那么两个测度 $\mathbb{P}$ 和 $\mathbb{Q}$ 就是等价的。在一个有限的状态空间里,将那些概率为 0 的状态包括进来并不合理,因此能够假设全部的 p_i 和 q_i 都严格为正。

用向量 $\xi=(\xi_1, \cdots, \xi_n)$ 表示从 $\mathbb{P}$ 到 $\mathbb{Q}$ 的概率测度变换,在此

$$\xi_i=\frac{q_i}{p_i},\ i=1, \cdots, n$$

可以将 ξ 视为一个当状态 ω_i 实现时取 ξ_i 值的随机变量。有时 ξ 被称为关于 $\mathbb{Q}$ 对 $\mathbb{P}$ 的 Radon-Nikodym 导数,用符号 $\mathrm{d}\mathbb{Q}/\mathrm{d}\mathbb{P}$ 表示。注意,对全部 i, $\xi_i>0$ 且 $\xi=\mathrm{d}\mathbb{Q}/\mathrm{d}\mathbb{P}$ 在 $\mathbb{P}$ 下的期望为

$$\mathrm{E}^{\mathbb{P}}\left[\frac{\mathrm{d}\mathbb{Q}}{\mathrm{d}\mathbb{P}}\right]=\mathrm{E}^{\mathbb{P}}[\xi]=\sum_{i=1}^n p_i\xi_i=\sum_{i=1}^n p_i\frac{q_i}{p_i}=\sum_{i=1}^n q_i=1$$

考察一个状态 i 实现后取值为 x_i 的随机变量 x。x 在测度 $\mathbb{Q}$ 下的期望为

$$\mathrm{E}^{\mathbb{Q}}[x]=\sum_{i=1}^n q_i x_i=\sum_{i=1}^n p_i\frac{q_i}{p_i}x_i=\sum_{i=1}^n p_i\xi_i x_i=\mathrm{E}^{\mathbb{P}}[\xi x]$$

现在我们考察状态空间 Ω 为无限的情况。同前面一样，用严格为正的随机变量 $\xi = \mathrm{d}\mathbb{Q}/\mathrm{d}\mathbb{P}$，$\mathrm{E}^{\mathbb{P}}[\xi]=1$，代表概率空间 $\mathbb{P}$ 到等价概率测度 $\mathbb{Q}$ 的变换。同样有随机变量 x 在测度 $\mathbb{Q}$ 下的期望由 $\mathrm{E}^{\mathbb{Q}}[x]=\mathrm{E}^{\mathbb{P}}[\xi x]$ 给出，这是因为

$$\mathrm{E}^{\mathbb{Q}}[x]=\int_{\Omega} x\,\mathrm{d}\mathbb{Q}=\int_{\Omega} x\,\frac{\mathrm{d}\mathbb{Q}}{\mathrm{d}\mathbb{P}}\mathrm{d}\mathbb{P}=\int_{\Omega} x\xi\,\mathrm{d}\mathbb{P}=\mathrm{E}^{\mathbb{P}}[\xi x]$$

在经济模型中，我们将为一段时间 $[0, T]$ 内，对不确性研究对象的动态变化建模。例如，我们可能对确定到期日长达 T 年的债券价格感兴趣。随之，对这一时段的随机过程 $x=(x_t)_{t\in[0, T]}$ 感兴趣。状态空间 Ω 就是相关过程在 $[0, T]$ 期间的可能路径的集合，因此，相关的不确定性到 T 年时将会解决，相关的随机变量的值到 T 年时也都会被我们知道。Radon-Nikodym 导数 $\xi=\mathrm{d}\mathbb{Q}/\mathrm{d}\mathbb{P}$ 同样是随机变量，因此在 T 年时也会被我们知道。为了表示这一点，Radon-Nikodym 导数经常被记为 $\xi_T=\frac{\mathrm{d}\mathbb{Q}}{\mathrm{d}\mathbb{P}}$。

我们能够通过设定

$$\xi_t=\mathrm{E}_t^{\mathbb{P}}\left[\frac{\mathrm{d}\mathbb{Q}}{\mathrm{d}\mathbb{P}}\right]=\mathrm{E}_t^{\mathbb{P}}[\xi_T]$$

而定义随机过程 $\xi=(\xi_t)_{t\in[0, T]}$。这一定义与 ξ_T 等同于 $\mathrm{d}\mathbb{Q}/\mathrm{d}\mathbb{P}$ 是一致的，这是因为到 T 时刻，所有的不确定性都解决，任何变量的期望正好等于变量。注意，过程 ξ 是概率测度 $\mathbb{P}$ 下的鞅，这是因为对于任何 $t<t'\leqslant T$，有

$$\mathrm{E}_t^{\mathbb{P}}[\xi_{t'}]=\mathrm{E}_t^{\mathbb{P}}[\mathrm{E}_{t'}^{\mathbb{P}}[\xi_T]]=\mathrm{E}_t^{\mathbb{P}}[\xi_T]=\xi_t$$

在此，第一个等式和第三个等式可由 ξ 的概念得出。第二个等式利用到了定理 3.1 迭代期望定律。接下来的结果对于我们对经济的动态建模很有助益。令 $x=(x_t)_{t\in[0, T]}$ 为任何随机过程。于是有

$$\mathrm{E}_t^{\mathbb{Q}}[x_{t'}]=\mathrm{E}_t^{\mathbb{P}}\left[\frac{\xi_{t'}}{\xi_t}x_{t'}\right] \tag{3.21}$$

这就是所谓的贝叶斯公式。关于这一公式的证明可见 Björk(2009, Prop. B.41)。

如同在所有我们要考察的模型中的情况相同，假设(在真实世界概率测度 $\mathbb{P}$ 下)，基础不确定性由布朗运动 $z=(z_t)$ 表示。令 $\lambda=(\lambda_t)_{t\in[0, T]}$ 是任何一个良态随机过程①。在这里，z 和 λ 必须具有相同的维数。为了简化符号，接下来假设它们都是一维的，但是有关结果可以自然地推广到多维的情形。可以用下面的方式生成一个等价概率测度 $\mathbb{Q}^{\lambda}$。由

$$\xi_t^{\lambda}=\exp\left\{-\int_0^t \lambda_s\,\mathrm{d}z_s-\frac{1}{2}\int_0^t \lambda_s^2\,\mathrm{d}s\right\} \tag{3.22}$$

定义过程 $\xi^{\lambda}=(\xi_t^{\lambda})_{t\in[0, T]}$。那么 $\xi_0^{\lambda}=1$，ξ^{λ} 严格为正，并可证明 ξ^{λ} 是一个 $\mathbb{P}$—鞅(见练习 3.1)，故 $\mathrm{E}^{\mathbb{P}}[\xi_T^{\lambda}]=\xi_0^{\lambda}=1$。因此，等价概率测度 $\mathbb{Q}^{\lambda}$ 可由 Radon-Nikodym 导数定义为

---

① 充分条件是 λ 是平方可积的，即 $\int_0^T \lambda_t^2\,\mathrm{d}t$ 以概率 1 为有限。也就是说 λ 满足 Novikov 条件，即 $\mathrm{E}^{\mathbb{P}}\left[\exp\left\{\frac{1}{2}\int_0^T \lambda_t^2\,\mathrm{d}t\right\}\right]$ 是有限的。

$$\frac{\mathrm{d}\mathbb{Q}^{\lambda}}{\mathrm{d}\mathbb{P}}=\xi_T^{\lambda}=\exp\left\{-\int_0^T\lambda_s\,\mathrm{d}z_s-\frac{1}{2}\int_0^T\lambda_s^2\,\mathrm{d}s\right\}$$

由式(3.21)得到对任何随机过程 $x=(x_t)_{t\in[0,\ T]}$ 有

$$\mathrm{E}_t^{\mathbb{Q}^{\lambda}}[x_{t'}]=\mathrm{E}_t^{\mathbb{P}}\left[\frac{\xi_{t'}^{\lambda}}{\xi_t^{\lambda}}x_{t'}\right]=\mathrm{E}_t^{\mathbb{P}}\left[x_{t'}\exp\left\{-\int_t^{t'}\lambda_s\,\mathrm{d}z_s-\frac{1}{2}\int_t^{t'}\lambda_s^2\,\mathrm{d}s\right\}\right]$$

中心结论就是 Girsanov 定理。

定理 3.10 (Girsanov 定理)由

$$z_t^{\lambda}=z_t+\int_0^t\lambda_s\,\mathrm{d}s,\ 0\leqslant t\leqslant T$$

所定义的过程 $z^{\lambda}=(z_t^{\lambda})_{t\in[0,\ T]}$ 在概率测度 $\mathbb{Q}^{\lambda}$ 下是一个标准布朗运动。用微分形式表示即为

$$\mathrm{d}z_t^{\lambda}=\mathrm{d}z_t+\lambda_t\,\mathrm{d}t$$

这一定理有一个吸引人的结果,即概率测度从 $\mathbb{P}$ 变换为 $\mathbb{Q}^{\lambda}$ 对随机过程的影响可以简单地通过调整漂移率而捕捉到。如果 $x=(x_t)$ 是一个动态特征为

$$\mathrm{d}x_t=\mu_t\,\mathrm{d}t+\sigma_t\,\mathrm{d}z_t$$

的伊藤过程,那么

$$\mathrm{d}x_t=\mu_t\,\mathrm{d}t+\sigma_t(\mathrm{d}z_t^{\lambda}-\lambda_t\,\mathrm{d}t)=(\mu_t-\sigma_t\lambda_t)\mathrm{d}t+\sigma_t\,\mathrm{d}z_t^{\lambda}$$

因此,$\mu-\sigma\lambda$ 是概率测度 $\mathbb{Q}^{\lambda}$ 下的漂移率,除非 σ 或 λ 等于0,这一漂移率与原概率测度 $\mathbb{P}$ 下的漂移率是不同的。与此形成对照的是,波动率保持与原概率测度下一致,没有发生变化。

在许多金融模型中,概率测度的相关变换是为了使得中心过程的未来值在 $\mathbb{Q}^{\lambda}$ 下的分布与原概率测度 $\mathbb{P}$ 下的分布保持同一类型,但是具有不同矩。例如,考察 OU 过程

$$\mathrm{d}x_t=(\varphi-\kappa x_t)\mathrm{d}t+\sigma\,\mathrm{d}z_t$$

并对其实施由常数 $\lambda_t=\lambda$ 限定的概率测度变换。于是测度 $\mathbb{Q}^{\lambda}$ 下 x 的动态特征变为

$$\mathrm{d}x_t=(\hat{\varphi}-\kappa x_t)\mathrm{d}t+\sigma\,\mathrm{d}z_t^{\lambda}$$

其中 $\hat{\varphi}=\varphi-\sigma\lambda$。因此,$x$ 的未来值在测度 $\mathbb{P}$ 和 $\mathbb{Q}^{\lambda}$ 下都服从正态分布。由式(3.14)和式(3.15),我们看到 $x_{t'}$(给定 x_t)的方差在测度 $\mathbb{Q}^{\lambda}$ 和 $\mathbb{P}$ 下是相同的,但是期望值将有所改变(回想 $\theta=\varphi/\kappa$):

$$\mathrm{E}_t^{\mathbb{P}}[x_{t'}]=e^{-\kappa(t'-t)}x_t+\frac{\varphi}{\kappa}(1-e^{-\kappa(t'-t)})$$

$$\mathrm{E}_t^{\mathbb{Q}^{\lambda}}[x_{t'}]=e^{-\kappa(t'-t)}x_t+\frac{\hat{\varphi}}{\kappa}(1-e^{-\kappa(t'-t)})$$

然而,一般来讲,变换概率测度可能并不仅仅改变未来值的某些或全部的矩,也有可能改变分布类型。

练习

练习 3.1 假设 $x=(x_t)$ 是一个几何布朗运动，$\mathrm{d}x_t=\mu x_t\mathrm{d}t+\sigma x_t\mathrm{d}z_t$。那么由 $y_t=(x_t)^n$ 定义的动态过程 $y=(y_t)$ 的动态特征如何描述？对于 y 的未来值的分布，你能说些什么？

练习 3.2 假设 y 是一个随机变量，并通过定义 $x_t=\mathrm{E}[y]$ 而定义一个随机过程 $x=(x_t)$。证明 x 是一个鞅。

练习 3.3 [摘自 Björk(2009)]由 $y_t=z_t^4$ 定义一个随机过程 $y=(y_t)$，其中 $z=(z_t)$ 是一个标准布朗运动。请确定 y 的动态特征，证明

$$y_t=6\int_0^t z_s^2\mathrm{d}s+4\int_0^t z_s^3\mathrm{d}z_s$$

证明 $\mathrm{E}[y_t]\equiv\mathrm{E}[z_t^4]=3t^2$，在此 E[ ] 表示 0 时刻的信息的情况下的期望。

练习 3.4 [摘自 Björk(2009)]由 $y_t=e^{az_t}$ 定义一个随机过程 $y=(y_t)$，其中 a 是一个常数，请确定 y 的动态特征，证明

$$y_t=1+\frac{1}{2}a^2\int_0^t y_s\mathrm{d}s+a\int_0^t y_s\mathrm{d}z_s$$

定义 $\mathrm{m}(t)=\mathrm{E}[y_t]$。证明 m 满足普通微分方程

$$m'(t)=\frac{1}{2}a^2m(t),\ m(0)=1$$

证明 $\mathrm{m}(t)=e^{a^2t/2}$ 并推定

$$\mathrm{E}[e^{az_t}]=e^{a^2t/2}$$

练习 3.5 考察两个由

$$\mathrm{d}x_{1t}=\mu_{1t}\mathrm{d}t+\sigma_{1t}\mathrm{d}z_{1t}$$

$$\mathrm{d}x_{2t}=\mu_{2t}\mathrm{d}t+\rho_t\sigma_{2t}\mathrm{d}z_{1t}+\sqrt{1-\rho_t^2}\sigma_{2t}\mathrm{d}z_{2t}$$

所定义的一般随机过程 $x_1=(x_{1t})$ 和 $x_2=(x_{2t})$。在此 z_1 和 z_2 是两个独立的一维标准布朗运动。解释 μ_{it}，σ_{it} 和 ρ_t。由 $y_t=x_{1t}x_{2t}$ 和 $w_t=x_{1t}/x_{2t}$ 定义过程 $y=(y_t)$ 和 $w=(w_t)$。如何描述 y 和 w 的动态特征。令 x_1 和 x_2 是相关系数为常数的几何布朗运动，也就是说 $\mu_{it}=\mu_i x_{it}$，$\sigma_{it}=\sigma_i x_{it}$，和 $\rho_t=\rho$，其中 μ_i，σ_i 和 ρ 为常数，请以此为特例使你的答案具体化。

练习 3.6 找出式(3.22)所定义的过程 ξ^λ 的动态特征。

4 关于资产定价理论的评论

4.1 引言

债券及其他固定收益证券有一些特殊的特征，这使得它们明显不同于其他金融资产，如股票和股票衍生工具。然而，说到底，所有金融资产服务于相同的目的——使消费机会在不同的时间和状态之间转移。因此，固定收益证券定价遵循与所有其他金融资产定价相同的一般原则。在本章中，我们将讨论一些关于资产定价理论的重要概念和结果，它们将在下面的章节被应用于利率的期限结构和固定收益证券的定价。

资产定价理论的基本概念是套利、状态价格、风险中性概率测度、风险的市场价格以及市场完整性。构造资产定价模型的主要目的在于概括金融资产的均衡价格特征。如果价格使得金融资产市场出清(即供给等于需求)，在给定投资者偏好和预算约束，以及当前市场价格的条件下，每一个投资者都选择了一个最优的金融资产交易策略，这时市场就处于均衡状态。套利可以获得无风险利润。如果投资者能捕捉到套利投资的机会，他一定会这么做，并因此而改变他原来的交易策略。因此，一个存在套利价格的市场是非均衡的。当我们寻找均衡价格时，我们可以将自己限定在无套利原则之下。在 4.2 节，我们将介绍资产定价的一般模型，并对套利的概念做出更正式的定义。

在典型的金融市场中，成千上万的不同资产在交易。当然，各种资产的价格依赖于该资产的未来收益。为了给金融市场中的资产定价，一种策略是确定所有资产在所有可能的状态下的未来收益，然后找出一组不存在套利机会的价格。但是，这肯定会是一个相当复杂的过程。相反，为了排除套利机会，并使得无套利定价机制这一一般原则能应用于任何特定的资产，我们首先应当确定如何为未来现金流进行估值。我们将展示如何在一个市场、三个不同却又等价对象：一个状态价格紧缩因子、风险中性概率测度和风险的市场价格的情况下，确立一个一般的无套利定价机制。一旦这些对象之一被确定，我们就可以对任何收益流进行定价。我们将在 4.3 节讨论这些对象、它们之间的关系以及无套利定价原则。我们还将看到，这一一般定价机制与投资于这一市场的投资者的边际消费效用是密切相关的。

尽管风险中性概率测度是概括无套利价格体系的一个标准的对象，我们在 4.4 节论证了可以用其他概率测度来实现同一目的。当它涉及衍生工具的定价时，为了使得计算更方便，我们往往使用精心挑选的概率测度。

在第 4.5 节，我们对完全市场和不完全市场这两个概念做了区分。从某种意义上讲，如果市场所有的风险都在交易，并且行为人能够获得对经济冲击的任何暴露头寸，那么这一市场基本上就是完全的。在一般的市场，许多状态价格平减因子(或风险中性概率测度或市场风险的价格)在没有套利的情况下是一致的。我们将在 4.6 节中看到，在一个完全市场，我们可以假设经济中只有一个代表性的行为人。我们在下一章中将利用到这个假设，以便将利率期限结构与总消费连接起来。

为了使符号更为简单，我们假设可获得的资产只在某个时刻 T 支付红利，并且假设在这一时刻所有的不确定性都已经解决，并据此得出第一个主要结论。在 4.7 节，我们将说明怎样将这一结果推广至红利可以在其他时点支付等更贴近现实的情形。

最后，第 4.8 节考察了一类特殊的扩散模型，这包括了许多流行的期限结构模型以及著名的 Black-Scholes-Merton 股票期权定价模型。假设为一个给定的资产定价的相关信息可以通过一个(最好是低维)的扩散过程捕获，那么这一资产的价格就可以通过解偏微分方程而得到。

我们的分析设定在一个连续时间随机模型框架下展开。一般资产的大多数定价概念和结论可以在离散时间模型中得到，通常它们在离散时间模型中更易于解释和证明。经典的参考资料包括 Arrow(1951；1953；1964；1971)，Debreu(1953；1954；1959)，Negishi(1960)和 Ross(1978)。正如已经在 3.2.4 节中所讨论的一样，连续时间模型通常更优雅、更易处理，连续时间的设定也比离散时间的设定更贴近现实。况且，多数期限结构模型是在连续时间框架下表述的，因此我们确实需要一些连续时间情况下关于资产定价一般的概念与结论。许多连续时间框架下的概念和结论最初来自 Harrison 和 Kreps(1979)，Harrison 和 Pliska(1981；1983)。一些教科书对资产定价理论有比较详尽的介绍。侧重于离散时间定价的有 Huang 和 Litzenberger(1988)，LeRoy 和 Werner(2001)，Cochrane(2005)，Skiadas(2009)，然而 Karatzas 和 Shreve(1998)则从数学角度为连续时间资产定价提供了很严谨的视角。同样也有一些覆盖离散时间资产定价和连续时间资产定价模型的教科书，如 Ingersoll(1987)、Duffie(2001)、Pennacchi(2008)和 Munk(2010)。

4.2 资产、交易策略和套利

我们将为 $[0, T]$ 时期的经济体建立一个模型，在此 T 表示某个时间上的终止点，也就是说，我们不会为发生在此之后的事件建模。我们假设这一经济体中的基础不确定性由一个 d 一维的标准布朗运动 $\boldsymbol{z}=(z_t)_{t\in[0, T]}$ 表示。可以将 $d\boldsymbol{z}_t$ 看成 t 时刻对经济体产生的 d 个外生的冲击构成的向量。所有对资产的红利或投资者的投资决策产生影响的不确定性都来自这些外生的冲击。这包括：

(1) 关于资产红利、价格和利率变动、未来期望收益、波动率和相关性的金融不确定性；

(2) 关于消费品价格、行为人的未来劳动收入等的非金融不确定性。

在这一情况下，状态空间 Ω 是布朗运动 z 的全部路径的集合。注意到布朗运动有无数条路径，因此我们有一个无限状态空间。信息渗流 $\mathbf{F}=(\mathcal{F}_t)_{t\in[0,T]}$ 表示可以通过观察 z 所能获得的信息，因此 $\mathbf{F}=\mathbf{F}^z$，这使过程 z 适应于这一最小的渗流。

为了标记上的简单，我们将首先为可获得的资产在 T 时刻之前不支付红利的情况推导出一些主要结论。然后，我们将讨论中途出现红利发放时所必要的修正。

4.2.1 资产

我们为一个有一种瞬时无风险资产和 N 种风险资产的市场建模。让我们首先描述一下这个瞬间无风险资产。令 r_t 表示 t 时刻连续复利，一个瞬间无风险的利率，所以在无穷小的间隔 $[t, t+\mathrm{d}t]$ 里的收益率是 $r_t\mathrm{d}t$。这一瞬间无风险资产是一个可以进行连续滚动这样的无风险投资的资产。我们将这一资产称为银行账户。令 $A=(A_t)$ 表示银行账户的价格过程。在无穷短的间隔 $[t, t+\mathrm{d}t]$ 里，银行账户的余额的增量在 t 时刻将是

$$\mathrm{d}A_t = A_t r_t \mathrm{d}t$$

一笔 0 时刻的存款 A_0 增长到 t 时刻将是

$$A_t = A_0 e\int_0^t r_u \mathrm{d}u$$

我们将 A_T 视为银行账户的终止时刻获得的红利。我们需要假设过程 $r=(r_t)$ 使得 $\int_0^T |r_t| \mathrm{d}t$ 以概率 1 保持有限。注意，银行账户只是瞬间无风险资产，这是因为未来的利率一般是不确定的。我们称 r_t 为短期利率。有些作者使用即期利率将其与远期利率区分开来。如果 t 时刻零息债券收益率曲线由 $\tau \mapsto y_t^{t+\tau}$ 给出，那么可以将 r_t 视为极限 $\lim_{\tau\to 0} y_t^{t+\tau}$，这对应于收益率曲线在 (τ, y) 坐标图上与竖坐标轴的交点。

短期利率严格意义上讲是一个 0 到期日利率。市场上所交易的到期日最短的政府债券也可能是好几个月，所以我们不可能从市场价格中直接观察到短期利率。债券市场的短期利率可以估计为收益率曲线的截距。在货币市场上，存款或贷款的日期可能会很短，比较典型的情况是短至 1 天。这当然可以作为货币市场的短期利率的替代指标，但它并不必然是无风险（政府债券）短期利率的一个好的替代指标。理由是货币市场利率用于金融机构之间的信用贷款，因此反映了这些投资者的违约风险，见第 1 章。货币市场利率因此应当高于相似的债券市场利率。

我们用一般伊藤过程来为 N 个风险资产的价格建模，见 3.5 节。假定第 i 个风险资产的价格过程 $P_i=(P_{it})$ 形如

$$\mathrm{d}P_{it} = P_{it}\left[\mu_{it}\mathrm{d}t + \sum_{j=1}^{d}\sigma_{ijt}\mathrm{d}z_{jt}\right]$$

在此 $\mu_i=(\mu_{it})$ 表示（相对）漂移，$\sigma_{ij}=(\sigma_{ijt})$ 表示价格相对于第 j 个外生冲击的相对敏感性。注意，一个给定资产的价格可能并不是对所有的冲击 $\mathrm{d}z_{1t}, \cdots, \mathrm{d}z_{dt}$ 敏感，所以某些 σ_{ijt} 可以

等于零。同样也存在没有任何资产对某一特别的冲击敏感的可能性。有些冲击可能与投资者相关，并不对资产价格产生直接影响，例如，关于劳动收入的冲击。如果令 $\boldsymbol{\sigma}_{it}$ 为敏感性变量 $(\sigma_{i1t}, \cdots, \sigma_{idt})^{\top}$，资产 i 的价格动态特征可以写成

$$\mathrm{d}P_{it} = P_{it}[\mu_{it}\mathrm{d}t + \boldsymbol{\sigma}_{it}^{\top}\mathrm{d}\boldsymbol{z}_t] \tag{4.1}$$

我们将 P_{iT} 视为资产 i 终点时刻的红利。

可以将 N 种风险资产的价格的动态特征用向量表示成更为紧凑的形式

$$\mathrm{d}\boldsymbol{P}_t = \mathrm{diag}(\boldsymbol{P}_t)[\boldsymbol{\mu}_t\mathrm{d}t + \underline{\underline{\sigma}}_t\mathrm{d}\boldsymbol{z}_t]$$

在此

$$\boldsymbol{P}_t = \begin{pmatrix} P_{1t} \\ P_{2t} \\ \vdots \\ P_{Nt} \end{pmatrix}, \ \mathrm{diag}(\boldsymbol{P}_t) = \begin{pmatrix} P_{1t} & 0 & \cdots & 0 \\ 0 & P_{2t} & \cdots & 0 \\ \vdots & \vdots & \ddots & \vdots \\ 0 & 0 & \cdots & P_{Nt} \end{pmatrix}$$

$$\boldsymbol{\mu}_t = \begin{pmatrix} \mu_{1t} \\ \mu_{2t} \\ \vdots \\ \mu_{Nt} \end{pmatrix}, \ \underline{\underline{\sigma}}_t = \begin{pmatrix} \sigma_{11t} & \sigma_{12t} & \cdots & \sigma_{1dt} \\ \sigma_{21t} & \sigma_{22t} & \cdots & \sigma_{2dt} \\ \vdots & \vdots & \ddots & \vdots \\ \sigma_{N1t} & \sigma_{N2t} & \cdots & \sigma_{Ndt} \end{pmatrix}$$

假设过程 μ_i 和 σ_{ij} 是“良态的”，例如，产生的价格的方差是有限的。对 μ_{it} 的经济解释是一瞬间之后每一时期(年)的期望收益率。矩阵 $\underline{\underline{\sigma}}_t$ 捕捉了风险资产价格对外生冲击的敏感性，并决定了瞬间的方差和协方差(因此也包括了相关性)。特别地，$\underline{\underline{\sigma}}_t\underline{\underline{\sigma}}_t^{\top}$ 是下一个瞬间 $[t, t+\mathrm{d}t]$ 的收益率的 $N\times N$ 方差—协方差矩阵。资产 i 的波动率是下一瞬间后每单位时间相对价格变动的标准差，也就是 $\|\boldsymbol{\sigma}_{it}\| = \left(\sum_{j=1}^{d}\sigma_{ijt}^2\right)^{\frac{1}{2}}$。

4.2.2 交易策略

一个**交易策略**是指一对 $(\alpha, \boldsymbol{\theta})$，其中 $\alpha = (\alpha_t)$ 代表一个表示持有瞬间无风险资产的单位的实数过程，$\boldsymbol{\theta}$ 代表 N 种风险资产各持有 1 单位的 N 维过程。更精确地讲，$\theta = (\boldsymbol{\theta}_1, \cdots, \boldsymbol{\theta}_N)^{\top}$，其中 $\boldsymbol{\theta}_i = (\boldsymbol{\theta}_{it})$ 中的 $\boldsymbol{\theta}_{it}$ 代表了 t 时刻持有资产 i 的单位数。t 时刻交易策略的价值是

$$V_t^{\alpha,\boldsymbol{\theta}} = \alpha_t A_t + \boldsymbol{\theta}_t^{\top}\boldsymbol{P}_t$$

持有组合 $(\alpha_t, \boldsymbol{\theta}_t)$ 在无穷短的区间 $[t, t+\mathrm{d}t]$ 获得的收益是

$$\alpha_t\mathrm{d}A_t + \theta_t^{\top}\mathrm{d}\boldsymbol{P}_t = \alpha_t r_t e^{\int_0^t r_s\mathrm{d}s}\mathrm{d}t + \boldsymbol{\theta}_t^{\top}\mathrm{d}\boldsymbol{P}_t$$

如果一个交易策略没有发生资金的流入，也没有资金的抽离，其未来值等于其初始值和累积交易收益之和，那么这个交易策略是自融资的(self-financing)。用数学语言表示就是，如果

$$V_t^{\alpha,\boldsymbol{\theta}} = V_0^{\alpha,\boldsymbol{\theta}} + \int_0^t(\alpha_s r_s e^{\int_0^s r_u\mathrm{d}u}\mathrm{d}s + \boldsymbol{\theta}_s^{\top}\mathrm{d}\boldsymbol{P}_s)$$

或以微分形式表示为

$$\begin{aligned} dV_t^{\alpha,\boldsymbol{\theta}} &= \alpha_t r_t e^{\int_0^t r_u du} dt + \boldsymbol{\theta}_t^{\top} d\boldsymbol{P}_t \\ &= (\alpha_t r_t A_t + \boldsymbol{\theta}_t^{\top} \mathrm{diag}(\boldsymbol{P}_t)\boldsymbol{\mu}_t) dt + \theta_t^{\top} \mathrm{diag}(\boldsymbol{P}_t) \underline{\underline{\sigma}}_t dz_t \end{aligned} \tag{4.2}$$

则 $(\alpha, \boldsymbol{\theta})$ 是一个自融资的交易策略。

4.2.3 冗余资产

我们说一个资产是冗余资产，如果存在一个交易其他资产的自融资交易策略使得该策略在 T 时刻的收益与该资产的收益相同。为了确保在 T 时刻具有相同的收益率，复制交易策略的价值必须与该资产的价格在任何时点和任何状态下都是相同的。因此，策略的价值过程和资产的价格过程必须是相同的。特别是，策略的价值过程和资产的价格过程对冲击的反应方式也相同。因此，只要资产的价格过程的敏感性向量是其他资产价格过程的线性组合，那么这一资产就是一个冗余资产。这意味着，只要在 N 个资产中存在冗余资产，那么矩阵 $\underline{\underline{\sigma}}_t$ 的行是线性相关的①。

正如其名所示，一个冗余资产对于增强投资者在不同时间和状态之间转换消费的机会没有任何作用。对于投资者而言，冗余资产的存在无关紧要。因此，可以将冗余资产从交易的资产中移除。一个资产是不是冗余资产取决于其他资产。因此，只能一个一个地去除冗余资产。首先，找到一个冗余资产，将其去除。然后，基于剩余的资产寻找另一个冗余资产并把它去除。重复这个过程直到剩余的资产中不再有冗余资产。剩余资产的数目将等于原敏感性矩阵的秩②。假设对于所有 t，矩阵 $\underline{\underline{\sigma}}_t$ 的秩等于 k。那么存在 k 个非冗余资产。我们用 $\hat{\underline{\underline{\sigma}}}_t$ 表示从 $\underline{\underline{\sigma}}_t$ 去掉代表冗余资产的行之后的 $k \times d$ 矩阵，用 $\hat{\boldsymbol{\mu}}_t$ 表示从 $\boldsymbol{\mu}_t$ 中删掉冗余资产所对应的元素后的 k 一维向量。

4.2.4 套利

一个套利是指一个自融资交易策略 $(\alpha, \boldsymbol{\theta})$，它满足以下两个条件的一个：

(1) $V_0^{\alpha,\boldsymbol{\theta}} < 0$；$V_T^{\alpha,\boldsymbol{\theta}} \geqslant 0$ 的概率为 1，

(2) $V_0^{\alpha,\boldsymbol{\theta}} \leqslant 0$；$V_T^{\alpha,\boldsymbol{\theta}} \geqslant 0$ 的概率为 1 且 $V_T^{\alpha,\boldsymbol{\theta}} > 0$ 的概率严格为正。

一个交易策略 $(\alpha, \boldsymbol{\theta})$ 满足条件(1)有一个负的初始价格，即投资者在开始这个交易策略时就收到资金。不管世界如何变化，终止时刻的收益是非负的，因为这个策略是自融资策略，中途不发生收支。任何理性的投资者都将投资于这一交易策略。相似地，条件(2)将不会要求投资者付出任何成本，但却有正概率在终止时刻获得正的收益。这好像是一个免费的乐透彩票。

---

① 两个向量 $\boldsymbol{a}$ 和 $\boldsymbol{b}$ 线性不相关，如果 $k_1\boldsymbol{a} + k_2\boldsymbol{b} = \boldsymbol{0}$ 隐含着 $k_1 = k_2 = 0$，也就是 $\boldsymbol{a}$ 和 $\boldsymbol{b}$ 不能通过线性组合得到一个零向量。如果它们不是线性不相关，就是线性相关。

② 矩阵的秩是指矩阵的线性不相关的行数的最大值，或线性不相关的列数最大值。一个 $k \times l$ 的矩阵的秩必须小于或等于 k 和 l 中的最小值。如果秩等于 k 和 l 中的最小值，那么这个矩阵就是满秩的。

无套利定价的直接结果就是冗余资产的价格必须等于实施自融资的复制交易策略的成本。如果冗余资产比复制交易策略便宜,那么就可以买入冗余资产卖出复制交易策略而实现套利,反过来,如果冗余资产更贵,则可以采取相反的行动。这一现象是许多衍生工具定价模型,包括著名的 Black-Scholes-Merton 股票期权定价模型的基础,见 Black 和 Scholes(1973)及 Merton(1973)。

虽然对套利的定义始终强调终止时刻 T 的收益,但是它也确实包括了更短时期内获得的无风险收益。假设,可以构造一个初始值为负(也就是一个非正数的价格)的交易策略,始终是非负的价值,在某个 $t < T$ 的时点价值严格为正。于是这一严格为正的价值可以在 $[t, T]$ 投资于一个银行账户,产生一个严格为正的终值。

任何现实的均衡价格模型都应当排除套利的可能性。然而在我们的连续时间框架下,实际上可以吃到免费的午餐。有一种所谓的翻倍策略就是如此。设想一个掷硬币的过程,将其枚举为 $n=1, 2, \cdots$,第 n 次抛掷发生在时间 $1-1/(n+1)$。在第 n 次抛掷中,如果正面朝上,时点 T 可以获得 $\alpha 2^{n-1}$,反之,则输掉 $\alpha 2^{n-1}$。出现正面朝上时,赌局结束。现在假设正面出现在第 $(k+1)$ 次,那么在前面的 k 次抛掷中将输掉 $\alpha(1+2+\cdots+2^{k-1})=\alpha(2^k-1)$。而在第 $k+1$ 次抛掷中赢得 $\alpha 2^k$,总利润是 $\alpha 2^k-\alpha(2^k-1)=\alpha$。由于硬币正面朝上的概率将最终达到1,所以赢得 α 的概率为1。相似的策略可以在金融市场的连续时间模型中构造,却不可能在现实生活中实施。通过要求交易策略必须有下限,即存在某些常数 K 使得对于所有 t 有 $V_t^{\alpha,\theta} \geq -K$,可将这些策略被排除在外。这是一个合理的限制,因为一个人不可能借到无限多的钱。如果你的借款能力有限,上面的翻倍策略就不可能实施。

4.3 状态价格平减因子、风险中性概率以及风险的市场价格

我们并不试图为许许多多交易的金融资产逐一定价,更明智的做法是首先在一个无套利的市场中推导出一个一般性的定价机制。为了给特定资产定价,这个一般性的定价机制应该能够结合特定资产的收益。在本节,我们将给出无套利价格系统的三个基本等价的表示:状态价格平减因子、风险中性概率以及风险的市场价格。一旦这三个对象中有一个明确,就可以为任何收益流定价。

4.3.1 状态价格平减因子

一个状态价格平减因子是一个随机过程 $\zeta=(\zeta_t)$,它满足:

(1) $\zeta_0=1$,

(2) 对于所有 $t \in [0, T]$ 和所有状态,$\zeta_t > 0$,

(3) 对于所有 $t \in [0, T]$,$\mathrm{Var}[\zeta_t] < \infty$,

(4) 状态价格平减因子与任何资产价格的乘积是一个鞅。

最后一个条件意味着:

——$\left(\zeta_t \exp\left\{\int_0^t r_u \mathrm{d}u\right\}\right)$ 是一个鞅，

——对于任何 $i=1, \cdots, N$，$(\zeta_t P_{it})$ 是一个鞅。

特别地，对于所有 $t < t' \leqslant T$，有

$$P_{it}\zeta_t = \mathrm{E}_t[P_{it'}\zeta_{t'}]$$

或

$$P_{it} = \mathrm{E}_t\left[\frac{\zeta_{t'}}{\zeta_t}P_{it'}\right] \tag{4.3}$$

假设给定状态价格平减因子 ζ，其分布 ζ_T/ζ_t 也因而被给定。那么在 t 时刻，一个由随机变量 P_{iT} 所表示，在终止时间支付红利的资产的价格等于 $\mathrm{E}_t[(\zeta_T/\zeta_t)P_{iT}]$。因此，状态价格平减因子捕捉了整个市场的定价信息。特别地，对于一个在 T 时刻获得 1 单位支付的零息债券在 t 时刻的价格为

$$B_t^T = \mathrm{E}_t\left[\frac{\zeta_T}{\zeta_t}\right]$$

对某些相对漂移 $\boldsymbol{m}$ 和"敏感性"向量 $\boldsymbol{v}$，状态价格平减因子的动态特征写成

$$\mathrm{d}\zeta_t = \zeta_t[m_t \mathrm{d}t + v_t^{\top} \mathrm{d}z_t] \tag{4.4}$$

定义 $\zeta_t^* = \zeta_t A_t = \zeta_t \exp\left\{\int_0^t r_u \mathrm{d}u\right\}$。由伊藤引理

$$\mathrm{d}\zeta_t^* = \zeta_t^*[(m_t + r_t)\mathrm{d}t + v_t^{\top}\mathrm{d}z_t]$$

由于 $\zeta^* = (\zeta_t^*)$ 是一个鞅，必须有 $m_t = -r_t$，也就是状态价格平减因子的相对漂移等于负的短期利率。对于任何风险资产 i，过程 $\zeta_t^i = \zeta_t P_{it}$ 必须是一个鞅。由伊藤引理以及式(4.1)和式(4.4)所给出的关于 P_i 和 ζ 的动态特征，得到

$$\begin{aligned}\mathrm{d}\zeta_t^i &= \zeta_t \mathrm{d}P_{it} + P_{it}\mathrm{d}\zeta_t + (\mathrm{d}\zeta_t)(\mathrm{d}P_{it}) \\ &= \zeta_t^i[(\mu_{it} + m_t + \sigma_{it}^{\top} v_t)\mathrm{d}t + (v_t + \sigma_{it})^{\top}\mathrm{d}z_t]\end{aligned}$$

因此，如果 ζ 是一个状态价格平减因子，等式

$$\mu_{it} + m_t + \sigma_{it}^{\top} v_t = 0$$

必须对任何资产 i 成立，且可以将 $m_t = -r_t$ 代入。用紧凑的形式表示，对 v 施加的条件因此是

$$\mu_t - r_t 1 = -\underline{\underline{\sigma}}_t v_t \tag{4.5}$$

状态价格平减因子与一个(良态)的自融资交易策略同样是一个鞅，因此

$$\zeta_t V_t^{\alpha,\boldsymbol{\theta}} = \mathrm{E}_t[\zeta_{t'} V_{t'}^{\alpha,\boldsymbol{\theta}}]$$

为了明白这一点，首先使用伊藤引理得到

$$\mathrm{d}(\zeta_t V_t^{\alpha,\boldsymbol{\theta}}) = \zeta_t \mathrm{d}V_t^{\alpha,\boldsymbol{\theta}} + V_t^{\alpha,\boldsymbol{\theta}}\mathrm{d}\zeta_t + (\mathrm{d}\zeta_t)(\mathrm{d}V_t^{\alpha,\boldsymbol{\theta}})$$

代入式(4.2)中的 $dV_t^{\alpha,\boldsymbol{\theta}}$ 和式(4.4)中的 $d\zeta_t$，经过简化，可以得到

$$d(\zeta_t V_t^{\alpha,\boldsymbol{\theta}}) = \zeta_t \boldsymbol{\theta}_t^{\top} \mathrm{diag}(\boldsymbol{P}_t)(\boldsymbol{\mu}_t - r_t 1 + \underline{\underline{\sigma}}_t v_t)\,dt + \zeta_t V_t^{\alpha,\boldsymbol{\theta}} v_t^{\top} dz_t$$

从式(4.5)可以看到漂移是 0，因此，这一过程是一个鞅。

给定一个状态价格平减因子，我们可以为任何资产定价。但是，能肯定状态价格确实存在吗？可以证明，状态价格平减因子的存在性基本等价于无套利机会。接下来就是这一命题的第一部分表述。

定理 4.1 如果状态价格平减因子存在，价格之间不存在套利机会。

证明：为了简单起见，忽略交易策略的价值过程的下界(感兴趣的读者可以参考 Duffie (2001，第 105 页)以了解如何将下界结合进来；这包括了不在这讨论的局部鞅和上鞅)。假设 $(\alpha, \boldsymbol{\theta})$ 是一个满足 $V_T^{\alpha,\boldsymbol{\theta}} \geqslant 0$ 的自融资交易策略。给定一个状态价格平减因子 $\zeta = (\zeta_t)$，策略的初始值为

$$V_0^{\alpha,\boldsymbol{\theta}} = \mathrm{E}[\zeta_T V_T^{\alpha,\boldsymbol{\theta}}]$$

由于 $\zeta_T > 0$，所以这是一个非负值。更进一步，如果有一个 $V_T^{\alpha,\boldsymbol{\theta}}$ 的严格为正的概率，那么 $V_t^{\alpha,\boldsymbol{\theta}}$ 一定严格为正。因此，套利机会被排除。 □

反过来，在某些技术条件下，套利机会的缺失意味着状态价格的存在。在套利机会缺失的情况下，任何行为人的最优消费策略都是有限和良态的。接下来将证明行为人的边际跨期替代率可以用作状态价格平减因子。

在连续时间框架下，可以很自然地假设每一行为人根据非负的连续消费过程 $c = (c_t)$ 进行消费。假设从一个给定的消费过程所获得的终身效用具有时间可加的形式 $\mathrm{E}\left[\int_0^T e^{-\delta t} u(c_t)\,dt\right]$。在此 $u(\cdot)$ 是该行为人的效用函数，δ 为其时间偏好率(或主观贴现率)。在这种情形下，c_t 是 t 时刻的消费率，也就是每单位时间所消费的消费品。在一个时间区间 $[t, t+\Delta t]$ 所消费的商品的数量单位是 $\int_t^{t+\Delta t} c_s\,ds$，对于很小的时间 Δt 来说，近似等于 $c_t \cdot \Delta t$。通过应用合适的交易策略，行为人可以将消费在时间和状态间进行转移。

假设 $c = (c_t)$ 是某些行为人的最优消费过程。任何对这一策略的偏离都会导致更低的效用。如果行为人 0 时刻在资产 i 上的投资增加 ε 单位，这就产生了一个偏离。额外的成本就是当前消费降低 εP_{i0}。假定行为人为了这一额外增加用于投资的融资，他在 $[0, \Delta t]$ 期间(Δt 很小)的消费率将降低 $\varepsilon P_{i0}/\Delta t$。在 $t < T$ 时刻将资产 i 多出来的 ε 单位投资出售，产生收入 εP_{it}。这一融资行为将在 $[t, t+\Delta t]$ 期间使消费率提升 $\varepsilon P_{it}/\Delta t$。由于到目前为止，假设资产在 T 时刻之前不支付红利，所以 $[0, \Delta t]$ 和 $[t, t+\Delta t]$ 区间之外的消费率不受影响。给定最优 $c = (c_t)$，必定有

$$\mathrm{E}\Bigg[\int_0^{\Delta t} e^{-\delta s}\left(u\left(c_s - \frac{\varepsilon P_{i0}}{\Delta t}\right) - u(c_s)\right) ds + \int_t^{t+\Delta t} e^{-\delta s}\left(u\left(c_s + \frac{\varepsilon P_{it}}{\Delta t}\right) - u(c_s)\right) ds\Bigg] \leqslant 0$$

将其除以 ε 并令 $\varepsilon \to 0$，得到

$$\mathrm{E}\left[-\frac{P_{i0}}{\Delta t}\int_0^{\Delta t} e^{-\delta s}u'(c_s)\mathrm{d}s+\frac{P_{it}}{\Delta t}\int_t^{t+\Delta t} e^{-\delta s}u'(c_s)\mathrm{d}s\right]\leqslant 0$$

令 $\Delta t \to 0$，得到

$$\mathrm{E}[-P_{i0}u'(c_0)+P_{it}e^{-\delta t}u'(c_t)]\leqslant 0$$

或等价地，

$$P_{i0}u'(c_0)\geqslant \mathrm{E}[e^{-\delta t}P_{it}u'(c_t)]$$

我们可以通过一个相反的扰动来证明反向不等式的成立，即在 0 时刻降低 $[0,\ t]$ 区间对资产 i 的投资 ϵ 单位，使得 $[0,\ \Delta t]$ 期间的消费水平提高而令 $[t,\ t+\Delta t]$ 期间的消费减少。将两个不等式结合起来，有 $P_{i0}u'(c_0)=\mathrm{E}[e^{-\delta t}P_{it}u'(c_t)]$，或更一般地，有

$$P_{it}=\mathrm{E}_t\left[e^{-\delta(t'-t)}\frac{u'(c_{t'})}{u'(c_t)}P_{it'}\right],\ t\leqslant t'\leqslant T \tag{4.6}$$

如果中途存在分红，情况就有些许不同，参见 4.7 节。

比较式(4.3)和式(4.6)，只要行为人的最优消费过程 c 是良态的，正如前面所预想的那样不存在套利机会(分母中的 $u'(c_0)$ 是为了确保 $\zeta_0=1$)，

$$\zeta_t=e^{-\delta t}\frac{u'(c_t)}{u'(c_0)} \tag{4.7}$$

就是状态价格平减因子的绝佳选择。但是，当从无套利状态推导状态价格平减因子的存在性的过程时，不得不考虑一些技术上的微妙之处。在此，再次建议感兴趣的读者参考 Duffie (2001)。我们总结了如下定理：

定理 4.2 如果价格间不存在套利机会且技术条件满足，那么状态价格平减因子是存在的。

状态价格平减因子 $\zeta_t=e^{-\delta t}u'(c_t)/u'(c_0)$ 是某一特定行为人评估其最优消费率时所用到的边际替代率。由于金融资产存在的目的就是为行为人改变消费的时间和状态提供机会，因此，整个市场的定价信息都可以由边际替代率所捕获。由于每一行为人都会有不同的效用函数，不同的时间偏好，最优消费方案也不相同，所以每一行为人都会有一个状态价格平减因子，全市场的状态价格平减因子(至少)和行为人的数字一样多。然而，所有的这些状态价格平减因子中有一些可能是相同的，见 4.5 节的讨论。

综合前面两个定理，可以得出下面的结论：

推论 4.1 在技术条件下，状态价格平减因子的存在等价于不存在套利的可能性。

4.3.2 风险中性概率测度

在一个期间不支付红利的市场中，一个概率测度$\mathbb{Q}$ 如果满足以下三个条件：

(1) $\mathbb{Q}$ 等价于$\mathbb{P}$，

(2) 对任何资产 i，贴现价格过程 $\overline{P}_{it}=P_{it}\exp\{-\int_0^t r_s\mathrm{d}s\}$ 是一个$\mathbb{Q}$—鞅，

(3) Radon-Nikodym 导数 $d\mathbb{Q}/d\mathbb{P}$ 具有有限方差。

则这一概率测度是一个风险中性概率测度(或等价鞅测度)。如果$\mathbb{Q}$是一个风险中性概率测度,那么条件(2)立即隐含着,对任何 $t < t' \leqslant T$,

$$P_{it} = \mathrm{E}_t^{\mathbb{Q}}[e^{-\int_t^{t'} r_s \mathrm{d}s} P_{it'}] \tag{4.8}$$

特别地,有

$$P_{it} = \mathrm{E}_t^{\mathbb{Q}}[e^{-\int_t^{T} r_s \mathrm{d}s} P_{iT}] \tag{4.9}$$

这表明,一个资产的价格等于终止时刻所支付红利的贴现值的风险中性期望。贴现对象实际上是短期利率的累积收益。累积短期利率收益$\int_t^T r_s \mathrm{d}s$ 和终止时刻的分红 P_{iT} 的联合风险中性分布完全决定了一个资产的价格。在某些关于 $\boldsymbol{\theta}$ 的技术条件下,见 Duffie(2001, p.109),对任何自融资交易策略$(\alpha, \boldsymbol{\theta})$,同样的关系也成立,于是有

$$V_t^{\alpha,\boldsymbol{\theta}} = \mathrm{E}_t^{\mathbb{Q}}[e^{-\int_t^{t'} r_s \mathrm{d}s} V_{t'}^{\alpha,\boldsymbol{\theta}}] \tag{4.10}$$

这些关系说明,风险中性概率测度(与短期利率过程一起)捕捉了全市场的定价信息。对于一个 T 时刻到期的零息债券的特例而言,它在 $t < T$ 时刻的价格可以记为

$$B_t^T = \mathrm{E}_t^{\mathbb{Q}}[e^{-\int_t^T r_s \mathrm{d}s}]$$

定理 3.8 意味着任何不支付红利的资产在风险中性概率测度下的相对漂移率(也就是期望收益率)等于短期无风险利率。在一个所有投资者都是风险中性的假想世界中,在均衡状态下,所有的资产具有相同的期望收益率。这是因为如果某一资产比其他资产的收益率高,那么全部投资者都将购买该资产,这将抬高该资产的价格,造成其收益率下降。而无风险资产的存在,意味着在一个风险中性的世界中,所有资产的期望收益率必然等于无风险收益率。这就解释了风险中性概率测度:现实世界的价格等于其所处全部投资者都是风险中性,概率测度为$\mathbb{Q}$的经济体中的价格。

风险中性概率测度的存在性与套利机会的缺失有着密切的关系,这就是以下定理所总结的内容。

定理 4.3 如果一个风险中性概率测度存在,价格之间不存在套利机会。

证明:假设$(\alpha, \boldsymbol{\theta})$是满足确保式(4.10)成立的技术条件的一个自融资交易策略。那么

$$V_0^{\alpha,\boldsymbol{\theta}} = \mathrm{E}^{\mathbb{Q}}[e^{-\int_0^T r_t \mathrm{d}t} V_T^{\alpha,\boldsymbol{\theta}}]$$

注意到如果 $V_T^{\alpha,\boldsymbol{\theta}}$ 在真实世界概率测度$\mathbb{P}$下以概率 1 为非负,由于$\mathbb{Q}$和$\mathbb{P}$等价,故它在风险中性概率测度$\mathbb{Q}$下同样也是以概率 1 为非负。从上面的等式中可以看到,如果 $V_T^{\alpha,\boldsymbol{\theta}}$ 为非负,那么 $V_0^{\alpha,\boldsymbol{\theta}}$ 也同样非负。此外,$V_T^{\alpha,\boldsymbol{\theta}}$ 以严格为正的概率严格为正,那么 $V_0^{\alpha,\boldsymbol{\theta}}$ 必定严格为正(再次用到了$\mathbb{Q}$和$\mathbb{P}$等价)。因此,套利机会被排除。 □

下一个定理表明,在满足前述技术条件的情况下,风险中性概率测度与状态价格平减因子之间存在一个一一对应的关系。因此,这是两个等价的全市场定价机制。

定理 4.4 给定一个风险中性概率测度$\mathbb{Q}$。令 $\xi_t = \mathrm{E}_t[d\mathbb{Q}/d\mathbb{P}]$ 且定义 $\zeta_t = \xi_t \exp\{-\int_0^t r_s \mathrm{d}s\}$。

如果 ζ_t 对于所有 $t \leqslant T$ 具有有限方差，那么 $\zeta = (\zeta_t)$ 是一个状态价格平减因子。

反过来，给定一个状态价格平减因子 ζ，定义 $\xi_t = \exp\left\{\int_0^t r_s \mathrm{d}s\right\}\zeta_t$。如果 ξ_T 有有限方差，那么可以由 $\mathrm{d}\mathbb{Q}/\mathrm{d}\mathbb{P} = \xi_T$ 定义一个风险中性概率测度$\mathbb{Q}$。

证明：假设$\mathbb{Q}$ 是一个风险中性概率测度。变换测度意味着

$$\begin{aligned} \mathrm{E}_t[\zeta_s P_{is}] &= e^{-\int_0^t r_u \mathrm{d}u}\mathrm{E}_t[\xi_s P_{is} e^{-\int_t^s r_u \mathrm{d}u}] = e^{-\int_0^t r_u \mathrm{d}u}\xi_t \mathrm{E}_t^{\mathbb{Q}}[P_{is} e^{-\int_t^s r_u \mathrm{d}u}] \\ &= e^{-\int_0^t r_u \mathrm{d}u}\xi_t P_{it} = \zeta_t P_{it} \end{aligned}$$

其中第二个等式由式(3.21)得出。因此，ζ 是一个状态价格平减因子(对 ζ_t 有有限方差的条件限制，有限方差确保了期望的存在)。

反过来，假设 ζ 是一个状态价格平减因子，定义 ξ 同定理中的陈述。那么

$$\mathrm{E}[\xi_T] = \mathrm{E}[e^{\int_0^T r_s \mathrm{d}s}\zeta_T] = 1$$

在此，最后一个等式成立是因为状态价格平减因子与银行账户的乘积是一个鞅。更进一步，ξ_T 严格为正，故 $\mathrm{d}\mathbb{Q}/\mathrm{d}\mathbb{P} = \xi_T$ 定义了一个等价概率测度$\mathbb{Q}$。由假设可知，ξ_T 的方差有限。剩下来就是证明贴现价格是鞅即可。再次利用式(3.21)，得到

$$\mathrm{E}_t^{\mathbb{Q}}[e^{-\int_t^{t'} r_s \mathrm{d}s}P_{it'}] = E_t\left[\frac{\xi_{t'}}{\xi_t}e^{-\int_t^{t'} r_s \mathrm{d}s}P_{it'}\right] = \mathrm{E}t\left[\frac{\zeta_{t'}}{\zeta_t}P_{it'}\right] = P_{it}$$

因此，这一条件同样满足。因此，$\mathbb{Q}$ 是一个风险中性概率测度。 □

正如上一小节所讨论的，在某些技术条件下，套利机会的缺失意味着状态价格平减因子的存在性。同样在给定的某些技术条件下，上一定理证明了状态价格平减因子与风险中性概率测度之间存在一一对应的关系。因此，套利机会的缺失在给定的某些技术条件下同样包含了存在风险中性概率测度的结论。让我们对这一结论做某种程度的澄清。套利机会缺失本身并不意味着存在风险中性概率测度。我们需要比套利机会缺失更多一点的条件。正如 Delbaen 和 Schachermayer(1994; 1999)所证明的，"没有风险的免费午餐"的条件等价于一个风险中性概率测度，因此，根据定理 4.4，也就是存在一个状态价格平减因子。我们不打算深究"没有风险的免费午餐"精确的技术定义。提醒读者注意，套利是一个"没有风险的免费午餐"，然而有些交易策略它不是套利却也是一个免费的午餐。更重要的是，我们会看到下面存在足够好的价格过程的市场中，确实能够构造一个风险中性概率测度。因此，底线是套利机会的缺失等同于风险中性概率测度的存在。

4.3.3 风险的市场价格

如果$\mathbb{Q}$ 是一个风险中性概率测度，贴现价格就是$\mathbb{Q}$—鞅。风险资产的贴现价格由

$$\overline{\boldsymbol{P}}_t = \boldsymbol{P}_t e^{-\int_0^t r_s \mathrm{d}s}$$

给出。应用伊藤引理得到贴现价格的动态特征为

$$d\bar{\boldsymbol{P}}_t=\text{diag}(\bar{\boldsymbol{P}}_t)[(\boldsymbol{\mu}_t-r_t\mathbf{1})dt+\underline{\underline{\sigma}}_t dzt] \quad (4.11)$$

假定$\mathbb{Q}$是一个风险中性概率测度。概率测度从$\mathbb{P}$转换为$\mathbb{Q}$由一个随机变量捕获，将其表示为$d\mathbb{Q}/d\mathbb{P}$。由$\xi=(\xi_t)$定义过程$\xi_t=E(d\mathbb{Q}/d\mathbb{P})$。正如在3.10节所解释的，$\xi$是一个鞅。现在从鞅表达式定理(Martingale Representation Theorem)，见定理3.4，可知存在一个d—维过程$\psi=(\psi_t)$，使得$d\xi_t=\psi_t^T dz_t$。通过$\lambda_t=-\psi_t/\xi_t$定义的过程$\lambda=(\lambda_t)$，得到

$$d\xi_t=-\xi_t\boldsymbol{\lambda}_t^{\top}dz_t$$

或，等价的(使用$\xi_0=E[d\mathbb{Q}/d\mathbb{P}=1]$)

$$\xi_t=\exp\left\{-\frac{1}{2}\int_0^t \|\boldsymbol{\lambda}_s\|^2 ds-\int_0^t\boldsymbol{\lambda}_s^{\top}d\boldsymbol{z}_s\right\} \quad (4.12)$$

根据Girsannov定理以及定理3.10，由

$$dz_t^{\mathbb{Q}}=d\boldsymbol{z}_t+\boldsymbol{\lambda}_t dt,\ \boldsymbol{z}_0^{\mathbb{Q}}=0 \quad (4.13)$$

所定义的过程$z^{\mathbb{Q}}=(z_t^{\mathbb{Q}})$在$\mathbb{Q}$概率测度下是一个标准布朗运动。将$dz_t=dz_t^{\mathbb{Q}}-\lambda_t dt$代入式(4.11)，得到

$$d\bar{P}_t=\text{diag}(\bar{\boldsymbol{P}}_t)[(\boldsymbol{\mu}_t-r_t\mathbf{1}-\underline{\underline{\sigma}}_t\boldsymbol{\lambda}_t)dt+\underline{\underline{\sigma}}_t dz_t^{\mathbb{Q}}]$$

如果贴现价格要成为$\mathbb{Q}$概率测度下的一个鞅，漂移率必须为0，因此，必须有

$$\underline{\underline{\sigma}}_t\boldsymbol{\lambda}_t=\boldsymbol{\mu}_t-r_t\mathbf{1} \quad (4.14)$$

根据这些论证可知，方程组存在一个解$\boldsymbol{\lambda}$是存在一个风险中概率测度的必要条件。注意，方程组有N个方程(每一个方程对应一种资产)，d个未知数λ_1，…，λ_d(每一个未知变量对应一个外生冲击)。

从另一方面看，如果存在一个解$\boldsymbol{\lambda}$满足特定的技术条件，那么可以由$d\mathbb{Q}/d\mathbb{P}=\xi_T$定义一个风险中性概率测度，在此，令式(4.12)中$t=T$得到ξ_T。充分条件是ξ_T具有有限方差，$\exp\left\{\frac{1}{2}\int_0^T\|\boldsymbol{\lambda}_t\|^2dt\right\}$具有有限期望值(后一条件是Novikov条件，能保证过程$\xi=(\xi_t)$是一个鞅)。

方程组(4.14)的任何解$\boldsymbol{\lambda}=(\boldsymbol{\lambda}_t)$被称为**风险过程的市场价格**。为了理解这一术语，注意方程组(4.14)中的第i个方程可以写成

$$\sum_{j=1}^{d}\sigma_{ijt}\lambda_{jt}=\mu_{it}-r_t$$

如果第i个资产的价格只对第j个外生变量敏感，那么方程简化为

$$\sigma_{ijt}\lambda_{jt}=\mu_{it}-r_t$$

这意味着

$$\lambda_{jt}=\frac{\mu_{it}-r_t}{\sigma_{ijt}}$$

因此，λ_{jt} 是由第 j 个外生冲击所产生的每单位风险的补偿。

将我们的发现总结如下：

定理 4.5 在技术条件下，存在一个风险中性概率测度当且仅当存在一个风险过程的市场价格。风险中性概率测度$\mathbb{Q}$和风险过程 $\boldsymbol{\lambda}$ 的市场价格由以下关系决定：

$$\frac{d\mathbb{Q}}{d\mathbb{P}} = \exp\left\{-\frac{1}{2}\int_0^T \|\boldsymbol{\lambda}_t\|^2 dt - \int_0^T \boldsymbol{\lambda}_t^{\top} dz_t\right\}$$

将这一定理与前面的结果结合起来，就可得出风险的市场价格的存在与套利机会的缺失本质上是等价的。

手头有了风险的市场价格，就容易看到从真实世界测度$\mathbb{P}$ 转换到风险中性概率测度$\mathbb{Q}$ 的影响。假设 $\boldsymbol{\lambda}$ 是一个风险过程的市场价格，并令$\mathbb{Q}$ 表示与之相关的风险中性概率测度以及 $\boldsymbol{z}^{\mathbb{Q}}$ 表示概率测度$\mathbb{Q}$ 下与之相关的标准布朗运动。那么

$$d\bar{\boldsymbol{P}}_t = \operatorname{diag}(\bar{\boldsymbol{P}}_t)\underline{\underline{\sigma}}_t dz_t^{\mathbb{Q}}$$

和

$$d\boldsymbol{P}_t = \operatorname{diag}(\bar{\boldsymbol{P}}_t)[r_t \mathbf{1} dt + \underline{\underline{\sigma}}_t dz_t^{\mathbb{Q}}]$$

因此在风险中性概率测度之下，所有资产价格的漂移率等于短期利率。波动率不受概率测度变化的影响。

接下来，看看风险的市场价格与状态价格平减因子之间的关系。假设 $\boldsymbol{\lambda}$ 是风险的市场价格，且式(4.12)中的 ξ_t 定义了与之相关的风险中性概率测度。由定理 4.4 知道，在正则条件下，由

$$\zeta_t = \xi_t e^{-\int_0^t r_s ds} = \exp\left\{-\int_0^t r_s ds - \frac{1}{2}\int_0^t \|\boldsymbol{\lambda}_s\|^2 ds - \int_0^t \boldsymbol{\lambda}_s^{\top} d\boldsymbol{z}_s\right\}$$

定义的过程 ζ 是一个状态价格平减因子。由于 $d\xi_t = -\xi_t \boldsymbol{\lambda}_t^{\top} dz_t$，应用伊藤引理得到

$$d\zeta_t = -\zeta_t[r_t dt + \boldsymbol{\lambda}_t^{\top} dz_t] \tag{4.15}$$

正如我们已经看到的，状态价格平减因子的相对漂移是负的短期利率。现在，状态价格紧缩因子向量的敏感性等于负的风险的市场价格，这与式(4.5)是一致的。取决于技术条件，在风险的市场价格和状态价格平减因子之间存在一一对应的关系。

我们再次考察重要的方程组(4.14)，这是 N 个方程，由 $\boldsymbol{\lambda} = (\lambda_1, \cdots, \lambda_d)^{\top}$ 给出的 d 个未知变量的方程组。方程组解的个数取决于 $N \times d$ 矩阵 $\underline{\underline{\sigma}}_t$ 的秩，而正如 4.2.3 节中所讨论的，秩等于非冗余资产的数目。假设 $\underline{\underline{\sigma}}_t$ 的秩对于所有的 t（和所有的状态）都是相同的，用符号 k 表示。已知 $k \leqslant d$，如果 $k < d$，方程组(4.14)存在多个解。将其一个解写成

$$\boldsymbol{\lambda}_t^* = \hat{\underline{\underline{\sigma}}}_t^{\top}(\hat{\underline{\underline{\sigma}}}_t \hat{\underline{\underline{\sigma}}}_t^{\top})^{-1}(\hat{\boldsymbol{\mu}}_t - r_t \mathbf{1})$$

在此，$\hat{\underline{\underline{\sigma}}}_t$ 和 $\hat{\boldsymbol{\mu}}_t$ 如 4.2.3 中所定义。在 $k = d$ 的特殊情形下，有唯一解

$$\boldsymbol{\lambda}_t^* = \hat{\underline{\underline{\sigma}}}_t^{-1}(\hat{\boldsymbol{\mu}}_t - r_t \mathbf{1})$$

4.4 其他有用的概率测度

4.4.1 一般鞅测度

假设$\mathbb{Q}$是一个风险中性概率测度，并令 $A_t = \exp\left\{\int_0^t r_s \mathrm{d}s\right\}$ 为银行账户在 t 时刻的价值。根据式(4.8)，任何只发生一次支付的资产的价格 P_t 对支付日前的 $t' > t$ 满足以下关系

$$\frac{P_t}{A_t} = \mathrm{E}_t^{\mathbb{Q}}\left[\frac{P_{t'}}{A_{t'}}\right]$$

这也就是说，相对价格过程(P_t/A_t)是一个$\mathbb{Q}$—鞅。在某种意义上，可以将银行账户视为计价物。如果资产在时间 T 支付 P_T，可以计算 t 时刻的价格为

$$P_t = \mathrm{E}_t^{\mathbb{Q}}\left[\frac{A_t}{A_T}P_T\right] = \mathrm{E}_t^{\mathbb{Q}}\left[e^{-\int_t^T r_s \mathrm{d}s} P_T\right]$$

这涉及了$\int_t^T r_s \mathrm{d}s$ 和 P_T 的联合风险中性分布，情况比较复杂。

对于一些资产，可以通过使用不同的、经过选择的计价物资产来简化其价格 P_t 的计算。令 S_t 表示某一特定交易资产的价格过程或某一动态交易策略过程的价值。我们要求 $S_t > 0$。能够找到一个概率测度$\mathbb{Q}^S$使得相对价格过程(P_t/S_t)是一个$\mathbb{Q}^S$—鞅吗？将 S_t 和 P_t 的价格动态特征写成

$$\mathrm{d}P_t = P_t[\mu_{Pt}\mathrm{d}t + \boldsymbol{\sigma}_{Pt}^{\top}\mathrm{d}z_t], \quad \mathrm{d}S_t = S_t[\mu_{St}\mathrm{d}t + \boldsymbol{\sigma}_{St}^{\top}\mathrm{d}z_t]$$

于是，根据伊藤引理，见定理 3.7 和例 3.2，

$$d\left(\frac{P_t}{S_t}\right) = \frac{P_t}{S_t}\left[(\mu_{P_t} - \mu_{S_t} + \|\boldsymbol{\sigma}_{S_t}\|^2 - \boldsymbol{\sigma}_{S_t}^{\top}\boldsymbol{\sigma}_{P_t})\mathrm{d}t + (\boldsymbol{\sigma}_{P_t} - \boldsymbol{\sigma}_{S_t})^{\top}\mathrm{d}z_t\right] \tag{4.16}$$

当改变概率测度时，我们改变了漂移率。为了得到一个鞅，我们需要改变概率测度，使得漂移率为 0。假设能够找到一个良态的随机过程 $\boldsymbol{\lambda}_t^S$ 使得

$$(\boldsymbol{\sigma}_{P_t} - \boldsymbol{\sigma}_{S_t})^{\top}\boldsymbol{\lambda}_t^S = \mu_{P_t} - \mu_{S_t} + \|\boldsymbol{\sigma}_{S_t}\|^2 - \boldsymbol{\sigma}_{S_t}^{\top}\boldsymbol{\sigma}_{P_t} \tag{4.17}$$

于是可以通过 Radon-Nikodym 导数定义一个概率测度$\mathbb{Q}^S$，即

$$\frac{\mathrm{d}\mathbb{Q}^S}{\mathrm{d}\mathbb{P}} = \exp\left\{-\frac{1}{2}\int_0^T \|\boldsymbol{\lambda}_t^S\|^2 \mathrm{d}s - \int_0^T (\boldsymbol{\lambda}_t^S)^{\top}\mathrm{d}z_t\right\}$$

由

$$\mathrm{d}z_t^S = \mathrm{d}z_t + \boldsymbol{\lambda}_t^S\mathrm{d}t, \ z_0^S = 0$$

定义的过程 z^S 在$\mathbb{Q}^S$下是一个标准布朗运动。将 $\mathrm{d}z_t = \mathrm{d}z_t^S - \boldsymbol{\lambda}_t^S\mathrm{d}t$ 代入式(4.16)得到

$$d\left(\frac{P_t}{S_t}\right)=\frac{P_t}{S_t}(\boldsymbol{\sigma}_{P_t}-\boldsymbol{\sigma}_{S_t})^{\top}dz_t^S$$

因此，(P_t/S_t)是一个$\mathbb{Q}^S$—鞅。

怎样才能找到一个满足式(4.17)的$\boldsymbol{\lambda}_t^S$？正如所看到的，在弱条件下，风险的市场价格$\boldsymbol{\lambda}_t$将存在且具备$\mu_{P_t}=r_t+\sigma_{P_t}^{\top}\boldsymbol{\lambda}_t$和$\mu_{S_t}=r_t+\sigma_{S_t}^{\top}\boldsymbol{\lambda}_t$的特征。将这些关系代入，注意有$\|\sigma_{S_t}\|^2=\boldsymbol{\sigma}_{S_t}^{\top}\boldsymbol{\sigma}_{S_t}$，式(4.17)的右边简化为$(\boldsymbol{\sigma}_{P_t}-\boldsymbol{\sigma}_{S_t})^{\top}(\boldsymbol{\sigma}_{P_t}-\boldsymbol{\sigma}_{S_t})$。因此使用

$$\boldsymbol{\lambda}_t^S=\boldsymbol{\lambda}_t-\boldsymbol{\sigma}_{S_t}$$

一般而言，将这样的概率测度$\mathbb{Q}^S$称为价格过程为$S=(S_t)$的资产的一个鞅测度。特别地，风险中性概率测度$\mathbb{Q}$是银行账户的一个鞅测度。在某些情况下，可能需要考虑使用支付红利的资产作为计价物，例如，当为这一资产的衍生工具估值时。只要资产的红利支付发生在衍生工具的到期日之前的情况被排除在外，那就不会有问题。例如，要对一只附息债券的期权感兴趣，那么合适的计价物就是期权到期日之后的所收到的息票支付的现值，见 Björk(2009，第 26 章)。

给定价格为S的资产的一个鞅测度$\mathbb{Q}^S$，一项在T时刻支付P_T的单一支付资产的价格满足

$$P_t=S_t\mathrm{E}_t^{\mathbb{Q}^S}\left[\frac{P_T}{S_T}\right]\tag{4.18}$$

在概率测度$\mathbb{Q}^S$下(P_T/S_T)的分布相对简单，这就方便计算P_T相对于S_t的价格。在下一小节我们将看一个在后面章节中广泛应用的重要例子。其他的各种具体的鞅测度将在后面的小节中得到介绍和讨论，例如在 6.5.2 节。

4.4.2 远期鞅测度

对于那些只在单一时间T发生一次支付的衍生证券定价问题而言，使用T时间到期的零息债券作为计价物相当便利。注意，债券在$t\leqslant T$时的价格表示为B_t^T且$B_T^T=1$。假定存在风险的市场价格过程$\lambda=(\lambda)_t$，令σ_t^T表示B_t^T的敏感性向量，因此

$$dB_t^T=B_t^T[(r_t+(\boldsymbol{\sigma}_t^T)^{\top}\boldsymbol{\lambda}_t)dt+(\boldsymbol{\sigma}_t^T)^{\top}dz_t]$$

将到期日为T的零息债券的鞅测度表示为$\mathbb{Q}^T$并称$\mathbb{Q}^T$为T—远期鞅测度。这一类鞅测度是由 Jamshidian(1987)和 Geman(1989)所引入。这一术语的名称来自一个事实:在这一概率测度下，在T时刻交付的、期间不发生支付的任何证券的远期价格都是一个鞅，这也就是说，远期价格的期望变化为 0。如果标的资产价格为P_t，远期价格是P_t/B_t^T，由$\mathbb{Q}^T$测度的定义，这一相对价格是一个$\mathbb{Q}^T$—鞅。T—远期鞅测度下的期望有时也被称为T—远期风险中性世界的期望。

一个在t时刻支付P_T的资产的价格可以计算为

$$P_t=B_t^T\mathrm{E}_t^{\mathbb{Q}^T}[P_T]\tag{4.19}$$

根据 Girsanov 定理，在概率测度$\mathbb{Q}^T$下，由

$$dz_t^T = dz_t + (\lambda_t - \sigma_t^T)dt, \quad z_0^T = 0 \tag{4.20}$$

所定义的过程 $\mathbf{z}^T$ 是一个标准布朗运动。为了从式(4.19)中计算价格，只需要知道：①在资产的支付日到期的零息债券的当前价格，和②资产在 T—远期鞅测度下的随机支付的分布$\mathbb{Q}^T$。我们将应用这一技术来推导零息债券欧式期权的价格。远期鞅测度将在第 11 章研究，所谓的市场模型分析中同样非常重要。

注意，如果收益率曲线是常数并因此而保持平坦时（正如在著名的 Black-Scholes-Merton 股票期权模型中一样），债券价格波动率 $\boldsymbol{\sigma}_t^T$ 为 0，因此，风险中性概率测度与 T—远期鞅测度之间并无差别。只有当利率随机变化时，这两个概率测度才有差异。一般性的差异由从式(4.13)和式(4.20)所得出的关系式

$$dz_t^T = dz_t^{\mathbb{Q}} - \boldsymbol{\sigma}_t^T dt \tag{4.21}$$

捕捉。为了强调风险中性概率测度与 T—远期鞅测度之间的不同，风险中性概率测度有时被称为**即期鞅测度(spot martingale measure)**，这是因为它与短期利率或银行账户即期利率有联系。

4.5 完全市场与非完全市场

如果一个金融市场被称为一个(动态的)**完全市场**，那么所有的相关风险都能通过构建交易金融资产的组合来对冲。更正式的表达是，令 $\mathcal{L}$ 表示所有(具有有限方差的)随机变量的集合，这些随机变量在整个$[0, T]$期间的结果可由经济体的外生冲击确定。用数学术语讲，$\mathcal{L}$ 是由布朗运动 $\mathbf{z}$ 在$[0, T]$区间所生成的路径所生成的 σ—代数中可测的所有随机变量组成的集合。从另一角度看，令 $\mathcal{M}$ 表示 T 时刻金融市场中构建的自融资交易策略所产生的可能值构成的集合，也就是

$$\mathcal{M} = \{V_T^{\alpha,\boldsymbol{\theta}} \mid (\alpha, \boldsymbol{\theta}) \text{ 自融资且 } V_t^{\alpha,\boldsymbol{\theta}} \text{ 对于所有 } t \in [0, T] \text{ 有下界}\}$$

当然，对于任何交易策略$(\alpha, \boldsymbol{\theta})$，终值 $V_T^{\alpha,\boldsymbol{\theta}}$ 是一个随机变量，其结果只有到了 T 时刻才能确定。因为对交易策略所施加的技术条件，该终值将具有有限方差。因此，$\mathcal{M}$ 总是 $\mathcal{L}$ 的子集。如果(事实上也是) $\mathcal{M}$ 等于 $\mathcal{L}$，这个金融市场就是完全的。如果不是，这个市场就是不完全备的。

在完全市场中，投资者感兴趣的任何随机变量都可以由交易策略复制，这也就是说，对于任何随机变量 W，我们都可以找到一个终值为 $V_T^{\alpha,\boldsymbol{\theta}} = W$ 的自融资策略。因此，一个投资者可以精确、适意地暴露于 d 个外生冲击中的任何一个或几个。

根据我们的直觉，一个完全市场必须有足够多的金融资产在交易。然而，每一资产对于外生冲击的反应也应当有足够的差异。毕竟我们用两个完美相关的资产不能比只用其中一个资产对冲更多的风险。因此，市场的完全性与交易资产的敏感性矩阵过程 $\underline{\underline{\sigma}}$ 有着密切的联系。下面的定理更精确地阐明了它们之间的关系。

定理 4.6 假定短期利率 r 是有界的。同样假设风险过程的市场价格 $\boldsymbol{\lambda}$ 存在且有界。那么当

且仅当 $\underline{\underline{\sigma}}_t$ 的秩(几乎处处)等于 d 时,这一金融市场是完全市场。

如果 $N<d$,矩阵 $\underline{\underline{\sigma}}_t$ 的秩不等于 d,因此使得市场是一个完全市场的一个必要(但不充分)条件就是至少有 d 种风险资产在交易。如果 $\underline{\underline{\sigma}}_t$ 有秩 d,那么方程组(4.14)有唯一解,从而风险过程恰好有一个市场价格,即 $\boldsymbol{\lambda}^*$,和(如果 $\boldsymbol{\lambda}^*$ 足够的好)恰好一个风险中性概率测度。如果 $\underline{\underline{\sigma}}_t$ 的秩严格小于 d,那么方程组(4.14)有多个解,多个风险价格和多个风险中性概率测度。综合这些观察以及前面的定理,可以得到下面的结论:

定理 4.7 假定短期利率 r 有界,且市场是完全的。那么存在唯一的风险过程市场价格 $\boldsymbol{\lambda}$,如果 $\boldsymbol{\lambda}$ 满足技术条件,存在一个唯一的风险中性概率测度。

这一定理和定理 4.4 结合在一起隐含了在一个完全市场,在特定技术条件下,存在一个唯一的状态价格紧缩因子。

一个单一时期、具有有限种,比方说 n 种状态的金融市场,如果有 n 种足够不同的交易资产的话,那么这一市场是一个完全市场。试想著名的股票期权定价二项式模型,其中无风险资产和股票构成了一个完全市场,使得股票期权成为一种冗余资产,可以很容易在无套利原则下对其进行定价。当不确定性是由一个 d 维的标准布朗运动生成时,存在无限多的样本路径,因此状态空间也是无限的。看上去有点不可思议,一个市场只需一个瞬间无风险资产和 d 个风险资产,这些风险资产的价格敏感性矩阵 $\underline{\underline{\sigma}}_t$ 的秩为 d,这个市场就是一个完全市场。对这一结果的正式证明非常复杂[见 Harrison 和 Pliska(1981; 1983)以及 Duffie(2001)],下面的这些观察乃基于直觉给出:

(1) 对于一瞬间的连续变化,只有均值和方差是重要的。

(2) 我们能够用一个取 $d+1$ 个可能值的随机变量近似一个 d—维的冲击 dz_t,且具有与 dz_t 相同的均值和方差。

(3) 例如,一个 1 维的冲击 dz_t 具有均值 0 和方差 dt。这一点对于一个以 $\frac{1}{2}$ 的概率取 $\sqrt{dt}$,以 $\frac{1}{2}$ 的概率取 $-\sqrt{dt}$ 的随机变量 ε 同样也是正确的。

(4) 一个 2 维的标准布朗运动 $z=(z_1, z_2)$,其一阶矩和二阶矩为 $\mathrm{E}[dz_{it}]=0$, $\mathrm{Var}[dz_{it}]=dt$ 和 $\mathrm{Cov}[dz_{1t}, dz_{2t}]=0$。具有三个状态的随机变量$(\varepsilon_1, \varepsilon_2)$所对应的矩与 z 的矩相等,其中三个状态为:

$$\varepsilon_1=\frac{\sqrt{3dt}}{\sqrt{2}} \text{ 和 } \varepsilon_2=\frac{\sqrt{dt}}{\sqrt{2}} \text{ 的概率为 } 1/3$$

$$\varepsilon_1=0 \text{ 和 } \varepsilon_2=-\sqrt{2dt} \text{ 的概率为 } 1/3$$

$$\varepsilon_1=-\frac{\sqrt{3dt}}{\sqrt{2}} \text{ 和 } \varepsilon_2=\frac{\sqrt{dt}}{\sqrt{2}} \text{ 的概率为 } 1/3$$

(5) 通过连续交易,我们能够当即调整对外部冲击的暴露头寸。

在每一个瞬间,我们可以将一个由 d—维标准布朗运动产生的不确定性模型设想成一个具有 $d+1$ 种状态的单一时期模型。因此,只需要 $d+1$ 种足够不同的资产,就可以使市场变成完全市场。

从广泛意义上来讲，现实的金融市场可能不是一个完全市场，这是因为大多数投资者面临着所能投资的交易策略上的各种限制，例如，卖空限制和组合构建限制。况且，投资者也未必能够对冲他们所暴露的任何风险，例如，劳动收入风险。不完全市场的一个例子是，一个市场所交易的资产只对 d 个外生冲击中的 $k<d$ 个敏感。将 d—维标准布朗运动 z 分解为($\boldsymbol{Z}$, $\hat{\boldsymbol{Z}}$)，其中 $\boldsymbol{Z}$ 为 k—维，$\hat{\boldsymbol{Z}}$ 为$(d-k)$—维，交易的风险资产的动态特征可以写成

$$\mathrm{d}P_t=\mathrm{diag}(P_t)[\mu_t\mathrm{d}t+\underline{\underline{\sigma}}_t\mathrm{d}Z_t]$$

例如，可能受到不可交易的风险 $\hat{\boldsymbol{Z}}$ 影响的 r_t，$\boldsymbol{\mu}_t$ 或 $\underline{\underline{\sigma}}_t$ 分别代表利率、期望收益、波动率和相关性中不可对冲的风险。或者其他对投资者重要的变量，例如劳动收入，可能对 $\hat{Z}$ 敏感。为了简单起见，假定 $k=N$ 且 $k\times k$ 矩阵 $\underline{\underline{\sigma}}_t$ 是非奇异矩阵。因此，可以用 k—维向量

$$\Lambda_t=(\underline{\underline{\sigma}}_t)^{-1}(\mu_t-r_t1)$$

定义一个唯一与所交易的风险关联的市场价格，但是对于任何良态的$(d-k)$—维过程 $\hat{\Lambda}$，$\lambda=(\Lambda,\ \hat{\Lambda})$将是一个包括全部风险的风险价格。对 $\hat{\Lambda}$ 的每一个选择都生成一个风险过程的有效市场价格，从而得到了一个有效的风险中性概率测度和一个有效的状态价格平减因子。

4.6 完全市场中的均衡和代表性行为人

一个经济体由行为人和资产组成。每一个行为人的特征都可由其偏好(效用函数)和禀赋(初始财富和未来收入)概括。一个经济体的均衡包括了一组全部资产的价格，对于每一行为人有一个可行的交易策略，使得：

(1) 给定资产价格，每一行为人依据其偏好和禀赋选择了最优的交易策略；

(2) 市场出清，也就是每一资产的总供给等于总需求。

与均衡相对应的每一行为人的均衡消费过程是其禀赋和交易策略的结果。很明显，一个均衡价格集没有套利机会。

如 4.3 节中所证明的一样，套利机会的缺失(加上某些技术条件)意味着任何行为人的最优消费过程确定了一个状态价格平减因子。假定行为人具备偏好的时间可加性，与行为人 l 相关的状态价格平减因子是过程 $\zeta^l=(\zeta_t^l)$，其中

$$\zeta_t^l=e^{-\delta^l t}\frac{u_l'(c_t^l)}{u_l'(c_0^l)}$$

在此，u_l 是效用函数，δ^l 是时间偏好率，以及 $c^l=(c_t^l)$是行为人 l 的最优消费过程。

一般而言，与不同行为人关联的状态价格平减因子会有不同，但是在完全市场中，只存在唯一的状态价格平减因子。因此，不同行为人关联的状态价格平减因子必须是相同的。特别是，对于任何行为人 k 和 l 以及任何状态 ω，必须有

$$\zeta_t(\omega)=e^{-\delta^k t}\frac{u_k'(c_t^k(\omega))}{u_k'(c_0^k)}=e^{-\delta^l t}\frac{u_l'(c_t^l(\omega))}{u_l'(c_0^l)}$$

这些行为人将一直交易直到他们的边际替代率完全一致。这就是所谓的**有效风险分担**(efficient risk-sharing)。在一个完全市场的均衡下,不可能有 $\zeta_t^k(\omega)>\zeta_t^l(\omega)$,因为行为人 k 和 l 将通过一个交易使得双方都获得效用的改善。在完全市场中,任何这样的交易都是可行的,但是在不完全市场,情况就未必如此。在不完全市场中,使得不同行为人之间的边际替代率一致是不可能的。

假定 t 时刻的总消费在 ω 状态下高于 ω' 状态下的总消费。那么必须至少有一位行为人,比方说行为人 l,t 时刻在 ω 状态下的消费高于 ω' 状态下的消费 $c_t^l(\omega)>c_t^l(\omega')$。因此,$u_l'(c_t^l(\omega))>u_l'(c_t^l(\omega'))$。令 k 表示任何其他行为人。如果市场是完全的,将有

$$\frac{u_k'(c_t^k(\omega))}{u_k'(c_t^k(\omega'))}=\frac{u_l'(c_t^l(\omega))}{u_l'(c_t^l(\omega'))}$$

对任何两个状态 ω 和 ω' 成立。于是对任何行为人 k,$c_t^k(\omega)>c_t^k(\omega')$。随之可知,在完全市场中,任何行为人的最优消费是总消费水平的增函数。个人的消费水平一起变动。

如果总的禀赋不能以其他可以使得所有的行为人至少保持不变,一些行为人严格改善的其他方式分配,这一个消费分配是**帕累托最优**(Pareto-optimal)消费分配。一个重要的结果就是**第一福利定理**(First Welfare Theorem):

定理 4.8 如果金融市场是完全的,那么每一均衡消费分配都是帕累托最优的。

我们的直觉是,如果有可能进行一次消费分配,使得没有行为人的福利恶化,而有些行为人的福利得到改善,那么行为人一定会通过交易合适的金融资产来完成这样的分配。在完全市场中,这样的交易是总能实现的,但是在不完全市场中就不总是这样了。

无论是在理论还是实践应用中,处理许多具有不同行为人的个人效用函数和最优消费的任务是非常繁重的。如果只考察一个行为人,那问题就变得简单得多。因此,我们试图构建一个单一行为人的经济体,其中的均衡资产价格与更现实的多行为人经济体相同。这一个单一行为人叫做**代表性行为人**(representative agent)。同任何其他行为人一样,代表性行为人也是通过其偏好和禀赋确定,所以问题是,在何种条件下,我们如何为这样的一个行为人构建其偏好和禀赋。很明显,单一行为人的禀赋应当等于多行为人经济体中全部行为人的禀赋。因此,主要的问题在于如何定义其偏好并使其具有代表性。后一定理表明,只要市场是完全的,这一问题就可以迎刃而解。

定理 4.9 假设所有行为人都贪婪但厌恶风险。如果金融市场是完全的,那么这一经济体有一个代表性行为人。

当市场是完全时,我们必选寻找使得与其相关的、评估总禀赋的边际替代率等于唯一的状态价格平减因子的偏好。如果所有的行为人具有相同的偏好,那么我们将这一偏好作为代表性行为人的偏好。如果行为人之间具有不同的偏好,那么代表性行为人的偏好将是这些行为人偏好的某种形式的加权平均。在此我们不进行细节上的探讨,但是建议对此有兴趣的读者参阅 Duffie(2001)和 Munk(2010)。值得注意的是,在一个代表性行为人经济体中,不可能有金融资产的交易(如果有,谁是交易的对手方?),代表性行为人的消费必须等于总禀赋或多行为人经济体中的总消费。在第 5 章,我们将利用这些结果把利率与总消费挂上钩。

4.7 关于期间分红的扩展

到目前为止,假设交易资产只在 T 时刻提供最后一笔红利,期间没有任何红利的支付。很显然,需要将其拓展到其他时间也发放红利的情况。将一次性的红利发放与连续红利发放区别开来。一次性红利是指在单一时点发放一笔红利,而连续性红利是指在某一期间发放红利。

假设$\mathbb{Q}$是一个风险中性概率测度。考察一个在 $t' < T$ 时刻只支付一次性红利 $L_{t'}$ 的资产。如果在$[t', T]$期间将红利投资于银行账户,在期末将得到 $L_{t'}\exp\{\int_{t'}^{T} r_u \mathrm{d}u\}$。将这一价值视为终止时刻的红利,资产在 $t < t'$时刻的价值一定是

$$P_t = \mathrm{E}_t^{\mathbb{Q}}[e^{-\int_t^T r_u \mathrm{d}u}(L_{t'}e^{\int_{t'}^T r_u \mathrm{d}u})] = \mathrm{E}_t^{\mathbb{Q}}[e^{-\int_t^{t'} r_u \mathrm{d}u}L_{t'}]$$

期间的一次性红利因此而被用与终止时刻的红利相同的方法估值,这样的资产在其存在期间$[0, t']$的贴现价格过程是一个$\mathbb{Q}$一鞅。一个重要的例子是在未来时刻 t'支付 1 美元的零息债券的贴现价格过程。在 $t < t'$时刻,这样一支债券的价格为

$$B_t^{t'} = \mathrm{E}_t^{\mathbb{Q}}[e^{-\int_t^{t'} r_u \mathrm{d}u}] \tag{4.22}$$

用状态价格平减因子 ζ 可表示为

$$B_t^{t'} = \mathrm{E}_t\left[\frac{\zeta_{t'}}{\zeta_t}\right]$$

一个**连续红利**可以用股息率过程 $D = (D_t)$ 表示,这是指在任何期间$[t, t']$所支付的总红利是$\int_t^{t'} D_u \mathrm{d}u$。在一个很短的区间$[s, s + \mathrm{d}s]$里所得到的红利近似为 $D_s \mathrm{d}s$。将这些红利投资于银行账户,在 T 时刻将得到$e^{\int_s^T r_u \mathrm{d}u}D_s \mathrm{d}s$。在积分区间$[t, T]$上积分到 T,得到终止时刻价值$\int_t^T e^{\int_s^T r_u \mathrm{d}u}D_s \mathrm{d}s$。根据前面的章节可知,这一终值在 t 时刻的价值为

$$P_t = \mathrm{E}_t^{\mathbb{Q}}[e^{-\int_t^T r_u \mathrm{d}u}(\int_t^T e^{\int_s^T r_u \mathrm{d}u}D_s \mathrm{d}s)] = \mathrm{E}_t^{\mathbb{Q}}[\int_t^T e^{-\int_t^s r_u \mathrm{d}u}D_s \mathrm{d}s]$$

这隐含着对于任何 $t < t' < T$,有

$$P_t = \mathrm{E}_t^{\mathbb{Q}}[e^{-\int_t^{t'} r_u \mathrm{d}u}P_{t'} + \int_t^{t'} e^{-\int_t^s r_u \mathrm{d}u}D_s \mathrm{d}s] \tag{4.23}$$

且 t 时刻价值为 $P_t\exp\{-\int_0^t r_u \mathrm{d}u\} + \int_0^t \exp\{-\int_0^s r_u \mathrm{d}u\}D_s \mathrm{d}s$ 的过程是一个$\mathbb{Q}$一鞅。用状态价格 ζ 表示,得到 t 时刻价值为$\zeta_t P_t + \int_0^t \zeta_s D_s \mathrm{d}s$ 的过程是一个$\mathbb{P}$一鞅,并且

$$P_t = \mathrm{E}_t\left[\frac{\zeta_{t'}}{\zeta_t}P_{t'} + \int_t^{t'} \frac{\zeta_s}{\zeta_t}D_s \mathrm{d}s\right]$$

在支付率与证券的价值成比例的特殊情况下，也就是 $D_s = q_s P_s$，可以证明有

$$P_t = \mathrm{E}_t^{\mathbb{Q}}\left[e^{-\int_t^{t'}[r_u - q_u]\mathrm{d}u} P_{t'}\right] \tag{4.24}$$

可以通过将上面的公式按照合适的方式综合起来，为那些既有连续红利又有一次性给付红利的资产进行定价。

对期间红利的包括并没有改变状态价格平减因子与行为人的边际替代率之间的联系。我们将得到 $\zeta_t = e^{-\delta t} u'(c_t)/u'(c_0)$ 是一个有效的状态价格平减因子。

4.8 扩散模型和基础偏微分方程

许多金融模型都假设存在一个或几个状态变量，所谓的状态变量，是指变量值包含了经济中的全部相关经济信息。当然，信息的相关性取决于模型的目的。一般来讲，一项资产的价格取决于短期利率的动态特征，相关风险的市场价格以及资产的收益分布情况。在只有一个状态变量的模型中，用 x_t 来表示变量在 t 时刻的取值，而在具有多个状态变量的模型中，则用向量 $\boldsymbol{x}_t$ 表示这些状态变量在 t 时刻的取值。由假设可知，状态变量的当前值已经足够用于固定收益证券的定价和对冲。特别地，状态价格的历史值 $\boldsymbol{x}_s$ 对于 $s < t$ 是不相关的。因此，既然我们知道扩散过程具有马尔科夫特征，见 3.4 节，那么用其为 $\boldsymbol{x}_t$ 的变化建模也就很顺理成章了。我们将此类模型称为**扩散模型**(diffusion models)。接下来将首先考察只有一个状态变量的扩散模型，我们称其为单因子扩散模型。在这之后，我们将简单讨论如何将单因子模型中得到的结果推广到包括多个状态变量的多因子模型的问题。

4.8.1 单因子扩散模型

我们假设一个单一的、一维的状态变量包含了所有的相关信息。x_t 的可能值被包括在集合 $S \subseteq \mathbb{R}$ 中。假设 $x = (x_t)_{t \geqslant 0}$ 是一个扩散过程，其动态特征由随机微分方程

$$\mathrm{d}x_t = \alpha(x_t, t)\mathrm{d}t + \beta(x_t, t)\mathrm{d}z_t$$

给出，其中 z 是一个一维的标准布朗运动，且 α 和 β 都是在 $\mathbb{R}$ 中取值的"良态"函数。给定风险的一个市场价格 $\lambda_t = \lambda(x_t, t)$，我们可以利用式(4.13)写出状态变量在风险中性概率测度下的动态特征为

$$\mathrm{d}x_t = [\alpha(x_t, t) - \beta(x_t, t)\lambda(x_t, t)]\mathrm{d}t + \beta(xt, t)\mathrm{d}z_t^{\mathbb{Q}} \tag{4.25}$$

同样假设短期利率最多取决于 x 和 t，即 $r_t = r(x_t, t)$。

考察一个在 T 时刻具有单一支付的 H_T。已知证券的价格满足 $P_t = \mathrm{E}_t^{\mathbb{Q}}\left[e^{-\int_t^T r_u \mathrm{d}u} H_T\right]$。假定 $H_T = H(x_T, T)$，可以将价格重新写成 $P_t = P(x_t, t)$，其中：

$$P(x, t) = \mathrm{E}_{x,t}^{\mathbb{Q}}\left[e^{-\int_t^T r(x_u, u)\mathrm{d}u} H(x_T, T)\right]$$

在此利用到了(x_t)的马尔科夫特征将期望记为过程当前值的函数。在此，$\mathrm{E}^{\mathbb{Q}}_{x,t}$表示给定$x_t = x$ 情况下的期望。由伊藤引理和定理 3.6，$P_t = P(x_t, t)$ 的动态特征为

$$\mathrm{d}P_t = P_t[\mu(x_t, t)\mathrm{d}t + \sigma(x_t, t)\mathrm{d}z_t]$$

其中函数μ 和σ 分别定义如下：

$$\mu(x, t)P(x, t) = \frac{\partial P}{\partial t}(x, t) + \frac{\partial P}{\partial x}(x, t)\alpha(x, t) + \frac{1}{2}\frac{\partial^2 P}{\partial x^2}(x, t)\beta(x, t)^2$$

$$\sigma(x, t)P(x, t) = \frac{\partial P}{\partial x}(x, t)\beta(x, t)$$

我们同样知道，对于一个风险的市场价格$\lambda(x_t, t)$，对所有的x_t 的可能值，有

$$\mu(x_t, t) = r(x_t, t) + \sigma(x_t, t)\lambda(x_t, t)$$

因此对所有(x, t)，有

$$\mu(x, t)P(x, t) = r(x, t)P(x, t) + \sigma(x, t)P(x, t)\lambda(x_t, t)$$

将μ 和σ 代入并重新排列，可以得到下面定理中所表述的一个偏微分方程(PDE)。

定理 4.10 由

$$P(x, t) = \mathrm{E}^{\mathbb{Q}}_{x,t}[e^{-\int_t^T r(x_u, u)\mathrm{d}u} H(x_T, T)]$$

所定义的函数满足偏微分方程

$$\begin{aligned}&\frac{\partial P}{\partial t}(x, t) + (\alpha(x, t) - \beta(x, t)\lambda(x, t))\frac{\partial P}{\partial x}(x, t)\\&+\frac{1}{2}\beta(x, t)^2\frac{\partial^2 P}{\partial x^2}(x, t) - r(x, t)P(x, t) = 0, \quad (x, t) \in S \times [0, T)\end{aligned} \tag{4.26}$$

和终点条件

$$P(x, T) = H(x, T), x \in S$$

期望与偏微分之间的关系通常被称为 Feynman-Kac 定理，见(Øksendal，2003，定理 8.2.1)。注意到偏微分方程中$\partial P/\partial x$ 的系数与状态变量的风险中性漂移相同，见式(4.25)，因此根据伊藤引理

$$\frac{\partial P}{\partial t} + (\alpha - \beta\lambda)\frac{\partial P}{\partial x} + \frac{1}{2}\beta^2\frac{\partial^2 P}{\partial x^2}$$

是风险中性漂移。风险中性漂移必须等于rP 以避免套利，而这正是 PDE 所要显示的。同样注意，在T 日之前不发生支付的所有证券的价格同样是这个 PDE 的解。然而，终点条件和偏微分方程的解同样取决于证券的收益特征。

1. 使用一个交易资产的价格作为状态变量

当状态变量本身就是一个交易资产的价格时，风险的市场价格从定价 PDE 中消失了。这一资产的期望收益率(对应于μ)是$\alpha(x, t)/x$，波动率(对应于σ)是$\beta(x, t)/x$。由于等式(4.14)对于该资产尤其应当成立，有

$$\lambda(x, t)=\frac{\dfrac{\alpha(x, t)}{x}-r(x, t)}{\dfrac{\beta(x, t)}{x}}=\frac{\alpha(x, t)-r(x, t)x}{\beta(x, t)}$$

$$\Rightarrow \alpha(x, t)-\beta(x, t)\lambda(x, t)=r(x, t)x$$

通过将这一表达式插入，PDE 式(4.26)简化为

$$\frac{\partial P}{\partial t}(x, t)+r(x, t)\left(x\frac{\partial P}{\partial x}(x, t)-P(x, t)\right)+\frac{1}{2}\beta(x, t)^2\frac{\partial^2 P}{\partial x^2}(x, t)=0$$

$$(x, t)\in \mathcal{S}\times[0, T)$$

由于并不需要风险的市场价格知识，故而价格形如 $P(x_t, t)$ 的资产的价格在这种情形下由纯粹的无套利变量决定。能够通过这种方式定价的证券正好就是冗余证券，其价格是以相对于价格 x_t 的形式给出。

这一方法被证明在股票期权定价方面非常成功，一个典型的例子就是由 Black 和 Scholes(1973)和 Merton(1973)所发展的 Black-Scholes-Merton 模型。该模型假设无风险利率 r(连续复利)为不变常数，标的资产的价格 S_t 遵循一个常数相对波动率的连续随机过程，也就是

$$dS_t=\mu(S_t, t)dt+\sigma S_t dzt$$

在这 σ 是常数，μ 是一个"好"函数[①]更进一步，假设标的资产在衍生证券存续期内不发生支付。t 时刻衍生证券的价格 P_t 由 $P_t=P(S_t, t)$ 给出，在此

$$P(S, t)=\mathrm{E}^{\mathbb{Q}}_{S, t}[e^{-\int_t^T r du}H(S_T, T)]=e^{-r[T-t]}\mathrm{E}^{\mathbb{Q}}_{S, t}[H(S_T, T)]$$

标的资产价格的风险中性概率测度下的动态特征为：

$$dS_t=rS_t dt+\sigma S_t dz^{\mathbb{Q}}_t$$

这是一个几何布朗运动，所以 S_T 服从对数正态分布。函数 $P(S, t)$ 是 PDE

$$\frac{\partial P}{\partial t}(S, t)+rS\frac{\partial P}{\partial S}(S, t)+\frac{1}{2}\sigma^2S^2\frac{\partial^2 P}{\partial S^2}(S, t)=rP(S, t),\ (S, t)\in \mathcal{S}\times[0, T) \tag{4.27}$$

的解，终点条件是，对所有 $S\in \mathcal{S}$，$P(S, T)=H(S, T)$。对于一个执行价为 K 的欧式期权，收益由 $H(S, T)=\max(S-K, 0)$ 给出。期权价格 $C_t=C(S_t, t)$ 既可以通过解带相关终点条件的 PDE 式(4.27)而得到或计算风险中性期望收益的贴现值，也就是

$$C(S_t, t)=e^{-r[T-t]}\mathrm{E}^{\mathbb{Q}}_{S_t, t}[\max(S_T-K, 0)]$$

应用附录中的定理 A.4，后一方法马上给出了著名的 Black-Scholes-Merton 的股票欧式认购

① 通常为常数参数 μ 假设 $\mu(S_t, t)=\mu S_t$，但是这不是必需的。然而，我们必须要求函数 μ 使得价格过程的取值空间 $\mathcal{S}=\mathbb{R}_+$。

期权定价公式①：

$$C(S_t, t) = S_t N(\mathrm{d}_1(S_t, t)) - Ke^{-r[T-t]} N(\mathrm{d}_2(S_t, t)) \tag{4.28}$$

在此

$$\mathrm{d}_1(S_t, t) = \frac{\ln(S_t/K) + r[T-t]}{\sigma\sqrt{T-t}} + \frac{1}{2}\sigma\sqrt{T-t}$$

$$\mathrm{d}_2(S_t, t) = \frac{\ln(S_t/K) + r[T-t]}{\sigma\sqrt{T-t}} - \frac{1}{2}\sigma\sqrt{T-t} = \mathrm{d}_1(S_t, t) - \sigma\sqrt{T-t}$$

可以验证式(4.28)中定义的函数 $C(S, t)$是带相关终点条件的 PDE 式(4.27)的解。相似地，欧式认沽期权的价格是

$$\pi(S_t, t) = Ke^{-r[T-t]} N(-\mathrm{d}_2(S_t, t)) - S_t N(-\mathrm{d}_1(S_t, t))$$

实务界人士通常对 Black-Scholes-Merton 模型和期权定价公式稍作修改用于股票期权之外的衍生证券定价，其中包括许多固定收益证券。这些修改通常以 Black(1976)为基础，他采用了 Black-Scholes-Merton 的框架为商品期货的欧式期权定价。但是，只通过为标的资产的动态变化建模而为利率衍生产品定价是不合适的。对固定收益证券的定价必须基于整个利率期限结构的变化。广义地说来，整个期限结构是所有固定收益证券的"标的资产"。

2. 对冲

在只有一个一维状态变量的模型中，可以用任何两个证券构造一个局部无风险组合。换言之，银行账户可以由任何两个证券通过合适的交易策略复制出来。反过来，同样如此，任何的风险资产有可能通过银行账户和其他风险资产的合适的交易策略复制。为了利用银行账户和资产 2 的组合复制资产 1，那么组合在任何时点包括了

$$\theta_t = \frac{\dfrac{\partial P_1}{\partial x}(x_t, t)}{\dfrac{\partial P_2}{\partial x}(x_t, t)} = \frac{\sigma_1(x_t, t) P_1(x_t, t)}{\sigma_2(x_t, t) P_2(x_t, t)}$$

单位的资产 2，加上

$$\alpha_t = \left(1 - \frac{\sigma_1(x_t, t)}{\sigma_2(x_t, t)}\right) P_1(x_t, t)$$

投资于银行账户。那么在 t 时刻组合的价值为

---

① 根据 Abramowitz 和 Stegun(1972)，标准正态分布的累积分布函数 $N(\cdot)$可以通过以下方式近似，并可以达到 6 位数精度：

$$N(x) \approx 1 - n(x)(a_1 b(x) + a_2 b(x)^2 + a_3 b(x)^3 + a_4 b(x)^4 + a_5 b(x)^5),\ x \geqslant 0$$

其中 $n(x) = e^{-x^2/2}/\sqrt{2\pi}$ 是概率密度函数，$b(x) = 1/(1+cx)$，式中常数分别为

$$c = 0.231\,641\,9,\quad a_1 = 0.319\,381\,53$$
$$a_2 = -0.356\,563\,782,\quad a_3 = 1.781\,477\,937$$
$$a_4 = -1.821\,255\,978,\quad a_5 = 1.330\,274\,429$$

对于 $x < 0$，可以利用 $N(x) = 1 - N(-x)$ 的关系式，在此 $N(-x)$ 可以利用上式近似计算。

$$\begin{aligned}\Pi_t &\equiv \alpha_t + \theta_t P_2(x_t, t) \\ &= \left(1-\frac{\sigma_1(x_t, t)}{\sigma_2(x_t, t)}\right) P_1(x_t, t) + \frac{\sigma_1(x_t, t)}{\sigma_2(x_t, t)} P_1(x_t, t) \\ &= P_1(x_t, t)\end{aligned}$$

且组合价值的动态变化特征为

$$\begin{aligned}d\Pi_t &= \alpha_t r(x_t, t)dt + \theta_t dP_2(x_t, t) \\ &= r(x_t, t)\left(1-\frac{\sigma_1(x_t, t)}{\sigma_2(x_t, t)}\right) P_1(x_t, t)dt \\ &\quad + \frac{\sigma_1(x_t, t)P_1(x_t, t)}{\sigma_2(x_t, t)P_2(x_t, t)}(\mu_2(x_t, t)P_2(x_t, t)dt + \sigma_2(x_t, t)P_2(x_t, t)dz_t) \\ &= \left(r(x_t, t) + \frac{\sigma_1(x_t, t)}{\sigma_2(x_t, t)}(\mu_2(x_t, t) - r(x_t, t))\right) P_1(x_t, t)dt \\ &\quad + \sigma_1(x_t, t)P_1(x_t, t)dz_t \\ &= (r(x_t, t) + \sigma_1(x_t, t)\lambda(x_t, t))P_1(x_t, t)dt + \sigma_1(x_t, t)P_1(x_t, t)dz_t \\ &= \mu_1(x_t, t)P_1(x_t, t)dt + \sigma_1(x_t, t)P_1(x_t, t)dz_t \\ &= dP_{1t}\end{aligned}$$

因此,交易策略复制了资产 1。尤其是,在一个单因子期限结构模型中,任何固定收益证券都可以由一个由银行账户和任何其他固定收益证券所构成的组合复制。我们将在第 12 章更详细地讨论对冲问题。

如果状态变量 x_t 自身是一个交易资产的价格,那么上述讨论隐含了任何衍生资产都可以通过在 t 时刻包含 $\frac{\partial P}{\partial x}(x_t, t)$ 单位标的资产以及合适头寸的银行账户的交易策略所复制。

3. 具有多个支付日期的证券

许多金融证券有不止一个支付日,例如,附息债券、互换、利率上限和利率下限。定理 4.10 并不直接应用到这样的证券。在向具有多个支付日的证券推广时,我们对离散的一次性支付(lump-sum payments)证券和那些连续支付证券作了区分。

首先考察具有离散的一次性支付的证券。这些证券在支付日的支付要么是确定金额,要么取决于状态变量当时的取值。假设一个证券在 T_j 时刻提供支付 $H_j(x_{T_j})$,其中 $j=1, \cdots, N$ 且 $T_1 < \cdots < T_n$,在支付发生的时刻,该证券的价格将下降恰好等于支付的幅度。"支付后"(ex-payment)的价值等于"支付前"(cum-payment)的价值减去支付的发生值。用 $t+$ 表示"t 之后的马上",则可以将这一关系表示为

$$P(x, T_j+) = P(x, T_j) - H_j(x)$$

如果下降的价格 $-[P(x, T_j+) - P(x, T_j)]$ 小于支付 $H_j(x)$,那么可以通过在支付前瞬间买入证券,并在收到支付后瞬间卖出该证券进行套利。在支付日之间,也就是在区间 (T_j, T_{j+1}),证券的价格将满足 PDE 式(4.26)。除此之外,我们能够应用定理 4.10,分别找出每一支付的当前值,将其加总就可得到该证券的价值。

接下来考察一个提供连续支付的证券,它在 $[0, T]$ 期间,支付比率为 $h_t = h(x_t, t)$,终点时刻一次性支付 $H_T = H(x_T, T)$。从式(4.23)可知此类证券的价格在我们的扩散模型框架

下为

$$P(x_t, t) = \mathrm{E}_t^{\mathbb{Q}}\left[e^{-\int_t^T r(x_u, u)du} H(x_T, T) + \int_t^T e^{-\int_t^s r(x_u, u)du} h(x_s, s)ds\right].$$

定理 4.10 可以被推广用于证明函数 P 是 PDE

$$\frac{\partial P}{\partial t}(x, t) + (\alpha(x, t) - \beta(x, t)\lambda(x, t))\frac{\partial P}{\partial x}(x, t)$$
$$+ \frac{1}{2}\beta(x, t)^2\frac{\partial^2 P}{\partial x^2}(x, t) - r(x, t)P(x, t) + h(x, t) = 0, \quad (x, t) \in S \times [0, T)$$

的解，该 PDE 的终点条件是对所有 $x \in S$, $P(x, T) = H(x, T)$。与没有期间红利的情况相比，PDE 的唯一变化是方程的左边加入了一项 $h(x, t)$。

在支付是证券价值的一定比例的特殊情况下，也就是 $h(x, t) = q(x, t)P(x, t)$，从式(4.24)可知价格能够写成

$$P(x_t, t) = \mathrm{E}_t^{\mathbb{Q}}\left[e^{-\int_t^T [r(x_u, u) - q(x_u, u)]du} H(x_T, T)\right]$$

相关的 PDE 现在变为

$$\frac{\partial P}{\partial t}(x, t) + (\alpha(x, t) - \beta(x, t)\lambda(x, t))\frac{\partial P}{\partial t}(x, t)$$
$$+ \frac{1}{2}\beta(x, t)^2\frac{\partial^2 P}{\partial x^2}(x, t) - (r(x, t) - q(x, t))P(x, t) = 0, \quad (x, t) \in S \times [0, T) \tag{4.29}$$

4.8.2 多因子扩散模型

现在假设我们定价的短期利率，风险的市场价格以及收益依赖于 n 个状态变量 $x_1, \cdots, x_n$，向量 $\boldsymbol{x} = (x_1, \cdots, x_n)^{\top}$ 遵循以下随机过程

$$dx_t = \boldsymbol{\alpha}(\boldsymbol{x}_t, t)dt + \underline{\underline{\beta}}(\boldsymbol{x}_t, t)dz_t \tag{4.30}$$

其中 z 是一个 n—维标准布朗运动。将式(4.30)按元素写成

$$dx_{it} = \alpha_i(\boldsymbol{x}_t, t)dt + \boldsymbol{\beta}_i(\boldsymbol{x}_t, t)^{\top}dz_t = \alpha_i(\boldsymbol{x}_t, t)dt + \sum_{j=1}^{n}\beta_{ij}(\boldsymbol{x}_t, t)dz_{jt}$$

第 i 个状态变量的波动率等于标准差

$$\|\boldsymbol{\beta}_i(x_t, t)\| = \sqrt{\sum_{k=1}^{n}\beta_{ik}(\boldsymbol{x}_t, t)^2}$$

第 i 个状态变量与第 j 个状态变量之间的瞬时相关性为

$$\rho_{ij}(x_t, t) = \frac{\mathrm{Cov}_t[dx_{it}, dx_{jt}]}{\sqrt{\mathrm{Var}_t[dx_{it}]}\sqrt{\mathrm{Var}_t[dx_{jt}]}} = \frac{\sum_{k=1}^{n}\beta_{ik}(\boldsymbol{x}_t, t)\beta_{jk}(\boldsymbol{x}_t, t)}{\|\boldsymbol{\beta}_i(\boldsymbol{x}_t, t)\|\,\|\boldsymbol{\beta}_j(\boldsymbol{x}_t, t)\|}$$

再次考察一个 T 时刻有单一支付 $H_T = H(\boldsymbol{x}_T, T)$ 的证券。它的价格是 $P_t = P(\boldsymbol{x}_t, t)$，在此，

$$P(\boldsymbol{x}, t) = \mathrm{E}^{\mathbb{Q}}_{\boldsymbol{x}, t}\left[e^{-\int_t^T r(x_u, u)\mathrm{d}u} H(\boldsymbol{x}_T, T)\right]$$

由多维伊藤引理，定理 3.9，可知 P_t 动态特征为

$$\frac{\mathrm{d}P_t}{P_t} = \mu(\boldsymbol{x}_t, t)\mathrm{d}t + \sum_{j=1}^{n} \sigma_j(\boldsymbol{x}_t, t)\mathrm{d}z_{jt}$$

在此函数 μ 和 σ_j 被定义为

$$\begin{aligned}\mu(\boldsymbol{x}, t)P(\boldsymbol{x}, t) = {} & \frac{\partial P}{\partial t}(\boldsymbol{x}, t) + \sum_{j=1}^{n} \frac{\partial P}{\partial x_j}(\boldsymbol{x}, t)\alpha_j(\boldsymbol{x}, t) \\ & + \frac{1}{2}\sum_{j=1}^{n}\sum_{k=1}^{n} \frac{\partial^2 P}{\partial x_j \partial x_k}(\boldsymbol{x}, t)\rho_{jk}(\boldsymbol{x}, t)\|\boldsymbol{\beta}_j(\boldsymbol{x}, t)\|\|\boldsymbol{\beta}_k(\boldsymbol{x}, t)\|\end{aligned}$$

$$\sigma_j(\boldsymbol{x}, t)P(\boldsymbol{x}, t) = \sum_{k=1}^{n} \frac{\partial P}{\partial x_k}(\boldsymbol{x}, t)\beta_{kj}(\boldsymbol{x}, t)$$

我们同样知道，对风险的市场价格 $\boldsymbol{\lambda}(\boldsymbol{x}_t, t)$ 有

$$\mu(\boldsymbol{x}_t, t) = r(\boldsymbol{x}_t, t) + \boldsymbol{\sigma}(\boldsymbol{x}_t, t)^{\top}\boldsymbol{\lambda}(\boldsymbol{x}_t, t) = r(\boldsymbol{x}_t, t) + \sum_{j=1}^{n}\sigma_j(\boldsymbol{x}_t, t)\lambda_j(\boldsymbol{x}_t, t) \tag{4.31}$$

将 μ 和 σ 代入，得到偏微分方程

$$\begin{aligned}&\frac{\partial P}{\partial t}(\boldsymbol{x}, t) + \sum_{j=1}^{n}\left(\alpha_j(\boldsymbol{x}, t) - \sum_{k=1}^{n}\beta_{jk}(\boldsymbol{x}, t)\lambda_k(\boldsymbol{x}, t)\right)\frac{\partial P}{\partial x_j}(\boldsymbol{x}, t) \\ &\quad + \frac{1}{2}\sum_{j=1}^{n}\sum_{k=1}^{n}\rho_{jk}(\boldsymbol{x}, t)\|\boldsymbol{\beta}_j(\boldsymbol{x}, t)\|\|\boldsymbol{\beta}_k(\boldsymbol{x}, t)\|\frac{\partial^2 P}{\partial x_j \partial x_k}(\boldsymbol{x}, t) \\ &\quad - r(\boldsymbol{x}, t)P(\boldsymbol{x}, t) = 0 \\ &\quad (\boldsymbol{x}, t) \in S \times [0, T)\end{aligned}$$

显而易见，其终点条件 $P(\boldsymbol{x}, T) = H(\boldsymbol{x}, T)$，$\boldsymbol{x} \in S$。

利用矩阵形式可以将偏微分方程写得更为紧凑如下

$$\begin{aligned}&\frac{\partial P}{\partial t}(\boldsymbol{x}, t) + (\boldsymbol{\alpha}(\boldsymbol{x}, t) - \underline{\underline{\beta}}(\boldsymbol{x}, t)\boldsymbol{\lambda}(\boldsymbol{x}, t))^{\top}\frac{\partial P}{\partial \boldsymbol{x}}(\boldsymbol{x}, t) \\ &+ \frac{1}{2}\mathrm{tr}\left(\underline{\underline{\beta}}(\boldsymbol{x}, t)\underline{\underline{\beta}}(\boldsymbol{x}, t)^{\top}\frac{\partial^2 P}{\partial \boldsymbol{x}^2}(\boldsymbol{x}, t)\right) - r(\boldsymbol{x}, t)P(\boldsymbol{x}, t) = 0, \quad (\boldsymbol{x}, t) \in S \times [0, T)\end{aligned}$$

其中$\partial P/\partial \boldsymbol{x}$ 是一阶导数$\partial P/\partial x_j$ 的向量，$\partial^2 P/\partial \boldsymbol{x}^2$ 是二阶导数$\partial^2 P/\partial x_j \partial x_j$ 构成的 $n \times n$ 矩阵，$\mathrm{tr}(\underline{\underline{M}})$ 是矩阵 $\underline{\underline{M}}$ 的秩，也就是主对角线的元素的和，即 $\mathrm{tr}(\underline{\underline{M}}) = \sum_j M_{jj}$。

在一个具有 n 个状态变量的模型中，银行账户可以通过构造合适的 $n+1$(足够不同)的证券的交易策略复制。反过来，任何证券都可以通过相应地构造由银行账户以及其他 n(足够不同)的证券的交易策略复制。对于那些不止一个支付日的证券的分析，可以参照一维的情况处理。

结束语

本章回顾了连续时间框架下现代资产定价理论的中心结果。抛却繁琐的技术表达，我们将主要发现总结如下：

• 全市场定价原则可以由三个等价对象表示：状态价格平减因子，风险中性概率测度以及风险的市场价格。这些对象与个人的边际替代紧密相关。

• 对状态价格平减因子，风险中性概率测度或风险的市场价格的明确可以解决给定红利的所有交易资产的价格问题。

• 套利机会的缺失等价于状态价格平减因子，风险中性概率测度和风险的市场价格的存在性。

• 在一个完全且无套利的市场，存在唯一的状态价格平减因子，唯一的风险中性概率测度和唯一的风险市场价格。

• 在一个完全市场中，存在一个代表性行为人，且存在唯一的状态价格平减因子作为行为人在总消费过程中的边际替代率。

练习

练习 4.1 证明，如果不存在套利且短期利率不可能为负，那么贴现函数不可能是增函数，远期利率是非负的。

练习 4.2 证明方程(4.11)。

练习 4.3 考察一项在时间 T 支付红利 D_T，除此之外不支付红利的资产。想为其在 $t < T$ 定价。假定对于服从正态分布的随机变量 $X \sim N\left(-\frac{1}{2}\sigma_X^2, \sigma_X^2\right)$，$D_T = \mathrm{E}_t[D_T]e^X$，因此 $\mathrm{E}[e^X] = 1$。同样假定状态价格平减因子满足 $\zeta_T = \zeta_t e^Y$，其中 X 和 Y 服从联合正态分布，相关系数为 ρ，$Y \sim N(\mu_Y, \sigma_Y^2)$。证明在 t 时刻资产的价格是

$$P_t = \mathrm{E}_t[D_T]\exp\left\{\mu_Y + \frac{1}{2}\sigma_Y^2 + \rho\sigma_X\sigma_Y\right\}$$

练习 4.4 假定市场是完全的，且 $\zeta = (\zeta_t)$ 是唯一的状态价格平减因子。那么任何消费过程 $c = (c_t)_{t\in[0,T]}$ 的现值(成本)是 $\mathrm{E}[\int_0^T \zeta_t c_t \, \mathrm{d}t]$。对于一个偏好时间可加的行为人，其初始财富为 W_0，除了金融交易之外没有未来收入，那么其效用最大化问题可以写成

$$\max_{c=(c_t)_{t\in[0,T]}} \mathrm{E}\left[\int_0^T e^{-\delta t}u(c_t)\,\mathrm{d}t\right] \quad \text{s.t. } \mathrm{E}\left[\int_0^T \zeta_t c_t \,\mathrm{d}t\right] \leqslant W_0$$

利用拉格朗日技术证明最优的消费过程必须满足

$$e^{-\delta t}u'(c_t) = \alpha\zeta_t, \quad t \in [0, T]$$

其中 α 是一个拉格朗日乘数。解释为什么能够得出 $\zeta_t = e^{-\delta t}u'(c_t)/u'(c_0)$。

5

利率期限结构经济学

5.1 引言

债券是借贷双方间一种标准化、可转让的贷款合同。债券的发行人从债券的持有人借入资金，并承诺按照事先规定的偿付方案还款。债券市场的存在使得个人之间可以交易不同时点的消费机会。明显偏好当前资本用于投资或当前消费的个人可以通过向明显偏好于未来消费的个人发行债券以借入资金。给定期限的债券的价格当然由其供需关系决定，这也就是说取决于现实投资机会的吸引力以及个人对债券存续期间的消费的偏好。利率期限结构将反映这些依赖关系。在 5.2 节和 5.3 节将推导代表性行为人框架下，均衡利率以及总消费与总产出的关系。5.4 节将给出一些从利率、消费和产出的基本关系上推导出来的均衡利率期限结构模型的例子。

由于行为人关心（或者至少应该关心）他们所消费货物单位的数目而不是这些货物的货币价值，本章前一部分所发现的有关关系适用于真实利率。然而，大多数交易的债券都是名义收益债券，即债券偿付的某一特定的货币金额而不是一定数目的消费品。名义收益债券的实际价值取决于消费品价格的变动。在 5.5 节，将探讨实际利率、名义利率和通货膨胀之间的关系。我们考察了货币影响实体经济与否的两种不同情况。

利率期限结构的无套利动态模型的发展始于 20 世纪 70 年代。在那之前，经济学家之间对利率期限结构的讨论都建立在一些相对不精确的假设之上，其中最知名的是期望假设理论，它假设当前利率或债券收益率与期望未来利率或债券收益率之间存在密切关系。许多经济学家好像仍然依赖于这一假设的合理性，将大量的人力花在对这一假设的实证检验上。5.6 节回顾了几个不同的期望假设，并讨论了这些不同假设之间的一致性问题。我们认为，没有一个假设在任何合理的期限结构模型中是成立的。5.7 节简单地回顾一些其他的传统假设。

5.2 实际利率和总消费

为了研究利率和总消费之间的联系，我们假设存在一个代表性行为人，他具有时间可加的期望效用 $\mathrm{E}\left[\int_0^T e^{-\delta t}u(C_t)\,\mathrm{d}t\right]$。正如 4.6 节中所讨论的，完全市场中存在一个代表性的行为人。参数 δ 是一个主观的时间偏好率，行为人的 δ 越高，表示他越缺乏耐心。C_t 表示行为人的消费率，同时也用于表示经济体中的总消费水平。利用代表性行为人的效用和时间偏好，可将状态价格平减因子表示为

$$\zeta_t = e^{-\delta t}\frac{u'(C_t)}{u'(C_0)}$$

见得出式(4.7)的相关讨论。

假设总消费过程 $C=(C_t)$ 的动态特征具有以下形式

$$\mathrm{d}C_t = C_t[\mu_{C_t}\,\mathrm{d}t + \boldsymbol{\sigma}_{C_t}^{\mathrm{T}}\,\mathrm{d}z_t] \tag{5.1}$$

其中 $z=(z_t)$ 是(可能是多维)标准布朗运动。状态价格平减因子因此遵循适用于函数 $g(C,t)=e^{-\delta t}u'(C)/u'(C_0)$ 的伊藤引理，定理 3.6。由于相关导数形如

$$\frac{\partial g}{\partial t}=-\delta g(C,t),\quad \frac{\partial g}{\partial C}=e^{-\delta t}\frac{u''(C)}{u'(C_0)}=\frac{u''(C)}{u'(C)}g(C,t)$$
$$\frac{\partial^2 g}{\partial C^2}=e^{-\delta t}\frac{u'''(C)}{u'(C_0)}=\frac{u'''(C)}{u'(C)}g(C,t)$$

$\zeta=(\zeta_t)$ 的动态特征是

$$\mathrm{d}\zeta_t = -\zeta_t\Big[\Big(\delta+\Big(\frac{-C_t u''(C_t)}{u'(C_t)}\Big)\mu_{C_t}-\frac{1}{2}C_t^2\frac{u'''(C_t)}{u'(C_t)}\|\boldsymbol{\sigma}_{C_t}\|^2\Big)\mathrm{d}t + \Big(\frac{-C_t u''(C_t)}{u'(C_t)}\Big)\boldsymbol{\sigma}_{C_t}^{\mathrm{T}}\,\mathrm{d}z_t\Big]$$

能够将此与式(4.15)中的一般状态价格平减因子进行比较。风险的市场价格因此由

$$\boldsymbol{\lambda}_t = \Big(\frac{-C_t u''(C_t)}{u'(C_t)}\Big)\boldsymbol{\sigma}_{C_t} \tag{5.2}$$

给出，短期利率为

$$r_t = \delta + \frac{-C_t u''(C_t)}{u'(C_t)}\mu_{C_t} - \frac{1}{2}C_t^2\frac{u'''(C_t)}{u'(C_t)}\|\boldsymbol{\sigma}_{C_t}\|^2 \tag{5.3}$$

这就是使得短期借贷市场出清的利率。这一关系式将均衡利率与时间偏好率、期望增长率 μ_{C_t} 以及总消费在下一瞬间增长的方差率 $\|\boldsymbol{\sigma}_{C_t}\|^2$ 都联系起来了。我们能够观察到以下关系：

(1) 在时间偏好率和均衡利率之间存在同向关系。我们的直觉是,当经济体中的行为人缺乏耐心且对当前的消费需求较高时,为了鼓励行为人储蓄并延迟消费,均衡利率必定较高。

(2) 式(5.3)中的乘数 μ_{C_t} 为正,是代表性行为人的相对风险厌恶系数。因此,在总消费和均衡利率之间存在同向关系。可以这样解释:我们期望更高的未来消费,因此,有更低的边际效用,因此,因储蓄而产生的未来收益的价值更低。其结果是,要使市场保持出清,则储蓄的收益率必须提高。

(3) 如果 u'''为正,那么在总消费的方差和均衡利率之间存在反向关系。如果代表性行为人具有递减的绝对风险厌恶,这是一个非常合理的假设,那么 u'''必须为正。我们的直觉是,未来消费的不确定性越大,行为人对于无风险资产的确定回报也就更喜欢,从而市场借贷出清的收益率也就越低。

在相对风险厌恶系数为常数的特殊情况下,$u(c)=c^{1-\gamma}/(1-\gamma)$,等式(5.3)简化为

$$r_t=\delta+\gamma\mu_{C_t}-\frac{1}{2}\gamma(1+\gamma)\,\|\boldsymbol{\sigma}_{C_t}\|^2 \tag{5.4}$$

尤其是在总消费的漂移和方差率都是常数的情况下,也就是总消费遵循几何布朗运动的情况下,短期利率将是常数。因此,收益率曲线也将保持平坦。这显然是一种非常不现实的情况。为了得到具有现实意义的模型,必须允许总消费增长的期望和方差可变动,或允许非常数的风险厌恶系数(或两者)。

关于均衡收益率曲线、期望以及未来总消费的不确定性我们能说些什么?给定式(5.1)中的消费动态特征,有

$$\frac{C_T}{C_t}=\exp\left\{\int_t^T\left(\mu_{C_s}-\frac{1}{2}\|\boldsymbol{\sigma}_{C_s}\|^2\right)\mathrm{d}s+\int_t^T\boldsymbol{\sigma}_{C_s}^{\mathrm{T}}\,\mathrm{d}z_s\right\}$$

假设消费敏感性 $\boldsymbol{\sigma}_{C_s}$ 是常数且漂移率使得 $\int_t^T\mu_{C_s}\,\mathrm{d}s$ 服从正态分布,可知 C_T/C_t 服从对数正态分布。假设效用函数为时间可加的幂效用函数,状态价格平减因子 $\zeta_T/\zeta_t=e^{-\delta(T-t)}(C_T/C_t)^{-\gamma}$ 因此也服从对数正态分布。因此,T 日到期的零息债券的价格为

$$\begin{aligned}B_t^T&=\mathrm{E}_t\left[\frac{\zeta_T}{\zeta_t}\right]=e^{-\delta(T-t)}\mathrm{E}_t\left[e^{-\gamma\ln(C_T/C_t)}\right]\\&=\exp\left\{-\delta(T-t)-\gamma\mathrm{E}_t\left[\ln\left(\frac{C_T}{C_t}\right)\right]+\frac{1}{2}\gamma^2\mathrm{Var}_t\left[\ln\left(\frac{C_T}{C_t}\right)\right]\right\}\end{aligned}$$

在此,我们应用了附录 A 中的定理 A.2。将上述表达式与式(1.3)结合,那么 T 日到期的连续复利的零息债券收益率 y_t^T 为

$$y_t^T=\delta+\gamma\,\frac{\mathrm{E}_t[\ln(C_T/C_t)]}{T-t}-\frac{1}{2}\gamma^2\,\frac{\mathrm{Var}_t[\ln(C_T/C_t)]}{T-t}$$

由于

$$\ln\mathrm{E}_t\left[\frac{C_T}{C_t}\right]=\mathrm{E}_t\left[\ln\left(\frac{C_T}{C_t}\right)\right]+\frac{1}{2}\mathrm{Var}_t\left[\ln\left(\frac{C_T}{C_t}\right)\right]$$

零息债券收益率可以重新记为

$$y_t^T=\delta+\gamma\frac{\ln \mathrm{E}_t[C_T/C_t]}{T-t}-\frac{1}{2}\gamma(1+\gamma)\frac{\mathrm{Var}_t[\ln(C_T/C_t)]}{T-t} \tag{5.5}$$

这与式(5.4)中的短期利率非常相似。收益率随着主观时间偏好率的增加而增加。$[t, T]$期间的均衡收益率与这一时期的总消费的期望增长率成正比，与这一时期的消费增长率的不确定性成反比。得出这一结论的理由与上面对短期利率的讨论是相同的。可以看到，时刻 t 的均衡收益率曲线 $T\mapsto y_t^T$ 是由消费增长率的期望和方差如何取决于预测长度所确定的。例如，如果经济体有望获得短期的高速增长，实际利率倾向于走高而收益率倾向于走低。

等式(5.5)是基于对数正态的未来消费和幂效用函数之上。我们将在 7.4 节更多地讨论这一问题。对于更一般的模型而言，要得到与式(5.5)相同结构的关系是不可能的，在此，未来的消费并不必然服从对数正态分布且偏好也与幂效用函数不同。然而，追随 Breeden (1986)的脚步，可以推导出一个具有相似形式的近似关系式。在 $T\geqslant t$ 时刻，支付一个消费单位的零息债券在 t 时刻的均衡价格为

$$B_t^T=\mathrm{E}_t\left[\frac{\zeta_T}{\zeta_t}\right]=e^{-\delta(T-t)}\frac{\mathrm{E}_t[u'(C_T)]}{u'(C_t)} \tag{5.6}$$

其中 C_T 是不确定的未来总消费水平。利用泰勒展开，可以用债券收益率 y_t^T 将上式左边写成

$$B_t^T=e^{-y_t^T(T-t)}\approx 1-y_t^T(T-t)$$

转向等式的右边，将利用 $u'(C_T)$在 C_t 附近的二阶泰勒展开：

$$u'(C_T)\approx u'(C_t)+u''(C_t)(C_T-C_t)+\frac{1}{2}u'''(C_t)(C_T-C_t)^2$$

当 C_T 足够接近 C_t 时，这一近似式是合理的，这就是在一种非常短的时间长度内，消费增长非常低且平滑的情况。应用这一近似式，式(5.6)的右边变成

$$\begin{aligned}
e^{-\delta(T-t)}\frac{\mathrm{E}_t[u'(C_T)]}{u'(C_t)} &\approx e^{-\delta(T-t)}\left(1+\frac{u''(C_t)}{u'(C_t)}\mathrm{E}_t[C_T-C_t]+\frac{1}{2}\frac{u'''(C_t)}{u'(C_t)}\mathrm{E}_t[(C_T-C_t)^2]\right)\\
&\approx 1-\delta(T-t)+e^{-\delta(T-t)}\frac{C_t u''(C_t)}{u'(C_t)}\mathrm{E}_t\left[\frac{C_T}{C_t}-1\right]\\
&\quad+\frac{1}{2}e^{-\delta(T-t)}C_t^2\frac{u'''(C_t)}{u'(C_t)}\mathrm{E}_t\left[\left(\frac{C_T}{C_t}-1\right)^2\right]
\end{aligned}$$

在此，利用到了近似 $e^{-\delta(T-t)}\approx 1-\delta(T-t)$。将近似式的两端代入式(5.6)并重新排列，可以得到零息债券收益率的近似表达式

$$y_t^T\approx\delta+e^{-\delta(T-t)}\left(\frac{-C_t u''(C_t)}{u'(C_t)}\right)\frac{\mathrm{E}_t[C_T/C_t-1]}{T-t}-\frac{1}{2}e^{-\delta(T-t)}C_t^2\frac{u'''(C_t)}{u'(C_t)}\frac{\mathrm{E}_t\left[\left(\frac{C_T}{C_t}-1\right)^2\right]}{T-t}$$

为了考察固定期望消费增长的方差转换的效果，用 $\mathrm{Var}_t[(C_T/C_t)]+(\mathrm{E}_t[C_T/C_t-1])^2$ 代替 $\mathrm{E}_t[(C_T/C_t-1)^2]$。再次假设 $u'>0$，$u''<0$ 和 $u'''>0$，可以看到给定到期日的收益率与到期日时的消费期望增长率正相关，与到期日时的消费增长的方差负相关。

在这一简单的基于消费的资产定价模型中，假定代表性行为人具有不变的相对风险厌恶系数 γ，总消费具有不变的增长率 μ_C 和常数方差 σ_C^2。实际利率因此是

$$r_t=\delta+\gamma\mu_C-\frac{1}{2}\gamma(1+\gamma)\sigma_C^2 \tag{5.7}$$

这是一个常数，意味着这是一条不变的、平坦的收益率曲线。由这一模型所预测的利率也是不切实际的。1929—1998 年的美国数据表明，总消费的年均增长率为 1.8%，消费增长率的波动率为 2.9%，见 Bansal 和 Yaron(2004)。合理的偏好参数为 $\delta=0.02$ 和 $\gamma=4$。将这些数值代入式(5.7)，实际无风险利率应当在 8.36%，远远超过历史平均水平的 1%上下。这种简单的基于消费的资产定价模型预测的无风险利率太高的现象被称为无风险利率迷思，由 Weil(1989)首先指出①。当然，你也可能不同意相应的 δ 和 γ 的取值，或者疑心总消费数据的可获得性，见 Breeden 等(1989)，Grossman 等(1987)和 Wilcox(1992)的讨论。

近期的资产定价文献中已经提出了众多关于简单模型的扩展。如果你坚持代表性行为人的假设，可以让偏好或总消费过程一般化或两者兼而有之。假设保持不变的相对风险厌恶系数，而令期望消费增长率 μ_{C_t} 随时间而改变，于是可以从式(5.4)看到它对实际短期利率的影响。如果 μ_{C_t} 仅仅比平均水平高出(低于)1%，短期利率将比平均水平高出(低于)γ%。如果 γ 为 4 或更高，就将导致短期利率产生不现实的大幅变化。这就启发我们必须超越时间可加的幂效用函数的标准假设。

近来一个由 Bansal 和 Yaron(2004)构造的模型在匹配风格化资产定价方面处理得很成功。代表性行为人被假定具有 Epstein-Zin 偏好。除了时间偏好率 δ 和相对风险厌恶系数 γ 之外，还包括第三个参数 ψ，该参数被解释为跨期替代弹性，即一个用于度量行为人跨期转移消费意愿的参数。标准的时间可加幂效用函数是 $\psi=1/\gamma$ 的特殊情况，但是，没有理由相信风险厌恶程度和跨期替代弹性之间应当存在那种关系。在假设 μ_C 和 σ_C^2 为常数的情况下，均衡短期利率将具有以下形式

$$r_t=\delta+\frac{\mu_C}{\psi}-\frac{1}{2}\left(1-\gamma+\gamma^2+\frac{\gamma}{\psi}\right)\sigma_C^2$$

新的参数 ψ 使得它更容易匹配观察到的实际利率水平。即便 Epstein-Zin 偏好下，当 μ_C 和 σ_C^2 为常数时，短期利率也将为常数。Bansal 和 Yaron(2004)为总消费引入了所谓的长期风险模型，在该模型中，期望增长率 μ_{C_t} 被假定为一个随时间缓慢变化(因此，"长期")的随机成分，它们同样允许消费方差 $\sigma_{C_t}^2$ 也随时间随机变化。无风险利率因此为

$$r_t=\delta+k_1+\frac{\mu_{C_t}}{\psi}-\frac{1}{2}k_2\sigma_{C_t}^2$$

在此 k_1 和 k_2 是由偏好率参数确定的常数，且为 μ_{C_t} 和 σ_{C_t} 的动态特征中的参数。因此，短期利率不再是常数。期望增长率现在被 $1/\gamma$ 乘，它也许比 γ 小很多，因此，无风险利率的

① 对于合理水平的风险厌恶系数，简单模型对于宽基股票指数的超额收益的预测远远低于观察到的历史平均值，这就是所谓的股权溢价迷思，首先由 Mehra 和 Prescott(1985)发现。更多的细节见 Cochrane(2005)或 Munk(2010)。

波动率将被控制在合理的较低水平。Wu(2008)与 Bansal 和 Shaliastovich(2009)讨论了模型对于收益率曲线的形状和变化的影响。Epstein-Zin 偏好与长期风险动态特征的结合被证明在匹配利率和风险溢价的历史矩上相当成功,因此也能解释各种资产定价上存在的困惑。

正如第 4 章所讨论的,代表性行为人框架是建立在完全市场的基础上,但是,现实的金融市场是不完全的,例如,个人的劳动收入风险就是无法对冲的。然而,我们很难为一个不完全市场模型推导出封闭均衡点。各种数值研究[例如,Telmer(1993)和 Aiyagari(1994)]和少数的研究得到的封闭解[例如 Constantinides 和 Duffie(1996)与 Christensen 等(2010)]表明,当个人面对异质性的收入冲击时,他们将通过对无风险资产的预防性储蓄进行自保。因此,均衡无风险利率将会更低。

5.3 实际利率和总产出

为了研究利率和产出的关系,我们将考察一个比 Cox 等(1985a)的一般均衡模型略微简化的版本。

考察一个只有一种实物商品的经济,该实物商品既可以用于消费,也可以用于投资。所有的价值都可以用这一商品作为计量单位。投资于这种商品生产的瞬间收益率是

$$\frac{d\eta_t}{\eta_t}=g(x_t)dt+\xi(x_t)dz_{1t}$$

在此,z_1 是一个一维的标准布朗运动,g 和 ξ 都是某些状态变量 x_t 的良态(与生俱来)实数函数。更明确点,如果生产过程的产出是连续投资的,时点 0 投资于生产过程的 η_0 单位商品将在时间 t 增长为 η_t 单位商品。我们将 g 解释为经济的期望实际增长,将波动率 ξ(对于所有 x 都为正)解释为经济增长的不确定性的测量指标。从收益率的分布独立于投资规模这一意义上来看,生产过程具有不变的规模回报。生产过程没有进入壁垒。我们可以设想个人可以通过成立自己的工厂直接生产,也可以通过投资这些工厂的股票而进行生产投资。为简单起见,我们采用第一种方式。所有的生产商、个人和公司都充分竞争,他们不获得利润而仅仅是将产出转移给它们的所有者。所有的个人和公司都是价格接受者。

我们假设状态变量是一维的且按照随机微分方程

$$dx_t=m(x_t)dt+v_1(x_t)dz_{1t}+v_2(x_t)dz_{2t}$$

演变,在此 z_2 是另一个独立于 z_1 的标准一维布朗运动,且 m, v_1 和 v_2 都是良态实数函数。状态变量的瞬时方差率为 $v_1(x)^2+v_2(x)^2$,状态变量和实际增长率之间的协方差率为 $\xi(x)v_1(x)$,因此状态变量和实际增长率之间的相关性为 $v_1(x)/\sqrt{v_1(x)^2+v_2(x)^2}$。除非 $v_2\equiv 0$,状态变量与实际生产回报并不完美相关。如果 v_1 为正[负],那么状态变量与经济增长率正[负]相关(由于假设 ξ 为正)。由于状态决定了实际投资的期望收益与方差,可以将 x_t 视为生产力或技术变量。

除了直接投资生产过程之外，我们假设行为人还可以通过金融资产进行投资。假设价格为 P_t 的金融资产的动态特征为

$$\frac{\mathrm{d}P_t}{P_t}=\mu_t\mathrm{d}t+\sigma_{1t}\mathrm{d}z_{1t}+\sigma_{2t}\mathrm{d}z_{2t}$$

作为均衡的一部分，我们将确定期望收益 μ_t 以及波动率系数 σ_{1t} 和 σ_{2t} 之间的关系。最后，行为人可以无风险利率 r_t 瞬间借入借出资金，其中无风险利率也是从均衡中确定。市场因此是完全的。其他受到 z_1 和 z_2 影响的金融资产可交易，但它们是冗余资产。我们在这些其他资产的期望收益和波动率系数之间将得到相同均衡关系，正如我们在模型中所明确得到的一样。为了简单起见，我们坚持采用单一资产这一情形。

如果一个行为人在每一 t 时刻消费比率为 $c_t\geqslant 0$，并将他的一定比例 α_t 的财富投资于生产过程，将一定比例 π_t 的财富投资于金融资产，剩余的财富 $1-\alpha_t-\pi_t$ 投资于无风险资产，那么他的财富 W_t 的变化为

$$\begin{aligned}\mathrm{d}W_t=&\{r_tW_t+W_t\alpha_t(g(x_t)-r_t)+W_t\pi_t(\mu_t-r_t)-c_t\}\mathrm{d}t\\&+W_t\alpha_t\xi(x_t)\mathrm{d}z_{1t}+W_t\pi_t\sigma_{1t}\mathrm{d}z_{1t}+W_t\pi_t\sigma_{2t}\mathrm{d}z_{2t}\end{aligned}$$

由于实际上不可能出现负的实际投资，因此，限定 α_t 为非负。然而，我们将假设这一约束不具限制性。我们将考察一个最大化未来消费的行为人。定义一个间接的效用函数

$$J(W,x,t)=\sup_{(\alpha_s,\pi_s,c_s)_{s\in[t,T]}}\mathrm{E}_t\left[\int_t^T e^{-\delta(s-t)}u(c_s)\mathrm{d}s\right]$$

在这"sup"是上确界(supremum)的缩写，在很多情况下上确界等价于最大值。间接效用因此为给定当期财富和状态变量值的情况下，行为人所能获得的最大期望效用。应用动态编程技术，可以证明 α 和 π 的最优选择满足

$$\alpha^*=\frac{-J_W}{WJ_{WW}}\left[(g-r)\frac{\sigma_1^2+\sigma_2^2}{\xi^2\sigma_2^2}-(\mu-r)\frac{\sigma_1}{\xi\sigma_2^2}\right]+\frac{-J_{Wx}}{WJ_{WW}}\frac{\sigma_2v_1-\sigma_1v_2}{\xi\sigma_2}\tag{5.8}$$

$$\pi^*=\frac{-J_W}{WJ_{WW}}\left[-\frac{\sigma_1}{\xi\sigma_2^2}(g-r)+\frac{1}{\sigma_2^2}(\mu-r)\right]+\frac{-J_{Wx}}{WJ_{WW}}\frac{v_2}{\sigma_2}\tag{5.9}$$

在均衡状态下，价格和利率使得①所有的行为人的行动是最优的，②全部的市场是出清的。特别是，将所有行为人的金融资产加总，我们将得到 0，行为人的短期借款将等于行为人的短期贷款。由于生产设备是由某些投资者持有，所以将所有投资者的最优的 α 加起来必定等于 1。由于我们假设了一个完全市场，由此可以构造一个代表性行为人。这个代表性行为人具有给定的效用函数，使其满足无论是单一行为人经济还是多行为人经济，均衡的利率和价格是相同的。我们也可以换一种方式思考，设想一个经济体中所有的行为人都具有相同的间接效用函数且总是做出相同的消费和投资选择。

在均衡状态下，对代表性行为人有 $\pi^*=0$，因此式(5.9)意味着

$$\mu-r=\frac{\sigma_1}{\xi}(g-r)-\frac{\left(\frac{-J_{Wx}}{WJ_{WW}}\right)}{\left(\frac{-J_W}{WJ_{WW}}\right)}\sigma_2v_2\tag{5.10}$$

将其代入到 α^* 的等式中，并利用在均衡状态下 $\alpha^*=1$ 的事实，得到

$$1=\left(\frac{-J_W}{WJ_{WW}}\right)\left[(g-r)\frac{\sigma_1^2+\sigma_2^2}{\xi^2\sigma_2^2}-\frac{\sigma_1}{\xi}\frac{\sigma_1}{\xi\sigma_2^2}(g-r)+\frac{\left(\frac{-J_{Wx}}{WJ_{WW}}\right)}{\left(\frac{-J_W}{WJ_{WW}}\right)}\sigma_2 v_2\frac{\sigma_1}{\xi\sigma_2^2}\right]$$

$$+\left(\frac{-J_{Wx}}{WJ_{WW}}\right)\frac{\sigma_2 v_1-\sigma_1 v_2}{\xi\sigma_2}=\left(\frac{-J_W}{WJ_{WW}}\right)\frac{g-r}{\xi^2}+\left(\frac{-J_{Wx}}{WJ_{WW}}\right)\frac{v_1}{\xi}$$

因此，均衡短期利率可以写成

$$r=g-\left(\frac{-WJ_{WW}}{J_W}\right)\xi^2+\frac{J_{Wx}}{J_W}\xi v_1 \tag{5.11}$$

这一等式将经济体中均衡实际短期利率与生产联系在一起。我们将分别解释等式右边的三项：

(1) 均衡实际利率 r 与经济的期望实际增长率 g 正相关。我们的直觉是，经济的实际增长率越高，生产性投资相对于无风险资产的吸引力越大。所以为了维持市场出清，利率不得不提高。

(2) $-WJ_{WW}/J_W$ 项是代表性行为人的间接效用函数中的风险厌恶系数，我们假设它为正数。因此，我们可以看到均衡实际利率 r 与由瞬时方差 ξ^2 代表的经济增长的不确定性负相关。面对更高的不确定性，无风险投资的安全性更具吸引力，因此，为了使得市场出清，利率必须降低。

(3) 式(5.11)中最后一项是因为状态变量的存在。状态变量和经济的实际增长率之间的协方差率为 ξ_{v_1}。假定状态变量的取值越大表明经济越好，因此边际效用 J_W 是 x 的减函数，也就是说 $J_{W_x}<0$。如果状态变量和经济的增长率是正相关的，也就是 $v_1>0$，我们从式(5.8)中可以看出生产性投资的对冲需求是下降的，因此，以短期利率存钱的需求在相关系数的量值内是增加的(J_{W_x} 和 J_{WW} 为负)。为了保持市场出清，利率必须下降式(5.11)中相关系数所确定的幅度。

我们从式(5.10)看出，风险的市场价格由

$$\lambda_1=\frac{g-r}{\xi},\ \lambda_2=-\frac{\left(\frac{-J_{Wx}}{WJ_{WW}}\right)}{\left(\frac{-J_W}{WJ_{WW}}\right)}v_2=-\frac{J_{Wx}}{J_W}v_2 \tag{5.12}$$

给出。从式(5.11)得到

$$g-r=\left(\frac{-WJ_{WW}}{J_W}\right)\xi^2-\frac{J_{Wx}}{J_W}\xi v_1$$

因此，可以将 λ_1 重新写为

$$\lambda_1=\left(\frac{-WJ_{WW}}{J_W}\right)\xi-\frac{J_{Wx}}{J_W}v_1 \tag{5.13}$$

5.4 均衡期限结构模型

5.4.1 基于生产的模型

作为一个考虑生产的一般均衡模型中的一个特例，Cox 等(1985b)考察了一个具有对数效用函数的代表性行为人的模型，这使得直接效用函数的相对风险厌恶系数为 1。此外，行为人被假定具有无限长的时间跨度，这意味着间接效用函数将独立于时间。可以证明，在这些假设下，行为人的间接效用函数具有 $J(W,\ x)=A\ln W+B(x)$ 的形式。特别是，$J_{Wx}=0$ 和间接效用函数的相对风险厌恶系数同样为 1。从式(5.11)可知，均衡实际短期利率等于

$$r(x_t)=g(x_t)-\xi(x_t)^2$$

作者们进一步假设生产性投资的期望收益和方差都与状态变量成比例，也就是

$$g(x)=k_1x,\ \xi(x)^2=k_2x$$

其中 $k_1>k_2$。那么均衡短期利率变为 $r(x)=(k_1-k_2)x\equiv kx$。现在假设状态变量遵循一个平方根过程

$$\begin{aligned}dx_t&=\kappa(\bar{x}-x_t)dt+\rho\sigma_x\sqrt{x_t}\,dz_{1t}+\sqrt{1-\rho^2}\,\sigma_x\sqrt{x_t}\,dz_{2t}\\&=\kappa(\bar{x}-x_t)dt+\sigma_x\sqrt{x_t}\,d\bar{z}_t\end{aligned}$$

其中 $\bar{z}$ 是一个与标准布朗运动 z_1 的相关系数为 ρ，与 z_2 的相关系数为 $\sqrt{1-\rho^2}$ 的标准布朗运动。于是，实际短期利率的动态特征为 $dr_t=k\,dx_t$，这就得到

$$dr_t=\kappa(\bar{r}-r_t)dt+\sigma_r\sqrt{r_t}\,d\bar{z}_t$$

其中 $\bar{r}=k\bar{x}$ 和 $\sigma_r=\sqrt{k}\sigma_x$。式(5.12)和式(5.13)给出的风险的市场价格简化为

$$\lambda_1=\xi(x)=\sqrt{k_2x}=\sqrt{k_2/k}\sqrt{r},\ \lambda_2=0$$

从第 4 章我们知道短期利率动态特征和风险的市场价格完全决定了所有债券的价格，从而也决定了整个利率期限结构。事实上，这是最常用的动态期限结构模型之一，也就是所谓的 CIR 模型。关于这一模型的更多细节将在 7.5 节讨论。

Longstaff 和 Schwartz(1992a)研究了一个基于生产的两因子均衡模型。他们假定生产的收益率由

$$\frac{d\eta_t}{\eta_t}=g(x_{1t},\ x_{2t})dt+\xi(x_{2t})dz_{1t}$$

给出，其中

$$g(x_1,\ x_2)=k_1x_1+k_2x_2,\ \xi(x_2)^2=k_3x_2$$

因此，状态变量 x_2 同时影响了生产的期望收益和不确定性，而状态变量 x_1 只影响期望收益。

在对数效用函数的情况下，短期利率再次等于期望收益减去方差，

$$r(x_1, x_2)=g(x_1, x_2)-\xi(x_2)^2=k_1x_1+(k_2-k_3)x_2$$

状态变量被假定服从独立平方根过程，

$$\mathrm{d}x_{1t}=(\varphi_1-\kappa_1x_{1t})\mathrm{d}t+\beta_1\sqrt{x_{1t}}\,\mathrm{d}z_{2t}$$

$$\mathrm{d}x_{2t}=(\varphi_2-\kappa_2x_{2t})\mathrm{d}t+\beta_2\sqrt{x_{2t}}\,\mathrm{d}z_{3t}$$

其中 z_2 独立于 z_1 和 z_3，但是 z_1 和 z_3 可能是相关的。与布朗运动相关的风险的市场价格为

$$\lambda_1(x_2)=\xi(x_2)=\sqrt{k_2}\sqrt{x_2}, \lambda_2=\lambda_3=0$$

我们将在第 8 章中更详尽地讨论这一模型的含义。

5.4.2 基于消费的模型

其他作者从消费的角度开发利率的期限结构模型。例如，Goldstein 和 Zapatero(1996)提出了一个简单模型，在这一模型中，均衡短期利率与 Vasicek(1977)的期限结构模型是一致的。他们假设总消费按照以下方式变动

$$\mathrm{d}C_t=C_t[\mu_{C_t}\mathrm{d}t+\sigma_C\mathrm{d}z_t]$$

在这，z 是一个一维标准布朗运动，σ_C 是常数，期望消费增长率遵循 OU 过程

$$\mathrm{d}\mu_{C_t}=\kappa(\bar{\mu}_C-\mu_{C_t})\mathrm{d}t+\theta\mathrm{d}z_t$$

假定代表性行为人有一个常数相对风险厌恶系数 γ，由式(5.4)可知均衡实际短期利率是

$$r_t=\delta+\gamma\mu_{C_t}-\frac{1}{2}\gamma(1+\gamma)\sigma_C^2$$

其动态特征为 $\mathrm{d}r_t=\gamma\mathrm{d}\mu_{C_t}$，也就是

$$\mathrm{d}r_t=\kappa(\bar{r}-r_t)\mathrm{d}t+\sigma_r\mathrm{d}z_t$$

其中 $\sigma_r=\gamma\theta$ 和 $\bar{r}=\gamma\bar{\mu}_C+\delta-\frac{1}{2}\gamma(1+\gamma)\sigma_C^2$。由式(5.2)，风险的市场价格由

$$\lambda=\gamma\sigma_C$$

给出，在此，它是一个常数。我们将在 7.4 节对这一模型进行更细致的处理。

事实上，通过这一方式，可以生成任何所谓的仿射期限结构模型。假设总消费的期望增长率和方差率是某些状态变量的仿射，也就是

$$\mu_{C_t}=a_0+\sum_{i=1}^{n}a_ix_{it}, \ \|\boldsymbol{\sigma}_{C_t}\|^2=b_0+\sum_{i=1}^{n}b_ix_{it}$$

于是均衡短期利率是

$$r_t=\left(\delta+\gamma a_0-\frac{1}{2}\gamma(1+\gamma)b_0\right)+\gamma\sum_{i=1}^{n}\left(a_i-\frac{1}{2}(1+\gamma)b_i\right)x_{it}$$

当然，对状态变量的所有取值，应当有 $b_0+\sum_{i=1}^{n}b_i x_{it}\geqslant 0$。风险的市场价格为 $\lambda_t=\gamma\sigma_{C_t}$。如果状态变量 x_i 遵循仿射类过程，我们就得到一个仿射期限结构模型。我们还将在第 7 章和第 8 章中讨论到仿射模型。

其他基于消费的期限结构模型可见 Bakshi 和 Chen(1997)。

5.5 实际利率、名义利率与期限结构

在本节我们将讨论实际利率与名义利率之间的差异和联系。名义利率与对名义收益债券的投资有关，所谓名义收益债券就是承诺以给定货币，如美元，做出给定支付的债券。然而，因为未来的物价水平是不确定的，所以这些支付的购买力也是不确定的。实际利率与对实际收益债券的投资相关，所谓实际收益债券就是其美元支付将根据消费物价指数的变动而调整，确保在支付日保持特定购买力的一种债券①。尽管大多数发行人和投资者可能会喜欢利用实际收益债券而不是名义收益债券去降低相关风险，但是，所有交易所发行和交易的债券中绝大多数为名义收益债券。市场中交易的实际收益债券出人意料的少。在一定程度上，人们只是偏好消费的单位(而不是自己的货币持有量)，他们应当基于实际利率而不是名义利率做消费和投资决策。上一节中关于利率、消费和生产之间的关系同样适用于实际利率。

在一个名义收益债券交易占主导地位的市场中，我们能非常容易了解名义利率期限结构。但是关于实际利率呢？传统上，经济学家们将名义利率视为实际利率与期望(消费者价格)通货膨胀率的和。这一关系通常被称为 Fisher 假说(Fisher Hypothesis)或 Fisher 关系(Fisher relation)以表彰 Fisher(1907)所做的贡献。然而，无论是经验研究或现在金融经济学理论(正如我们将在下面看到)，它们都不支持 Fisher 假说②。

接下来我们将首先推导关于实际利率，名义利率和通货膨胀率之间的一些普遍有效的关系，并调查实际和名义资产价格之间存在何种差异。然后，将讨论两种不同类型的模型，在这些模型中可以更多地探讨实际利率和名义利率。第一类模型在假设持有货币资产并不影响行为人的偏好从而货币的存在对实际利率和实际资产收益没有影响这一点上遵循了新古典主义的传统。因此，本章前面所得到的一些关系仍然是适用的。但是，好几个实证研究的发现表明，货币的存在确实具有实际影响。例如，实际股票收益与通货膨胀负相关，与货币供应增长正相关。同样，与通货膨胀率正相关的资产具有较低的期望收益③。在第二类模型中，允许货币具有实际的影响，具有这一属性的经济学被称为货币经济学。

---

① 由于并不是所有人都想要相同的消费者价格指数中的不同消费品组成，所以实际收益债券并不必然的为每一个投资者提供完美的、确定的购买力。

② 当然，在任何给定时期我们可以通过事后的名义收益减去实际通货膨胀率而得出一个事后的实际回报。但是，我们并不是很清楚，投资者为什么要在意一个这样的事后回报呢？[* 此话本意就是，这样计算得到的结果是“马后炮”，没有实际意义。——译者注]

③ 例如，Fama(1981)，Fama 和 Gibbons(1982)，Chen 等(1986)和 Marshall(1992)都报告了这样的结果。

5.5.1 实际和名义资产定价

如同前面，令 $\zeta=(\zeta_t)$ 表示一个状态价格平减因子，它根据

$$d\zeta_t=-\zeta_t[r_t\,dt+\boldsymbol{\lambda}_t^{\top}dz_t]$$

随时间变动，其中 $r=(r_t)$ 是短期实际利率，$\boldsymbol{\lambda}=(\boldsymbol{\lambda}_t)$ 是风险的市场价格。于是 t 时刻一个到期日为 T 的实际零息债券的实际价格为

$$B_t^T=\mathrm{E}_t\left[\frac{\zeta_T}{\zeta_t}\right]$$

如果一个资产的实际价格 $P=(P_t)$ 遵循随机过程

$$dP_t=P_t[\mu_{P_t}\,dt+\boldsymbol{\sigma}_{P_t}^{\top}dz_t]$$

那么，在资产不支付红利的期间，关系式

$$\mu_{P_t}-r_t=\boldsymbol{\sigma}_{P_t}^{\top}\boldsymbol{\lambda}_t \tag{5.14}$$

必须保持均衡。由第 4 章知道可以用风险中性概率测度$\mathbb{Q}$来概括实际价格的特征，这可以通过概率变换过程

$$\xi_t=\mathrm{E}_t\left[\frac{d\mathbb{Q}}{d\mathbb{P}}\right]=\exp\left\{-\frac{1}{2}\int_0^t\|\boldsymbol{\lambda}_s\|^2ds-\int_0^t\boldsymbol{\lambda}_s^{\top}dz_s\right\}$$

确定。一项在区间$(t,\ T)$不支付红利的资产的实际价格可以写成

$$P_t=\mathrm{E}_t\left[\frac{\zeta_T}{\zeta_t}P_T\right]=\mathrm{E}_t^{\mathbb{Q}}[e^{-\int_t^T r_s ds}P_T]$$

特别地，一个到期日为 t 的实际零息债券在 T 时刻的价格是

$$B_t^T=\mathrm{E}_t^{\mathbb{Q}}[e^{-\int_t^T r_s ds}]$$

为了研究名义价格和名义利率，引入了消费者价格指数 I_t，它可以解释为一单位消费的美元价格。将 $I=(I_t)$ 的动态特征写为

$$dI_t=I_t[i_t\,dt+\boldsymbol{\sigma}_{I_t}^{\top}dz_t]$$

将 dI_t/I_t 解释为在下一瞬间已实现的通货膨胀率，i_t 为期望通胀率，σ_{I_t} 为通货膨胀率以百分比表示的敏感性向量。

现在考察一个承诺在下一瞬间支付名义短期利率 $\tilde{r}_t$ 所代表的无风险货币收益的银行账户。如果我们用 $\tilde{N}_t$ 表示这个账户 t 时刻的价值，那么有

$$d\tilde{N}_t=\tilde{r}_t\tilde{N}_t\,dt$$

这一账户的实际价格是 $N_t=\tilde{N}_t/I_t$，这是因为它与账户具有同等价值的消费品的单位数。应用伊藤引理，得到一个实际价格的动态特征为

$$dN_t=N_t[(\tilde{r}_t-i_t+\|\boldsymbol{\sigma}_{I_t}\|^2)dt-\boldsymbol{\sigma}_{I_t}^{\top}dz_t]$$

注意,这一瞬间名义无风险资产的实际收益,dN_t/N_t,是有风险的。因百分比敏感性向量由 $-\boldsymbol{\sigma}_{I_t}$ 给出,根据式(5.14),期望收益由实际短期利率加上 $-\boldsymbol{\sigma}_{I_t}^{\top}\lambda_t$ 而得到。将其与上式的漂移项进行比较,有

$$\tilde{r}_t - i_t + \|\boldsymbol{\sigma}_{I_t}\|^2 = r_t - \boldsymbol{\sigma}_{I_t}^{\top}\boldsymbol{\lambda}_t$$

因此,名义短期利率为

$$\tilde{r}_t = r_t + i_t - \|\boldsymbol{\sigma}_{I_t}\|^2 - \boldsymbol{\sigma}_{I_t}^{\top}\boldsymbol{\lambda}_t \tag{5.15}$$

也就是说,名义短期利率等于实际短期利率加上预期的通货膨胀率减去通货膨胀的方差率减去一个风险溢价。后两项的存在打破了 Fisher 关系式。Fisher 关系式认为名义利率等于实际利率与期望通货膨胀率的和。Fisher 假说当且仅当通货膨胀率是瞬间无风险的情况下成立。

由于大多数交易的债券是名义债券,最好有一个期望名义收益和名义价格波动率之间的关系式。出于这一目的,令 $\tilde{P}_t$ 表示金融资产的美元价格并假设其价格的动态特征如下式所描述

$$d\tilde{P}_t = \tilde{P}_t[\tilde{\mu}_{P_t}\,dt + \tilde{\boldsymbol{\sigma}}_{P_t}^{\top}\,dz_t]$$

这一资产的实际价格由 $P_t = \tilde{P}_t/I_t$ 给出,且根据伊藤引理

$$dP_t = P_t[(\tilde{\mu}_{P_t} - i_t - \tilde{\boldsymbol{\sigma}}_{P_t}^{\top}\boldsymbol{\sigma}_{I_t} + \|\boldsymbol{\sigma}_{I_t}\|^2)dt + (\tilde{\boldsymbol{\sigma}}_{P_t} - \boldsymbol{\sigma}_{I_t})^{\top}dz_t] \tag{5.16}$$

于是,资产的期望超额实际收益率为

$$\begin{aligned}\mu_{P_t} - r_t &= \tilde{\mu}_{P_t} - i_t - \tilde{\boldsymbol{\sigma}}_{P_t}^{\top}\boldsymbol{\sigma}_{I_t} + \|\boldsymbol{\sigma}_{I_t}\|^2 - r_t \\ &= \tilde{\mu}_{P_t} - \tilde{r}_t - \tilde{\boldsymbol{\sigma}}_{P_t}^{\top}\boldsymbol{\sigma}_{I_t} - \boldsymbol{\sigma}_{I_t}^{\top}\boldsymbol{\lambda}_t\end{aligned}$$

在这,我们通过应用式(5.15)而引入名义短期收益率 $\tilde{r}_t$。资产实际收益率的波动率向量为

$$\boldsymbol{\sigma}_{P_t} = \tilde{\boldsymbol{\sigma}}_{P_t} - \boldsymbol{\sigma}_{I_t}$$

将 $\mu_{P_t} - r_t$ 和 $\boldsymbol{\sigma}_{P_t}$ 的表达式代入式(5.14),得到

$$\tilde{\mu}_{P_t} - \tilde{r}_t - \tilde{\boldsymbol{\sigma}}_{P_t}^{\top}\boldsymbol{\sigma}_{I_t} - \boldsymbol{\sigma}_{I_t}^{\top}\boldsymbol{\lambda}_t = (\tilde{\boldsymbol{\sigma}}_{P_t} - \boldsymbol{\sigma}_{I_t})^{\top}\boldsymbol{\lambda}_t$$

且因此有

$$\tilde{\mu}_{P_t} - \tilde{r}_t = \tilde{\boldsymbol{\sigma}}_{P_t}^{\top}\tilde{\boldsymbol{\lambda}}_t$$

其中 $\tilde{\boldsymbol{\lambda}}_t$ 是由

$$\tilde{\boldsymbol{\lambda}}_t = \boldsymbol{\sigma}_{I_t} + \boldsymbol{\lambda}_t \tag{5.17}$$

所定义的风险的名义市场价格。

用期望表示,我们知道

$$\frac{\tilde{P}_t}{I_t} = \mathrm{E}_t\left[\frac{\zeta_T}{\zeta_t}\frac{\tilde{P}_T}{I_T}\right]$$

由此有

$$\tilde{P}_t = \mathrm{E}_t\left[\frac{\zeta_T}{\zeta_t}\frac{I_t}{I_T}\tilde{P}_T\right] = \mathrm{E}_t\left[\frac{\tilde{\zeta}_T}{\tilde{\zeta}_t}\tilde{P}_T\right]$$

其中对任何 t，$\tilde{\zeta}_t=\zeta_t/I_t$（尤其是，$\tilde{\zeta}_0=1/I_0$）。因为左边是当前的名义价格，右边包含了未来名义价格或收益，因此将 $\tilde{\zeta}=(\tilde{\zeta}_t)$ 称为**名义价格平减因子**（nominal state-price deflator）。它的动态特征又由

$$d\tilde{\zeta}_t=-\tilde{\zeta}_t[\tilde{r}_t dt+\tilde{\lambda}_t^{\mathrm{T}} dz_t] \tag{5.18}$$

给出，因此漂移率是（负号）名义短期利率和波动率向量是（负号）风险的名义市场价格，与实际利率的情况完全类似。

我们同样通过测度变换过程

$$\tilde{\xi}_t\equiv \mathrm{E}_t\left[\frac{d\tilde{\mathbb{Q}}}{d\mathbb{P}}\right]=\exp\left\{-\frac{1}{2}\int_0^t \|\tilde{\boldsymbol{\lambda}}_s\|^2 ds-\int_0^t \tilde{\boldsymbol{\lambda}}_s^{\mathrm{T}} dz_s\right\}$$

引入**名义风险中性测度**（nominalrisk-neutral measure）$\tilde{\mathbb{Q}}$。因此，对于一个期间不分红的资产的名义价格可以写成

$$\tilde{P}_t=\mathrm{E}_t\left[\frac{\tilde{\zeta}_T}{\tilde{\zeta}_t}\tilde{P}_T\right]=\mathrm{E}_t^{\tilde{\mathbb{Q}}}\left[e^{-\int_t^T \tilde{r}_s ds}\tilde{P}_T\right]$$

特别地，一个到期日为 T 的名义零息债券 t 时刻的名义价格为

$$\tilde{B}_t^T=\mathrm{E}_t\left[\frac{\tilde{\zeta}_T}{\tilde{\zeta}_t}\right]=\mathrm{E}_t^{\tilde{\mathbb{Q}}}\left[e^{-\int_t^T \tilde{r}_s ds}\right]$$

总而言之，名义收益债券的价格与名义短期利率、风险的名义市场价格之间的关系与实际收益债券的价格和实际短期收益率、风险的实际市场价格之间的关系完全是相同的。关于短期利率动态特征和风险的市场价格等建立在确定外部假设基础之上的模型同时适用于实际期限结构和名义期限结构。这确实符合大部分流行期限结构模型的情况，但是，有些作者为了支持特定期限结构模型而提供的均衡结论，见 5.4 节，通常适用于实际利率和风险的实际市场价格。因关系式（5.15）和（5.17），同样的结论一般不能支持相似的关于名义利率和风险的名义市场价格的假设。不过，这些模型还是经常用在名义债券和名义期限结构上。

前面我们推导了实际和名义短期利率的一个均衡关系。长期实际和名义利率之间存在什么关系呢？应用大家熟知的关系 $\mathrm{Cov}[x, y]=\mathrm{E}[xy]-\mathrm{E}[x]\mathrm{E}[y]$，我们可以记

$$\begin{aligned}\tilde{B}_t^T&=\mathrm{E}_t\left[\frac{\zeta_T}{\zeta_t}\frac{I_t}{I_T}\right]\\&=\mathrm{E}_t\left[\frac{\zeta_T}{\zeta_t}\right]\mathrm{E}_t\left[\frac{I_t}{I_T}\right]+\mathrm{Cov}_t\left[\frac{\zeta_T}{\zeta_t}, \frac{I_t}{I_T}\right]\\&=B_t^T\mathrm{E}_t\left[\frac{I_t}{I_T}\right]+\mathrm{Cov}_t\left[\frac{\zeta_T}{\zeta_t}, \frac{I_t}{I_T}\right]\end{aligned}$$

从状态价格平减因子和价格指数的动态特征，可知

$$\frac{\zeta_T}{\zeta_t}=\exp\left\{-\int_t^T\left(r_s+\frac{1}{2}\|\boldsymbol{\lambda}_s\|^2\right)ds-\int_t^T \boldsymbol{\lambda}_s^{\mathrm{T}} dz_s\right\}$$

$$\frac{I_t}{I_T}=\exp\left\{-\int_t^T\left(i_s-\frac{1}{2}\|\boldsymbol{\sigma}_{I_s}\|^2\right)ds-\int_t^T \boldsymbol{\sigma}_{I_s}^{\mathrm{T}} dz_s\right\}$$

它们可以代入上面关于实际收益债券和名义收益债券的关系式。然而,右边的协方差项只能在对 r, i, $\boldsymbol{\lambda}$ 和 $\boldsymbol{\sigma}_I$ 等做出非常特殊的假设的情况下才能计算出来。

5.5.2 通货膨胀不产生实际影响的情况

在本小节我们将视消费者价格指数过程为给定,并假设货币性资产的持有对行为人的效用没有直接影响。同前面一样,假设总消费水平遵循如下随机过程

$$dC_t = C_t[\mu_{C_t} dt + \boldsymbol{\sigma}_{C_t}^{\mathsf{T}} dz_t]$$

于是实际状态价格密度的动态特征为

$$d\zeta_t = -\zeta_t[r_t dt + \boldsymbol{\lambda}_t^{\mathsf{T}} dz_t]$$

短期实际利率由

$$r_t = \delta + \left(-\frac{C_t u''(C_t)}{u'(C_t)}\right)\mu_{C_t} - \frac{1}{2}C_t^2 \frac{u'''(C_t)}{u'(C_t)} \|\boldsymbol{\sigma}_{C_t}\|^2$$

给出,且风险的市场价格向量为

$$\boldsymbol{\lambda}_t = \left(-\frac{C_t u''(C_t)}{u'(C_t)}\right)\boldsymbol{\sigma}_{C_t} \tag{5.19}$$

将 $\boldsymbol{\lambda}_t$ 的表达式(5.19)代入式(5.15),可将短期名义利率记为

$$\tilde{r}_t = r_t + i_t - \|\boldsymbol{\sigma}_{It}\|^2 - \left(-\frac{C_t u''(C_t)}{u'(C_t)}\right)\boldsymbol{\sigma}_{It}^{\mathsf{T}}\boldsymbol{\sigma}_{C_t}$$

在代表性行为人具有不变的相对风险厌恶系数,即 $u(C) = C^{1-\gamma}/(1-\gamma)$,且总消费和价格指数遵循几何布朗运动的情况下,得到常数利率

$$r = \delta + \gamma\mu_C - \frac{1}{2}\gamma(1+\gamma)\|\boldsymbol{\sigma}_C\|^2 \tag{5.20}$$

$$\tilde{r} = r + i - \|\boldsymbol{\sigma}_I\|^2 - \gamma\boldsymbol{\sigma}_I^{\mathsf{T}}\boldsymbol{\sigma}_C$$

Breeden(1986)考察了一个具有多个消费品的经济中关于利率、通货膨胀、总消费和总产出之间的关系。一般而言,多个消费品的存在使得问题的分析变得相当复杂。Breeden 证明了均衡名义短期利率与按两种不同方式计算的通货膨胀率都存在依赖关系。一种方式为各种消费品按照平均权重计算,另一种方式是按照不同消费品的边际权重计算,后者的权重是按照总消费支出中每增加一美元支出在不同商品中的最优分配确定。由于随着财富的增长,行为人所消费的消费品品种和构成往往会发生变化,所以平均权重和边际消费权重之间存在着差异。但是,在特殊的,也许是不切实际的 Cobb-Douglas 效用函数中,不同消费品的相对支出权重是不变的。在那种情况下,Breeden 得出了与我们在一个消费品假设之下所得出的结论相同的结论。

5.5.3 一个货币具有实际影响的模型

在我们所考察的下一个模型中,现金持有被包括在行为人的直接效用函数中。这种考虑

的合理性在于持有货币资金有利频繁开展交易。在这样的一个模型中，消费品的价格是经济均衡的一部分，与前面所研究的将消费品价格指数视为一个外生的过程的模型形成鲜明对比。在这里，我们使用 Bakshi 和 Chen(1996)的框架。

1. 一般模型

假设存在一个代表性行为人，他选择一个消费过程 $C=(C_t)$ 和一个现金过程 $M=(M_t)$，其中 M_t 为 t 时刻的现金额。同前面一样，令 I_t 为消费品的单位美元价。假设代表性行为人具有无限的生命长度，没有禀赋流，一个时间上可分的可加消费效用函数，以及实际货币持有为 $\tilde{M}_t=M_t/I_t$。在 t 时刻，行为人拥有以名义收益率 $\tilde{r}_t$ 投资名义上无风险的银行账户。行为人在区间 $[t, t+\mathrm{d}t]$ 选择持有现金 M_t 美元，他因此而放弃美元收益 $M_t\tilde{r}_t\mathrm{d}t$，这等价于消费 $M_t\tilde{r}_t\mathrm{d}t/I_t$ 单位消费品。给定一个(实际)状态价格平减因子 $\zeta=(\zeta_t)$，选择 C 和 M 的总成本为 $\mathrm{E}[\int_0^\infty \zeta_t(C_t+M_t\tilde{r}_t/I_t)\mathrm{d}t]$，该总成本必定小于或等于行为人的初始(实际)财富 W_0。总之，行为人的最优化问题可以写成：

$$\sup_{(C_t,\,M_t)} \mathrm{E}\left[\int_0^\infty e^{-\delta t}u(C_t,\,M_t/I_d)\mathrm{d}t\right]$$

$$\text{s.t. } \mathrm{E}\left[\int_0^\infty \zeta_t\left(C_t+\frac{M_t}{I_t}\tilde{r}_t\right)\mathrm{d}t\right]\leqslant W_0$$

一阶条件为

$$e^{-\delta t}u_C(C_t,\,M_t/I_t)=\psi\zeta_t \tag{5.21}$$

$$e^{-\delta t}u_M(C_t,\,M_t/I_t)=\psi\zeta_t\tilde{r}_t \tag{5.22}$$

其中 u_C 和 u_M 分别是 u 对第一个和第二个变量的一阶导数。ψ 是拉格朗日乘数，它使得预算条件保持相等。再次，状态价格平减因子可用消费的边际效用表示。使得初始值 $\zeta_0=1$ 并由 $\tilde{M}_t$ 的定义，得到

$$\zeta_t=e^{-\delta t}\,\frac{u_C(C_t,\,\tilde{M}_t)}{u_C(C_0,\,\tilde{M}_0)} \tag{5.23}$$

可以利用状态价格平减因子为所有的支付流估值。例如，t 时刻投资 1 美元于名义银行账户将以收益率 $\tilde{r}_s$ 到所有时间结束时产生连续的支付流。t 时刻相对应的实际投资为 $1/I_t$，s 时刻的实际红利为 $\tilde{r}_s/I_s$。因此，有关系式

$$\frac{1}{I_t}=\mathrm{E}_t\left[\int_t^\infty \frac{\zeta_s}{\zeta_t}\,\frac{\tilde{r}_s}{I_s}\mathrm{d}s\right]$$

或，等价地有

$$\frac{1}{I_t}=\mathrm{E}_t\left[\int_t^\infty e^{-\delta(s-t)}\,\frac{u_C(C_s,\,\tilde{M}_s)}{u_C(C_t,\,\tilde{M}_t)}\,\frac{\tilde{r}_s}{I_s}\mathrm{d}s\right] \tag{5.24}$$

将第一个最优条件式(5.21)代入第二个条件式(5.22)，得到名义短期利率为

$$\tilde{r}_t=\frac{u_M(C_t,\,M_t/I_t)}{u_C(C_t,\,M_t/I_t)} \tag{5.25}$$

这背后的直观解释如后。如果现在有 1 个额外的美元，既可以保持持有现金，也可以将其投资于名义无风险的银行账户。如果持有现金，效用增加 $u_M(C_t, M_t/I_t)/I_t$。如果投资于银行账户，将得到可以用于 $\tilde{r}_t/I_t$ 单位额外消费的美元利息 $\tilde{r}_t$，这将使得效用增加 $u_C(C_t, M_t/I_t)\tilde{r}_t/I_t$。在最优的情况下，这些增量应当是相等的。综合式(5.24)和(5.25)，得到价格指数必定满足以下递归关系

$$\frac{1}{I_t}=\mathrm{E}_t\left[\int_t^{\infty} e^{-\delta(s-t)}\frac{u_M(C_s, \tilde{M}_s)}{u_C(C_t, \tilde{M}_t)}\frac{1}{I_s}\mathrm{d}s\right] \tag{5.26}$$

我们接下来将寻找在这些设定之下，均衡短期实际利率和风险的市场价格。一如既往地，实际短期利率等于负的状态价格平减因子的漂移百分比，而风险的市场价格等于负的状态价格平减因子的波动率向量。在均衡状态下，代表性行为人消费必须等于总消费并持有经济中的总的货币供应。假定总消费和货币供应遵循形如

$$\mathrm{d}C_t=C_t[\mu_{C_t}\mathrm{d}t+\boldsymbol{\sigma}_{C_t}^{\top}\mathrm{d}z_t]$$

$$\mathrm{d}M_t=M_t[\mu_{M_t}\mathrm{d}t+\boldsymbol{\sigma}_{M_t}^{\top}\mathrm{d}z_t]$$

的外生过程。假定外生的价格指数过程遵循相似的过程，

$$\mathrm{d}I_t=I_t[i_t\mathrm{d}t+\boldsymbol{\sigma}_{I_t}^{\top}\mathrm{d}z_t]$$

$\tilde{M}_t=M_t/I_t$ 的动态特征将是

$$\mathrm{d}\tilde{M}_t=\tilde{M}_t[\tilde{\mu}_{M_t}\mathrm{d}t+\tilde{\boldsymbol{\sigma}}_{M_t}^{\top}\mathrm{d}z_t]$$

其中

$$\tilde{\mu}_{M_t}=\mu_{M_t}-i_t+\|\boldsymbol{\sigma}_{I_t}\|^2-\boldsymbol{\sigma}_{M_t}^{\top}\boldsymbol{\sigma}_{I_t},\ \tilde{\boldsymbol{\sigma}}_{M_t}=\boldsymbol{\sigma}_{M_t}-\boldsymbol{\sigma}_{I_t}$$

给定这些等式和关系式(5.23)，能够通过应用伊藤引理得到状态价格平减因子的漂移和波动率向量。均衡实际短期利率可以写成

$$\begin{aligned}r_t=\delta&+\left(\frac{-C_t u_{CC}(C_t, \tilde{M}_t)}{u_C(C_t, \tilde{M}_t)}\right)\mu_{C_t}+\left(\frac{-\tilde{M}_t u_{CM}(C_t, \tilde{M}_t)}{u_C(C_t, \tilde{M}_t)}\right)\tilde{\mu}_{M_t}\\&-\frac{1}{2}\frac{C_t^2 u_{CCC}(C_t, \tilde{M}_t)}{u_C(C_t, \tilde{M}_t)}\|\boldsymbol{\sigma}_{C_t}\|^2-\frac{1}{2}\frac{\tilde{M}_t^2 u_{CMM}(C_t, \tilde{M}_t)}{u_C(C_t, \tilde{M}_t)}\|\tilde{\boldsymbol{\sigma}}_{M_t}\|^2\\&-\frac{C_t\tilde{M}_t u_{CCM}(C_t, \tilde{M}_t)}{u_C(C_t, \tilde{M}_t)}\boldsymbol{\sigma}_{C_t}^{\top}\tilde{\boldsymbol{\sigma}}_{M_t}\end{aligned} \tag{5.27}$$

而风险的市场价格向量是

$$\begin{aligned}\lambda_t&=\left(-\frac{C_t u_{CC}(C_t, \tilde{M}_t)}{u_C(C_t, \tilde{M}_t)}\right)\boldsymbol{\sigma}_{C_t}+\left(\frac{-\tilde{M}_t u_{CM}(C_t, \tilde{M}_t)}{u_C(C_t, \tilde{M}_t)}\right)\tilde{\boldsymbol{\sigma}}_{M_t}\\&=\left(-\frac{C_t u_{CC}(C_t, \tilde{M}_t)}{u_C(C_t, \tilde{M}_t)}\right)\boldsymbol{\sigma}_{C_t}+\left(\frac{-\tilde{M}_t u_{CM}(C_t, \tilde{M}_t)}{u_C(C_t, \tilde{M}_t)}\right)(\tilde{\boldsymbol{\sigma}}_{M_t}-\tilde{\boldsymbol{\sigma}}_{I_t})\end{aligned} \tag{5.28}$$

根据 $u_{CM}<0$，在其他条件相等的情况下，与通货膨胀率正相关的资产具有更低的期望实际收益。直观理解是，此类资产对于对冲通货膨胀非常有用，所以它们不必提供高的期望收益。

关系式(5.15)在当前的框架下同样有效。将风险的市场价格表达式(5.28)代入式(5.15)，得到

$$\tilde{r}_t - r_t - i_t + \| \boldsymbol{\sigma}_{I_t} \|^2 = -\left(-\frac{C_t u_{CC}(C_t, \tilde{M}_t)}{u_C(C_t, \tilde{M}_t)}\right) \boldsymbol{\sigma}_{I_t}^{\top} \boldsymbol{\sigma}_{C_t} - \left(-\frac{\tilde{M}_t u_{CM}(C_t, \tilde{M}_t)}{u_C(C_t, \tilde{M}_t)}\right) \boldsymbol{\sigma}_{I_t}^{\top} \tilde{\boldsymbol{\sigma}}_{M_t}$$

2. 一个例子

为了得到更具体的结果，必须指定效用函数和外生过程 C 和 M。假定效用函数为 Cobb-Douglas 类型，

$$u(C, \tilde{M}) = \frac{(C^{\varphi} \tilde{M}^{1-\varphi})^{1-\gamma}}{1-\gamma}$$

其中 φ 是 0 到 1 之间的常数，且 γ 是一个正常数。$\gamma = 1$ 的限制性情况下有对数效用，

$$u(C, \tilde{M}) = \varphi \ln C + (1-\varphi) \ln \tilde{M}$$

通过将相关的导数插入式(5.27)，我们可看到实际短期利率变成

$$\begin{aligned} r_t = \delta &+ [1-\varphi(1-\gamma)]\mu_{C_t} - (1-\varphi)(1-\gamma)\tilde{\mu}_{M_t} \\ &- \frac{1}{2}[1-\varphi(1-\gamma)][2-\varphi(1-\gamma)] \| \boldsymbol{\sigma}_{C_t} \|^2 \\ &+ \frac{1}{2}(1-\varphi)(1-\gamma)[1-(1-\varphi)(1-\gamma)] \| \tilde{\boldsymbol{\sigma}}_{M_t} \|^2 \\ &+ (1-\varphi)(1-\gamma)[1-\varphi(1-\gamma)] \boldsymbol{\sigma}_{C_t}^{\top} \tilde{\boldsymbol{\sigma}}_{M_t} \end{aligned} \tag{5.29}$$

当 $\gamma = 1$ 时，可简化为

$$r_t = \delta + \mu_{C_t} - \| \boldsymbol{\sigma}_{C_t} \|^2$$

在对数效用函数下，如果总消费过程 $C = (C_t)$ 是一个几何布朗运动，实际短期利率将变成常数。由式(5.25)，名义短期利率是

$$\tilde{r}_t = \frac{1-\varphi}{\varphi} \frac{C_t}{\tilde{M}_t}$$

比率 $C_t / \tilde{M}_t$ 被称为**货币速度**(velocity of money)。如果货币速度保持不变，名义短期利率也将保持不变。由于 $\tilde{M}_t = M_t / I_t$，且 I_t 外生地确定，所以货币速度也是外生地确定。

为了确定任何 γ 下的名义短期利率和 $\gamma \neq 1$ 下的实际短期利率，必须确定经济体的价格水平，这可由递归关系式(5.26)给出。这在 C 和 M 两者都遵循几何布朗运动的假设之下是可能的。我们猜想对于某些常数 k，$I_t = k M_t / C_t$。由式(5.26)，得到

$$\frac{1}{k} = \frac{1-\varphi}{\varphi} \int_t^{\infty} e^{-\delta(s-t)} \mathrm{E}_t \left[\left(\frac{C_s}{C_t} \right)^{1-\gamma} \left(\frac{M_s}{M_t} \right)^{-1} \right] \mathrm{d}s$$

插入关系式

$$\frac{C_s}{C_t}=\exp\left\{\left(\mu_C-\frac{1}{2}\|\boldsymbol{\sigma}_C\|^2\right)(s-t)+\boldsymbol{\sigma}_C^{\mathrm{T}}(z_s-z_t)\right\}$$

$$\frac{M_s}{M_t}=\exp\left\{\left(\mu_M-\frac{1}{2}\|\boldsymbol{\sigma}_M\|^2\right)(s-t)+\boldsymbol{\sigma}_M^{\mathrm{T}}(z_s-z_t)\right\}$$

并应用对数正态分布变量的期望的标准法则，得到

$$\frac{1}{k}=\frac{1-\varphi}{\varphi}\int_t^{\infty}\exp\left\{\left(-\delta+(1-\gamma)\left(\mu_C-\frac{1}{2}\|\boldsymbol{\sigma}_C\|^2\right)-\mu_M+\|\boldsymbol{\sigma}_M\|^2\right.\right.$$
$$\left.\left.+\frac{1}{2}(1-\gamma)^2\|\boldsymbol{\sigma}_C\|^2-(1-\gamma)\boldsymbol{\sigma}_C^{\mathrm{T}}\boldsymbol{\sigma}_M\right)(s-t)\right\}\mathrm{d}s$$

这意味着

$$k=\frac{\varphi}{1-\varphi}\left(\delta-(1-\gamma)\left(\mu_C-\frac{1}{2}\|\boldsymbol{\sigma}_C\|^2\right)+\mu_M-\|\boldsymbol{\sigma}_M\|^2\right.$$
$$\left.-\frac{1}{2}(1-\gamma)^2\|\boldsymbol{\sigma}_C\|^2+(1-\gamma)\boldsymbol{\sigma}_C^{\mathrm{T}}\boldsymbol{\sigma}_M\right)$$

时，猜想是正确的。应用伊藤引理可知价格指数同样遵循几何布朗运动

$$\mathrm{d}I_t=I_t[i\,\mathrm{d}t+\boldsymbol{\sigma}_I^{\mathrm{T}}\mathrm{d}z_t]$$

其中

$$i=\mu_M-\mu_C+\|\boldsymbol{\sigma}_C\|^2-\boldsymbol{\sigma}_M^{\mathrm{T}}\boldsymbol{\sigma}_C,\quad \boldsymbol{\sigma}_I=\boldsymbol{\sigma}_M-\boldsymbol{\sigma}_C$$

由 $I_t=kM_t/C_t$，有 $\widetilde{M}_t=C_t/k$，因此货币速度 $C_t/\widetilde{M}_t=k$ 是常数，名义短期利率因而变为

$$\tilde{r}_t=\frac{1-\varphi}{\varphi}k=\delta-(1-\gamma)\left(\mu_C-\frac{1}{2}\|\boldsymbol{\sigma}_C\|^2\right)+\mu_M-\|\boldsymbol{\sigma}_M\|^2$$
$$-\frac{1}{2}(1-\gamma)^2\|\boldsymbol{\sigma}_C\|^2+(1-\gamma)\boldsymbol{\sigma}_C^{\mathrm{T}}\boldsymbol{\sigma}_M$$

它同样是一个常数。在对数效用下，名义短期利率简化为 $\delta+\mu_M-\|\sigma_M\|^2$。为了获得非对数效用情况下的实际短期利率，必须确定 $\tilde{\mu}_{Mt}$ 和 $\tilde{\sigma}_{Mt}$，并将其插入式(5.29)。得到 $\tilde{\mu}_{Mt}=\mu_C+\frac{1}{2}\|\sigma_C\|^2+\sigma_M^{\mathrm{T}}\sigma_C$ 和 $\tilde{\sigma}_{Mt}=\sigma_C$，于是有

$$r_t=\delta+\gamma\mu_C-\gamma\|\boldsymbol{\sigma}_C\|^2\left[\frac{1}{2}(1+\gamma)+\varphi(1-\gamma)\right]$$

这再次是一个常数。与前面货币没有实际影响的情况下的所得到的结果式(5.20)比较，等式中最后一项是新出现的。

3. 另一个例子

Bakshi 和 Chen(1996)同样探讨了另一个模型，在这个模型中，名义和实际短期利率都彼此独立地随时间变化而变化。只有在总消费和货币供应遵循比上面的几何布朗运动更一般的随机过程情况下，利率才是随机的。Bakshi 和 Chen 假设对数效用($\gamma=1$)，在这一种情况下，我们已经看到

$$r_t = \delta + \mu_{C_t} - \| \boldsymbol{\sigma}_{C_t} \|^2, \ \tilde{r}_t = \frac{1-\varphi}{\varphi}\frac{C_t}{\tilde{M}_t} = \frac{1-\varphi}{\varphi}\frac{C_t I_t}{M_t}$$

总消费的动态特征假设为

$$\mathrm{d}C_t = C_t[(\alpha_C + \kappa_C x_t)\mathrm{d}t + \sigma_C \sqrt{x_t}\,\mathrm{d}z_{1t}]$$

其中 x 可以被解释为技术变量,并假设遵循以下过程。

$$\mathrm{d}x_t = \kappa_x(\theta_x - x_t)\mathrm{d}t + \sigma_x \sqrt{x_t}\,\mathrm{d}z_{1t}$$

货币供应被假设为 $M_t = M_0 e^{\mu^* M t} g_t / g_0$,其中

$$\mathrm{d}g_t = g_t[\kappa_g(\theta_g - g_t)\mathrm{d}t + \sigma_g \sqrt{g_t}(\rho_{CM}\mathrm{d}z_{1t} + \sqrt{1-\rho_{CM}^2}\,\mathrm{d}z_{2t})]$$

在此 z_1 和 z_2 是独立的一维布朗运动。按照与前面模型构造相同的基本步骤,作者们证明实际短期利率是

$$r_t = \delta + \alpha_C + (\kappa_C - \sigma_C^2)x_t$$

而名义短期利率是

$$\tilde{r}_t = \frac{(\delta + \mu_M^*)(\delta + \mu_M^* + \kappa_g\theta_g)}{\delta + \mu_M^* + (\kappa_g + \sigma_g^2)g_t}$$

这两个利率都随时间变化而变化。实际利率由技术变量 x 驱动,而名义利率由货币冲击过程 g 驱动。在这些设定下,实体经济的冲击对实际利率和通货膨胀率的影响大小相等,作用相反,所以名义利率不受其影响。

到期日为 T 的实际零息债券的实际价格为

$$B_t^T = e^{-a(T-t)-b(T-t)x_t}$$

而到期日为 T 的名义零息债券的名义价格为

$$\tilde{B}_t^T = \frac{\tilde{a}(T-t) + \tilde{b}(T-t)g_t}{\delta + \mu_M^* + (\kappa_g + \sigma_g^2)g_t}$$

在此,a, b, $\tilde{a}$ 和 $\tilde{b}$ 为时间的确定量函数,Bakshi 和 Chen 为它们提供了封闭表达式。

在这些过程不相关,也就是 $\rho_{CM}=0$ 这一非常特殊的情况下,实际利率和名义利率的期限结构彼此独立!虽然这是一个非常极端的结果,但是它也确实指出实际和名义的期限结构可能在一般意义上具有非常不同的属性。

5.6 预期假说

预期假说(expectation hypothesis)将当前利率和收益率与预期的未来利率和收益率关联起来。它的基本思想可以追溯到 Fisher(1896),而 Hicks(1939)和 Lutz(1940)进一步使其具

体化。假说提出的初衷是,当初借人(债券投资者)和借款人(债券发行人)在决定长期债券或短期债券时,他们会将长期债券的价格或收益率与短期债券滚动策略的预期价格或收益率进行比较。因此,长期利率与预期的未来短期利率将被联系起来。当然,现代金融的基石是,当比较不同的策略时,应当将风险考虑进来。因此,在进入这一假说的细节讨论时,应持相当的怀疑态度,至少在对预期假说进行严格的解释时应当如此。

关于当前收益率和利率与预期未来利率和收益率之间存在联系的模糊思想可以通过多种方式使其具体化。在下文我们将介绍和评估几个不同的预期假说版本。这一分析紧随Cox等(1981a)的研究。我们发现,有些假说是等价的,有些假说是不一致的。我们最后得出结论:预期假说的任何版本都未能与利率的现实行为保持一致。因此,对收益率曲线形状或动态期限结构模型的分析都不应建立在预期假说之上。因此,令人惊讶,甚至令人失望的是,关于预期假说的实证检验在过去产生了如此众多的文献,而且时至今日,这一假说似乎在许多经济学家中仍然广为接受。

5.6.1 纯粹预期假说

我们将讨论的第一个版本的纯粹预期理论认为,债券市场的价格应当使得所有的自融资交易策略在给定期间的收益相等。尤其是 t 时刻所购买的,到期日为 T 的零息债券,在 $t' \leqslant T$ 时刻卖出的预期总收益 $\mathrm{E}_t[B_{t'}^T/B_t^T]$,应当独立于债券的到期日 T(但是一般不独立于 t')。我们将其称为**总收益**(gross return)纯粹预期假说。

这一版本的假说与风险中性投资者组成的世界中的定价是一致的。如果代表性行为人有时间可加的预期效用,我们知道零息债券价格满足

$$B_t^T = \mathrm{E}_t\left[e^{-\delta(t'-t)} \frac{u'(C_{t'})}{u'(C_t)} B_{t'}^T\right]$$

其中 u 是即时效用函数,δ 是时间偏好率,C 表示总消费。如果代表性行为人是风险中性的,他的边际效用是常数,这意味着

$$\mathrm{E}_t\left[\frac{B_{t'}^T}{B_t^T}\right] = e^{\delta(t'-t)}$$

它显然独立于 T。很显然,风险中性的假设不那么有吸引力。关于这一假说有另外一个严重的问题,当利率不确定时,它不成立。

与上面假说稍许不同的一个版本是将所有预期的连续复利收益匹配起来,也就是对所有 T,$\frac{1}{t'-t}\mathrm{E}_t[\ln(B_{t'}^T/B_t^T)]$。特别是在 $T=t'$ 的情况下,预期连续复利收益率等于 t' 到期的零息债券的收益率,我们将其表示为 $y_t^{t'} = \frac{1}{t'-t}\ln B_t^{t'}$。因此,可以将假说表示为

$$\frac{1}{t'-t}\mathrm{E}_t\left[\ln\left(\frac{B_{t'}^T}{B_t^T}\right)\right] = y_t^{t'}\text{,对所有 } T \geqslant t'$$

我们将其称为**收益率**(rate of return)纯粹预期假说。当 $t' \to t$ 时,等式的右边趋近于当前短期利率 r_t,而左边趋近于 $\ln B_t^T$ 的绝对漂移率。

另一个关于纯粹预期假说的版本宣称,下一时期的期望收益对于所有的债券和存款投资是相同的。换言之,在长到期日的债券和短到期日的债券之间,预期收益率不存在差别。我们在连续时间的限制下考察下一瞬间的收益。在 $[t, t+\mathrm{d}t]$,无风险收益为 $r_t\mathrm{d}t$,因此,对于任何零息债券,该假说宣称,对所有 $T>t$

$$\mathrm{E}_t\left[\frac{\mathrm{d}B_t^T}{B_t^T}\right]=r_t\mathrm{d}t \tag{5.30}$$

或者,利用定理 3.8 有,对所有 $T>t$

$$B_t^T=\mathrm{E}_t[e^{-\int_t^T r_s\mathrm{d}s}]$$

这就是**局部**(local)纯粹预期假说。

另一种解释认为,持有零息债券直至到期日所获得的收益应当等于滚动短期债券直至相同日期的预期收益,也就是对所有 $T>t$

$$\frac{1}{B_t^T}=\mathrm{E}_t[e^{\int_t^T r_s\mathrm{d}s}] \tag{5.31}$$

或,等价地对所有 $T>t$

$$B_t^T=(\mathrm{E}_t[e^{\int_t^T r_s\mathrm{d}s}])^{-1}$$

这就是**到期收益**(return-to-maturity)纯粹预期假说。

一个相关的观点是,任何零息债券的收益率应当等于短期债券的滚动策略的“期望收益率”。由于在 t 时刻投资银行账户,到 T 时刻将产生 $e^{\int_t^T r_s\mathrm{d}s}$,事后的实际收益率是 $\frac{1}{T-t}\int_t^T r_s\mathrm{d}s$。因此,**到期收益率**(yield-to-maturity)纯粹预期假说认为,

$$y_t^T=-\frac{1}{T-t}\ln B_t^T=\mathrm{E}_t\left[\frac{1}{T-t}\int_t^T r_s\mathrm{d}s\right] \tag{5.32}$$

或,等价地对所有 $T>t$

$$B_t^T=e^{-\mathrm{E}_t\left[\int_t^T r_s\mathrm{d}s\right]}$$

最后,无偏(unbiased)纯粹预期假说认为 $t<T$ 时刻对 T 的远期利率等于 t 时刻对 T 时刻的短期利率的预期,也就是说,远期利率是对未来即期利率的无偏估计。用符号表示就是,对所有 $T>t$

$$f_t^T=\mathrm{E}_t[r_T]$$

这意味着

$$-\ln B_t^T=\int_t^T f_t^s\mathrm{d}s=\int_t^T \mathrm{E}_t[r_s]\mathrm{d}s=\mathrm{E}_t\left[\int_t^T r_s\mathrm{d}s\right]$$

从这里看到,无偏的纯粹预期假说与**到期收益率**版本很难区别。

我们将首先证明当未来利率不确定时,不同的纯粹预期版本之间是不一致的。这可应用 Jensen 不等式得到。根据该不等式,如果 X 是一个随机变量,f 是一个凸函数,也就是 $f''>0$,那么 $\mathrm{E}[f(X)]>f(\mathrm{E}(X))$。由于 $f(x)=e^x$ 是一个凸函数,我们对任何随机变量 X 有

$E[e^X] > e^{E[X]}$。特别地，对 $X = \int_t^T r_s \mathrm{d}s$，得到

$$E_t[e^{\int_t^T r_s \mathrm{d}s}] > e^{E_t[\int_t^T r_s \mathrm{d}s]} \Rightarrow e^{-E_t[\int_t^T r_s \mathrm{d}s]} > (E_t[e^{\int_t^T r_s \mathrm{d}s}])^{-1}$$

这就证明了根据到期收益率确定的债券价格严格大于根据到期收益所确定的价格。对于 $X = -\int_t^T r_s \mathrm{d}s$，得到

$$E_t[e^{-\int_t^T r_s \mathrm{d}s}] > e^{E_t[-\int_t^T r_s \mathrm{d}s]} = e^{-E_t[\int_t^T r_s \mathrm{d}s]}$$

因此，局部纯粹预期假说下的债券价格严格大于到期收益率纯粹预期下的债券价格。可以推断，在局部纯粹预期，到期收益预期和到期收益率之间最多只有一个是成立的。

5.6.2 纯粹预期假说与均衡

接下来将考察这些不同版本的纯粹预期假说是否与任何均衡之间是一致的。假设利率和债券价格是由一个 d 维的标准布朗运动 $\mathbf{z}$ 生成。假设不存在套利机会，且存在一个风险的市场价格过程 $\boldsymbol{\lambda}$ 使得对于任何到期日 T，零息债券价格的动态特征表现为

$$\mathrm{d}B_t^T = B_t^T[(r_t + (\boldsymbol{\sigma}_t^T)^{\top}\boldsymbol{\lambda}_t)\mathrm{d}t + (\boldsymbol{\sigma}_t^T)^{\top}\mathrm{d}\mathbf{z}_t] \tag{5.33}$$

其中 $\boldsymbol{\sigma}_t^T$ 表示 d 维债券价格敏感性向量。注意由于相同的 $\boldsymbol{\lambda}_t$ 适用于所有零息债券，因此，$\boldsymbol{\lambda}_t$ 独立于债券的到期日。与式(5.30)比较，局部预期假说成立的条件是，当且仅当对所有 T，$(\boldsymbol{\sigma}_t^T)^{\top}\boldsymbol{\lambda}_t = 0$。如果投资者为风险中性或利率风险与总消费无关，这是正确的。但是，现实中这两个条件都不具备。

为了评估到期收益预期假说，首先注意到对式(5.33)应用伊藤引理得到

$$\mathrm{d}\left(\frac{1}{B_t^T}\right) = \frac{1}{B_t^T}[(-r_t - (\boldsymbol{\sigma}_t^T)^{\top}\boldsymbol{\lambda}_t + \|\boldsymbol{\sigma}_t^T\|^2)\mathrm{d}t - (\boldsymbol{\sigma}_t^T)^{\top}\mathrm{d}\mathbf{z}_t]$$

从另一方面看，根据假说式(5.31)，相对漂移 $1/B_t^T$ 等于 $-r_t$；与定理 3.8 比较。为了使得这两个关于漂移的表达式匹配，必须对所有 T 有

$$(\boldsymbol{\sigma}_t^T)^{\top}\boldsymbol{\lambda}_t = \|\boldsymbol{\sigma}_t^T\|^2 \tag{5.34}$$

这可能吗？Cox 等(1981a)得出了这是不可能的结论。如果外生冲击 $\mathbf{z}$，$\boldsymbol{\sigma}_t^T$ 和 $\boldsymbol{\lambda}_t$ 都是一维的，他们是正确的。由于 $\boldsymbol{\lambda}_t$ 等于 $\boldsymbol{\sigma}_t^T$，这必须对所有 T 成立。由于 $\boldsymbol{\lambda}_t$ 独立于 T，对 $T \to t$，波动率 $\boldsymbol{\sigma}_t^T$ 趋近于 0，这只有当 $\boldsymbol{\lambda}_t \equiv 0$(风险中性投资者)或 $\boldsymbol{\sigma}_t^T \equiv 0$(确定性的利率)时才是成立的。然而，正如 McCulloch(1993)与 Fisher 和 Gilles(1998)所指出，在多维的情况下，关键条件式(5.34)可能成立，至少在某些特殊情况下成立。令 $\boldsymbol{\varphi}$ 是一个 d 维函数，且具有 $\|\boldsymbol{\varphi}(\tau)\|^2$ 独立于 τ 的属性。定义 $\boldsymbol{\lambda}_t = 2\boldsymbol{\varphi}(0)$ 和 $\boldsymbol{\sigma}_t^T = \boldsymbol{\varphi}(0) - \boldsymbol{\varphi}(T-t)$。那么式(5.34)确实满足。然而，所有这样的函数 $\boldsymbol{\varphi}$ 看上去生成了非常奇怪的债券价格动态特征。上述两篇文章中给出的例子为

$$\boldsymbol{\varphi}(\tau) = k\begin{pmatrix}\sqrt{2e^{-\tau} - e^{-2\tau}} \\ 1 - e^{-\tau}\end{pmatrix},\ \boldsymbol{\varphi}(\tau) = k_1\begin{pmatrix}\cos(k_2\tau) \\ \sin(k_2\tau)\end{pmatrix}$$

其中 k，k_1，k_2 为常数。

正如前面的讨论，收益率版本隐含了对数债券价格的绝对漂移率等于短期利率的结论。我们从式(5.32)中看到对于到期收益率版本，因此包括无偏预期版本，同样是正确的①。从另一方面看，伊藤引理和式(5.33)意味着

$$d(\ln B_t^T)=\left(r_t+(\boldsymbol{\sigma}_t^T)^{\top}\boldsymbol{\lambda}_t-\frac{1}{2}\|\boldsymbol{\sigma}_t^T\|^2\right)dt+(\boldsymbol{\sigma}_t^T)^{\top}d\mathbf{z}_t \tag{5.35}$$

因此，这些版本的假说成立的条件是，当且仅当

$$(\boldsymbol{\sigma}_t^T)^{\top}\boldsymbol{\lambda}_t=\frac{1}{2}\|\boldsymbol{\sigma}_t^T\|^2\text{，对所有 } T \text{ 成立}$$

再次，这些条件是不可能成立的。令 $\boldsymbol{\varphi}$ 和 $\boldsymbol{\sigma}_t^T$ 与到期收益假说中一样并令 $\boldsymbol{\lambda}_t=\boldsymbol{\varphi}(0)$。但是这样的规定不可能代表现实中的期限结构。

本分析所能得出的结论是，没有任何一种纯粹预期假说版本看上去与任何利率期限结构的合理描述是一致的。

5.6.3 弱预期假说

在之前，我们考察了纯粹预期假说的各种版本，此类假说都是将一个预期收益或收益率与一个当前利率或收益率匹配。然而，正如 Campbell(1986)所指出的，同样存在允许相关的预期收益/收益率与当前的利率/收益率存在不同的弱预期假说。但是限制条件是，这些差异应当保持不随时间改变。

局部弱预期假说认为，对某些确定量函数 g 有

$$\mathrm{E}_t\left[\frac{dB_t^T}{B_t^T}\right]=(r_t+g(T-t))dt$$

在纯粹预期假说里，g 恒等于零。对于一个给定的到期年限，存在一个"即时持有期限溢价"。与式(5.33)比较，将看到当风险的市场价格 $\boldsymbol{\lambda}_t$ 为常数且债券价格敏感性向量 $\boldsymbol{\sigma}_t^T$ 是存续期的确定量函数时，这一假说是成立的。在 Vasicek(1977)模型和其他的高斯类模型中，这些条件是满足的。

相似地，弱到期收益率预期假说表明，对于某些有 $h(0)=0$ 的确定量函数 h

$$f_t^T=\mathrm{E}_t[r_T]+h(T-t)$$

这也就是说，存在一个不变的"即时远期期限溢价"。在纯粹预期下，h 恒等于零。可以证

---

① 根据到期收益率假设，

$$\frac{1}{\Delta t}\mathrm{E}_t[\ln B_{t+\Delta t}^T-\ln B_t^T]=\frac{1}{\Delta t}\mathrm{E}_t\left[-\mathrm{E}_t+\Delta t\left[\int_{t+\Delta t}^T r_s ds\right]+\mathrm{E}_t\left[\int_t^T r_s ds\right]\right]$$
$$=\frac{1}{\Delta t}\mathrm{E}_t\left[\int_t^{t+\Delta t} r_s ds\right]$$

当 $\Delta t\to 0$ 时，趋近于 r_t。这意味着 $\ln B_t^T$ 的绝对漂移等于 r_t。

明这一条件意味着 $\ln B_t^T$ 的漂移等于 $r_t + h(T-t)$①。与式(5.35)比较，我们同样可以发现，只有同高斯模型一样，当 $\boldsymbol{\lambda}_t$ 保持不变，且 $\boldsymbol{\sigma}_t^T$ 是 $T-t$ 的确定性函数时，这一假说才能成立。

高斯类模型有一些不太现实的属性。例如，这些模型允许利率为负且要求债券和利率波动率独立于利率水平。到目前为止，即便是弱预期假说的有效性，也没能体现在更为现实的期限结构模型中。

5.7 流动性偏好、市场分割和期限偏好

关于收益率曲线的形状的另一个传统解释就是由 Hicks(1939)所提出的**流动性偏好假说**。他意识到预期假说基本上忽视了投资者对风险的厌恶，并指出为了补充长期债券更高的价格波动，长期债券的收益应当高于短期债券的收益。根据这一观点，收益率曲线应当是上升的。注意该假说中的"流动性"这一词语与平常所用的意义并不一样。短期债券并不必然比长期债券更具流动性。更合适的名称应当是"到期年限偏好假说"。

形成对比的是，Culbertson(1957)所提出的**市场分割假说**则认为通常投资者将喜欢投资于某一期限区间的债券，也许是为了匹配相似期限的债务需求。例如，一个负债主要体现在20—30年后的养老基金可以通过投资相似期限的债券降低风险。反过来，中央银行通常在市场的短端进行操作。因此，存在分割的市场层段与不同存续期层段的债券价格和利率并无关系。如果真是这种情形，我们就不可能指望在各个不同的层段之间看到一条连续或光滑的收益率曲线和贴现函数。

关于这一假说的更为现实的版本就是 Modigliani 和 Sutch(1966)所推崇的**期限偏好假说**。一个投资者可能偏好某一期限，但是如果能够得到更高的收益率补偿，他也愿意偏离这一期限②。因此，不同的层段并不是完全彼此独立，收益率和贴现因子将以光滑的方式依赖于存续期。

如果不构造一个具有不同偏好期限的行为人的经济，那么对市场分割或期限偏好进行量化是不可能的。由此形成的均衡收益率曲线将严重依赖于不同行为人的风险厌恶程度，正如 Cox 等(1981a)所分析的一样。

---

① 从弱到期收益率可知 $-\ln B_t^T = \int_t^T (\mathrm{E}_t[r_s] + h(s-t))\mathrm{d}s$。因此，

$$\frac{1}{\Delta t}\mathrm{E}_t[\ln B_{t+\Delta t}^T - \ln B_t^T] = \frac{1}{\Delta t}\mathrm{E}_t\left[-\int_{t+\Delta t}^T (\mathrm{E}_t + \Delta t[r_s] + h(s-(t+\Delta t)))\mathrm{d}s + \int_t^T (\mathrm{E}_t[r_s] + h(s-t))\mathrm{d}s\right]$$
$$= \frac{1}{\Delta t}\mathrm{E}_t\left[\int_t^{t+\Delta t} r_s \mathrm{d}s\right] - \frac{1}{\Delta t}\left(\int_{t+\Delta t}^T h(s-(t+\Delta t))\mathrm{d}s - \int_t^T h(s-t)\mathrm{d}s\right)$$

当 $\Delta t \to 0$ 时，$\frac{1}{\Delta t}\left(\int_{t+\Delta t}^T h(s-(t+\Delta t))\mathrm{d}s\right)$ 的极限恰好是 $\int_t^T h(s-t)\mathrm{d}s$ 对 t 的导数。应用 Leibnitz 法则和 $h(0)=0$，这一导数等于 $\int_t^T h'(s-t)\mathrm{d}s = -h(T-t)$。总之，根据假说，$\ln B_t^T$ 的漂移率变成了 $r_t + h(T-t)$。

② 从某种意义上讲，流动性偏好假说武断地认为所有投资者偏好短期债券。

结束语

在本章我们已经退到了均衡利率和总消费与总产出之间的联系,这对于解释和理解利率水平的变动以及收益率曲线的形状非常有用。我们推导了名义利率、实际利率和通货膨胀率及其他之间的关系,并推断名义利率的期限结构可能显著不同于实际利率的期限结构。我们证明了一些流行期限结构模型是均衡的。最后,讨论和批判了关于收益率曲线的一些传统假说。

本章中的均衡模型和论点建立在相对简单的框架之上。例如,假设存在代表性行为人且具有时间可加的效用函数。至于本章所未研究的、那些考虑投资者异质性以及更为一般的效用函数的均衡利率期限结构模型,可以参考 Duffie 和 Epstein(1992),Wang(1996),Riedel(2000,2004),Wachter(2006)。中央银行对期限结构的影响在 Babbs 和 Webber(1994),Balduzzi 等(1997)和 Piazzesi(2005)等人的研究中得到了讨论和建模。

练习

练习 5.1 t 时刻对于未来期间[t', T]的期限溢价等于该期间的当前远期利率减去即期利率,也就是 $f_t^{t',T} - \mathrm{E}_t[y_{t'}^T]$ 本练习将给出期限溢价与状态价格紧缩因子 $\zeta = (\zeta_t)$ 之间的存在的联系。

(a) 证明对于任何 $t \leqslant t' \leqslant T$,

$$B_t^T = B_t^{t'} \mathrm{E}_t[B_{t'}^T] + \mathrm{Cov}_t\left[\frac{\zeta_{t'}}{\zeta_t}, \frac{\zeta_T}{\zeta_{t'}}\right]$$

(b) 利用前面的结果,证明

$$\mathrm{E}_t[e^{-y_{t'}^T(T-t')}] - e^{-f_t^{t',T}(T-t')} = -\frac{1}{B_t^{t'}}\mathrm{Cov}_t\left[\frac{\zeta_{t'}}{\zeta_t}, \frac{\zeta_T}{\zeta_{t'}}\right]$$

利用前面的结果和近似关系 $e^x \approx 1 + x$,证明

$$f_t^{t',T} - \mathrm{E}_t[y_{t'}^T] \approx -\frac{1}{(T-t')B_t^{t'}}\mathrm{Cov}_t\left[\frac{\zeta_{t'}}{\zeta_t}, \frac{\zeta_T}{\zeta_{t'}}\right]$$

练习 5.2 检验式(5.16)。

练习 5.3 对关系 $\tilde{\zeta}_t = \zeta_t / I_t$ 应用伊藤引理检验式(5.18)。

练习 5.4 本练习的目的在于证明总收益的纯预期假说与利率的不确定性不一致。在下面我们考察时间点 $t_0 < t_1 < t_2$:

(a) 证明如果假说成立,那么

$$\frac{1}{B_{t_0}^{t_1}} = \frac{1}{B_{t_0}^{t_2}} \mathrm{E}_{t_0}[B_{t_1}^{t_2}]$$

提示:考察[t_0, t_1]期间的两个投资策略。第一个策略在 t_0 时刻买入到期日为 t_1 的零息债券。第二个策略为在 t_0 时刻买入到期日为 t_2 的零息债券,并在 t_1 时刻出售。

(b) 证明如果假说成立，那么

$$\frac{1}{B_{t0}^{t2}}=\frac{1}{B_{t0}^{t1}}\mathrm{E}_{t0}\left[\frac{1}{B_{t1}^{t2}}\right]$$

(c) 证明从前面两个问题可知假说隐含

$$\mathrm{E}_{t0}\left[\frac{1}{B_{t1}^{t2}}\right]=\frac{1}{\mathrm{E}_{t0}\left[B_{t1}^{t2}\right]} \tag{$*$}$$

(d) 证明(*)只在完全的不确定性下成立。提示：利用 Jensen 不等式。

练习 5.5 复习 5.5.3 节中的推导。

练习 5.6 Constantinides(1992)发展了利率的名义期限结构理论。他将名义状态价格紧缩因子 $\tilde{\zeta}$ 确定为外生变量。在一个稍微简单点的版本中，他的假设是

$$\tilde{\zeta}_t=e^{-gt+(x_t-\alpha)^2}$$

其中，g 和 α 是常数，且 $x=(x_t)$ 遵循 OU 过程

$$\mathrm{d}x_t=-\kappa x_t\,\mathrm{d}t+\sigma\mathrm{d}z_t$$

其中，κ 和 σ 是正的常数且 $\sigma^2<\kappa$，$z=(z_t)$ 是一个标准一维布朗运动。

(a) 推导名义状态价格紧缩因子的动态特征。用变量 x_t 表示名义短期利率 $\tilde{r}_t$ 和风险的名义价格 $\tilde{\lambda}_t$。

(b) 找出名义短期利率的动态特征。

(c) 找出确保短期利率为正的参数限制。

提示：短期利率是 x 的二次函数。找出这一函数的最小值。

(d) 给定 x_t，x_T 的分布是什么？

(e) 令 Y 是一个服从均值为 μ 方差为 ν^2 的正态分布的随机变量。证明

$$\mathrm{E}[e^{-\gamma Y^2}]=(1+2\gamma\nu^2)^{-1/2}\exp\left\{-\frac{\gamma\mu^2}{1+2\gamma\nu^2}\right\}$$

(f) 利用前两个问题中的结果推导 t 时刻到期日为 T 的名义零息债券的价格，也就是 $\tilde{B}_t^T$。它将是一个 x_t 的指数二次函数。这一债券的收益是多少？

(g) 找出到期日为 T 的零息债券的价格的百分比波动率 σ_t^T。

(h) 到期日为 T 的零息债券的瞬间超额收益被称为到期日 T 的期限溢价。解释为什么期限溢价由 $\sigma_t^T\tilde{\lambda}_t$ 给出，并证明期限溢价可以写成

$$4\sigma^2\alpha^2(1-F(T-t))\left(\frac{x_t}{\alpha}-1\right)\left(\frac{x_t}{\alpha}-\frac{1-F(T-t)e^{\kappa(T-t)}}{1-F(T-t)}\right)$$

其中

$$F(\tau)=\frac{1}{\frac{\sigma^2}{\kappa}+\left(1-\frac{\sigma^2}{\kappa}\right)e^{2\kappa\tau}}$$

(i) 当 x_t 取什么值时，到期日 T 的期限溢价为正/负？对于给定状态 x_t，期限溢价有可能对某些到期日为正，对另一些到期日为负？

6

固定收益证券

6.1 引言

现代金融市场提供了大量不同的固定收益证券，如第 1.4 节所介绍的，这些证券有着巨大的市场规模。在本章，我们将对主要的固定收益证券进行更正式的描述和讨论。我们将详细说明这些证券的支付并观察不同衍生证券之间的联系。我们也将探讨，在没有明确给出任何具体利率期限结构模型，在无套利定价范式下，能得出什么结论的问题。从第 4 章我们知道，无套利意味着存在一个风险中概率测度$\mathbb{Q}$和其他的等价鞅测度。相应地，在本章我们将把证券价格表述为风险调整概率测度下，对该证券的未来支付进行适当地贴现后所得到的期望值。

除此之外，我们还将探讨：

- 关于债券的欧式认沽期权和认购期权之间的平价关系（put-call parity，以下简称"买卖权平价关系"），包括了零息债券和附息债券；
- 从零息债券的特定欧式期权组合的价格推导出利率顶和利率底的价格；
- 互换利率与收益率之间有何关系；
- 从附息债券的特定欧式期权的价格推导欧式互换期权的价格。

因此，只要我们为债券和债券的欧式期权定价，就能为那些交易活络的证券定价。在后续有关各章，我们将主要聚焦这些"基本"证券的定价问题。

第 6.2 节主要处理远期和期货的问题，第 6.3 节处理期权问题，第 6.4 节处理利率顶和利率底，第 6.5 节讨论互换和互换期权。第 6.6 节讨论了一些美式衍生产品的特征。最后，第 6.7 节给出一个关于后续相关各章所要研究的定价模型的短评，并讨论了在不同模型中做出选择的标准。

6.2 远期与期货

6.2.1 关于远期价格和期货价格的一般结果

一个到期日为 T,交割价为 K 的远期在到期日 T 除提供支付 P_T-K 之外,另外没有其他收益。在此,P 为基础变量,一般为一个资产的价格或一个明确的利率。根据第 4 章一般资产的定价理论,以及等式(4.9),可知这样的支付在 $t<T$ 时刻的价值可以写成

$$\begin{aligned}V_t &= \mathrm{E}_t^{\mathbb{Q}}[e^{-\int_t^T r_u \mathrm{d}u}(P_T-K)] \\ &= \mathrm{E}_t^{\mathbb{Q}}[e^{-\int_t^T r_u \mathrm{d}u}P_T]-K\mathrm{E}_t^{\mathbb{Q}}[e^{-\int_t^T r_u \mathrm{d}u}] \\ &= \mathrm{E}_t^{\mathbb{Q}}[e^{-\int_t^T r_u \mathrm{d}u}P_T]-KB_t^T\end{aligned}$$

其中最后一个等式是因为式(4.22)而成立。对于 t 时刻订立的远期合约,合约的交割价 K 一般被确定为使得该合约在 t 时刻的价值为 0 的水平。K 的值被称为 t 时刻(交割日为 T)的远期价格,用符号表示为 F_t^T。由定义可知,立即交割的远期价格与标的资产的价值相等,$F_T^T=P_T$。解方程 $V_t=0$,我们可以得到远期价格

$$F_t^T=\frac{\mathrm{E}_t^{\mathbb{Q}}[e^{-\int_t^T r_u \mathrm{d}u}P_T]}{B_t^T} \tag{6.1}$$

如果基础变量是交易资产的价格且在$[t, T]$期间不发生支付,有

$$\mathrm{E}_t^{\mathbb{Q}}[e^{-\int_t^T r_u \mathrm{d}u}P_T]=P_t$$

因此,远期价格可以写成

$$F_t^T=\frac{P_t}{B_t^T}$$

根据协方差的定义 $\mathrm{Cov}[x, y]=\mathrm{E}[xy]-\mathrm{E}[x]\mathrm{E}[Y]$,得到

$$\begin{aligned}\mathrm{E}_t^{\mathbb{Q}}[e^{-\int_t^T r_u \mathrm{d}u}P_T] &= \mathrm{Cov}_t^{\mathbb{Q}}[e^{-\int_t^T r_u \mathrm{d}u}, P_T]+\mathrm{E}_t^{\mathbb{Q}}[e^{-\int_t^T r_u \mathrm{d}u}]\mathrm{E}_t^{\mathbb{Q}}[P_T] \\ &= \mathrm{Cov}_t^{\mathbb{Q}}[e^{-\int_t^T r_u \mathrm{d}u}, P_T]+B_t^T\mathrm{E}_t^{\mathbb{Q}}[P_T]\end{aligned}$$

将其代入式(6.1),得到以下的远期价格表达式:

$$F_t^T=\mathrm{E}_t^{\mathbb{Q}}[P_T]+\frac{\mathrm{Cov}_t^{\mathbb{Q}}[e^{-\int_t^T r_u \mathrm{d}u}, P_T]}{B_t^T} \tag{6.2}$$

同样可以用第 4.4.2 节中的 T—远期鞅测度来表示远期价格。交割日为 T 的合约的远期价格过程在 T—远期鞅测度下是一个鞅。从下面这些考量看,这是十分明显的。由 B_t^T 充当计价物,有远期价格满足

$$\frac{0}{B_t^T}=\mathrm{E}_t^{\mathbb{Q}^T}\left[\frac{P_T-F_t^T}{B_T^T}\right]$$

因此

$$F_t^T=\mathrm{E}_t^{\mathbb{Q}^T}[P_T]=\mathrm{E}_t^{\mathbb{Q}^T}[F_T^T]$$

这意味着远期价格 F_t^T 是一个$\mathbb{Q}^T$—鞅。

现在考察最后结算日为 T 的期货合约。任何给定日期的盯市制度意味着交易者要支付所谓的期货价格与前一结算日价格之差。令 Φ_t^T 表示 t 时刻的期货价格。根据定义，结算时的期货价格等于标的证券的价格，$\Phi_T^T=P_T$。在合约的到期日，期货的收益等于标的资产当天的价格与期货的前一天的结算价之差。在到期日之前的最后一次结算后，期货与对应的远期合约就没有区别了，所以在结算日期货的价值和远期的价值一定是相等的。在到期日之前的最后一个结算日的前一个结算日，期货的价格应当确保最后结算日即将到来的结算价值（这取决于该期货的价格）和最后支付的现值为0。其他更早的结算日的情况也相似。为了数学上的便利，我们假设期货连续盯市，也就是对于任何给定的无限短的区间 $[t, t+\mathrm{d}t]$，提供 $\mathrm{d}\Phi_t^T$ 的支付。以下定理概括了期货的价格：

定理 6.1 期货价格在风险中性概率测度下是一个鞅，因此，特别地有

$$\Phi_t^T=\mathrm{E}_t^{\mathbb{Q}}[P_T] \tag{6.3}$$

证明：为了证明本定理，我们将首先考察离散的情况。在离散的情形下，期货的仓位可以改变，且期货在 $t, t+\Delta t, t+2\Delta t, \cdots, t+N\Delta t\equiv T$ 时盯市。这一证明最先起源于 Cox 等(1981b)。但是 Duffie 和 Stanton(1992)基于同样的思想，直接给出了连续时间框架下的证明。

这一思想是构造一个自融资策略，要求 t 时刻的初始融资等于期货价格 Φ_t^T。因此，在 t 时刻，投资 Φ_t^T 于银行账户。此外，(以价格 0)获得了 $e^{r_t\Delta t}$ 期货合约。

在 $t+\Delta t$ 时刻，银行账户的存款增长为 $e^{r_t\Delta t}\Phi_t^T$。期货仓位的盯市收益为 $e^{r_t\Delta t}(\Phi_{t+\Delta t}^T-\Phi_t^T)$，该笔收益同样存于银行账户，因此银行账户余额为 $e^{r_t\Delta t}\Phi_{t+\Delta t}^T$。(不存在额外的成本)期货的仓位增至总计 $e^{(r_{t+\Delta t}+r_t)\Delta t}$ 张合约。

在 $t+2\Delta t$ 时刻，银行账户的存款增长为 $e^{(r_{t+\Delta t}+r_t)\Delta t}\Phi_{t+\Delta t}^T$，与盯市盈亏 $e^{(r_{t+\Delta t}+r_t)\Delta t}(\Phi_{t+2\Delta t}^T-\Phi_{t+\Delta t}^T)$ 加总得到 $e^{(r_{t+\Delta t}+r_t)\Delta t}\Phi_{t+2\Delta t}^T$。

如此下去，在 $T=t+N\Delta t$ 时刻，银行账户的余额将是

$$e^{(r_t+(N-1)\Delta t+\cdots+r_t)\Delta t}\Phi_{t+N\Delta t}^T=e^{(r_t+(N-1)\Delta t+\cdots+r_t)\Delta t}\Phi_T^T=e^{(r_t+(N-1)\Delta t+\cdots+r_t)\Delta t}P_T$$

其连续时间下的极限为 $e^{\int_t^T r_u \mathrm{d}u}P_T$。$t$ 时刻这一支付的价值为 Φ_t^T，因为这是在 t 时刻为了取得这一最终支付所应进行的投资。从另一角度看，我们可以通过将 $e^{-\int_t^T r_u \mathrm{d}u}$ 贴现并取风险中性期望来为 T 时刻的支付估值。因此，

$$\Phi_t^T=\mathrm{E}_t^{\mathbb{Q}}[e^{-\int_t^T r_u \mathrm{d}u}(e^{\int_t^T r_u \mathrm{d}u}P_T)]=\mathrm{E}_t^{\mathbb{Q}}[P_T]$$

这正是我们所要证明的结果。 □

与式(4.24)比较，我们可以将期货视为一项连续支付红利的交易性资产，红利为当前价格与短期利率的乘积。

由式(6.2)和式(6.3)我们知道远期价格 F_t^T 和期货价格 Φ_t^T 的差为

$$F_t^T - \Phi_t^T = \frac{\mathrm{Cov}_t^{\mathbb{Q}}[e^{-\int_t^T r_u \mathrm{d}u},\ P_T]}{B_t^T} \tag{6.4}$$

只有随机变量 P_T 和 $\exp(-\int_t^T r_u \mathrm{d}u)$ 在风险中性概率测度下不相关，远期价格和期货价格才是相同的。尤其是当短期利率 r_t 是常数或确定性函数时，情况也是如此。

如果变量 $\exp(-\int_t^T r_u \mathrm{d}u)$ 和 P_T 在风险中性概率测度下正(负)相关，远期价格将大于(小于)期货价格。一个直觉性的、启发性的论证如后所示。如果求远期价格和期货价格相等，期货不经贴现的总的支付将等于远期合约的最终支付。假定利率和标的资产的即期价格正相关，那就应该是任何时候 $\exp(-\int_t^T r_u \mathrm{d}u)$ 和 P_T 负相关。那么期货的盯市支付在利率高的时候为正，在利率低的时候为负。因此，正的支付可以以高的利率再投资，而负的支付也可以以较低的利率融资取得。由于存在这种相关关系，因此，当期货价格与远期价格相等的时候，投资期货更具吸引力。为了维持两种合约在初始时刻的 0 价值，期货的价格必须高于远期的价格。反过来，相关系数的符号也相反。

6.2.2 债券远期

由式(6.1)，零息债券的唯一无套利远期价格为

$$F_t^{T,S} = \frac{B_t^S}{B_t^T} \tag{6.5}$$

其中 T 是期货的交割日，$S > T$ 是标的债券的到期日。在交割时间 T，远期头寸的盈亏为已知。持有面值 H，到期日为 S 的零息债券的远期合约多头头寸的盈利等于 $H(B_T^S - F_t^{T,S})$。如果我们用即期 LIBOR 利率 l_T^S 表示债券价格 B_T^S，用远期 LIBOR 利率 $L_t^{T,S}$ 表示远期债券价格 $F_t^{T,S}$，由式(1.2)、式(1.6)和式(6.5)，盈利等于

$$\begin{aligned} H(B_T^S - F_t^{T,S}) &= H\left(\frac{1}{1+(S-T)l_T^S} - \frac{1}{1+(S-T)L_t^{T,S}}\right) \\ &= \frac{(S-T)(L_t^{T,S} - l_T^S)H}{(1+(S-T)l_T^S)(1+(S-T)L_t^{T,S})} \end{aligned} \tag{6.6}$$

如果交割时即期利率低于建立远期合约头寸时的远期利率，那么持有远期多头头寸的投资者将盈利。我们可以将零息债券远期合约的空头头寸视为一种锁定远期合约交割日到债券到期日之间的借入成本的一种方法。

接下来，我们考察一个在 T_i，$i=1, \cdots, n$ 时刻，支付为 Y_i 的附息债券的远期合约。债券在 t 时刻的价格将是 $B_t = \sum_{T_i > t} Y_i B_t^{T_i}$ 唯一的无套利价格是

$$F_t^{T,\mathrm{cpn}} = \frac{\mathrm{E}_t^{\mathbb{Q}}[e^{-\int_t^T r_u \mathrm{d}u} B_T]}{B_t^T}$$

$$=\frac{\sum_{T_i>t} Y_i \mathrm{E}_t^{\mathbb{Q}}[e^{-\int_t^T r_u du} B_T^{T_i}]}{B_t^T}$$

$$=\frac{\sum_{T_i>T} Y_i B_t^{T_i}}{B_t^T}$$

$$=\frac{B_t-\sum_{t<T_i<T} Y_i B_t^{T_i}}{B_t^T}$$

$$=\sum_{T_i>T} Y_i F_t^{T,T_i} \tag{6.7}$$

特别是,这一关系意味着附息债券的远期合约的价格可由零息债券的远期价格得出。

6.2.3 利率远期——远期利率协议

正如 1.2 节所讨论的,远期利率是相对利率确定时刻的未来某段时间的利率。金融市场的许多参与者出于对冲利率变动的风险需要或是对利率的某种变化进行投机的需要,对于锁定未来时期的利率偶尔也会产生兴趣。在货币市场中,人们通过远期利率协议(forward rate agreement, FRA)来锁定利率。假定相关的未来时期为 T 和 S 之间的区间,其中 $S>T$。原则上,面值为 H,合约利率为 K 的远期利率包括两笔支付:一笔支付 $-H$ 发生在 T,另一笔支付 $H[1+(S-T)K]$ 发生在 S(当然,合约的另一方的支付在 T 时刻为 H,在 S 时刻为 $-H[1+(S-T)K]$)。而在实践中,合约通常在 T 进行清算,因此两笔支付被 T 时刻的一笔支付 $-HB_t^T+H[1+(S-T)K]B_t^S$ 所取代。

在订立合约时,合约利率 K 一般定在未来支付的现值为 0 的水平上。假设合约在 $t<T$ 时刻订立。那么未来的两笔支付在 t 时刻的价值为 $-H[1+(S-T)K]$。只有当且仅当

$$K=\frac{1}{S-T}\left(\frac{B_t^T}{B_t^S}-1\right)=L_t^{T,S}$$

时,这一价值才为 0,与式(1.6)比较,也就是合约利率等于 t 时刻对 T 到 S 期间的通行利率。就这一合约利率而言,我们可以将远期利率协议视为只在 T 时刻发生单一支付,支付金额为

$$B_T^S H[1+(S-T)K]-H=H\left(\frac{1+(S-T)L_t^{T,S}}{1+(S-T)l_T^S}-1\right)=\frac{(S-T)(L_t^{T,S}-l_T^S)H}{1+(S-T)l_T^S} \tag{6.8}$$

分子恰好是以远期利率协议利率而不是已经实现的即期利率在 T 时刻借出 H 到 S 时刻的利息损失。当然,这一金额也可能是负数,所以可以实现盈利。除数 $1+(S-T)l_T^S$ 对应着将损益从时间 S 贴现回时间 T。比较式(6.6)、式(6.8)中给出的时间 T 的价值与零息债券的远期合约的损益,它们虽不相同,但有着紧密联系。

6.2.4 债券期货

由定理 6.1 可知,到期日为 $S>T$ 的零息债券的期货 t 时刻的价格为

$$\Phi_t^{T,S}=\mathrm{E}_t^{\mathbb{Q}}[B_T^S]$$

T_i 时刻支付 Y_i 的附息债券的期货的最后结算基于债券价格 $B_T=\sum_{T_i>T}Y_iB_T^{T_i}$，因此期货价格是

$$\Phi_t^{T,\mathrm{cpn}}=\mathrm{E}_t^{\mathbb{Q}}[\sum_{T_i>T}Y_iB_T^{T_i}]=\sum_{T_i>T}Y_i\mathrm{E}_t^{\mathbb{Q}}[B_T^{T_i}]=\sum_{T_i>T}Y_i\Phi_t^{T,T_i} \tag{6.9}$$

因此，附息债券的期货价格等于在附息债券支付日到期的零息债券的期货价格按支付金额加权的平均价格。因此，在后面的相关各章我们将把重点放在零息债券期货。

由于债券价格与利率负相关，我们期望式(6.4)中的协方差将为正，因此，债券的远期价格将高于对应的期货价格。

6.2.5 利率期货——欧洲美元期货

在主要国际交易所，如芝加哥商品交易所（the Chicago Mercantile Exchange, CME）和伦敦国际金融期货与期权交易所（London International Financial Futures & Options Exchange, LIFFE），利率期货的交易量都非常巨大。我们简单地将所有这些期货称为欧洲美元期货，且将 3 月期 LIBOR 及其利率称为基础利率，用 $l_t^{t+0.25}$ 表示 t 时刻的利率值。

由于盯市结算时所付的金额与期货报价的变动并不完全一致，所以欧洲美元期货的报价在某种程度上有点复杂。结算金额等于实际期货价格的变动，因此必须区别**期货报价** $\tilde{\varepsilon}_t^T$ 和期货**实际价格** ε_t^T。在合约的到期日 T，欧洲美元期货报价是用通行的 3 月期 LIBOR 利率根据关系

$$\tilde{\varepsilon}_T^T=100(1-l_T^{T+0.25}) \tag{6.10}$$

确定，利用式(1.2)可以重新记为

$$\tilde{\varepsilon}_T^T=100\left[1-4\left(\frac{1}{B_T^{T+0.25}}-1\right)\right]=500-400\frac{1}{B_T^{T+0.25}}$$

交易员和分析师通常将欧洲美元期货价格转换为所谓的 **LIBOR 期货利率**（LIBOR futures rate），我们用 φ_t^T 表示，并将其定义为

$$\varphi_t^T=1-\frac{\tilde{\varepsilon}_t^T}{100}\Leftrightarrow\tilde{\varepsilon}_t^T=100(1-\varphi_t^T)$$

由式(6.10)可知，当期货合约的到期日临近时，LIBOR 期货利率将与 3 月期 LIBOR 即期利率收敛。

实际欧洲美元期货价格为

$$\varepsilon_t^T=100-0.25(100-\tilde{\varepsilon}_t^T)=\frac{1}{4}(300+\tilde{\varepsilon}_t^T)=100-25\varphi_t^T$$

每 100 美元名义价值。它是盯市结算时所交换的实际期货价格的变动。在 CME，欧洲美元的期货的名义价值是 100 万美元。对应 LIBOR 期货利率 5.53%，对应的期货报价为 $\tilde{\varepsilon}_t^T=94.47$，实际期货价格为

$$\frac{1\,000\,000}{100}\cdot[100-25\cdot 0.055\,3]=986\,175$$

如果第二天期货报价上升至 94.48，相对应的 LIBOR 期货利率下降一个基点(0.01 个百分点)，实际期货价格变为

$$\frac{1\,000\,000}{100}\cdot[100-25\cdot 0.055\,2]=986\,200$$

一个持有多头的投资者将在日终结算后获得 986 200－986 175＝25 美元。

如果我们只是简单地将各笔结算款加总而不将其贴现到终止日，那么从 t 到到期日期 T 间持有美元期货多头的总收益是每 100 美元名义价值为

$$\varepsilon_T^T-\varepsilon_t^T=(100-25\varphi_T^T)-(100-25\varphi_t^T)=-25(\varphi_T^T-\varphi_t^T)$$

也就是说名义价值为 H 的合约的总收益是 $-0.25(\varphi_T^T-\varphi_t^T)H$。如果 3 月期即期利率在到期日低于建立头寸时的期货利率，则收益为正。反过来就是持有空头获利的情形。欧洲美元期货上的损益与远期利率协议的损益密切相关，这一点可从将 $S=T+0.25$ 代入式(6.8)中看出。注意利率 φ_T^T 和 $l_T^{T+0.25}$ 是相等的。然而，必须强调的是，一般而言，因期货市场盯市的原因，期货利率 φ_t^T 和远期利率 $L_t^{T,T+0.25}$ 不同。

最后的结算基于终止时的实际期货价格

$$\begin{aligned}\varepsilon_T^T&\equiv 100-0.25(100-\tilde{\varepsilon}_T^T)\\&=100-0.25(400[(B_T^{T+0.25})^{-1}-1])\\&=100[2-(B_T^{T+0.25})^{-1}]\end{aligned}$$

从定理 6.1 可知，在 t 时刻前的任何时点，实际期货价格可以按照下式计算

$$\varepsilon_t^T=\mathrm{E}_t^{\mathbb{Q}}[\varepsilon_T^T]=100(2-\mathrm{E}_t^{\mathbb{Q}}[(B_T^{T+0.25})^{-1}])$$

因此，期货价格报价为

$$\tilde{\varepsilon}_t^T=4\varepsilon_t^T-300=500-400\mathrm{E}_t^{\mathbb{Q}}[(B_T^{T+0.25})^{-1}] \tag{6.11}$$

6.3 欧式期权

在本节，我们将主要讨论欧式期权。美式期权的一些特性将在第 6.6 节讨论。

6.3.1 欧式期权定价的一般结果

我们可以利用改变计价物和概率测度的思想来获得对欧式认购期权的价格的一般特征的认知。令 T 为到期日，K 为行权价，那么期权在 T 时刻的收益是

$$C_T=\max(P_T-K,\ 0)$$

对于一个交易资产的期权而言，P_T 是标的资产在到期日 T 的价格。对于基于给定利率的一个期权而言，P_T 表示在期权到期日该利率所处的水平。根据式(4.19)，t 时刻的期权价格是

$$C_t = B_t^T \mathrm{E}_t^{\mathbb{Q}^T}[\max(P_T - K, 0)] \tag{6.12}$$

其中$\mathbb{Q}^T$是一个 T—远期鞅测度，这是一个与利用到期日为 T 的零息债券作为计价物的定价测度。我们将期权的收益重新记为

$$C_T = (P_T - K)\mathbf{1}_{\{P_T > K\}}$$

其中 $\mathbf{1}_{\{P_T > K\}}$ 是事件 $P_T > K$ 是否发生的指标。该指标是一个随机变量，当 P_T 的实现值大于 K 时，取值为 1，否则为 0。因此，期权的价格可以重新记为①

$$\begin{aligned} C_t &= B_t^T \mathrm{E}_t^{\mathbb{Q}^T}[(P_T - K)\mathbf{1}_{\{P_T > K\}}] \\ &= B_t^T (\mathrm{E}_t^{\mathbb{Q}^T}[P_T \mathbf{1}_{\{P_T > K\}}] - K\mathrm{E}_t^{\mathbb{Q}^T}[\mathbf{1}_{\{P_T > K\}}]) \\ &= B_t^T (\mathrm{E}_t^{\mathbb{Q}^T}[P_T \mathbf{1}_{\{P_T > K\}}] - K\mathbb{Q}_t^T(P_T > K)) \\ &= B_t^T \mathrm{E}_t^{\mathbb{Q}^T}[P_T \mathbf{1}_{\{P_T > K\}}] - KB_t^T \mathbb{Q}_t^T(P_T > K) \end{aligned}$$

在此 $\mathbb{Q}_t^T(P_T > K)$ 表示给定 t 时刻所知晓的信息的情况下，$P_T > K$ 的概率(使用概率测度$\mathbb{Q}^T$)。这可以解释为在假设的远期风险中性世界里，计算得到的期权最后处于价内的概率。

对于一个交易资产的期权，可以将上一定价公式中的第一项改写，这是因为 P_t 是一个具有对应概率测度$\mathbb{Q}^P$的有效计价物。对两个计价物 B_t^T 和 P_t 应用式(4.18)，得到

$$\begin{aligned} B_t^T \mathrm{E}_t^{\mathbb{Q}^T}[P_T \mathbf{1}_{\{P_T > K\}}] &= P_t \mathrm{E}_t^{\mathbb{Q}^P}[\mathbf{1}_{\{P_T > K\}}] \\ &= P_t \mathbb{Q}_t^P(P_T > K) \end{aligned}$$

在此，假设标的资产在区间$[t, T]$不支付红利。认购期权的价格因此是

$$C_t = P_t \mathbb{Q}_t^P(P_T > K) - KB_t^T \mathbb{Q}_t^T(P_T > K) \tag{6.13}$$

这一公式中的两个概率都显示了期权最终处于价内状态的概率，但是两个概率分属不同的概率测度之下。为了在一个具体的模型中计算欧式认购期权的价格，只需要计算这些概率。在有些情况下，直接使用式(6.12)更为容易。

对于认沽期权，类似的结果是

$$\pi_t = KB_t^T \mathbb{Q}_t^T(P_T \leqslant K) - P_t \mathbb{Q}_t^P(P_T \leqslant K) \tag{6.14}$$

我们现在可以推导欧式期权一般买卖权平价关系。结合式(6.13)和式(6.14)，得到

$$\begin{aligned} C_t - \pi_t &= P_t(\mathbb{Q}_t^P(P_T > K) + \mathbb{Q}_t^P(P_T \leqslant K)) - KB_t^T(\mathbb{Q}_t^T(P_T > K) + \mathbb{Q}_t^T(P_T \leqslant K)) \\ &= P_t - KB_t^T \end{aligned}$$

因此

$$C_t + KB_t^T = \pi_t + P_t \tag{6.15}$$

---

① 由于指示器 $\mathbf{1}_{\{P_T > K\}}$ 只取值 1 或 0。它的期望值等于 1 乘以取 1 值的概率加上 0 乘以取 0 值的概率，也就是说，期望值等于指示器取 1 值的概率，这再次等于概率 $P_T > K$。

再次注意到，在此同样假设标的资产在$[t, T]$区间不支付红利，否则，这些期间支付的红利在t时刻的价值必须从上式的P_t中减掉。买卖权平价关系使得我们可以将重点放在欧式认购期权的定价之上，欧式认沽期权的价格也因此马上可以得出。

同样可以用复制的方法证明买卖权平价关系。一个由一个认购期权和与其具有相同到期日的K个零息债券构成的组合在T时刻产生的收益为

$$\max(P_T - K, 0) + K = \max(P_T, K)$$

在t时刻的价格由式(6.15)中的左边给出。另一个组合包括了一个认沽期权和一单位标的资产，在T时刻的价值为

$$\max(K - P_T, 0) + P_T = \max(K, P_T)$$

在t时刻的价格由式(6.15)的右边给出。因此，如果不满足式(6.15)所确立的关系，则存在明显的套利机会。

6.3.2 债券期权

现在讨论债券期权，我们将首先考察零息债券期权，但很显然，没有任何一家交易所交易此类期权。然而，在后面我们将看到，那些交易频繁的固定收益证券可以视为由零息债券的欧式期权构成的组合。这对于利率顶和利率底而言是正确的，我们将在第6.4节对它们进行讨论。在后文，我们同样将证明在某些关于利率动态特征的假设之下，任何附息债券的欧式期权等价于某些零息债券欧式期权的组合，见第7章。由于这些原因，对零息债券定价就显得尤为重要了。

首先确定一些符号。期权的到期日由T表示。标的零息债券在S时刻提供支付1(美元)，其中$S \geqslant T$。用K表示期权的执行价。用$C_t^{K,T,S}$表示t时刻的一个欧式认购期权的价格。在到期日，认购期权的价值等于其收益：

$$C_T^{K,T,S} = \max(B_T^S - K, 0)$$

用$\pi_t^{K,T,S}$表示相似的认沽期权在t时刻的价格。到期日的价值为

$$\pi_T^{K,T,S} = \max(K - B_T^S, 0)$$

注意，只有执行价在0和1之间的期权才有意义，这是因为在假设利率不为负的情况下，到期日标的零息债券的价格将处于这一区间。

从前面所推导出的一般期权定价结果我们可以推断认购期权的价格可以写成

$$C_t^{K,T,S} = B_t^T \mathrm{E}_t^{\mathbb{Q}^T}[\max(B_T^S - K, 0)] \tag{6.16}$$

和

$$C_t^{K,T,S} = B_t^S \mathbb{Q}_t^S(B_T^S > K) - KB_t^T \mathbb{Q}_t^T(B_T^S > K) \tag{6.17}$$

其中$\mathbb{Q}^S$表示S—远期鞅测度，当然，与前面一样，$\mathbb{Q}^T$是T—远期鞅测度。在后面相关章节中，我们在具体的利率期限结构模型中推导期权的封闭定价公式时将使用到这些等式。式(6.17)中的概率将由该模型精确的假设条件所确定。零息债券欧式期权的买卖权平价关

系是

$$C_t^{K,T,S} + KB_t^T = \pi_t^{K,T,S} + B_t^S$$

接下来，考察附息债券的期权。假定标的附息债券在 $T_i(i=1,\cdots,n)$ 时刻有支付 Y_i，其中 $T_1 < T_2 < \cdots < T_n$。用 B_t 表示该债券在 t 时刻的价格，也就是

$$B_t = \sum_{T_i > t} Y_i B_t^{T_i}$$

令 $C_t^{K,T,\mathrm{cpn}}$ 和 $\pi_t^{K,T,\mathrm{cpn}}$ 分别表示 t 时刻一个到期日为 T，执行价为 K，标的物为附息债券的欧式认购期权和欧式认沽期权的价格。当然，必须有 $T < T_n$。期权 T 时刻的价值由它们的收益给出：

$$C_T^{K,T,\mathrm{cpn}} = \max(B_T - K,\ 0) = \max\Big(\sum_{T_i > T} Y_i B_T^{T_i} - K,\ 0\Big)$$

$$\pi_T^{K,T,\mathrm{cpn}} = \max(K - B_T,\ 0) = \max\Big(K - \sum_{T_i > T} Y_i B_T^{T_i},\ 0\Big)$$

如果执行价为正，且小于 $\sum_{T_i > T} Y_i$ ——这是具有非负远期利率的 B_T 的上界，这样的期权才有意义。注意：①只有期权到期之后的债券支付与期权的价值和收益是相关的[①]；②我们已经假定期权的收益是由债券的实际价格与执行价之间的差异而不是债券报价与执行价之间的差异所决定的。债券的实际价格是债券的报价加上应计利息之和[②]。Munk(2002)讨论了基于债券报价的期权的一些特性。

根据期权定价的一般公式，附息债券的认购期权的价格可以写成

$$C_t^{K,T,\mathrm{cpn}} = \Big(B_t - \sum_{T_i \in (t,T]} Y_i B_t^{T_i}\Big)\mathbb{Q}_t^B(B_T > K) - KB_t^T\,\mathbb{Q}_t^T(B_T > K)$$

在此，$\mathbb{Q}^B$ 表示与标的附息债券在期权到期后的支付的贴现值作为计价物相对应的鞅测度。注意等式右边第一项就是标的债券在期权到期后的支付的贴现值。附息债券欧式期权的买卖权平价关系如下：

$$C_t^{K,T,\mathrm{cpn}} + KB_t^T = \pi_t^{K,T,\mathrm{cpn}} + B_t - \sum_{t < T_i \leqslant T} Y_i B_t^{T_i} \tag{6.18}$$

在练习 6.2，读者将被要求给出一个支持式(6.18)的复制策略。

如果不对标的资产和利率的动态特征 $F_t^{T,\mathrm{cpn}}$ 做出具体的假设，我们就不能推导出唯一的价格。但是，在只利用无套利原则的情况下，我们能够推导出期权的价格范围。Merton (1973)推导出了一个著名的关于股票期权价格的范围，这一成果在许多的期权定价教科书中被复制，例如 Hull(2009)。取得债券期权价格的范围并不是将股票期权的价格范围简单地改写即可，这是因为：

- 合适的贴现因子和标的资产的价格之间存在紧密的关系；
- 标的债券的价格存在一个上界：在所有的远期利率都为非负这一合理的假设之下，一个债券的价格将小于等于其所有的剩余支付之和。

---

① 特别地，我们假设在期权的到期日和标的债券的支付日重合的情况下，期权的收益由扣除这一支付的债券价格确定。

② 报价有时被称为**净价**(clean price)。相似地，实际价格有时被称为**全价**(dirty price)。

虽然债券期权的价格范围比股票期权的价格范围要窄，但是仍然留下了足够大的区间。相关的证明可以参考 Munk(2002)和练习 6.2。

6.3.3 债券期权的 BLACK 公式

实务界人士经常在利率衍生产品上使用 Black-Scholes-Merton 类型的公式。与 4.8 节比较，这些公式的基础就是股票期权定价的 Black-Scholes-Merton 模型的 Black(1976)变体。Black 的欧式债券认购期权的公式是

$$C_t^{K,T,\mathrm{cpn}} = B_t^T[F_t^{T,\mathrm{cpn}} N(\hat{d}_1(F_t^{T,\mathrm{cpn}}, t)) - KN(\hat{d}_2(F_t^{T,\mathrm{cpn}}, t))]$$
$$= (B_t - \sum_{t<T_i<T} Y_i B_t^{T_i}) N(\hat{d}_1(F_t^{T,\mathrm{cpn}}, t)) - KB_t^T N(\hat{d}_2(F_t^{T,\mathrm{cpn}}, t))$$

其中 $F_t^{T,\mathrm{cpn}}$ 是债券的远期价格，且

$$\hat{d}_1(F, t) = \frac{\ln(F/K)}{\sigma\sqrt{T-t}} + \frac{1}{2}\sigma\sqrt{T-t} \tag{6.19}$$

$$\hat{d}_2(F, t) = \frac{\ln(F/K)}{\sigma\sqrt{T-t}} - \frac{1}{2}\sigma\sqrt{T-t} = \hat{d}_1(F, t) - \sigma\sqrt{T-t} \tag{6.20}$$

正如 4.8 节中的简短讨论一样，对利率衍生产品应用 Black 公式通常缺乏理论支持，而且可能导致定价上的套利。为了确保固定收益证券定价中无套利原则的一致性，必须为利率的整个期限结构的动态结构建立模型。

6.4 利率顶、利率底和利率领

6.4.1 利率顶

设计利率顶(interest rate cap)的目的是为了保护那些以浮动利率借入资金的投资者，使其避免支付非常高的利率的风险。假设贷款的面值为 H，支付日 $T_1 < T_2 < \cdots < T_n$，其中对所有 i，有 $T_{i+1} - T_i = \delta$①。T_i 时刻支付的利率由 $T_{i-1} = T_i - \delta$ 时刻的通行 δ—期货币市场利率确定，故而 T_i 时刻的支付等于 $H\delta l_{T_i-\delta}^{T_i}$。注意，利率的确定是在当期的开始时刻，支付发生在当期的结束时刻。定义 $T_0 = T_1 - \delta$。日期 $T_0, T_2, \cdots, T_{n-1}$ 被称为贷款利率的**重置日**(reset dates)。

一个利率顶的面值为 H，支付日期 $T_i (i = 1, \cdots, n)$ 同上，所谓的利率上限 K 在 T_i 时刻产生的收益为 $H\delta\max(l_{T_i-\delta}^{T_i} - K, 0)$，其中 $i = 1, 2, \cdots, n$。如果投资者买了一个这样的利率顶，在 T_i 时刻的净支付不可能超过 $H\delta K$。期间长度 δ 通常被称为利率顶的**频率**(fre-

① 在实践中，并不是连续的重置日之间具有相同的天数，后面的计算必须根据相关的日期计数传统稍作调整。

quency)或**期限**(tenor)①。在实践中,通常的频率是 3、6 或 12 个月。注意,在这里,支付日恰巧与浮动利率的“到期日”重合。同样值得注意的是,当一个利率顶可量身定制用于对冲的同时,它同样可用于利率投机。

一个利率顶可视为 n 个上限买权组成的组合,也即是说,每一支付日有一个**上限买权**(caplets)。第 i 个上限买权在 T_i 产生的收益为

$$\mathcal{C}^i_{T_i} = H\delta\max(l^{T_i}_{T_i-\delta} - K,\ 0) \tag{6.21}$$

且并无其他支付。一个上限买权是时间 $T_i - \delta$ 关于长度为 δ 的期间的通行即期利率的一个认购期权,支付的发生时间为 T_i,但利率在 $T_i - \delta$ 时就已经确定下来。

接下来我们将确定第 i 个上限买权在 T_i 时间之前的价值。由于收益在 $T_i - \delta$ 时刻已知,简单地通过贴现这一收益,也就是

$$\mathcal{C}^i_t = B^{T_i}_t H\delta\max(l^{T_i}_{T_i-\delta} - K,\ 0),\ T_i - \delta \leqslant t \leqslant T_i$$

就能够获得它在区间 $T_i - \delta$ 和 T_i 之间的价值。特别地,

$$\mathcal{C}^i_{T_i-\delta} = B^{T_i}_{T_i-\delta} H\delta\max(l^{T_i}_{T_i-\delta} - K,\ 0) \tag{6.22}$$

为了在确定收益之前,即 $t < T_i - \delta$,确定其价值,我们将使用两个策略。第一个策略就是简单地取相关收益的期望。由于 T_i 时刻取得收益,从 4.4.2 节可知该收益的价值是 T_i—远期鞅测度下的期望与对时间 T_i 的支付的当期贴现因子两者的乘积,也就是

$$\mathcal{C}^i_t = H\delta B^{T_i}_t \mathrm{E}^{\mathbb{Q}^{T_i}}_t[\max(l^{T_i}_{T_i-\delta} - K,\ 0)],\ t < T_i - \delta$$

因此利率顶的价格被确定为

$$\mathcal{C}_t = H\delta\sum_{i=1}^{n} B^{T_i}_t \mathrm{E}^{\mathbb{Q}^{T_i}}_t[\max(l^{T_i}_{T_i-\delta} - K,\ 0)],\ t < T_0$$

在第 11 章我们将考察一类通过在相关的 $\mathbb{Q}^{T_i}$ 概率测度下直接为远期利率 $L^{T_i-\delta,\ T_i}_t$ 的动态特征建模,从而为利率顶定价的模型。从该概率测度可以得到前面计算期望所需要的即期利率 $l^{T_i}_{T_i-\delta} = L^{T_i-\delta,\ T_i}_{T_i-\delta}$ 的 $\mathbb{Q}^{T_i}$—分布。

第二个定价策略将利率顶和债券期权联系起来。应用式(1.2),将式(6.22)重新记为

$$\begin{aligned}\mathcal{C}^i_{T_i-\delta} &= B^{T_i}_{T_i-\delta} H\max(1 + \delta l^{T_i}_{T_i-\delta} - [1 + \delta K],\ 0)\\ &= B^{T_i}_{T_i-\delta} H\max\left(\frac{1}{B^{T_i}_{T_i-\delta}} - [1 + \delta K],\ 0\right)\\ &= H(1 + \delta K)\max\left(\frac{1}{1 + \delta K} - B^{T_i}_{T_i-\delta},\ 0\right)\end{aligned}$$

可以看到,$T_i - \delta$ 时刻的价值与一个基于到期日为 $T_i - \delta$ 的零息债券欧式认沽期权的收益是相同的,该欧式认沽期权的到期日为 T_i,行权价为 $1/(1 + \delta K)$。为了排除套利的可能性,在一个更早的时间点 $t \leqslant T_i - \delta$,第 i 个上限买权的价值必须等于认沽期权的价值。使用前面的符号,因此有

① 期限有时用于表示支付日 $T_1, \cdots, T_n$ 的集合。

$$\mathcal{C}_t^i = H(1+\delta K)\pi_t^{(1+\delta K)^{-1},\, T_i-\delta,\, T_i}$$

为了得到整个利率顶的价值，我们只需要将与利率顶的剩余支付相对应的所有上限买权的价值加起来即可。在第一个重置日 T_0 之前，没有一个利率顶的支付是已知的，因此，利率顶的价值由下式给出：

$$\mathcal{C}_t = \sum_{i=1}^{n} \mathcal{C}_t^i = H(1+\delta K)\sum_{i=1}^{n}\pi_t^{(1+\delta K)^{-1},\, T_i-\delta,\, T_i},\ t < T_0$$

在第一个重置日后的全部日期，利率顶的下一笔支付都将成为已知。如果用 $T_{i(t)}$ 表示 t 时刻后的下一个最近的支付日，如 1.2.5 节，利率顶在 $[T_0, T_n]$ 区间中的任何时点 t 的价值（任何恰好在时间 t 收到的支付除外）可以记为

$$\begin{aligned}\mathcal{C}_t = & HB_t^{T_{i(t)}}\delta\max(l_{T_{i(t)}-\delta}^{T_{i(t)}} - K,\ 0)\\ & + (1+\delta K)H\sum_{i=i(t)+1}^{n}\pi_t^{(1+\delta K)^{-1},\, T_i-\delta,\, T_i},\ T_0 \leqslant t \leqslant T_n\end{aligned}$$

如果 $T_{n-1} < t < T_n$，有 $i(t)=n$，那么在求和式中没有任何项目，因此这可以认为是等于 0。在后面的各章中，将讨论债券期权的定价模型。由上面的结果可知，利率顶的价格可由零息债券的欧式认沽期权得出。

提请注意的是，上式中的利率和贴现因子都取自于货币市场而不是政府债券市场。同样值得留意的是，由于与货币市场利率相关的利率顶和其他大多数合约在 OTC 市场交易，所以在评价利率顶的时候应当将双方的违约风险考虑进来。在此，违约仅指不能兑付合约中所承诺的支付的一方。官方货币市场利率及相关的贴现函数适用于大金融机构之间的存贷款安排，因此它们所反映的是这些公司的违约风险。如果 OTC 市场的交易各方存在明显不同的违约风险，那么公式中的贴现率应当进行相应的调整。然而，用理论上正确的方式去处理这些问题是非常复杂的，因此，我们在这里就点到为止。

6.4.2 利率底

设计利率底(interest rate floor)的目的是为了保护那些以浮动利率出借资金的投资者，避免其收到太低的利息。利率底合约的构造与利率顶一样，不同之处在于 $T_i (i=1, \cdots, n)$ 时刻的收益为

$$\mathcal{F}_{T_i}^i = H\delta\max(K - l_{T_i-\delta}^{T_i},\ 0) \tag{6.23}$$

其中 K 被称为利率下限。通过买入利率底，一个投资者向另一投资者提供浮动利率贷款将收到不低于利率下限的利息收入。当然，一个投资者既可以通过买入利率底而投机未来的低利率，也可以通过卖出利率底来投机未来的高利率水平。只产生式(6.23)中的一个支付的(假想的)合约被称为**下限卖权**(floorlets)。很显然，我们可以将下限卖权视为收益延后支付的浮动利率的欧式认沽期权。

与对利率顶的分析相类似，可以对利率底进行直接定价

$$\mathcal{F}_t = H\delta\sum_{i=1}^{n} B_t^{T_i}\,\mathrm{E}_t^{\mathbb{Q}^{T_i}}[\max(K - l_{T_i-\delta}^{T_i},\ 0)],\ t < T_0$$

这一方法在第 11 章所研究的模型中得到采用。另外，我们可以将下限卖权用零息债券欧式认购期权表示，因此，一个利率底等价于一个由零息债券欧式认购期权构成的组合。更准确地讲，第 i 个下限卖权在 $T_i-\delta$ 时刻的价值为

$$\mathcal{F}^i_{T_i-\delta}=H(1+\delta K)\max\left(B^{T_i}_{T_i-\delta}-\frac{1}{1+\delta K},\ 0\right)$$

因此，在任何时间 $t<T_0$，利率底合约的总价值为

$$\mathcal{F}_t=H(1+\delta K)\sum^n \mathcal{C}_t^{(1+\delta K)^{-1},\ T_i-\delta,\ T_i},\ t<T_0$$

以及在其后的时间，价值为

$$\begin{aligned}\mathcal{F}_t&=HB_t^{T_{i(t)}}\delta\max(K-l^{T_{i(t)}}_{T_{i(t)}-\delta},\ 0)\\&\quad+(1+\delta K)H\sum_{i=i(t)+1}^{n}\mathcal{C}_t^{(1+\delta K)-1,\ T_i-\delta,\ T_i},\ T_0\leqslant t\leqslant T_n\end{aligned}$$

6.4.3 利率顶和利率底的 Black 公式

利率上限买权的 Black 公式为

$$\mathcal{C}^i_t=H\delta B_t^{T_i}[L_t^{T_i-\delta,\ T_i}N(\hat{d}^i_1(L_t^{T_i-\delta,\ T_i},\ t))-KN(\hat{d}^i_2(L_t^{T_i-\delta,\ T_i},\ t))],\ t<T_i-\delta \tag{6.24}$$

其中函数 $\hat{d}^i_1$ 和 $\hat{d}^i_2$ 由以下两式给出

$$\hat{d}^i_1(L_t^{T_i-\delta,\ T_i},\ t)=\frac{\ln(L_t^{T_i-\delta,\ T_i}/K)}{\sigma_i\sqrt{T_i-\delta-t}}+\frac{1}{2}\sigma_i\sqrt{T_i-\delta-t}$$

$$\hat{d}^i_2(L_t^{T_i-\delta,\ T_i},\ t)=\hat{d}^i_1(L_t^{T_i-\delta,\ T_i},\ t)-\sigma_i\sqrt{T_i-\delta-t}$$

再次，整个利率顶的价格是通过求和得到。对于利率底而言，对应的公式是

$$\mathcal{F}_t=H\delta\sum_{i=1}^{n}B_t^{T_i}[KN(-\hat{d}^i_2(L_t^{T_i-\delta,\ T_i},\ t))-L_t^{T_i-\delta,\ T_i}N(-\hat{d}^i_1(L_t^{T_i-\delta,\ T_i},\ t))],\ t\leqslant T_0$$

在第 11 章我们将考察一些真正支持采用 Black 公式，至少对某些利率顶和利率底适用的非常特殊的期限结构模型。

股票期权的价格经常用隐含波动率表示。对于一个给定的欧式股票认购期权而言，隐含波动率就是将其与其他的可观察变量 S_t，r，K 和 $T-t$ 一起代入 Black-Scholes-Merton 公式(4.28)所得到的价格等于观察到的市场价格的那个波动率 σ。相似地，利率顶、利率底和互换期权的价格都可以用 Black 公式中的隐含利率波动率表示。根据式(6.24)，对于利率顶中的每一个上限买权应用不同的 σ—值。对于那些剩余不止一笔支付的利率顶，许多不同的组合可以导致相同的利率顶价格。如果我们要求所有的 σ_i 必须相等，只有一个共同值可以得到这一市场价格。这一共同值被称为该利率顶的隐含**平坦波动率**(flat volatility)。如果交易中的利率顶的到期日不同，但是支付的频率相同，且支付日存在重叠，我们就可以推导出波动率期限结构，σ_1，σ_2，…，σ_n。例如，如果分别有一个关于 1 年期 LIBOR 利率的 1 年期利率顶

和 2 年期利率顶在市场中交易，那么我们能够确定唯一的 σ_1 值使得 Black 公式计算的 1 年期利率顶的价格等于市场价格。接下来，通过应用 σ_1，可以求得唯一的 σ_2 使得 Black 公式计算的 2 年期利率顶的价格等于市场价格。通过这种方式计算得到的 σ_i 被称为隐含**即期波动率**(spot volatilities)。

即期波动率作为存续期的函数，即 σ_i 是 $T_i-\delta$ 的函数，该函数的图形通常有一个驼峰的形状，也就是说，曲线在存续期 2—3 年的阶段是上升的，但是对于更长的存续期则是下降的①。将平坦波动率作为利率顶的存续期的函数，我们可以得到一个相似的，但是稍微平坦的曲线，这是因为平坦波动率是即期波动率的平均数。无论是使用隐含利率的波动率还是历史远期利率的波动率，所得到的图形是相同的。

6.4.4 利率领

设计利率领(collar)的目的在于保证浮动利率借款安排中的利率支付保持在事前确定的范围之中。一个利率领可以看成是买入一个上限利率为 K_c 的利率顶加上卖出一个下限利率为的利率底 $K_f<K_c$(相同的支付日和标的浮动利率)的组合。利率领在 T_i, $i=1, 2, \cdots, n$ 时刻的收益因此是

$$\begin{aligned}\mathcal{L}^i_{T_i} &= H\delta\left[\max(l^{T_i}_{T_i-\delta}-K_c,\ 0)-\max(K_f-l^{T_i}_{T_i-\delta},\ 0)\right]\\ &=\begin{cases}-H\delta\left[K_f-l^{T_i}_{T_i-\delta}\right], & \text{当 } l^{T_i}_{T_i-\delta}\leqslant K_f \text{ 时}\\ 0, & \text{当 } K_f\leqslant l^{T_i}_{T_i-\delta}\leqslant K \text{ 时}\\ H\delta\left[l^{T_i}_{T_i-\delta}-K_c\right], & \text{当 } K_c\leqslant l^{T_i}_{T_i-\delta} \text{ 时}\end{cases}\end{aligned}$$

一个上限利率为 K_c，下限利率为 K_f 的利率领的价值当然是

$$\mathcal{L}_t(K_c,\ K_f)=\mathcal{C}_t(K_c)-\mathcal{F}_t(K_f)$$

其中前面所推导出的利率顶和利率底的价格可以代入这一公式。

一个以浮动利率借入资金的投资者可以通过买入利率领来确保所支付的利率处于 K_f 和 K_c 之间。很显然，利率领为抵抗高利率提供了比利率顶(相同的上限利率 K_c)更廉价的保护，但从另一角度看，同时也失去了低利率所带来的部分好处。在实践中，K_f 和 K_c 通常定在使利率领合约在订立时价值为零的水平。

6.4.5 奇异利率顶和利率底

上面我们所考查的是标准的普通债券(plain vanilla)利率顶、利率底和利率领。除了这些工具，在 OTC 市场上，还有一些具有与普通合约相似的现金流，但是在一个或多个方面存在差异的合约在交易。这些差异使得定价变得尤其复杂。我们简单考察这些奇异证券中的几个。更多的细节以及其他非标准合约的例子可见 Musiela 和 Rutkowski(1997，第 16 章)和 Brigo 和 Mercurio(2006，第 13 章)。

---

① 见 Brigo 和 Mercurio(2006)中的例子和讨论。

(1) **有界利率顶**(bounded cap)与普通利率顶相似,但是利率顶的所有者只有从利率顶合约中得到的支付总和不超过某一事先所确定的水平时才能得到计划的收益。因此,式(6.21)的普通利率支付将被乘上一个指示函数。给定期间末的收益将不仅取决于期初的利率,同样也取决于先前的利率。正如许多其他奇异工具一样,有界利率顶因此也是一项路径依赖的资产。

(2) **双重上限顶**(dual strike cap),当标的浮动利率 $l_t^{t+\delta}$ 处于事先确定的水平 $\hat{l}$ 之下时,与利率上限为 K_1 的利率顶相似;当标的浮动利率处于事先确定的水平 $\hat{l}$ 之上时,与利率上限为 K_2 的利率顶相似,在这里,$K_2 > K_1$。

(3) **累积顶**(cumulative cap)确保累积的利率支付水平不超过一个给定的水平。

(4) **敲出顶**(knock-out cap)在任何时间 T_i 给出式(6.21)中的标准收益,除非浮动利率 $l_t^{t+\delta}$ 在 $[T_i-\delta,\ T_i]$ 期间超出某一水平。在这种情况下,收益为零。

关于利率顶和利率底的期权在市场中同样也有交易。由于利率顶和利率底自身就是期权(组合),因此,关于利率顶和利率底的期权被称为**复合期权**(compound options)。一个关于利率顶的期权被称为**利率顶期权**(caption),它向持有人提供一个在未来某一时点,T_0,进入一个始于 T_0(支付日为 $T_1, \cdots, T_n$),支付给定行权价格的利率顶合约的权利。

6.5 互换和互换期权

6.5.1 互换

在 OTC 市场上有各种不同类型的互换在交易,例如:外汇互换、信用互换和资产互换,但是为了不脱离本章主题,我们将主要讨论利率互换。一个(利率)互换,就是交换由某一利率所确定的两个现金流。在最简单、最普遍的利率互换中,亦即**普通互换**(plain vanilla swap)中,交易双方交换的是一个固定利率的支付流和一个浮动利率的支付流。这些支付基于相同的货币、并且由相同的(假想的)面值或名义本金计算得出。浮动利率通常是一个货币市场利率,例如,一个 LIBOR 利率,可能还会在此基础上增加或降低一定的幅度。互换中的固定利率通常被定在使交易双方就合同取得一致时,互换的净现值为零的水平上。尽管交易双方可以就互换的存续期进行商讨,但是大部分利率互换的存续期为 2—10 年。

我们简单地看看互换的使用。投资者可以通过签订适当的互换协议,将一笔浮动利息的贷款转变为固定利率贷款,即投资者接收浮动利率支付(抵消掉原贷款的付款),并按固定利率的支付对方。支付变换浮动利率贷款转为固定利率贷款。这就是所谓的**负债转换**(liability transformation)。相反,一个投资者已按浮动利率贷出款项,相当于拥有一个浮动利率债券,那么他可通过订立互换将其转换为一个固定利率债券,即在互换中他按浮动利率支付并按固定利率收取款项。这是一种**资产转化**(asset transformation)。因此,利率互换可以用来对冲(某些)资产和负债的利率风险。在另一方面,投资者可利用对未来利率的明确预期,使用利率互换进行投机。

通常认为,互换能够使交易双方利用各自在不同市场的**比较优势**(comparative advantages)。以利率互换为例，这一论点假设一方(相对于另一方)在固定利率贷款市场上有比较优势，而另一方(相对于前一方)在浮动利率贷款市场上具有比较优势。但是，这些市场是一体化的，比较优势的存在与现代金融理论以及货币市场的有效性存在冲突。明显的比较优势可能源于不同的违约风险溢价。我们建议读者参考 Hull(2009，第 7 章)做更深入的了解。

接下来，我们将讨论互换的估值。同利率顶和利率底一样，假设互换的交易双方具有与主要金融机构的“平均违约风险”水平性对应的违约风险，这一风险水平主要反映在货币市场利率之上。关于具有不同的违约风险的交易双方对利率互换的支付和估值的冲击，读者可参考 Duffie 和 Huang(1996)与 Huge 和 Landon(1999)。更进一步，假设固定利率的支付和浮动利率的支付在整个互换存续期间都发生在同一日。对于大多数交易的互换而言，情况确实如此，但是也有例外。有一些互换，固定利率的支付每年只有一次，而浮动利率的支付却可能每季或每半年发生一次。下面的分析可以很容易地应用于此类互换。

在一个普通的利率互换中，一方支付固定利率的支付流，收到浮动利率的支付流。这一方被称为拥有一个付固定、收浮动的互换，或一个固定换浮动互换，或者简单地称为**支付方互换**(payer swap)。交易对手方收到固定利率的支付流，付出浮动利率的支付流。这一方被称为拥有一个付浮动，收固定的互换，或一个浮动换固定的互换，或者简单地称为**收取方互换**(receiver swap)。注意，命名中支付方互换和收取方互换的支付和收取都针对固定利率而言。

我们考察一个支付日为 $T_1, \cdots, T_n$ 的互换，其中，$T_{i+1}-T_i=\delta$。T_i 日决定支付的浮动利率是货币市场(LIBOR)利率 $l_{T_i-\delta}^{T_i}$。在下面的讨论中，我们假设浮动利率上不存在固定的加成。如果确实存在加成的话，我们可以按照互换的固定利率支付的价值的计算方式同样处理这一加成所产生的额外的弹性支付的价值，具体请见后文。我们称 $T_0=T_1-\delta$ 为互换的起始日。同利率顶和利率底中一样，我们把 $T_0, T_1, \cdots, T_{n-1}$ 称为重置日，δ 为频率或生效期。互换中典型的 δ 为 0.25、0.5 或 1，分别对应利率的每季度、半年或年度支付。

我们将通过分别计算固定收益支付(V^{fix})和浮动利率支付(V^{fl})的价值来确定利率互换的价值。固定利率用 K 表示。这是一个名义年化利率，因此固定利率支付等于 $HK\delta$，其中，H 为名义本金或面值(不被交换)。剩余的固定支付的价值为

$$V_t^{\text{fix}}=\sum_{i=i(t)}^{n} HK\delta B_t^{T_i}=HK\delta\sum_{i=i(t)}^{n} B_t^{T_i} \tag{6.25}$$

浮动利率支付与浮动利率债券的息票支付完全一致，后者在 1.2.5 节中得到了讨论，也就是在时间 $T_i(i=1, \cdots, n)$ 支付为 $H\delta l_{T_i-\delta}^{T_i}$。注意，这一支付在 $T_i-\delta$ 就已知。根据式(1.13)，这样的一个浮动利率债券在 $t\in[T_0, T_n)$ 时刻的价值由 $H(1+\delta l_{T_{i(t)}-\delta}^{T_{i(t)}})B_t^{T_{i(t)}}$ 给出。由于这一价值既包含了期间的息票支付，也包括了最后的本金偿还，因此，纯粹的息票支付必定为

$$\begin{aligned} V_t^{\text{fl}} &= H(1+\delta l_{T_{i(t)}-\delta}^{T_{i(t)}})B_t^{T_{i(t)}}-HB_t^{T_n} \\ &= H\delta l_{T_{i(t)}-\delta}^{T_{i(t)}}B_t^{T_{i(t)}}+H[B_t^{T_{i(t)}}-B_t^{T_n}], \quad T_0\leqslant t<T_n \end{aligned}$$

在 T_0 或之前，第一项不存在，因此，浮动利率支付为

$$V_t^{\text{fl}}=H[B_t^{T_0}-B_t^{T_n}], \quad t\leqslant T_0 \tag{6.26}$$

为互换的浮动利率支付价值推导另一个表达式。$T_i-\delta$ 时刻的息票支付价值为

$$H\delta l_{T_i-\delta}^{T_i} B_{T_i-\delta}^{T_i} = H\delta \frac{l_{T_i-\delta}^{T_i}}{1+\delta l_{T_i-\delta}^{T_i}}$$

在此,我们应用到了式(1.2)。考察一个买入面值为 H,到期日为 $T_i-\delta$ 的零息债券,卖出面值 H,但是到期日为 T_i 的零息债券的策略。这一头寸在 $T_i-\delta$ 时刻的价值为

$$HB_{T_i-\delta}^{T_i-\delta} - HB_{T_i-\delta}^{T_i} = H - \frac{H}{1+\delta l_{T_i-\delta}^{T_i}} = H\delta \frac{l_{T_i-\delta}^{T_i}}{1+\delta l_{T_i-\delta}^{T_i}}$$

这一价值等于互换中的浮动利率支付部分。因此,在任何 $t \leqslant T_i - \delta$ 时刻,浮动利率支付的价值为

$$H(B_t^{T_i-\delta} - B_t^{T_i}) = H\delta B_t^{T_i} \frac{\frac{B_t^{T_i-\delta}}{B_t^{T_i}} - 1}{\delta} = H\delta B_t^{T_i} L_t^{T_i-\delta,\, T_i}$$

在此,我们应用了式(1.6)。因此,T_i 时间取得的 $H\delta l_{T_i-\delta}^{T_i}$ 在 $t \leqslant T_i - \delta$ 时刻的价值为 $H\delta B_t^{T_i} L_t^{T_i-\delta,\, T_i}$,也就是说,收益中未知的未来即期利率 $l_{T_i-\delta}^{T_i}$ 被当前的远期利率 $L_t^{T_i-\delta,\, T_i}$ 替换,并被当前无风险贴现因子 $B_t^{T_i}$ 贴现。所有的剩余浮动息票支付在 $t > T_0$ 的价值可以记为

$$V_t^{\mathrm{fl}} = H\delta B_t^{T_{i(t)}} l_{T_{i(t)}-\delta}^{T_{i(t)}} + H\delta \sum_{i=i(t)+1}^{n} B_t^{T_i} L_t^{T_i-\delta,\, T_i},\ T_0 \leqslant t < T_n$$

在 T_0 或之前,第一项不存在,因此得到

$$V_t^{\mathrm{fl}} = H\delta \sum_{i=1}^{n} B_t^{T_i} L_t^{T_i-\delta,\, T_i},\ t \leqslant T_0 \tag{6.27}$$

支付方互换的价值为

$$P_t = V_t^{\mathrm{fl}} - V_t^{\mathrm{fix}}$$

而收取方互换的价值为

$$R_t = V_t^{\mathrm{fix}} - V_t^{\mathrm{fl}}$$

特别地,在起始日 T_0 或之前,利用式(6.25)和式(6.27),支付方互换的价值可以记为

$$P_t = H\delta \sum_{i=1}^{n} B_t^{T_i} (L_t^{T_i-\delta,\, T_i} - K),\ t \leqslant T_0 \tag{6.28}$$

或利用式(6.25)和式(6.26)

$$P_t = H([B_t^{T_0} - B_t^{T_n}] - \sum_{i=1}^{n} K\delta B_t^{T_i}),\ t \leqslant T_0 \tag{6.29}$$

如果对 $i=1, \cdots, n-1$, 令 $Y_i = K\delta$ 和 $Y_n = 1 + K\delta$,可以将式(6.29)重新写成

$$P_t = H(B_t^{T_0} - \sum_{i=1}^{n} Y_i B_t^{T_i}),\ t \leqslant T_0 \tag{6.30}$$

当一个利率顶,利率底和一个支付方互换具有相同的支付日,且利率上限、利率下限以及互换

中的固定利率相同时，同样应当注意到它们之间存在下面的关系：

$$\mathcal{C}_t = \mathcal{F}_t + P_t$$

这是基于由一个利率底和一个支付方互换所构成的组合的支付恰好与利率顶的支付匹配这一事实得出的。

一个频率为 δ 支付日为 $T_i = T_0 + i\delta$，$i = 1, 2, \cdots, n$ 的互换在 T_0 时刻的通行**互换利率**(swap rate) $\tilde{l}^{\delta}_{T_0}$ 被定义为使得该互换在 T_0 时刻价值为零的唯一的固定利率，也就是 $P_{T_0} = R_{T_0} = 0$。互换利率有时被称为均衡互换利率或平价互换利率。应用式(6.28)，我们可以将互换利率写成相关远期利率的加权平均值：

$$\tilde{l}^{\delta}_{T_0} = \frac{\sum_{i=1}^{n} L_{T_0}^{T_i-\delta, T_i} B_{T_0}^{T_i}}{\sum_{i=1}^{n} B_{T_0}^{T_i}} = \sum_{i=1}^{n} w_i L_{T_0}^{T_i-\delta, T_i} \tag{6.31}$$

其中 $w_i = B_{T_0}^{T_i} / \sum_{i=1}^{n} B_{T_0}^{T_i}$。或者，我们可令式(6.29)中 $t = T_0$，得到

$$P_{T_0} = H\left(1 - B_{T_0}^{T_n} - K\delta \sum_{i=1}^{n} B_{T_0}^{T_i}\right)$$

因此，互换利率可以表示为

$$\tilde{l}^{\delta}_{T_0} = \frac{1 - B_{T_0}^{T_n}}{\delta \sum_{i=1}^{n} B_{T_0}^{T_i}} \tag{6.32}$$

将式(6.32)代入它上面的表达式，在 T_0 时刻，一个愿意支付固定利率 K 并在每一个重置日 $T_1, \cdots, T_n$ 收到当期通行市场利率支付的协议的价值可以用当前互换利率表示为

$$\begin{aligned} P_{T_0} &= H\left(\tilde{l}^{\delta}_{T_0} \delta\left(\sum_{i=1}^{n} B_{T_0}^{T_i}\right) - K\delta\left(\sum_{i=1}^{n} B_{T_0}^{T_i}\right)\right) \\ &= \left(\sum_{i=1}^{n} B_{T_0}^{T_i}\right) H\delta\left(\tilde{l}^{\delta}_{T_0} - K\right) \end{aligned} \tag{6.33}$$

一个**远期互换**(forward swap)(或延期互换)是指一个以已确定的固定利率在未来起始日 T_0 进行一个互换交易的协议。当然，该协议也确定了互换的频率，到期日以及名义本金。一个固定利率为 K 的远期支付方互换在 $t \leqslant T_0$ 时刻的价值可由与表达式(6.28)—式(6.30)等价的表达式给出。**远期互换利率**(forward swap rate) $\tilde{L}_t^{\delta, T_0}$ 被定义成一个使得该远期互换在 t 时刻价值为零的固定利率。远期互换利率可以记为

$$\tilde{L}_t^{\delta, T_0} = \frac{B_t^{T_0} - B_t^{T_n}}{\delta \sum_{i=1}^{n} B_t^{T_i}} = \frac{\sum_{i=1}^{n} L_t^{T_i-\delta, T_i} B_t^{T_i}}{\sum_{i=1}^{n} B_t^{T_i}} \tag{6.34}$$

需要注意的是，无论是互换利率还是远期互换利率，都取决于标的互换的频率和存续期。为了说明这种依赖关系，令 $\tilde{l}_t^{\delta}(n)$ 表示 t 时刻支付日为 $T_i = T_0 + i\delta$，$i = 1, 2, \cdots, n$ 的互换的互换利率。如果我们将远期利率作为存续期的函数，也就是函数 $n \mapsto \tilde{l}_t^{\delta}(n)$（只定义在 $n = 1, 2, \cdots$），我们就得到一个给定频率的**互换利率期限结构**(term structure of swap rate)。参与互换市场许多金融机构将依据他们所给贴出的互换利率期限结构提供各种不同存续期的互换。在练习 6.8,读者将被要求证明如何从互换利率的期限结构中推导出贴现因子 $B_{T_0}^{T_i}$。

6.5.2 互换期权

一个欧式互换期权赋予其持有人一个在到期日 T_0 进入一个事先确定的,起始于 T_0,给定固定利率 K 的互换的权利,而非义务。如果权利被行使,无需支付行权价。利率 K 有时被称为互换期权的执行利率。我们对**支付方互换期权**(payer swaption)和**收取方互换期权**(receiver swaption)做了区分,前者赋予持有者进入一个支付方互换的权利,后者赋予持有着一个进入收取方互换的权利。与利率顶和利率底一样,我们可以采用两种策略。一种策略是将互换期权的收益与另一种为人熟知的衍生工具的收益挂起钩来。另一策略是直接计算互换的相关期望。

我们首先看看如何将互换期权与债券期权联系起来。我们主要讨论欧式收取方互换期权。收取方互换的支付日为 $T_i=T_0+i\delta$, $i=1, 2, \cdots, n$,固定利率为 K。根据式(6.30),它在 T_0 时刻的价值为

$$R_{T_0}=H(\sum_{i=1}^{n}Y_iB_{T_0}^{T_i}-1)$$

其中,对 $i=1, 2, \cdots, n$ 和 $Y_n=1+K\delta$, $Y_i=K\delta$。因此,T_0 时刻的收取方互换期权的收益为

$$\mathcal{R}_{T_0}=\max(R_{T_0}-0, 0)=H\max(\sum_{i=1}^{n}Y_iB_{T_0}^{T_i}-1, 0)$$

这与面值为 1,间隔为 δ 的 n 个支付日,年化票面利率为 K 的子弹型债券的 H 个欧式认购期权的收益相等。每一个期权的执行价等于面值 1。因此,欧式收取方互换期权的价格必须等于这些期权的价格。在后面章节所开发的许多定价模型中,我们可以很容易地计算这些价格。

相似地,一个欧式支付方互换期权的收益为

$$\mathcal{P}_{T_0}=\max(P_{T_0}-0, 0)=\max(-R_{T_0}, 0)=H\max(1-\sum_{i=1}^{n}Y_iB_{T_0}^{T_i}, 0)$$

这与 H 个 T_0 日到期,执行价为 1 的,以在 $T_i(i=1, 2, \cdots, n)$ 时刻支付 Y_i 的债券为标的的欧式认沽期权的收益相等。

或者,我们可以应用式(6.33)来表示欧式支付方互换期权的收益为

$$\mathcal{P}_{T_0}=(\sum_{i=1}^{n}B_{T_0}^{T_i})H\delta\max(\tilde{l}_{T_0}^{\delta}-K, 0) \tag{6.35}$$

在此 $\tilde{l}_{T_0}^{\delta}$ 是 T_0 时刻通行的(均衡)互换利率。适合这一互换期权定价的计价物是什么?如果我们要用到期日为 T_0 的零息债券作为计价物,我们将不得不首先确定收益 $\mathcal{P}_{T_0}$ 在 T_0—远期鞅测度 $\mathbb{Q}^{T_0}$ 下的期望。但是由于该收益依赖于几个不同债券,$\mathcal{P}_{T_0}$ 在 $\mathbb{Q}^{T_0}$ 下的分布相当复杂。因此,选取年金债券作为另一个计价物会更方便,该债券在每一 $T_1, \cdots, T_n$ 日提供 1 美元。

这一年金在 $t \leqslant T_0$ 时刻的价值等于 $G_t = \sum_{i=1}^{n} B_t^{T_i}$。特别地，互换期权的收益可以表示为

$$\mathcal{P}_{T_0} = G_{T_0} H\delta \max(\tilde{l}_{T_0}^{\delta} - K, 0)$$

且收益用年金债券作为单位表示就是 $H\delta \max(\tilde{l}_{T_0}^{\delta} - K, 0)$。与年金作为计价物相对应的鞅测度被称为互换鞅测度，在下文中将用 $\mathbb{Q}^G$ 表示。欧式支付方期权的价格现在可以写成

$$\mathcal{P}_t = G_t \mathrm{E}_t^{\mathbb{Q}^G}\left[\frac{\mathcal{P}_{T_0}}{G_{T_0}}\right] = G_t H\delta \mathrm{E}_t^{\mathbb{Q}^G}[\max(\tilde{l}_{T_0}^{\delta} - K, 0)]$$

因此，只需知道互换利率 $\tilde{l}_{T_0}^{\delta}$ 在互换鞅测度下的分布即可。在第 11 章，我们将在互换鞅测度下考察互换利率的动态模型，从而能够利用以上公式对互换期权进行定价。

与债券的买卖权平价关系相似，对具有相同标的互换和相同的执行利率的欧式互换期权也有同样的**支付方—收取方平价关系**(payer-receiver parity)：

$$\mathcal{P}_t - \mathcal{R}_t = P_t, \ t \leqslant T_0 \tag{6.36}$$

请与练习 6.8 比较。用语言表述就是：一个支付方互换期权减去一个收取方互换期权等于一个远期支付方互换。

市场对于欧式互换期权的定价标准就是 Black 公式，对于支付方期权就是

$$\mathcal{P}_t = H\delta\left(\sum_{i=1}^{n} B_t^{T_i}\right)[\tilde{L}_t^{\delta, T_0} N(\hat{d}_1(\tilde{L}_t^{\delta, T_0}, t)) - KN(\hat{d}_2(\tilde{L}_t^{\delta, T_0}, t))], \ t < T_0 \tag{6.37}$$

其中函数 d_1 和 d_2 与式(6.19)和式(6.20)中取 $T = T_0$ 一样。欧式收取方互换期权的公式为

$$\mathcal{R}_t = H\delta\left(\sum_{i=1}^{n} B_t^{T_i}\right)[KN(-\hat{d}_2(\tilde{L}_t^{\delta, T_0}, t)) - \tilde{L}_t^{\delta, T_0} N(-\hat{d}_1(\tilde{L}_t^{\delta, T_0}, t))], \ t < T_0$$

同样地，这背后的假设通常是不合适的。但是，我们在第 11 章将看到，远期利率动态特征的一个非常特殊的无套利模型支持这些定价公式。

如果我们考察公式(6.31)并假设权重 w_i 为常数，未来互换收益率的方差可以写成

$$\mathrm{Var}_t[\tilde{l}_{T_0}^{\delta}] = \mathrm{Var}_t\left[\sum_{i=1}^{n} w_i L_{T_0}^{T_i - \delta, T_i}\right] = \sum_{i=1}^{n}\sum_{j=1}^{n} w_i w_j \sigma_i \sigma_j \sigma_{ij}$$

其中 σ_i 表示远期利率 $L_{T_0}^{T_i-\delta, T_i}$ 的标准差，ρ_{ij} 表示远期利率 $L_{T_0}^{T_i-\delta, T_i}$ 和 $L_{T_0}^{T_j-\delta, T_j}$ 的相关系数。互换期权的价格因此依赖于相关远期利率的波动率和它们彼此间的相关性。如果隐含的远期利率波动率已经由上限期权和利率顶的市场价格所确定，**隐含的远期利率相关性**(implicit forward rate correlation)则可通过应用式(6.37)而由互换期权的市场价格所决定。

尽管交易的互换期权中大部分为欧式期权，但是同样有所谓的**百慕大互换期权**(Bermuda swaptions)在市场上交易。百慕大互换期权可以在一些事前规定的日期行权，因此与美式期权比较相似。当百慕大互换期权被行权时，持有人得到一个具有某些特定支付日期的互换。大多数百慕大互换期权在构造时使得标的互换具有一些固定的，潜在的支付日期 $T_1, \cdots, T_n$。如果一个百慕大互换期权被行权，比方说在时间 t'，仅有剩下的互换支付是有效的，也就是在 $T_{i(t')}, \cdots, T_n$ 等支付日发生的支付。行权越迟，互换的期限越短。一般而言，可能的行权日与潜在的互换支付日重叠。在 T_l 日行使一个百慕大支付方(接受方)互换

期权在当日产生的收益等于一个在当日到期、标的为一个支付日为 T_{l+1}，…，T_n 的互换的欧式支付方(接受方)互换期权的收益。百慕大互换期权通常与一个给定的互换一起发行。这样的一个"组合"被称为**可撤销互换**(cancellable swap)或**可回售互换**(putable swap)。通常而言，百慕大互换期权不可能在互换开始前的某段时间行权。例如，当实务界人士说出一个"10 年期 2 年不可行权百慕大互换期权"时，他们所指的是一个 10 年期的互换的期权，其中期权最早可以在互换成立 2 年时以及随后的所有支付日行权。一个交易更少的变体是固定到期日百慕大互换期权，在这里期权持有人在行权时得到一个固定到期日的互换，不论期权被何时行权。

6.5.3 奇异互换工具

下面这些奇异互换工具的例子摘自 Musiela 和 Rutkowski(1997)与 Hull(2009)：

(1) **浮动换浮动互换**(floating-for-floating swap)：这是两个浮动利率之间的交换，例如，3 月期的 LIBOR 利率和政府债券收益率之间的互换。

(2) **摊销互换**(amortizing swap)：名义本金按照事前确定的方案逐期下降，例如，反应分期付款债务未偿付部分的名义本金(如年金或分期偿还债券)。

(3) **本金递增互换**(step-up swap)：名义本金按照事前确定的方案逐步增加。

(4) **累积互换**(accrual swap)：只有当浮动利率处于某一区间 $\mathcal{T}$ 时，一方才能得到事前确定的支付。为了说得具体点，我们假设是固定收益支付具有这一特点。在互换支付日 T_i，实际固定利率支付为 $H\delta KN_1/N_2$，其中 N_1 是 T_{i-1} 到 T_i 期间，浮动利率 $l_t^{t+\delta}$ 处于 $\mathcal{T}$ 区间的天数，N_2 是该期间的总天数。区间 $\mathcal{T}$ 可能在各个时期都不相同，极可能是确定量，也可能取决于浮动利率的变动。

(5) **固定期限互换**(constant maturity swap)：在支付日，固定利率换取一个给定固定期限的互换的(均衡)互换利率，也就是说，浮动利率本身也是一个互换利率。

(6) **可展期互换**(extendable swap)：在某些条件下，一方有权利对互换展期。

(7) **远期互换期权**(forward swaption)：一个远期互换期权赋予持有人进入远期互换的权利，也就是互换期权的到期日 t^* 早于互换的起始日 T_0。收益是

$$H\delta\sum_{i=1}^{n}\max(\widetilde{L}_{T_0}^{\delta,\,t^*}-K,\ 0)B_{t^*}^{T_i}=(\sum_{i=1}^{n}B_{t^*}^{T_i})H\delta\max(\widetilde{L}_{T_0}^{\delta,\,t^*}-K,\ 0)$$

(8) **互换利差期权**(swap rate spread option)：其收益由两个不同到期日的(均衡)互换利率之差确定。记住 $\tilde{l}_{T_0}^{\delta}(m)$ 表示支付日为 T_1，…，T_m 的互换的互换利率，其中 $T_i=T_0+i\delta$。一个执行利率为 K 的$(m,\ n)$—期欧式互换利差认购期权在时刻的收益为

$$\max(\tilde{l}_{T_0}^{\delta}(m)-\tilde{l}_{T_0}^{\delta}(n)-K,\ 0)$$

对应的认沽期权收益为

$$\max(K-[\tilde{l}_{T_0}^{\delta}(m)-\tilde{l}_{T_0}^{\delta}(n)],\ 0)$$

(9) **收益率曲线互换**(yield curve swap)：在单一期间的收益率曲线互换中，一方在给定日期 T 收取互换利率 $\tilde{l}_T^{\delta}(m)$，支付利率 $K+\tilde{l}_T^{\delta}(n)$，两者都基于相同的名义本金 H 计算支

付。一个多期的收益率曲线互换有多个支付日,如 L 个支付日 T_1, …, T_L。在 l 时刻,一方收取利率 $\tilde{l}^{\delta}_{T_l}(m)$ 并支付利率 $K+\tilde{l}^{\delta}_{T_l}(n)$。

此外,还有一些工具同时包含了利率互换和货币互换的元素。例如,在一个**差额互换**(differential swap)中,本币浮动利率和外国浮动利率进行了互换。

6.6 美式衍生证券

我们现在考察一个美式衍生证券。所谓美式衍生证券就是该衍生证券的持有人可以选择在到期日 T 或 T 日之前的任何时间行使权力。令 P_τ 表示衍生工具在 $\tau \leqslant T$ 时刻被行权的收益。一般而言,P_τ 取决于经济体到时的变化,τ 但是它通常是标的证券在 τ 时刻的价格或某一特定利率在 τ 时刻的利率值的简单函数。在每一时间点,持有人都必须决定行使或不行使他的权利。当然,这一决策是建立在可获得的信息的基础之上,因此我们寻求一个能告诉我们在什么状态下应当行权的完整**行权策略**(excise strategy)。我们可以用一个指示函数 $I(\bar{\omega}, t)$来代表行权策略。指示函数对于 t 时刻的任何经济状态 $\bar{\omega}$ 取值 1 或 0,其中 1 表示行权,0 表示不行权。对于给定行权策略 I,衍生工具将在 $I(\bar{\omega}, t)$第一次取值 1 的时候被行权。我们将这一时点记为

$$\tau(I)=\inf\{s \in [t, T] \mid I(\omega, s)=1\}$$

其中"inf"是下确界(infimum)的缩写(下确界大致相当于最小值,但是在某些情况下一个集合的下确界和最小值存是不同的)。这在随机过程文献里面被称为停止时间。

由我们前面的分析,在 $\tau(I)$时刻获得收益 $V_{\tau(I)}$ 是由 $\mathrm{E}^{\mathbb{Q}}_t[e^{-\int_t^{\tau(I)} r_u \, du} P_{\tau(I)}]$ 给出。如果我们令 $\mathcal{I}[t, T]$表示$[t, T]$期间所有可能的行权策略,t 时刻美式衍生证券的价值因此为

$$V_t = \sup_{I \in \mathcal{I}[t, T]} \mathrm{E}^{\mathbb{Q}}_t[e^{-\int_t^{\tau(I)} r_u \, du} P_{\tau(I)}]$$

在此"sup"是上确界(supremum)的缩写(大致相当于最大值)。一个最优的行权策略 I^* 满足

$$V_t = \mathrm{E}^{\mathbb{Q}}_t[e^{-\int_t^{\tau(I^*)} r_u \, du} P_{\tau(I^*)}]$$

注意,必须同时对最优的行权策略和衍生工具的价格求解。这使得美式衍生证券的定价问题变得相当复杂。事实上,在所有涉及提前行权的情况下,我们都没法为美式衍生证券计算一个封闭的定价公式。我们必须借助数值技术的帮助。

在一个只有一维变量 x 的扩散模型中,我们将代表一个美式衍生证券的行权策略的指示函数记为 $I(x, t)$,因此当且仅当 $x_t = x$,在 t 时衍生证券被行权的情况下,$I(x, t)=1$。一个行权策略将点(x, t)的空间 $S \times [0, T]$ 划分为行权区域和延续区域。与行权策略 I 对应的**延续区域**(continuation region)为集合

$$C_I = \{(x, t) \in S \times [0, T] \mid I(x, t)=0\}$$

而**行权区域**(excise region)就是剩余部分

$$\varepsilon_I = \{(x, t) \in S \times [0, T] \mid I(x, t) = 1\}$$

它同样可以记为 $\varepsilon_I = (S \times [0, T]) / C_I$。对于一个最优执行策略 $I^*(x, t)$ 对应于最优延续区域 C^* 和行权区域和 ε^*。这一点很直观，美式衍生证券的价格函数 $P(x, t)$ 必须在与最优行权策略对应的延续区域，也就是 $(x, t) \in C^*$，满足基础 PDE 式(4.26)。由于延续区域为未知，但是它是解的一部分，要得到这样一个 PDE 的显式解是不太可能的。然而，经过适当的修改，PDE 的数值解技术同样也适用于美式衍生工具的定价，见第 16 章。

对于债券美式期权的提前行权，我们能说些什么？为人熟知的是，对于一个在到期日 T 之前不派发红利的股票而言，提前行使其美式认购期权，从严格意义上来讲，从来就不是一个有利的做法；见 Merton(1973)和 Hull(2009)。通过类比，我们知道对于零息债券的美式认购期权也是如此。乍一看，对于一个零息债券的美式认购期权而言，最佳的行权时点就是在标的债券的价格马上将等于 1 时，因为这意味着收益率为 $1-K$，这是在利率非负假设下所能获得的最好收益。然而，只有在利率为 0 且保持为 0 的情况下，标的债券的价格等于 1。因此，期权在 T 时刻行权也将具有收益 $1-K$，由于利率为 0，故其现值也等于 $1-K$。因此，提前行权并不具有严格意义上的优势。与股票期权一样，在标的零息债券的价格足够低，也就是利率足够高的时候，提前行使该零息债券的美式认沽期权是有利的。

在何时以及什么情况下应当考虑对一个附息债券的美式认购期权行权？这等价于一个支付红利的股票的美式认购期权的行权问题，这一问题在 Hull(2009，ch.13)中得到了讨论。因此我们有以下结论。一个附息债券的美式认购期权的最佳行权点刚好就是债券的支付日前。令 T_l 表示期权到期之前的最后一个支付日。如果支付 Y_l 小于 $K(1-B_{T_l}^{T})$，那么恰好在 T_l 前行权就不是最优的。如果相反的关系成立，那么恰好在 T_l 前行权可能是最优的。相似地，在任何更早的支付日 $T_i \in [t, T_l]$，如果支付 Y_i 小于 $K(1-B_{T_i}^{T_{i+1}})$，那么行权就应当排除。广义地讲，只有在短期利率相对较低，债券支付相对较高的情况下提前行权是适当的[①]。至于美式认沽期权的行权问题，在债券恰好支付之前行使该债券的美式认沽期权从来就不是最优的。在所有的其他时间，当债券的价格足够低，或利率足够高的时候，提前行权可能是最优的。

对于债券的美式期权，我们同样有可能找到一个无套利的价格区间，使得由一个类似的买卖权平价关系，美式认购期权和美式认沽期权的价格之差的区间会更小。在此建议读者参考 Munk(2002)。

6.7 一个关于期限结构模型的综述

经济学家和金融分析师应用期限结构模型是为了：

---

① 在有些国家存在抵押贷款支持债券市场。证券的发行人对债券拥有一个美式认购期权。这些债券是年金债券，与同面值的标准"子弹型"债券相比，前者的支付远高于后者。与标准债券的认购期权相比，这样的一个认购期权更有可能被提前行权。第 14 章提供了更多的信息。

(1) 增进他们对市场确定利率期限结构的方式以及利率期限结构如何变化的理解；

(2) 以一种一致的方式为固定收益证券定价；

(3) 便于对影响个别证券、金融投资组合以及实业投资项目的利率风险进行管理。

如我们在接下来各章中所看到的一样，在过去的 30 年中，出现了大量不同的期限结构模型。所有这些模型都有可取和不可取的特征，所以模型的取舍将取决于如何权衡这些优缺点。理想的情况是，如果一个模型具有尽可能多的以下特点，那么我们就应当选择这一模型[②]：

(1) **灵活性**(flexible)：模型应当能够处理实际利率的大多数情况，也就是说它应当在所有可能的状态下能够适用于大多数固定收益证券；

(2) **简单**(simple)：模型应当简单且能在很短的时间内产生结果(例如，价格和对冲比率)；

(3) **明确**(well-specified)：应用模型所需要的输入必须相对容易观察和估计；

(4) **现实**(realistic)：模型不应当有明显不现实的特性；

(5) **实证上可接受**(empirically acceptable)：模型应当以足够的精度描述实际数据；

(6) **理论上合理**(theoretically sound)：模型应当与关于个体投资者的行为以及金融市场均衡的普遍接受的原则保持一致。

没有一个模型能够完全符合上述目标。一个现实的、经验上可接受的、理论上合理的模型肯定是一个非常复杂的模型，而且可能不能按照许多实务界人士所要求的那样，快速的产生价格或对冲比率结果。从另一方面看，简单的模型可能不具备合适的理论和/或经验特性。

我们可以将许多结构模型分割成两大类：绝对定价模型和相对定价模型。利率期限结构的绝对定价模型旨在为所有固定收益证券定价，既包括了基本证券，如债券和与债券相似的互换合约，也包括了衍生证券，如债券期权和互换期权。与此相对的是，利率期限结构的相对定价模型将当期观察到的利率期限结构，也就是债券的价格是为给定，为衍生证券提供相对于所观察到期限结构的定价。相同的区别可以用于其他资产类别。例如，Black-Scholes-Merton 模型是一个相对定价模型，因为它为股票期权的定价是相对于标的股票的价格，而后者被视为给定。一个绝对股票期权定价模型应该能推导出标的股票和股票期权的价格。

绝对定价模型有时被称为均衡模型，而相对定价模型则被称为无套利模型。在此背景下，均衡模型这一术语并不一定意味着该模型是基于所有市场参与者(包括债券发行人，例如政府)的偏好和禀赋。这些偏好和秉赋最终决定了对债券的供给和需求，从而决定了债券的价格和利率。事实上，利率期限结构的许多绝对定价模型是基于一个或多个状态变量的动态特征的假设，以及所规定的短期利率和状态变量之间、风险的市场价格和状态变量之间的关系。这些假设决定着当前的期限结构，利率变化的动态特征以及固定收益证券的价格。这些模型没有解释这些假设如何通过市场参与者的行为产生。然而，它通常可以通过对偏好、禀赋等一些更基本的假设来支持这些模型的假设，因此，此类模型的假设与市场均衡是相容的，见 5.4 节的讨论和例子。纯粹的无套利模型没有提供为什么当前的利率期限结构正如我们所观察到利率期限结构这一假设的解释。

我们也可以把期限结构模型为扩散模型和非扩散模型。再次，通过扩散模型，我们的意思是指一个这样的模型，模型中所有相关的价格和数量是一个有限(最好是低)维的状态变量的函数，且该状态变量遵循马尔可夫扩散过程。一种非扩散模型是一个不符合扩散模型定义

② 这部分内容部分基于 Rogers(1995)。

的模型。尽管风险中性定价方法无论是对扩散还是对非扩散模型而言都是有效的,但在4.8节所介绍的偏微分方程只能应用在扩散模型中。所有知名期限结构的绝对定价模型都是扩散模型。我们在第7章和第8章将研究单因子和多因子的期限结构扩散模型。在扩散模型中,我们将价格和利率视为状态变量和相对较少的参数的函数。因此,我们得到的利率期限结构通常不能完全符合我们所观察到的利率期限结构。如果模型的主要应用是对衍生证券定价,那么这种不匹配是个很大的麻烦。如果模型无法为标的证券(即零息债券)正确地定价,我们为什么要信任衍生证券的模型价格呢?要完全避免这种不匹配的情况,我们就必须运用相对定价模型为衍生证券定价。

我们把期限结构的相对定价模型分为三个子类:校准的扩散模型、Heath-Jarrow-Morton (HJM)模型和市场模型。所有这些模型的共同的出发点就是要把目前的利率期限结构作为给定和其后为整个利率期限结构的风险中性动态特征建立模型。这在HJM模型和市场模型做得很直接。在HJM模型建立在对瞬时,连续复利的远期利率, $T \mapsto f_t^T$ 的整条曲线的动态特征的假设之上。事实证明,为了给期限结构衍生证券定价,唯一需要明确的是远期利率曲线的波动率结构。我们将在第10章讨论HJM模型的一般模型和各种具体模型。市场模型与HJM模型密切相关,但专注于货币市场产品,如利率顶、利率底和互换期权的定价。这些产品涉及为特定期间,如3个月期、6个月期、12个月期,以及类似的复利期间的LIBOR利率。市场模型都建立在对一些远期LIBOR利率或互换利率的假设之上。再次,这些利率只需要指定波动率结构。第11章将研究市场模型。相对定价模型的第三子类包括所谓的校准扩散模型。这些模型可以看作是绝对定价的扩散型的模型扩展。其基本思想是用一个使得模型的期限结构与当前观察到的期限结构模型完全匹配的、关于时间的确定性函数替代扩散的模型中的一个常数参数。这些校准的扩散模型可以像HJM模型那样重新构造,但由于它们是以一种特殊的方式发展而来,我们在第9章单独处理。

练习

练习 6.1 在所有的利率都为非负的情况下,证明零息债券欧式认购期权的无套利价格满足

$$\max(0, B_t^S - KB_t^T) \leqslant C_t^{K,T,S} \leqslant B_t^S(1-K)$$

在此 T 是期权的到期日,K 是执行价,S 是标的零息债券的到期日。与相应的股票欧式认购期权的价格区间进行比较,例如,见Hull(2009,第7章)。为附息债券的欧式认购期权推到一个类似的价格区间。

练习 6.2 用复制的方式,也就是构造两个具有相同收益的组合,证明存在附息债券买卖权平价关系并从其价格推断式(6.18)必须成立。

练习 6.3 令 $\tilde{l}_{T_0}^{\delta}(k)$ 是一个支付日为 $T_1, T_2, \cdots, T_k$,其中 $T_i = T_0 + i\delta$ 的互换的均衡互换利率。假定 $\tilde{l}_{T_0}^{\delta}(1), \cdots, \tilde{l}_{T_0}^{\delta}(n)$ 为已知。找出一个推导贴现因子 $B_{T_0}^{T_1}, B_{T_0}^{T_2}, \cdots, B_{T_0}^{T_n}$ 的递推方法。

练习 6.4 证明平价关系式(6.36)。证明一个支付方互换期权和一个收取方互换期权(相同的条款)将具有相同的价格,如果合同的执行利率等于远期互换利率 $\tilde{L}_t^{\delta,T_0}$。

练习 6.5 考察一个始于 T_0 的互换,固定利率为 K 的互换。对于 $t \leqslant T_0$,证明 $V_t^{fl}/V_t^{fix} = \tilde{L}_t^{\delta,T_0}/K$,其中 $\tilde{L}_t^{\delta,T_0}$ 是远期互换利率。

7 单因子扩散模型

7.1 引言

本章主要讨论利率期限结构的单因子模型。在单因子扩散模型中，短期利率就是唯一的状态变量，这意味着短期利率包含了所有与利率期限结构相关的信息。与利率相关的索取权定价以及对冲都和利率期限结构有关。所有这些模型都假设短期利率是一个扩散过程。

$$dr_t = \alpha(r_t, t)dt + \beta(r_t, t)dz_t$$

其中 $z=(z_t)_{t\geqslant 0}$ 是概率测度$\mathbb{P}$下的一个标准布朗运动。t 时刻风险的市场价格是$\lambda(r_t, t)$。由 4.3 节的分析可知，在风险中性概率测度$\mathbb{Q}$下，短期利率的动态特征是

$$dr_t = \hat{\alpha}(r_t, t)dt + \beta(r_t, t)dz_t^{\mathbb{Q}} \tag{7.1}$$

其中 $z^{\mathbb{Q}}=(z_t^{\mathbb{Q}})$ 是$\mathbb{Q}$下的标准布朗运动，且

$$\hat{\alpha}(r, t) = \alpha(r, t) - \beta(r, t)\lambda(r, t)$$

我们令 $S\subseteq\mathbb{R}$ 表示短期利率的值空间，也就是短期利率以严格为正的概率的取值所构成的集合①。

如果函数 $\hat{\alpha}$ 和 β 只是利率而不是时间的函数，那么式(7.1)类型的模型被称为**时齐模型**(time-homogeneous)，否则，就是**非时齐模型**(time-inhomogeneous)。在时齐模型中，给定变量的未来值的分布只取决于当前短期利率以及我们要看到未来多远这两个因素。例如，给定 $r_t=r$ 的情况下，$r_{t+\tau}$ 的分布对与所有的取值t 都是相同的，该分布只依赖于"时间跨度"τ 和初始值r。相似地，资产的价格将只取决于当前的短期利率和资产的存续期。例如，与下面的定理 7.1 比较，零息债券的价格 $B_t^T = B^T(r_t, t)$ 只取决于 r_t 和存续期 $T-\tau$。在非时齐的模型中，这些考虑是不对的，这使得我们对非时齐模型的分析变得稍微有点复杂。此外，时间齐

① 由于真实世界和风险中性概率测度是等价的，这些过程能够在不同的概率测度下取完全相同的值。

次性似乎具有现实的合理性:为什么短期利率的漂移和波动率应当取决于日历呢? 漂移和波动率当然随时间变化,但这些变化的发生是因为基础经济变量发生了变化,而不是因为时间的流逝。但是,非时齐模型在实践上具有一些优势,这值得我们去研究。我们将在第 9 章考察非时齐模型,在本章,我们只考察时齐模型。

我们的重点将放在不同模型中的债券、债券的远期和期货,欧洲美元期货和债券的欧式期权的定价问题上。正如我们在第 6 章里所讨论的,这些期权的价格对于另一些重要资产的定价非常重要,如利率顶、利率底和欧式互换期权。所应用的定价技术都是第 4 章所介绍的,即求偏微分方程的解或在合适的鞅测度下计算期望收益。

在第 7.2 节,将考察所谓仿射模型的一般特性,然后在第 7.3—7.5 节考察三类具体的仿射模型,也就是 Merton(1970), Vasicek(1977)以及 Cox、Ingersoll 和 Ross(1985b)的经典模型。我们在第 7.6 节考察了对 Vasicek(1977)和 Cox、Ingersoll 和 Ross(1985b)模型新近的一些扩展。第 7.7 节简单介绍并讨论了一些非仿射模型。第 7.8 节对模型的参数估计与检验以及数据对模型的支持程度等问题进行了简单介绍。最后,第 7.9 节提供了一些结论。

7.2 仿射模型

在一个时齐的单因子模型中,在风险中性(即期鞅)测度$\mathbb{Q}$下短期利率的动态特征可以表示为

$$dr_t = \hat{\alpha}(r_t)dt + \beta(r_t)dz_t^{\mathbb{Q}}$$

因此,定理 4.10 的基础 PDE 是

$$\frac{\partial P}{\partial t}(r, t) + \hat{\alpha}(r)\frac{\partial P}{\partial r}(r, t) + \frac{1}{2}\beta(r)^2\frac{\partial^2 p}{\partial r^2}(r, t) - rP(r, t) = 0, (r, t) \in S \times [0, T) \tag{7.2}$$

其终止条件为

$$P(r, T) = H(r), r \in S$$

在此,函数 H 表示依赖利率的资产的收益。

在本节,我们将研究此类模型的一类子集,也就是所谓的仿射模型。所谓仿射模型就是风险中性漂移率 $\hat{\alpha}(r)$和方差率 $\beta(r)^2$ 均为短期利率的仿射函数,亦即

$$\hat{\alpha}(r) = \hat{\varphi} - \hat{\kappa}r, \beta(r)^2 = \delta_1 + \delta_2 r \tag{7.3}$$

其中 $\hat{\varphi}$, $\hat{\kappa}$, δ_1 和 δ_2 均为常数。我们要求对短期利率可取 r 的所有取值,也就是 $r \in S$,有 $\delta_1 + \delta_2 r \geqslant 0$,因此方差是定义明确的。风险中性概率测度下的短期利率的动态特征由随机微分方程

$$dr_t = (\hat{\varphi} - \hat{\kappa}r_t)dt + \sqrt{\delta_1 + \delta_2 r_t}\,dz_t^{\mathbb{Q}} \tag{7.4}$$

给出。这一子类模型相对容易处理,且能为债券、债券远期,在大多数情况下,包括债券期货、欧洲美元期货和债券的欧式期权提供比较好的显式定价公式。

7.2.1 债券价格、零息债券收益率和远期利率

同前面一样，用 B_t^T 表示 T 日到期时支付 1 银行账户单位，其他时间没有任何支付的零息债券在 t 时刻的价格。我们知道在单因子模型中，这一价格可以写成时间和当期短期利率的函数，$B_t^T = B^T(r_t, t)$。接下来的定理表明，在式(7.4)类型的模型中，$B^T(r_t, t)$是当前短期利率的一个指数型仿射函数。对这一结果的证明基于 $B^T(r_t, t)$满足终止条件为 $B^T(r_t, T)=1$ 的偏微分方程(7.2)这一前提。

定理 7.1 在模型(7.4)，T 时刻到期的零息债券在 t 时刻的价值为

$$B^T(r, t) = e^{-a(T-t)-b(T-t)r} \tag{7.5}$$

其中函数 $a(\tau)$和 $b(\tau)$满足下面的普通微分方程组

$$\frac{1}{2}\delta_2 b(\tau)^2 + \hat{\kappa} b(\tau) + b'(\tau) - 1 = 0,\ \tau > 0 \tag{7.6}$$

$$a'(\tau) - \hat{\varphi} b(\tau) + \frac{1}{2}\delta_1 b(\tau)^2 = 0,\ \tau > 0 \tag{7.7}$$

条件为 $a(0)=b(0)=0$。

证明：我们将证明式(7.5)中的函数 $B^T(r, t)$是偏微分方程(7.2)的一个解。由于 $a(0)=b(0)=0$，终止条件 $B^T(r, T)=1$ 对于所有 $r \in S$ 都满足。相关的导数是

$$\begin{aligned}
\frac{\partial B^T}{\partial t}(r, t) &= B^T(r, t)(a'(T-t) + b'(T-t)r) \\
\frac{\partial B^T}{\partial r}(r, t) &= -B^T(r, t)b(T-t) \\
\frac{\partial^2 B^T}{\partial r^2}(r, t) &= B^T(r, t)b(T-t)^2
\end{aligned} \tag{7.8}$$

将这些导数代入式(7.2)并除以 $B^T(r, t)$，得到

$$a'(T-t) + b'(T-t)r - b(T-t)\hat{\alpha}(r) + \frac{1}{2}b(T-t)^2\beta(r)^2 - r = 0$$
$$(r, t) \in S \times [0, T) \tag{7.9}$$

将式(7.3)代入式(7.9)并合并包含 r 的同类项，我们发现函数 a 和 b 必须满足

$$\left(a'(T-t) - \hat{\varphi} b(T-t) + \frac{1}{2}\delta_1 b(T-t)^2\right)$$
$$+\left(\frac{1}{2}\delta_2 b(T-t)^2 + \hat{\kappa} b(T-t) + b'(T-t) - 1\right) r = 0,\ (r, t) \in S \times [0, T)$$

这只有在式(7.6)和式(7.7)成立的情况下才成立①。 □

---

① 假定对于所有 $r \in S$，$A + Br = 0$。给定 $r_1, r_2 \in S$，其中 $r_1 \neq r_2$。那么 $A + Br_1 = 0$ 和 $A + Br_2 = 0$。两式相减，得到 $B[r_1 - r_2] = 0$，这意味着 $B = 0$。随即可知 A 必须同样等于 0。

反过来，可以证明，如果漂移率和方差率都是形如式(7.3)的短期利率仿射函数，零息债券价格 $B^T(r, t)$ 只有形如式(7.5)的指数型仿射函数形式①。

偏微分方程(7.6)—(7.7)被称为**黎卡提方程组**(Ricatti equations)。通过首先利用条件 $b(0)=0$ 解式(7.6)可以确定函数 a 和 b。由于 $a(\tau)=a(\tau)-a(0)=\int_0^\tau a'(u)\mathrm{d}u$，条件 $a(0)=0$ 下式(7.7)的解可以用 b —函数表示为

$$a(\tau)=\hat{\varphi}\int_0^\tau b(u)\mathrm{d}u-\frac{1}{2}\delta_1\int_0^\tau b(u)^2\mathrm{d}u \tag{7.10}$$

对于许多常用的 $\hat{\varphi}$，$\hat{\kappa}$，δ_1 和 δ_2 取值，函数 a 和 b 的显式表达式都可以按这种方式得出。在其他情况下，黎卡提方程组可以通过数值方法高效地求解。在所有的模型中我们将考虑，对于所有 τ，函数 $b(\tau)$ 为正。因此，债券价格将是短期利率的减函数，这与债券价格和利率的传统关系是一致的。

接下来我们研究仿射模型(7.4)中的收益率曲线。从 t 到 T 时刻的零息债券收益率用 y_t^T 表示，它同样是当前短期利率的函数，$y_t^T = y^T(r_t, t)$。在连续复利的情况下，比较式(1.3)，有

$$B^T(r, t)=e^{-y^T(r, t)(T-t)}$$

由式(7.5)有

$$y^T(r, t)=-\frac{\ln B^T(r, t)}{T-t}=\frac{a(T-t)}{T-t}+\frac{b(T-t)}{T-t}r \tag{7.11}$$

这也就是说，任何零息债券收益率都是短期利率的一个仿射函数。如果 b 为正，所有的零息债券收益率都是短期利率的增函数。短期利率的增加将导致整个收益率曲线 $T\mapsto y^T(r, t)$ 的上移。但是，除非 $b(\tau)$ 与 τ 成比例，收益率曲线的移动不是一种平行移动，这是因为系数 $b(T-t)/(T-t)$ 取决于到期日 T。在这些重要的模型中，这一系数是到期日 T 的减函数，因此，短期利率的变化对于到期日近的零息债券收益率的影响大于对于到期日远的零息债券收益率的影响，这似乎也是一个合理的特征。注意到对于固定到期时间 τ 的零息债券收益率可以写成

$$y^{t+\tau}(r, t)=\frac{a(\tau)}{\tau}+\frac{b(\tau)}{\tau}r \tag{7.12}$$

该收益率独立于 t，这是因为模型具有时齐特征。在练习 7.1，要求证明收益率曲线在到期时刻趋近于 0 时的斜率 $\lim_{\tau\to 0}\dfrac{\partial y^{t+\tau}(r, t)}{\partial \tau}$ 等于 $(\hat{\varphi}-\hat{\kappa}r)/2$，也就是短期利率的风险中性漂移的一半。特别地，如果短期利率的风险中性漂移为正(或负)，收益率曲线的短端倾斜向上(或向下)。

一笔从 T 时刻开始，期限为无限短的贷款 t 时刻的远期利率 f_t^T 同样也是当前短期利率的函数，$f_t^T=f^T(r_t, t)$。在连续复利的情况下，比较式(1.9)，有

① 具体见(Duffie, 2001, 7E 节)。

$$f^T(r,t)=-\frac{\frac{\partial B^T}{\partial T}(r,t)}{B^T(r,t)}$$

由式(7.5)得到

$$f^T(r,t)=a'(T-t)+b'(T-t)r \tag{7.13}$$

因此,远期利率也是短期利率 r 的仿射。对于固定到期时间 τ,远期利率是

$$f^{t+\tau}(r,t)=a'(\tau)+b'(\tau)r$$

我们考察固定到期日 T 的零息债券的价格 $B_t^T=B^T(r_t,t)$ 的动态特征。我们最感兴趣的是现实世界价格和利率的变化,风险中性测度只用于推导定价公式。从第 4 章的一般定价理论可知,该零息债券价格的动态特征为

$$\mathrm{d}B_t^T=B_t^T[(r_t+\sigma^T(r_t,t)\lambda(r_t,t)\mathrm{d}t+\sigma^T(r_t,t)\mathrm{d}z_t] \tag{7.14}$$

并由伊藤引理,零息债券价格的敏感度项为

$$\sigma^T(r,t)=\frac{\frac{\partial B^T}{\partial r}(r,t)}{B^T(r,t)}\beta(r,t)$$

在时齐仿射模型中,由式(7.8)可知,敏感度项

$$\sigma^T(r,t)=-b(T-t)\beta(r) \tag{7.15}$$

因 $b(T-t)$ 和 $\beta(r)$为正,故 $\sigma^T(r,t)$将为负。对短期利率的正面(负面)的冲击将会对零息债券价格产生负面(正面)冲击。零息债券价格的波动率将是 $\sigma^T(r,t)$的绝对值,也就是 $b(T-t)\beta(r)$。在均衡状况下,风险资产在正常情况下的期望收益将超过局部无风险利率。只有在风险的市场价格 $\lambda(r,t)$为负的情况下才是如此。

当考察零息债券收益率的动态特征时,我们通常对于固定到期时间 $\tau=T-t$ (例如,5 年期利率)的收益率的变化比对固定到期日期 T 的收益率的变化更感兴趣。因此,我们研究固定 τ 的情况下,收益率 $\bar{y}_t^\tau=y_t^{t+\tau}=y^{t+\tau}(r_t,t)$ 的动态特征。伊藤引理和式(7.12)意味着,在真实世界概率测度下,

$$\mathrm{d}\bar{y}_t^\tau=\frac{b(\tau)}{\tau}\alpha(r_t)\mathrm{d}t+\frac{b(\tau)}{\tau}\beta(r_t)\mathrm{d}z_t \tag{7.16}$$

在此,我们用到了 $\partial^2 y/\partial^2 r=0$,并假设风险的市场价格,从而,真实世界测度下短期利率的漂移 $\alpha(r_t)=\hat{\alpha}(r_t)+\lambda(r_t)\beta(r_t)$ 是时齐的。相似地,固定到期时间 τ 的远期利率是 $\bar{f}_t^\tau=f_t^{t+\tau}=f^{t+\tau}(r_t,t)$,由伊藤引理和式(7.13),它的变化遵循

$$\mathrm{d}\bar{f}_t^\tau=b'(\tau)\alpha(r_t)\mathrm{d}t+b'(\tau)\beta(r_t)\mathrm{d}z_t$$

7.2.2 远期和期货

等式(6.5)给出了零息债券远期价格的一般特征。令 $F^{T,S}(r,t)$表示一个在 T 时刻交付

的、到期日为 S 的零息债券在当前短期利率为 r 的 t 时刻的远期价格，我们有 $F^{T,S}(r, t)=B^S(r, t)/B^T(r, t)$。仿射模型中的零息债券价格由式(7.5)给出，远期价格因此是

$$F^{T,S}(r, t)=\exp\{-[a(S-t)-a(T-t)]-[b(S-t)-b(T-t)]r\} \quad (7.17)$$

在此，函数 a 和 b 与定理 7.1 中一致。

对于零息债券的期货，用 $\Phi^{T,S}(r, t)$ 表示期货价格。由 6.2 节可知，期货价格由

$$\Phi^{T,S}(r, t)=\mathrm{E}^{\mathbb{Q}}_{r,t}[B^S(r_T, T)]$$

给出。由 4.8 节可知，这一价格可以通过解偏微分方程得到，即令式(4.29)中 $q=r$，也就是

$$\frac{\partial \Phi^{T,S}}{\partial t}(r, t)+\hat{\alpha}(r)\frac{\partial \Phi^{T,S}}{\partial r}(r, t)+\frac{1}{2}\beta(r)^2\frac{\partial^2 \Phi^{T,S}}{\partial r^2}(r, t)=0$$

$$\forall (r, t)\in S\times[0, T) \quad (7.18)$$

且有终止条件 $\Phi^{T,S}(r, T)=B^S(r, T)$。下面这一定理概括了这一结果。

定理 7.2 假设一个式(7.4)类型的仿射模型。一个以 S 为到期日的零息债券作为标的，T 为交收日的期货合约在 t 时刻，短期利率为 r 时的价格为

$$\Phi^{T,S}(r, t)=e^{-\tilde{a}(T-t)-\tilde{b}(T-t)r} \quad (7.19)$$

其中函数 $\tilde{a}(\tau)$ 和 $\tilde{b}(\tau)$ 满足下面的普通偏微分方程组

$$\frac{1}{2}\delta_2\tilde{b}(\tau)^2+\hat{\kappa}\tilde{b}(\tau)+\tilde{b}'(\tau)=0,\ \tau\in(0, T) \quad (7.20)$$

$$\tilde{a}'(\tau)-\hat{\varphi}\tilde{b}(\tau)+\frac{1}{2}\delta_1\tilde{b}(\tau)^2=0,\ \tau\in(0, T) \quad (7.21)$$

其条件为 $\tilde{a}(0)=a(S-T)$ 和 $\tilde{b}(0)=b(S-T)$，在此，a 和 b 与定理 7.1 中相同。

如果 $\delta_2=0$，有 $\tilde{b}(\tau)=b(\tau+S-T)$。

式(7.21)中 $\tilde{a}(0)=a(S-T)$，它的解一般可以写成

$$\tilde{a}(\tau)=a(S-T)+\hat{\varphi}\int_0^\tau \tilde{b}(u)\mathrm{d}u-\frac{1}{2}\delta_1\int_0^\tau \tilde{b}(u)^2\mathrm{d}u \quad (7.22)$$

这一定理的证明与定理 7.1 的证明相似，因为 PDE(7.18)式几乎与 PDE(7.2)式一样被零息债券价格满足。定理最后的命题作为练习 7.10 留待读者证明。这一命题意味着，当 $\delta_2=0$ 时，期货价格变为

$$\Phi^{T,S}(r, t)=e^{-\tilde{a}(T-t)-[b(S-t)-b(T-t)]r}$$

将其与远期价格表达式(7.17)比较，我们看到，对于 $\delta_2=0$，有

$$\frac{\frac{\partial F^{T,S}}{\partial r}(r, t)}{F^{T,S}(r, t)}=\frac{\frac{\partial \Phi^{T,S}}{\partial r}(r, t)}{\Phi^{T,S}(r, t)}$$

也就是，利率期限结构的任何改变将导致具有相似项的远期价格和期货价格相同百分比的改变。

如果标的债券是一个在 T_i 时刻支付为 Y_i 的附息债券，由式(6.7)交付日为 T 的远期在 t 时刻的价格为

$$F^{T,\,\text{cpn}}(r,\,t)=\sum_{T_i>T} Y_i F^{T,\,T_i}(r,\,t) \tag{7.23}$$

在其右边我们将式(7.17)插入。由式(6.9)，对于期货价格，我们得到相同的关系成立

$$\Phi^{T,\,\text{cpn}}(r,\,t)=\sum_{T_i>T} Y_i \Phi^{T,\,T_i}(r,\,t) \tag{7.24}$$

在其右边，可以将式(7.19)插入。

由式(6.11)，我们有欧洲美元期货的期货报价是

$$\tilde{\varepsilon}^T(r,\,t)=500-400\mathrm{E}^{\mathbb{Q}}_{r,\,t}[(B^{T+0.25}(r,\,T))^{-1}]$$

在仿射模型中，期货报价变为

$$\tilde{\varepsilon}^T(r,\,t)=500-400\mathrm{E}^{\mathbb{Q}}_{r,\,t}[e^{a(0.25)+b(0.25)r_T}]$$

在此，a 和 b 与定理 7.1 中相同。以上，我们得出零息债券期货的期货价格由

$$\Phi^{T,\,S}(r,\,t)=\mathrm{E}^{\mathbb{Q}}_{r,\,t}[B^S(r,\,T)]=\mathrm{E}^{\mathbb{Q}}_{r,\,t}[e^{-a(S-T)-b(S-T)r_T}]=e^{-\tilde{a}(T-t)-\tilde{b}(T-t)r}$$

给出的结论，其中 $\tilde{a}$ 和 $\tilde{b}$ 是微分方程(7.20)—(7.21)，边界条件为 $\tilde{a}(0)=a(S-T)$ 和 $\tilde{b}(0)=b(S-T)$ 的解。相似地，得到

$$\mathrm{E}^{\mathbb{Q}}_{r,\,t}[e^{a(0.25)+b(0.25)r_T}]=e^{-\hat{a}(T-t)-\hat{b}(T-t)r}$$

其中 $\hat{a}$ 和 $\hat{b}$ 是相同微分方程的解，但是边界条件为 $\hat{a}(0)=-a(0.25)$ 和 $\hat{b}(0)=-b(0.25)$。特别地，$\hat{a}$ 由

$$\hat{a}(\tau)=-a(0.25)+\hat{\varphi}\int_0^\tau \hat{b}(u)\mathrm{d}u-\frac{1}{2}\delta_1\int_0^\tau \hat{b}(u)^2\mathrm{d}u \tag{7.25}$$

给出。欧洲美元期货报价因此是

$$\tilde{\varepsilon}^T(r,\,t)=500-400e^{-\hat{a}(T-t)-\hat{b}(T-t)r} \tag{7.26}$$

如果 $\delta_2=0$，有 $\hat{b}(\tau)=b(\tau)-b(\tau+0.25)$。

7.2.3 债券欧式期权

在第 6 章我们得到了零息债券欧式认购期权的一般定价公式。当我们显式的将价格表示为短期利率的函数时，公式(6.16)变为

$$C^{K,\,T,\,S}(r_t,\,t)=B^T(r_t,\,t)\mathrm{E}^{\mathbb{Q}^T}_t[\max(B^S(r_T,\,T)-K,\,0)]$$

在一个仿射模型中，r_T 在 T—远期鞅测度 $\mathbb{Q}^T$ 下服从正态分布，根据债券定价公式(7.5)，债券价格 $B^S(r_T,\,T)$ 将服从对数正态分布，我们将最终得到一个 Black-Scholes-Merton 类型的定价公式(见 4.8 节)。这是一个波动率不变的情况下的仿射模型，也就是 $\beta(r)=\beta$ 对应于 $\delta_2=0$，$\delta_1=\beta^2$。为了得到更为准确的定价公式，需要知道 $B^S(r_T,\,T)$ 的期望和方差。为了计算

的方便，可以在期权到期的时候，用标的债券交付日为期权到期日的远期价格 $F^{T,S}(r_T, T)$ 替换 $B^S(r_T, T)$。当 $B^S(r_T, T)=F^{T,S}(r_T, T)$ 在 $\mathbb{Q}^T$ 下服从对数正态分布时，应用附录 A 中的定理 A.4，认购期权的价格为

$$\begin{aligned} C^{K,T,S}(r, t) &= B^T(r, t)\mathrm{E}^{\mathbb{Q}^T}_{r,t}[\max(F^{T,S}(r_T, T)-K, 0)] \\ &= B^T(r, t)\{\mathrm{E}^{\mathbb{Q}^T}_{r,t}[F^{T,S}(r_T, T)]N(d_1)-KN(d_2)\} \end{aligned}$$

其中 d_1 和 d_2 由

$$\begin{aligned} d_1 &= \frac{\ln(\mathrm{E}^{\mathbb{Q}^T}_{r,t}[F^{T,S}(r_T, T)]/K)}{\sqrt{\mathrm{Var}^{\mathbb{Q}^T}_{r,t}[\ln F^{T,S}(r_T, T)]}}+\frac{1}{2}\sqrt{\mathrm{Var}^{\mathbb{Q}^T}_{r,t}[\ln F^{T,S}(r_T, T)]} \\ d_2 &= d_1-\sqrt{\mathrm{Var}^{\mathbb{Q}^T}_{r,t}[\ln F^{T,S}(r_T, T)]} \end{aligned}$$

给出。我们同样知道，在 $\mathbb{Q}^T$—远期鞅测度下，在 T 交付的远期价格是一个鞅，因此

$$\mathrm{E}^{\mathbb{Q}^T}_{r,t}[F^{T,S}(r_T, T)]=F^{T,S}(r, t)=\frac{B^S(r, t)}{B^T(r, t)}$$

因此，期权价格可以写成

$$C^{K,T,S}(r, t)=B^S(r, t)N(d_1)-KB^T(r, t)N(d_2)$$

其中

$$\begin{aligned} d_1 &= \frac{1}{v(t, T, S)}\ln\left(\frac{B^S(r, t)}{KB^T(r, t)}\right)+\frac{1}{2}v(t, T, S) \\ d_2 &= d_1-v(t, T, S) \end{aligned}$$

剩下来只需计算

$$v(t, T, S)\equiv\sqrt{\mathrm{Var}^{\mathbb{Q}^T}_{r,t}[\ln F^{T,S}(r_T, T)]}$$

为了计算这一结果，注意远期价格在式(7.17)中是利率的函数，我们在利率波动率 β 保持不变的情况下展开这一工作。我们能够应用伊藤引理来找出远期价格的在 $\mathbb{Q}^T$ 下的动态特征。由于远期价格是一个 $\mathbb{Q}^T$—鞅，漂移将为 0。得到

$$\mathrm{d}F^{T,S}(r_t, t)=-F^{T,S}(r_t, t)\beta[b(S-t)-b(T-t)]\mathrm{d}z^T_t$$

因而有

$$\begin{aligned} \ln F^{T,S}(r_T, T) &= \ln F^{T,S}(r_t, t)-\frac{1}{2}\beta^2\int_t^T[b(S-u)-b(T-u)]^2\mathrm{d}u \\ &\quad -\beta\int_t^T[b(S-u)-b(T-u)]\mathrm{d}z^T_u \end{aligned}$$

应用定理 3.3 得到

$$v(t, T, S)^2=\mathrm{Var}^{\mathbb{Q}^T}_{r,t}[\ln F^{T,S}(r_T, T)]=\beta^2\int_t^T[b(S-u)-b(T-u)]^2\mathrm{d}u$$

我们仍然需要在这一模型中确定 b 函数。必须强调的是，只有在短期利率的未来值服从正态

分布时这一步骤才是有效的。

与上面不同的另一个途径是从等式(6.17)开始。当我们显式地规定价格依赖于短期利率时,公式看上去如下所示:

$$C^{K,T,S}(r_t, t)=B^S(r_t, t)\,\mathbb{Q}_t^S(B^S(r_T, T)>K)-KB^T(r_t, t)\,\mathbb{Q}_t^T(B^S(r_T, T)>K)$$

在仿射模型中,我们可以利用债券价格的一般表达式(7.5)而得到

$$B_T^S>K \Leftrightarrow r_T<-\frac{a(S-T)}{b(S-T)}-\frac{\ln K}{b(S-T)}$$

我们需要计算这一事件在以当前利率 r_t 为条件的两个远期鞅测度 $\mathbb{Q}^S$ 和 $\mathbb{Q}^T$ 之下的概率。由等式(4.21),我们知道远期鞅测度 $\mathbb{Q}^S$ 和风险中性概率测度之间的联系可以由 S 日到期的零息债券的敏感性所捕捉,由式(7.15)可知这一敏感性在一个时齐模型中是已知的。因此,我们有

$$\mathrm{d}z_t^{\mathbb{Q}}=\mathrm{d}z_t^S-b(S-t)\beta(r_t)\mathrm{d}t$$

于是短期利率在 $\mathbb{Q}^S$ 测度下的动态特征为

$$\begin{aligned}\mathrm{d}r_t&=\hat{\alpha}(r_t)\mathrm{d}t+\beta(r_t)(\mathrm{d}z_t^S-b(S-t)\beta(r_t)\mathrm{d}t)\\&=(\hat{\alpha}(r_t)-\beta(r_t)^2b(S-t))\,\mathrm{d}t+\beta(r_t)\mathrm{d}z_t^S\\&=([\hat{\varphi}-\delta_1b(S-t)]-[\hat{\kappa}+\delta_2b(S-t)]r_t)\,\mathrm{d}t+\sqrt{\delta_1+\delta_2r_t}\,\mathrm{d}z_t^S\end{aligned}\tag{7.27}$$

在 $\mathbb{Q}^T$ 下的动态特征是相似的,只需用 T 替换 S。注意同样是在这两个测度下,尽管漂移依赖于时间,但短期利率具有"仿射"动态特征。这将方便期权定价公式中的概率的计算。

一个合理的仿射单因子模型必须具备债券价格是短期利率的减函数的性质,如果 $b(\tau)$ 为正,情况就会如此。在本章后面所研究的模型就是这种情况。这一性质可用于证明,附息债券的欧式认购期权等同于一个零息债券的欧式认购期权的组合。这一性质首先由 Jamshidian (1989)得出,我们将其称为 **Jamshidian 窍门**(Jamshidian's trick)。与惯常一样,标的附息债券假定在 $T_i(i=1, 2, \cdots, n)$ 时刻支付 Y_i,其中 $T_1<\cdots<T_n$,于是债券的价格是

$$B(r, t)=\sum_{T_i>t}Y_iB^{T_i}(r, t)$$

在此,我们将所有的未来支付日的支付进行了加总。

定理 7.3 在一个仿射单因子模型中,其中零息债券价格由式(7.5)给出,对于所有 τ, $b(\tau)>0$。那么一个附息债券的认购期权价格是

$$C^{K,T,\mathrm{cpn}}(r, t)=\sum_{T_i>T}Y_iC^{K_i,T,T_i}(r, t)\tag{7.28}$$

其中 $K_i=B^{T_i}(r^*, T)$,且 r^* 被定义为方程 $B(r^*, T)=K$ 的解。

证明:附息债券的期权的收益是

$$\max(B(r_T, T)-K, 0)=\max\Big(\sum_{T_i>T}Y_iB^{T_i(r_T, T)-K, 0}\Big)$$

由于零息债券价格 $B^{T_i}(r_T, T)$是利率 r_T 的一个单调递减函数,整个和式 $\sum_{T_i>T}Y_iB^{T_i}(r_T, T)$

是 r_T 的递减函数。因此,恰好 r_T 的一个值 r^* 将使得期权结束时处于**平价状态**,也就是

$$B(r^*, T)=\sum_{T_i>T} Y_i B^{T_i}(r^*, T)=K$$

令 $K_i=B^{T_i}(r^*, T)$,有 $\sum_{T_i>T} Y_i K_i=K$

对于 $r_T<r^*$

$$\sum_{T_i>T} Y_i B^{T_i}(r_T, T)>\sum_{T_i>T} Y_i B^{T_i}(r^*, T)=K$$

且

$$B^{T_i}(r_T, T)>B^{T_i}(r^*, T)=K_i$$

因此,

$$\begin{aligned}\max\Big(\sum_{T_i>T} Y_i B^{T_i}(r_T, T)-K, 0\Big) &=\sum_{T_i>T} Y_i B^{T_i}(r_T, T)-K \\ &=\sum_{T_i>T} Y_i\left(B^{T_i}(r_T, T)-K_i\right) \\ &=\sum_{T_i>T} Y_i \max\left(B^{T_i}(r_T, T)-K_i, 0\right)\end{aligned}$$

对 $r_T \geqslant r^*$

$$\sum_{T_i>T} Y_i B^{T_i}(r_T, T) \leqslant \sum_{T_i>T} Y_i B^{T_i}(r^*, T)=K$$

且

$$B^{T_i}(r_T, T) \leqslant B^{T_i}(r^*, T)=K_i$$

因此

$$\max\Big(\sum_{T_i>T} Y_i B^{T_i}(r_T, T)-K, 0\Big)=0=\sum_{T_i>T} Y_i \max\left(B^{T_i}(r_T, T)-K_i, 0\right)$$

因此,对于 r_T 的所有取值,可以得到

$$\max\Big(\sum_{T_i>T} Y_i B^{T_i}(r_T, T)-K, 0\Big)=\sum_{T_i>T} Y_i \max\left(B^{T_i}(r_T, T)-K_i, 0\right)$$

因此,附息债券期权的收益与一个零息债券的期权组合的收益是相等的,这一个组合由(对于每一 i 有 $T_i>T$)Y_i 个行权价为 K_i,T_i 日到期的零息债券期权构成。因此,为了排除套利机会,附息债券在 $t \leqslant T$ 时刻的价值等于该零息债券期权组合的价值。正式的推导如下:

$$\begin{aligned}C^{K, T, \mathrm{cpn}}(r, t) &\doteq \mathrm{E}_{r, t}^{\mathbb{Q}}\left[e^{-\int_t^T r_u \mathrm{d}u} \max(B(r_T, T)-K, 0)\right] \\ &=\mathrm{E}_{r, t}^{\mathbb{Q}}\Big[e^{-\int_t^T r_u \mathrm{d}u} \sum_{T_i>T} Y_i \max\left(B^{T_i}(r_T, T)-K_i, 0\right)\Big] \\ &=\sum_{T_i>T} Y_i \mathrm{E}_{r, t}^{\mathbb{Q}}\left[e^{-\int_t^T r_u \mathrm{d}u} \max\left(B^{T_i}(r_T, T)-K_i, 0\right)\right] \\ &=\sum_{T_i>T} Y_i C^{K_i, T, T_i}(r, t)\end{aligned}$$

至此证毕。 □

为了计算附息债券欧式认购期权的价格，我们必须求解一个未知数（求解 r^*）的方程并计算 n' 个零息债券的欧式认购期权价格，其中 n' 是期权到期后的支付笔数（支付日的天数）。在下一节我们将了解三个不同的时齐仿射模型，在这些模型中，零息债券的欧式期权的价格由相对简单的 Black-Scholes 表达式给出①。

以 T_i 到期日的零息债券为标的、以 T 为到期日，K_i 为执行价的欧式认购期权的价格由

$$\begin{aligned}C^{K_i,T,T_i}(r,t)=&B^{T_i}(r,t)\mathbb{Q}^{T_i}_{r,t}(B^{T_i}(r_T,T)>K_i)\\&-K_iB^T(r,t)\mathbb{Q}^{T}_{r,t}(B^{T_i}(r_T,T)>K_i)\end{aligned}$$

给出。在证明定理 7.3 时我们发现，对于所有 i

$$B^{T_i}(r_T,T)>K_i \quad\Leftrightarrow\quad r_T<r^*$$

结合定理 7.3，可以发现附息债券的欧式认购期权的价格可以写成

$$\begin{aligned}C^{K,T,\mathrm{cpn}}(r,t)&=\sum_{T_i>T}Y_i\left\{B^{T_i}(r,t)\mathbb{Q}^{T_i}_{r,t}(r_T<r^*)-K_iB^T(r,t)\mathbb{Q}^{T}_{r,t}(r_T<r^*)\right\}\\&=\sum_{T_i>T}Y_iB^{T_i}(r,t)\mathbb{Q}^{T_i}_{r,t}(r_T<r^*)-KB^T(r,t)\mathbb{Q}^{T}_{r,t}(r_T<r^*)\end{aligned}$$

注意，这里所涉及的概率是在不同概率测度下期权最终处于价内的概率。精确的模型参数将决定这些概率值，期权的价格也因此而确定。

7.3 Merton 模型

7.3.1 短期利率过程

很显然，第一个连续时间利率的期限结构模型是 Merton(1970)年引入的。在他的模型中短期利率服从风险中性概率测度下的广义布朗运动，

$$\mathrm{d}r_t=\hat{\varphi}\,\mathrm{d}t+\beta\mathrm{d}z^{\mathbb{Q}}_t$$

式中 $\hat{\varphi}$ 和 β 是常数。这是一个非常简单的时齐仿射模型，且具有常数漂移率和波动率的，这一点与我们的经验观察是有出入的。这一假设意味着

$$r_T=r_t+\hat{\varphi}[T-t]+\beta[z^{\mathbb{Q}}_T-z^{\mathbb{Q}}_t],\ t<T$$

由于 $z^{\mathbb{Q}}_T-z^{\mathbb{Q}}_t\sim N(0,T-t)$，我们看到，给定 t 时刻的短期利率 $r_t=r$，未来短期利率 r_T 在风险中性概率测度下服从正态分布，且均值和方差是

$$\mathrm{E}^{\mathbb{Q}}_{r,t}[r_T]=r+\hat{\varphi}[T-t],\ \mathrm{Var}^{\mathbb{Q}}_{r,t}[r_T]=\beta^2[T-t]$$

---

① 正如 Wei(1997)所讨论的，可以通过计算一个特别的零息债券的欧式认购期权的价格就可以得到一个非常精确的近似。但是，由于可以用 Jamshidian 窍门非常快速的计算出价格，所以在这些单因子模型中并不是非常有用，但是在多因子模型却非常有用。我们将在第 12 章对近似问题进行更仔细的探讨。

如果风险的市场价格 $\lambda(r_t, t)$ 为常数，在真实世界概率测度下，短期利率的漂移率同样也是常数 $\varphi=\hat{\varphi}+\beta\lambda$。在这种情况下，未来短期利率在真实世界概率测度下同样服从正态分布，且均值为 $r+\varphi[T-t]$，方差为 $\beta^2[T-t]$。

一个模型中的未来短期利率服从正态分布（像 Merton 的模型一样），这就是一个**高斯模型**(Gaussian model)。一个服从正态分布的随机变量可以取任何实数值，所以利率的值空间 S 在高斯模型中为 $S=\mathbb{R}$①。特别是，短期利率在高斯模型中可以以严格为正的概率为负数，这与经济理论和经验观察相矛盾。如果利率为负，一笔贷款的还款将低于本金。这就提供了进行**床垫套利**(mattress arbitrage)的机会：也就是说，借入一笔资金，压在床垫下面直到还款日（可以低于本金还款）。所得款项与还款金额之间的差额就是一笔无风险的利润。但是请注意，在通货紧缩期间，一笔较小金额的偿还可能代表了比原来所得款项更强的购买力，因此，在这样的经济环境中，这是以负的名义利率借款而不是套利。从另一方面看，谁愿意以负的名义利率将钱借出？当然将钱放在口袋里赚零利息更为有利。因此，名义利率应当保持非负②。

7.3.2 债券定价

Merton 的模型具有形如式(7.4)的仿射形式，其中 $\hat{k}=0$，$\delta_1=\beta^2$ 和 $\delta_2=0$。定理 7.1 表明 Merton 模型中的零息债券的价格是一个指数仿射

$$B^T(r, t)=e^{-a(T-t)-b(T-t)r}$$

根据式(7.6)，函数 $b(\tau)$ 是简单普通微分方程 $b'(\tau)=1$，边界条件为 $b(0)=0$ 的解，这意味着

$$b(\tau)=\tau \tag{7.29}$$

因此从式(7.10)可以确定函数 $a(\tau)$

$$a(\tau)=\hat{\varphi}\int_0^\tau u\,\mathrm{d}u-\frac{1}{2}\beta^2\int_0^\tau u^2\,\mathrm{d}u=\frac{1}{2}\hat{\varphi}\tau^2-\frac{1}{6}\beta^2\tau^3 \tag{7.30}$$

由于未来短期利率服从正态分布，在 Merton 的模型中，未来零息债券价格服从对数正态分布。

7.3.3 收益率曲线

我们考察一下 Merton 模型中收益率曲线的形状。等式(7.12)、(7.29)和(7.30)意味着 τ 时间后到期的零息债券收益率是

$$y_t^{t+\tau}=r+\frac{1}{2}\hat{\varphi}\tau-\frac{1}{6}\beta^2\tau^2$$

---

① 在真实世界概率测度和鞅测度之下，未来利率可能具有不同的分布，但是我们知道这些测度是等价的，所以这值空间是独立于测度的。

② 现实的银行账户可能为客户提供了有价值的服务，所以它们的存款利率（扣件费用）可能稍微为负。

因此，对于所有 $\hat{\varphi}$ 和 β，收益率曲线是一个向下倾斜的抛物线分支。最大收益率是 $\tau = 3\hat{\varphi}/(2\beta^2)$ 时间后到期的零息债券收益率，取值为 $r+3\hat{\varphi}/(8\beta^2)$。而且，$y_t^{t+\tau}$ 对 $\tau > \tau^*$ 为负，其中

$$\tau^* = \frac{3}{\beta^2}\left(\frac{\hat{\varphi}}{2} + \sqrt{\frac{\hat{\varphi}^2}{4} + \frac{2\beta^2 r}{3}}\right)$$

从式(7.16)看到在 Merton 的模型中，τ 时间后到期零息债券收益率在真实世界概率测度下的动态特征为

$$\mathrm{d}\bar{y}_t^{\tau} = \alpha(r_t)\mathrm{d}t + \beta\mathrm{d}z_t$$

其中 $\alpha(r_t) = \hat{\varphi} + \beta\lambda(r_t)$ 是短期利率的真实世界漂移率。由于 $\mathrm{d}\bar{y}_t^{\tau}$ 显然独立于 τ，所有零息债券收益率的变化都是相同的。换言之，收益率曲线只会平移(同样见练习 7.10)。我们因此可以认为，Merton 的模型所生成的收益率曲线的形状和动态特征完全不切实际。但是，我们仍然将推导远期价格，期货价格和欧式期权价格，因为这是在一个简单的框架下展示了定价的一般程序。

7.3.4 远期和期货

将表达式(7.29)和式(7.30)代入式(7.17)，得到 Merton 假设之下的零息债券的远期价格为

$$F^{T,S}(r,t) = \exp\left\{-\frac{1}{2}[(S-t)^2-(T-t)^2] + \frac{1}{6}\beta^2[(S-t)^3-(T-t)^3]-(S-T)r\right\}$$

在 Merton 的模型中 δ_2 等于 0，因此由定理 7.2，零息债券的期货价格中的 $\tilde{b}$ 函数由 $\tilde{b}(\tau) = b(\tau+S-T)-b(\tau) = S-T$ 给出。应用式(7.22)，期货价格可以写成

$$\Phi^{T,S}(r,t) = \exp\left\{\frac{1}{2}\hat{\varphi}(S-T)(S+T-2t) - \frac{1}{6}\beta^2(S-T)^2(2T+S-3t)-(S-T)r\right\}$$

附息债券的远期和期货价格可以通过将上面的表达式插入式(7.23)和式(7.24)得到。

在等式(7.26)，得到 $\tilde{b}(\tau) = b(\tau) - b(\tau+0.25) = -0.25$ 并由式(7.25)推得

$$\begin{aligned}\hat{a}(\tau) &= -a(0.25) - 0.25\hat{\varphi}\tau - \frac{1}{2}(0.25)^2\beta^2\tau \\ &= -\frac{1}{2}(0.25)^2\hat{\varphi} + \frac{1}{6}(0.25)^3\beta^2 - 0.25\hat{\varphi}\tau - \frac{1}{2}(0.25)^2\beta^2\tau\end{aligned}$$

Merton 模型中的欧洲美元期货的报价是

$$\tilde{\varepsilon}^T(r,t) = 500 - 400e^{-\hat{a}(\tau)+0.25r}$$

7.3.5 期权定价

由于在 Merton 的假设中，未来短期利率服从正态分布，因此，可以从 7.2.3 节的分析中知道零息债券的欧式认购期权价格由

$$C^{K,T,S}(r,t)=B^S(r,t)N(d_1)-KB^T(r,t)N(d_2) \tag{7.31}$$

给出，其中

$$d_1=\frac{1}{v(t,T,S)}\ln\left(\frac{B^S(r,t)}{KB^T(r,t)}\right)+\frac{1}{2}v(t,T,S)$$
$$d_2=d_1-v(t,T,S)$$

且，因为 $b(\tau)=\tau$，有

$$v(t,T,S)^2=\beta^2\int_t^T[S-u-(T-u)]^2\,\mathrm{d}u=\beta^2(S-T)^2(T-t)$$

结合定价公式(7.31)和定理 7.3 的 Jamshidian 方法，可以得到附息债券的欧式认购期权的价格为：

$$\begin{aligned}C^{K,T,\text{cpn}}(r,t)&=\sum_{T_i>T}Y_i\{B^{T_i}(r,t)N(d_1^i)-K_iB^T(r,t)N(d_2^i)\}\\&=\sum_{T_i>T}Y_iB^{T_i}(r,t)N(d_1^i)-B^T(r,t)\sum_{T_i>T}Y_iK_iN(d_2^i)\\&=\sum_{T_i>T}Y_iB^{T_i}(r,t)N(d_1^i)-KB^T(r,t)N(d_2^i)\end{aligned}$$

其中

$$\begin{aligned}d_1^i&=\frac{1}{v(t,T,T_i)}\ln\left(\frac{B^{T_i}(r,t)}{K_iB^T(r,t)}\right)+\frac{1}{2}v(t,T,T_i)\\d_2^i&=d_1^i-v(t,T,T_i)\\v(t,T,T_i)&=\beta[T_i-T]\sqrt{T-t}\end{aligned}$$

与 7.2.3 节结尾的讨论相比较，在此我们利用到了 d_2^i 相同的事实。

7.4 Vasicek 模型

7.4.1 短期利率过程

短期利率的漂移为常数是 Merton 模型的一个不足之处。短期利率保持恒定为正(为负)的漂移率将使得其在未来一直保持上升(或下降)，这显然是不切实际的。许多经验研究表明，利率具有均值回归(mean reversion)特征，也就是说，当利率以历史的标准看上去太高的时候，可能会在不远的将来出现下跌。反之则反是。Vasicek(1977)假设短期利率服从 Ornstein-Uhlen-beck 过程(以下简称 OU 过程)：

$$dr_t = \kappa[\theta - r_t]dt + \beta dz_t \tag{7.32}$$

其中 κ，θ 和 β 为正的常数。注意，这是真实世界概率测度下的动态特征。正如我们在 3.8.2 节所看到的，这是一个均值回归的过程。如果 $r_t > \theta$，利率的漂移为负，短期利率趋向于下降至 θ，如果 $r_t < \theta$，漂移为正，短期利率倾向于上升至 θ。因此，短期利率总是倾向于被拉回到 θ，也就是我们所说的长期均衡水平。但是，冲击可能让短期利率进一步偏离它的长期水平。参数 κ 确定了调整的速度。在 Merton 的模型中，短期利率波动率是常数，这与对利率的经验研究相矛盾。读者可以参见 3.8.2 节以了解过程中不同的参数对其路径的影响。由 3.8.2 可知 Vasicek 模型是一个高斯模型。更准确地讲，Vasicek 模型中，未来的短期利率服从正态分布，在真实世界概率测度 $\mathbb{P}$ 下，其均值和方差分别为

$$\mathrm{E}_{r,t}[r_T] = \theta + (r - \theta)e^{-\kappa[T-t]} \tag{7.33}$$

$$\mathrm{Var}_{r,t}[r_T] = \frac{\beta^2}{2\kappa}(1 - e^{-2\kappa[T-t]}) \tag{7.34}$$

当 $T \to \infty$，均值趋向于 θ，方差趋向于 $\beta^2/(2\kappa)$。当 $\kappa \to \infty$，均值趋向于长期水平 θ，且方差趋向于 0。当 $\kappa \to 0$，均值趋向于当前短期利率 r_t，且方差趋向于 $\beta^2[T-t]$。当前短期利率与长期水平的差异在一段 $T - t = (\ln 2)/\kappa$ 时间内将减半。

像其他高斯模型一样，Vasicek 模型赋予负的未来短期利率值一个正的概率，尽管这是一个不合适的特性。图 7.1 显示了在当前短期利率 $r_t = 0.05$ 和四种不同参数组合的情况下，在 0.5、1、2、5 和 100 年后的分布情况。图 7.2 给出了在相同的四组参数之下，未来的短期利率 r_T 为负(给定 r_t)的真实世界概率。由于 $(r_T - E_{r,t}[r_T])/\sqrt{\mathrm{Var}_{r,t}[r_T]}$ 服从标准正态分布，这一概率为

$$\mathbb{P}_{r,t}(r_T < 0) = \mathbb{P}_{r,t}\left(\frac{r_T - \mathrm{E}_{r,t}[r_T]}{\sqrt{\mathrm{Var}_{r,t}[r_T]}} < -\frac{\mathrm{E}_{r,t}[r_T]}{\sqrt{\mathrm{Var}_{r,t}[r_T]}}\right) = N\left(\frac{\mathrm{E}_{r,t}[r_T]}{\sqrt{\mathrm{Var}_{r,t}[r_T]}}\right)$$

将式(7.33)和式(7.34)代入，可以很容易计算得出结果。很显然，在长期水平 θ 以及短期利率 r 的当前水平下，这一概率随利率波动率 β 的增加而增加，随调整速度 κ 的增加而减少。

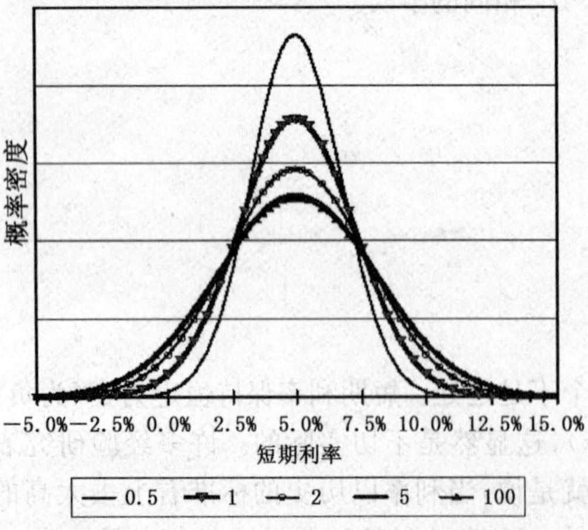

(a) $\kappa = 0.36$，$\theta = 0.05$，$\beta = 0.0265$

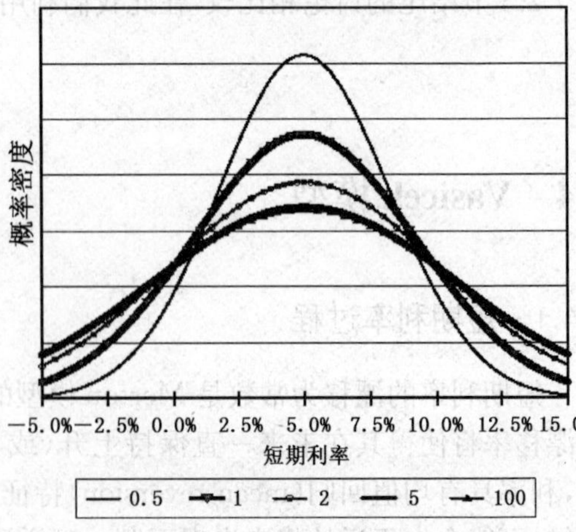

(b) $\kappa = 0.36$，$\theta = 0.05$，$\beta = 0.05$

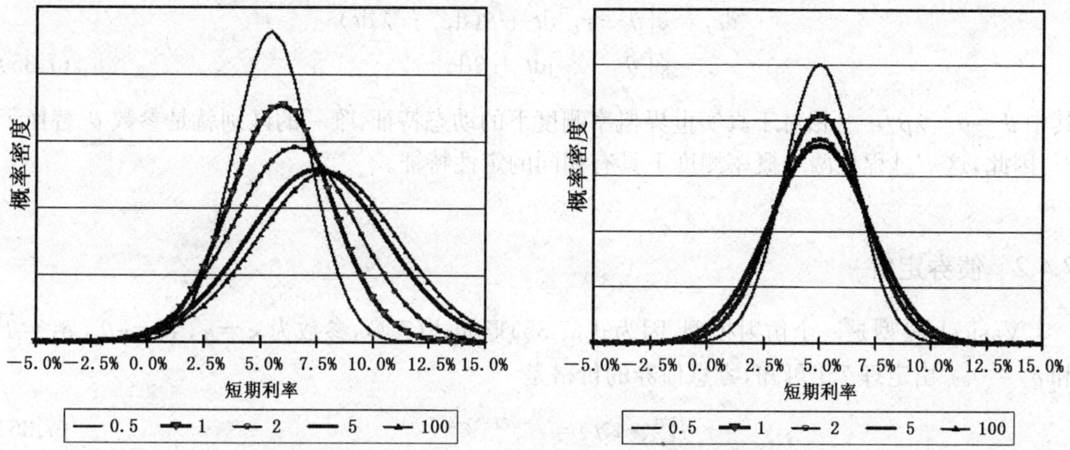

(c) $\kappa=0.36$, $\theta=0.08$, $\beta=0.026\,5$　　(d) $\kappa=0.7$, $\theta=0.05$, $\beta=0.026\,5$

图 7.1　给定当前短期利率 $r_t=0.05$, $T-t=0.5$、1、2、5、100 年的情况下 r_T 的分布

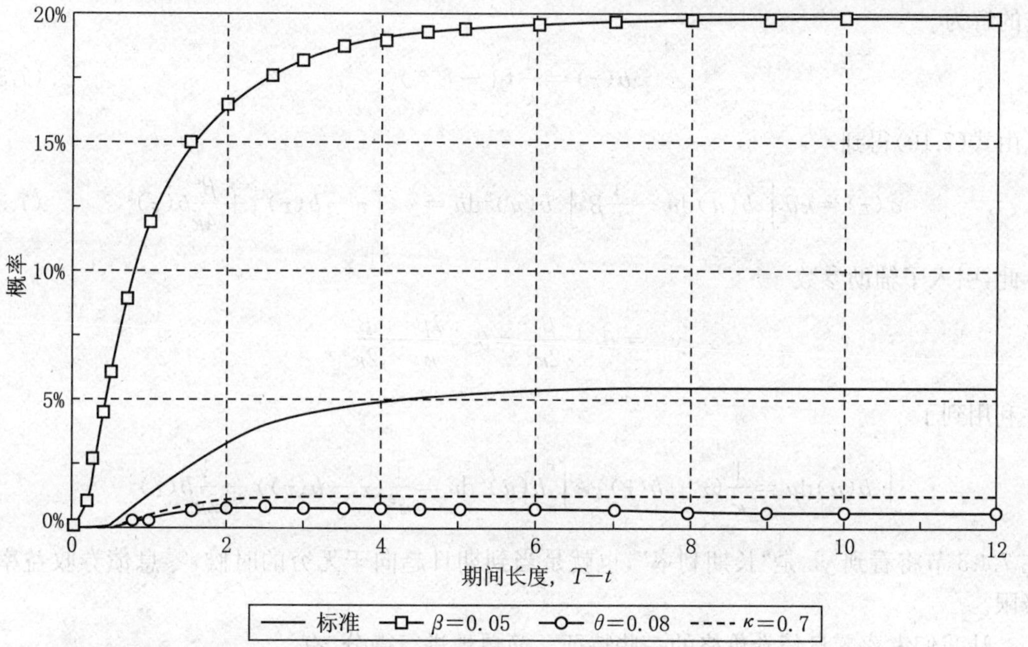

注:基准参数为 $\kappa=0.36$, $\theta=0.05$, $\beta=0.026\,5$。

图 7.2　给定 $r_t=0.05$, r_T 作为期间长度 $T-t$ 的函数时取负值的概率

出于定价的目的,我们对风险中性(即期鞅)测度以及其他相关的鞅测度下的短期利率的动态特征感兴趣。Vasicek 不加解释的假设 r 风险的市场价格为常数 $\lambda(r,t)=\lambda$。 正如 5.4 节所讨论的,可以构造一个满足 Vasicek 假设的均衡模型。由于无套利是均衡存在的必要条件,所以一个假设存在负利率的模型符合均衡理论显得非常奇怪。其原因是,模型不允许行为人持有现金,所以不能进行"床垫套利"。因此,均衡模型对 Vasicek 模型的支持并不能消除对 Vasicek 模型缺乏现实基础的批评。

有 $\lambda(r,t)=\lambda$, 风险中概率测度$\mathbb{Q}$下的短期利率的动态特征为

$$\begin{aligned}dr_t &= \kappa[\theta - r_t]dt + \beta(dz_t^{\mathbb{Q}} - \lambda\, dt) \\ &= \kappa[\hat{\theta} - r_t]dt + \beta dz_t^{\mathbb{Q}}\end{aligned} \tag{7.35}$$

其中 $\hat{\theta} = \theta - \lambda\beta/\kappa$。相对于真实世界概率测度下的动态特征，唯一的区别就是参数 $\hat{\theta}$ 替换了 θ。因此，这一过程在两个概率测度下具有相同的定性特征。

7.4.2 债券定价

Vasicek 模型是一个仿射模型，因为式(7.35)形如式(7.4)，参数为 $\hat{\kappa} = \kappa$，$\hat{\varphi} = \kappa\hat{\theta}$，$\delta_1 = \beta^2$ 和 $\delta_2 = 0$。由定理 7.1 可知，零息债券的价格是

$$B^T(r, t) = e^{-a(T-t)-b(T-t)r} \tag{7.36}$$

其中 $b(\tau)$ 满足普通微分方程

$$\kappa b(\tau) + b'(\tau) - 1 = 0,\ b(0) = 0$$

它的解为

$$b(\tau) = \frac{1}{\kappa}(1 - e^{-\kappa\tau}) \tag{7.37}$$

且由式(7.10)得到

$$a(\tau) = \kappa\hat{\theta}\int_0^\tau b(u)du - \frac{1}{2}\beta^2\int_0^\tau b(u)^2 du = y_\infty[\tau - b(\tau)] + \frac{\beta^2}{4\kappa}b(\tau)^2 \tag{7.38}$$

在此，引入了辅助参数

$$y_\infty = \hat{\theta} - \frac{\beta^2}{2\kappa^2} = \theta - \frac{\lambda\beta}{\kappa} - \frac{\beta^2}{2\kappa^2}$$

并利用到了

$$\int_0^\tau b(u)du = \frac{1}{\kappa}(\tau - b(\tau)),\ \int_0^\tau b(u)^2 du = \frac{1}{\kappa^2}(\tau - b(\tau)) - \frac{1}{2\kappa}b(\tau)^2$$

在 7.4.3 节将看到 y_∞ 是“长期利率”，也就是当到期日趋向于无穷的时候，零息债券收益率的极限。

让我们考察零息债券价格的一些特征。简单地进行微分，有

$$\frac{\partial B^T}{\partial r}(r, t) = -b(T-t)B^T(r, t),\ \frac{\partial^2 B^T}{\partial r^2}(r, t) = b(T-t)^2 B^T(r, t)$$

由于 $b(\tau) > 0$，零息债券价格为短期利率凸的减函数。

零息债券价格对参数 κ 的依赖关系在图 7.3 得到了说明。κ 值很大时，意味着未来的短期利率非常可能接近于 θ，因此零息债券价格相对于当前短期利率不那么敏感。对 $\kappa \to \infty$，零息债券价格趋向于 $\exp\{-\theta[T-t]\}$，正如图 7.3 中一样，当 $\theta = 0.05$ 和 $T - t = 5$ 时，价格为 0.778 8①。反过来，当 κ 取较小的值时，零息债券的价格高度依赖于短期利率。如果当前利

---

① 注意对 $\kappa \to \infty$，$\hat{\theta}$ 趋向于 θ。

率处于长期水平之下时，一个大的 κ 值与小的 κ 值相比，意味着 $\int_t^T r_u \mathrm{d}u$ 也会变得更大（和 $\exp(-\int_t^T r_u \mathrm{d}u)$ 变得更小）。在这种情况下，零息债券价格 $B^T(r, t)=\mathrm{E}_{r,t}^{\mathbb{Q}}[\exp(-\int_t^T r_u \mathrm{d}u)]$ 随 κ 下降。当前短期利率超过长期水平时，相反的关系同样成立。

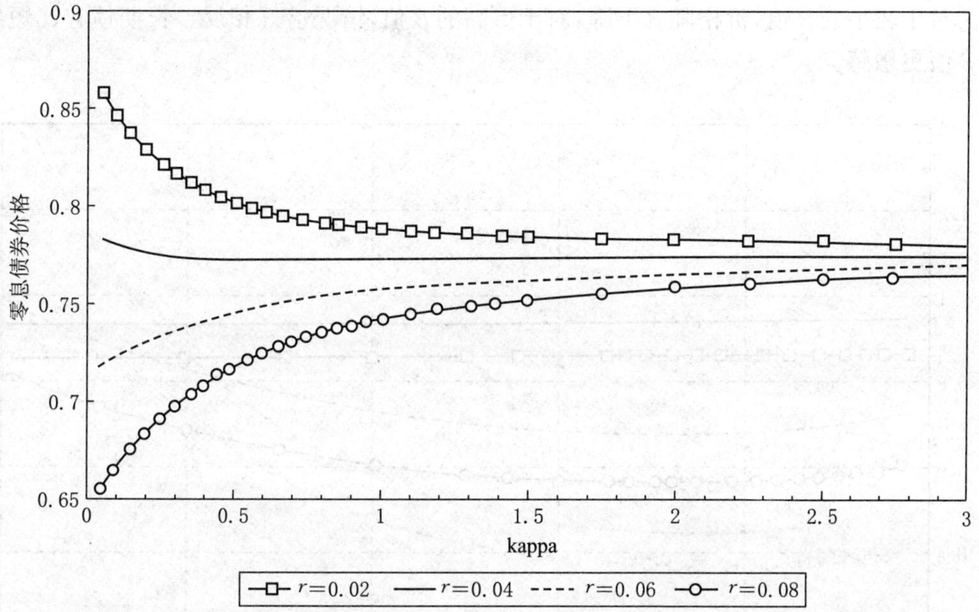

注：其他参数为 $\theta=0.05$，$\beta=0.03$ 和 $\lambda=-0.15$。

图 7.3　5 年期零息债券的价格作为不同的短期利率 r 的调整速度参数 κ 的函数

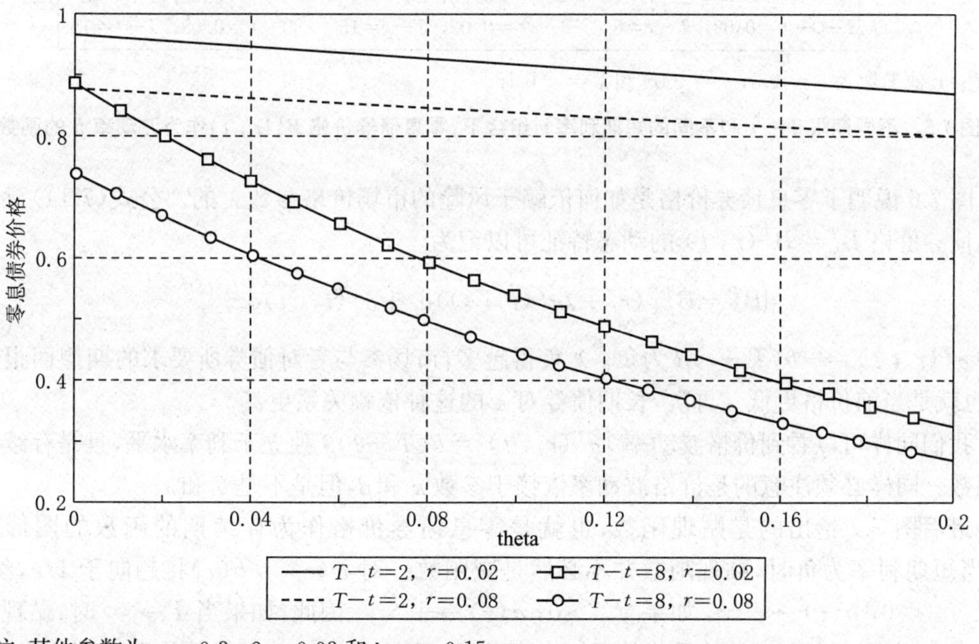

注：其他参数为 $\kappa=0.3$，$\beta=0.03$ 和 $\lambda=-0.15$。

图 7.4　不同期限和不同的短期利率组合下，零息债券价格 $B^T(r, t)$ 作为长期水平 θ 的函数

很显然，如图 7.4 所示，零息债券价格是 θ 的减函数，这是因为更高的 θ 意味着更高的未来利率，因此，也意味着更高的 $\int_t^T r_u \mathrm{d}u$。长到期日债券的价格对 θ 的变化更敏感，因为从长期看，θ 比当前的短期利率更重要。

图 7.5 显示的是零息债券价格和利率波动率 β 之间的关系。很显然，价格不是 β 的单调函数。对于较小的 β 值，价格随 β 下降，对于更高的 β 值，情况恰好相反。长期债券比短期债券对 β 值更敏感。

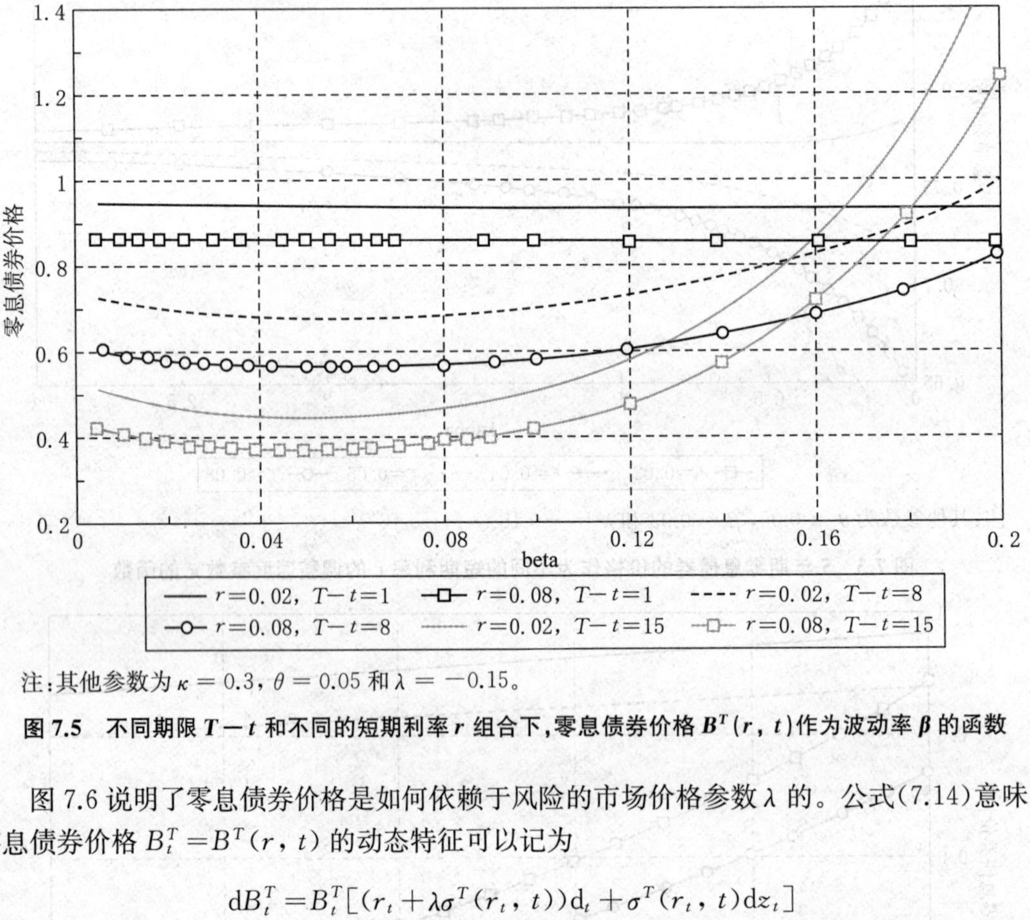

注：其他参数为 $\kappa = 0.3$，$\theta = 0.05$ 和 $\lambda = -0.15$。

图 7.5　不同期限 $T-t$ 和不同的短期利率 r 组合下，零息债券价格 $B^T(r, t)$ 作为波动率 β 的函数

图 7.6 说明了零息债券价格是如何依赖于风险的市场价格参数 λ 的。公式(7.14)意味着零息债券价格 $B_t^T = B^T(r, t)$ 的动态特征可以记为

$$\mathrm{d}B_t^T = B_t^T[(r_t + \lambda\sigma^T(r_t, t))\mathrm{d}_t + \sigma^T(r_t, t)\mathrm{d}z_t]$$

其中 $\sigma^T(r_t, t) = -b(T-t)\beta$ 为负。λ 负得越多，市场参与者对债券所要求的期望回报就越高，也就是当前价格更低。再次，长期债券对 λ 的这种依赖关系更甚。

我们同样可以看到价格波动率 $|\sigma^T(r_t, t)| = b(T-t)\beta$ 独立于利率水平，且是存续期的凹函数。同样必须注意的是价格波动率依赖于参数 κ 和 β，但是不是 θ 和 λ。

最后图 7.7 给出的是贴现函数，也就是零息债券价格作为存续期的函数的图形。注意，当短期利率为负时，贴现函数并不必然是减函数。对 $\tau \to \infty$，$b(\tau)$将趋向于 $1/\kappa$，然而，如果 $y_\infty < 0$，$a(\tau) \to -\infty$，如果 $y_\infty > 0$，$a(\tau) \to +\infty$。因此，如果当 $T \to \infty$ 时，贴现函数趋近于 0，这是一个合理的性质。从另一方面看，如果 $y_\infty < 0$，贴现函数将偏移至无穷，这很显然是不恰当的。当比率 β/κ 足够大时，长期利率 y_∞ 可能为负。

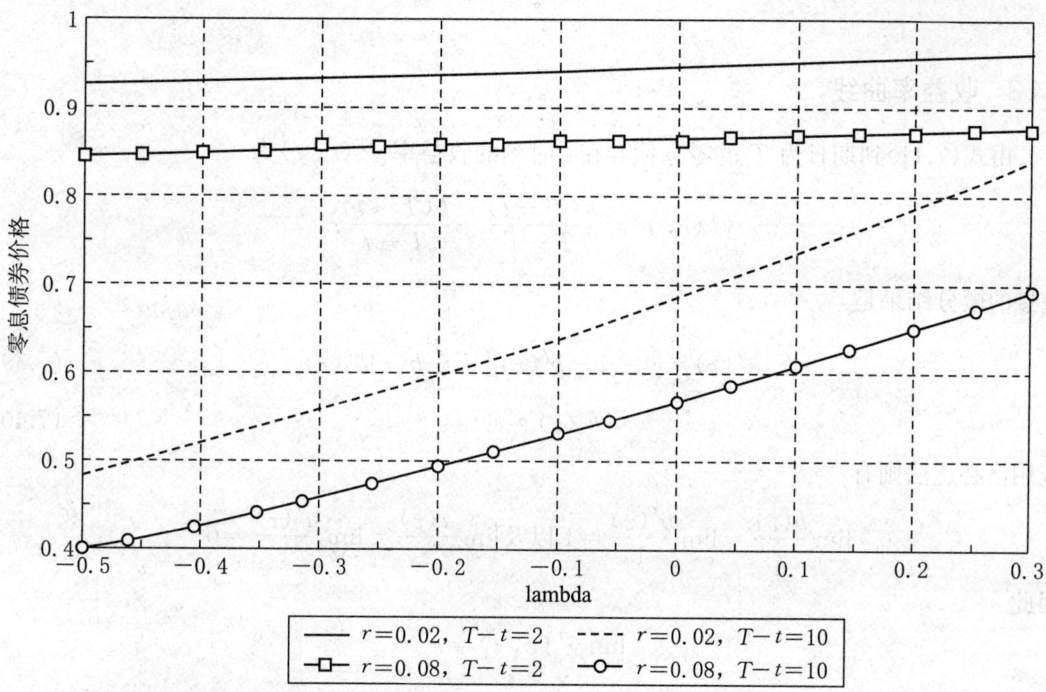

注：固定的参数为 $\kappa=0.3$，$\theta=0.05$ 和 $\beta=-0.03$。

图 7.6 不同期限 $T-t$ 和不同的短期利率 r 组合下，零息债券价格 $B^T(r, t)$ 作为 λ 的函数

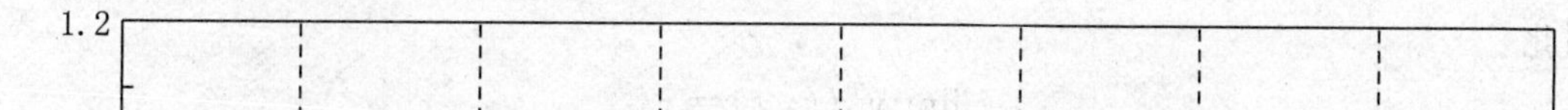

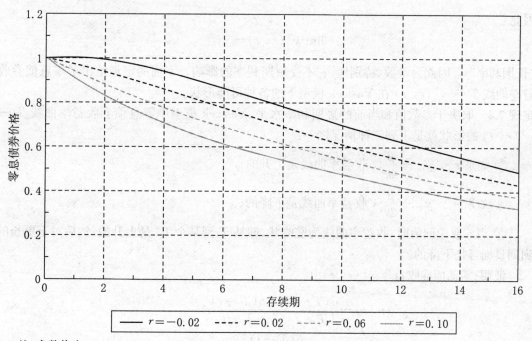

注：参数值为 $\kappa=0.3$，$\theta=0.05$，$\beta=0.03$ 和 $\lambda=-0.15$。

图 7.7 零息债券价格 $B^T(r, t)$ 作为存续期 $T-t$ 的函数

7.4.3 收益率曲线

由式(7.11)到期日为 T 的零息债券在 t 时刻的收益率 $y^T(r,t)$ 为

$$y^T(r,t)=\frac{a(T-t)}{T-t}+\frac{b(T-t)}{T-t}r$$

直接的微分结果是

$$a'(\tau)=y_\infty[1-b'(\tau)]+\frac{\beta^2}{2\kappa}b(\tau)b'(\tau) \tag{7.39}$$

$$b'(\tau)=e^{-\kappa\tau} \tag{7.40}$$

应用洛必达法则有

$$\lim_{\tau\to 0}\frac{b(\tau)}{\tau}=\lim_{\tau\to 0}\frac{b'(\tau)}{1}=1 \text{ 以及} \lim_{\tau\to 0}\frac{a(\tau)}{\tau}=\lim_{\tau\to 0}\frac{a'(\tau)}{1}=0$$

因此

$$\lim_{T\to t}y^T(r,t)=r$$

也就是说,正如其所应当的那样,短期利率是收益率曲线的截距。相似地,可以证明

$$\lim_{\tau\to\infty}\frac{b(\tau)}{\tau}=0 \text{ 以及} \lim_{\tau\to\infty}\frac{a(\tau)}{\tau}=y_\infty$$

因此

$$\lim_{T\to\infty}y^T(r,t)=y_\infty$$

“长期利率”y_∞因此为常数,特别地,它不受短期利率的影响。下面的定理给出了零息债券收益率曲线 $T\mapsto y^T(r,t)$ 在 Vasicek 模型下的各种可能形状。

定理 7.4 取决于参数值和当前的短期利率水平,Vasicek 模型中零息债券收益率曲线 $T\mapsto y^T(r,t)$ 的形状就是下列三种情况之一:

① 如果 $r<y_\infty-\frac{\beta^2}{4\kappa^2}$,收益率曲线是上升的;

② 如果 $r>y_\infty+\frac{\beta^2}{2\kappa^2}$,收益率曲线是下降的;

③ 当 r 取中间值时,收益率曲线为驼峰状,即从 T 到某个 T^* 是上升的,然后对于更长的到期日而言是下降的。

证明:零息债券收益率 $y^T(r,t)$由

$$\begin{aligned}y^T(r,t)&=\frac{a(T-t)}{T-t}+\frac{b(T-t)}{T-t}r\\&=y_\infty+\frac{b(T-t)}{T-t}\left(\frac{\beta^2}{4\kappa}b(T-t)+r-y_\infty\right)\end{aligned}$$

给出,在此我们已经将式(7.38)插入。我们对零息债券收益率和存续期的关系,也就是说函数 $Y(\tau)=y^{t+\tau}(r,t)$ 感兴趣。定义 $h(\tau)=b(\tau)/\tau$,有

$$Y(\tau)=y_{\infty}+h(\tau)\left(\frac{\beta^2}{4\kappa}b(\tau)+r-y_{\infty}\right)$$

直接计算求得导数

$$Y'(\tau)=h'(\tau)\left(\frac{\beta^2}{4\kappa}b(\tau)+r-y_{\infty}\right)+h(\tau)e^{-\kappa\tau}\frac{\beta^2}{4\kappa}$$

其中应用到了 $b'(\tau)=e^{-\kappa\tau}$。引入辅助函数

$$g(\tau)=b(\tau)+\frac{h(\tau)e^{-\kappa\tau}}{h'(\tau)}$$

可以将 $Y'(\tau)$重新记为

$$Y'(\tau)=h'(\tau)\left(r-y_{\infty}+\frac{\beta^2}{4\kappa}g(\tau)\right) \tag{7.41}$$

接下来将证明对于所有 τ,有 $h'(\tau)<0$ 以及 $g(\tau)$是一个单调增函数,$g(0)=-2/\kappa$ 且对 $\tau\to\infty$, $g(\tau)\to 1/\kappa$。这将意味着定理中所提出的命题都将从前面的论断中得出。如果 $r-y_{\infty}+\beta^2/(4\kappa^2)<0$,那么式(7.41)右边括项对于所有 τ 取负值。在这种情况下,对所有 τ, $Y'(\tau)>0$,因此收益率曲线将是期限的单调增函数。相似地,如果对于所有 τ, $Y'(\tau)<0$,且 $r-y_{\infty}-\beta^2/(2\kappa^2)>0$,那么收益率曲线将是期限的单调减函数。对于其他的 r 取值,式(7.41)右边括项将在 $\tau\in[0,\tau^*)$ 时为负,$\tau>\tau^*$ 时为正,其中 τ^* 由方程

$$r-y_{\infty}+\frac{\beta^2}{4\kappa}g(\tau^*)=0$$

唯一地确定。在这种情况下,收益率曲线将是"驼峰"状。

现在证明对于所有 τ,有 $h'(\tau)<0$。简单微分得到 $h'(\tau)=(e^{-\kappa\tau}\tau-b(\tau))/\tau^2$,如果 $e^{-\kappa\tau}\tau<b(\tau)$,为负,或者等价地,如果 $1+\kappa\tau<e^{\kappa\tau}$,也显然满足(将函数 $1+x$ 和 e^x)。

最后,应用洛必达法则,可以证明 $g(0)=-2/\kappa$ 以及当 $\tau\to\infty$,有 $g(\tau)\to 1/\kappa$。通过微分以及冗长的计算,可以证明 g 是单调递增的。

图 7.8 显示了收益率曲线的可能形状。对于任何到期日,零息债券收益率是短期利率的仿射函数。因此,短期利率的增加(下降)将造成整个收益率曲线的上移(或下移)。零息债券收益率的变动随到期日的增长而下降,因此,平移不是平行的。收益率的扭曲,即短期收益率与长期收益率朝相反的方向运动是不可能的。

根据式(7.31),t 时刻通行的即时远期利率 $f^T(r,t)$由

$$f^T(r,t)=a'(T-t)+b'(T-t)r$$

给出。应用式(7.39)和式(7.40),这一表达式可以重记为

$$\begin{aligned} f^T(r,t)&=-(1-e^{-\kappa[T-t]})\left(\frac{\beta^2}{2\kappa^2}(1-e^{-\kappa[T-t]})-\hat{\theta}\right)+e^{-\kappa[T-t]}r \\ &=(1-e^{-\kappa[T-t]})\left(y_{\infty}+\frac{\beta^2}{2\kappa^2}e^{-\kappa[T-t]}\right)+e^{-\kappa[T-t]}r \end{aligned} \tag{7.42}$$

因为短期利率可以为负,所以远期利率也是。

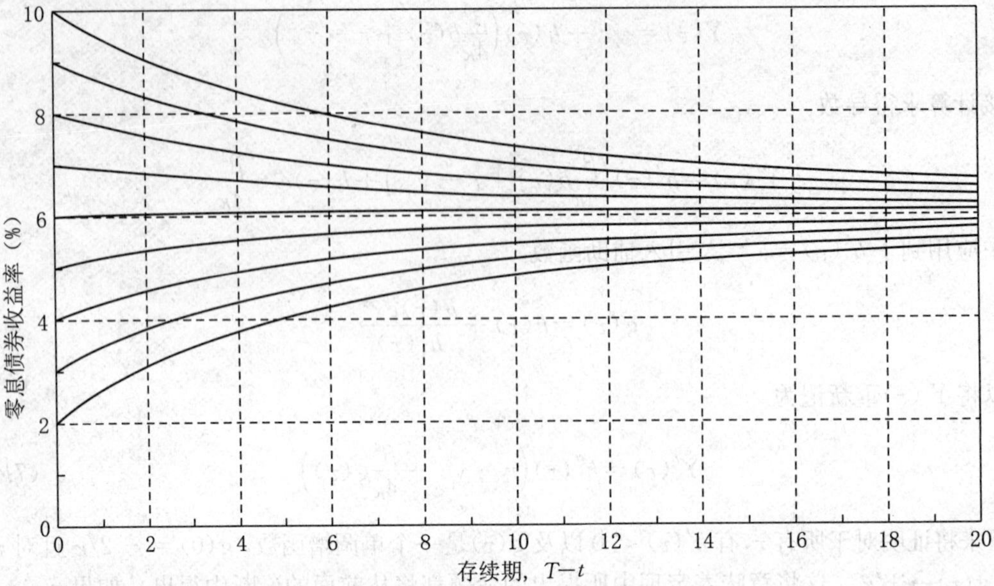

注：参数值为 $\kappa=0.3$，$\theta=0.05$，$\beta=0.03$ 和 $\lambda=-0.15$。长期利率 $y_\infty=6\%$。对于 $r<5.75\%$，收益率曲线是上升的，对于 $r>6.5\%$，收益率曲线是下降的，对于 r 的中间取值，则是驼峰状。$r=6\%$ 时，收益率曲线显示了一个很小的隆起，并在存续期大约为 5 年附近时收益率最高。

图 7.8　短期利率取不同值时的收益率曲线

7.4.4　远期和期货

与式(7.17)比较，Vasicek 模型中的零息债券的远期价格就是将式(7.37)和式(7.38)中的函数 b 和 a 代入一般表达式

$$F^{T,S}(r,t)=\exp\{-[a(S-t)-a(T-t)]-[b(S-t)-b(T-t)]r\}$$

在 Vasicek 模型中，式(7.4)中的参数为 0，因此，根据定理 7.2，零息债券的期货价格 $\Phi^{T,S}(r,t)=e^{-\tilde{a}(T-t)-\tilde{b}(T-t)r}$ 中的函数 $\tilde{b}$ 是

$$\tilde{b}(\tau)=b(\tau+S-T)-b(\tau)=e^{-\kappa\tau}b(S-T)$$

将其代入式(7.22)得到期货价格表达式中的 $\tilde{a}$ 函数是

$$\begin{aligned}\tilde{a}(\tau)&=a(S-T)+\kappa\hat{\theta}\,b(S-T)\int_0^\tau e^{-\kappa u}\,\mathrm{d}u-\frac{1}{2}\beta^2 b(S-T)^2\int_0^\tau e^{-2\kappa u}\,\mathrm{d}u\\&=a(S-T)+\kappa\hat{\theta}\,b(S-T)b(\tau)-\frac{1}{2}\beta^2 b(S-T)^2\left(b(\tau)-\frac{1}{2}\kappa b(\tau)^2\right)\end{aligned}$$

附息债券的远期和期货的价格可通过将上面的公式代入式(7.23)和式(7.24)得到。

对于欧洲美元期货，式(7.26)意味着报价由

$$\tilde{\varepsilon}^T(r,t)=500-400e^{-\hat{a}(T-t)-\hat{b}(T-t)r}$$

给出，且由 $\delta_2=0$，有 $\hat{b}(\tau)=b(\tau)-b(\tau+0.25)=-b(0.25)e^{-\kappa\tau}$。由式(7.25)，得到

$$\hat{a}(\tau)=-a(0.25)-\kappa\hat{\theta}\,b(0.25)\int_0^{\tau}e^{-\kappa u}\,du-\frac{1}{2}\beta^2 b(0.25)^2\int_0^{\tau}e^{-2\kappa u}\,du$$
$$=-a(0.25)-\kappa\hat{\theta}\,b(0.25)b(\tau)-\frac{1}{2}\beta^2 b(0.25)^2\left(b(\tau)-\frac{1}{2}\kappa b(\tau)^2\right)$$

7.4.5 期权定价

短期利率的未来值服从正态分布,因此从 7.2.3 节中零息债券的欧式认购期权的价格是

$$C^{K,\,T,\,S}(r,\,t)=B^S(r,\,t)N(d_1)-KB^T(r,\,t)N(d_2) \tag{7.43}$$

其中

$$d_1=\frac{1}{v(t,\,T,\,S)}\ln\left(\frac{B^S(r,\,t)}{KB^T(r,\,t)}\right)+\frac{1}{2}v(t,\,T,\,S)$$
$$d_2=d_1-v(t,\,T,\,S)$$

且

$$v(t,\,T,\,S)^2=\beta^2\int_t^T\left[b(S-u)-b(T-u)\right]^2du$$
$$=\frac{\beta^2}{2\kappa^3}(1-e^{-\kappa[S-T]})^2(1-e^{-2\kappa[T-t]})$$

这一期权价格首先由 Jamshidian(1989)推导出来。

图 7.9 说明了认购期权的价格是如何依赖于当前短期利率的。短期利率的增加将使得执行价的现值下降,这使得认购期权变得更有价值。这一效果可以从 Black-Scholes-Merton 股票期

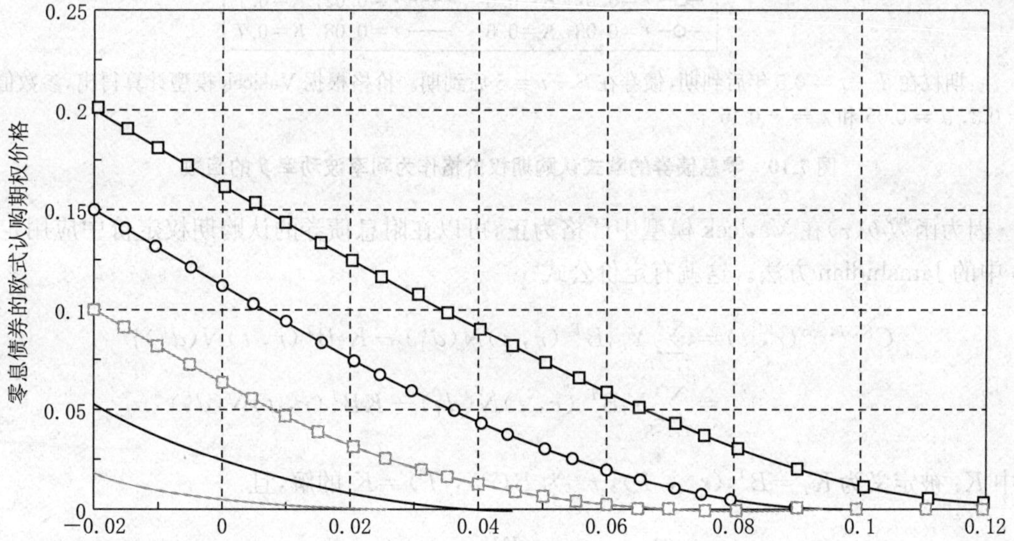

注:期权在 $T-t=0.5$ 年后到期,债券在 $S-t=5$ 后到期。价格根据 Vasicek 模型计算得出,参数值为 $\beta=0.03$, $\kappa=0.3$, $\theta=0.05$ 和 $\lambda=-0.15$。

图 7.9 零息债券的欧式认购期权价格作为当前短期利率 r 的函数

权定价公式中得到。就债券期权而言，还有额外的影响。当短期利率增加时，标的债券的价格下降，这将降低期权的价值。根据图 7.9 判断，后一效应更为显著，至少就我们所用来生成此图的参数而言是如此。关于认购期权的价格与短期利率的关系的更多探讨可见练习 7.3。

认购期权价格与利率波动率 β 的关系可见图 7.10。β 的增加使得标的债券的波动率增加，这使得期权变得更有价值。但是，标的证券的价格同样依赖于 β。如图 7.5 所示，对于低 β 而言，债券的价格将随 β 下降，且这一效应是如此强大，因此，期权的价格能够随 β 下降。

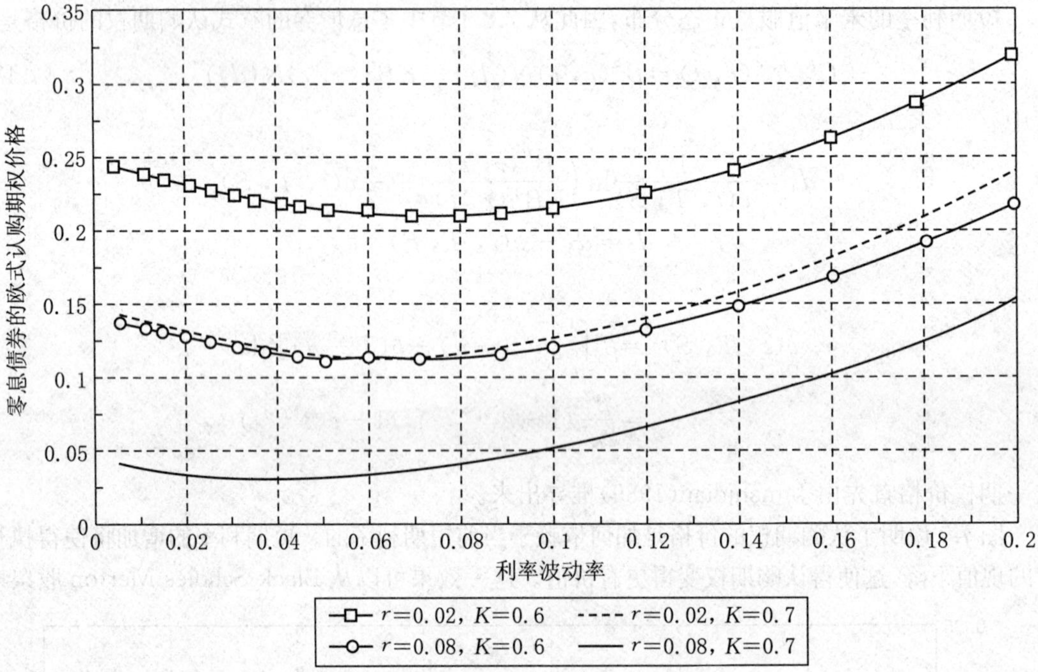

注：期权在 $T-t=0.5$ 年后到期，债券在 $S-t=5$ 后到期。价格根据 Vasicek 模型计算得出，参数值为 $\kappa=0.3$，$\theta=0.05$ 和 $\lambda=-0.15$。

图 7.10　零息债券的欧式认购期权价格作为利率波动率 β 的函数

因为函数 $b(\tau)$ 在 Vasicek 模型中严格为正，可以在附息债券的认购期权定价中应用定理 7.3 中的 Jamshidian 方法。这就有定价公式

$$C^{K,T,\mathrm{cpn}}(r,t)=\sum_{T_i>T}Y_i\{B^{T_i}(r,t)N(d_1^i)-K_iB^T(r,t)N(d_2^i)\}$$
$$=\sum_{T_i>T}Y_iB^{T_i}(r,t)N(d_1^i)-KB^T(r,t)N(d_2^i)$$

其中 K_i 被定义为 $K_i=B^{T_i}(r^*,T)$，r^* 为 $B(r^*,T)=K$ 的解，且

$$d_1^i=\frac{1}{v(t,T,T_i)}\ln\left(\frac{B^{T_i}(r,t)}{K_iB^T(r,t)}\right)+\frac{1}{2}v(t,T,T_i)$$
$$d_2^i=d_1^i-v(t,T,T_i)$$
$$v(t,T,T_i)=\frac{\beta}{\sqrt{2\kappa^3}}(1-e^{-\kappa[T_i-T]})(1-e^{-2\kappa[T-t]})^{1/2}$$

在此我们用到了所有的 d_2^i 都相同这一知识。

7.5 Cox-Ingersoll-Ross 模型

7.5.1 短期利率模型

Cox、Ingersoll 和 Ross(1985b)所提出的单因子扩散模型都很受学术圈和从业者们欢迎。该模型假设短期利率服从平方根过程

$$dr_t = \kappa[\theta - r_t]dt + \beta\sqrt{r_t}\,dz_t \tag{7.44}$$

其中 κ，θ 和 β 都为正的常数。我们将这一模型称为 CIR 模型。平方根过程的一些关键特征在第 3.8.3 节得到了讨论。与 Vasicek 模型一样，短期利率的 CIR 模型表现出了围绕长期利率水平 θ 的均值回归特征。与 Vasicek 短期利率过程的不同之处体现在两者对波动率规定之上。在 CIR 模型中，波动率不是常数，而是利率的一个增函数，因此，短期利率在利率水平较低时的波动性也相对较低。尽管数据中体现的平方根关系不是那么明显，这一特征似乎与我们所观察到的利率变化是一致的，有关的比较讨论见 7.8 节。CIR 模型中的短期利率不可能为负，这相对于 Vasicek 模型而言，是一个很大的优势。正如第 3.8.3 节中所解释的，短期利率 CIR 模型的值空间是 $S=(0, \infty)$ 或在某些参数条件下为 $S=(0, \infty)$。

在 5.4 节，CIR 模型被证明是一个 Cox 等(1985a)在另一篇论文中所开发的金融市场一般均衡模型的一个特殊情况。短期利率过程式(7.44)以及一个关于利率风险的市场价格 $\lambda(r, t)$ 的表达式，是该一般均衡模型在特定偏好、禀赋和基础技术假设之下所得到的一个结果①。根据模型，风险的市场价格是

$$\lambda(r, t) = \frac{\lambda\sqrt{r}}{\beta}$$

其中右手边的 λ 是一个常数。在风险中性测度下，短期利率的漂移因此是

$$\alpha(r, t) - \beta(r, t)\lambda(r, t) = \kappa[\theta - r] - \frac{\lambda\sqrt{r}}{\beta}\beta\sqrt{r} = \kappa\theta - (\kappa + \lambda)r$$

定义 $\hat{\kappa} = \kappa + \lambda$ 和 $\hat{\varphi} = \kappa\theta$，在风险中性测度下，短期利率过程可以写成

$$dr_t = (\hat{\varphi} - \hat{\kappa}\, r_t)dt + \beta\sqrt{r_t}\,dz_t^{\mathbb{Q}} \tag{7.45}$$

由于这形如式(7.4)，其中 $\delta_1 = 0$ 和 $\delta_2 = \beta^2$，可以看到 CIR 模型同样也是一个仿射模型。可以将其动态特征重新记为

$$dr_t = \hat{\kappa}[\hat{\theta} - r_t]dt + \beta\sqrt{r_t}\,dz_t^{\mathbb{Q}}$$

---

① 在一般模型中 r 实际上是实际短期利率，但在实践中，模型一般用于名义利率。

其中 $\hat{\theta}=\kappa\theta/(\kappa+\lambda)$。因此，在风险中性概率测度下，短期利率同样表现出了均值回归的特征，但是与真实世界概率测度下的情况相比，其调整速度和长期水平都不相同。在 Vasicek 模型中，只有长期水平受到概率测度变换的影响。

在 CIR 模型中，未来短期利率 r_T 的分布（以当前短期利率 r_t 为条件）由非中心 χ^2—分布给出。精确的密度函数可由第 3.8.3 节对平方根过程的分析中得出。给定 $r_t=r$，r_T 的均值和方差分别是

$$\mathrm{E}_{r,t}[r_T]=\theta+(r-\theta)e^{-\kappa[T-t]}$$

$$\mathrm{Var}_{r,t}[r_T]=\frac{\beta^2 r}{\kappa}(e^{-\kappa[T-t]}-e^{-2\kappa[T-t]})+\frac{\beta^2\theta}{2\kappa}(1-e^{-\kappa[T-t]})^2$$

注意，比较式(7.33)可发现均值与 Vasicek 模型中一样；比较式(7.34)，方差的表达式比 Vasicek 模型更加复杂一点。对于 $T\to\infty$，均值趋向于 θ，方差趋向于 $\theta\beta^2/(2\kappa)$。对 $\kappa\to\infty$，均值趋向于 θ 且方差趋向于 0。对 $\kappa\to 0$，均值趋向于当前利率，方差趋向于 $\beta^2 r[T-t]$。在风险中性概率测度下，未来短期利率同样也是服从非中心 χ^2—分布，但是，相对于上面的表达式，κ 由 $\hat{\kappa}=\kappa+\lambda$ 所替换，θ 由 $\hat{\theta}=\kappa\theta/(\kappa+\lambda)$ 所替换。

7.5.2 债券定价

CIR 模型是仿射模型，因此定理 7.1 意味着到期日为 T 的零息债券的价格为

$$B^T(r,t)=e^{-a(T-t)-b(T-t)r} \tag{7.46}$$

其中函数 $a(\tau)$ 和 $b(\tau)$ 是普通微分方程式(7.6)和式(7.7)的解。对 CIR 模型而言，这些方程为

$$\frac{1}{2}\beta^2 b(\tau)^2+\hat{\kappa}b(\tau)+b'(\tau)-1=0 \tag{7.47}$$

$$a'(\tau)-\kappa\theta b(\tau)=0 \tag{7.48}$$

条件为 $a(0)=b(0)=0$。解为

$$b(\tau)=\frac{2(e^{\gamma\tau}-1)}{(\gamma+\hat{\kappa})(e^{\gamma\tau}-1)+2\gamma} \tag{7.49}$$

$$a(\tau)=-\frac{2\hat{\kappa}\hat{\theta}}{\beta^2}\left(\ln(2\gamma)+\frac{1}{2}(\hat{\kappa}+\gamma)\tau-\ln[(\gamma+\hat{\kappa})(e^{\gamma\tau}-1)+2\gamma]\right) \tag{7.50}$$

其中 $\gamma=\sqrt{\hat{\kappa}^2+2\beta^2}$（在练习 7.5 读者被要求证明这个解）。

由于

$$\frac{\partial B^T}{\partial r}(r,t)=-b(T-t)B^T(r,t),\quad \frac{\partial^2 B^T}{\partial r^2}(r,t)=b(T-t)^2 B^T(r,t)$$

且 $b(\tau)>0$，零息债券价格是短期利率的凸减函数。此外，该价格也是存续期的减函数，β^2 的凹增函数，λ 的凹增函数，θ 的凸减函数。对 κ 的依赖程度由当前短期利率 r 和长期水平 θ 之间的关系确定。如果 $r>\theta$，债券的价格是 κ 的凹增函数。如果 $r<\theta$，该价格是 κ 的凸减函数。

对式(7.14)稍作改变,就可以得到零息债券价格 $B_t^T = B^T(r, t)$ 的动态特征为

$$dB_t^T = B_t^T[r_t(1-\lambda b(T-t))dt + \sigma^T(r_t, t)dz_t]$$

其中 $\sigma^T(r,t) = -b(T-t)\beta\sqrt{r}$。对所有 τ, $b'(\tau) > 0$,因此零息债券价格的波动率 $|\sigma^T(r,t)| = b(T-t)\beta\sqrt{r}$ 是利率水平和存续期的增函数。注意,波动率依赖于 $\hat{\kappa} = \kappa + \lambda$ 和 β,但不是 θ(与 Vasicek 模型相似)。

7.5.3 收益率曲线

接下来我们研究零息债券收益率曲线 $T \mapsto y^T(r, t)$。由式(7.11)我们有

$$y^T(r, t) = \frac{a(T-t)}{T-t} + \frac{b(T-t)}{T-t}r$$

可以证明 $y^t(r, t) = r$ 且有

$$y_\infty \equiv \lim_{T\to\infty} y^T(r, t) = \frac{2\hat{\kappa}\hat{\theta}}{\hat{\kappa}+\gamma}$$

关于收益率曲线的形状,Kan(1992)证明了以下的结果:

定理 7.5 在 CIR 模型中收益率曲线的形状取决于参数值和当前短期利率:

(1) 如果 $\hat{\kappa} > 0$,对于 $r \geqslant \hat{\varphi}/\hat{\kappa} = \kappa\theta/(\kappa+\lambda)$ 收益率曲线是下降的,对于 $0 \leqslant r \leqslant \hat{\varphi}/\gamma$ 收益率曲线是上升的。对于 $\hat{\varphi}/\gamma < r < \hat{\varphi}/\hat{\kappa}$,收益率曲线为驼峰状,即首先上升,然后下降。

(2) 如果 $\hat{\kappa} \leqslant 0$,对于 $0 \leqslant r \leqslant \hat{\varphi}/\gamma$ 收益率曲线上升,对于 $r > \hat{\varphi}/\gamma$ 为驼峰状。

本定理的证明非常繁琐,因此在此被省略。对模型的估计通常给定 $\hat{\kappa} > 0$,因此适用第一种情况(见 7.8 节中引用的估计)。

远期利率期限结构 $T \mapsto f^T(r, t)$ 由

$$f^T(r, t) = a'(T-t) + b'(T-t)r$$

给出,由式(7.47)和式(7.48),可以重新记为

$$f^T(r, t) = r + \hat{\kappa}[\hat{\theta} - r]b(T-t) - \frac{1}{2}\beta^2 rb(T-t)^2 \tag{7.51}$$

7.5.4 远期和期货

将式(7.49)和式(7.50)中的函数 b 和 a 代入一般表达式就可以得到 CIR 模型中的零息债券的远期价格

$$F^{T,S}(r, t) = \exp\{-[a(S-t) - a(T-t)] - [b(s-t) - b(T-t)]r\}$$

这可由式(7.17)得知。由式(7.23)可得到附息债券的远期价格。

在 CIR 模型中确定零息债券的期货价格比在 Merton 模型以及 Vasicek 模型中更复杂,这是因为在 CIR 模型中参数 δ_2 不等于零。由定理 7.2,我们知道期货价格形如

$$\Phi^{T,S}(r, t) = e^{-\tilde{a}(T-t)-\tilde{b}(T-t)r}$$

其中函数 $\tilde{b}$ 是普通微分方程式(7.20)的一个解，该方程在 CIR 模型中变成

$$\frac{1}{2}\beta^2\tilde{b}(\tau)^2 + \hat{\kappa}\tilde{b}(\tau) + \tilde{b}'(\tau) = 0, \tau \in (0, T)$$

条件为 $\tilde{b}(0) = b(S-T)$。 因此，函数 $\tilde{a}$ 可以由式(7.22)确定，在当前情况下是

$$\tilde{a}(\tau) = a(S-T) + \kappa\theta\int_0^\tau \tilde{b}(u)\mathrm{d}u$$

解是

$$\tilde{b}(\tau) = \frac{2\hat{\kappa}b(S-T)}{\beta^2 b(S-T)(e^{\hat{\kappa}\tau}-1) + 2\hat{\kappa}e^{\hat{\kappa}\tau}}$$

$$\tilde{a}(\tau) = a(S-T) - \frac{2\kappa\theta}{\beta^2}\ln\left(\frac{\tilde{b}(\tau)e^{\hat{\kappa}\tau}}{b(S-T)}\right)$$

由式(7.24)可得到附息债券的期货价格。

根据式(7.26)，欧洲美元期货报价为

$$\tilde{\varepsilon}^T(r, t) = 500 - 400e^{-\hat{a}(T-t)-\hat{b}(T-t)r}$$

CIR 模型中的函数 $\hat{a}$ 和 $\hat{b}$ 经计算后得出为

$$\hat{b}(\tau) = \frac{2\hat{\kappa}b(0.25)}{-\beta^2 b(0.25)(e^{\hat{\kappa}\tau}-1) + 2\hat{\kappa}e^{\hat{\kappa}\tau}}$$

$$\hat{a}(\tau) = -a(0.25) - \frac{2\kappa\theta}{\beta^2}\ln\left(-\frac{\hat{b}(\tau)e^{\hat{\kappa}\tau}}{b(0.25)}\right)$$

7.5.5 期权定价

为了给零息债券欧式期权定价，我们可以试着利用 T—远期鞅测度$\mathbb{Q}^T$下的分布(给定 $r_t = r$) 计算

$$C^{K,T,S}(r, t) = B^T(r, t)\mathrm{E}_{r,t}^{\mathbb{Q}^T}[\max(B^S(r_T, T) - K, 0)]$$

在 Merton 和 Vasicek 模型中，这一方法相对直接，这是因为 r_T 服从正态分布，从而 $B^S(r_T, T)$ 服从对数正态分布，因此，我们基本上回到了 Black-Scholes-Merton 的情形之下。然而，在 CIR 模型中，r_T 的分布比较复杂，因此，$B^S(r_T, T)$也变得更为复杂。

相反，从 7.2.3 节可知期权价格可以记为另一种形式

$$C^{K,T,S}(r, t) = B^S(r, t)\mathbb{Q}_t^S\left(r_T < \frac{-\ln K - a(S-T)}{b(S-T)}\right)$$
$$- KB^T(r, t)\mathbb{Q}_t^T\left(r_T < \frac{-\ln K - a(S-T)}{b(S-T)}\right) \quad (7.52)$$

等式(7.27)中 r 的动态特征在$\mathbb{Q}^S$测度下可以改写成

$$\mathrm{d}r_t = (\hat{\varphi} - [\hat{\kappa} + \beta^2 b(S-t)]r_t)\mathrm{d}t + \beta\sqrt{r_t}\,\mathrm{d}z_t^S$$

在漂移项中，现在 r_t 的系数是时间的确定性函数，尽管如此，未来值仍服从非中心 χ^2—分布。式(7.52)中的概率因此也可以通过相应参数的非中心 χ^2—分布的累积分布函数进行计算。我们将略过细节，简单地表述一下这个首先由 Cox 等人推导出的定价公式：

$$C^{K,T,S}(r,t)=B^S(r,t)\chi^2(h_1;f,g_1)-KB^T(r,t)\chi^2(h_2;f,g_2) \tag{7.53}$$

其中 $\chi^2(\cdot;f,g)$ 为非中心 χ^2—分布的随机变量的累积分布函数，其自由度为 f，非中心参数为 g。这一定价公式与 Merton 和 Vasicek 模型中的定价公式具有相同的结构，只不过相关的分布函数不再是正态分布函数。参数 f，g_i 和 h_i 分别为

$$f=\frac{4\kappa\theta}{\beta^2},\ h_1=2\bar{r}(\xi+\psi+b(S-T)),\ h_2=2\bar{r}(\xi+\psi)$$

$$g_1=\frac{2\xi^2 re^{\gamma[T-t]}}{\xi+\psi+b(S-T)},\ g_2=\frac{2\xi^2 re^{\gamma[T-t]}}{\xi+\psi}$$

并且我们引入了辅助参数

$$\xi=\frac{2\gamma}{\beta^2[e^{\gamma[T-t]}-1]},\ \psi=\frac{\hat{\kappa}+\lambda}{\beta^2},\ \bar{r}=-\frac{a(S-T)+\ln K}{b(S-T)}$$

注意 $\bar{r}$ 恰好就是关键利率，也就是说，这是使一个期权终止时处于平价状态的短期利率值，因为 $B^S(\bar{r},T)=K$。

为了应用这一公式，下面这一 χ^2—分布的近似非常有用

$$\chi^2(h;f,g)\approx N(d)$$

其中

$$d=k\left(\left(\frac{h}{f+g}\right)^m-l\right)$$

$$m=1-\frac{2}{3}\ \frac{(f+g)(f+3g)}{(f+2g)^2}$$

$$k=(2m^2p[1-p(1-m)(1-3m)])^{-1/2}$$

$$l=1+m(m-1)p-\frac{1}{2}m(m-1)(2-m)(1-3m)p^2$$

$$p=\frac{f+2g}{(f+g)^2}$$

这一近似最先由 Sankaran(1963)提出，随后被 Longstaff(1993)应用在 CIR 模型中。至于更精确的近似，参见 Ding(1992)。

因为定价公式比较复杂，因此很难评估各个参数以及变量对认购期权价格的影响。当然，认购期权价格是期权存续期的增函数①、执行价的减函数。短期利率的增加对认购期权的价格有双重影响：执行价的现值降低，但同时标的债券的价格也会降低。根据 Cox 等(1985b)，数值计算表明后者的影响大于前者，因此，认购期权价格是利率的减函数，这与我们

① 在期权的存续期内标的资产没有任何的支付，因此欧式认购期权等价于美式认购期权，这显然会因存续期的增加而增加。

在 Vasicek 模型中看到的是一致的。

至于附息债券的欧式认购期权定价，可以应用定理 7.3 中的 Jamshidian 方法：

$$C^{K,T,\mathrm{cpn}}(r,t)=\sum_{T_i>T}Y_iB^{T_i}(r,t)\chi^2(h_{1i};f,g_{1i})-KB^T(r,t)\chi^2(h_2;f,g_2)$$

其中

$$h_{1i}=2r^*(\xi+\psi+b(T_i-T)),\ h_2=2r^*(\xi+\psi),\ g_{1i}=\frac{2\xi^2re^{\gamma[T-t]}}{\xi+\psi+b(T_i-T)}$$

且 f，g_2，ξ 和 ψ 的与式(7.53)后面的定义一致。这一结果首先由 Longstaff(1993)推导得到。

7.6 广义仿射模型

在 7.4 节最初的 Vasicek 模型中，风险的市场价格被规定为常数，$\lambda(r,t)=\lambda$。我们现在考察更一般的情况

$$\lambda(r,t)=\lambda_1+\lambda_2r$$

其中 λ_1 和 λ_2 是常数。如果真实世界测度之下的短期利率动态特征像式(7.32)中那样保持不变，那么风险中性漂移现在变成

$$\kappa[\theta-r]-\beta[\lambda_1+\lambda_2r]=(\kappa\theta-\beta\lambda_1)-(\kappa+\beta\lambda_2)r=\tilde{\kappa}[\tilde{\theta}-r]$$

其中

$$\tilde{\kappa}=\kappa+\beta\lambda_2,\ \tilde{\theta}=\frac{1}{\tilde{\kappa}}(\kappa\theta-\beta\lambda_1)=\frac{\kappa}{\tilde{\kappa}}\hat{\theta}$$

风险中性漂移和方差仍然是短期利率的仿射函数，因此，除了用 $\tilde{\kappa}$ 替代 κ，用 $\tilde{\theta}$ 替代 $\hat{\theta}$ 之外，我们可以像在最初的 Vasicek 模型中一样应用相同的定价公式。

Vasicek 模型的一般化就是 Duffee(2002)所谓的**实质仿射模型**(essentially affine)的一个例子。相比之下，Duffee 将风险的市场价格限制成与短期利率波动率成正比的模型——与原始的 Vasicek 模型一样——称为为**完全仿射模型**(completely affine)。在完全仿射模型中，风险的市场价格的平方是短期利率的仿射，而这在实质仿射模型中是不正确的。在实质仿射 Vasicek 模型中，风险的市场价格包括了额外的参数，从而使得风险中性的动态特征(确定债券价格的截面从而确定了收益率曲线的形状)和真实世界动态特征(确定利率和收益率的时间序列行为)之间的联系具有更大的灵活性。

在 7.5 节的 CIR 模型中，风险的市场价格也可以在不离开仿射框架的情况下一般化。如果风险的市场价格是

$$\lambda(r,t)=\frac{\lambda_1}{\beta\sqrt{r_t}}+\frac{\lambda_2\sqrt{r_t}}{\beta}$$

且短期利率的真实世界动态特征仍然由式(7.44)给出，那么短期利率的风险中性漂移变成

$$\kappa[\theta-r]-\beta\sqrt{r}\left(\frac{\lambda_1}{\beta\sqrt{r}}+\frac{\lambda_2\sqrt{r}}{\beta}\right)=\kappa[\theta-r]-\lambda_1-\lambda_2 r$$

$$=(\kappa\theta-\lambda_1)-(\kappa+\lambda_2)r=\hat{\kappa}[\tilde{\theta}-r]$$

其中 $\hat{\kappa}=\kappa+\lambda_2$ 和 $\tilde{\theta}=(\kappa\theta-\lambda_1)/\hat{\kappa}$。与最初的 CIR 模型相比较，$\hat{\theta}$ 由 $\tilde{\theta}$ 代替。这种类型的一般化由 Cheridito 等(2007)引入，他们将其称为**扩展仿射模型**(extended affine)。当短期利率趋向于 0 时，很显然扩展的风险市场价格将背离至无穷。为了保持无套利原则和风险中性概率测度存在性之间的联系，Cheridito 等(2007)证明无论是按真实世界还是风险中性测度，0 是遥不可及的边界是一个充分条件。与 3.8.3 节的评论进行比较可知，如果 $2\kappa\theta\geqslant\beta^2$ 和 $2(\kappa\theta-\lambda_1)\geqslant\beta^2$，这是满足的。CIR 模型的这一推广只对某些参数是可能的。额外的参数再次增强了模型的灵活性，并使得其更易于拟合债券价格的截面和时间序列数据。

Duarte(2004)引入了 CIR 模型的另一个推广。风险中性的动态特征依旧被要求具有仿射的形式

$$dr_t=\kappa^{\mathbb{Q}}(\theta^{\mathbb{Q}}-r_t)\,dt+\beta\sqrt{r_t}\,dz_t^{\mathbb{Q}}$$

从而可以使用通常的定价公式。然而，Duarte 准许风险的市场价格有一个更一般的形式

$$\lambda(r,t)=\frac{\lambda_0}{\beta}+\frac{\lambda_1}{\beta\sqrt{r_t}}+\frac{\lambda_2\sqrt{r_t}}{\beta}$$

与扩展的仿射模型相比，其中带有 λ_0 的项是新增项。真实世界的动态特征因此是

$$dr_t=([\kappa^{\mathbb{Q}}\theta^{\mathbb{Q}}+\lambda_1]+\lambda_0\sqrt{r_t}-[\kappa^{\mathbb{Q}}-\lambda_2]r_t)\,dt+\beta\sqrt{r_t}\,dz_t$$

注意，真实世界漂移不再是短期利率的仿射。出于这一原因，Duarte 称其为**半仿射平方根模型**(semi-affinesquare-root)。对某些参数值，风险的市场价格现在可以根据短期利率的水平改变符号。在匹配实际的债券价格动态特征时，这种灵活性显得非常宝贵。

7.7 非仿射模型

金融文献中也包括了许多其他单因子模型，但是它们不属于前面几节仿射模型。在本节，我们将介绍一些最受关注的非仿射模型，在这些模型中，短期利率的未来值服从对数正态分布。

颇受从业者欢迎的一个模型是 Black 和 Karasinski(1991)所建议的模型，特别地，Black 等考察了它的一个特殊情形，即所谓的 BDT 模型。Black-Karasinski 模型的一般时齐形式为

$$d(\ln r_t)=\kappa[\theta-\ln r_t]\,dt+\beta dz_t^{\mathbb{Q}} \tag{7.54}$$

其中 κ，θ 和 β 为常数。通常，实务界人士用时间的确定性函数来替代 κ，θ 和 β 等参数。在选择替代函数时，要确保债券和利率顶的模型价格与当前市场价格保持一致。我们将在第 9 章讨论这一思想，但在本节，将只讨论常数参数的模型。相对于 Vasicek 模型，随机微分方程中

的 r_t 被 $\ln r_t$ 替换。由于 r_T(给定 r_t)在 Vasicek 模型中服从正态分布,随之有 $\ln r_t$(给定 r_t)在 Black-Karasinski 模型中服从正态分布,也就是 r_T 服从对数正态分布。这一特征有一个令人愉快的结果,那是利率将保持为正。同样,该模型表现出了均值回归的特点。假设 $\kappa > 0$。如果 $r_t < e^{\theta}$, $\ln r_t$ 的漂移率为正,所以预期 r_t 将上升。反之,如果 $r_t > e^{\theta}$,则漂移率为负,预期 r_t 将下降。参数 κ 度量被拉向 θ 的速度。应用伊藤引理,将得到

$$\mathrm{d}r_t = \left(\left[\kappa\theta + \frac{1}{2}\beta^2\right] r_t - \kappa r_t \ln r_t\right) \mathrm{d}t + \beta r_t \mathrm{d}z_t^{\mathbb{Q}}$$

在这一框架下,对债券或远期、期货或期权都没有封闭的定价表达式。Black-Karasinski 在一个二项树中应用了他们的模型,在此,可以通过大家非常熟悉的后向迭代的方式计算价格。

在 Black-Karasinski 模型式(7.54)中,未来的短期利率服从对数正态分布。在另一个具有同样特性的模型中,短期利率遵循几何布朗运动

$$\mathrm{d}r_t = r_t[\alpha \mathrm{d}t + \beta \mathrm{d}z_t^{\mathbb{Q}}] \tag{7.55}$$

其中 α 和 β 为常数。Rendleman 和 Bartter(1980)应用了这样的一个模型。但是,与 Black-Karasinski 模型一样,对于我们感兴趣的价格,对数正态分布模型不存在的简单封闭解。Dothan(1978),以及 Hogan 和 Weintraub(1993)为零息债券给出了非常复杂,包含复数、贝塞尔函数、双曲三角函数的定价公式。Hansen 和 Jorgensen 为模型式(7.55)的债券价格计算描述了一个看似快速而又精确的递推过程。

除了缺少好的定价公式之外,对数正态模型式(7.54)和式(7.55)还有其他不足之处。比方说,Hogan 和 Weintraub(1993)证明了这些模型意味着,对所有 t, T, S,且 $t < T < S$,

$$\mathrm{E}_{r,t}^{\mathbb{Q}}[(B^S(r_T, T))^{-1}] = \infty \tag{7.56}$$

正如 Sandmann 和 Sondermann(1997)所提及的,这一结果有下面定理所表述的两个不合时宜的后果。

定理 7.6 在对数正态单因子模型式(7.54)和式(7.55)中,下列命题成立:

(1) 在任何期间,对银行账户的一笔投资将在严格为正的时间长度内预期产生无限的收益,也就是对 $t < T < S$

$$\mathrm{E}_{r,t}^{\mathbb{Q}}[\exp\{\int_T^S r_u \mathrm{d}u\}] = \infty$$

(2) 欧洲美元期货报价为 $\tilde{\varepsilon}^T(r,t) = -\infty$。

证明:第一部分可由 Jensen 不等式可知。Jensen 不等式意味着①

$$\begin{aligned} B^S(r, T) &= \mathrm{E}_{r,T}^{\mathbb{Q}}[\exp\{-\int_T^S r_u \mathrm{d}u\}] \\ &= \mathrm{E}_{r,T}^{\mathbb{Q}}[(\exp\{\int_T^S r_u \mathrm{d}u\})^{-1}] > (\mathrm{E}_{r,T}^{\mathbb{Q}}[\exp\{\int_T^S r_u \mathrm{d}u\}])^{-1} \end{aligned}$$

---

① Jensen 不等式认为,如果 X 是一个随机变量,$f(x)$ 是一个凸函数,那么 $\mathrm{E}[f(X)] > f(\mathrm{E}(X))$。在我们的应用中,有 $X = \exp\{\int_T^S r_u \mathrm{d}u\}$ 和 $f(X) = 1/X$。

因此

$$B^{S}(r, T)^{-1} < E^{\mathbb{Q}}_{r,T}[\exp\{\int_{T}^{S} r_u du\}]$$

两边取期望 $E^{\mathbb{Q}}_{r,t}[\cdot]$，得到①

$$E^{\mathbb{Q}}_{r,t}[\exp\{\int_{T}^{S} r_u du\}] > E^{\mathbb{Q}}_{r,t}[(B^{S}(r_T, T))^{-1}] = \infty$$

其中等号来自于式(7.56)。

从式(6.11)我们知道欧洲美元期货报价是

$$\tilde{\varepsilon}^{T}(r, T) = 500 - 400E^{\mathbb{Q}}_{r,t}[(B^{T+0.25}(r_T, T))^{-1}]$$

将 $S = T + 0.25$ 的式(7.56)插入以上公式，得到定理第二部分的结果。 □

因为欧洲美元期货是国际金融市场上流动性非常好的产品，因此用一个明显定价错误的模型是非常不合适的。

我们可以证明式(7.56)中的问题可以通过假设实际年利率或 LIOBOR 利率服从对数正态分布而不是连续复利而避免。服从对数正态分布的 LIOBOR 利率模型在近年来比较流行，这主要(至少在某种程度上)得益于它们与从业者们所使用的 Black 定价公式保持一致的这一事实。我们将在第 11 章更仔细地研究这些模型。

总之，对数正态模型式(7.54)和式(7.55)都具有排除负利率的优点，但同时也有不存在简单的定价公式以及对某些重要类型的资产存在明显错误的定价的缺点。因为这些理由，我们很难理解这些模型为什么如此受青睐。CIR 模型，举例来说，同样排除了负利率的可能性，解析上容易处理，又不会对任何的资产导致明显错误的定价。当然，与下一节的讨论相比较，这些论据并不是说明 CIR 模型是最好的描述利率运动的模型。

最后，我们讨论一下那些既不是仿射也不是对数正态分布的模型。模型

$$dr_t = \kappa[\theta - r_t]dt + \beta r_t dz^{\mathbb{Q}}_t \tag{7.57}$$

得到了 Brennan 和 Schwartz(1980)以及 Courtadon(1982)的推崇。尽管动态特征看上去简单，但是从未推导出债券或衍生资产的显式定价公式。

Longstaff(1989)，Beaglehole 和 Tenney(1991；1992)，以及 Leippold 和 Wu(2002)考察了所谓的二次模型。在该模型中，短期利率为 $r_t = x_t^2$，且 x_t 遵循 OU 过程(像 Vasicek 模型中的 r 过程)。这样的规定确保了利率为正。零息债券的价格形如

$$B^{T}(x, t) = e^{-a(T-t)-b(T-t)x-c(T-t)x^2}$$

其中函数 a，b 和 c 为普通微分方程的解。相对于仿射模型，增加了一个二次项。二次模型为零息债券价格和短期利率给出了一个更为灵活的关系。Leippold 和 Wu(2002)以及 Jamshidian(1996)得到了一些关于欧式债券期权和其他衍生证券价格的非常复杂的表达式。

① 在此我们用到了迭代期望定律，定理 3.1。

7.8　参数估计与实证检验

为了应用模型，必须假设一些参数值。在实践中，参数的真实值是未知的，但是可以从所观察到的利率和价格中估算出来。为了具体说明，我们以 Vasicek 模型为例，但是相似的考虑同样适用于其他模型。Vasicek 模型的参数为 κ，θ，β 和 λ。参数估计的方法可以分成三类：时间序列估计、截面数据估计和面板数据估计。下面我们对这些方法做简单的介绍，并将介绍一些重要的研究。关于动态期限结构模型的估计和检验的更多细节可见 Campbell 等(1997)以及 James 和 Webber(2000)的教科书。

7.8.1　时间序列估计

时间序列估计方法就是通过短期利率历史观察数据估计短期利率过程的参数的方法。估计本身可以采用不同的统计方法，如最大似然法[如 Marsh 和 Rosenfeld(1983)以及 Ogden(1987)]或各种矩匹配法[如 Andersen 和 Lund(1997)，Chan 等(1992)以及 Dell'Aquila 等(2003)]。一个重要的现实问题是，人们不可能观察到任何零存续期的利率，从而必须使用一些替代物。期限非常短的利率通过货币市场确定，但是由于货币市场参与各方所存在的信用风险，这些利率并不是零期限的真正无风险利率的完美替代，在模型中这一利率由 r_t 表示。多数研究者使用存续期较短，如 1 或 3 个月的政府债券的收益率作为近似。然而，Knez 等(1994)，Duffee(1996)认为 1 月期美国国库券在交易中存在的一些特点影响到了(政府)债券的收益率，使其在我们的期限结构模型中充当短期利率的替代指标存在疑问。Chapman 等(1999)和 Honoré(1998)研究了各种短期利率的替代指标的模型估计的敏感性。

应用时间序列方法存在的另一个问题就是并非模型所有的参数都能被确定。在 Vasicek 模型中，只能估计进入到短期利率的现实世界动态模型式(7.23)的参数 κ，θ 和 β。遗漏的参数 λ 只影响风险调整鞅测度下的过程 r_t，但是利率的时间序列数据当然来自现实世界的观察，而这处于真实世界概率测度之下。

第三个问题是大量的观察数据要求给出合理的参数估计。然而，观察期越长，短期利率就越不可能在整个期间遵循相同(具有常数参数)的过程。

此外，时间序列方法忽略了一个事实，也就是利率模型并不是单纯描述短期利率的动态特征，同样描述了整个收益率曲线和它的动态特征。

7.8.2　截面数据估计

另外，模型的参数可以估计为那些使得流动性良好的债券(也可能是其他固定收益证券)模型截面价格尽可能与这些资产的当前价格接近的该模型的数值。然后估计得到的模型可以用于对流动性欠佳的资产进行定价，从而在一定程度上保证了它们与流动性资产市场价格的一致性。通常情况下，参数值的选择应当尽量减少所选择的全部资产的截面模型价格与市场价格之差的平方和。这样的过程比较容易实施。

截面数据估计同样无法识别模型的所有参数。当前的价格仅仅依赖于在风险调整鞅测度下影响短期利率动态特征的参数。对于 Vasicek 模型而言，$\hat{\theta}$，β 和 κ 就是这种情况。参数 θ 和 λ 不能单独估计。但是，如果只使用模型去推导其他资产的当前价格，我们只需要 $\hat{\theta}$，β 和 κ。鉴于存在一些与观察短期利率有关的问题，短期利率的取值往往与模型估计的参数一致。

截面数据估计完全忽视了数据的时间维度。估计过程不以任何方式保证不同日期所得到的参数值是相似的[①]。关于利率和资产价格的动态特征的模型结果在估计过程中根本就没有利用到。

7.8.3　面板数据估计

这一估计综合了上面描述的两种方法，即利用到了模型和数据的时间序列维度和截面维度。通常，所使用的数据是不同到期日的收益率时间序列数据。利用面板数据估计，所有的参数都能被估计。例如，Gibbons 和 Ramaswamy(1993)以及 Daves 和 Ehrhardt(1993)应用这一方法去估计 CIR 模型。如果想应用一个模型去为某些资产定价以及评估和管理利率和价格随时间的变动，需要将模型的估计建立在截面信息和时间序列信息之上。

通过强调时间序列维度或截面维度之一，而利用另一维度只是为了获得全部参数估计，就可以简单地将面板数据方法分成两个版本。正如前面所讨论的，Vasicek 模型中的参数 κ，θ 和 β 可以通过(近似的)短期利率的历史观察数据估计出来。剩余的参数 λ 可以估计为使模型价格(利用已经得到估计的 κ，θ 和 β)尽可能接近所选择的流动性资产当前价格的值。另一方面，人们可以从截面数据估计出 κ，$\hat{\theta}$ 和 β，然后利用利率的时间序列数据(利用已经确定的估计 κ 和 β)估计 θ。通过这种方式，λ 可由估计参数值之间存在 $\hat{\theta}=\theta-\lambda\beta/\kappa$ 这一关系而确定。

在任何估算中，参数值的选择必须使用一些明确的标准，使得模型对数据的拟合到最佳的程度。通常而言，一个估计过程将同样产生关于模型对数据的拟合程度的信息。因此，上面所提到的这些论文都包括了一个或几个模型的检验。

Chan 等(1992)关于利率期限结构单因子扩散模型的估计、比较和检验也许是最常引用的文献(以下简称 CKLS)。他们考察了时齐模型

$$dr_t=(\theta-\kappa r_t)dt+\beta r_t^{\gamma}dz_t \tag{7.58}$$

通过限制参数 θ，κ 和 γ 的取值，许多前面所研究的模型都是其特例，例如 Merton 模型($\kappa=\gamma=0$)、Vasicek 模型($\gamma=0$)、CIR 模型($\gamma=1/2$)，以及对数正态模型式(7.55)($\gamma=1$，$\theta=0$)。CKLS 利用政府债券的 1 月期收益率作为短期利率的替代，并对美国 1964—1989 年的数据应用时间序列方法。他们估计了 8 个限制性和非限制性模型，并检验这些模型在给定期间描述短期利率变动的效果。他们的结果表明，模型被接受或拒绝基本上由模型的参数 γ 决定。γ 的非限制性估计约为 1.5，在他们的检验中，那些 γ 值较低的模型都被拒绝，包括了 Vasicek

① 例如，Brown 和 Dybvig(1986)发现 CIR 模型的参数估计随时间波动程度较大。

模型和 CIR 模型。另一方面,对数正态模型式(7.55)被接受。

随后,CKLS 的分析在好几个方面收到了批评。首先,正如上面所提及的,1 月期收益率不是零期限短期利率的一个好的替代指标。这一批评可以通过在单因子模型中利用任何给定到期期限的零息债券收益率和真实短期收益率之间的一一对应关系得到解决。对于仿射模型而言,这一关系由式(7.11)给出,其中函数 a 和 b 对于某些仿射模型具有已知的封闭形式(Merton, Vasicek 和 CIR),对于其他的仿射模型,它们可以通过数值技术解 Ricatti 微分方程式(7.6)和式(7.7)而被快速精确地计算出来。对于非仿射模型,这一关系可以通过数值技术解给定存续期(在 CKLS 中为一个月)的零息债券 PDE 式(7.2),并将价格转换为零息债券收益率而得到。通过这种方式,Honoré(1998)将一个给定存续期的零息债券收益率时间序列转换为隐式的零存续期短期利率时间序列。以这一转换的短期利率时间序列为基础,他发现参数 γ 的估计在 0.8 到 1.0 之间,这远低于 CKLS 的估值。

另一个批评来自 Bliss 和 Smith(1997)。他们认为 CKLS 所采用的数据集包括 1979 年 10 月至 1982 年 9 月期间的数据。当时美联储,也就是美国的中央银行,采取了一个极不寻常的货币政策("美联储实验"),导致利率的变动不具代表性,尤其是短期利率。因此,Bliss 和 Smith 允许在这个子期间所取的参数值与 CKLS 所使用的余下的期间(1964—1989)的参数值不同。在试验期之外,不受限制的估计值为 1.0,这也同样显著小于 CKLS 的估计。在 5% 的检验水平上,只有 CIR 模型和 Brennan-Schwartz 模型式(7.57)未被拒绝。

最后,应用不同的估计方法和不同的数据集(1954—1995 年期间 3 月期美国政府债券收益率的周观察数据),Andersen 和 Lund(1997)估计 γ 为 0.676,这比 CKLS 的估值要低得多。Christensen 等(2001)讨论了一些在估计像式(7.58)类型的过程中的一些一般性问题,并用最大似然估计方法和 1982—1995 年间的数据得到了 γ 的估值为 0.78。

上面提到的测试是基于短期利率(的近似值)的时间序列。Brown 和 Dybvig(1986)以及 Brown 和 Schaefer(1994)利用其他时间序列对 CIR 模型做了相似的检验。另一方面,Gibbons 和 Ramaswamy(1993)检验了 CIR 模型同时描述 4 个零息债券,即 1、3、6 和 12 月期的收益率变化的能力(面板数据检验)。所用的数据期间与 CKLS 的研究一样,他们接受了 CIR 模型。

现在应该明确的是,大量的实证文献不能就哪一个单因子模型最能拟合数据给出一个明确的答案。答案取决于数据和所应用的估值技术。在大多数的检验中,固定利率波动率的模型,如 Merton 和 Vasicek 模型,以及所有没有均值回归的模型都被拒绝。在大多数检验中,CIR 模型被接受。因为它既有很好的理论特征,又能获得相对简单的封闭形式的定价公式,故而在学术界和从业者中广为使用。

结束语

在这一章中,我们研究了利率期限结构的时齐单因子扩散模型。它们都建立在对短期利率的变化以及对利率风险的市场价格所做出的一些具体假设之上。Vasicek 模型和 Cox 等人的模型经常被实务界人士用于定价和风险管理,被学术界用于研究利率不确定性对各种金融问题的影响。这两种模型与一般经济均衡模型是一致的,但这种均衡建立在对经济和行为人做出诸多简化的、不切实际的假设的基础之上。这两个模型在解析形式上都比较容易处理,并能为许多固定收益证券给出相对简单的定价公式。在解释实证债券市场数据方面,与 Vasicek 模型相比,CIR 模型具有经济上的吸引力和更好的表现。

本章的模型假设,即短期利率包含了收益率曲线的所有相关信息,是非常严格的假设,经验上很难接受。一些实证研究表明,至少需要两个,也可能是 3 个或 4 个状态变量来解释所观察到的收益率曲线变化。正如我们将在下一章看到,许多文献提出的多因子模型实质上是 Vasicek 模型和 CIR 的单因子模型的一般化。

在所有时齐单因子模型中,当前的收益率曲线是由当前的短期利率和相关的模型参数确定的。不管如何选择参数值,从模型中得出的收益率曲线与市场上观察到的收益率曲线完全一致是极不可能的。如果模型被应用于衍生工具,如债券的期货和期权、利率顶、利率底,以及互换期权的定价,它确实有点令人不安,因为该模型不能为基础零息债券进行正确的定价。正如我们将在第 9 章所看到的,可以用时间确定性函数替换一个或多个参数而由一个单因子模型获得对当前收益率的完美拟合。而非时齐的单因子模型能够为衍生证券定价提供更好的基础,但是它们也并非无可挑剔。还要注意的是,当前收益曲线通常无法直接从市场观察到,而是需要用附息债券的价格进行估计。出于这个目的,从业者经常使用第 2 章所介绍的三次样条或 Nelson-Siegel 方法。如果使用有着更好经济基础的模型,如 CIR 模型,而得到贴现函数 $T \mapsto B^T(r, t)$ 的参数,非时齐的问题就可以避免。

练习

练习 7.1 (零期限收益率曲线的斜率)考虑一个 t 时刻收益率曲线为

$$\bar{y}_t^\tau = \frac{a(\tau)}{\tau} + \frac{b(\tau)}{\tau} r$$

的时齐仿射模型,比较式(7.12)。零期限收益率曲线的斜率为极限 $\lim_{\tau \to 0} \frac{\partial \bar{y}_t^\tau}{\partial \tau}$。

(1) 证明通过微分并应用洛必达法则,斜率为

$$\lim_{\tau \to 0} \frac{\partial \bar{y}_t^\tau}{\partial \tau} = \frac{1}{2} a''(0) + \frac{1}{2} b''(0) r$$

(2) 通过对式(7.6)和式(7.7)微分求 $b''(\tau)$ 和 $a''(\tau)$ 的表达式

(3) 证明斜率由 $(\hat{\varphi} - \hat{\kappa} r)/2$ 给出。

练习 7.2 (收益率曲线的平移)本练习的目的是为了找出在何种假设之下,收益率曲线唯一可能的移动就是平行移动,也就是使得 $d\bar{y}_t^\tau$ 独立于 τ,其中 $\bar{y}_t^\tau = y_t^{t+\tau}$。

(1) 证明如果收益率曲线只能平行移动,那么 t 时刻零息债券收益率对某些 $h(0) = 0$ 函数 h 必定形如

$$y_t^T = y^T(r_t, t) = r_t + h(T - t)$$

零息债券的价格因此是

$$B^T(r, t) = e^{-r[T-t]-h(T-t)[T-t]}$$

(2) 利用偏微分方程式(7.2)证明,对于所有(r, t)(当然$t \leqslant T$),

$$(*)\ \frac{1}{2}\beta(r)^2(T-t)^2-\hat{\alpha}(r)(T-t)+h'(T-t)(T-t)+h(T-t)=0$$

(3) 利用$(*)$,证明$\frac{1}{2}\beta(r)^2(T-t)^2-\hat{\alpha}(r)(T-t)$必定独立于$r$。推断$\hat{\alpha}(r)$和$\beta(r)$必须为常数,因此,该模型实际上是Merton模型。

(4) 在无套利模型中收益率曲线只发生平行移动,请描述模型中收益率曲线的可能形状。在这样的模型中,收益率曲线可能是平坦的吗?

练习7.3 (Vasicek模型中的零息债券认购期权)比较式(7.43),图7.9显示了Vasicek模型中零息债券欧式认购期权的价格与短期利率r的关系。本练习的目的就是为$\partial C/\partial r$推导一个显式表达式。

(1) 证明

$$B^S(r, t)e^{-\frac{1}{2}d_1(r, t)^2}=KB^T(r, t)e^{-\frac{1}{2}d_2(r, t)^2}$$

(2) 证明

$$B^S(r, t)n(d_1(r, t))-KB^T(r, t)n(d_2(r, t))=0$$

其中$n(y)=\exp(-y^2/2)/\sqrt{2\pi}$是一个服从标准正态分布的随机变量的概率密度函数。

(3) 证明

$$\frac{\partial C^{K, T, S}}{\partial r}(r, t)=-B^S(r, t)b(S-t)N(d_1(r, t))$$
$$+KB^T(r, t)b(T-t)N(d_2(r, t))$$

练习7.4 (债券期货)证明定理7.2的最后一个命题。

练习7.5 (CIR零息债券价格)证明由式(7.49)和(7.50)给出的函数b和a是普通微分方程式(7.47)和式(7.48)的解。

练习7.6 (比较Vasicek和CIR模型中的价格)根据Vasicek模型式(7.32)和CIR模型式(7.44),比较下列证券的价格:

(1) 1年期和10年期的零息债券价格;

(2) 5年期零息债券的执行价分别为0.7、0.75和0.8的3月期欧式认购期权;

(3) 逐年支付的10年期,利率8%的子弹型债券;

(4) 逐年支付的10年期,利率8%的子弹型债券的3月期,代表价内,平价和价外的3个不同执行价的欧式认购期权。

在比较中,对两个模型使用$\kappa=0.3$,$\theta=0.05$和$\lambda=0$。当前短期利率$r=0.05$,短期利率的当前的波动率为0.03,因此,在Vasicek模型中,$\beta=0.03$,在CIR模型中,$\beta\sqrt{0.05}=0.03$。

练习7.7 (Vasicek模型中的期望假说)证明局部弱和弱到期收益率版本的期望假说在Vasicek模型中成立。

8 多因子扩散模型

8.1 引言

前一章给出了关于利率期限结构的单因子扩散模型的概述。所有这些模型都建立在对连续复利的短期利率 r 的动态特征假设之上。在这些模型中，我们能够为债券、债券的欧式期权，以及利率顶、利率底、互换和欧式互换期权等产品推导出简单的显式定价公式，见第 6 章。这些模型可以生成各种现实的收益率曲线，模型的参数也能很容易地从市场数据中估计出来。文献中的一些实证检验未能拒绝所选择的一些单因子模型。其中，CIR 模型尤其具备理论根据，它建立在具备许多现实特性的短期利率的动态特征之上。

但是，所有的单因子模型同样具有非常明显的不切实际的特点。首先，它们不能生成实践中所观察到的全部收益率曲线形状。例如，Vasicek 和 CIR 模型只能生成收益率上升、下降和一个小驼峰的曲线形状。尽管零息债券收益率曲线的形状通常如此，但是偶尔也会有其他形状，例如，收益率曲线在短端是下降的，而在更长端是上升的。此外，即使市场收益率曲线随存续期的增加而上升，也可能存在单因子模型所不能描述的其他增长关系。

其次，单因子模型也不能生成收益率曲线的全部所能观察到的变化。比较式(7.11)，在仿射单因子模型中，对于任何给定存续期 τ 的零息债券的收益率 $\bar{y}_t^\tau = y_t^{t+\tau}$ 形如

$$\bar{y}_t^\tau = \frac{a(\tau)}{\tau} + \frac{b(\tau)}{\tau} r_t$$

如果 $b(\tau) > 0$，任何存续期的零息债券收益率变化的符号与短期利率变化的符号相同。因此，这一类模型并不允许利率期限结构出现所谓的扭曲，也就是说，收益率曲线上短期收益率与长期收益率的改变方向相反。

第三个关键点与上面的第二点相关，也就是说，任何两个依赖于利率的变量在无穷短的时间里的变化之间是完美相关的。例如，两个债券的价格或两个收益率就是这种情况。这是因为，所有非预期的变化与短期利率所受到的冲击 dz_t 成正比。例如，τ_i 存续期的零息债券收益率在任何时齐单因子模型中形如

$$d\bar{y}_t^{\tau_i} = \mu_y(r_t, \tau_i)dt + \sigma_y(r_t, \tau_i)dz_t$$

其中漂移率 μ_y 和波动率 σ_y 都是模型相应规定的函数。在无限短的时间里，收益率变化的方差因此是

$$\mathrm{Var}_t[d\bar{y}_t^{\tau_i}] = \sigma_y(r_t, \tau_i)^2 dt$$

两个不同零息债券收益率变化之间的协方差为

$$\mathrm{Cov}_t[d\bar{y}_t^{\tau_1}, d\bar{y}_t^{\tau_2}] = \sigma_y(r_t, \tau_1)\sigma_y(r_t, \tau_2)dt$$

因此，收益率变化之间的相关性为

$$\mathrm{Corr}_t[d\bar{y}_t^{\tau_1}, d\bar{y}_t^{\tau_2}] = \frac{\mathrm{Cov}_t[d\bar{y}_t^{\tau_1}, d\bar{y}_t^{\tau_2}]}{\sqrt{\mathrm{Var}_t[d\bar{y}_t^{\tau_1}]}\sqrt{\mathrm{Var}_t[d\bar{y}_t^{\tau_2}]}} = 1$$

这与实证研究所显示的不同存续期的零息债券收益率变化之间的相关性与 1 相差太远的结果相矛盾。表 8.1 显示了美国政府债券票面收益率的周变化之间的相关性。这些相关性估计由 Canabarro(1995)根据 1986 年 1 月到 1991 年 12 月间的数据估计得到。其他作者也发现了相似的模式，如 Rebonato(1996，第 2 章)，他使用的是英国债券市场数据。

表 8.1　美国政府债券平价收益率周变化之间的相关性估计矩阵

存续期(年)	存续期(1 年)							
	0.25	0.5	1	2	5	10	20	30
0.25	1.00	0.85	0.80	0.72	0.61	0.52	0.46	0.46
0.50	0.85	1.00	0.90	0.85	0.76	0.68	0.63	0.62
1	0.80	0.90	1.00	0.94	0.87	0.79	0.73	0.73
2	0.72	0.85	0.94	1.00	0.95	0.88	0.82	0.82
5	0.61	0.76	0.87	0.95	1.00	0.96	0.92	0.91
10	0.52	0.68	0.79	0.88	0.96	1.00	0.97	0.96
20	0.46	0.63	0.73	0.82	0.92	0.97	1.00	0.97
30	0.46	0.62	0.73	0.82	0.91	0.96	0.97	1.00

注：矩阵根据 Canabarro(1995)年的图表得出。

因此很显然，单因子模型太过简单而无法为债券的截面数据和时间序列数据提供合理的拟合。直观地说，相对于单因子模型，多因子模型更灵活，应该可以产生更多收益曲线的形状和收益率曲线运动。此外，多因子模型允许依赖于利率的不同变量之间存在非完美的相关性，请参阅后面 8.4 节讨论。

究竟需要多少因子才能精确地描述真实的利率期限结构演变以及不同期限收益率之间的相关性？有一些实证研究对此进行了探讨。当然，从某种程度上来讲，这样的探讨取决于所选择的数据集、观察期间，以及所采用的估计方法。然而，所有的研究似乎都表明，两个或以上的因子是必须的。解决这一问题的一个方法就是对所选择期限的零息债券收益率变化的方差—协方差矩阵进行一个所谓的主成分分析。Canabarro(1995)发现单因子最多只能描述他所采用的 1986—1991 年期间美国债券市场的全变差的 85%，第二个最重要的因子解释了另外的 10.3%，第三个和第四个最重要的因子分别贡献了 1.9%和 1.2%。其他的因子的贡献总计小于 1.6%。Litterman 和 Scheinkman(1991)同样使用美国债券市场数据，Rebonato

(1996, Ch.2)使用1989—1992年间的数据,报告了相似的结果。

主成分分析并没有准确识别哪些因子最能描述利率期限结构的演变,但它可以给出关于这些因子的一些提示。上述研究发现了非常相似的迹象。他们都发现,最重要的因子会影响所有类似期限的收益率,因此可以将其理解为一个**水平因子**(level factor)。第二最重要的因子从相反的方向影响短期收益率和长期收益率,因此可以被解释为**斜率因子**(slope factor)。最后,第三个最重要的因子会对短期和长期的收益率产生同方向的影响,但会对中间期限(2—5年)在相反的方向产生影响,我们可以将这一因子解释为**曲率因子**(curvature factor)。Litterman和Scheinkman认为,第三个因子也可以被解释为代表收益率波动率期限结构,也就是不同期限的零息债券收益率的波动率结构的一个因子。

其他的实证研究论文研究了具体的多因子模型对于所选择的债券市场数据的拟合效果。Stambaugh(1988), Pearson和Sun(1991), Chen和Scott(1993), Brenner等(1996), Andersen和Lund(1997), Vetzal(1997), Balduzzi等(1998), Boudoukh等(1999), Dai和Singleton(2000),以及Cheridito等(2007)等人的实证检验结果都表明多因子模型比单因子模型能更好地描述利率期限结构的形状和变动。尽管最近的文献一致认为三因子模型能够提供合理的拟合,但是对于究竟采用哪一个三因子模型,意见却没那么一致。

本章组织如下:第8.2节在一般多因子模型的框架中介绍了相关的符号和主要的定价工具,在这之后,第8.3节专门讨论仿射模型。第8.4节主要讨论两因子仿射模型,并详细描述了两因子的Vasicek模型和两因子CIR模型。第8.5节介绍具体的三因子模型,而第8.6节解释和讨论了标准仿射模型风险的市场价格如何推广的问题。第8.7节简单地介绍了其他章节没能包括的多因子模型。第8.8节为本章总结。

8.2 多因子模型的一般框架

在本节,我们回顾了多因子扩散模型的符号和一般结果,这些内容最初在第4.8节有过讨论。一个一般的利率期限结构的n因子扩散模型中,最基础的假设是,经济的状态可以由一个由状态变量构成的n维向量过程$\boldsymbol{x}=(x_1, \cdots, x_n)^{\top}$所代表。特别是,过程$\boldsymbol{x}$服从马尔科夫扩散过程

$$d\boldsymbol{x}_t=\boldsymbol{\alpha}(\boldsymbol{x}_t, t)dt+\underline{\underline{\beta}}(\boldsymbol{x}_t, t)d\boldsymbol{z}_t \tag{8.1}$$

其中$\boldsymbol{z}=(z_1, \cdots, z_n)^{\top}$是一个$n$—维标准布朗运动。用$\mathcal{S}\subseteq\mathbb{R}^n$表示过程的值空间,也就是各种可能状态的集合。在表达式(8.1)中,$\boldsymbol{\alpha}$是从$\mathcal{S}\times\mathbb{R}_+$到$\mathbb{R}^n$的函数,$\underline{\underline{\beta}}$是从$\mathcal{S}\times\mathbb{R}_+$到$n\times n$实数矩阵的函数,这也就是说,$\underline{\underline{\beta}}(\boldsymbol{x}_t, t)$是一个$n\times n$矩阵。函数$\boldsymbol{\alpha}$和$\underline{\underline{\beta}}$必须满足一些特定的正则条件以确保随机微分方程式(8.1)具有唯一解,比较Øksendal(2003)。我们按分量方式将式(8.1)写成

$$dx_{it}=\alpha_i(\boldsymbol{x}_t, t)dt+\sum_{j=1}^{n}\beta_{ij}(\boldsymbol{x}_t, t)dz_{jt}=\alpha_i(\boldsymbol{x}_t, t)dt+\boldsymbol{\beta}_i(\boldsymbol{x}_t, t)^{\top}d\boldsymbol{z}_t$$

正如第4章所讨论的,套利机会的缺失意味着存在一个风险的市场价格过程$\boldsymbol{\lambda}=(\lambda_1, \cdots, \lambda_n)^{\top}$,使得任何交易资产满足关系

$$\mu(\boldsymbol{x}_t, t)=r(\boldsymbol{x}_t, t)+\sum_{j=1}^{n}\sigma_j(\boldsymbol{x}_t, t)\lambda_j(\boldsymbol{x}_t, t)$$

在这里，μ 表示资产的期望收益，σ_1, …, σ_n 为波动率项，也就是说，价格过程为

$$\mathrm{d}P_t=P_t\left[\mu(\boldsymbol{x}_t, t)\mathrm{d}t+\sum_{j=1}^{n}\sigma_j(\boldsymbol{x}_t, t)\mathrm{d}z_{jt}\right]$$

例如，见等式(4.31)。

我们同样知道由 $z^{\mathbb{Q}}=(z_1^{\mathbb{Q}}, \cdots, z_n^{\mathbb{Q}})^{\top}$ 定义的 n— 维过程

$$\mathrm{d}z_{jt}^{\mathbb{Q}}=\mathrm{d}z_{jt}+\lambda_j(x_t, t)\mathrm{d}t,\ j=1, \cdots, n$$

在风险中性概率测度$\mathbb{Q}$下是一个标准布朗运动。由符号

$$\hat{\boldsymbol{\alpha}}(\boldsymbol{x}, t)=\boldsymbol{\alpha}(\boldsymbol{x}, t)-\underline{\beta}(\boldsymbol{x}, t)\boldsymbol{\lambda}(\boldsymbol{x}, t)$$

也就是

$$\hat{\alpha}_i(\boldsymbol{x}, t)=\alpha_i(\boldsymbol{x}, t)-\sum_{j=1}^{n}\beta_{ij}(\boldsymbol{x}, t)\lambda_j(\boldsymbol{x}, t)$$

我们可以将$\mathbb{Q}$下的状态变量的动态特征写成

$$\mathrm{d}\boldsymbol{x}_t=\hat{\boldsymbol{\alpha}}(\boldsymbol{x}_t, t)\mathrm{d}t+\underline{\beta}(\boldsymbol{x}_t, t)\mathrm{d}z_t^{\mathbb{Q}}$$

或者按分量形式记为

$$\mathrm{d}x_{it}=\hat{\alpha}_i(\boldsymbol{x}_t, t)\mathrm{d}t+\sum_{j=1}^{n}\beta_{ij}(\boldsymbol{x}_t, t)\mathrm{d}z_{jt}^{\mathbb{Q}}$$

我们从 4.8 节中的分析中可以知道，欧式类型交易资产的价格 $P_t=P(\boldsymbol{x}_t, t)$ 可以通过求偏微分方程

$$\frac{\partial P}{\partial t}(\boldsymbol{x}, t)+\sum_{i=1}^{n}\hat{\alpha}_i(\boldsymbol{x}, t)\frac{\partial P}{\partial x_i}(\boldsymbol{x}, t)$$

$$+\frac{1}{2}\sum_{i=1}^{n}\sum_{j=1}^{n}\gamma_{ij}(\boldsymbol{x}, t)\frac{\partial^2 P}{\partial x_i\partial x_j}(\boldsymbol{x}, t)-r(\boldsymbol{x}, t)P(\boldsymbol{x}, t)=0,\ (\boldsymbol{x}, t)\in S\times[0, T) \tag{8.2}$$

的解而得到。反映到期日收益的终止条件为

$$P(\boldsymbol{x}, T)=H(x),\ x\in S$$

在此，$\gamma_{ij}=\sum_{k=1}^{n}\beta_{ik}\beta_{jk}$ 是方差—协方差矩阵 $\underline{\beta}\underline{\beta}^{\top}$ 的第(i, j)个元素。如果 ρ_{ij} 表示第 i 和第 j 个状态变量的相关性，有 $\gamma_{ij}=\rho_{ij}\|\boldsymbol{\beta}_i\|\|\boldsymbol{\beta}_j\|$。也可以采用其他的方法在风险中性(即期鞅)测度下求期望

$$P(\boldsymbol{x}, t)=\mathrm{E}_{\boldsymbol{x}, t}^{\mathbb{Q}}\left[e^{-\int_t^T r(x_u, u)\mathrm{d}u}H(\boldsymbol{x}_T)\right]$$

或者在 T—远期鞅测度下求期望

$$P(\boldsymbol{x}, t)=B^T(\boldsymbol{x}, t)\mathrm{E}_{x, t}^{\mathbb{Q}^T}\left[H(\boldsymbol{x}_T)\right]$$

或在其他便利的鞅测度下取期望，从而计算出价格。

正如第 7 章分析单因子模型一样，我们将把重点放在函数 $\hat{\boldsymbol{\alpha}}$ 和 $\underline{\underline{\beta}}$，同样包括短期利率 r 都不依赖时间而只取决于状态变量的时齐模型之上。尤其是，

$$\mathrm{d}\boldsymbol{x}_t = \hat{\boldsymbol{\alpha}}(\boldsymbol{x}_t)\mathrm{d}t + \underline{\underline{\beta}}(\boldsymbol{x}_t)\mathrm{d}z_t^{\mathbb{Q}}$$

8.3 仿射多因子模型

我们首先把重点放在所谓的仿射模型，Duffie 和 Kan(1996)首先将其引入多因子框架之下，Dai 和 Singleton(2000)对其进行了进一步分析。在仿射多因子模型中，状态变量向量的风险中性动态特征形如：

$$\mathrm{d}\boldsymbol{x}_t = (\hat{\varphi} - \underline{\underline{\hat{\kappa}}}\boldsymbol{x}_t)\mathrm{d}t + \underline{\underline{\Gamma}}\sqrt{\underline{\underline{V}}(\boldsymbol{x}_t)}\,\mathrm{d}z_t^{\mathbb{Q}} \tag{8.3}$$

其中，$\underline{\underline{V}}(\boldsymbol{x}_t)$是一个 $n \times n$ 对角矩阵

$$\underline{\underline{V}}(x_t) = \begin{pmatrix} v_1 + \boldsymbol{v}_1^{\mathsf{T}}\boldsymbol{x}_t & 0 & \cdots & 0 \\ 0 & v_2 + \boldsymbol{v}_2^{\mathsf{T}}\boldsymbol{x}_t & \cdots & 0 \\ \vdots & & \ddots & \vdots \\ 0 & 0 & \cdots & v_n + \boldsymbol{v}_n^{\mathsf{T}}\boldsymbol{x}_t \end{pmatrix}$$

且$\sqrt{\underline{\underline{V}}(\boldsymbol{x}_t)}$是一个 $n \times n$ 对角阵，第(i, i)元素为$\sqrt{v_i + \boldsymbol{v}_i^{\mathsf{T}}\boldsymbol{x}_t}$。更进一步，$\hat{\boldsymbol{\varphi}} = (\hat{\varphi}_1, \cdots, \hat{\varphi}_1)^{\mathsf{T}}$ 是一个常数向量，$\underline{\underline{\hat{\kappa}}}$ 和 $\underline{\underline{\Gamma}}$ 是一个 $n \times n$ 常数矩阵。特别地，我们可以将第 i 个状态变量写成

$$\mathrm{d}x_{it} = (\hat{\varphi}_i - \sum_{j=1}^{n}\hat{\kappa}_{ij}x_{jt})\mathrm{d}t + \sum_{j=1}^{n}\Gamma_{ij}\sqrt{v_j + \boldsymbol{v}_j^{\mathsf{T}}\boldsymbol{x}_t}\,\mathrm{d}z_{jt}^{\mathbb{Q}}$$

很显然，我们必须确保对于每一 $j = 1, \cdots, n$ 和 x_t 的所有可能取值，有 $v_i + \boldsymbol{v}_i^{\mathsf{T}}\boldsymbol{x}_t \geqslant 0$。如果对所有 j，$v_j = 0$，这没问题，但是在其他情况下，正如后面所要讨论的，必须对一些参数进行限制。

一个时齐多因子扩散模型被称为仿射模型，如果它的状态变量在风险中性概率测度下具有式(8.3)的形式，且短期利率 $r_t = r(\boldsymbol{x}_t)$ 是 $\boldsymbol{x}$ 的一个仿射函数，也就是存在一个常数标量 ξ_0 和常数 n 维向量 $\boldsymbol{\xi} = (\xi_1, \cdots, \xi_n)^{\mathsf{T}}$ 使得

$$r(x) = \xi_0 + \boldsymbol{\xi}^{\mathsf{T}}\boldsymbol{x} = \xi_0 + \sum_{i=1}^{n}\xi_i\boldsymbol{x}_i \tag{8.4}$$

在第 7 章，单因子模型中短期利率的条件显然满足，因为它们都将短期利率自身当做状态变量。相似地，在多因子模型中，短期利率是状态变量之一，条件也是满足的。

如果对于常数向量 $\bar{\boldsymbol{\lambda}}$，风险的市场价格向量 $\boldsymbol{\lambda}(x)$形如，

$$\boldsymbol{\lambda}(\boldsymbol{x}) = \sqrt{\underline{\underline{V}}(\boldsymbol{x}_t)}\,\bar{\boldsymbol{\lambda}} \tag{8.5}$$

那么状态变量的真实世界动态特征将为

$$d\boldsymbol{x}_t = (\boldsymbol{\varphi} - \underline{\underline{\kappa}}\boldsymbol{x}_t)dt + \underline{\underline{\Gamma}}\sqrt{\underline{\underline{V}}(\boldsymbol{x}_t)}\,dz_t \tag{8.6}$$

其中，

$$\boldsymbol{\varphi} = \hat{\boldsymbol{\varphi}} + \underline{\underline{\Gamma}}\boldsymbol{\psi},\ \underline{\underline{\kappa}} = \hat{\underline{\underline{\kappa}}} - \underline{\underline{\Gamma}}\,\underline{\underline{\Psi}}$$

在此，$\boldsymbol{\psi}$ 是元素为 $\boldsymbol{\psi}_i = \bar{\lambda}_i v_i$ 的向量，而 $\underline{\underline{\Psi}}$ 是一个任何行 i 由 $\bar{\lambda}_i v_i$ 给出的矩阵给出[读者将在练习 8.1 证明式(8.6)]。因此，真实世界动态特征同样也属于仿射类型。

8.3.1 多因子仿射模型中的定价问题

下面这一定理概括了多因子仿射模型中的零息债券价格的特点。

定理 8.1 在一个容许的仿射模型中，零息债券价格具有指数仿射形式

$$\begin{aligned} B_t^T = B^T(\boldsymbol{x}_t, t) &= \exp\{-a(T-t) - b(T-t)^{\top}\boldsymbol{x}_t\} \\ &= \exp\{-a(T-t) - \sum_{i=1}^{n} b_j(T-t)x_{jt}\} \end{aligned} \tag{8.7}$$

其中确定量函数 a 和 $\boldsymbol{b}$ 满足普通微分方程组(ODE)

$$b'(\tau) = -\hat{\underline{\underline{\kappa}}}^{\top} b(\tau) - \frac{1}{2}\sum_{i=1}^{n}[\underline{\underline{\Gamma}}^{\top} b(\tau)]_i^2 v_i + \boldsymbol{\xi} \tag{8.8}$$

$$a'(\tau) = \hat{\boldsymbol{\varphi}}^{\top} b(\tau) - \frac{1}{2}\sum_{i=1}^{n}[\underline{\underline{\Gamma}}^{\top} b(\tau)]_i^2 v_i + \xi_0$$

初始条件为 $a(0)=0,\ b(0)=\mathbf{0}$。在此，$[\underline{\underline{\Gamma}}b(\tau)]_i$ 表示向量 $\underline{\underline{\Gamma}}b(\tau)$的第 i 个元素。

这可以通过将其代入施加仿射模型条件的偏微分方程式(8.2)而得出(练习 8.2 要求读者给出证明)。可以不利用矩阵和向量符号将 ODEs 记为

$$b_i'(\tau) = -\sum_{j=1}^{n}\hat{\kappa}_{ji} b_j(\tau) - \frac{1}{2}\sum_{k=1}^{n} v_{ki}\Big(\sum_{j=1}^{n}\Gamma_{jk} b_j(\tau)\Big)^2 + \xi_i,\ i=1,\cdots,n \tag{8.9}$$

$$a'(\tau) = \sum_{j=1}^{n}\hat{\varphi}_j b_j(\tau) - \frac{1}{2}\sum_{k=1}^{n} v_k\Big(\sum_{j=1}^{n}\Gamma_{jk} b_j(\tau)\Big)^2 + \xi_0 \tag{8.10}$$

初始条件为 $a(0)=b(0)=\cdots=b_n(0)=0$。与单因子模型中一样，一旦所有 $b_j(\tau)$已经确定，$a(\tau)$可以通过积分求得。

上面这一定理有一个逆定理。在某些正则条件下，如果 $\hat{\boldsymbol{\alpha}}$，$\underline{\underline{\beta\beta}}^{\top}$ 和 r 是 $\boldsymbol{x}$ 的仿射函数，零息债券价格的形式只能为指数仿射形式，见 Duffie 和 Kan(1996)。

在一个仿射 n 因子模型中，零息债券收益率 $\bar{y}_t^{\tau} = -(\ln B_t^{t+\tau})/\tau$ 为

$$\bar{y}^{\tau}(x) = \frac{a(\tau)}{\tau} + \sum_{j=1}^{n}\frac{b_j(\tau)}{\tau}x_j \tag{8.11}$$

且远期利率 $\bar{f}_t^{\tau} = f_t^{t+\tau}$ 为

$$\bar{f}^{\tau}(x) = a'(\tau) + \sum_{j=1}^{n} b'(\tau)x$$

零息债券价格 B_t^T 的动态特征为

$$\frac{dB_t^T}{B_t^T}=r(\boldsymbol{x}_t)dt+\sum_{j=1}^{n}\sigma_j^T(\boldsymbol{x}_t, t)dz_{jt}^{\mathbb{Q}}$$

其中敏感因子 σ_j^T 由给出

$$\sigma_j^T(x, t)=-\sqrt{v_j+\boldsymbol{v}_j^{\top}x}\sum_{k=1}^{n}\Gamma_{kj}b_k(T-t) \tag{8.12}$$

在第 6 章我们讨论了零息债券欧式认购期权定价的一般方法。其中一个方法是基于公式

$$C^{K, T, S}(\boldsymbol{x}, t)=B^T(\boldsymbol{x}, t)\mathrm{E}_{x, t}^{\mathbb{Q}^T}[\max(B^S(\boldsymbol{x}_T, T)-K, 0)]$$

在高斯模型中,$\boldsymbol{x}_T$ 服从正态分布,因此由式(8.7)可知,在期权到期日,债券价格服从对数正态分布,因此计算以上期望相对容易,从而可以得到这一认购期权的价格。这与 Black-Scholes-Merton 的股票期权定价模型和第 7 章所研究的 Merton 的单因子期限结构模型比较相似。我们将在下面的两因子 Vasicek 模型中应用这一方法。或者,比较等式(6.17),我们可以计算出价格为

$$C^{K, T, S}(\boldsymbol{x}_t, t)=B^S(\boldsymbol{x}_t, t)\mathbb{Q}_t^S(B^S(\boldsymbol{x}_T, T)>K)-KB^T(\boldsymbol{x}_t, t)\mathbb{Q}_t^T(B^S(\boldsymbol{x}_T, T)>K) \tag{8.13}$$

利用式(8.7),看到

$$B^S(\boldsymbol{x}_T, T)>K\Leftrightarrow\sum_{j=1}^{n}b_j(S-T)x_j<-a(S-T)-\ln K$$

因此应用式(8.13),我们需要知道在相应的概率测度下,状态变量的线性组合的分布。我们同样可以推导出一些非高斯仿射模型中零息债券期权的封闭定价公式,例如,8.4.2 节中的两因子版本的 Cox-Ingersoll-Ross 模型。

正如 7.2.3 节所介绍的,对照式(7.28),在单因子仿射模型中,附息债券的欧式认购期权的价格等于一个零息债券欧式认购期权的组合。只要任何零息债券的价格是短期利率的单调函数,情况就是如此。同样的手法不能应用于多因子模型,因此附息债券期权的价格(因此也包括互换期权,见 6.5.2 节)必须通过数值方法进行计算。但是,用一个精心选择的零息债券的欧式期权的价格精确地逼近附息债券的欧式期权价格是可能的。关于这一逼近方法的更多细节请见第 12 章和 Munk(1999)。正如我们将在下面所看到的,有几个多因子模型为零息债券的欧式期权价格提供了封闭表达式,因此,附息债券期权的近似价格可以很容易得到。

文献中也提供了一些获得附息债券的欧式期权近似价格的其他技术。例如,在仿射模型的框架下,Collin-Dufresne 和 Goldstein(2002b)以及 Sigleton 和 Umantsev(2002)引入了两个可能(从精度和计算速度方面)优于上文所提到的近似的方法,但是它们都不易弄懂。Schrager 和 Pelsser(2006)提出了另一个前景光明且相对简单的方法。

8.3.2 仿射模型的分类

Dai 和 Singleton(2000)为仿射模型提供了非常有用的分类。他们将 n 因子仿射模型大类分成 $n+1$ 个子类,用$\mathbb{A}_0(n)$, $\mathbb{A}_1(n)$, …, $\mathbb{A}_n(n)$表示,$\mathbb{A}_m(n)$在此是 n 因子模型的子类,

其中 m 个状态变量影响 $\underline{\underline{V}}(x)$，从而也影响到了瞬时方差—协方差矩阵 $\mathrm{Var}_t[\mathrm{d}x_t]$。不失一般性，我们可以假设 m 个影响方差的状态变量是最前面的 m 个，也就是 $x_1, \cdots, x_m$。Dai 和 Singleton 讨论了对于 $\boldsymbol{x}_t$ 所有可能的取值，从 $v_i+\boldsymbol{v}_i^{\mathsf{T}}\boldsymbol{x}_t>0$ 的意义上模型可以被接受的条件。这包括了各种参数限制。例如，两个影响方差的状态变量之间的瞬时相关性必须为 0。对于任何影响方差的状态变量 x_i，对 $j=m+1, \cdots, n$，漂移率必须有 $\varphi_i\geqslant 0$，$\kappa_{ij}=0$ 和对 $j=1, \cdots, m$，$\kappa_{ij}\leqslant 0$，其中 $j\neq i$，且 x_i 只对波动率与 $\sqrt{x_{it}}$ 成正比的 $\mathrm{d}z_{it}$ 敏感。这些条件将确保影响方差的状态变量保持非负。用松散的语言表述就是，影响方差的变量是瞬时不相关的平方根过程，其中每一变量的漂移可能与其他平方根过程值正相关，但不依赖于那些不影响方差的状态变量。对于 $i=m+1, \cdots, n$，这些不影响方差的状态变量 x_i 对影响方差的冲击 $\mathrm{d}z_{jt}$ $(j=1, \cdots, m)$ 的敏感性被限制为与 $\sqrt{x_{jt}}$ 成正比，而对其他的冲击 $\mathrm{d}z_{jt}(j=m+1, \cdots, n)$ 的敏感性必定形如 $\Gamma_{ij}\sqrt{v_j+\sum_{k=1}^{m}v_{jk}x_{kt}}$，其中 $v_j, v_{jk}\geqslant 0$。

Dai 和 Singleton 为每一 $\mathbb{A}_m(n)$ 模型子类构造了一个典型表达式，但是我们感兴趣的多因子模型固有的表达式并不符合那一表达式，因此在此我们不再进一步讨论。文献中所研究的具体仿射模型可以按照其总因子的个数以及出现在波动率项中的个数而被归入 $\mathbb{A}_m(n)$ 子类。Dai 和 Singleton 的分析的重要贡献在于他们证明了文献中所研究的各种模型并不必然是限制性的，从它们可以被推广而不脱离它们所属的子类这一意义上看。可能的推广可以提高模型的实证拟合效果。

最简单的子类就是极端情况，$\mathbb{A}_0(n)$ 和 $\mathbb{A}_n(n)$。下文我们提供了这两个子类的一般结果。之后，我们将更仔细地研究两因子和三因子仿射模型。

1. 多因子高斯模型

对于 $\mathbb{A}_0(n)$ 子类，波动率项不受状态变量影响，也就是说，在一般仿射模型式(8.3)中，对于所有 i，有 $v_i=0$。不失一般性，对所有 i，假设 $v_i=1$，因此状态变量的动态特征形如

$$\mathrm{d}x_t=(\varphi-\underline{\underline{\kappa}}\boldsymbol{x}_t)\mathrm{d}t+\underline{\underline{\Gamma}}\mathrm{d}z_t$$

因此，状态变量向量 $\boldsymbol{x}=(\boldsymbol{x}_t)$ 服从 n—维 OU 过程。如果风险的市场价格始终如式(8.5)所示，那么风险中性的动态特征形式为

$$\mathrm{d}\boldsymbol{x}_t=(\hat{\boldsymbol{\varphi}}-\underline{\underline{\kappa}}\boldsymbol{x}_t)\mathrm{d}t+\underline{\underline{\Gamma}}\mathrm{d}z_t^{\mathbb{Q}} \tag{8.14}$$

状态变量的未来值服从正态分布。由于短期利率是状态变量的仿射函数，因此，短期利率的未来值同样也服从正态分布。因此，模型 $\mathbb{A}_0(n)$ 为高斯 n—因子模型。只有当矩阵 $\hat{\underline{\underline{\kappa}}}$ 是对角矩阵时，状态变量(从而短期利率)的均值，方差和协方差才是简单的①。

高斯模型比较容易处理，并能为债券价格以及零息债券欧式期权的价格提供解析表达式。债券价格由式(8.7)可知，其中普通微分方程式(8.9)简化为

$$b'(\tau)=-\hat{\underline{\underline{\kappa}}}^{\mathsf{T}}b(\tau)+\boldsymbol{\xi},\ b(0)=\boldsymbol{0}$$

式(8.12)中所定义的零息债券价格的敏感性 σ_i^T 仅取决于债券的存续期，

$$\sigma_i^T(t)=-\sum_{k=1}^{n}\Gamma_{ki}b_k(T-t)$$

① 一般而言，各阶矩依赖于矩阵 $\hat{\underline{\underline{\kappa}}}$ 的特征值和特征向量，比较 Langetieg(1980)中的讨论。

由于给定 $\boldsymbol{x}_t=\boldsymbol{x}$ 状态变量的向量 $\boldsymbol{x}_T$ 服从正正态分布,因此零息债券的价格服从对数正态分布。从 7.2.3 节知道零息债券的欧式期权的价格由

$$C^{K,T,S}(\boldsymbol{x},t)=B^S(x,t)N(\mathrm{d}_1)-KB^T(\boldsymbol{x},t)N(d_2)$$

给出,在此

$$d_1=\frac{1}{v(t,T,S)}\ln\left(\frac{B^S(\boldsymbol{x},t)}{KB^T(x,t)}\right)+\frac{1}{2}v(t,T,S)$$
$$d_2=d_1-v(t,T,S)$$

其中

$$v(t,T,S)^2=\mathrm{Var}_t^{\mathbb{Q}^T}[\ln F_T^{T,S}]=\sum_{i=1}^n\int_t^T(\sigma_i^S(u)-\sigma_i^T(u))^2\mathrm{d}u$$
$$=\sum_{i=1}^n\int_t^T(\sum_{k=1}^n\Gamma_{ki}[b_k(S-u)-b_k(T-u)])^2\mathrm{d}u \tag{8.15}$$

在下一节中,我们将考察一个具体的两因子高斯模型。

2. 多因子 CIR 模型

在$\mathbb{A}_n(n)$子类的仿射模型中,全部 n 个状态变量都对条件方差产生影响。受理条件意味着状态变量的动态特征必须形如

$$\mathrm{d}x_{it}=(\varphi_i-\sum_{j=1}^n\kappa_{ij}x_{jt})\mathrm{d}t+\Gamma_i\sqrt{x_{it}}\,\mathrm{d}z_{it}$$

且 $\varphi_i>0$ 以及对于 $j\neq i$, $\kappa_{ij}\leqslant 0$。为了与式(8.5)保持一致,风险的市场价格必定形如 $\lambda_i(\boldsymbol{x})=\bar{\lambda}_i\sqrt{x_{it}}$。因此,风险中性的动态特征为

$$\mathrm{d}x_{it}=(\varphi_i-\sum_{j=1}^n\hat{\kappa}_{ij}x_{jt})\mathrm{d}t+\Gamma_i\sqrt{x_{it}}\,\mathrm{d}z_{it}^{\mathbb{Q}}$$

其中对 $j\neq i$, $\hat{\kappa}_{ii}=\kappa_{ii}+\Gamma_i\sqrt{x_{it}}\,\mathrm{d}z_{it}^{\mathbb{Q}}$和 $\hat{k}_{ij}=k_{ij}$。将此类模型称为多因子 CIR 模型似乎也很自然。注意,状态变量之间瞬时不相关,但一般而言,它们不是独立的随机过程,因为一个变量的漂移率可以与其他状态变量的取值正相关。因此,状态变量的未来值可能确实正相关,但是它们不能负相关。

ODE(8.9)式简化为

$$b_i'(\tau)=-\sum_{j=1}^n\hat{\kappa}_{ji}b_j(\tau)-\frac{1}{2}\Gamma_i^2b_i(\tau)^2+\xi_i,\ i=1,\cdots,n$$

但是,这还是太复杂而不能求出封闭解。一个例外的特殊情况是,对于 $j\neq i$, $\kappa_{ij}=0$,不同的 x_i 过程之间完全彼此独立。此时,ODE 可以解开为

$$b_i'(\tau)=-\hat{\kappa}_ib_j(\tau)-\frac{1}{2}\Gamma_i^2b_i(\tau)^2+\xi_i,\ i=1,\cdots,n$$

其中 $\hat{\boldsymbol{\kappa}}_i$ 是 $\hat{\boldsymbol{\kappa}}_{ii}$的缩写。对照式(7.49),方程的解类似于单因子 CIR 模型中的函数 $b(\tau)$。或者,可以计算零息债券的价格如下。首先,不失一般性,假设 $\xi_1=\cdots=\xi_n=1$,因为可以通过将 φ_i 和 Γ_i 乘以相同的常数而将状态变量放大或缩小。于是,可以假设短期利率为 $r_t=\xi_0+\sum_{i=1}^n x_{it}$,零息债券价格因此变成

$$\begin{aligned} B^T(x,t) &= \mathrm{E}^{\mathbb{Q}}\left[e^{-\int_t^T r_u \mathrm{d}u} \mid \boldsymbol{x}_t = \boldsymbol{x}\right] = \mathrm{E}^{\mathbb{Q}}\left[e^{-\xi_0[T-t]-\sum_{i=1}^n \int_t^T x_{iu} \mathrm{d}u} \mid \boldsymbol{x}_t = \boldsymbol{x}\right] \\ &= e^{-\xi_0[T-t]} \mathrm{E}^{\mathbb{Q}}\left[\prod_{i=1}^n e^{-\int_t^T x_{iu} \mathrm{d}u} \mid \boldsymbol{x}_t = \boldsymbol{x}\right] \\ &= e^{-\xi_0[T-t]} \prod_{i=1}^n \mathrm{E}^{\mathbb{Q}}\left[e^{-\int_t^T x_{iu} \mathrm{d}u} \mid x_{it} = x_i\right] \end{aligned}$$

在此，我们用到了状态变量之间彼此独立的条件。因为每一状态变量 x_i 都服从与单因子 CIR 模型中短期利率同一类型的随机过程，得到

$$\mathrm{E}^{\mathbb{Q}}\left[e^{-\int_t^T x_{iu} \mathrm{d}u} \mid x_{it} = x_i\right] = e^{-a_i(T-t)-b_i(T-t)x_i}$$

其中

$$b_i(\tau) = \frac{2(e^{\gamma_i \tau}-1)}{(\gamma_i+\hat{\kappa}_i)(e^{\gamma_i \tau}-1)+2\gamma_i}$$

$$a_j(\tau) = -\frac{2\hat{\varphi}_i}{\Gamma_i^2}\left(\ln(2\gamma_i)+\frac{1}{2}(\hat{\kappa}_i+\gamma_i)\tau-\ln[(\gamma_i+\hat{\kappa}_i)(e^{\gamma_i \tau}-1)+2\gamma_i]\right)$$

以及 $\gamma_i = \sqrt{\hat{\kappa}_i^2 + 2\Gamma_i^2}$，对照式(7.46)、式(7.49)和式(7.50)。因此，零息债券价格为

$$B^T(\boldsymbol{x},t) = e^{-\xi_0[T-t]} \prod_{i=1}^n e^{-a_i(T-t)-b_i(T-t)x_i} = e^{-a(T-t)-\sum_{i=1}^n b_i(T-t)x_i}$$

在此 $a(\tau) = \xi_0 \tau + \sum_{i=1}^n a_i(\tau)$。零息债券价格的风险中性动态特征为

$$\frac{\mathrm{d}B_t^T}{B_t^T} = r(\boldsymbol{x}_t)\mathrm{d}t + \sum_{i=1}^n \sigma_i^T(\boldsymbol{x}_t,t)\mathrm{d}z_{it}^{\mathbb{Q}}$$

其中敏感性 σ_i^T 由

$$\sigma_i^T(\boldsymbol{x},t) = -\Gamma i\sqrt{x_i}\, b_i(T-t) \tag{8.16}$$

给出。

在独立的多因子 CIR 模型中，状态变量的未来值将服从非中心 χ^2—分布，我们有可能推导出包含 n 维非中心 χ^2 累积分布函数的零息债券欧式期权的封闭定价公式。在下节，我们将更仔细地讨论独立两因子 CIR 模型。

8.4 两因子仿射扩散模型

8.4.1 两因子 Vasicek 模型

Beaglehole 和 Tenney(1991)以及 Hull 和 White(1994b)提出过一个高斯两因子模型，该模型是单因子 Vasicek 模型的一个相对简单的推广。比较 7.4 节，Vasicek 模型中的短期利率的动态特征为

$$\mathrm{d}r_t = \kappa[\hat{\theta} - r_t]\mathrm{d}t + \beta \mathrm{d}z_t^{\mathbb{Q}} = (\hat{\varphi} - \kappa r_t)\mathrm{d}t + \beta \mathrm{d}z_t^{\mathbb{Q}}$$

这一推广是令长期均衡水平 $\hat{\theta}$ 服从相似的随机过程。Hull 和 White 构造的一般模型如下

$$dr_t=(\hat{\varphi}+\varepsilon_t-\kappa_r r_t)dt+\beta_r dz_{1t}^{\mathbb{Q}}$$

$$d\varepsilon_t=-\kappa_\varepsilon\varepsilon_t dt+\beta_\varepsilon\rho dz_{1t}^{\mathbb{Q}}+\beta_\varepsilon\sqrt{1-\rho^2}\,dz_{2t}^{\mathbb{Q}}$$

过程 $\varepsilon=(\varepsilon_t)$ 展现了围绕 0 的均值回归特征，并且代表了当前对长期短期利率水平的观点(在风险中性概率测度下)与平均观点的偏离程度。在此，β_ε 是 ε—过程的波动率，ρ 是短期利率变化与 ε 的变化之间的相关性。除了 ρ 在区间$[-1, 1]$取值之外，所有的常数参数都假定为正。这一两因子模型是一般高斯多因子模型式(8.14)的特例，也就是说，限制参数取值，

$$\hat{\varphi}_1=\hat{\varphi},\ \hat{\kappa}_{11}=\kappa_r$$
$$\hat{\kappa}_{12}=-1,\ \Gamma_{11}=\beta_r$$
$$\Gamma_{12}=0,\ \hat{\varphi}_2=0$$
$$\hat{\kappa}_{21}=0,\ \hat{\kappa}_{22}=\kappa_\varepsilon$$
$$\Gamma_{21}=\beta_\varepsilon\rho,\ \Gamma_{22}=\beta_\varepsilon\sqrt{1-\rho^2}$$

所得到的特殊情况。由于短期利率自身就是第一个状态变量，必须额外令 $\xi_1=0$ 和 $\xi_0=\xi_2=0$。

在做出这些替换之后，b_1 和 b_2 的普通微分方程变为

$$b_1'(\tau)=-\kappa_r b_1(\tau)+1,\ b_1(0)=0$$
$$b_2'(\tau)=b_1(\tau)-\kappa_\varepsilon b_2(\tau),\ b_2(0)=0 \tag{8.17}$$

第一个方程与原先的单因子 Vasicek 模型相同，见 7.4.2 节，因此，它的解是

$$\mathcal{B}_\kappa(\tau)=\frac{1}{\kappa}(1-e^{-\kappa\tau})$$

特别地，$b_1(\tau)=\mathcal{B}_{\kappa_r}(\tau)$。 可以证明(见练习 8.3)$b_2$ 的方程的解为

$$b_2(\tau)=\frac{1}{\kappa_r-\kappa_\varepsilon}(\mathcal{B}_{\kappa_\varepsilon}(\tau)-B_{\kappa_r}(\tau)) \tag{8.18}$$

最后，函数 a 的方程可以重新记为

$$a'(\tau)=\hat{\varphi}b_1(\tau)-\frac{1}{2}\beta_r^2 b_1(\tau)^2-\frac{1}{2}\beta_\varepsilon^2 b_2(\tau)^2-\rho\beta_r\beta_\varepsilon b_1(\tau)b_2(\tau),\ a(0)=0$$

由此可得到

$$\begin{aligned}a(\tau)&=a(\tau)-a(0)=\int_0^\tau a'(u)du\\&=\hat{\varphi}\int_0^\tau\mathcal{B}_{\kappa_r}(u)du-\frac{1}{2}\beta_r^2\int_0^\tau\mathcal{B}_{\kappa_r}(u)^2du\\&\quad-\frac{1}{2}\frac{\beta_\varepsilon^2}{(\kappa_r-\kappa_\varepsilon)^2}\int_0^\tau(\mathcal{B}_{\kappa_\varepsilon}(u)-\mathcal{B}_{\kappa_r}(u))^2du\\&\quad-\frac{\rho\beta_r\beta_\varepsilon}{\kappa_r-\kappa_\varepsilon}\int_0^\tau\mathcal{B}_{\kappa_r}(u)(\mathcal{B}_{\kappa_\varepsilon}(u)-\mathcal{B}_{\kappa_r}(u))du\end{aligned}$$

这些积分比较容易计算(如单因子 Vasicek 模型中一样)，最后得到

$$a(\tau)=\frac{\hat{\varphi}}{\kappa_r}(\tau-\mathcal{B}_{\kappa_r}(\tau))$$
$$-\frac{1}{2\kappa_r^2}\left[\beta_r^2-\frac{2\rho\beta_r\beta_\varepsilon}{\kappa_r-\kappa_\varepsilon}+\frac{\beta_\varepsilon^2}{(\kappa_r-\kappa_\varepsilon)^2}\right]\left(\tau-\mathcal{B}_{\kappa_r}(\tau)-\frac{\kappa_r}{2}\mathcal{B}_{\kappa_r}(\tau)^2\right)$$
$$-\frac{1}{2}\frac{\beta_\varepsilon^2}{\kappa_\varepsilon^2(\kappa_r-\kappa_\varepsilon)^2}\left(\tau-\mathcal{B}_{\kappa_\varepsilon}(\tau)-\frac{\kappa_\varepsilon}{2}\mathcal{B}_{\kappa_\varepsilon}(\tau)^2\right)$$
$$+\frac{1}{\kappa_r\kappa_\varepsilon(\kappa_r-\kappa_\varepsilon)}\left[\frac{\beta_\varepsilon^2}{\kappa_r-\kappa_\varepsilon}-\rho\beta_r\beta_\varepsilon\right](\tau-\mathcal{B}_{\kappa_r}(\tau)-\mathcal{B}_{\kappa_\varepsilon}(\tau)+\mathcal{B}_{\kappa_r+\kappa_\varepsilon}(\tau))$$

存续期为 τ 的零息债券收益率由

$$\bar{y}^\tau(r,\varepsilon)=\frac{a(\tau)}{\tau}+\frac{b_1(\tau)}{\tau}r+\frac{b_2(\tau)}{\tau}\varepsilon \tag{8.19}$$

给出。练习 8.4 要求读者实验性地探究何种收益率曲线形状可能依赖于当前状态变量的取值以及模型的参数。你将发现，与单因子 Vasicek 模型相比，模型可以产生更多的收益率曲线形状。对于某些参数组合而言，可以生产扭曲的收益率曲线，于是，短期收益率和长期收益率朝不同的方向运动。两因子 Vasicek 模型的其他方面在练习 8.5 和 8.6 中得到了讨论。

由式(8.15)可知进入零息债券期权价格的相关的方差 $v(t,T,S)^2$ 为：

$$v(t,T,S)^2=\beta_r^2\int_t^T[b_1(S-u)-b_1(T-u)]^2\mathrm{d}u$$
$$+\beta_\varepsilon^2\int_t^T[b_2(S-u)-b_2(T-u)]^2\mathrm{d}u$$
$$+2\rho\beta_r\beta_\varepsilon\int_t^T[b_1(S-u)-b_1(T-u)][b_2(S-u)-b_2(T-u)]\mathrm{d}u$$

其中积分可以显式地计算。

Hull 和 White(1994b)更进一步证明了如何通过用相应的以时间为变量的函数替换常数 $\hat{\varphi}$ 来取得对观察到的收益率曲线的完美拟合。

8.4.2 独立两因子 CIR 模型(Longstaff-Schwartz 模型)

1. 模型描述

关于多因子 CIR 模型的一个有趣例子是独立两因子 Longstaff-Schwartz(1992a)模型。如同单因子 CIR 模型一样，Longstaff-Schwartz 模型同样是 Cox 等人(1985a)所研究的一般均衡模型的一种特殊情况。在一些实证支持下，Longstaff 和 Schwartz 假设经济有一个状态变量 x_1，仅影响生产性投资的期望收益，以及一个状态变量 x_2，不仅影响生产性投资的收益，而且影响生产性投资收益的不确定性。这两个状态变量 x_1 和 x_2 被假设服从真实世界概率测度下的独立的平方根过程

$$\mathrm{d}x_{1t}=(\varphi_1-\kappa_1x_{1t})\mathrm{d}t+\beta_1\sqrt{x_{1t}}\,\mathrm{d}z_{1t}$$
$$\mathrm{d}x_{2t}=(\varphi_2-\kappa_2x_{2t})\mathrm{d}t+\beta_2\sqrt{x_{2t}}\,\mathrm{d}z_{2t}$$

所有的常数都为正数。

在具体的偏好、禀赋、技术等条件下，以及对状态变量做适当的调整，均衡短期利率恰好是两个状态变量的和，

$$r_t = x_{1t} + x_{2t} \tag{8.20}$$

更进一步，与 x_1 相关的风险的市场价格 $\lambda_1(x, t)$ 等于 0，而与 x_2 相关的风险的市场价格为 $\lambda_2(x, t) = \lambda\sqrt{x_2}/\beta_2$，其中，$\lambda$ 为常数。因此，风险中性概率测度$\mathbb{Q}$下的标准布朗运动由

$$dz^{\mathbb{Q}}_{1t} = dz_{1t}, \; dz^{\mathbb{Q}}_{2t} = dz_{2t} + \frac{\lambda}{\beta_2}\sqrt{x_{2t}}\,dt \tag{8.21}$$

给出。在风险中性概率测度下，状态变量的动态特征变为

$$dx_{1t} = (\hat{\varphi}_1 - \hat{\kappa}_1 x_{1t})dt + \beta_1\sqrt{x_{1t}}\,dz^{\mathbb{Q}}_{1t}$$

$$dx_{2t} = (\hat{\varphi}_2 - \hat{\kappa}_2 x_{2t})dt + \beta_2\sqrt{x_{2t}}\,dz^{\mathbb{Q}}_{2t}$$

其中，$\hat{\varphi}_1 = \varphi_1$，$\hat{\kappa}_1 = \kappa_1$，$\hat{\varphi}_2 = \varphi_2$ 和 $\hat{\kappa}_2 = \kappa_2 + \lambda$。

2. 收益率曲线

根据对一般多因子 CIR 模型的分析，零息债券价格 $B^T(x_1, x_2, t)$可以写成

$$B^T(x_1, x_2, t) = e^{-a(T-t)-b_1(T-t)x_1-b_2(T-t)x_2} \tag{8.22}$$

其中 $a(\tau) = a_1(\tau) + a_2(\tau)$，

$$b_j(\tau) = \frac{2(e^{\gamma_j\tau}-1)}{(\gamma_j+\hat{\kappa}_j)(e^{\gamma_j\tau}-1)+2\gamma_j}, \; j=1, 2$$

$$a_j(\tau) = -\frac{2\hat{\varphi}_j}{\beta_j^2}\left(\ln(2\gamma_j) + \frac{1}{2}(\hat{\kappa}_j+\gamma_j)\tau - \ln\left[(\gamma_j+\hat{\kappa}_j)(e^{\gamma_j\tau}-1)+2\gamma_j\right]\right)$$

以及对 $j=1, 2$，有 $\gamma_j = \sqrt{\hat{\kappa}_j^2 + 2\beta_j^2}$。

状态变量 x_1 和 x_2 是抽象的、不可直接观察的变量。Longstaff-Schwartz 对短期利率 r_t 和利率的瞬时方差率 v_t 实施了变量变换。严格地讲，这些变量同样不能直接观察，但它们可以从债券市场价格数据中估计出来。此外，这些新变量似乎对债券以及利率衍生产品的定价非常重要，同样，价格更容易与 r 和 v 的函数而不是 x_1 和 x_2 的函数联系起来。由于 r_t 由式(8.20)给出，得到 $dr_t = dx_{1t} + dx_{2t}$，也就是

$$dr_t = (\varphi_1 + \varphi_2 - \kappa_1 x_{1t} - \kappa_2 x_{2t})dt + \beta_1\sqrt{x_{1t}}\,dz_{1t} + \beta_2\sqrt{x_{2t}}\,dz_{2t}$$

瞬时方差是 $\mathrm{Var}_t(dr_t) = v_t dt$，其中

$$v_t = \beta_1^2 x_{1t} + \beta_2^2 x_{2t} \tag{8.23}$$

因此 v_t 的动态特征是

$$dv_t = (\beta_1^2\varphi_1 + \beta_2^2\varphi_2 - \beta_1^2\kappa_1 x_{1t} - \beta_2^2\kappa_2 x_{2t})dt + \beta_1^3\sqrt{x_{1t}}\,dz_{1t} + \beta_2^3\sqrt{x_{2t}}\,dz_{2t}$$

如果 $\beta_1 \neq \beta_2$，等式(8.20)和(8.23)意味着

$$x_{1t}=\frac{\beta_2^2 r_t - v_t}{\beta_2^2-\beta_1^2},\ x_{2t}=\frac{v_t-\beta_1^2 r_t}{\beta_2^2-\beta_1^2} \tag{8.24}$$

于是 r 和 v 的动态特征可以重新记为

$$\begin{aligned} dr_t = &\left(\varphi_1+\varphi_2-\frac{\kappa_1\beta_2^2-\kappa_2\beta_1^2}{\beta_2^2-\beta_1^2}r_t-\frac{\kappa_2-\kappa_1}{\beta_2^2-\beta_1^2}v_t\right)dt \\ &+\beta_1\sqrt{\frac{\beta_2^2 r_t-v_t}{\beta_2^2-\beta_1^2}}\,dz_{1t}+\beta_2\sqrt{\frac{v_t-\beta_1^2 r_t}{\beta_2^2-\beta_1^2}}\,dz_{2t} \end{aligned} \tag{8.25}$$

$$\begin{aligned} dv_t = &\left[\beta_1^2\varphi_1+\beta_2^2\varphi_2-\beta_1^2\beta_2^2\frac{\kappa_1-\kappa_2}{\beta_2^2-\beta_1^2}r_t-\frac{\beta_2^2\kappa_2-\beta_1^2\kappa_1}{\beta_2^2-\beta_1^2}v_t\right]dt \\ &+\beta_1^3\sqrt{\frac{\beta_2^2 r_t-v_t}{\beta_2^2-\beta_1^2}}\,dz_{1t}+\beta_2^3\sqrt{\frac{v_t-\beta_1^2 r_t}{\beta_2^2-\beta_1^2}}\,dz_{2t} \end{aligned} \tag{8.26}$$

由于 x_1 和 x_2 都保持非负，因此，由式(8.24)可知 v_t 在任何时点将处于 $\beta_1^2 r_t$ 和 $\beta_2^2 r_t$ 之间。可以证明式(8.25)和式(8.26)意味着 r_t 和 v_t 的变化之间是正相关的，这与对利率水平和波动率之间的关系的实证研究观察是一致的。

将式(8.24)代入式(8.22)，可以将零息债券价格写成 r 和 v 的函数：

$$B^T(r,\ v,\ t)=e^{-a(T-t)-\tilde{b}_1(T-t)r-\tilde{b}_2(T-t)v}$$

其中

$$\tilde{b}_1(\tau)=\frac{\beta_2^2 b_1(\tau)-\beta_1^2 b_2(\tau)}{\beta_2^2-\beta_1^2},\ \tilde{b}_2(\tau)=\frac{b_2(\tau)-b_1(\tau)}{\beta_2^2-\beta_1^2}$$

注意，零息债券价格包括了 6 个参数，即 β_1，β_2，$\hat{\kappa}_1$，$\hat{\kappa}_2$，$\hat{\varphi}_1$ 和 $\hat{\varphi}_2$。偏微分 $\partial B^T/\partial r$ 和 $\partial B^T/\partial v$ 既可能为正也可能为负，因此，这与第 7 章单因子模型中的零息债券价格是短期利率的单调减函数形成了对比。根据 Longstaff 和 Schwartz，导数 $\partial B^T/\partial r$ 对于短期债券而言通常为负，但是对于长期债券却可能为正。当债券的存续期趋向于 0 时，导数 $\partial B^T/\partial v$ 也趋向于 0，这说明非常短期的债券主要受短期利率的影响，受短期利率波动的影响程度较小。如果短期利率 r_t 在某个时间点为 0(在这种情况下同样为 0)，它将在随后立即严格为正，因此，对于 $t<T$，$B^T(0,\ 0,\ t)<1$。最后，对于 $r\to 0$，$B^T(r,\ v,\ t)$(在这一情况下同样 $v\to\infty$)。

零息收益率 $\bar{y}_t^\tau=y_t^{t+\tau}$ 由 $\bar{y}_t^\tau=\bar{y}^\tau(r_t,\ v_t)$ 给出，其中

$$\bar{y}^\tau(r,\ v)=\frac{a(\tau)}{\tau}+\frac{\tilde{b}_1(\tau)}{\tau}r+\frac{\tilde{b}_2(\tau)}{\tau}v$$

这是一个 r 和 v 的仿射函数。可以证明，对于 $\tau\to 0$，$\bar{y}^\tau\to r$，因为

$$\bar{y}^\tau(r,\ v)\to\frac{\hat{\varphi}_1}{\beta_1^2}(\gamma_1-\hat{\kappa}_1)+\frac{\hat{\varphi}_2}{\beta_2^2}(\gamma_2-\hat{\kappa}_2)\quad 其中\ \tau\to\infty$$

渐近长期利率为常数。根据 Longstaff 和 Schwartz，收益率曲线 $\tau\mapsto\bar{y}^\tau(r,\ v)$ 可以有不同的形状。 例如，它可以是单调地上升或下降，抑或驼峰状(先上升，然后下降)，也可以是波谷(先下降，后上升)，或者既有驼峰又有波谷。可以在图 8.1 中看到这些形状中的大部分。注意，对

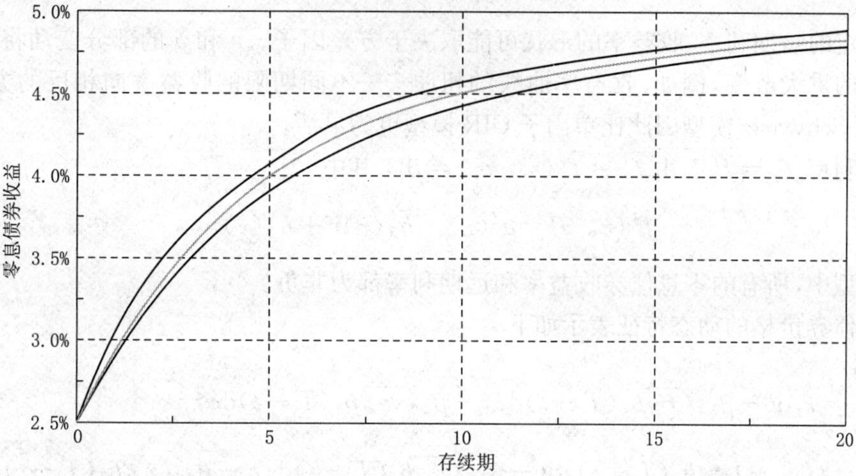

(a) 较低短期利率

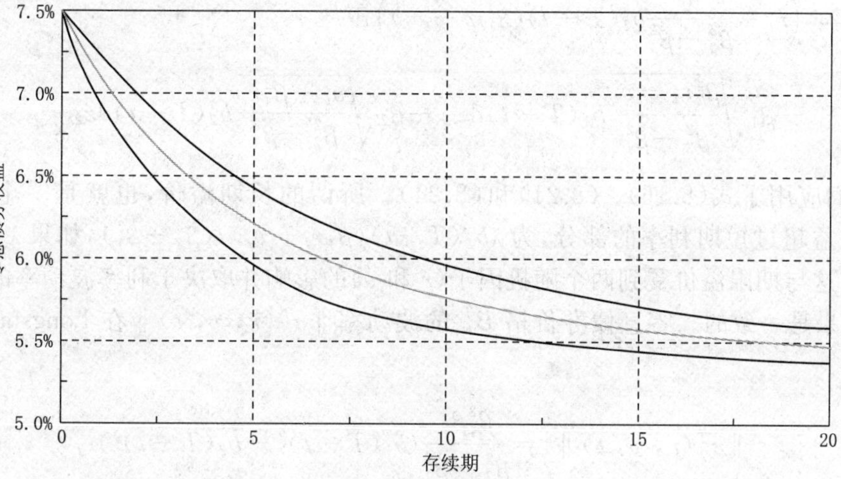

(b) 较高短期利率

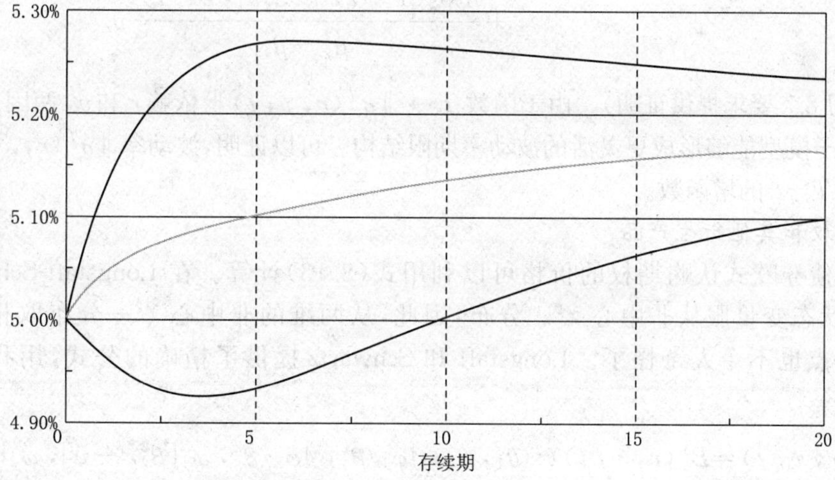

(c) 中等短期利率

注：参数值为 $\beta_1 = 0.1$，$\beta_2 = 0.2$，$\kappa_1 = 0.3$，$\kappa_2 = 0.45$，$\varphi_1 = \varphi_2 = 0.01$，$\lambda = 0$。渐近长期利率为 5.20%。最粗的线表示 v 的高取值，即 $(0.75\beta_2^2 + 0.25\beta_1^2)r$；最细的线表示 v 的中间取值，即 $(0.5\beta_2^2 + 0.5\beta_1^2)r$；中等粗细的线表示 v 的最低取值，即 $(0.25\beta_2^2 + 0.75\beta_1^2)r$。

图 8.1　Longstaff 和 Schwartz 模型中的零息债券收益率曲线

于一个给定的短期利率，收益率的形状可能取决于方差因子。r 和 v 的部分变动将意味着收益率曲线的重大改变，例如，收益率曲线的扭曲——不同期限的收益率向相反的方向变动。Longstaff-Schwartz 模型因此比单因子 CIR 模型更为灵活。

远期利率 $\bar{f}_t^\tau = f_t^{t+\tau}$ 由 $\bar{f}_t^\tau = \bar{f}^\tau(r_t, v_t)$ 给出，其中

$$\bar{f}^\tau(r, v) = a'(\tau) + \tilde{b}'_1(\tau) r + \tilde{b}'_2(\tau) v$$

在这一模型中，所有的零息债券收益率和远期利率都为非负。

零息债券价格的动态特征表示如下

$$\begin{aligned}
\frac{dB_t^T}{B_t^T} &= r_t dt - \beta_1 \sqrt{x_{1t}} b_1(T-t) dz_{1t}^{\mathbb{Q}} - \beta_2 \sqrt{x_{2t}} b_2(T-t) dz_{2t}^{\mathbb{Q}} \\
&= (r_t - \lambda x_{2t} b_2(T-t)) dt - \beta_1 \sqrt{x_{1t}} b_1(T-t) dz_{1t} - \beta_2 \sqrt{x_{2t}} b_2(T-t) dz_{2t} \\
&= \left(r_t + \frac{\lambda}{\beta_2^2 - \beta_1^2} b_2(T-t)(\beta_1^2 r_t - v_t)\right) dt \\
&\quad - \beta_1 \sqrt{\frac{\beta_2^2 r_t - v_t}{\beta_2^2 - \beta_1^2}} b_1(T-t) dz_{1t} - \beta_2 \sqrt{\frac{v_t - \beta_1^2 r_t}{\beta_2^2 - \beta_1^2}} b_2(T-t) dz_{2t}
\end{aligned}$$

在此，我们应用了式(8.16)、(8.21)和(8.24)。所谓的长期溢价，也就是一个零息债券的期望收益超过短期利率的部分，为 $\lambda b_2(T-t)(\beta_1^2 r_t - v_t)/(\beta_2^2 - \beta_1^2)$，如果 $\lambda < 0$，该溢价为正。这与期限溢价受到两个随机因子(r 和 v)的影响并取决于利率波动率的水平的实证研究结果是一致的。零息债券价格 B_t^T 的波动率 $\|\sigma^T(r, v, t)\|$ 在 Longstaff-Schwartz 模型中由

$$\begin{aligned}
\|\sigma^T(r, v, t)\|^2 &= \frac{\beta_1^2 \beta_2^2}{\beta_2^2 - \beta_1^2}(b_1(T-t)^2 - b_2(T-t)^2) r_t \\
&\quad + \frac{\beta_2^2 b_2(T-t)^2 - \beta_1^2 b_1(T-t)^2}{\beta_2^2 - \beta_1^2} v_t
\end{aligned} \tag{8.27}$$

给出(练习 8.7 要求提供证明)。由于函数 $T \mapsto \|\sigma^T(r, v, t)\|$ 依赖 r 和 v，两因子模型同样也比单因子模型能够形成更灵活的波动率期限结构。可以证明，波动率 $\|\sigma^T(r, v, t)\|$ 是剩余存续期 $T-t$ 的增函数。

3. 期权和其他衍生产品

零息债券欧式认购期权的价格可以利用式(8.13)计算。在 Longstaff-Schwartz 模型中，两个状态变量服从非中心 χ^2—分布，因此，从两维的非中心 χ^2—分布取相关的概率值也就一点也不令人奇怪了。Longstaff 和 Schwartz 提供了精确的公式，用我们的符号表示就是

$$\begin{aligned}
C^{K,T,S}(r, v, t) = {} & B^S(r, v, t) \chi^2(\theta_1, \theta_2; 4\varphi_1/\beta_1^2, 4\varphi_2/\beta_2^2, \omega_1[\beta_2^2 r - v], \omega_2[v - \beta_1^2 r]) \\
& - K B^T(r, v, t) \chi^2(\hat{\theta}_1, \hat{\theta}_2; 4\varphi_1/\beta_1^2, 4\varphi_2/\beta_2^2, \hat{\omega}_1[\beta_2^2 r - v], \hat{\omega}_2[v - \beta_1^2 r])
\end{aligned} \tag{8.28}$$

其中，对 $i = 1, 2$，$\hat{b}_i(\tau) = \gamma_i b_i(\tau)/(e^{\gamma_i \tau} - 1)$，且

$$\theta_i = \frac{-4\gamma_i^2[a(S-T)+\ln K]}{\beta_i^2(e^{\gamma_i[T-t]}-1)^2\hat{b}_i(S-t)}$$

$$\hat{\theta}_i = \frac{-4\gamma_i^2[a(S-T)+\ln K]}{\beta_i^2(e^{\gamma_i[T-t]}-1)^2\hat{b}_i(T-t)\hat{b}_i(S-T)}$$

$$\omega_i = \frac{4\gamma_i e^{\gamma_i[T-t]}\hat{b}_i(S-t)}{\beta_i^2(\beta_2^2-\beta_1^2)(e^{\gamma_i[T-t]}-1)\hat{b}_i(S-T)}$$

$$\hat{\omega}_i = \frac{4\gamma_i e^{\gamma_i[T-t]}\hat{b}_i(T-t)}{\beta_i^2(\beta_2^2-\beta_1^2)(e^{\gamma_i[T-t]}-1)}$$

在此，$\chi^2(.,.)$是一个两维的非中心 χ^2—分布的累积分布函数。更准确地讲，累积分布函数值为

$$\chi^2(\theta_1, \theta_2; c_1, c_2, d_1, d_2) = \int_0^{\theta_1} \mathrm{f}_{\chi^2(c_1, d_1)}(u)\left[\int_0^{\theta_2-u\theta_2/\theta_1} \mathrm{f}_{\chi^2(c_2, d_2)}(s)\mathrm{d}s\right]\mathrm{d}u$$

其中 $\mathrm{f}_{\chi^2(c, d)}$ 是随机变量的密度函数，该随机变量服从一维、自由度为 c，非中心参数为 d 的非中心 χ^2—分布。注意，内部的积分可以写成一个一维非中心 χ^2—分布在点 $\theta_2-u\theta_2/\theta_1$ 的累积分布函数值。正如在单因子 CIR 模型背景下的讨论，这个一维的累积分布函数可以由一个标准的一维正态分布的累积分布函数近似。因此，两维 χ^2—分布函数值就可以通过数值积分得到。Chen 和 Scott(1992)提供了计算两维 χ^2—分布函数的详细分析。他们推断，尽管有必要的数值积分，利用式(8.28)比利用蒙特卡洛模拟或基础偏微分方程的数值技术方法能更快地计算期权价格。Longstaff 和 Schwartz 指出，偏导数$\partial C/\partial r$ 和$\partial C/\partial v$ 既可能为正也可能为负，考虑到标的债券的价格同样也与 r 和 v 之间存在或正或负的关系，我们对此也就不会感到奇怪了。

在 Longstaff-Schwartz 模型中，许多衍生产品的价格只能通过数值技术计算。一个途径就是数值求解带相应终止条件的基础篇微分方程，见第 16 章。出于这一目的，我们更偏向于用原来的状态变量 x_1 和 x_2 表述模型。所要求解的偏微分方程是

$$\begin{aligned}\frac{\partial P}{\partial t}(x_1, x_2, t) &+ (\hat{\varphi}_1-\hat{\kappa}_1x_1)\frac{\partial P}{\partial x_1}(x_1, x_2, t) + (\hat{\varphi}_2-\hat{\kappa}_2x_2)\frac{\partial P}{\partial x_2}(x_1, x_2, t)\\ &+\frac{1}{2}\beta_1^2x_1\frac{\partial^2 P}{\partial x_1^2}(x_1, x_2, t)+\frac{1}{2}\beta_2^2x_2\frac{\partial^2 P}{\partial x_2^2}(x_1, x_2, t)\\ &-(x_1+x_2)P(x_1, x_2, t)=0,\ (x_1, x_2, t)\in\mathbb{R}_+\times\mathbb{R}_+\times[0, T)\end{aligned}$$

注意，由于 x_1 和 x_2 彼此独立，因此不存在混合二阶导数。这一事实大大简化了数值解。用变量 r 和 v 表示的价格函数的偏微分方程将包含一个混合的二阶导数，这是因为 r 和 v 彼此不独立。此外，变量 x_1 和 x_2 的值空间比 r 和 v 的值空间更简单，这是因为 v 的可能取值取决于 r 值。这使得求解包含 r 和 v 的偏微分方程更加复杂。

4. 补充说明

为了应用 Longstaff-Schwartz 模型，需要确定当前的短期利率和短期利率的当前方差率。Longstaff 和 Schwartz 讨论了原始论文和其他文章中的估计方法，见 Longstaff-Schwartz(1993a，1994)。Clewlow 和 Strickland(1994)以及 Rebonato(1996，第 12 章)讨论

了参数估计中的几个实际问题。Longstaff 和 Schwartz(1993a)解释了如何通过用相应的时间函数替代参数 $\hat{\kappa}_2$ 来取得模型收益率曲线对观察到的收益率曲线的完美拟合。然而,这一模型的推广表现出了非时齐的波动率特征,它所带来的麻烦将在第 9.6 节进行讨论。在 Longstaff 和 Schwartz(1992b)的研究中,他们考察了两因子模型中利率顶和互换期权的定价问题,而在 Longstaff 和 Schwartz(1993b)的研究中,他们讨论了衡量债券的利率风险时考虑随机利率波动率的重要性。

8.4.3 其他两因子模型

Cox 等(1985b)介绍了建立在他们著名的单因子模型的基础之上的几个多因子模型。在他们的单因子模型中,短期利率实际上是实际短期利率,他们所定价的债券是承诺支付事先确定的、一定消费单位的实际债券,因此,这一价格也用消费单位表示。为了推导名义证券的货币单位价格(例如美元价格),他们将消费价格指数作为状态变量包括进来。所谓名义证券,就是收益以货币单位确定的证券。在他们的推广中,他们继续假设实际短期利率与单因子模型中一样,服从过程

$$dr_t = \kappa[\theta - r_t]dt + \beta\sqrt{r_t}\,dz_{1t}$$

第一个推广就是令消费者价格指数 I_t 服从几何布朗运动

$$dI_t = I_t[\pi\,dt + \beta_I\,dz_{2t}]$$

在此 π 表示期望通胀率,与消费价格的不确定性相关的风险的市场价格为 0。应用伊藤引理得到

$$d(\ln I_t) = \left(\pi - \frac{1}{2}\beta_I^2\right)dt + \beta_I\,dz_{2t}$$

因此,这个推广模型是 r_t 和 $\ln I_t$ 的仿射。一个到期日为 T 的名义零息债券的价格用货币单位表示就是

$$B^T(I, r, t) = I^{-1}e^{-a(T-t)-\left(\pi-\frac{1}{2}\beta_I^2\right)(T-t)-b(T-t)r}$$

其中函数 $a(\tau)$ 和 $b(\tau)$ 与单因子 CIR 模型中完全一致,见式(7.49)和(7.50)。

8.5 三因子仿射模型

Balduzzi 等人(1996)提出了一个三因子仿射模型,其中 3 个状态变量分别为短期利率 r_t,短期利率的长期水平 θ_t,和短期利率的瞬时方差 v_t。他们假设这 3 个状态变量的实际动态特征为

$$dr_t = \kappa_r[\theta_t - r_t]dt + \sqrt{v_t}\,dz_{1t}$$
$$d\theta_t = \kappa_\theta[\bar{\theta} - \theta_t]dt + \beta_\theta\,dz_{2t}$$
$$dv_t = \kappa_v[\bar{v} - v_t]dt + \rho\beta_v\sqrt{v_t}\,dz_{1t} + \sqrt{1-\rho^2}\,\beta_v\sqrt{v_t}\,dz_{3t}$$

在此,ρ 为短期利率水平变化与短期利率方差变化之间的相关性。此外,假定风险的市场价格所具有的形式使得状态变量在风险中性概率测度下动态特征为

$$\mathrm{d}r_t=(\kappa_r[\theta_t-r_t]-\lambda_r v_t)\mathrm{d}t+\sqrt{v_t}\,\mathrm{d}z_{1t}^{\mathbb{Q}}$$
$$\mathrm{d}\theta_t=(\kappa_\theta[\bar{\theta}-\theta_t]-\lambda_\theta\beta_\theta)\mathrm{d}t+\beta_\theta\,\mathrm{d}z_{2t}^{\mathbb{Q}}$$
$$\mathrm{d}v_t=(\kappa_v[\bar{v}-v_t]-\lambda_v v_t)\mathrm{d}t+\rho\beta_v\sqrt{v_t}\,\mathrm{d}z_{1t}^{\mathbb{Q}}+\sqrt{1-\rho^2}\,\beta_v\sqrt{v_t}\,\mathrm{d}z_{3t}^{\mathbb{Q}}$$

在此 λ_r, λ_θ 和 λ_v 都是常数。这一模型所属的子类为 $\mathbb{A}_1(3)$,恰好有三个状态变量中的一个对瞬时方差—协方差矩阵产生影响,例如 v_t。零息债券价格为

$$B^T(r,\,\theta,\,v,\,t)=e^{-a(T-t)-b_1(T-t)r-b_2(T-t)\theta-b_3(T-t)v}$$

作者们得出了 b_1 和 b_2 显式表达式,但是,a 和 b_3 必须通过对相应的普通微分方程求数值解而得到,见式(8.9)和式(8.10)。模型能够产生各种不同的收益率曲线形状。作者们同样也讨论了模型的估计。

Balduzzi 等人构建的模型归属类型 $\mathbb{A}_1(3)$(将模型重构使得影响方差的变量成为第一状态变量也没有问题,正如 8.3.2 节的讨论所假设的一样)。Dai 和 Singleton(2000)证明了存在 6 个额外参数的更一般的 $\mathbb{A}_1(3)$ 模型。他们在一个实证研究中证明,这个更一般的模型对于某些具有不同期限的美国互换利率数据的拟合优于 Balduzzi 等人最初构建的模型。6 个加入的参数中的某些参数,但不是全部,可以设定为 0 而不显著影响模型的拟合。这一推广的模型的好处在于它能容许 3 个状态变量之间存在更灵活的相关性结构,特别是,状态变量之间的负相关性。在推广模型中,函数 a, b_1, b_2 和 b_3 并没有封闭解,但是相关的普通微分方程可以通过数值方法求解。

Chen(1996)研究了具备 3 个相同状态变量 r_t, θ_t,和 v_t 的三因子模型。在最简单的模型中,状态变量在真实世界概率测度下的动态特征为

$$\mathrm{d}r_t=\kappa_r[\theta_t-r_t]\mathrm{d}t+\sqrt{v_t}\,\mathrm{d}z_{1t}$$
$$\mathrm{d}\theta_t=\kappa_\theta(\bar{\theta}-\theta_t)\mathrm{d}t+\beta_\theta\sqrt{\theta_t}\,\mathrm{d}z_{2t}$$
$$\mathrm{d}v_t=\kappa_v[\bar{v}-v_t]\mathrm{d}t+\beta_v\sqrt{v_t}\,\mathrm{d}z_{3t}$$

且风险的市场价格满足状态变量在风险中性概率测度下具有相同的结构,但是具有不同的常数 κ_r, κ_θ, $\bar{\theta}$, κ_v 和 $\bar{v}$。由于 3 个状态变量中有两个对瞬时方差和协方差产生影响,所以模型属于 $\mathbb{A}_2(3)$ 子类。零息债券价格形如

$$B^T(r,\,\theta,\,v,\,t)=e^{-a(T-t)-b_1(T-t)r-b_2(T-t)\theta-b_3(T-t)v}$$

Chen 能够为函数 a, b_1, b_2 和 b_3 找出显式表达式,但是比较复杂。此外,Chen 考察了一个更一般的三因子模型,但是这一模型并没有包括在仿射模型这一类别。

Dai 和 Singleton(2000)证明了 Chen 的模型可以在 $\mathbb{A}_2(3)$ 类内推广。推广模型中最多增加了 8 个常数,但是在实证研究中即便只增加两个额外的常数就比 Chen 的模型表现更好。可以再一次看到,对模型进行推广的好处主要来自允许状态变量之间存在负的相关性。在这些推广模型中,函数 a, b_1, b_2 和 b_3 必须需通过数值方法求解普通微分方程得到。

注意,在多因子 CIR 模型中,状态变量之间存在负的相关性是不可能的,因此,在 $\mathbb{A}_3(3)$

子类中也同样如此。所以,这一子类的模型不能很好地拟合数据。根据 Dai 和 Singleton (2000),最一般化的$\mathbb{A}_1(3)$模型提供了最灵活的瞬时相关性结构,而最一般化的$\mathbb{A}_2(3)$模型则确定时变波动率方面具有最高的灵活性。至少在 Dai 和 Singleton 2000 年的研究中,灵活的相关性结构远比灵活的波动率结构更为重要,因此,他们更偏好$\mathbb{A}_1(3)$子类的模型。这一研究的另一个有趣的结论是,短期利率倾向于以相对较快的速度向一个因子均值回归,而该因子自身则以较慢的速度向一个常数均值回归。

第 8.4.3 节提到了一个两因子 CIR 模型,在该模型中,第二个因子是消费者价格指数(的对数)。该模型是一个仿射模型,并能为名义债券价格提供一个封闭解。Cox 等(1985b)也考察了一个三因子模型,在这个模型中期望通胀率 π 同样被假设为随机变量,即

$$dI_t = I_t[\pi_t dt + \beta_I \sqrt{\pi_t}\, dz_{2t}]$$

$$d\pi t = \kappa\pi[\theta_\pi - \pi t]dt + \rho\beta\pi \sqrt{\pi_t}\, dz_{2t} + \sqrt{1-\rho^2}\beta\pi \sqrt{\pi_t}\, dz_{3t}$$

这就得到了一个三因子模型,状态变量分别为 r_t, $\ln I_t$ 和π_t。关于名义债券价格的精确表达式,建议读者参考 Cox 等(1985b)①。Chen 和 Scott(1993)研究了这类仿射模型中的其他模型。

8.6 广义仿射模型

在单因子模型框架下,我们在第 7.6 节讨论了如何在仿射框架下推广风险的市场价格。主要的优势是允许短期利率在真实世界概率测度下和风险中性概率测度下的动态特征可以存在很大的差异,这就使得模型更容易拟合既包括给定日期的债券价格以及收益率的截面数据,同时也包括描述利率行为的时间序列数据。多因子模型也可以用同样的方式推广。

利用 Duffee(2002)的术语,模型中的短期利率由式(8.4)给定,状态变量的风险中性动态特征由式(8.3)确定,风险的市场价格由式(8.5)确定,这样的模型被称为**完全仿射模型**(completely affine)。这一推广考虑了更灵活地规定风险的市场价格,而对短期利率和风险中性概率测度下的动态特征的规定保持相同。因此,真实世界的状态变量得到了推广。

在 Duffee(2002)所介绍的**本质仿射**(essentially affine)模型中,风险的市场价格被假设具有如下形式

$$\lambda_t = \sqrt{\underline{\underline{V}}(x_t)}\bar{\lambda}_1 + \sqrt{\underline{\underline{V}}(x_t)^-}\,\bar{\underline{\underline{\lambda}}}_2 x_t \tag{8.29}$$

在此,$\bar{\underline{\underline{\lambda}}}_2$ 是一个 $n\times n$ 常数矩阵,$\underline{\underline{V}}(x_t)^-$ 是一个 $n\times n$ 对角矩阵,矩阵的元素为

$$[\underline{\underline{V}}(x_t)^-]_{i,i} = \begin{cases} (v_i + v_i^\top x_t)^{-1}, \text{其中 } \inf(v_i + v_i^\top x_t) > 0 \\ 0, \text{其他} \end{cases}$$

① 此外,Cox 等(1985b)为名义债券发表了一个显式,但非常复杂的定价公式,其中预期通胀率服从过程

$$d\pi_t = \kappa\pi[\theta_\pi - \pi_t]dt + \rho\beta_\pi\pi_t^{3/2}dz_{2t} + \sqrt{1-\rho^2}\beta_\pi\pi_t^{3/2}dz_{3t}$$

r_t 和 I_t 的动态特征同前。这一模型不属于仿射模型。

对角矩阵 $\underline{\underline{V}}(x_t)^-$ 的平方根就是所有的元素都是矩阵 $\underline{\underline{V}}(x_t)^-$ 的对应元素的平方根的对角矩阵。与完全仿射模型相比较，式(8.29)中的第二项是新出现的。概率测度向风险中性概率测度的转换可由涉及

$$\sqrt{\underline{\underline{V}}(x_t)}\lambda_t=\underline{\underline{V}}(x_t)\bar{\lambda}_1+\underline{\underline{I}}^-\bar{\underline{\underline{\lambda}}}_2x_t$$

的漂移调整反映出来，在这 $\underline{\underline{I}}^-$ 是一个对角矩阵，其中元素(i, i)在 $\inf(v_i+v_i^{\mathrm{T}}x_t)>0$ 的情况下为 1，其他的情况下为 0。现在可以确定，状态变量在真实世界的动态特征仍然是仿射。本质仿射模型为与状态变量联结在一起的风险的市场价格提供了更大的灵活性而不对瞬时方差和协方差产生影响。因此，这一推广放松了风险的市场价格与波动率结构之间的紧密联系。同样，λ_t 的某些元素现在可以改变符号，也就是说，可以对某些状态变量取正号，对另一些状态变量取负号。

Duffee 提供了另一个有趣的例子用于说明本质仿射框架的优势。假设单因子 Vasicek 模型中短期利率 r_t 的真实世界动态特征服从 OU 过程，且令 f_t 表示某些其他变量，因此，真实世界动态特征为

$$\begin{aligned}\mathrm{d}f_t&=\kappa_f(\bar{f}-f_t)\mathrm{d}t+\sigma_f\sqrt{f_t}\,\mathrm{d}z_{1t}\\ \mathrm{d}r_t&=\kappa_r(\bar{r}-r_t)\mathrm{d}t+\sigma_r\mathrm{d}z_{2t}\end{aligned}$$

为了符合完全仿射模型的限制，与(z_1, z_2)相关的风险的市场价格向量 λ_t 必定具有以下形式：

$$\lambda_t=\begin{pmatrix}\lambda_{1t}\\ \lambda_{2t}\end{pmatrix}=\begin{bmatrix}\sqrt{f_t}&0\\0&1\end{bmatrix}\begin{pmatrix}\bar{\lambda}_{11}\\ \bar{\lambda}_{12}\end{pmatrix}=\begin{bmatrix}\bar{\lambda}_{11}\sqrt{f_t}\\ \bar{\lambda}_{12}\end{bmatrix}$$

因此，特别地，与短期利率冲击相关的风险的市场价格为常数。在本质仿射模型框架下，我们可以允许风险的市场价格形如

$$\lambda_t=\begin{bmatrix}\bar{\lambda}_{11}\sqrt{f_t}\\ \bar{\lambda}_{12}\end{bmatrix}+\begin{pmatrix}0&0\\0&1\end{pmatrix}\begin{bmatrix}\bar{\lambda}_{2,11}&\bar{\lambda}_{2,12}\\ \bar{\lambda}_{2,21}&\bar{\lambda}_{2,22}\end{bmatrix}\begin{pmatrix}f_t\\ r_t\end{pmatrix}=\begin{bmatrix}\bar{\lambda}_{11}\sqrt{f_t}\\ \bar{\lambda}_{12}+\bar{\lambda}_{2,21}f_t+\bar{\lambda}_{2,22}r_t\end{bmatrix}$$

在此，与短期利率相关的风险的市场价格可以依赖短期利率自身以及第二个变量 f_t。风险中性短期利率漂移将因此同样取决于 f_t。因此，变量 f_t 可以影响债券价格和收益率曲线，即使它不影响短期利率的真实世界动态特征。

Cheridito 等(2007)介绍了**扩展仿射**(extended affine)框架，其中风险的市场价格满足

$$\sqrt{\underline{\underline{V}}(x_t)}\lambda_t=\lambda_1+\underline{\underline{\lambda}}_2x_t$$

其中矩阵 $\bar{\underline{\underline{\lambda}}}_2$ 可能被限制在确保过程 x_t 在真实世界和风险中性测度下是界定明确的。基本上，扩展仿射模型增加了那些与影响方差的状态变量相关的风险的市场价格的灵活性。如果平方根类型的状态变量可以取值 0，与之相关的风险的市场价格将不确定，因此，必须对状态变量施加严格为正的“Feller 条件”(见第 7.6 节中关于扩展单因子 CIR 模型的讨论)。因此，波动率矩阵 $\underline{\underline{V}}(x_t)$ 保持严格为正，且模型不存在套利机会。扩展仿射模型也有一个不好的属性，那就是风险的一些市场价格没有上界。

就任何 n 的 $\mathbb{A}_0(n)$ 类型的纯粹高斯仿射模型而言，扩展放射模型变为本质仿射模型，这

两类模型都比完全仿射模型更为一般化。对于$\mathbb{A}_n(n)$类型的模型，本质仿射模型蜕变为完全仿射模型，而扩展放射模型更为一般化。然而，由于对扩展放射模型的额外参数限制，认为扩展仿射模型嵌套了本质仿射模型，甚至包括了完全仿射模型框架的观点是不正确的。

Duarte(2004)在本质仿射模型的基础上，在风险的市场价格的具体规定上增加了一个常数项，于是

$$\lambda_t = \lambda_0 + \sqrt{\underline{\underline{V}}(x_t)}\,\underline{\lambda}_1 + \sqrt{\underline{\underline{V}}(x_t)^{-}}\,\underline{\lambda}_2 x_t$$

与测度变换相关的漂移调整现在包括了$\sqrt{\underline{\underline{V}}(x_t)}\,\lambda_0$项，因此，状态变量的调整不可能在真实世界和风险中性测度下同时是一个仿射。假设风险中性漂移是一个仿射，我们的一般指数仿射债券定价公式依然有效。于是，真实世界漂移因此不是仿射，这使得实证工作变得更加复杂。这样的模型被称为**半仿射模型**(semi-affine)。

Feldhütter(2008a)对不同的三因子模型，以及其对 1952—2004 年间美国国库券收益率的动态特征的解释能力，完成了一个全面的实证研究。他得出的结论是，扩展仿射模型对历史风险溢价的拟合更好，时变波动率模型略优于本质仿射模型。扩展仿射模型更好地拟合了收益率的分布，而本质仿射模型更好地拟合了收益率曲线的形状。最后，Feldhütter 发现半仿射模型与本质仿射模型和扩展仿射模型相比，具有优越的截面以及时间序列拟合效果。

8.7 其他多因子扩散模型

8.7.1 非跨越随机波动率

长久以来，利率的波动率随时间的变化而变化的方式不是确定的。这就是我们构造模型的动机。在这些模型中，一个或多个状态变量影响着状态变量的方差—协方差结构，从而也影响到了短期利率和各种不同期限的收益率的方差—协方差结构。传统上应用在实践上，并在本书中得到讨论的随机波动率模型中，零息债券定价函数 $B^T(x, t)$非平凡地依赖于全部状态变量，从而也依赖于那些决定波动率的状态变量。由于零息债券价格对影响波动率的因子的一阶导数通常非零，因此，可以构造一个由不同期限的债券构成的交易策略以完全对冲波动率冲击，这也就是说，随机波动率问题通过交易债券而解决。

然而，最近一些实证研究表明收益率曲线中的部分随机波动率不能仅凭债券交易就完全对冲，从这一意义上讲，这些研究涉及并记载了非跨越随机波动率的现象。简单的固定收益衍生证券，如利率顶和互换，很显然依赖利率的波动率，不能通过交易更多个数的债券而完美复制。债券市场是不完全的。例如，基于 1995—2000 年的美国、英国和日本的市场数据，Collin-Dufresne 和 Goldstein(2002a)发现，在一个回归分析中，平价跨式组合的收益中只有一(小)部分可以被标的互换利率的变化所解释。在此，一个平价跨式组合是由一个平价的利率顶和一个平价的利率底所构成的组合。从构造上看，这样的一个跨式组合对于利率水平较小的变化是中性的，但是对于波动率的变化非常敏感。因此，这些结果证明了利率波动率的变化只是部分地因利率水平变动引起。注意，这是一个关于非跨越随机波动率的独立于模型的

证据:不对利率顶和利率底的定价模型做任何假设。更多支持非跨越随机波动率的实证研究可参考 Heidari 和 Wu(2003), Li 和 Zhao(2006), Jarrow 等(2007)以及 Trolle 和 Schwartz(2009)。

Collin-Dufresne 和 Goldstein(2002a)证明,没有两因子扩散模型能够表现出非跨越随机波动率特征。考察一个状态变量为短期利率 r_t,以及波动率为 v_t 的两因子扩散模型。债券价格肯定依赖于 r_t,因此,它们必须独立于 v_t 以产生一个不完全市场,也就是说,零息债券的价格形如 $B^T(r_t, t)$。令 $\sigma_r(r_t, v_t)$表示波动率,$\mu_r(r_t, v_t)$为短期利率的风险中性漂移。于是,对照式(7.2),债券定价函数必须满足偏微分方程

$$\mu_r(r, v)\frac{\partial B^T}{\partial r}(r, t)+\frac{1}{2}\sigma_r(r, v)^2\frac{\partial^2 B^T}{\partial r^2}(r, t)=rB^T(r, t)-\frac{\partial B^T}{\partial t}(r, t),\ T>t$$

由于方程右边独立于 v,那么左边也必须如此。债券价格的导数必须使得任何依赖 v 所产生的风险中性漂移的变化必须被方差因 v 产生的变化所抵消,这就为这两项的系数施加了严格的限制。然而,这一限制不能成立,这是因为债券价格的一阶导数与二阶导数的比率(大致就是久期与凸性的比率,见第 12 章所介绍的术语)将取决于债券的到期日 T。等式的左边将只独立于 v,如果 μ_r 和σ_r 两者皆独立于 v,我们这就回到了单因子完全市场模型。

Collin-Dufresne 和 Goldstein(2002a)同样也证明了具有非跨越随机波动率的三因子模型的集合也是非常有限的。例如,没有一个高斯三因子模型可以表现出这一特征。Balduzzi 等(1996)和 Chen(1996)在第 8.5 节所描述的三因子模型不能表现出非跨越随机波动率特征,但是$\mathbb{A}_1(3)$, $\mathbb{A}_2(3)$和$\mathbb{A}_3(3)$类型中最广义的模型具有必要的灵活性。Collin-Dufresne 和 Goldstein(2002a)以及 Casassus 等(2005)提出和研究了具有非跨越随机波动率特征的三因子模型。

一个特别简单,典型的例子是,模型的风险中性动态特征为

$$\begin{aligned}
\mathrm{d}r_t &= \kappa_r(\theta_t - r_t)\mathrm{d}t + \sqrt{v_t}\,\mathrm{d}z_{1t}^{\mathbb{Q}}\\
\mathrm{d}\theta_t &= (\gamma_\theta - 2\kappa_r\theta_t + \kappa_r^{-1}vt)\mathrm{d}t\\
\mathrm{d}v_t &= \mu_v(v_t)\mathrm{d}t + \sigma_v(v_t)\mathrm{d}z_{2t}^{\mathbb{Q}}
\end{aligned}$$

在这 μ_v 和σ_v 可以是任何良态的函数。模型嵌套了 v_t 和θ_t 为常数的原始单因子 Vasicek 模型。尽管只有两个外生冲击(标准布朗运动),但是,全部三个变量(r_t, θ_t, v_t)是得到一个马尔科夫扩散过程所必需的。Casassus 等(2005)证明在这一模型中,债券价格形如

$$B_t^T = e^{-a(T-t)-b_1(T-t)r_t-b_2(T-t)\theta_t}$$

其中

$$b_1(\tau)=\frac{1}{\kappa_r}(1-e^{-\kappa_r\tau}),\ b_2(\tau)=\frac{1}{2\kappa_r}(1-e^{-\kappa_r\tau})^2,\ a(\tau)=\gamma_\theta\int_0^\tau b_2(u)\mathrm{d}u$$

很显然,债券价格独立于短期利率的瞬时方差变量 v_t,因此,模型表现出了非跨越随机波动率模型。

8.7.2 同时有短期和长期利率的模型

最早的两因子期限结构模型由 Brennan 和 Schwartz(1979)提出。他们将短期利率 r_t 和

长期利率 l_t 作为状态变量。长期利率是永久公债(consol,一种到期日无限长的债券)的收益率,这种债券按常数票面利率 c 连续支付。模型的思想符合实证研究的结果,因为短期利率可以视为收益率水平的衡量指标,而长期利率与短期利率的差可以用来衡量收益率曲线的斜率。然而,Brennan 和 Schwartz 关于长期利率动态特征的具体假设是不可接受的。问题在于,长期利率由 $l_t = c/L_t$ 给出,而 L_t 是永久公债的价格,并且我们知道这一价格是由短期利率过程和定价公式

$$L_t = \mathrm{E}_t^{\mathbb{Q}}\left[\int_t^{\infty} e^{-\int_t^s r_u \mathrm{d}u} c \, \mathrm{d}s\right]$$

所得到。L_t 的漂移和波动性,因此要包括 l_t 的漂移和波动性,都与短期利率 r_t 紧密相关。例如,Brennan 和 Schwartz 假设,长期利率的波动性与长期利率成正比而独立于短期利率。关于这一问题的更详细的讨论,参见 Hogan(1993)和 Duffie 等(1995)。除了模型的构造问题,Brennan-Schwartz 模型也不能得出债券或衍生产品的封闭定价公式。尽管构建一个理论上可以接受,以短期和长期利率作为状态变量的模型是可能的,但是在金融文献中显然没有这样的模型被提出。

8.7.3 关键利率模型

在他们对仿射多因子模型的分析中,Duffie 和 Kan(1996)把重点放在所选择期限,如 1 年期、5 年期、10 年期和 30 年期的零息债券收益率作为状态变量的模型之上。我们把这些所选择的关键期限的利率称为关键利率(key rates)。这样的模型有一个很明显的优点,这就是我们容易从市场数据中观察(或者至少容易估计)状态变量,例如,关键利率比短期利率的波动性更易于观察或估计。这些模型所得到的收益率曲线自动的匹配所选择期限的市场收益率。其他的多因子模型在匹配收益率的长端时比较困难,这给长期债券以及长期债权的期权定价与对冲带来问题。许多实务界人士需要测量不同证券对收益率曲线上不同期限区间的收益率变化的敏感性。出于这一目的,使用一个证券价格与不同期限的代表性收益率之间有直接关系的模型显然更为方便。

正如式(8.11)所证明的,一般 n-因子仿射模型中的零息债券收益率 $\bar{y}_t^{\tau} = y_t^{t+\tau}$ 由 $\bar{y}_t^{\tau} = \bar{y}^{\tau}(x_t)$ 给出,其中

$$\bar{y}^{\tau}(x) = \frac{a(\tau)}{\tau} + \sum_{j=1}^{n} \frac{b_j(\tau)}{\tau} x_j$$

在此,函数 a, b_1, …, b_n 是初始条件为 $a(0) = b_j(0) = 0$ 的普通微分方程式(8.9)和式(8.10)的解。如果每一状态变量 x_j 是给定存续期 τ_j 的零息债券收益率,也就是

$$\bar{y}^{\tau_j}(x) = x_j$$

必定有

$$b_j(\tau_j) = \tau_j, \; a(\tau_j) = b_i(\tau_j) = 0, \; i \neq j \tag{8.30}$$

这些条件对状态变量的,也就是关键利率的动态特征中的漂移和波动率项中的参数施加了非常复杂的限制。函数 a 和 b_1, …, b_n 的显式表达式只能在高斯模型中得到。一般而言,带额

外条件式(8.30)的 Ricatti 方程不得不用数值方法解决。

另一个方法就是从其他状态变量的仿射模型开始着手，这样在解 Ricatti 方程时，就不必一定要满足条件式(8.30)。随后，变量可以改变为适意的关键利率。由于零息债券收益率是最初状态变量的仿射函数，转换状态变量的模型同样是一个仿射模型。

8.7.4 二次模型

在第 7.7 节，我们简单地介绍了以下单因子二次模型，也就是短期利率是一个服从 OU 过程的状态变量的平方的模型。同样也有多因子二次期限结构模型。状态变量向量 x 服从多维 OU 过程

$$dx_t = (\hat{\varphi} - \underline{\hat{\kappa}}\, x_t)\,dt + \underline{\Gamma}\,dz_t^{\mathbb{Q}}$$

且短期利率是状态变量的二次函数，也就是

$$r_t = \xi + \psi^{\top} x_t + x_t^{\top} \underline{\Theta} x_t = \xi + \sum_{i=1}^{n} \psi_i x_{it} + \sum_{i=1}^{n}\sum_{j=1}^{n} \Theta_{ij} x_{it} x_{jt}$$

零息债券的价格因此形如

$$\begin{aligned} B^T(x,t) &= \exp\{-a(T-t) - b(T-t)^{\top} x - x^{\top} \underline{c}(T-t) x\} \\ &= \exp\{-a(T-t) - \sum_{i=1}^{n} b_i(T-t) x_i - \sum_{i=1}^{n}\sum_{j=1}^{n} c_{ij}(T-t) x_i x_j\} \end{aligned}$$

其中函数 a，b_t 和 c_{ij} 可以通过求普通微分方程组的解而得到。这些方程只在非常简单的情况下具有显示解，但是高效率的数值解技术也是存在的。Beaglehole 和 Tenney(1992)以及 Jamshidian(1996)研究了这一类模型的特例，而 Leippold 和 Wu(2002)提供了关于二次模型更一般的特征的介绍。

结束语

为了给利率期限结构随时间的演变提供一个精确的描述，似乎必须使用不止一个状态变量的模型。然而，多因子模型的估计与应用比单因子模型更为复杂。这些额外的努力值得吗？多因子模型所得到的价格和对冲比率与单因子模型所得到的数据有显著不同吗？当然，答案将取决于我们希望从模型所得到的精确结果。

Buser 等(1990)比较了所选择的，利用不同的时齐模型计算的长期债券的期权价格。他们得出的结论是，当所选择的模型参数使得当前的短期利率，收益率曲线的斜率，以及一些利率的波动率在所有的模型中都相同的时候，这些模型所得到的价格非常接近，当利率的波动率非常大时除外。然而，他们只考察了一些具体的衍生产品，对其只考察了价格而没有涉及对冲策略。

为了公平比较不同模型中的衍生产品的价格，模型应当能够产生相同的标的资产价格，在利率衍生产品的情况下，标的资产就是所有期限的零息债券。正如我们将在第 9 章所要详

细讨论的,到目前为止,我们都是以模型所产生的利率期限结构与所观察到的利率期限结构匹配的方式对模型进行推广。这就是所谓的模型按所观察的期限结构校准。基本上,模型的一个参数必须由精心选择的时间函数替代,这将导致模型变成非时齐模型。模型同样也可以向衍生证券的价格校准。有几个作者假设了一个合理推测的两因子模型,并用两因子模型的收益率曲线按照前面描述的扩展技术对一个更简单的单因子模型进行校准。他们比较了不同的衍生产品价格以及两因子模型和校准的单因子模型的对冲策略。我们将在第 9.9 节中更仔细地了解这些研究。总体结论是,只有在为与模型所校准的证券相似的证券进行定价时,才能使用经校准的单因子模型。在为其他证券定价,尤其是构造对冲策略时,应用能够很好描述利率期限结构的真实变化的多因子模型就很重要了。利用本章所研究的这些高级多因子模型以及高效的现代计算方法,贴近实际的多因子模型可以很容易用于全部的实践应用中。

第 9 章的另一个结论是,在使用校准的因子模型时务必保持警惕。它们具备某些不切实际的特征,可能会影响衍生证券的价格。在第 10 章和第 11 章,我们将考察从一开始就是为了匹配观察到的收益率曲线的模型。

正如在第 7 章的结尾,我们在此也对时齐扩散模型进行一些辩护。在实践中,零息债券收益率曲线不可观察而需要我们进行估计,而且通常是通过附息债券的观察价格进行估计。估计过程往往建立在对贴现函数相对简单的参数化基础之上,例如,第 2 章所提到的三次样条和 Nelson-Siegel 方法。也许,通过对来自一个像本章所讨论的,更有经济理论基础的模型贴现函数进行参数估计能够使我们得到一个对市场价格观察数据的良好拟合和一个更具经济意义的收益率曲线。因此,使用时齐模型可能优于使用一个完美拟合当前收益率曲线的经校准的非时齐模型。

练习

练习 8.1 (一般仿射模型中$\mathbb{P}$ 和$\mathbb{Q}$ 下的动态特征)验证式(8.6)。

练习 8.2 (一般仿射模型中的债券价格)证明定理 8.1。

练习 8.3 (两因子 Vasicek 模型中的普通微分方程的解)证明式(8.18)是式(8.17)的一个解。

练习 8.4 (两因子 Vasicek 模型中的收益率曲线)在两因子 Vasicek 模型中,零息债券收益率由式(8.19)给出。开发一个能够计算大量不同期限的收益率并可以进行图形展示的电子表格。收益率曲线可以有哪些形状?收益率曲线是如何依赖于当前状态变量的取值和模型的参数的?你可以使用以下基准参数:$\hat{\varphi} = 0.022\,5$, $\kappa_r = 0.36$, $\beta_r = 0.03$, $\kappa_\varepsilon = 0.1$, $\beta_\varepsilon = 0.02$ 和 $\rho = 0$。初始值为 $r = 0.05$ 和 $\varepsilon = 0$。

练习 8.5 (两因子 Vasicek 模型中短期利率为负)在两因子 Vasicek 模型中,推导一个(风险中性)概率的表达式,使得短期利率在 T 时为负,给定 $t < T$ 时 $r_t = r$ 和$\varepsilon_t = \varepsilon$。利用练习 8.4 中的参数值,用图形说明概率是如何依赖于 T 的。初始值为 $r = 0.05$ 和 $\varepsilon = 0$。

练习 8.6 (两因子 Vasicek 模型中的收益率相关性)在两因子 Vasicek 模型中,为两个不同的零息债券收益率 $\bar{y}_t^{\tau_1}$ 和 $\bar{y}_t^{\tau_2}$ 的变化推导一个瞬时相关性表达式。哪些参数影响收益率的相关性?利用练习 8.4 中的参数值计算一个与表 8.1 类似的概率矩阵。研究变动参数 ρ 的效果。

练习 8.7 (Longstaff-Schwartz 模型中的波动性)在 Longstaff-Schwartz 模型中,证明零息债券价格的瞬时方差由式(8.27)给出。

9 扩散模型的校准

9.1 引言

在第 7 章和第 8 章，我们已经研究了那些状态变量的漂移率、方差率以及协方差率并不明确地依赖时间，而是只依赖状态变量的当前值的扩散模型。这样的扩散过程被称为时齐过程。漂移率、方差以及协方差为状态变量以及少数几个参数的简单函数。由此衍生的价格和利率同样也是这些状态变量和参数的函数。因此，由此得到的利率期限结构通常都不能完美拟合我们所观察到的期限结构。通常而言，寻找少数参数的取值使得模型能够完美匹配由无限多数据值构成的期限结构几乎是不可能的。当这些模型用于衍生证券定价时，这是一个致命的缺陷。如果模型不能为标的证券（也就是零息债券）正确定价，我们凭什么要信任这一模型所给出的衍生证券价格呢？

为了拟合可观察的期限结构，我们需要更多的参数。这一目标可以通过将模型的参数之一替换成一个精心选择的依赖时间的函数而实现，由此而得到的模型就是非时齐模型。该模型被称为市场期限结构校准模型。校准过的模型与观察的期限结构是一致的，因此这是一类相对定价模型（或纯粹的无套利模型），见 6.7 节所介绍的分类。这类模型同样可以根据其他市场信息校准，如利率的波动率期限结构。这就要求有一个允许依赖于时间的额外参数。

对于时齐扩散模型而言，当前的价格和收益率以及未来价格和收益率的分布都不直接依赖于日历日期，而是存续期的长度。例如，零息债券收益率 $y_t^{t+\tau}$ 并不直接依赖于 t，但是由期限 τ 和状态变量 $\boldsymbol{x}_t$ 确定。因此，如果状态变量在两个不同时点取值相同，收益率曲线也将相同。时齐性质似乎是期限结构模型的一个合理特征。当利率和价格随时间而变的时候，它们应当是受到了经济环境变化的影响（状态变量），而不是仅仅因为时间的流逝。与此相反的是，本章所讨论的非时齐模型包含了对日历时间的直接依赖。我们必须倍加留意，不要引入可能影响衍生证券价格但不切实际的时间依赖关系。

在本章，我们将考察第 7 章所讨论过的单因子模型的校准问题。相似的技术可以同样适用于第 8 章的多因子模型，但是为了将重点放在介绍思想以及让符号变得简单，我们将只考察单因子模型。本章所采用的方法基本上就是通过在状态变量的动态特征描述中引入某些时间依赖的函数而对一个均衡模型进行扩展。第 10 章和第 11 章采用了一个更自然的方式得到拟合期限结构的模型，在这里，我们通过假设初始收益率曲线就是当前市场上所观察到的收益率曲线，以无套利的方式为整个收益率曲线的动态特征建模。

9.2 非时齐仿射模型

将时齐仿射模型式(7.4)中的常数用确定性函数替换，我们就可以得到风险中性概率测度$\mathbb{Q}$下的短期利率的动态特征

$$dr_t = (\hat{\varphi}(t) - \hat{\kappa}(t) r_t)dt + \sqrt{\delta_1(t) + \delta_2(t) r_t}\, dz_t^{\mathbb{Q}} \tag{9.1}$$

在这一扩展的模型中，从现在起 τ 年后的短期利率 $r_{t+\tau}$ 的分布将既取决于时间跨度 τ 也取决于当前日历时间 t。在时齐模型中，$r_{t+\tau}$ 的分布独立于 t。尽管对模型进行了扩展，我们得到了与时齐仿射模型或多或少相似的定价结果。类似于定理 7.1，我们得到了债券价格的下列特性：

定理 9.1 在模型式(9.1)T 日到期的零息债券在 t 时间的价格由 $B_t^T = B^T(r_t, t)$ 给出，在此

$$B^T(r, t) = e^{-a(t, T) - b(t, T) r}$$

且函数 $a(t, T)$ 和 $b(t, T)$ 满足条件为 $a(T, T) = b(T, T) = 0$ 的微分方程组

$$\frac{1}{2}\delta_2(t) b(t, T)^2 + \hat{\kappa}(t) b(t, T) - \frac{\partial b}{\partial t}(t, T) - 1 = 0 \tag{9.2}$$

$$\frac{\partial a}{\partial t}(t, T) + \hat{\varphi}(t) b(t, T) - \frac{1}{2}\delta_1(t) b(t, T)^2 = 0 \tag{9.3}$$

与时齐模型的结果相比，唯一的差别就是函数 a 和 b(从而债券的价格)现在分别依赖于 t 和 T，而不仅仅是依赖于它们的差 $T-t$。该定理的证明几乎与定理 7.1 的证明完全相同。函数 $a(t, T)$ 和 $b(t, T)$ 从方程式(9.2)和式(9.3)确定：首先从式(9.2)求得 $b(t, T)$，然后将其代入式(9.3)可求得 $a(t, T)$。

由上面的定理马上可以知道零息债券收益率和远期利率由

$$y^T(r, t) = \frac{a(t, T)}{T-t} + \frac{b(t, T)}{T-t} r$$

和

$$f^T(r, t) = \frac{\partial a}{\partial T}(t, T) + \frac{\partial b}{\partial T}(t, T) r$$

给出。两者均为 r 的仿射函数。

接下来考察这些模型的波动率期限结构，也就是零息债券价格 $B_t^{t+\tau}$、零息债券收益率 $y_t^{t+\tau}$ 和远期利率 $f_t^{t+\tau}$ 的波动率作为存续期 τ 的函数。这些波动率包含了短期利率的波动率

$\beta(r,\ t)=\sqrt{\delta_1(t)+\delta_2(t)r}$ 和函数 $b(t,\ T)$。零息债券价格的动态特征是

$$\mathrm{d}B_t^{t+\tau}=B_t^{t+\tau}[(r_t-\lambda(r_t,\ t)\beta(r_t,\ t)b(t,\ t+\tau))\mathrm{d}t-b(t,\ t+\tau)\beta(r_t,\ t)\mathrm{d}z_t]$$

而零息债券收益率和远期利率分别由

$$\mathrm{d}y_t^{t+\tau}=\cdots\mathrm{d}t+\frac{b(t,\ t+\tau)}{\tau}\beta(r_t,\ t)\mathrm{d}z_t \tag{9.4}$$

和

$$\mathrm{d}f_t^{t+\tau}=\cdots\mathrm{d}t+\left.\frac{\partial b(t,\ T)}{\partial T}\right|_{T=t+\tau}\beta(r_t,\ t)\mathrm{d}z_t$$

给出。我们将把重点放在波动率上，省略相当复杂的漂移项。

从式(9.2)可以看到，如果函数 $\delta_2(t)$ 和 $\hat{\kappa}(t)$ 为常量，可以将 $b(t,\ T)$ 写成 $b(T-t)$，在这与时齐仿射模型中一样，函数 $b(\tau)$ 是相同的普通微分方程式(7.6)的解。如果 $\delta_1(t)$ 同样是常量，短期利率波动率 $\beta(r_t,\ t)=\sqrt{\delta_1(t)+\delta_2(t)r_t}$ 将是时齐的。因此，当 $\hat{\kappa}(t)$，$\delta_1(t)$ 和 $\delta_2(t)$ 为常量，但 $\hat{\varphi}(t)$ 并非必须为常量时，因为 $B_t^{t+\tau}$，$y_t^{t+\tau}$ 和 $f_t^{t+\tau}$ 的波动率只依赖于 τ 和短期利率，并不依赖 t，所以，从这一意义上讲，模型的波动率期限结构是时齐的。因其非时齐性，即便是对于相同的收益率曲线，未来的波动率结构与当前的波动率结构相比将大相径庭。这一特性既不合理也不现实。此外，许多衍生证券的价格高度依赖于波动率的变化，例如，读者可参见 Carverhill(1995)以及 Hull 和 White(1995)。一个波动率结构不切实际的模型有可能产生不合理的价格和对冲策略。

出于这些原因，通常只允许参数依赖于时间。接下来我们将探讨对 Merton 模型、Vasicek 模型以及 CIR 模型进行这样的扩展。对于特别选择的函数 $\hat{\varphi}(t)$，这些模型的扩展能够精确匹配所观察的收益率曲线，也就是说，模型根据市场收益率曲线校准。

注意，如果仅 $\hat{\varphi}$ 依赖于时间，函数 $b(\tau)$ 正如其最初时齐模型中一样，然而函数 a 将会变得不同。由于

$$a(T,\ T)-a(t,\ T)=\int_t^T\frac{\partial a}{\partial u}(u,\ T)\mathrm{d}u$$

且 $a(T,\ T)=0$，等式(9.3)意味着

$$a(t,\ T)=\int_t^T\hat{\varphi}(u)b(T-u)\mathrm{d}u-\frac{\delta_1}{2}\int_t^T b(T-u)^2\mathrm{d}u$$

特别地，

$$a(0,\ T)=\int_0^T\hat{\varphi}(t)b(T-t)\mathrm{d}t-\frac{\delta_1}{2}\int_0^T b(T-t)^2\mathrm{d}t \tag{9.5}$$

我们希望选取函数 $\hat{\varphi}(t)$，使得零息债券的当前(时间 0)模型价格 $B^T(r_0,\ 0)$ 与所观察的价格 $\bar{B}(T)$ 相同，也就是对于任何存续期 T，

$$a(0,\ T)=-b(T)r_0-\ln\bar{B}(T) \tag{9.6}$$

我们可从式(9.5)和式(9.6)的比较中确定 $\hat{\varphi}(t)$。在对 Merton 和 Vasicek 模型的扩展中,我们可以得到 $\hat{\varphi}(t)$的显式表达式,而在 CIR 模型的扩展中,则必须应用数值技术。

9.3 Ho-Lee 模型(Merton 模型的扩展)

Ho 和 Lee(1986)将当前所观察到的收益率曲线视为给定,为整个收益率曲线的演变开发了一个重组二项树模型。随后,Dybvig(1988)证明了他们的二项树模型的连续时间极限是一个

$$dr_t = \hat{\varphi}(t)dt + \beta dz_t^{\mathbb{Q}} \tag{9.7}$$

的模型,这是 7.3 节所描述的 Merton 模型的推广。零息债券价格的形式为

$$B^T(r, t) = e^{-a(t, T) - b(T-t)r}$$

与 Merton 模型一样,在此 $b(\tau) = \tau$,且

$$a(t, T) = \int_t^T \hat{\varphi}(u)(T-u)du - \frac{1}{2}\beta^2 \int_t^T (T-u)^2 du \tag{9.8}$$

读者可参见前面几节的讨论。接下来的定理给出了如何选择合适的函数 $\hat{\varphi}(t)$以匹配所给定的初始收益率曲线的方法。

定理 9.2 令 $t \mapsto \bar{f}(t)$为远期利率的当前期限结构且假设该函数是可微的。则

$$\hat{\varphi}(t) = \bar{f}'(t) + \beta^2 t \tag{9.9}$$

的 Ho-Lee 模型中的利率期限结构对于所有 t 将与当前期限结构相同,在此情况下,有

$$a(t, T) = -\ln\left(\frac{\bar{B}(T)}{\bar{B}(t)}\right) - (T-t)\bar{f}(t) + \frac{1}{2}\beta^2 t(T-t)^2$$

其中 $\bar{B}(t) = \exp\{-\int_0^t \bar{f}(s)ds\}$ 表示当前的零息债券的价格。

证明:将 $b(T-t) = T-t$ 和 $\delta_1 = \beta^2$ 代入式(9.5),我们得到

$$a(0, T) = \int_0^T \hat{\varphi}(t)(T-t)dt - \frac{1}{2}\beta^2 \int_0^T (T-t)^2 dt = \int_0^T \hat{\varphi}(t)(T-t)dt - \frac{1}{6}\beta^2 T^3$$

对 T 求导,利用第 3.6.2 节中所描述的莱布尼兹法则,得到

$$\frac{\partial a}{\partial T}(0, T) = \int_0^T \hat{\varphi}(t)dt - \frac{1}{2}\beta^2 T^2$$

以及,另一个微分给出

$$\frac{\partial^2 a}{\partial T^2}(0, T) = \hat{\varphi}(T) - \beta^2 T \tag{9.10}$$

我们希望满足关系式(9.6),也就是

$$a(0, T) = -Tr_0 - \ln \bar{B}(T)$$

记得式(1.9)中贴现函数 $\bar{B}$ 和远期利率 $\bar{f}$ 的期限结构存在以下关系：

$$-\frac{\partial \ln \bar{B}(T)}{\partial T} = -\frac{\bar{B}'(T)}{\bar{B}(T)} = \bar{f}(T)$$

因此，$a(0, T)$必须满足

$$\frac{\partial a}{\partial T}(0, T) = -r_0 + \bar{f}(T)$$

因此，

$$\frac{\partial^2 a}{\partial T^2}(0, T) = \bar{f}'(T) \tag{9.11}$$

在此，我们假设远期利率的期限结构是可微的。比较式(9.10)和式(9.11)，得到了所阐明的结果。

将式(9.9)代入式(9.8)，得到

$$a(t, T) = \int_t^T \bar{f}'(u)(T-u)\mathrm{d}u + \beta^2 \int_t^T u(T-u)\mathrm{d}u - \frac{1}{2}\beta^2 \int_t^T (T-u)^2 \mathrm{d}u$$

分部积分得到

$$\int_t^T \bar{f}'(u)(T-u)\mathrm{d}u = -(T-t)\bar{f}(t) + \int_t^T \bar{f}(u)\mathrm{d}u = -(T-t)\bar{f}(t) - \ln\left[\frac{\bar{B}(T)}{\bar{B}(t)}\right]$$

其中我们已经用到了远期利率和零息债券价格之间的关系推得

$$\int_t^T \bar{f}(u)\mathrm{d}u = \int_0^T \bar{f}(u)\mathrm{d}u - \int_0^t \bar{f}(u)\mathrm{d}u = -\ln \bar{B}(T) + \ln \bar{B}(t) = -\ln\left(\frac{\bar{B}(T)}{\bar{B}(t)}\right) \tag{9.12}$$

更进一步，经过繁琐的计算后得到

$$\beta^2 \int_t^T u(T-u)\mathrm{d}u - \frac{1}{2}\beta^2 \int_t^T (T-u)^2 \mathrm{d}u = \frac{1}{2}\beta^2 t(T-t)^2$$

现在，$a(t, T)$可以写成定理中所示。 □

在 Ho-Lee 模型中，短期利率服从广义布朗运动(漂移依赖于时间)。由第 3 章的分析，我们知道未来短期利率服从正态分布，也就是说，Ho-Lee 模型是一个高斯模型。欧式期权的定价与 Merton 模型相似。零息债券的欧式认购期权的价格由具有相同的方差的表达式的(7.31)给出。与往常一样，附息债券的认购期权价格可由 Jamshidian 模型得到。

9.4 Hull-White 模型(Vasicek 模型的扩展)

当我们用时间依赖的函数 $\hat{\theta}(t)$替换 Vasicek 模型式(7.35)的参数 $\hat{\theta}$，我们得到风险中性

(即期鞅)测度下的短期利率动态特征

$$dr_t = \kappa[\hat{\theta}(t) - r_t]dt + \beta dz_t^{\mathbb{Q}} \tag{9.13}$$

这一模型由 Hull 和 White(1990a)引入,因此被称为 Hull-White 模型或扩展的 Vasicek 模型。与在 Vasicek 模型中一样,这一过程具有常数波动率 $\beta > 0$ 并以常数调整速度 $\kappa > 0$ 向均值回归,但是在扩展模型中,长期水平依赖于时间。风险调整过程式(9.13)可能是真实世界动态特征

$$dr_t = \kappa[\theta(t) - r_t]dt + \beta dz_t$$

的结果,并假设风险的市场价格 $\lambda(t)$ 至多依赖于时间。在这种情况下,有

$$\hat{\theta}(t) = \theta(t) - \frac{\beta}{\kappa}\lambda(t)$$

尽管进行了较小的扩展,从第 3.8.2 节可知其仍为高斯模型。更精确地讲,未来短期利率 r_T 服从正态分布,且具有与 Vasicek 模型方差相同的方差,

$$\mathrm{Var}_{r,t}[r_T] = \mathrm{Var}_{r,t}^{\mathbb{Q}}[r_T] = \beta^2 \int_t^T e^{-2\kappa[T-u]} du = \frac{\beta^2}{2\kappa}(1 - e^{-2\kappa[T-t]})$$

但是,具有不同的均值,也就是在风险中性概率测度下

$$\mathrm{E}_{r,t}^{\mathbb{Q}}[r_T] = e^{-\kappa[T-t]} r + \kappa \int_t^T e^{-\kappa[T-u]} \hat{\theta}(u) du$$

在真实世界概率测度下,

$$\mathrm{E}_{r,t}[r_T] = e^{-\kappa[T-t]} r + \kappa \int_t^T e^{-\kappa[T-u]} \theta(u) du$$

根据定理 9.1 和随后的讨论,Hull-White 模型中的零息债券价格由

$$B^T(r, t) = e^{-a(t, T) - b(T-t)r}$$

给出,其中

$$b(\tau) = \frac{1}{\kappa}(1 - e^{-\kappa\tau})$$

$$a(t, T) = \kappa \int_t^T \hat{\theta}(u) b(T-u) du + \frac{\beta^2}{4\kappa} b(T-t)^2 + \frac{\beta^2}{2\kappa^2}(b(T-t) - (T-t)) \tag{9.14}$$

对于任何给定的函数 $\hat{\theta}$,这一表达式成立。现在假设在时间 0 我们观察到当前短期利率 r_0 和整个贴现函数 $T \mapsto \bar{B}(T)$,或者等价地说,远期利率 $T \mapsto \bar{f}(T)$ 的期限结构。接下来的结果证明了如何选择函数 $\hat{\theta}$ 以使得模型的贴现函数恰好匹配观察到的贴现函数。

定理 9.3 令 $t \mapsto \bar{f}(t)$ 为远期利率的当前(时间 0)期限结构,并假设这一函数是可微的。那么,

$$\hat{\theta}(t) = \bar{f}(t) + \frac{1}{\kappa}\bar{f}'(t) + \frac{\beta^2}{2\kappa^2}(1 - e^{-2\kappa t}) \tag{9.15}$$

时 Hull-White 模型式(9.13)中的利率期限结构将与当前的利率期限结构相同，在此情况下，有

$$a(t,\ T) = -\ln\left(\frac{\bar{B}(T)}{\bar{B}(t)}\right) - b(T-t)\bar{f}(t) + \frac{\beta^2}{4\kappa}b(T-t)^2(1-e^{-2\kappa t}) \tag{9.16}$$

证明：由等式(9.14)可知

$$a(0,\ t) = \kappa\int_0^t \hat{\theta}(u)b(t-u)\mathrm{d}u + \frac{\beta^2}{4\kappa}b(t)^2 + \frac{\beta^2}{2\kappa^2}(b(t)-t)$$

反复进行微分得到

$$\frac{\partial a}{\partial t}(0,\ t) = \kappa\int_0^t \hat{\theta}(u)e^{-\kappa[t-u]}\mathrm{d}u - \frac{1}{2}\beta^2 b(t)^2$$

和

$$\begin{aligned}\frac{\partial^2 a}{\partial t^2}(0,\ t) &= \kappa\hat{\theta}(t) - \kappa^2\int_0^t \hat{\theta}(u)e^{-\kappa[t-u]}\mathrm{d}u - \beta^2 b(t)e^{-\kappa t}\\ &= \kappa\hat{\theta}(t) - \kappa\frac{\partial a}{\partial t}(0,\ t) - \frac{\beta^2}{2\kappa}(1-e^{-2\kappa t})\end{aligned}$$

在此，我们利用到了莱布尼兹法则(见 3.6.2 节)。因此，

$$\hat{\theta}(t) = \frac{\beta^2}{2\kappa^2}(1-e^{-2\kappa t}) + \frac{1}{\kappa}\frac{\partial^2 a}{\partial t^2}(0,\ t) + \frac{\partial a}{\partial t}(0,\ t) \tag{9.17}$$

对表达式(9.6)进行微分，得到

$$\frac{\partial a}{\partial t}(0,\ t) = -\frac{\bar{B}'(t)}{\bar{B}(t)} - r_0 e^{-\kappa t} = \bar{f}(t) - r_0 e^{-\kappa t}$$

和

$$\frac{\partial^2 a}{\partial t^2}(0,\ t) = \bar{f}'(t) + \kappa r_0 e^{-\kappa t}$$

将这些表达式代入式(9.17)，得到式(9.15)。

将式(9.17)代入式(9.14)，得到

$$\begin{aligned}a(t,\ T) = &\int_t^T \bar{f}(u)(1-e^{-\kappa[T-u]})\mathrm{d}u + \frac{1}{\kappa}\int_t^T \bar{f}'(u)(1-e^{-\kappa[T-u]})\mathrm{d}u\\ &+ \frac{\beta^2}{2\kappa^2}\int_t^T (1-e^{-2\kappa u})(1-e^{-\kappa[T-u]})\mathrm{d}u + \frac{\beta^2}{4\kappa}b(T-t)^2\\ &+ \frac{\beta^2}{2\kappa^2}(b(T-t)-(T-t))\end{aligned}$$

注意到

$$\int_t^T \bar{f}'(u)\mathrm{d}u = \bar{f}(T) - \bar{f}(t)$$

分部积分得到

$$\frac{1}{\kappa}\int_t^T \bar{f}'(u)e^{-\kappa[T-u]}\mathrm{d}u = \frac{1}{\kappa}\bar{f}(T) - \frac{1}{\kappa}\bar{f}(t)e^{-\kappa[T-t]} - \int_t^T \bar{f}(u)e^{-\kappa[T-u]}\mathrm{d}u$$

由式(9.12)得到

$$a(t, T) = -\ln\left(\frac{\bar{B}(T)}{\bar{B}(t)}\right) - \bar{f}(t)b(T-t) + \frac{\beta^2}{2\kappa^2}\int_t^T (1-e^{-2\kappa u})(1-e^{-\kappa[T-u]})\mathrm{d}u$$
$$+\frac{\beta^2}{4\kappa}b(T-t)^2 + \frac{\beta^2}{2\kappa^2}(b(T-t)-(T-t))$$

经过一些直接但繁琐的操作，我们可得到所要证明的关系式(9.16)。 □

由于 Hull-White 模型是高斯模型，因此零息债券的欧式认购期权价格可以像在 Vasicek 模型中一样推导。由于 Hull-White 模型和 Vasicek 模型中的函数和未来短期利率方差相同，我们得到了恰好相同的期权定价公式，也就是

$$C^{K,T,S}(r, t) = B^S(r, t)N(d_1) - KB^T(r, t)N(d_2) \tag{9.18}$$

其中

$$d_1 = \frac{1}{v(t, T, S)}\ln\left(\frac{B^S(r, t)}{KB^T(r, t)}\right) + \frac{1}{2}v(t, T, S)$$
$$d_2 = d_1 - v(t, T, S)$$
$$v(t, T, S) = \frac{\beta}{\sqrt{2\kappa^3}}(1-e^{-\kappa[S-T]})(1-e^{-2\kappa[T-t]})^{1/2}$$

与 Vasicek 模型唯一的差别就是，Hull-White 模型证明了在公式中使用观察到的债券价格的合理性。由于零息债券是短期利率的减函数，我们可以应用定理 7.3 中的 Jamshidian 方法为附息债券的欧式期权以零息债券欧式期权的组合的方式定价。

9.5 CIR 模型的扩展

对第 7.5 节所分析过的 CIR 模型进行扩展的方式与我们对 Merton 模型和 Vasicek 模型的扩展方式相同，短期利率的动态特征变为①

$$\mathrm{d}r_t = (\kappa\theta(t) - \hat{\kappa}r_t)\mathrm{d}t + \beta\sqrt{r_t}\,\mathrm{d}z_t^{\mathbb{Q}}$$

为了使这一过程定义完善，$\theta(t)$必须为非负。这将确保当短期利率为零时，漂移率非负，以使

---

① 在 Cox 等(1985b)的原始论文中已经提出了这一扩展。

得短期利率保持非负并使得平方根项有意义。为了使得利率严格为正，必须进一步要求对于所有 t，有 $2\kappa\theta(t) \geqslant \beta^2$。

对于任意的非负函数 $\theta(t)$，零息债券价格为

$$B^T(r, t) = e^{-a(t, T) - b(T-t)r}$$

其中 $b(\tau)$ 与原始的 CIR 模型中完全相同，见式(7.49)，而函数 a 现在由

$$a(t, T) = \kappa \int_t^T \theta(u) b(T-u) \mathrm{d}u$$

给出。

假定当前贴现函数为 $\bar{B}(t)$，与其关联的远期利率的期限结构由 $\bar{f}(T) = -\bar{B}'(T)/\bar{B}(T)$ 给出。为了对所有 T 得到 $\bar{B}(t) = B^T(r_0, 0)$，我们不得不选择 $\theta(t)$ 使得

$$a(0, T) = -\ln \bar{B}(T) - b(T) r_0 = \kappa \int_0^T \theta(u) b(T-u) \mathrm{d}u, \ T > 0$$

对 T 求导数，得到

$$\bar{f}(T) = b'(T) r_0 + \kappa \int_0^T \theta(u) b'(T-u) \mathrm{d}u, \ T > 0$$

根据 Heath 等(1992, p.96)，可以证明这一方程有唯一解 $\theta(t)$，但是它没有显式表达式，因此必须采用数值方法求解。我们确保满足保证短期利率过程定义明确所需要的条件。很显然，对于所有 t，$\theta(t)$ 为非负的必要条件为

$$\bar{f}(T) \geqslant r_0 b'(T), \ T > 0 \tag{9.19}$$

不是所有的远期利率曲线满足这一条件，见练习 9.1。因此，与 Merton 和 Vasicek 模型相比，CIR 模型不能根据任何给定的期限结构进行校准。

CIR 模型的扩展不能提供显式的期权定价公式。期权价格可以通过数值方法解与模型相关的偏微分方程的方式计算出来。相关的数值技术可见第 16 章。

9.6 根据其他市场数据校准

许多从业者希望模型能够基本上与“可靠的”的当前市场数据保持一致。他们的目标是根据流动性良好的债券、衍生证券的价格，如利率顶、利率底以及互换期权，对模型进行校准，然后用其为流动性不那么好的“奇异”衍生证券进行定价。通过这种方式，欠流动性的证券的定价方式与不存在异议的、所观察到的市场价格保持了一致。前面我们已经讨论了一个均衡模型怎样通过用时间依赖的函数替换漂移项中的常数项，按照当前的收益率曲线(也就是当前债券价格)进行校准。如果我们用仔细选择的确定性函数替换其他的参数，就可以按照更多的市场信息校准模型。

以 Vasicek 模型为例。如果允许 $\hat{\theta}$ 和 κ 依赖于时间，短期利率的动态特征变成

$$\begin{aligned} dr_t &= \kappa(t)[\hat{\theta}(t) - r_t]dt + \beta dz_t^{\mathbb{Q}} \\ &= [\hat{\varphi}(t) - \kappa(t)r_t]dt + \beta dz_t^{\mathbb{Q}} \end{aligned}$$

零息债券的价格仍然由定理 9.1 给出为 $B^T(r, t) = \exp\{-a(t, T) - b(t, T)r\}$。根据 Hull 和 White(1990a)中的等式(9.15)和式(9.16)，函数 $\kappa(t)$ 和 $\hat{\varphi}(t)$ 为

$$\kappa(t) = -\frac{\partial^2 b}{\partial t^2}(0, t) \Big/ \frac{\partial b}{\partial t}(0, t)$$

$$\hat{\varphi}(t) = \kappa(t)\frac{\partial a}{\partial t}(0, t) + \frac{\partial^2 a}{\partial t^2}(0, t) - \left(\frac{\partial b}{\partial t}(0, t)\right)^2 \int_0^t \beta^2 \left(\frac{\partial b}{\partial u}(0, u)\right)^{-2} du$$

于是可以由函数 $t \mapsto a(0, t)$ 和 $t \mapsto b(0, t)$ 以及它们的导数确定。由式(9.4)可以得到零息债券收益率 $y_t^{t+\tau} = y^{t+\tau}(r_t, t)$ 的模型波动率是

$$\sigma_y^{t+\tau}(t) = \frac{\beta}{\tau} b(t, t+\tau)$$

特别地，时间 0 的波动率是 $\sigma_y^\tau(0) = \beta b(0, \tau)/\tau$。如果零息债券收益率波动率的当前期限结构由函数 $t \mapsto \bar{\sigma}_y(t)$ 所代表，就能通过选择

$$b(0, t) = \frac{\tau}{\beta}\bar{\sigma}_y(t)$$

而获得对这些波动率的一个完美匹配。与前面几节所描述的情况一样，函数 $t \mapsto a(0, t)$ 可以由 $b(0, t)$ 和当前贴现函数 $t \mapsto \bar{B}(t)$ 确定。注意到波动率的期限结构既可以从收益率曲线的历史波动中估计出来，也可以作为"隐含波动率"从衍生证券的当前价格中推导出来。后者典型的情况是基于所观察到的利率顶的市场价格。

最后，我们同样可以令短期利率波动率为一个确定性函数 $\beta(t)$，因此我们可以得到"完全扩展"的 Vasicek 模型

$$dr_t = \kappa(t)[\hat{\theta}(t) - r_t]dt + \beta(t)dz_t^{\mathbb{Q}}$$

以一种特定的方式选择 $\beta(t)$，我们就可以将模型按照更进一步的市场数据校准。

尽管存在所有这些扩展，模型仍然是一个高斯模型，所以期权定价公式(9.18)仍然能够应用。然而，相关的波动率现在变成 $v(t, T, S)$，其中

$$\begin{aligned} v(t, T, S)^2 &= \int_t^T \beta(u)^2 [b(u, S) - b(u, T)]^2 du \\ &= [b(0, S) - b(0, T)]^2 \int_t^T \beta(u)^2 \left(\frac{\partial b}{\partial u}(0, u)\right)^{-2} du \end{aligned}$$

参见 Hull 和 White(1990a)。如果所估计的 $b(t, T)$ 函数为正，那么关于附息债券期权的 Jamshidian 的结果式(7.28)仍然是有效的。

如果 κ 和 β 两者之一(或两者)都依赖于时间，模型中的波动率结构变得非时齐，也就是说，将依赖于日历时间，见第 9.2 节的讨论。由于市场中的波动率结构似乎非常稳定(当利率稳定时)，这种对日历时间的依赖是不合适的。广义上讲，令 κ 或 β 依赖于时间是使得"模型过度扩展"。寻找一个合理而又简单的模型，使得它与收益率曲线和波动率曲线两者都保持

一致是一项艰巨的任务，读者们大概对此不会感到意外。

如果只允许参数 θ 依赖于时间，波动率结构是时齐的。短期利率的漂移率、零息债券收益率以及远期利率仍然是非时齐的，这当然同样是不现实的。漂移率可能随时间改变，但只是因为关键经济变量发生变化，而不是因为时间的推移。然而，Hull 和 White 以及其他的作者们辩称，对于期权价格而言，非时齐的波动率结构比非时齐的漂移率更为重要。同样参见下面的 9.9 节。

9.7 校准模型中的初始期限结构与未来期限结构

在前面一节中，我们隐晦地假设了当前的利率期限结构是可以直接观察的。在实践中，利率的期限结构是从有限的流动性债券的价格中估计出来的。正如第 2 章所讨论的，这通常通过将贴现函数或远期利率曲线表达为相对较少的几个参数的函数形式而完成。这些参数的选择必须使得其尽可能匹配观察到的价格数据。

对贴现函数的三次样条估计经常产生对远期利率曲线，尤其是，远期利率曲线的斜率不切实际的估计。可以从本章的前面几节知道，均衡模型的校准依赖于远期利率曲线和它的斜率，所以这样的估计会带来麻烦。与此形成对比的是，Nelson-Siegel 参数化

$$\bar{f}(t)=c_1+c_2e^{-kt}+c_3te^{-kt} \tag{9.20}$$

见式(2.13)，确保了远期利率曲线的优质与平滑，因此它大概更适合在校准中被采用。

不管采用何种参数化方法，完美匹配所观察的债券价格是不可能的。因此，认为模型校准使得债券的模型价格与市场价格实现了完美的匹配这一说法从严格意义上来讲是不正确的。同样见练习 9.11。

三次样条和 Nelson-Siegel 参数化都不是基于任何的经济变量，而仅仅是“曲线拟合”的技术。第 7 章和第 8 章中理论基础更好的动态均衡模型同样有贴现函数的参数化问题，例如式(7.46)和与 CIR 模型相关联的函数 a 和 b 的表达式。为什么不使用这样的一种参数化，而是使用三次样条和 Nelson-Siegel 参数化呢？如果使用均衡模型所产生的参数，为什么不使用均衡模型为固定收益证券定价，而是根据所选择的参数形式对不同的模型进行校准呢？总而言之，我们的目标应当是利用一个能够使得它所产生的收益率曲线的形状与运动都与市场所观察到的情况一致的均衡模型。如果这样的一个模型太过复杂，我们可以根据源于复杂模型的收益率曲线校准一个更简单的模型，并希望这一个校准的简单模型所提供的价格和对冲比率尽可能合理地接近复杂模型所产生的价格和对冲比率。

一个相关的问题是，给定当前收益率曲线所选择的参数形式以及利率的动态特征，未来的收益率曲线将是何种形状？例如，我们利用当前收益率曲线的 Nelson-Siegel 参数形式式(9.20)，并令其按照一个动态模型，例如 Hull-White 模型进行演变，那么未来的收益率曲线的形式还是式(9.20)那样吗？直观感觉是，可能的未来收益率曲线可以写成相同的参数形式，尽管可能的参数取值不一样，从这一意义上看，使用与模型动态特征相一致的参数形式似乎是合理的。

何种参数化形式与给定的动态模型是一致的？Björk 和 Christensen(1999)利用高等数学研究了这一问题，因此我们仅在此例举他们所得到的几个结论：

• 简单仿射形式 $\bar{f}(t)=c_1+c_2t$ 与 Ho-Lee 模型式(9.7)是一致的，也就是说，初始远期利率曲线是一条直线，那么模型中未来的远期利率曲线同样是一条直线。

• 与 Hull-White 模型式(9.13)一致的远期利率曲线最简单的参数化形式是

$$\bar{f}(t)=c_1e^{-kt}+c_2e^{-2kt}$$

• Nelson-Siegel 参数形式既不与 Ho-Lee 模型一致，也不与 Hull-White 模型一致。但是，推广的 Nelson-Siegel 参数形式

$$\bar{f}(t)=c_1+c_2e^{-kt}+c_3te^{-kt}+c_4e^{-2kt}$$

与 Hull-White 模型是一致的。

此外，可以证明 Nelson-Siegel 参数化形式与任何非平凡的单因子扩散模型都不一致，见 Filipović(1999)。

9.8 校准的非仿射模型

在第 7.7 节，我们研究了一些带有常量参数的非仿射单因子模型。这些模型也可以通过将常量参数替换为时间依赖的函数而进行校准。Black-Karasinksi 模型式(7.54)因此而可以被扩展为

$$d(\ln r_t)=\kappa(t)(\theta(t)-\ln r_r)dt+\beta(t)dz_t^{\mathbb{Q}}$$

在此，κ，θ 和 β 为时间的确定性函数。尽管进行了推广，短期利率的未来值仍然服从对数正态分布。Black 和 Karasinksi 在二项树中应用了他们的模型，并选择函数使得二项树中计算的收益率和收益率波动率恰好匹配从市场所观察到的数据。在此，并没有显式的定价公式，而构建校准的二项树也非常复杂。

Black 等(1990)所引入的 BDT 模型是 Black 和 Karasinksi 模型的一个特例，在此，$\beta(t)$ 是一个可微的函数且

$$\kappa(t)=\frac{\beta'(t)}{\beta(t)}$$

同样，我们没有发现显式的定价公式，该模型也通常应用在二项树中①。为了避免波动率依赖时间所带来的麻烦，$\beta(t)$ 不得不为常量。在这种情况下，BDT 模型中的 $\kappa(t)=0$，该模型被简化为

$$dr_t=\frac{1}{2}\beta^2r_tdt+\beta r_tdz_t^{\mathbb{Q}}$$

---

① 从 Black 等(1990)无从得知如何构建校准二项树，但是 Jamshidian(1991)在他们的演示中填补了这一空白。

这是 Rendleman-Bartter 模型式(7.55)的一个特例，且不能根据所观察到的收益率曲线进行校准。

定理 7.6 证明了时齐对数正态模型产生了完全错误的欧洲美元期货价格。非时齐的对数正态模型同样表现出了这一令人生厌的特点。

9.9 校准的单因子模型与多因子模型一样的好？

在第 8 章的开头，我们指出，为了合理描述利率期限结构的变化，我们需要不止一个因子。然而，与单因子模型相比，多因子模型更难估计和应用。如果多因子模型和单因子模型在所得到的价格和对冲比率上存在的差异不大的话，使用单因子模型在计算上更有效率。但是，一个简单的单因子模型能够提供与更贴近现实的多因子模型相同的价格和对冲比率吗？我们在第 8.8 节开始对这一问题进行讨论，在那里我们把重点放在了对时齐模型的讨论之上。直觉上理解，如果两个模型产生了相同的标的资产价格，那么这两个模型所产生的衍生证券的价格和对冲比率也应当更加接近。一些作者比较了一个时齐的两因子模型和一个根据这一两因子模型所生成的收益率曲线完美校准的非时齐单因子模型。

Hull 和 White(1990a)比较了根据同一初始收益率曲线校准的不同模型所得到的衍生证券的价格。他们首先假设时齐的 CIR 模型(在某些特定参数之下)提供了一个正确的期限结构描述，然后他们利用原始的 CIR 模型和按照 CIR 收益率曲线校准的 Vasicek 模型分别计算了一个 5 年期子弹型债券的欧式认购期权以及一些利率顶的价格。他们发现两个模型所得到的价格一般都比较接近，但是对于价外的期权和利率顶的价格所产生的百分比偏差非常大。接下来，他们拿使用扩展的 Vasicek 模型计算的 5 年期零息债券的欧式认购期权价格和使用两个不同的两因子模型，也就是两因子高斯模型和两因子 CIR 模型所计算出的价格进行了比较。在每一次比较中，他们都假设两因子模型提供了真实的收益率曲线，扩展的 Vasicek 模型根据两因子模型的收益率曲线进行了校准。价格的差异非常小。因此，Hull 和 White 推断，尽管收益率曲线的真实动态特征与复杂的单因子(CIR)或两因子模型一致，人们同样可以使用根据真实收益率曲线校准的简单扩展 Vasicek 模型。

Hull 和 White 只考察了少数几种衍生证券，只考察了两个相对简单得多因子模型，且只比较了价格而没包括对冲策略。Canabarro(1995)完成了更充分的比较。首先，他认为 Hull 和 White 用于比较的两个模型是退化的模型，描述收益率曲线的变化的效果很差。例如，他指出在他们所使用的两因子 CIR 模型中，其中一个因子(取 Hull 和 White 使用的参数值)解释了收益率曲线总体变化的 99%，因此第二个因子的解释力小于 1%。正如第 8.1 节所讨论的，他从实证研究中发现最重要的因子只能够解释 85%，而第二重要的因子能够解释超过 10%的收益率曲线的变化。而且，Hull 和 White 的两因子 CIR 模型为不同到期日的零息债券的收益率给出了超乎实际的高相关性。例如，在那个模型中，3 月期和 30 年期的平价收益率之间的相关性高达 0.96，这远远高于实证研究所估计的 0.46，见表 8.1。因此，与这一两因子模型的比较在回答使用简单的校准单因子模型代表复杂的现实世界动态变化是否合理这一问题上提供的信息很少。在他的比较中，Canabarro 同样使用了一个不同的两因子模型，也就是 Brennan-Schwartz 模型(1979),该模型在第 8.7 节被简要提及。尽管 Brennan-Schwartz 的理论效率很低,Canabarro 证明了该模型可提供关于相关性和两个因子各自的解释力的合理取值。

两个两因子模型各自都与两个校准的单因子模型进行了比较。第一个是扩展的单因子 CIR 模型

$$dr_t = (\hat{\varphi}(t) - \hat{\kappa}(t) r_t)dt + \beta\sqrt{r_t}\,dz_t^{\mathbb{Q}}$$

第二个是 BDT 模型

$$d(\ln r_t) = \frac{\beta'(t)}{\beta(t)}(\theta(t) - \ln r_t)dt + \beta(t)dz_t^{\mathbb{Q}}$$

由于两因子模型被假设为"真实"模型,在这些模型中,选择时间依赖函数时考虑的是,这些函数能够使得模型产生相同的初始收益率曲线,以及对于给定上限利率,但是具有不同到期期限的利率顶给出相同的价格。注意,这两个校准的单因子模型都表现出了时间依赖的波动率结构,这在一般情况下是应当避免的。

就两个作为基准的两因子模型而言,Canabarro 发现对于相对简单的证券,比如说利率顶和债券的欧式期权,使用校准的单因子模型而不是正确的两因子模型所导致的价格错误很小。对于收益由短期零息债券和长期零息债券之差给出的所谓收益率曲线期权而言,错误就大很多,而且不可忽略。这些发现并不令人奇怪,这是因为单因子模型并没有考虑收益率曲线的扭曲,也就是收益率曲线的短端和长端运动的方向相反的情况。而恰好是这种收益率曲线运动使得收益率曲线期权具有价值。关于对冲策略的效率问题,校准的单因子模型表现很差。即便是对于与校准中使用的证券相似的证券的对冲,情况也是如此。BDT 模型的价格错误和对冲错误通常都大于校准的单因子 CIR 模型。一般而言,当单因子模型按照更实际的 Brennan-Schwartz 模型校准比用 Hull 和 White 的比较中所用的退化的两因子 CIR 模型进行校准产生的误差更大。

从这些研究中所能得出的结论是,校准的单因子模型应当只用于与模型校准时所用证券密切相关的证券的定价。对于其他证券的定价,以及设计对冲策略,应当采用能够更好描述收益率曲线实际运动的多因子模型。

结束语

本章已经证明,通过将常量参数替换为特定的时间依赖函数,单因子均衡模型能够完美地拟合观察到的收益率曲线。但是,我们必须指出这种校准会产生不良后果,在使用时务必保持警惕。

相似的方法适用于多因子模型。由于多因子模型比单因子模型包含更多的参数,它们无需引入时间依赖函数就能更好地拟合任何给定的收益率曲线。从这意义上讲,多因子模型从校准中所能获得好处更少。在接下来的两章中,我们将考察用更直接的方式构造与可观察的

收益率曲线更一致的模型。

练习

练习 9.1 (CIR 模型的校准)通过对式(7.49)进行微分,计算 CIR 模型中的 $b'(\tau)$。取合理的参数和初始短期利率,通过计算(如使用电子表格)式(9.19)右边,找出何种类型的初始远期利率曲线可用于 CIR 模型校准。改变参数和短期利率并讨论其影响。

练习 9.2 (Hull-White 模型根据 Vasicek 收益率曲线校准)假定可观察的债券价格拟合于形如

$$(*)\bar{B}(t) = e^{-a(t)-b(t)r_0}$$

的贴现函数,其中

$$b(t) = \frac{1}{\kappa}(1-e^{-\kappa t})$$

$$a(t) = y_\infty[t-b(t)] + \frac{\beta^2}{4\kappa}b(t)^2$$

在此,y_∞,κ 和 β 为常量。这是 Vasicek 模型的贴现函数,见式(7.36)至式(7.38)。

(1) 用函数 a 和 b 表示初始远期利率 $\bar{f}(t)$ 及其导数 $\bar{f}'(t)$。

(2) 当初始"可观察"贴现函数具有($*$)的形式,也就是说与在 Vasicek 模型中相同时,通过代入式(9.15),证明 Hull-White 模型中的函数 $\hat{\theta}(t)$ 将由常量

$$\hat{\theta}(t) = y_\infty + \frac{\beta^2}{2\kappa^2}$$

给出。

10

Heath-Jarrow-Morton 模型

10.1 引言

在第 7 章和第 8 章我们讨论了不同的利率期限结构模型，在这些模型中，整个期限结构被认为受到了一个低维的马尔科夫状态变量向量扩散过程的影响。除此之外，我们从这几章中得出结论，即一个时齐扩散模型一般不能产生一个与全部所观察到的债券价格相一致的期限结构，但是，如第 9 章所讨论的，对一个向非时齐模型进行简单扩展，就能完美拟合任何(几乎任何)给定的利率期限结构。为了实现这种一致性，另一种更自然的方式就是从所观察到的期限结构着手，然后在排除套利可能性的前提下，为整个利率期限结构的变化建立模型。这就是 Heath 等(1992)所采用的方法，因此被简称为 HJM 模型①。HJM 模型是一类相对定价模型，其主要用于衍生证券定价。

本章为 HJM 类型的模型提供了一个概览。我们将讨论 HJM 一般框架的主要特征、优势、劣势，并就几个具体模型进行了更深入的考察。特别是，我们将研究 HJM 模型和前面几章所讨论的扩散模型之间的关系。在本章，我们从实用的角度出发，尽管说明显得非常的数学化，但是我们不会太多的深入探讨细节，而是介绍感兴趣的读者研究 HJM 的原始论文或参见下文所将给出的参考文献。

10.2 基本假设

和以前一样，我们令 f_t^T 为 t 时刻的一笔起始于 $T \geqslant t$ 时刻，区间为无限短的贷款的(连续复利的)瞬时远期利率。我们用 f_t^T 表示 t 时刻在 T 时刻到期的远期利率。假定我们知道 0

---

① Ho 和 Lee(1986)的二项树模型可以视为更为完整，更彻底的 HJM 分析的先驱。

时刻的利率期限结构由远期利率函数 $T \mapsto f_0^T$ 表示。假设对于任何固定的 T，T 时刻到期的远期利率的演变方式为

$$df_t^T = \alpha(t, T, (f_t^s)_{s\geqslant t})dt + \sum_{i=1}^{n}\beta_i(t, T, (f_t^s)_{s\geqslant t})dz_{it}, \ 0 \leqslant t \leqslant T \tag{10.1}$$

在此，$z_1, \cdots, z_n$ 为 n 个真实世界概率测度下的独立标准布朗运动。$(f_t^s)_{s\geqslant t}$ 项表明，远期利率漂移 α 和远期利率敏感项 β_i 在时刻 t 可能依赖 t 时刻的整个远期利率曲线。

我们将式(10.1)称为利率期限结构的因子 HJM 模型。注意 n 为随机冲击(布朗运动)的个数，且所有的远期利率都受到相同 n 个冲击的影响。第 7 章和第 8 章所讨论的扩散模型建立在状态变量的低维向量扩散过程之上。一般 HJM 模型并不符合这一框架。虽然不可能用偏微分方程的方法来为这样的一般模型进行定价，但是我们仍然可以通过在合适的鞅测度之下计算相关期望而进行定价。然而，我们可以将一般模型式(10.1)视为一个无限维的扩散过程，这是因为无限多的远期利率能够影响任何远期利率的动态变化①。在 10.6 节，我们将讨论何时 HJM 模型可以由低维扩散模型所代表。

HJM 模型的基本思想是直接为整个利率期限结构建模。从第 1 章可知，因为存在以下关系

$$B_t^T = e^{-\int_t^T f_t^s ds} = e^{-y_t^T(T-t)} \tag{10.2}$$

$$f_t^T = -\frac{\partial \ln B_t^T}{\partial T} = y_t^T + (T-t)\frac{\partial y_t^T}{\partial T}$$

$$y_t^T = \frac{1}{T-t}\int_t^T f_t^s ds = -\frac{1}{T-t}\ln B_t^T$$

贴现函数 $T \mapsto B_t^T$ 或收益率曲线 $T \mapsto y_t^T$ 像远期利率函数 $T \mapsto f_t^T$ 一样，同样能够很好地代表 t 时刻的期限结构。我们因此而能够确定零息债券价格的动态变化或收益率曲线，而不是远期利率。然而，(至少)有三个理由支持选择远期利率作为建模对象。首先，远期利率是期限结构最基本的元素。零息债券的价格和收益率都有针对远期利率的求和/积分。其次，从第 4 章的分析知道，为衍生证券定价的方法之一就是在风险中性概率测度(即期鞅测度)之下计算期望的贴现收益，在这里是依照短期利率 r_t 进行贴现。短期利率与远期利率，收益率曲线以及贴现函数之间的关系是

$$r_t = f_t^t = \lim_{T\downarrow t} y_t^T = -\lim_{T\downarrow t}\frac{\partial \ln B_t^T}{\partial T}$$

很显然，远期利率与短期利率的关系相比收益率曲线和贴现函数之间的关系更为简单，这就是 HJM 选择建模的基础动机。第三，零息债券价格波动率结构远比利率的波动率结构更加复杂。例如，当债券接近到期时，债券价格的波动率必须趋近于零。对远期利率的波动率，并不需要施加这样的限制。

---

① 事实上，后文中定理 10.1、10.2 和 10.4 在更一般的情况下也是有效的，其中远期利率的漂移和敏感性同样取决于前面日期的远期利率曲线。由于没有具有此类特征的模型在文献中被研究过，我们把重点放在仅有当前远期利率曲线在下一无限短的期间影响曲线变化的情形。

10.3 债券价格动态特征和漂移的限制

在本节，我们将讨论如何将 HJM 框架下的概率测度变换为风险中性概率测度$\mathbb{Q}$。作为第一步，下面的定理给出了 HJM 假设式(10.1)之下，零息债券价格 B_t^T 在真实世界概率测度下的动态特征。

定理 10.1 在假设的远期利率动态特征式(10.1)之下，T 日到期的零息债券价格 B_t^T 按照

$$dB_t^T = B_t^T\left[\mu^T(t, (f_t^s)_{s\geqslant t})dt + \sum_{i=1}^{n}\sigma_i^T(t, (f_t^s)_{s\geqslant t})dz_{it}\right] \tag{10.3}$$

演变，其中

$$\mu^T(t, (f_t^s)_{s\geqslant t}) = r_t - \int_t^T \alpha(t, u, (f_t^s)_{s\geqslant t})du + \frac{1}{2}\sum_{i=1}^{n}\left(\int_t^T \beta_i(t, u, (f_t^s)_{s\geqslant t})du\right)^2$$

$$\sigma_i^T(t, (f_t^s)_{s\geqslant t}) = -\int_t^T \beta_i(t, u, (f_t^s)_{s\geqslant t})du \tag{10.4}$$

证明：为简单起见，我们只证明 $n=1$ 的情况，在此，对于任何 T，有

$$df_t^T = \alpha(t, T, (f_t^s)_{s\geqslant t})dt + \beta(t, T, (f_t^s)_{s\geqslant t})dz_t,\ 0\leqslant t\leqslant T$$

引入辅助随机过程

$$Y_t = \int_t^T f_t^u du$$

于是从式(10.2)知道，零息债券价格由 $B_t^T = e^{-Y_t}$ 给出。如果找出了 Y_t 的动态特征，可以因此而应用伊藤引理为零息债券价格 B_t^T 推导其动态特征。由于 Y_t 是一个无限多个远期利率 f_t^u 的函数，这些远期利率的动态特征由式(10.1)给出。但是，推导 Y_t 的动态特征相当复杂。由于 t 既出现在积分下限，又出现在被积函数自身，必须应用定理 3.5 所提到的随机积分的莱布尼茨法则，在这种情况下，得到

$$dY_t = \left(-r_t + \int_t^T \alpha(t, u, (f_t^s)_{s\geqslant t})du\right)dt + \left(\int_t^T \beta(t, u(f_t^s)_{s\geqslant t})du\right)dz_t$$

其中用到了 $r_t = f(t, t)$。由于 $B_t^T = g(Y_t)$，在此 $g(Y) = e^{-Y}$ 且 $g'(Y) = -e^{-Y}$ 和 $g''(Y) = e^{-Y}$，伊藤引理(见定理 3.6)意味着零息债券价格的动态特征是

$$\begin{aligned} dB_t^T = &\left\{-e^{-Y_t}\left(-r_t + \int_t^T \alpha(t, u, (f_t^s)_{s\geqslant t})du\right)\right. \\ &\left.+\frac{1}{2}e^{-Y_t}\left(\int_t^T \beta(t, u, (f_t^s)_{s\geqslant t})du\right)^2\right\}dt \\ &-e^{-Y_t}\left(\int_t^T \beta(t, u, (f_t^s)_{s\geqslant t})du\right)dz_t \\ = &B_t^T\left[r_t - \int_t^T \alpha(t, u, (f_t^s)_{s\geqslant t})du + \frac{1}{2}\left(\int_t^T \beta(t, u, (f_t^s)_{s\geqslant t})du\right)^2 dt\right. \end{aligned}$$

$$-\left(\int_t^T \beta(t, u, (f_t^s)_{s\geqslant t})\mathrm{d}u\right)\mathrm{d}z_t\Big]$$

这就得到了单因子情况下的结果式(10.3)。 □

现在转向风险中性概率测度之下的行为。远期利率将具有与真实世界概率测度下相同的敏感项 $\beta_i(t, T, (f_t^s)_{s\geqslant t})$，但是将具有不同的漂移项。更准确地讲，从第 4 章知道，由

$$\mathrm{d}z_{it}^{\mathbb{Q}} = \mathrm{d}z_{it} + \lambda_{it}\mathrm{d}t$$

所定义的 n—维过程 $\boldsymbol{z}^{\mathbb{Q}} = (z_1^{\mathbb{Q}}, \cdots, z_n^{\mathbb{Q}})^{\top}$ 是风险中性概率测度$\mathbb{Q}$下的一个标准布朗运动，在此，λ_i 过程为风险的市场价格。将此代入式(10.1)，得到

$$\mathrm{d}f_t^T = \hat{\alpha}(t, T, (f_t^s)_{s\geqslant t})\mathrm{d}t + \sum_{i=1}^n \beta_i(t, T, (f_t^s)_{s\geqslant t})\mathrm{d}z_{it}^{\mathbb{Q}}$$

其中

$$\hat{\alpha}(t, T, (f_t^s)_{s\geqslant t}) = \alpha(t, T, (f_t^s)_{s\geqslant t}) - \sum_{i=1}^n \beta_i(t, T, (f_t^s)_{s\geqslant t})\lambda_{it}$$

如同在定理 10.1 中一样，得到零息债券的漂移率在风险中性概率测度$\mathbb{Q}$下变成

$$r_t - \int_t^T \hat{\alpha}(t, u, (f_t^s)_{s\geqslant t})\mathrm{d}u + \frac{1}{2}\sum_{i=1}^n \left(\int_t^T \beta_i(t, u, (f_t^s)_{s\geqslant t})\mathrm{d}u\right)^2$$

但我们同样知道，这一漂移率不得不等于 r_t。这只有在

$$\int_t^T \hat{\alpha}(t, u, (f_t^s)_{s\geqslant t})\mathrm{d}u = \frac{1}{2}\sum_{i=1}^n \left(\int_t^T \beta_i(t, u, (f_t^s)_{s\geqslant t})\mathrm{d}u\right)^2$$

的情况下才为真。对 T 求微分，得到下面一个重要结果：

定理 10.2 在风险中性概率测度$\mathbb{Q}$下，远期利率漂移满足

$$\hat{\alpha}(t, T, (f_t^s)_{s\geqslant t}) = \sum_{i=1}^n \beta_i(t, T, (f_t^s)_{s\geqslant t})\int_t^T \beta_i(t, u, (f_t^s)_{s\geqslant t})\mathrm{d}u \tag{10.5}$$

关系式(10.5)被称为 HJM 漂移限制。漂移限制有非常重要的结果：首先，在风险中性概率测度$\mathbb{Q}$下，远期利率的行为模式完全由初始远期利率曲线，因子个数 n 以及远期利率敏感项 $\beta_i(t, T, (f_t^s)_{s\geqslant t})$ 决定。远期利率并不是外生地确定，这与前面章节扩散模型中漂移和状态变量的敏感性都要被确定形成对照。

其次，既然衍生证券价格只依赖于风险中性测度以及其他相关鞅测度下的期限结构的变化，因此可知衍生证券的价格只依赖于初始远期利率曲线和远期利率敏感性函数 $\beta_i(t, T, (f_t^s)_{s\geqslant t})$。特别地，衍生证券的价格不依赖于风险的市场价格。在 HJM 模型中，为衍生证券定价时，无须作出任何假设或者风险的市场价格对均衡的偏离。从这一意义上来讲，HJM 模型是纯粹的无套利模型。这再次与第 7 章和第 8 章的模型形成对比。在单因子扩散模型中，例如，整个期限结构被假设由非常短这端的运动生成，由此而得到的期限结构依赖于短期利率风险的市场价格。在 HJM 模型中，利用到了当前期限结构所包含的信息，且避免了单独确定风险的市场价格。

10.4 三个著名的特例

由于一般的 HJM 框架非常抽象，在本节我们将考察三个著名的具体模型。

10.4.1 Ho-Lee(扩展的 Merton)模型

我们首先考察最简单的 HJM 模型：一个 $\beta(t, T, (f_t^s)_{s\geqslant t})=\beta>0$ 的单因子模型，也就是远期利率波动率对于所有的到期日都相同(独立于 T)且随时间变化保持不变(独立于 t)。从 HJM 模型的漂移限制式(10.5)可知，在风险中性概率测度$\mathbb{Q}$下，远期利率漂移是

$$\hat{\alpha}(t, T, (f_t^s)_{s\geqslant t})=\beta\int_t^T\beta \mathrm{d}u=\beta^2[T-t]$$

在这一规定下，到期日为 T 的远期利率的未来值由

$$f_t^T=f_0^T+\int_0^t\beta^2[T-u]\mathrm{d}u+\int_0^t\beta \mathrm{d}z_u^{\mathbb{Q}}$$

给出，它服从均值为 $f_0^T+\beta^2 t[T-t/2]$，方差为$\int_0^t\beta^2\mathrm{d}u=\beta^2 t$ 的正态分布。

特别地，短期利率的未来值是

$$r_t=f_t^t=f_0^t+\frac{1}{2}\beta^2 t^2+\int_0^t\beta \mathrm{d}z_u^{\mathbb{Q}}$$

由伊藤引理，

$$\mathrm{d}r_t=\hat{\varphi}(t)\mathrm{d}t+\beta \mathrm{d}z_t^{\mathbb{Q}} \tag{10.6}$$

在此 $\hat{\varphi}(t)=\partial f_0^t/\partial t+\beta^2 t$。由式(10.6)可知，对 HJM 模型的这些规定等价于第 9.3 节所研究的 Merton 模型的 Ho-Lee 推广。随之有零息债券价格用短期利率表示为

$$B_t^T=e^{-a(t, T)-(T-t)r_t}$$

其中

$$a(t, T)=\int_t^T\hat{\varphi}(u)(T-u)\mathrm{d}u-\frac{\beta^2}{6}(T-t)^3$$

更进一步，T 时刻到期，行权价为 K，以时刻 S 到期的零息债券为标的证券的欧式认购期权价格 $C_t^{K, T, S}$ 为

$$C_t^{K, T, S}=B_t^S N(d_1)-KB_t^T N(d_2) \tag{10.7}$$

在此

$$d_1 = \frac{1}{v(t,T,S)}\ln\left(\frac{B_t^S}{KB_t^T}\right) + \frac{1}{2}v(t,T,S)$$

$$d_2 = d_1 - v(t,T,S)$$

$$v(t,T,S) = \beta[S-T]\sqrt{T-t} \tag{10.8}$$

此外，由于 B_T^S 是 r_T 的单调函数，同样可以应用为附息债券的欧式期权定价的 Jamshidian 方法。

10.4.2 Hull-White(扩展的 Vasicek)模型

接下来，对正常数 β 和 κ，我们考察远期利率波动率函数为

$$\beta(t,T,(f_t^s)_{s\geqslant t}) = \beta e^{-\kappa[T-t]} \tag{10.9}$$

的单因子模型。在此，远期利率波动率是一个期限的指数衰减函数。在漂移率的限制之下，在$\mathbb{Q}$之下的远期利率漂移为

$$\hat{\alpha}(t,T,(f_t^s)_{s\geqslant t}) = \beta e^{-\kappa[T-t]}\int_t^T \beta e^{-\kappa[u-t]}\mathrm{d}u = \frac{\beta^2}{\kappa}e^{-\kappa[T-t]}(1-e^{-\kappa[T-t]})$$

因此期限 T 的远期利率未来值为

$$f_t^T = f_0^T + \int_0^t \frac{\beta^2}{\kappa}e^{-\kappa[T-u]}(1-e^{-\kappa[T-u]})\mathrm{d}u + \int_0^t \beta e^{-\kappa[T-u]}\mathrm{d}z_u^{\mathbb{Q}}$$

特别地，短期利率的未来值为

$$r_t = f_t^t = g(t) + \beta e^{-\kappa t}\int_0^t e^{\kappa u}\mathrm{d}z_u^{\mathbb{Q}}$$

其中，确定性函数 g 被定义为：

$$g(t) = f_0^t + \int_0^t \frac{\beta^2}{\kappa}e^{-\kappa[t-u]}(1-e^{-\kappa[t-u]})\mathrm{d}u = f_0^t + \frac{\beta^2}{2\kappa^2}(1-e^{-\kappa t})^2$$

再次，远期利率和短期利率的未来值都服从正态分布。

现在确定短期利率的动态特征。记 $R_t = \int_0^t e^{\kappa u}\mathrm{d}z_u^{\mathbb{Q}}$，我们有 $r_t = G(t,R_t)$，其中 $G(t,R_t) = g(t) + \beta e^{-\kappa t}R$。$\partial G/\partial t = g'(t) - \kappa\beta e^{-\kappa t}R$，$\partial G/\partial R = \beta e^{-\kappa t}$ 以及 $\partial^2 G/\partial R^2 = 0$ 现在可以应用伊藤引理。由于 $\mathrm{d}R_t = e^{\kappa t}\mathrm{d}z_t^{\mathbb{Q}}$和

$$g'(t) = \frac{\partial f_0^t}{\partial t} + \frac{\beta^2}{\kappa}e^{-\kappa t}(1-e^{-\kappa t})$$

得到

$$\mathrm{d}r_t = [g'(t) - \kappa\beta e^{-\kappa t}R_t]\mathrm{d}t + \beta e^{-\kappa t}e^{\kappa t}\mathrm{d}z_t^{\mathbb{Q}}$$

$$= \left[\frac{\partial f_0^t}{\partial t} + \frac{\beta^2}{\kappa}e^{-\kappa t}(1-e^{-\kappa t}) - \kappa\beta e^{-\kappa t}R_t\right]\mathrm{d}t + \beta\mathrm{d}z_t^{\mathbb{Q}}$$

将关系 $r_t - g(t) = \beta e^{-\kappa t} R_t$ 插入，可以将上面的表达式重新记为

$$\begin{aligned} \mathrm{d}r_t &= \left[\frac{\partial f_0^t}{\partial t} + \frac{\beta^2}{\kappa} e^{-\kappa t}(1 - e^{-\kappa t}) - \kappa[r_t - g(t)]\right]\mathrm{d}t + \beta \mathrm{d}z_t^{\mathbb{Q}} \\ &= \kappa[\hat{\theta}(t) - r_t]\mathrm{d}t + \beta \mathrm{d}z_t^{\mathbb{Q}} \end{aligned}$$

其中

$$\hat{\theta}(t) = f_0^t + \frac{1}{\kappa}\frac{\partial f_0^t}{\partial t} + \frac{\beta^2}{2\kappa^2}(1 - e^{-2\kappa t})$$

与 9.4 节进行比较，可以发现远期利率波动率由式(10.9)给出的 HJM 单因子模型等价于 Hull-White 模型(或扩展的 Vasicek 模型)。因此，零息债券价格由

$$B_t^T = e^{-a(t,\,T) - b(T-t)r_t}$$

给出，其中

$$b(\tau) = \frac{1}{\kappa}(1 - e^{-\kappa\tau})$$

$$a(t,\,T) = \kappa\int_t^T \hat{\theta}(u) b(T-u)\mathrm{d}u + \frac{\beta^2}{4\kappa} b(T-t)^2 + \frac{\beta^2}{2\kappa^2}(b(T-t) - (T-t))$$

零息债券的欧式认购期权价格再次由式(10.7)给出，但是

$$v(t,\,T,\,S) = \frac{\beta}{\sqrt{2\kappa^3}}(1 - e^{-\kappa[S-T]})(1 - e^{-2\kappa[T-t]})^{1/2} \tag{10.10}$$

附息债券的欧式期权定价再一次用得到了 Jamshidian 方法。

10.4.3 扩展的 CIR 模型

现在讨论 HJM 模型和第 7.5 节所讨论的 CIR 模型之间的关系，第 9.5 节讨论了 CIR 模型的扩展模型。在 CIR 扩展模型中，短期利率被假设为在风险中性概率测度$\mathbb{Q}$之下服从以下过程

$$\mathrm{d}r_t = (\kappa\theta(t) - \hat{\kappa} r_t)\mathrm{d}t + \beta\sqrt{r_t}\,\mathrm{d}z_t^{\mathbb{Q}}$$

零息债券价格的形式为 $B^T(r_t,\,t) = \exp\{-a(t,\,T) - b(T-t)r_t\}$，其中

$$b(\tau) = \frac{2(e^{\gamma\tau} - 1)}{(\gamma + \hat{\kappa})(e^{\gamma\tau} - 1) + 2\gamma}$$

在此，$\gamma = \sqrt{\hat{\kappa}^2 + 2\beta^2}$，函数 a 在接下来并不重要。因此，零息债券价格的波动率为(绝对值)

$$\sigma^T(r_t,\,t) = -b(T-t)\beta\sqrt{r_t}$$

从另一方面看，在单因子 HJM 模型的框架下，零息债券价格的波动率是由式(10.4)所给出远期利率波动率函数 $\beta(t,\,T,\,(f_t^s)_{s \geq t})$ 的函数。为了与 CIR 模型保持一致，远期利率波动率必

须满足关系式

$$\int_t^T \beta(t,\ u,\ (f_t^s)_{s\geqslant t})\mathrm{d}u = b(T-t)\beta\sqrt{r_t}$$

将其对 T 微分，得到

$$\beta(t,\ T,\ (f_t^s)_{s\geqslant t}) = b'(T-t)\beta\sqrt{r_t}$$

直接计算 $b'(\tau)$ 使得这一条件可以重新记为

$$\beta(t,\ T,\ (f_t^s)_{s\geqslant t}) = \frac{4\gamma^2 e^{\gamma[T-t]}}{((\gamma+\hat{\kappa})(e^{\gamma[T-t]}-1)+2\gamma)^2}\beta\sqrt{r_t} \tag{10.11}$$

正如 9.5 节所讨论的，对于所有类型的初始远期利率曲线而言，这样的模型是不合理的。

10.5 高斯 HJM 模型

在前一节所研究的前两个模型中，远期利率的未来值服从正态分布。具有此类性质的模型被称为高斯模型。很显然，高斯模型具有以严格为正的概率产生不合意、不现实的负利率收益的特点，参见第 7 章。从另一角度看，高斯模型比较容易处理。

如果远期利率敏感性 β_i 为时至到期日的确定性函数，也就是

$$\beta_i(t,\ T,\ (f_t^s)_{s\geqslant t}) = \beta_i(t,\ T),\ i=1,\ 2,\ \cdots,\ n$$

那么 HJM 模型就是高斯模型。为了理解这一点，首先注意到，由漂移限制式(10.5)可以知道在风险中性概率测度$\mathbb{Q}$之下，远期利率漂移同样是时至到期日的确定性函数

$$\hat{\alpha}(t,\ T) = \sum_{i=1}^{n} = \beta_i(t,\ T)\int_t^T \beta_i(t,\ u)\mathrm{d}u$$

由此而得到，对于任何 T，T 日到期的远期利率根据下式变化

$$f_t^T = f_0^T + \int_0^t \hat{\alpha}(u,\ T)\mathrm{d}u + \sum_{i=1}^{n}\int_0^t \beta_i(u,\ T)\mathrm{d}z_{iu}^{\mathbb{Q}}$$

由于 $\beta_i(u,\ T)$ 至多依赖于时间，与定理 3.3 比较可知，随机积分服从正态分布。因此，未来远期利率在$\mathbb{Q}$下服从正态分布。短期利率是 $r_t = f_t^t$，也就是

$$r_t = f_0^t + \int_0^t \hat{\alpha}(u,\ t)\mathrm{d}u + \sum_{i=1}^{n}\int_0^t \beta_i(u,\ t)\mathrm{d}z_{iu}^{\mathbb{Q}},\ 0 \leqslant t$$

这同样在$\mathbb{Q}$下服从正态分布。特别地，可以正的概率得到负的利率值①。

为了说明一般高斯 HJM 框架的高度易用性，下面这一定理为 S 时刻到期的零息债券的欧式认购期权价格 $C_t^{K,\ T,\ S}$ 提供了一个封闭表达式。

---

① 当然，这并不是意味着在真实的现实世界概率测度$\mathbb{P}$下，利率必然服从正态分布，但是由于概率测度$\mathbb{P}$和$\mathbb{Q}$等价，以正的概率在$\mathbb{Q}$下出现负利率值意味着在$\mathbb{P}$下同样会以正的概率出现负利率值。

定理 10.3 在高斯的因子 HJM 模型中,远期利率敏感性系数 $\beta_i(t, T, (f_t^s)_{s\geqslant t})$ 只依赖于时间 t 和到期日 T,那么以 S 时刻到期的零息债券为标的,执行价为 K,T 时刻到期的欧式认购期权的价格由下式给出

$$C_t^{K,T,S} = B_t^S N(d_1) - KB_t^T N(d_2) \tag{10.12}$$

其中

$$d_1 = \frac{1}{v(t, T, S)} \ln\left(\frac{B_t^S}{KB_t^T}\right) + \frac{1}{2} v(t, T, S)$$

$$d_2 = d_1 - v(t, T, S)$$

$$v(t, T, S) = \left(\sum_{i=1}^{n} \int_t^T \left[\int_T^S \beta_i(u, y)\mathrm{d}y\right]^2 \mathrm{d}u\right)^{1/2}$$

证明:我们将应用第 7 章扩散模型中所采用的相同方法,例如,读者可参见 7.4.5 节中 Vasicek 模型中期权价格的推导。期权价格为

$$C_t^{K,T,S} = B_t^T E_t^{\mathbb{Q}^T}[\max(B_T^S - K, 0)] = B_t^T \mathrm{E}_t^{\mathbb{Q}^T}[\max(F_T^{T,S} - K, 0)]$$

其中$\mathbb{Q}^T$表示 4.4.2 节中所引入的 T—远期鞅测度。我们将寻找标的债券价格 B_T^S 在期权到期日的分布,这一价格与债券立即交付的远期价格 $F_T^{T,S}$ 相同。T 时刻交付的远期在 t 时刻的价格为 $F_t^{T,S} = B_t^S / B_t^T$。我们知道远期价格是一个$\mathbb{Q}^T$鞅,且由伊藤引理,可以用债券价格的敏感性来表示远期价格的敏感性,根据式(10.4),由 $\sigma_i^S(t) = -\int_t^S \beta_i(t, y)\mathrm{d}y$ 和 $\sigma_i^T(t) = -\int_t^T \beta_i(t, y)\mathrm{d}y$ 给出。因此,得到

$$\mathrm{d}F_t^{T,S} = \sum_{i=1}^{n} (\sigma_i^S(t) - \sigma_i^T(t)) F_t^{T,S} \mathrm{d}z_{it}^T = \underbrace{-\left(\int_T^S \beta_i(t, y)\mathrm{d}y\right)}_{h_i(t)} F_t^{T,S} \mathrm{d}z_{it}^T$$

随之(见第 3 章)有

$$\ln F_T^{T,S} = \ln F_t^{T,S} - \frac{1}{2} \sum_{i=1}^{n} \int_t^T h_i(u)^2 \mathrm{d}u + \sum_{i=1}^{n} \int_t^T h_i(u) \mathrm{d}z_{iu}^T$$

从定理 3.3 得到 $\ln B_T^S = \ln F_T^{T,S}$ 服从正态分布,方差为

$$v(t, T, S)^2 = \sum_{i=1}^{n} \int_t^T h_i(u)^2 \mathrm{d}u = \sum_{i=1}^{n} \int_t^T \left(\int_T^S \beta_i(u, y)\mathrm{d}y\right)^2 \mathrm{d}u$$

应用附录 A 中的定理 A.4 就可以得到所要证明的结果。

例如,考察一个远期利率敏感性为

$$\beta_1(t, T) = \beta_1 \quad 以及 \quad \beta_2(t, T) = \beta_2 e^{-\kappa[T-t]}$$

的两因子高斯 HJM 模型,其中 β_1, β_2 和 κ 都是正常数。这是由 10.4 节中两个单因子模型的例子的综合。在这一模型中有

$$v(t, T, S)^2 = \int_t^T \left[\int_T^S \beta_1 \mathrm{d}y\right]^2 \mathrm{d}u + \int_t^T \left[\int_T^S \beta_2 e^{-\kappa[y-u]} \mathrm{d}y\right]^2 \mathrm{d}u$$

$$=\beta_1^2[S-T]^2[T-t]+\frac{\beta_2^2}{2\kappa^3}(1-e^{-\kappa[S-T]})^2(1-e^{-2\kappa[T-t]})$$

见式(10.8)和式(10.10)。

一般来讲,将未来零息债券价格 B_T^S 表示为 r_T 的单调函数是不可能的,即便我们将自己限制在高斯模型类型也是如此。因此,一般而言,不能利用 Jamshidian 方法为附息债券定价。

练习 10.1 考察了另一个最初由 Mercurio 和 Moraleda(2000)所提出的高斯模型的其他方面的情况。

10.6 HJM 模型的扩散表示

正如基本假设式(10.1)之后所讨论的,从相关的不确定性由有限维的扩散过程所捕获这一意义上看,HJM 模型一般不是扩散模型。出于计算的目的,使用低维的扩散模型具有很大的优势,关于这一点,将在下文谈及。正如本章前文所讨论的,可以将整个远期利率曲线想象为服从一个无限维的扩散过程。从另一角度来看,我们已经看到某些具体的 HJM 模型框架隐含了短期利率服从扩散过程的条件。在本节,我们将讨论在什么情况下可以用低维扩散过程表示 HJM 模型。

10.6.1 关于扩散和非扩散模型中数值技术的使用

在所有的动态期限结构模型中,有些证券的价格只能通过数值技术来计算。主要的数值技术有:

(1) 通过离散时间树结构,然后根据这一树结构进行递归估值来近似相关的过程;

(2) 求解以资产属性所确定的边界为条件的基础微分方程;

(3) 应用蒙特卡罗模拟用样本均值来近似相应的贴现风险调整收益。

这些数值方法将在第 16 章详细解释。

出于使用数值技术为衍生产品定价的目的,相关的不确定性是否能够被低维的扩散过程描述显得非常关键。扩散过程可以由重组树近似,而对那些未来演变可以依赖于迄今为止所遵循的路径的随机过程必须使用非重组树。非重组树的节点爆炸性增加。对一个 m 时间步的单变量二项树而言,如果是重组树,有 $m+1$ 个终端节点,如果是非重组树,则有 2^m 个终端节点。这就使得在实践中很难在非扩散模型中应用树结构来计算长期衍生证券的价格。

在扩散模型中,可以利用偏微分方程进行定价,见第 4.8 节的分析。只要状态变量的维度不超过 3 或 4,这样的欧式或美式衍生产品的偏微分方程就可以通过数值技术高效地求解。如果模型不能用状态变量的低维向量表示,PDE 方法就不一定有效。

第三种常用的数值定价技术就是蒙特卡罗模拟。蒙特卡罗模拟甚至可以用于非扩散模型。其蒙特卡洛模拟最基本的思想是在选择相应的鞅测度之下,模拟或有的权利主张,基础布朗运动,因此也包括相关的基础利率、债券价格,等等。因此,或有权利主张的收益可以根据基础变量这一特别模拟的路径计算而得到。进行大量重复计算,所得到的收益的平均值就是这一或有权利主张的理论价值的很好的近似。在其最初的构想中,蒙特卡罗模拟只能应用于欧式衍生证券。出于在非扩散的 HJM 模型中为美式衍生证券定价的愿望,近来产生了一些利用蒙特卡罗方法为美式资产定价的建议。一般来讲,在非扩散 HJM 模型中,即便为欧式资产定价所需要的计算量也是巨大的,因为我们需要模拟整个期限结构,而不仅仅是一两个变量。

10.6.2 在哪些 HJM 模型中短期利率服从扩散过程?

我们试图寻找短期利率在 HJM 模型中服从马尔科夫扩散过程的条件。首先,我们将寻找短期利率在一般 HJM 框架式(10.1)下的动态特征。对于衍生证券定价而言,风险中性概率测度下或相关的鞅测度之下的动态特征才是相关的。下面这一定理给出了风险中性概率测度$\mathbb{Q}$下的短期利率动态特征。

定理 10.4 在一般的 HJM 框架式(10.1)下,短期利率在风险中性测度之下的动态特征由

$$\begin{aligned} dr_t = \Big\{ & \frac{\partial f_0^t}{\partial t} + \sum_{i=1}^n \int_0^t \frac{\partial \beta_i(u, t, (f_u^s)_{s \geqslant u})}{\partial t} \left[\int_u^t \beta_i(u, x, (f_u^s)_{s \geqslant u}) dx \right] du \\ & + \sum_{i=1}^n \int_0^t \beta_i(u, t, (f_u^s)_{s \geqslant u})^2 du + \sum_{i=1}^n \int_0^t \frac{\partial \beta_i(u, t, (f_u^s)_{s \geqslant u})}{\partial t} dz_{iu}^{\mathbb{Q}} \Big\} dt \\ & + \sum_{i=1}^n \beta_i(t, t, (f_t^s)_{s \geqslant t}) dz_{it}^{\mathbb{Q}} \end{aligned} \tag{10.13}$$

给出。

证明:对于每一个 T,风险中性概率测度$\mathbb{Q}$下的 T 到期日的远期利率动态特征为

$$df_t^T = \hat{\alpha}(t, T, (f_t^s)_{s \geqslant t}) dt + \sum_{i=1}^n \beta_i(t, T, (f_t^s)_{s \geqslant t}) dz_{it}^{\mathbb{Q}}$$

其中 $\hat{\alpha}$ 由漂移限制条件式(10.5)给出。这意味着

$$f_t^T = f_0^T + \int_0^t \hat{\alpha}(u, T, (f_u^s)_{s \geqslant u}) du + \sum_{i=1}^n \int_0^t \beta_i(u, T, (f_u^s)_{s \geqslant u}) dz_{iu}^{\mathbb{Q}}$$

由于短期利率就是"零到期日"的远期利率,$r_t = f_t^t$,因此有

$$\begin{aligned} r_t &= f_0^t + \int_0^t \hat{\alpha}(u, t, (f_u^s)_{s \geqslant u}) du + \sum_{i=1}^n \int_0^t \beta_i(u, t, (f_u^s)_{s \geqslant u}) dz_{iu}^{\mathbb{Q}} \\ &= f_0^t + \sum_{i=1}^n \int_0^t \beta_i(u, t, (f_u^s)_{s \geqslant u}) \left[\int_u^t \beta_i(u, x, (f_u^s)_{s \geqslant u}) dx \right] du \\ &\quad + \sum_{i=1}^n \int_0^t \beta_i(u, t, (f_u^s)_{s \geqslant u}) dz_{iu}^{\mathbb{Q}} \end{aligned} \tag{10.14}$$

为了找到 r 的动态特征,按照 10.4 节中的简单例子继续证明。令 $R_{it} = \int_0^t \beta_i(u, t, (f_u^s)_{s \geqslant u}) dz_{iu}^{\mathbb{Q}}$,

$i=1, 2, \cdots, n$。那么由随机积分的莱布尼茨法则(见定理 3.5)有

$$dR_{it}=\beta_i(t, t, (f_t^s)_{s\geqslant t})dz_{it}^{\mathbb{Q}}+\left[\int_0^t \frac{\partial \beta_i(u, t, (f_u^s)_{s\geqslant u})}{\partial t}dz_{iu}^{\mathbb{Q}}\right]dt$$

定义函数

$$G_i(t)=\int_0^t \beta_i(u, t, (f_u^s)_{s\geqslant u})H_i(u, t)du$$

其中 $H_i(u, t)=\int_u^t \beta_i(u, x, (f_u^s)_{s\geqslant u})dx$。由普通积分的莱布尼茨法则,

$$\begin{aligned}G_i'(t)&=\beta_i(t, t, (f_t^s)_{s\geqslant t})H_i(t, t)+\int_0^t \frac{\partial}{\partial t}[\beta_i(u, t, (f_u^s)_{s\geqslant u})H_i(u, t)]du\\&=\int_0^t\left[\frac{\partial \beta_i(u, t, (f_u^s)_{s\geqslant u})}{\partial t}H_i(u, t)+\beta_i(u, t, (f_u^s)_{s\geqslant u})\frac{\partial H_i(u, t)}{\partial t}\right]du\\&=\int_0^t\left[\frac{\partial \beta_i(u, t, (f_u^s)_{s\geqslant u})}{\partial t}\int_u^t \beta_i(u, x, (f_u^s)_{s\geqslant u})dx+\beta_i(u, t, (f_u^s)_{s\geqslant u})^2\right]du\end{aligned}$$

在此,利用到了链式法则和 $H_i(t, t)=0$。注意到

$$r_t=f_0^t+\sum_{i=1}^n G_i(t)+\sum_{i=1}^n R_{it}$$

其中 G_i 为确定性函数和 $R_i(t)$ 为随机过程。由伊藤引理,得到

$$dr_t=\left[\frac{\partial f_0^t}{\partial t}+\sum_{i=1}^n G_i'(t)\right]dt+\sum_{i=1}^n dR_{it}$$

代入 $G_i'(t)$ 和 dR_{it} 的表达式,得到了表达式(10.13)。□

从式(10.13)可以看到短期利率的漂移项通常取决于远期利率曲线的过往取值以及布朗运动的过往取值。因此,在 HJM 模型中,短期利率过程一般不是一个扩散过程。然而,如果我们知道初始远期利率曲线属于特定类型,那么短期利率可能会服从马尔科夫过程。例如,如果远期利率曲线具有由原始的单因子 CIR 扩散模型所生成的形式,那么远期利率敏感性由式(10.11)所给出的单因子 HJM 模型中的短期利率当然具有马尔科夫性质,这是因为这两个模型是难以区分的。

在远期利率敏感性函数 $\beta_i(t, T, (f_t^s)_{s\geqslant t})$ 的何种条件下,对于任何初始远期利率曲线,短期利率将服从一个扩散过程?Hull 和 White(1993)以及 Carverhill(1994)回答了这一问题。他们的结论被总结为以下定理。

定理 10.5 考察一个 n—因子的 HJM 模型。假设存在确定性函数 g_i 和 h 使得

$$\beta_i(t, T, (f_t^s)_{s\geqslant t})=g_i(t)h(T), i=1, 2, \cdots, n$$

且 h 是连续可微的,非零且从不改变符号[①]。那么短期利率的动态特征为

① Carverhill 宣称对于每一因子 h 函数可以是不同的,也就是 $\beta_i(t, T, (f_t^s)_{s\geqslant t})=g_i(t)h_i(T)$,但是这是不正确的。

$$\mathrm{d}r_t=\left[\frac{\partial f_0^t}{\partial t}+h(t)^2\sum_{i=1}^{n}\int_0^t g_i(u)^2\mathrm{d}u+\frac{h'(t)}{h(t)}(r_t-f_0^t)\right]\mathrm{d}t+\sum_{i=1}^{n}g_i(t)h(t)\mathrm{d}z_{it}^{\mathbb{Q}} \tag{10.15}$$

因此,对于任何给定的初始远期利率曲线,短期利率服从一个扩散过程。

证明:我们将只考虑 $n=1$ 的情况,并证明当

$$\beta(t,\ T,\ (f_t^s)_{s\geqslant t})=g(t)h(T) \tag{10.16}$$

其中 g 和 h 为确定性函数,h 为连续可微,非零且从不改变符号时,r_t 确实是一个马尔科夫扩散过程。首先注意到式(10.14)和(10.16)意味着

$$r_t=f_0^t+h(t)\int_0^t g(u)^2\left[\int_u^t h(x)\mathrm{d}x\right]\mathrm{d}u+h(t)\int_0^t g(u)\mathrm{d}z_u^{\mathbb{Q}}$$

因此,

$$\int_0^t g(u)\mathrm{d}z_u^{\mathbb{Q}}=\frac{1}{h(t)}(r_t-f_0^t)-\int_0^t g(u)^2\left[\int_u^t h(x)\mathrm{d}x\right]\mathrm{d}u \tag{10.17}$$

等式(10.13)中的 r 的动态特征特意变成

$$\mathrm{d}r_t=\left[\frac{\partial f_0^t}{\partial t}+h'(t)\int_0^t g(u)^2\left[\int_u^t h(x)\mathrm{d}x\right]\mathrm{d}u+h(t)^2\int_0^t g(u)^2\mathrm{d}u\right.$$
$$\left.+h'(t)\int_0^t g(u)\mathrm{d}z_u^{\mathbb{Q}}\right]\mathrm{d}t+g(t)h(t)\mathrm{d}z_t^{\mathbb{Q}}$$

通过应用式(10.17),可以写成单因子模型式(10.15)中一样。 □

注意,10.4 节中所研究的 Ho-Lee 模型和 Hull-White 模型两者都满足条件式(10.15)。

很显然,短期利率具有马尔科夫性质的 HJM 模型是第 10.5 节所讨论的高斯类模型。特别的,零息债券的欧式认购期权的价格由式(10.12)给出。可以证明,波动率的具体形式由式(10.6)给出时,零息债券的未来价格 B_t^T 可以表示为时间和 t 时刻的短期利率 r_t 的单调函数。在这些特殊情况下,附息债券的欧式期权的定价可以采用第 7.2.3 节介绍的 Jamshidian 方法。

期限结构模型具有马尔科夫性质,这一点非常具有吸引力。在远期利率、零息债券收益率、零息债券价格的波动率自身并不依赖日历时间这一意义上,我们同样希望模型能够具有时齐的波动率结构,正如第 9 章所讨论的一样。要使 HJM 模型中的远期利率敏感性具有时齐性质,$\beta_i(t,\ T,\ (f_t^s)_{s\geqslant t})$ 必须具有 $\beta_i(T-t,\ (f_t^s)_{s\geqslant t})$ 的形式。因此,从式(10.4)可知,零息债券价格 B_t^T 将同样具有时齐敏感性。对于零息债券收益率 y_t^T 同样如此。Hull 和 White(1993)已经证明,HJM 类型模型中,只有两个模型同时满足短期利率具有马尔科夫性质和时齐的敏感性,这两个模型就是 10.4 节中所讨论的 Ho-Lee 模型和 Hull-White 模型。

正如前面所讨论的,短期利率具有马尔科夫性质的 HJM 模型属于高斯模型。尽管高斯模型在计算上比较方便,但是同样也存在负利率的问题,这就是这类模型不切实际的地方。此外,经验研究表明,短期利率和其他利率的波动性似乎也取决于短期利率自身。因此,我们所寻求的远期利率敏感性为非确定性函数的 HJM 模型在计算上仍然是可控的。

10.6.3 单因子 HJM 模型的两因子扩散过程表示

Ritchken 和 Sankarasubramanian(1995)证明了对于某些确定性函数 κ,在远期利率波动率形如

$$\beta(t, T, (f_t^s)_{s\geq t}) = \beta(t, t, (f_t^s)_{s\geq t}) e^{-\int_t^T \kappa(x)\mathrm{d}x} \tag{10.18}$$

的单因子 HJM 模型中,用单一变量捕捉短期利率的路径依赖性是可能的,且只有式(10.18)成立时才是可能的。期限结构的演变将只取决于短期利率的当前取值以及这一额外变量的当前值。所需要的额外变量是

$$\varphi_t = \int_0^t \beta(u, t, (f_u^s)_{s\geq u})^2 \mathrm{d}u = \int_0^t \beta(u, u, (f_u^s)_{s\geq u})^2 e^{-2\int_u^t \kappa(x)\mathrm{d}x} \mathrm{d}u$$

这是远期利率累积方差。

零息债券的未来价格 B_t^T 可以表示为 r_t 和 φ_t 的函数

$$B_t^T = e^{-a(t, T) - b_1(t, T) r_t - b_2(t, T)\varphi_t} \tag{10.19}$$

其中

$$a(t, T) = -\ln\left(\frac{B_0^T}{B_0^t}\right) - b_1(t, T) f_0^t$$

$$b_1(t, T) = \int_t^T e^{-\int_t^u \kappa(x)\mathrm{d}x} \mathrm{d}u$$

$$b_2(t, T) = \frac{1}{2} b_1(t, T)^2$$

在风险中性概率测度$\mathbb{Q}$下,r 和 φ 的动态特征可以分别由

$$\mathrm{d}r_t = \left(\frac{\partial f_0^t}{\partial t} + \varphi_t - \kappa(t)[r_t - f_0^t]\right)\mathrm{d}t + \beta(t, t, (f_t^s)_{s\geq t})\mathrm{d}z_t^{\mathbb{Q}} \tag{10.20}$$

$$\mathrm{d}\varphi_t = (\beta(t, t, (f_t^s)_{s\geq t})^2 - 2\kappa(t)\varphi_t)\mathrm{d}t \tag{10.21}$$

给出。这些结果的证明将作为练习 10.2。如果短期利率波动率至多依赖于 r_t 和 φ_t 的当前值,也就是说有一个函数 β_r 使得

$$\beta(t, t, (f_t^s)_{s\geq t}) = \beta_r(r_t, \varphi_t, t)$$

那么二维过程(r, φ)将是一个马尔科夫过程。在那种情况下,可以用二维重组树或二维 PDE 的数值解(并没有封闭解的报告)来为衍生证券定价①。一个可接受的规定是,对某些非负常数 β 和 γ, $\beta_r(r, \varphi, t) = \beta r^\gamma$,例如,这包含了一个 CIR 类型的波动率结构$\left(\gamma = \frac{1}{2}\right)$。

远期利率波动率与短期利率之间波动率之间的关系必须通过确定一个确定性函数 κ 来

---

① Li 等人说明了如何为这一模型构造一个树结构,在这个结构下欧式和美式的结构性产品都能有效地进行定价。

明确。如果 κ 是一个常数,那么远期利率波动率是时至到期日的一个指数衰减函数。从经验上看,远期利率波动率是关于到期日的驼峰函数(先上升,后下降)。这可以通过令 $\kappa(x)$ 函数在小 x 值取负值,在大 x 值上取正值来实现。同样注意,T 到期日的远期利率 f_t^T 的波动率并不依赖于远期利率 f_t^T 自身,而只依赖于短期利率 r_t 和时间。

关于更多其他情况下 HJM 模型可以表示为扩散模型的讨论,读者可参考 Jeffrey(1995),Cheyette(1996),Bhar 和 Chiarella(1997),Inui 和 Kijima(1998),Bhar 等(2000)和 Björk 和 Landén(2002)。

10.7 波动率依赖于远期利率的 HJM 模型

到目前为止,我们所考查的模型中,远期利率的波动率要么是时间的确定性函数(高斯模型),要么是时间和当前短期利率的函数(CIR 扩展模型和 Ritchken-Sankarasubramanian 模型)。而引入非确定性远期利率波动率的最自然的方式就是令其为时间和当前远期利率自身的函数,也就是形如

$$\beta_i(t,\ T,\ (f_t^s)_{s\geqslant t})=\beta_i(t,\ T,\ f_t^T) \tag{10.22}$$

这一类模型,受到 Black-Scholes 的股票期权定价模型的启发,可令

$$\beta_i(t,\ T,\ f_t^T)=\gamma_i(t,\ T)f_t^T \tag{10.23}$$

而得到,其中 $\gamma_i(t,\ T)$是一个正的,时间的确定性函数。远期利率漂移将是

$$\hat{\alpha}(t,\ T,\ (f_t^s)_{s\geqslant t})=\sum_{i=1}^{n}\gamma_i(t,\ T)f_t^T\int_t^T\gamma_i(t,\ u)f_t^u\mathrm{d}u$$

规定式(10.23)将确保我们得到一个非负的远期利率(从一个正的远期利率的期限结构出发),这是因为漂移和敏感性在远期利率为零时都将为 0。然而,这样的模型有一个严重的不足。一个漂移和敏感性具有上述特征的过程将以严格为正的概率得到爆炸性的取值,这是因为过程取值最终会变成无限①。利率以严格为正的概率变得无限大,债券的价格必须等于零,很显然,这意味着存在套利的机会。

Heath 等(1992)讨论了规定了远期利率波动率设置了上限的单因子模型,

$$\beta(t,\ T,\ f_t^T)=\beta\min(f_t^T,\ \xi)$$

其中 β 和 ξ 为正的常数,也就是说,波动率与"小的"远期利率成正比,而在远期利率"高"的时候为常数。他们证明,在这一规定下,远期利率不会爆炸性增长,而且,它们将保持非负。然而,他们所假设的远期利率波动性显得非常牵强,同时,也不现实。Miltersen(1994)为式(10.22)类型的 HJM 模型产生非负且不爆炸性上升的利率提供了一些充分条件。条件之一就是远期利率波动性从上有界。这显然不满足波动率成正比的模型,也就是式(10.23)成立

---

① 这由 Merton(1988)所证明。

的模型。

10.8 非跨越随机波动率的 HJM 模型

正如 8.7.1 节所解释的，实证研究表明债券价格和收益率存在非跨越随机波形率，也就是存在驱动的收益率与债券价格波动率的随机因子，但是这些随机因子并没有同时对债券价格和收益率水平产生影响。此外，只有少数精心规定的扩散模型享有这一特点。与此形成对照的是，构造非跨越随机波动率的 HJM 模型相对容易很多。追随 Collin-Dufresne 和 Goldstein (2002a)的脚步，假设风险中性远期利率的动态特征为

$$df_t^T = \hat{\alpha}(t, T, v_t)dt + \beta(t, T, v_t)dz_{1t}^{\mathbb{Q}}, \ 0 \leqslant t \leqslant T$$

其中

$$dv_t = \mu_v(v_t)dt + \sigma_v(v_t)(\rho dz_{1t}^{\mathbb{Q}} + \sqrt{1-\rho^2}dz_{2t}^{\mathbb{Q}})$$

且 $z_1^{\mathbb{Q}}$和 $z_2^{\mathbb{Q}}$为独立的标准布朗运动。$\hat{\alpha}$ 由漂移限制确定。因此，债券价格动态特征为

$$dB_t^T = B_t^T[r_t dt + \sigma^T(t, v_t)dz_{1t}^{\mathbb{Q}}]$$

其中

$$\sigma^T(t, v_t) = -\int_t^T \beta(t, u, v_t)du$$

与定理 10.1 中一样。除非 $\rho = \pm 1$，债券价格将显示非跨越随机波动率。

Collin-Dufresne 和 Goldstein(2002a)，Casassus 等(2005)以及 Trolle 和 Schwartz(2009)分析了具有不同非跨越随机波动率特征的 HJM 模型。练习 10.3 考察了一个这样的例子。

结束语

研究人员在不同的数据集下研究了不同框架下的 HJM 模型，例如 Amin 和 Morton (1994)，Flesaker(1993)，Heath 等(1990)，Miltersen(1998)，以及 Pearson 和 Zhou(1999)。然而，这些论文并没有就远期利率的波动性应该如何确定给出清晰的结论。

为了实施 HJM 模型，必须规定远期利率敏感性函数 $\beta_i(t, T, (f_t^s)_{s\geqslant t})$ 和初始远期利率曲线 $u \mapsto f_0^u$ 作为到期日的参数化函数。在第 7 章和第 8 章所研究的时齐马尔科夫扩散模型中，远期利率曲线在一个给定的模型中，在所有的时间点都可以由相同的参数描述，尽管在不同的时间点因为状态变量的变化而可能取不同的参数值。例如，在 Vasicek 单因子模型中，自式(7.42)可知 t 时刻的远期利率为

$$f_t^T=(1-e^{-\kappa[T-t]})\left(y_\infty+\frac{\beta^2}{2\kappa^2}e^{-\kappa[T-t]}\right)+e^{-\kappa[T-t]}r_t$$
$$=y_\infty+\left(\frac{\beta^2}{2\kappa^2}+r_t-y_\infty\right)e^{-\kappa[T-t]}-\frac{\beta^2}{2\kappa^2}e^{-2\kappa[T-t]}$$

这总是时至到期日 $T-t$ 的同类函数，尽管乘数 $e^{-\kappa[T-t]}$ 由于短期利率的改变而随时间保持非常数。正如 9.7 节所讨论的，非时齐扩散模型一般没有这一良好的性质，本章研究的 HJM 模型也同样如此。如果使用初始远期利率曲线所给定的参数形式，也不能保证未来的远期利率能够被这一参数形式所描述，即便允许取不同的参数值。在此将不进一步讨论这一问题，感兴趣的读者可以参考 Björk 和 Christensen(1999)，他们研究了当远期利率曲线和远期利率敏感性一致时，即远期利率曲线与初始曲线保持了相同形式的情况。

如果所采用的初始远期利率曲线的形式是由时齐扩散模型给出，且远期利率波动率根据该模型确定，那么这个 HJM 模型与扩散模型是没区别的。例如，单因子 CIR 模型在时间 0 的远期利率的形式为

$$f_0^T=r_0+\hat{\kappa}[\hat{\theta}-r]b(T)-\frac{1}{2}\beta^2 rb(T)^2$$

见式(7.51)，其中函数 $b(T)$ 由式(7.49)给出。由这样的一个初始远期利率曲线，远期利率波动率函数由式(10.11)给出的单因子 HJM 模型与最初的时齐单因子 CIR 模型是无区别的。

练习

练习 10.1 (高斯 HJM)假设风险中性远期利率的动态特征由

$$df_t^T=\hat{\alpha}(T-t)dt+\beta(T-t)dz_t^{\mathbb{Q}},\ 0\leqslant t\leqslant T$$

给出，其中 $z^{\mathbb{Q}}$ 是$\mathbb{Q}$之下的标准布朗运动，且

$$\beta(\tau)=(1+\gamma\tau)\sigma e^{-\frac{v}{2}\tau}$$

对于非负常数 σ，γ 和 v，$2\gamma>v$ 成立。

(a) 证明远期利率波动率函数 $\beta(\tau)$ 是驼峰状，也就是存在一个 τ^* 使得 β 在 $\tau<\tau^*$ 上升，在 $\tau>\tau^*$ 时下降。

(b) 计算风险中性漂移 $\hat{\alpha}(\tau)$。

(c) 在这一模型的假设之下，求零息债券的欧式认购期权的价格。

练习 10.2 (Ritchken-Sankarasubramanian 模型)证明式(10.19)、式(10.20)和式(10.21)。

练习 10.3 (USV 情况下的 HJM 模型)令风险中性远期利率的动态特征为

$$df_t^T=\hat{\alpha}(t,T,v_t)dt+\sqrt{v_t}\,e^{-\kappa[T-t]}dz_{1t}^{\mathbb{Q}},\ 0\leqslant t\leqslant T$$

其中

$$dv_t=\mu_v(v_t)dt+\sigma_v(v_t)dz_{2t}^{\mathbb{Q}}$$

且 $z_1^{\mathbb{Q}}$，$z_2^{\mathbb{Q}}$为$\mathbb{Q}$下的独立标准布朗运动。

(a) 证明

$$\hat{\alpha}(t, T, v_t) = v_t \frac{1}{\kappa}(e^{-\kappa[T-t]} - e^{-2\kappa[T-t]})$$

(b) 证明零息债券价格的风险中性动态特征为

$$dB_t^T = B_t^T[r_t dt - b_1(T-t)\sqrt{v_t}dz_{1t}^{\mathbb{Q}}]$$

其中 $b_1(\tau) = (1-e^{-\kappa\tau})/\kappa$。

(c) 证明短期利率可以写成

$$r_t = f_0^t + H_t + I_t$$

其中

$$H_t = \int_0^t \frac{1}{\kappa} e^{-\kappa[t-s]} v_s ds + \int_0^t e^{-\kappa[t-s]} \sqrt{v_s} dz_{1s}^{\mathbb{Q}}, \quad I_t = \int_0^t \frac{1}{\kappa} e^{-2\kappa[t-s]} v_s ds$$

(d) 证明

$$dr_t = \kappa[\theta_t - r_t]dt + \sqrt{v_t} dz_{1t}^{\mathbb{Q}}$$

(e) 解释为什么零息债券价格形如

$$B_t^T = e^{-a(t, T) - b_1(T-t)r_t - b_2(T-t)\theta t}$$

其中 $\theta_t = \frac{1}{\kappa}\frac{\partial f_0^t}{\partial t} + I_t + f_0^t$。

$$b_2(\tau) = \frac{1}{2\kappa}(1-e^{-\kappa\tau})^2$$

$$a(t, T) = \int_t^T \gamma(s) b_2(T-s) ds$$

$$\gamma(t) = \frac{1}{\kappa}\frac{\partial^2 f_0^t}{\partial t^2} + 3\frac{\partial f_0^t}{\partial t} + 2\kappa f_0^t$$

11

市场模型

11.1 引言

前面几章所研究的期限结构模型中包含了对一个或多个连续复利演变的假设。这些利率既可以是短期利率 r_t，也可以是瞬时远期利率 f_t^T。然而，许多在货币市场交易的证券，例如，利率顶、利率底、互换、互换期权依赖于即期或远期 LIBOR 利率，以及即期或远期互换利率。为了给这些证券的定价，应用基于 LIBOR 利率或互换利率的模型似乎更为合理。同样注意到，我们可以在市场上直接观察到这些利率，而从理论上构建的短期利率和瞬时远期利率并不是可直接观察的利率。

我们将把建立在对周期性复利进行假设的基础之上的模型称为**市场模型**(market models)。本章所研究的全部模型都将当期所观察到的利率期限结构视为给定，然后，我们将其分成相对定价模型或纯粹的无套利模型。因此，它们并不为当前利率的确定提供多少真知灼见。我们将对建立在对远期 LIBOR 利率的演变假设基础之上的 **LIBOR 市场模型**和基建立在对远期互换利率的演变假设基础之上的**互换市场模型**做出区分。从模型构造看，市场模型不适合用于为政府债券或相似的并不依赖货币市场利率合约的期货和期权的定价。

本章提出了几个市场模型，但是我们将大部分注意力放在所谓的对数正态 LIBOR 市场模型之上。在这样的模型中，我们假定相关类别的远期 LIBOR 利率波动性与远期利率水平成正比，所以在合适的远期鞅测度下，未来远期 LIBOR 利率分布为对数正态分布。正如第 7.7节所讨论的，对数正态分布的连续复利利率有一些不那么令人满意的性质，但是 Sandmann 和 Sondermann(1997)指出，服从对数正态分布的周期性复利的利率不存在同样的问题。接下来，我们将指出，对远期 LIBOR 利率的分布所作出的对数正态分布假设意味着利率顶和利率底的定价公式与第 6 章所给出的 Black 定价公式是相同的。相似地，对数正态互换市场模型意味着欧式互换期权的价格与 Black 互换期权定价公式一致。因此，对数正态市场模型为 Black 公式在固定收益证券中的广泛使用提供了支持。但是，对数正态市场模型的假设并不必然地解释 LIBOR 利率的经验演变，因此，我们同样需要对其他的市场模型进行简单讨论。

本章的内容组织如下。第 11.2 节展示了 LIBOR 市场模型的一般框架，并推导和讨论了此类模型的一些基本性质。第 11.3 节专注于对数正态 LIBOR 市场模型，而其他的市场模型在第 11.4 节得到了简单的讨论。第 11.5 节介绍了互换市场建模的一般框架。第 11.6 节为结束语。

11.2 一般 LIBOR 市场模型

在本节，我们将介绍一个一般 LIBOR 市场模型，描述该模型的一些基本性质，以及讨论在这一框架下怎样为衍生证券定价。本节所阐述内容从 Jamshidian(1997)以及 Musiela 和 Rutkowski(1997，第 14 章和 16 章)的研究中受到了启发。

11.2.1 模型描述

正如在 6.4 节所描述的，利率顶是保护浮动利率借款人避免支付高于给定上限利率 K 的合约。令 T_1, …, T_n 表示支付日，并假设对于所有 i 有 $T_i - T_{i-1} = \delta$，此外，规定 $T_0 = T_1 - \delta$。在每一支付日 $T_i(i=1, \cdots, n)$，利率顶的支付是

$$C_{T_i}^i = H\delta \max(l_{T_i-\delta}^{T_i} - K, 0) = H\delta \max(L_{T_i-\delta}^{T_i-\delta, T_i} - K, 0)$$

在此，注意符号 l_t^T 表示 t 时刻$[t, T]$时间区间的即期 LIBOR 利率，符号 $L_t^{T, S}$ 表示 t 时刻$[T, S]$时间区间的远期利率，且当然地有 $L_t^{t, T} = l_t^T$。此外，H 表示利率顶的面值。一个利率顶可以视为一系列利率上限买权的组合，也就是说，每一个支付日对应着一个上限买权。

正如第 6.4 节所讨论的，前面所提到收益的价值可以被认为是 T_i—远期鞅测度下的期望收益与 T_i 时刻支付的贴现因子的乘积：

$$C_t^i = H\delta B_t^{T_i} \mathrm{E}_t^{\mathbb{Q}^{T_i}} [\max(L_{T_i-\delta}^{T_i-\delta, T_i} - K, 0)], \ t < T_i - \delta \tag{11.1}$$

因此，利率顶的价格为

$$C_t = H\delta \sum_{i=1}^{n} B_t^{T_i} \mathrm{E}_t^{\mathbb{Q}^{T_i}} [\max(L_{T_i-\delta}^{T_i-\delta, T_i} - K, 0)], \ t < T_0 \tag{11.2}$$

对于 $t \geq T_0$，第一个到来的上限买权的收益是已知的，因此它的现值可以通过乘以无风险贴现因子而得到，而余下的收益的估值则按上面方式计算。更多的细节请参考第 6.4 节。对应的利率底的价格为

$$\mathcal{F}_t = H\delta \sum_{i=1}^{n} B_t^{T_i} \mathrm{E}_t^{\mathbb{Q}^{T_i}} [\max(K - L_{T_i-\delta}^{T_i-\delta, T_i}, 0)], \ t < T_0 \tag{11.3}$$

为了从式(11.2)计算出利率顶价格，需要知道每一 $i=1, \cdots, n$ 在 T_i—远期鞅测度 $\mathbb{Q}^{T_i}$ 之下 $L_{T_i-\delta}^{T_i-\delta, T_i}$ 的分布。出于这一目的，$L_t^{T_i-\delta, T_i}$ 的变化在 $\mathbb{Q}^{T_i}$ 之下建模也就再自然不过。下面

的论证表明，在$\mathbb{Q}^{T_i}$概率测度之下，$L_t^{T_i-\delta, T_i}$ 漂移率为零，也就是 $L_t^{T_i-\delta, T_i}$ 是一个$\mathbb{Q}^{T_i}$—鞅测度。记住，由等式(1.6)有

$$L_t^{T_i-\delta, T_i}=\frac{1}{\delta}\left(\frac{B_t^{T_i-\delta}}{B_t^{T_i}}-1\right) \tag{11.4}$$

在 T_i—远期鞅测度$\mathbb{Q}^{T_i}$下，任何资产价格与零息债券价格 $B_t^{T_i}$ 的比率是一个鞅。特别地，比率 $B_t^{T_i-\delta}/B_t^{T_i}$ 是一个$\mathbb{Q}^{T_i}$—鞅，因此在$\mathbb{Q}^{T_i}$测度下，在任何时间间隔内，这一比率的期望变化为 0。从上面的公式同样可以知道，在$\mathbb{Q}^{T_i}$下，周期性复利的远期利率 $L_t^{T_i-\delta, T_i}$ 的期望变化(任何时间间隔)等于 0。将结果总结为以下定理：

定理 11.1 远期利率 $L_t^{T_i-\delta, T_i}$ 是一个$\mathbb{Q}^{T_i}$—鞅。

因此，影响远期利率和远期利率波动率函数的因子的个数(也就是标准布朗运动的数目)完全规定了 LIBOR 市场模型。为了简单起见，重点考察单因子模型

$$dL_t^{T_i-\delta, T_i}=\beta(t, T_i-\delta, T_i, (L_t^{T_j, T_j+\delta})_{T_j\geqslant t})dz_t^{T_i}, t<T_i-\delta, i=1, \cdots, n \tag{11.5}$$

在此，z^{T_i}为$\mathbb{Q}^{T_i}$远期概率测度下的一维标准布朗运动。符号$(L_t^{T_j, T_j+\delta})_{T_j\geqslant t}$表明(如第 10 章)波动率函数$\beta$在时间$t$的取值可以依赖远期利率的所有当前模型值①。在第 11.3 节将要研究的对数正态 LIBOR 市场模型中，对某些确定性函数γ有

$$\beta(t, T_i-\delta, T_i, (L_t^{T_j, T_j+\delta})_{T_j\geqslant t})=\gamma(t, T_i-\delta, T_i)L_t^{T_i-\delta, T_i}$$

但是，在此之前，我们继续讨论更一般的规定式(11.5)。

由一般的利率顶定价公式(11.2)知道，利率顶价格同样也依赖于当前贴现因子 $B_t^{T_1}$，$B_t^{T_2}$，…，$B_t^{T_n}$。由式(11.4)可得到$B_t^{T_i}=B_t^{T_i-\delta}(1+\delta L_t^{T_i-\delta, T_i})$，因此，相关的贴现因子可以由 $B_t^{T_0}$ 和远期利率的当前模型值$L_t^{T_0, T_1}$，$L_t^{T_1, T_2}$，…，$L_t^{T_{n-1}, T_n}$ 确定。与第 10 章的 HJM 模型相似，LIBOR 市场模型将这些利率的当前可观察值视为给定。

11.2.2 在同一概率测度下所有远期利率的动态特征

LIBOR 市场模型的基本假设式(11.5)包括了 n 个不同的远期鞅测度。为了更好地理解模型以及简化某些证券价格的计算，我们将在一个共同的概率测度下描述相关的远期利率。正如下一小节所讨论的，蒙特卡罗模拟经常用于 LIBOR 市场模型中的某些证券价格的计算(第 16 章将详细介绍蒙特卡罗模拟)。在共同的概率测度下模拟远期利率的变化远比在各远期利率相关的鞅测度下完成这一工作更简单。从模型假设中所用到的 n 个不同的远期鞅测度中选择一个就是可能性之一。注意，T_i—远期鞅测度只在 T_i 时刻之前是合理的。因此，使用与最后一个支付日相关联的，也就是 T_n—远期鞅测度$\mathbb{Q}^{T_n}$是合理的，这是因为这一测度对于相关的整个期限都适用。在这一背景下，$\mathbb{Q}^{T_n}$有时被称为**终端测度**(terminal measure)。共同测度的另一个明显的选择对象是即期鞅测度。我们将更详细地探讨这两种备选测度。

---

① 正如与第 10 章中的 HJM 模型一样，即便在远期利率的早期值影响远期利率的当前动态特征的情况下，市场模型的一般结果成立，但是这样的推广似乎没有意义。

1. 终端测度

我们希望在 T_n—远期鞅测度下描述所有模型化远期利率的变化。出于这一目的，我们将应用以下定理勾勒 LIBOR 市场模型的不同远期鞅测度之间的转换。

定理 11.2 假设对 $i=1, \cdots, n$，LIBOR 远期利率 $L_t^{T_i-\delta, T_i}$ 的演变由式(11.5)给出，在此 $T_i=T_{i-1}+\delta$。那么过程 $z^{T_i-\delta}$ 和 z^{T_i} 之间的关系如下：

$$dz_t^{T_i}=dz_t^{T_i-\delta}+\frac{\delta\beta(t, T_i-\delta, T_i, (L_t^{T_j, T_j+\delta})_{T_j\geqslant t})}{1+\delta L_t^{T_i-\delta, T_i}}dt \tag{11.6}$$

证明：由第 4.4.2 节可知，我们有 T_i—远期鞅测度 $\mathbb{Q}^{T_i}$，其特征是过程 z^{T_i} 是 $\mathbb{Q}^{T_i}$ 下的一个标准布朗运动，其中

$$dz_t^{T_i}=dz_t+(\lambda_t-\sigma_t^{T_i})dt$$

在此，$\sigma_t^{T_i}$ 表示 T_i 到期的零息债券波动率，而其自身可能也是随机的。相似地

$$dz_t^{T_i-\delta}=dz_t+(\lambda_t-\sigma_t^{T_i-\delta})dt$$

一个简单的计算给出

$$dz_t^{T_i}=dz_t^{T_i-\delta}+[\sigma_t^{T_i-\delta}-\sigma_t^{T_i}]dt \tag{11.7}$$

正如在定理 11.1 中所证明的，$L_t^{T_i-\delta, T_i}$ 是一个 $\mathbb{Q}^{T_i}$—鞅，在这一概率测度下，变动的期望值为 0。根据式(11.4)，远期利率 $L_t^{T_i-\delta, T_i}$ 是零息债券价格 $B_t^{T_i-\delta}$ 和 $B_t^{T_i}$ 的一个函数，因此波动率可由伊藤引理得出。总之，动态特征是

$$\begin{aligned}dL_t^{T_i-\delta, T_i}&=\frac{B_t^{T_i-\delta}}{\delta B_t^{T_i}}(\sigma_t^{T_i-\delta}-\sigma_t^{T_i})dz_t^{T_i}\\&=\frac{1}{\delta}(1+\delta L_t^{T_i-\delta, T_i})(\sigma_t^{T_i-\delta}-\sigma_t^{T_i})dz_t^{T_i}\end{aligned}$$

与式(11.5)比较，能推出

$$\sigma_t^{T_i-\delta}-\sigma_t^{T_i}=\frac{\delta\beta(t, T_i-\delta, T_i, (L_t^{T_j, T_j+\delta})_{T_j\geqslant t})}{1+\delta L_t^{T_i-\delta, T_i}} \tag{11.8}$$

将这一关系代入式(11.7)，得到了过程 z^{T_i} 和 $z^{T_i-\delta}$ 之间所要证明的关系。 □

重复利用式(11.6)，得到

$$dz_t^{T_n}=dz_t^{T_i}+\sum_{j=1}^{n-1}\frac{\delta\beta(t, T_j, T_{j+1}, (L_t^{T_k, T_k+\delta})_{T_k\geqslant t})}{1+\delta f_s(t, T_j, T_{j+1})}dt$$

因此，对于每一 $i=1, \cdots, n$，可以将 $L_t^{T_i-\delta, T_i}$ 在 $\mathbb{Q}^{T_n}$—测度下的动态特征记为

$$\begin{aligned}dL_t^{T_i-\delta, T_i}&=\beta(t, T_i-\delta, T_i, (L_t^{T_k, T_k+\delta})_{T_k\geqslant t})dz_t^{T_i}\\&=\beta(t, T_i-\delta, T_i, (L_t^{T_k, T_k+\delta})_{T_k\geqslant t})\\&\quad\left[dz_t^{T_n}-\sum_{j=i}^{n-1}\frac{\delta\beta(t, T_j, T_{j+1}, (L_t^{T_k, T_k+\delta})_{T_k\geqslant t})}{1+\delta L_t^{T_j, T_{j+1}}}dt\right]\end{aligned}$$

$$= -\sum_{j=i}^{n-1} \frac{\delta\beta(t,\ T_i-\delta,\ T_i,\ (L_t^{T_k,\ T_k+\delta})_{T_k\geqslant t})\beta(t,\ T_j,\ T_{j+1},\ (L_t^{T_k,\ T_k+\delta})_{T_k\geqslant t})}{1+\delta L_t^{T_j,\ T_{j+1}}}\mathrm{d}t$$
$$+\beta(t,\ T_i-\delta,\ T_i,\ (L_t^{T_k,\ T_k+\delta})_{T_k\geqslant t})\mathrm{d}z_t^{T_n} \tag{11.9}$$

注意,漂移可能包含了部分或全部的其他模型远期利率。因此,所有远期利率向量($L_t^{T_0,\ T_1}$,…,$L_t^{T_{n-1},\ T_n}$)将服从一个 n—维的扩散过程,使得 LIBOR 市场模型可以用一个 n 因子扩散模型表示。证券的价格就是偏微分方程的解,但是在典型的应用中,维度 n,也就是远期利率的数目是如此之大,以至于无论是求偏微分方程的显式解,还是数值解都不可行①。例如,为了给依赖于 3 月期利率,到期日长达 10 年的利率顶、利率底和互换期权定价,我们必须给 40 个远期利率建模,以至于该模型变成一个 40 因子的扩散模型。

接下来我们考察在某些时间点 $T\in[T_0,\ T_n]$ 发生单一支付的资产。其收益 H_T 一般依赖于 T 之前的所有模型远期利率。令 P_t 表示这一资产的 t 时刻价值(以货币单位计价,例如美元)。由 T_n—远期鞅测度 $\mathbb{Q}^{T_n}$ 的定义有

$$\frac{P_t}{B_t^{T_n}} = \mathrm{E}_t^{\mathbb{Q}^{T_n}}\left[\frac{H_T}{B_T^{T_n}}\right]$$

因此

$$P_t = B_t^{T_n}\mathrm{E}_t^{\mathbb{Q}^{T_n}}\left[\frac{H_T}{B_T^{T_n}}\right]$$

特别地,如果 T 是存续期内的一个时间点,比说 $T=T_k$,得到

$$P_t = B_t^{T_n}\mathrm{E}_t^{\mathbb{Q}^{T_n}}\left[\frac{H_{T_k}}{B_{T_k}^{T_n}}\right]$$

由式(11.4)有

$$\begin{aligned}\frac{1}{B_{T_k}^{T_n}} &= \frac{B_{T_k}^{T_k}}{B_{T_k}^{T_{k+1}}}\frac{B_{T_k}^{T_{k+1}}}{B_{T_k}^{T_{k+2}}}\cdots\frac{B_{T_k}^{T_{n-1}}}{B_{T_k}^{T_n}}\\ &= [1+\delta L_{T_k}^{T_k,\ T_{k+1}}][1+\delta L_{T_k}^{T_{k+1},\ T_{k+2}}]\cdots[1+\delta L_{T_k}^{T_{n-1},\ T_n}]\\ &= \prod_{j=k}^{n-1}[1+\delta L_{T_k}^{T_j,\ T_{j+1}}]\end{aligned}$$

因此价格可以重新记为

$$P_t = B_t^{T_n}\mathrm{E}_t^{\mathbb{Q}^{T_n}}\left[H_{T_k}\prod_{j=k}^{n-1}[1+\delta L_{T_k}^{T_j,\ T_{j+1}}]\right]$$

如式(11.9)所指出的,等式右边可以利用远期利率在 $\mathbb{Q}^{T_n}$ 测度下的变化用蒙特卡罗模拟进行近似。

如果证券在时间 T_n 到期,价格的表达式更为简单:

$$P_t = B_t^{T_n}\mathrm{E}_t^{\mathbb{Q}^{T_n}}[H_{T_n}]$$

---

① 但是 Andersen 和 Andreasen(2000)介绍一个大幅降低计算复杂性的技巧。

在这种情况下，足以模拟确定证券收益的远期利率的变化。

2. 即期 LIBOR 鞅测度

在第 4 章所定义并讨论的风险中性或即期鞅测度$\mathbb{Q}$中，参见第 4.4 节的讨论，我们利用收获连续短期复利的银行账户作为计价物，但是，LIBOR 市场模型根本没有涉及短期利率，因此，在这种情况下使用传统即期鞅测度显得并不合理。LIBOR 市场的对手方采取的是一种最短零息债券的**滚动**(roll over)**策略**。更准确地讲，该策略通过在初始 T_0 时刻投资 T_1 日到期的零息债券 1 美元，即可买入 $1/B_{T_0}^{T_1}$ 单位债券。在 T_1 时刻，收益 $1/B_{T_0}^{T_1}$ 美元可以投资于 T_2 时刻到期的零息债券，如此滚动。我们现在规定

$$I(t)=\min\{i\in\{1,\ 2,\cdots,\ n\};\ T_i\geqslant t\}$$

因此，$T_{I(t)}$ 表示 t 时间后的下一个支付日。特别地，$I(T_i)=i$，故 $T_{I(T_i)}=T_i$。在任何时间 $t\geqslant T_0$，策略持有

$$N_t=\frac{1}{B_{T_0}^{T_1}}\frac{1}{B_{T_1}^{T_2}}\cdots\frac{1}{B_{T_{I(t)-1}}^{T_{I(t)}}}$$

单位 $T_{I(T)}$ 时刻到期的零息债券。这一仓位的价值为

$$A_t^*=B_t^{T_{I(t)}}N_t=B_t^{T_{I(t)}}\prod_{j=0}^{I(t)-1}\frac{1}{B_{T_j}^{T_{j+1}}}=B_t^{T_{I(t)}}\prod_{j=0}^{I(t)-1}\left[1+\delta L_{T_j}^{T_j,\ T_{j+1}}\right]$$

其中最后一个等式由关系式(11.4)得到。因为 A_t^* 为正，它是一个有效的计价物。对应的鞅测度被称为**即期 LIBOR 鞅测度**，并用符号$\mathbb{Q}^*$表示。

我们考察一个在 $T\in[T_0,\ T_n]$时刻具有单一支付的证券。该笔支付 H_T 取决于 T 时刻及在此之前的所有模型远期利率。用 P_t 表示这一资产在时间 t 的美元价值。由即期 LIBOR 鞅测度$\mathbb{Q}^*$的定义，有

$$\frac{P_t}{A_t^*}=\mathrm{E}_t^{\mathbb{Q}^*}\left[\frac{H_T}{A_T^*}\right]$$

因此

$$P_t=\mathrm{E}_t^{\mathbb{Q}^*}\left[\frac{A_t^*}{A_T^*}H_T\right]$$

由计算

$$\begin{aligned}\frac{A_t^*}{A_T^*}&=\frac{B_t^{T_{I(t)}}\prod_{j=0}^{I(t)-1}\left[1+\delta L_{T_j}^{T_j,\ T_{j+1}}\right]}{B_T^{T_{I(T)}}\prod_{j=0}^{I(T)-1}\left[1+\delta L_{T_j}^{T_j,\ T_{j+1}}\right]}\\&=\frac{B_t^{T_{I(t)}}}{B_T^{T_{I(T)}}}\prod_{j=I(t)}^{I(T)-1}\left[1+\delta L_{T_j}^{T_j,\ T_{j+1}}\right]^{-1}\end{aligned}$$

可以将这一价格可以重新记为

$$P_t=B_t^{T_{I(t)}}\mathrm{E}_t^{\mathbb{Q}^*}\left[\frac{H_T}{B_T^{T_{I(T)}}}\prod_{j=I(t)}^{I(T)-1}\left[1+\delta L_{T_j}^{T_j,\ T_{j+1}}\right]^{-1}\right]$$

特别地，如果 T 是存续期中的一天，比方说 $T=T_k$，因为 $I(T_k)=k$ 和 $B_{T_k}^{T_{I(T_k)}}=B_{T_k}^{T_k}=1$，得到

$$P_t=B_t^{T_{I(t)}}\mathrm{E}_t^{\mathbb{Q}^*}\left[H_{T_k}\prod_{j=I(t)}^{k-1}[1+\delta L_{T_j}^{T_j,\,T_{j+1}}]^{-1}\right] \tag{11.10}$$

为了计算(通常是模拟)右边的期望值，需要知道即期 LIBOR 鞅测度$\mathbb{Q}^*$之下远期利率 $L_t^{T_j,\,T_{j+1}}$ 的变化。可以证明(见练习 11.1)由

$$\mathrm{d}z_t^*=\mathrm{d}z_t^{T_i}-[\sigma_t^{T_{I(t)}}-\sigma_t^{T_i}]\mathrm{d}t \tag{11.11}$$

所规定的过程 z^* 在概率测度$\mathbb{Q}^*$下是一个标准布朗运动。与通常一样，σ_t^T 表示 T 日到期的零息债券的波动率。重复利用式(11.8)得到

$$\sigma_t^{T_{I(t)}}-\sigma_t^{T_i}=\sum_{j=I(t)}^{i-1}\frac{\delta\beta(t,\,T_j,\,T_{j+1},\,(L_t^{T_k,\,T_k+\delta})_{T_k\geqslant t})}{1+\delta L_t^{T_j,\,T_{j+1}}}$$

因此

$$\mathrm{d}z_t^*=\mathrm{d}z_t^{T_i}-\sum_{j=I(t)}^{i-1}\frac{\delta\beta(t,\,T_j,\,T_{j+1},\,(L_t^{T_k,\,T_k+\delta})_{T_k\geqslant t})}{1+\delta L_t^{T_j,\,T_{j+1}}}\mathrm{d}t$$

将这一关系代入式(11.5)，可以在即期 LIBOR 鞅测度下将远期利率的动态特征记为

$$\begin{aligned}\mathrm{d}L_t^{T_i-\delta,\,T_i}&=\beta(t,\,T_i-\delta,\,T_i,\,(L_t^{T_k,\,T_k+\delta})_{T_k\geqslant t})\mathrm{d}z_t^{T_i}\\&=\beta(t,\,T_i-\delta,\,T_i,\,(L_t^{T_k,\,T_k+\delta})_{T_k\geqslant t})\\&\quad\left[\mathrm{d}z_t^*+\sum_{j=I(t)}^{i-1}\frac{\delta\beta(t,\,T_j,\,T_{j+1},\,(L_t^{T_k,\,T_k+\delta})_{T_k\geqslant t})}{1+\delta L_t^{T_j,\,T_{j+1}}}\mathrm{d}t\right]\\&=\sum_{j=I(t)}^{i-1}\frac{\delta\beta(t,\,T_i-\delta,\,T_i,\,(L_t^{T_k,\,T_k+\delta})_{T_k\geqslant t})\beta(t,\,T_j,\,T_{j+1},\,(L_t^{T_k,\,T_k+\delta})_{T_k\geqslant t})}{1+\delta L_t^{T_j,\,T_{j+1}}}\mathrm{d}t\\&\quad+\beta(t,\,T_i-\delta,\,T_i,\,(L_t^{T_k,\,T_k+\delta})_{T_k\geqslant t})\mathrm{d}z_t^*\end{aligned}$$

注意，在即期 LIBOR 鞅测度下，远期利率中的漂移可由规定波动率函数 β 和当前远期利率的而得到。市场模型中漂移与波动率的关系如同 HJM 模型对漂移的限制，见式(10.5)。

11.2.3 定价一致性

正如前面所指出的，对于那些只属于$\{T_1,\,T_2,\,\cdots,\,T_n\}$的支付日，且支付额只取决于模型远期利率而不是其他随机变量的证券，都能用(市场)模型为其定价。对于基于 δ 期利率的不同到期期限的利率顶和利率底，这同样是正确的，它们的价格可由式(11.2)和式(11.3)计算得到。模型同样可以用于到期日为 $T_0,\,T_1,\,\cdots,\,T_{n-1}$之一的互换期权定价，该互换期权的基础互换的支付日包含在集合$\{T_1,\,\cdots,\,T_n\}$之中，其支付取决于 δ 期利率。对欧式互换期权而言，价格可以写成式(11.10)。对于可以在互换支付日$\{T_1,\,\cdots,\,T_n\}$子集执行的百慕大互换期权而言，我们必须对所有可行的执行策略令式(11.10)最大化，有关的具体细节，以及关于以相对简单的蒙特卡洛方法为基础对百慕大互换期权进行定价的描述，请参见 Andersen (2000)。

LIBOR 市场模型式(11.5)是建立在对时间区间$[T_0, T_1]$, $[T_1, T_2]$, …, $[T_{n-1}, T_n]$上的远期利率所作出的假设之上。但是,这些远期利率确定了连接下一区间的远期利率。例如,根据等式(1.6)由$[T_0, T_1]$和$[T_1, T_2]$区间的远期利率唯一地确定$[T_0, T_2]$区间的远期利率,这是因为

$$\begin{aligned} L_t^{T_0, T_2} &= \frac{1}{T_2 - T_0}\left(\frac{B_t^{T_0}}{B_t^{T_2}} - 1\right) \\ &= \frac{1}{T_2 - T_0}\left(\frac{B_t^{T_0}}{B_t^{T_1}}\frac{B_t^{T_1}}{B_t^{T_2}} - 1\right) \\ &= \frac{1}{2\delta}([1 + \delta L_t^{T_0, T_1}][1 + \delta L_t^{T_1, T_2}] - 1) \end{aligned} \tag{11.12}$$

在此,同通常一样,$\delta = T_1 - T_0 = T_2 - T_1$。因此,LIBOR 市场模型式(11.13)所隐含的远期利率$L_t^{T_0, T_1}$和$L_t^{T_1, T_2}$的分布确定了远期利率$L_t^{T_0, T_2}$的分布。一个基于 3 月期的利率因此可用于基于 6 月期利率的合约的定价,只要这些合约的支付日在集合$\{T_0, T_1, \cdots, T_n\}$当中。更一般地,在模型的构建中,我们只能对远期利率在不重叠的期间的变化做出外生的假设。

11.3 对数正态 LIBOR 市场模型

11.3.1 模型描述

Black 公式(6.24)是利率上限买权定价的市场标准。正如 4.8 节所讨论的,Black 公式的传统推导建立在不合适的假设之上。对数正态 LIBOR 市场模型提供了一个更合理的框架,在这个框架下,Black 利率顶公式是有效的。这一模型最初由 Miltersen、Sandmann 和 Sondermann (1997)所开发,而 Brace、Gatarek 和 Musiela(1997)梳理出了一些技术细节,并为对数正态 LIBOR 市场模型中欧式互换期权的价格引入了一个显式的近似表达式。Miltersen、Sandmann 和 Sondermann(1997)利用偏微分方程推导了利率顶的价格,但是我们将按照 Brace、Gatarek 和 Musiela(1997)的方法,利用第 4 章所讨论的远期鞅测度,这将大量简化我们的分析。

看看一般的利率顶定价公式(11.2),很显然,我们可以通过假设$L_{T_i-\delta}^{T_i-\delta, T_i}$在$T_i$—远期鞅测度$\mathbb{Q}^{T_i}$下服从对数正态分布而得到与 Black 公式具有相同形式的定价公式。这恰好是**对数正态 LIBOR 市场模型**的假设:

$$dL_t^{T_i-\delta, T_i} = L_t^{T_i-\delta, T_i}\gamma(t, T_i - \delta, T_i)dz_t^{T_i}, \quad i = 1, 2, \cdots, n \tag{11.13}$$

其中$\gamma(t, T_i - \delta, T_i)$是一个有界的确定性函数。在此我们假设相关的远期利率只受到一个布朗运动的影响,但是在下文我们将简单地考察多因子对数正态 LIBOR 市场模型。

应用大家所熟悉的伊藤引理,意味着

$$d(\ln L_t^{T_i-\delta, T_i}) = -\frac{1}{2}\gamma(t, T_i - \delta, T_i)^2 dt + \gamma(t, T_i - \delta, T_i)dz_t^{T_i}$$

由此我们可看到

$$\ln L_{T_i-\delta}^{T_i-\delta,\,T_i}=\ln L_t^{T_i-\delta,\,T_i}-\frac{1}{2}\int_t^{T_i-\delta}\gamma(u,\,T_i-\delta,\,T_i)^2\mathrm{d}u+\int_t^{T_i-\delta}\gamma(u,\,T_i-\delta,\,T_i)\mathrm{d}z_u^{T_i}$$

由于 γ 是一个确定性函数，由定理 3.3 可知在 T_i—远期鞅测度下有

$$\int_t^{T_i-\delta}\gamma(u,\,T_i-\delta,\,T_i)\mathrm{d}z_u^{T_i}\sim N\left(0,\,\int_t^{T_i-\delta}\gamma(u,\,T_i-\delta,\,T_i)^2\mathrm{d}u\right)$$

因此，

$$\ln L_{T_i-\delta}^{T_i-\delta,\,T_i}\sim N\left(\ln L_t^{T_i-\delta,\,T_i}-\frac{1}{2}\int_t^{T_i-\delta}\gamma(u,\,T_i-\delta,\,T_i)^2\mathrm{d}u,\,\int_t^{T_i-\delta}\gamma(u,\,T_i-\delta,\,T_i)^2\mathrm{d}u\right)$$

故而 $L_{T_i-\delta}^{T_i-\delta,\,T_i}$ 在 $\mathbb{Q}^{T_i}$ 下服从对数正态分布。接下来的结果将不会让人感到惊讶。

定理 11.3 在假设式(11.3)之下，支付日为 T_i 的利率上限认购期权在时间 $t<T_i-\delta$ 的价格由下式给出

$$C_t^i=H\delta B_t^{T_i}\left[L_t^{T_i-\delta,\,T_i}N(d_{1i})-KN(d_{2i})\right] \tag{11.14}$$

其中

$$d_{1i}=\frac{\ln(L_t^{T_i-\delta,\,T_i}/K)}{v_L(t,\,T_i-\delta,\,T_i)}+\frac{1}{2}v_L(t,\,T_i-\delta,\,T_i) \tag{11.15}$$

$$d_{2i}=d_{1i}-v_L(t,\,T_i-\delta,\,T_i) \tag{11.16}$$

$$v_L(t,\,T_i-\delta,\,T_i)=\left(\int_t^{T_i-\delta}\gamma(u,\,T_i-\delta,\,T_i)^2\mathrm{d}u\right)^{1/2} \tag{11.17}$$

证明：由附录 A 中的定理 A.4 有

$$\begin{aligned}\mathrm{E}_t^{\mathbb{Q}^{T_i}}\left[\max(L_{T_i-\delta}^{T_i-\delta,\,T_i}-K,\,0)\right]&=\mathrm{E}_t^{\mathbb{Q}^{T_i}}\left[L_{T_i-\delta}^{T_i-\delta,\,T_i}\right]N(d_{1i})-KN(d_{2i})\\&=L_t^{T_i-\delta,\,T_i}N(d_{1i})-KN(d_{2i})\end{aligned}$$

其中最后一个等式成立是因为 $L_t^{T_i-\delta,\,T_i}$ 是一个 $\mathbb{Q}^{T_i}$—鞅。由式(11.1)可得到所要证明的结果。□

注意，$v_L(t,\,T_i-\delta,\,T_i)^2$ 是给定 t 时刻所能获得的信息在 T_i—远期鞅测度之下 $L_{T_i-\delta}^{T_i-\delta,\,T_i}$ 的方差。如果我们将 $\sigma_i=v_L(t,\,T_i-\delta,\,T_i)/\sqrt{T_i-\delta-t}$ 插入，表达式(11.14)与 Black 公式(6.24)是相同的。上述定理立竿见影的成果是可以得到下面这一对数正态单因子 LIBOR 市场模型的利率顶定价公式：

定理 11.4 在假设条件式(11.13)之下，在任何时间 $t<T_0$，利率顶的价格由给出

$$C_t=H\delta\sum_{i=1}^{n}B_t^{T_i}\left[L_t^{T_i-\delta,\,T_i}N(d_{1i})-KN(d_{2i})\right] \tag{11.18}$$

其中 d_{1i} 和 d_{2i} 与式(11.15)和式(11.16)中一样。

对于 $t\geqslant T_0$，利率顶第一笔到来的支付是已知的，因此用无风险贴现因子贴现，而其剩下的支付将按照上面的方式估值。关于细节，见第 6.4 节。

相似地，假设式(11.13)之下的利率底的价格为

$$\mathcal{F}_t = H\delta \sum_{i=1}^{n} B_t^{T_i} [KN(-d_{2i}) - L_t^{T_i-\delta, T_i} N(-d_{1i})], \ t < T_0$$

确定性函数 $\gamma(t, T_i-\delta, T_i)$尚待明确。我们将在 11.6 节讨论这一问题。

如果期限结构受到 d 个外生标准布朗运动的影响，假设式(11.13)被替换为

$$\mathrm{d}L_t^{T_i-\delta, T_i} = L_t^{T_i-\delta, T_i} \sum_{j=1}^{d} \gamma_j(t, T_i-\delta, T_i)\mathrm{d}z_{jt}^{T_i}$$

其中所有 $\gamma_j(t, T_i-\delta, T_i)$为有界的确定性函数。再次，利率顶价格由式(11.18)给出，小小的改变是 $v_L(t, T_i-\delta, T_i)$的计算变为

$$v_L(t, T_i-\delta, T_i) = \left(\sum_{j=1}^{d} \int_t^{T_i-\delta} \gamma_j(u, T_i-\delta, T_i)^2 \mathrm{d}u\right)^{1/2} \tag{11.19}$$

11.3.2 其他证券的定价

在对数正态 LIBOR 市场模型中，我们不能得出欧式互换期权的精确显式解。特别地，在假设式(11.13)下，互换期权的 Black 公式是不正确的，其理由是，当远期 LIBOR 利率 $L_t^{T_i-\delta, T_i}$ 的波动率与其成正比时，远期互换利率 $\tilde{L}_t^{T_0, \delta}$ 将不会与远期利率水平成正比。正如第 11.2 节所描述的，互换期权价格可以用蒙特卡罗模拟进行近似，但是蒙特卡罗模拟通常比较耗时间。Brace、Gatarek 和 Musiela(1997)推导了对数正态 LIBOR 市场模型假设之下，到期日为 T_0，执行利率为 K 的欧式支付方互换期权的类 Black 近似：

$$\mathcal{P}_t = H\delta \sum_{i=1}^{n} B_t^{T_i} [L_t^{T_i-\delta, T_i} N(d_{1i}^*) - KN(d_{2i}^*)], \ t < T_0 \tag{11.20}$$

其中 d_{1i}^* 和 d_{2i}^* 的形式都相当复杂，它们包含了所涉及的远期利率在 T_0 时刻的方差和协方差值。这些方差和协方差由假设式(11.13)中的 γ—函数确定。这一近似产生价格的速度比蒙特卡罗模拟要快。Brace 等人提供了使用近似式(11.20)所得到的价格非常接近于正确价格(利用蒙特卡罗模拟)的数值示例。当然，相似的近似方法可以应用于接受方互换期权。构建市场模型不是为了给债券期权定价，但是由于利率顶/利率底与零息债券欧式期权之间的联系，我们有可能推导出一些债券期权定价公式，见练习 11.2。

正如第 11.2 节所指出的，在任何基于 δ 期利率的 LIBOR 市场模型中，只要这些证券的支付日在集合$\{T_0, T_1, \cdots, T_n\}$中，就可以同样为以期间长度为 2δ、3δ 等的利率为基础的证券定价。当然，这对对数正态 LIBOR 市场模型同样正确。例如，考察期间长度为 2δ 的利率的有关产品合约。由式(11.12)有

$$L_t^{T_0, T_2} = \frac{1}{2\delta}([1+\delta L_t^{T_0, T_1}][1+\delta L_t^{T_1, T_2}] - 1) \tag{11.21}$$

根据对数正态 δ 期 LIBOR 市场模假设式(11.13)，右边的远期利率具有远期利率水平成正比的波动率。对上述关系应用伊藤引理，可以证明相同的正比关系对于 2δ 期远期利率 $L_t^{T_0, T_2}$ 并不成立(见练习 11.3)。因此，Black 的利率顶公式不可能同时对 3 月期利率顶和 6 月期利率顶都是正确的。为了与 3 月期对数正态 LIBOR 市场模型的假设一致，在对 6 月期利率顶

定价时，不得不借助蒙特卡罗模拟方法。

由上面的考虑可以知道，模型不能为使用者经常将 Black 公式用于利率顶，互换期权以及不同频率 δ 的合约提供充足的理由。当然，由 Black 公式所得到的价格与某些合理模型所得到的正确价格之间的差异是如此之小，甚至可以忽略不计，但是，这一问题在文献中显然没有得到充分的研究。

11.4 其他 LIBOR 市场模型

对数正态 LIBOR 市场模型在一般 LIBOR 市场模型中将远期利率波动率规定为

$$\beta(t, T_i-\delta, T_i, (L_t^{T_j, T_j+\delta})_{T_j\geq t}) = L_t^{T_i-\delta, T_i}\gamma(t, T_i-\delta, T_i)$$

其中 γ 为一确定性函数，正如我们已经看到的，这一规定具有的优势就是(一些)利率顶和利率底的价格可由 Black 公式给出。然而，观察到的利率顶价格并不是完全与 Black 公式一致，这就促使我们寻找其他的、更切实际的波动率模型。

欧式股票期权价格经常被 Black-Scholes-Merton 模型转换为隐含波动率。相似地，对于每一个利率上限期权，可以为对应的远期利率确定一个隐含的波动率作为参数 σ_i 的取值，将该参数值代入 Black 公式(6.24)，可以得到与所观察到的价格相同的价格。假设在同一远期利率上有几个具有相同支付日，但是具有不同的利率上限(执行利率)K 的利率上限期权在交易。那么可以得到隐含波动率和上限利率之间的关系 $\sigma_i(K)$。如果远期利率有一个与其成正比的波动率，那么 Black 的模型对所有的这些利率上限期权都是正确的。在那种情况下，所有的隐含波动率将相等，因此 $\sigma_i(K)$ 对应一根扁平线。然而，根据 Andersen 和 Andreasen(2000)，$\sigma_i(K)$ 通常随 K 增加而降低，这种现象通常被称为波动率偏斜。这样的偏斜与 LIBOR 市场模型式(11.13)关于波动率的假设并不一致①。同样可以参见 Jarrow 等(2007)的实证研究结果。

Andersen 和 Andreasen(2000)考察了一个所谓的 CEV LIBOR 市场模型，模型规定远期利率波动率为

$$\beta(t, T_i-\delta, T_i, (L_t^{T_j, T_j+\delta})_{T_j\geq t}) = (L_t^{T_i-\delta, T_i})^{\alpha}\gamma(t, T_i-\delta, T_i),\ i=1, \cdots, n$$

于是每一远期利率服从一个 CEV 过程②

① Hull(2009，第 18 章)有关于股票和外汇期权的相似现象的详细讨论。

② CEV 是方差常数弹性(Constant Elasticity of Variance)的缩写。这一术语的来有是因为

$$\frac{\partial\beta(t, T_i-\delta, T_i, (L_t^{T_j, T_j+\delta})_{T_j\geq t})/\beta(t, T_i-\delta, T_i, (L_t^{T_j, T_j+\delta})_{T_j\geq t})}{\partial L_t^{T_i-\delta, T_i}/L_t^{T_i-\delta, T_i}}$$

$$=\frac{\partial\beta(t, T_i-\delta, T_i, (L_t^{T_j, T_j+\delta})_{T_j\geq t})}{\partial L_t^{T_i-\delta, T_i}}\frac{L_t^{T_i-\delta, T_i}}{\beta(t, T_i-\delta, T_i, (L_t^{T_j, T_j+\delta})_{T_j\geq t})}$$

$$=\alpha(L_t^{T_i-\delta, T_i})^{\alpha-1}\gamma(t, T_i-\delta, T_i)\frac{L_t^{T_i-\delta, T_i}}{\beta(t, T_i-\delta, T_i, (L_t^{T_j, T_j+\delta})_{T_j\geq t})}=\alpha$$

所以波动率相对远期利率水平的弹性为常数 α。

Cox 和 Ross(1976)研究了与 Black-Scholes-Merton 股票期权模型的相似变体。

$$\mathrm{d}L_t^{T_i-\delta,T_i}=(L_t^{T_i-\delta,T_i})^{\alpha}\gamma(t,T_i-\delta,T_i)\mathrm{d}z_t^{T_i}$$

在此，α 是一个常数，γ 是一个有界的确定性函数，该函数一般可能取向量值，但在这里，我们在$\mathbb{R}$中取值。对于 $\alpha=1$，该模型与对数正态 LIBOR 模型相同。Andersen 和 Andreasen 首先讨论了 CEV 过程的性质。当 $0<\alpha<1/2$，几个过程可能具有上面给定的动态特征，但是如果要确定一个唯一的过程，则要求 0 是随机过程的吸收边界。施加这些条件，对于任何正数，作者可以用封闭解的形式来表达过程的未来值分布。对于 $\alpha\neq1$，该分布与非中心 χ^2—分布的随机变量的未来值的分布密切联系起来了。

基于他们对 CEV 过程的分析，Andersen 和 Andreasen 接下来证明了利率上限期权的价格形式为

$$C_t^i=H\delta B_t^{T_i}[L_t^{T_i-\delta,T_i}(1-\chi^2(a;b,c))-K\chi^2(c;b',a)]$$

我们在此并没有规定辅助参数 a，b，b'和 c。定价公式与 Black 定价公式非常相似，但是相关的概率由非中心 χ^2—分布的分布函数给出。在他们的数值例子中，当 $\alpha<1$ 时，CEV 模型可以生成一个实践中可以观察到的波动率偏斜。此外，他们在 CEV LIBOR 市场模型给出了欧式互换期权价格的显式近似。同样，这一定价公式具有与 Black 公式相同的形式，但是所涉及的是非中心 χ^2—分布的分布函数而不是正态分布的分布函数。

Andersen 和 Brotherton-Ratcliffe(2001)，Hagan、Kumar、Lesniewski 和 Woodward (2002)，Glasserman 和 Kou(2003)，Joshi 和 Rebonato(2003)以及 Jarrow、Li 和 Zhao (2007)研究了各种带有随机波动率和可能的跳跃的 LIBOR 市场模型。

11.5 互换市场模型

Jamshidian(1997)介绍了所谓的互换市场模型，该模型建立在对某些特定的远期互换利率的变化所做的假设之上。在波动率与这些远期互换利率成正比的假设之下，模型暗示了 Black 欧式互换期权的定价公式，即等式(6.37)，至少对一些互换期权而言是正确的。

给定时间点 T_0，T_1，…，T_n，其中对 $i=1$，…，n 有 $T_i=T_{i-1}+\delta$，我们将一个起始日期为 T_k，最后支付日为 T_n(也就是支付日为 T_{k+1}，…，T_n)的支付方互换称为一个(k,n)支付方互换。在此，必须有 $1\leqslant k<n$。用 $\tilde{L}_t^{T_k,\delta}$ 表示 $t\leqslant T_k$ 时刻通行的(k,n)互换的远期互换利率。与式(6.34)类似，有

$$\tilde{L}_t^{T_k,\delta}=\frac{B_t^{T_k}-B_t^{T_n}}{\delta G_t^{k,n}} \tag{11.22}$$

在此，引入符号

$$G_t^{k,n}=\sum_{i=k+1}^{n}B_t^{T_i}$$

表示一个在每一支付日 T_{k+1}，…，T_n 支付 1 美元的年金债券的价值。

一个欧式支付方(k,n)互换期权给予持有人在时间 T_k 进入一个(k,n)支付方互换期权

的权利，在此，固定利率 K 与互换期权的执行利率相同。由式(6.35)知道，在到期日 T_k，这一互换期权的价值为

$$\mathcal{P}_{T_k}^{k,n}=G_{T_k}^{k,n}H\delta\max(\tilde{L}_{T_k}^{T_k,\delta}-K,0) \tag{11.23}$$

正如 6.5.2 节所讨论的，在计算上用年金作为计价物是非常便利的。将对应的鞅测度 $\mathbb{Q}^{k,n}$ 称为 (k,n) 互换鞅测度。由于 $G_t^{k,k+1}=B_t^{T_{k+1}}$，特别地，得到 $(k,k+1)$ 互换鞅测度 $\mathbb{Q}^{k,k+1}$ 与 T_{k+1} 远期鞅测度 $\mathbb{Q}^{T_{k+1}}$ 相同的结论。

由 $\mathbb{Q}^{k,n}$ 的定义，在 t 时刻支付 H_{T_k} 的证券在 T_k 时刻的价格 P_t 为

$$\frac{P_t}{G_t^{k,n}}=\mathrm{E}_t^{\mathbb{Q}^{k,n}}\left[\frac{H_{T_k}}{G_{T_k}^{k,n}}\right]$$

因此，

$$P_t=G_t^{k,n}\mathrm{E}_t^{\mathbb{Q}^{k,n}}\left[\frac{H_{T_k}}{G_{T_k}^{k,n}}\right] \tag{11.24}$$

定价公式(11.24)对 (k,n) 互换期权尤为便利。插入由式(11.23)得到的收益，得到价格

$$\mathcal{P}_t^{k,n}=G_t^{k,n}H\delta\,\mathrm{E}_t^{\mathbb{Q}^{k,n}}[\max(\tilde{L}_{T_k}^{T_k,\delta}-K,0)] \tag{11.25}$$

如果知道 (k,n) 互换鞅测度 $\mathbb{Q}^{k,n}$ 之下的互换利率 $\tilde{L}_{T_k}^{T_k,\delta}$，这就足以为互换期权定价。下面的结果也就唾手可得。

定理 11.5 远期互换利率 $\tilde{L}_t^{T_k,\delta}$ 是一个 $\mathbb{Q}^{k,n}$—鞅。

证明：根据式(11.22)，远期互换利率为

$$\tilde{L}_t^{T_k,\delta}=\frac{B_t^{T_k}-B_t^{T_n}}{\delta G_t^{k,n}}=\frac{1}{\delta}\left(\frac{B_t^{T_k}}{G_t^{k,n}}-\frac{B_t^{T_n}}{G_t^{k,n}}\right)$$

由 (k,n)—互换鞅测度的定义可知，在这一概率测度之下，任何证券相对于年金的比值是一个鞅。特别地，$B_t^{T_k}/G_t^{k,n}$ 和 $B_t^{T_n}/G_t^{k,n}$ 都是 $\mathbb{Q}^{k,n}$—鞅。因此，在 $\mathbb{Q}^{k,n}$ 下，这些比率变化的期望值是 0。从上面的公式可以知道，远期互换利率 $\tilde{L}_t^{T_k,\delta}$ 在 $\mathbb{Q}^{k,n}$ 下的变化的期望值同样为 0，故而是一个 $\mathbb{Q}^{k,n}$—鞅。 □

因此，远期互换利率 $\tilde{L}_t^{T_k,\delta}$ 的变化完全由以下两个因素确定：①影响这一远期利率和其他模型远期利率的布朗运动的个数；②说明远期互换利率如何对外生冲击做出反应的敏感性函数。我们再次将重点放在单因子模型之上。一个互换市场模型建立在假设

$$d\tilde{L}_t^{T_k,\delta}=\beta^{k,n}(t,(\tilde{L}_t^{T_j,\delta})_{T_j\geqslant t})dz_t^{k,n}$$

之上，其中 $z^{k,n}$ 是 (k,n) 互换鞅测度 $\mathbb{Q}^{k,n}$ 之下的一个布朗运动，波动率函数 $\beta^{k,n}$ 通过 $(\tilde{L}_t^{T_j,\delta})_{T_j\geqslant t}$ 可以依赖于所有模型远期利率的当前值。

在 $\beta^{k,n}$ 与远期互换利率成正比的假设之下，也就是

$$d\tilde{L}_t^{T_k,\delta}=\tilde{L}_t^{T_k,\delta}\gamma^{k,n}(t)dz_t^{k,n} \tag{11.26}$$

其中，$\gamma^{k,n}(t)$ 是一个有界的确定性函数，得到远期互换利率的未来值服从对数正态分布。这一模型因此被称为**对数互换市场模型**。在这样的一个模型中，等式(11.25)的互换期权价格

可以直接计算出来：

定理 11.6 在假设式(11.26)之下，欧式(k, n)—支付方互换期权价格由

$$\mathcal{P}_t^{k,n}=\left(\sum_{i=k+1}^{n} B_t^{T_i}\right)H\delta\left[\widetilde{L}_t^{T_k,\delta}N(d_1)-KN(d_2)\right],\ t<T_k$$

给出，其中

$$d_1=\frac{\ln(\widetilde{L}_t^{T_k,\delta}/K)}{v_{k,n}(t)}+\frac{1}{2}v_{k,n}(t)$$

$$d_2=d_1-v_{k,n}(t)$$

$$v_{k,n}(t)=\left(\int_t^{T_k}\gamma^{k,n}(u)^2\mathrm{d}u\right)^{1/2}$$

对这一结果的证明与对定理 11.3 的证明相似，因此在此将其省略。当 σ 由 $\sigma=v_{k,n}(t)/\sqrt{T_k-t}$ 给定时，这一定价公式与 Black 方程式(6.37)相同。因此，对数正态互换市场模型为 Black 互换期权定价公式提供了一些理论支持。

在前一节，我们已经得出了在 LIBOR 市场模型中不能外生地规定所有远期互换利率的过程，而只能是规定期间非重叠(远期互换利率)的过程。在一个互换市场模型(Musiela 和 Rutkoski，1997，第 14.4 节)中，远期互换利率 $\widetilde{L}_t^{T_1,\delta}$，$\widetilde{L}_t^{T_2,\delta}$，…，$\widetilde{L}_t^{T_{n-1},\delta}$ 的过程被证明可以独立地建模。这些远期互换利率是具有相同的最后支付日 T_n，但是具有不同的起始支付日 T_1，…，T_{n-1}，也就是具有不同的到期期限的互换的远期互换利率。特别地，对于所有这些远期互换利率而言，对数正态分布假设式(11.26)可以成立，因此，这意味着全部的互换期权价格 $\mathcal{P}_t^{1,n}$，…，$\mathcal{P}_t^{n-1,n}$ 由 Black 互换期权定价公式给出。但是，在这样的一个假设下，不论是远期 LIBOR 利率 $L_t^{T_{i-1},T_i}$ 还是最后支付日为其他日期的互换，它们不具有与其成正比的波动率。因此，对于利率顶和利率底，或者具有其他到期日的互换而言，Black 公式不可能是正确的。这些证券的正确价格必须通过数值方法，如蒙特卡洛模拟进行计算。在这一情况下，我们同样不知道 Black 公式到底与理论上正确的价格相差多少。

在 LIBOR 市场模型的背景下，我们推导了不同远期鞅测度之间的关系。对于互换市场模型而言，我们可以为不同的互换鞅测度推导出相似的关系，从而能够在相同的概率测度之下描述全部远期互换利率 $\widetilde{L}_t^{T_1,\delta}$，$\widetilde{L}_t^{T_2,\delta}$，…，$\widetilde{L}_t^{T_{n-1},\delta}$ 的动态特征。于是，所有相关的过程都可以在相同的概率测度之下进行模拟。如想了解更多细节，读者可以参考 Jamshidian(1997) 和 Musiela 和 Rutkowski(1997，第 14.4 节)。

11.6 进一步的评论

De Jong、Driessen 和 Pelsser(2001)深入研究了不同的对数正态 LIBOR 和互换市场模型能够在多大程度上解释由远期 LIBOR 利率、远期互换利率，以及利率上限期权价格和欧式互换价格所构成的数据。观察数据来自 1995 年到 1996 年的美国市场。对于对数正态单因子 LIBOR 市场模型，他们的实证研究发现，利用远期利率的时至到期日 $T_i-\delta-t$ 的指数减

函数 γ

$$\gamma(t, T_i-\delta, T_i)=\gamma e^{-\kappa[T_i-\delta-t]}, \ i=1, \cdots, n$$

比使用常数 $\gamma(t, T_i-\delta-t)=\gamma$ 更为合适。这与文献中所论述的“长期”利率比“短期”利率波动性更小的均值回归理论相关。他们同样调校了两套相似的模型参数完美拟合所观察到的利率上限期权价格，但是发现，在一般情况下，这些模型中的互换期权价格与市场价格的差异比在时齐模型中的差异更大。在所有的情况下，利用这些对数正态 LIBOR 市场模型之一所计算的互换期权价格大于市场价格，也就是说对数正态 LIBOR 市场模型高估了互换期权价格。他们对对数正态单因子 LIBOR 市场模型的所有参数规定对于市场数据的描述的准确性相对欠缺，在统计检验中都被拒绝。De Jong、Driessen 和 Pelsser(2001)也证明了两因子对数正态 LIBOR 市场模型并没有比单因子模型有显著地改进，因此推断对数正态假设可能并不合适。最后，他们得到了关于对数正态互换市场模型的相似结果，且发现在拟合数据方面，这些模型甚至比对数正态 LIBOR 市场模型更糟糕。关于市场模型的其他研究，可以参见 Gupta 和 Subrahmanyam(2005)以及 Jarrow、Li 和 Zhao(2007)。

关于市场模型的其他信息，读者可以参考 Brigo 和 Mercurio(2006)的详细介绍。

练习

练习 11.1 （即期 LIBOR 测度）解释为什么在概率测度$\mathbb{Q}^*$下，由式(11.11)所定义的过程 z^* 是一个标准布朗运动。

练习 11.2 （零息债券的利率上限期权）假设对数正态 LIBOR 市场模型成立。利用关于利率上限公式(11.14)以及第 6 章的利率上限期权、下限期权和欧式债券期权之间的关系的知识，证明下面这一零息债券欧式期权的定价公式是有效的：

$$C_t^{K, T_i-\delta, T_i}=(1-K)B_t^{T_i}N(e_{1i})-K[B_t^{T_i-\delta}-B_t^{T_i}]N(e_{2i})$$
$$\pi_t^{K, T_i-\delta, T_i}=K[B_t^{T_i-\delta}-B_t^{T_i}]N(-e_{2i})-(1-K)B_t^{T_i}N(-e_{1i})$$

其中

$$e_{1i}=\frac{1}{v_L(t, T_i-\delta, T_i)}\ln\left(\frac{(1-K)B_t^{T_i}}{K[B_t^{T_i-\delta}-B_t^{T_i}]}\right)+\frac{1}{2}v_L(t, T_i-\delta, T_i)$$
$$e_{2i}=e_{1i}-v_L(t, T_i-\delta, T_i)$$

且 $v_L(t, T_i-\delta, T_i)$在单因子模型中由式(11.17)给出，在多因子框架下由式(11.19)给出。注意这些定价公式只适用于在时间点 $T_0, T_1, \cdots, T_{n-1}$ 到期的期权，且标的零息债券按这一顺序在随后的日期到期。换言之，期权的到期时间与零息债券的到期时间之差必须等于 δ。

练习 11.3 （对数正态的非一致性）假设远期 LIBOR 利率 $L_t^{T_0, T_1}$ 和 $L_t^{T_1, T_2}$ 具有同对数正态 LIBOR 市场模型中一样的，与其成正比的波动率。那么远期 LIBOR 利率 $L_t^{T_0, T_2}$ 由式(11.12)给出。应用伊藤引理确定 $L_t^{T_0, T_2}$ 的波动率。

12

利率风险度量和管理

12.1 引言

债券和其他固定收益证券的价值随时间不断的变化，主要是因为利率期限结构发生变化。大多数投资者希望能够比较不同证券对期限结构变动的敏感性。为了获得对投资者组合的全部利率风险的概貌以及确定每一证券对这一总体风险的贡献，我们需要度量单一证券的利率风险。许多机构投资者被要求向监管者提供，或者在年度报告中向公众披露这样的风险度量报告。

本章我们将讨论如何量化债券的利率风险以及怎样在组合的利率风险管理中使用这些风险度量指标。首先，第 12.2 节描述了传统久期和凸性指标并讨论了它们与利率期限结构的关系，这些指标现在仍在广为使用。其次，第 12.3 节介绍了与前面章节所分析的动态期限结构模型直接相关的风险测量手段。在此，我们重点关注单因子扩散模型。第 12.4 节解释了如何使用这些风险测量指标构建所谓的免疫策略。关于这些风险测量手段在多因子扩散模型中的推广可见第 12.5 节，而第 12.6 节解释了久期指标在债券欧式期权定价以及欧式互换期权定价上的作用。最后，我们在第 12.7 节讨论了一些其他的风险测量手段。

12.2 利率风险的传统测量指标

12.2.1 Macaulay 久期和凸性

债券的 Macaulay 久期由 Macaulay(1938)所提出，它是关于距离债券支付日的时间长度的加权平均值，也就是说，是一个“有效存续期”。正如 Hicks(1939)所证明的，Macaulay 久期同时度量了债券价值对其自身收益率变动的敏感性。让我们考察一个支付日为 $T_1, \cdots, T_n$ 的债券，在此假设 $T_1 < \cdots < T_n$。T_i 时刻的支付由 Y_i 表示。债券在 t 时刻的价值用 B_t 表

示。令 y_t^B 表示债券在 t 时刻的收益率，利用连续复利计算，因此

$$B_t = \sum_{T_i > t} Y_i e^{-y_t^B (T_i - t)}$$

在此，针对债券的所有未来支付求和。

债券的 Macaulay 久期 D_t^{Mac} 被定义为

$$D_t^{\mathrm{Mac}} = -\frac{1}{B_t}\frac{\mathrm{d}B_t}{\mathrm{d}y_t^B} = \frac{\sum_{T_i > t}(T_i - t) Y_i e^{-y_t^B (T_i - t)}}{B_t} = \sum_{T_i > t} w^{\mathrm{Mac}}(t,\ T_i)(T_i - t) \quad (12.1)$$

在此，$w^{\mathrm{Mac}}(t,\ T_i) = Y_i e^{-y_t^B (T_i - t)} / B_t$ 是第 i 笔支付占债券总价值比例。由于 $w^{\mathrm{Mac}}(t,\ T_i) > 0$ 且 $\sum_{T_i > t} w^{\mathrm{Mac}}(t,\ T_i) = 1$，从式(12.1)看出，可以将 Macaulay 久期解释为加权平均的到期时间。对于只有一个剩余支付日的债券，Macaulay 久期等于其到期时间。将 Macaulay 久期的定义作简单变化，得到

$$\frac{\mathrm{d}B_t}{B_t} = -D_t^{\mathrm{Mac}} \mathrm{d}y_t^B$$

因此，因收益率瞬间、微小的变化所导致的债券价格的变化与债券的 Macaulay 久期成正比。

Macaulay 久期经常由债券的年化复合收益率 $\hat{y}_t^B$ 规定。由定义

$$B_t = \sum_{T_i > t} Y_i (1 + \hat{y}_t^B)^{-(T_i - t)}$$

于是

$$\frac{\mathrm{d}B_t}{\mathrm{d}\hat{y}_t^B} = -\sum_{T_i > t} (T_i - t) Y_i (1 + \hat{y}_t^B)^{-(T_i - t) - 1}$$

因此，Macaulay 久期被定义为

$$D_t^{\mathrm{Mac}} = -\frac{1 + \hat{y}_t^B}{B_t}\frac{\mathrm{d}B_t}{\mathrm{d}\hat{y}_t^B} = \frac{\sum_{T_i > t}(T_i - t) Y_i (1 + \hat{y}_t^B)^{-(T_i - t)}}{B_t}$$
$$= \sum_{T_i > t} w^{\mathrm{Mac}}(t,\ T_i)(T_i - t)$$

因为 $e^{y_t^B} = (1 + \hat{y}_t^B)$，权重 $w^{\mathrm{Mac}}(t,\ T_i)$ 与前面一样。因此，两个定义所提供的 Macaulay 久期相等。因为 $y_t^B = \ln(1 + \hat{y}_t^B)$，因此 $\mathrm{d}y_t^B / \mathrm{d}\hat{y}_t^B = 1/(1 + \hat{y}_t^B)$，有

$$\frac{\mathrm{d}B_t}{B_t} = -D_t^{\mathrm{Mac}} \frac{\mathrm{d}\hat{y}_t^B}{1 + \hat{y}_t^B}$$

对于子弹型债券、年金债券、分期偿还债券，都可以为其推导出直接的 Macaulay 久期表达式①。在一些报纸上，Macaulay 久期数据紧挨债券价格列在旁边。

Macaulay 久期被定义为因债券收益率的微小变化而导致债券价格的变化的一个测量指标。对于一个非微小的变化，一阶近似可以得到

① 关于子弹型债券的 Macaulay 久期的计算公式在很多教科书上可以看到，例如 Fabozzi(2010)。

$$\Delta B_t \approx \frac{\mathrm{d}B_t}{\mathrm{d}y_t^B}\Delta y_t^B$$

因此

$$\frac{\Delta B_t}{B_t} \approx -D_t^{\mathrm{Mac}}\Delta y_t^B$$

引入二阶项显然能够得到更好的近似

$$\Delta B_t \approx \frac{\mathrm{d}B_t}{\mathrm{d}y_t^B}\Delta y_t^B + \frac{1}{2}\frac{\mathrm{d}^2 B_t}{\mathrm{d}(y_t^B)^2}(\Delta y_t^B)^2$$

将 **Macaulay 凸性**定义为

$$K_t^{\mathrm{Mac}} = \frac{1}{2B_t}\frac{\mathrm{d}^2 B_t}{\mathrm{d}(y_t^B)^2} = \frac{1}{2}\sum_{T_i>t} w^{\mathrm{Mac}}(t,\ T_i)(T_i - t)^2$$

可以将二阶近似记为

$$\frac{\Delta B_t}{B_t} \approx -D_t^{\mathrm{Mac}}\Delta y_t^B + K_t^{\mathrm{Mac}}(\Delta y_t^B)^2$$

需要注意的是，这一近似只是描述了收益率的瞬间改变所导致的债券价格变化。为了评估一段时间的价格变化，应该将债券到期时间的缩短这一因素也考虑进来，例如，在等式右边增加一个$\frac{\partial B_t}{\partial t}\Delta t$ 项。

Macaulay 指标并没有直接反映债券价格因零息债券收益率曲线变化而变化的程度，因此它不是一个比较不同债券的利率风险的合理基础。问题在于 Macaulay 指标是定义在自身收益率变化之上，而给定零息债券收益率的变动，对不同债券收益率所产生的影响也不相同。很容易证明［例如，见 Ingersoll 等(1978，定理 1)］，当且仅当零息债券收益率曲线总是平坦时，所有债券的收益率变化才是相同的。特别是，收益率曲线只能平行移动。这样的假设不仅不切实际，同时也违背了无套利原则，这一点，我们将在第 12.3 节证明。

12.2.2 Fisher-Weil 久期与凸性

Macaulay(1938)同样定义了另一个基于零息债券收益率曲线而不是自身收益率的久期。被忽视了几十年之后，这一测度指标因 Fisher 和 Weil(1971)而重新焕发生机。他们论证了这一指标与构建免疫策略之间的关联性。我们将这一久期指标称为 Fisher-Weil 久期。准确的定义是

$$D_t^{\mathrm{FW}} = \sum_{T_i>t} w(t,\ T_i)(T_i - t) \tag{12.2}$$

在此，$w(t,\ T_i) = Y_i e^{-y_t^{T_i}(T_i-t)}/B_t$。其中 $y_t^{T_i}$ 是一个零息债券从 t 时刻到 T_i 期间的收益率。相对于 Macaulay 久期，存在权重上的差异。计算 $w(t,\ T_i)$所使用的是第 i 笔支付的实际现值，因为该支付被乘以 T_i 时刻支付的市场贴现因子。在计算 Macaulay 指标时所使用的权重

中,债券的支付是按照债权的收益率贴现。然而,对于典型的收益率曲线而言,两套权重数据将非常接近,因此,两个久期指标也将非常接近,例如,可参见本章的表 12.1。

如果将债券价格视为相关零息债券收益率 $y_t^{T_1}$, …, $y_t^{T_n}$ 的函数,

$$B_t = \sum_{T_i > t} Y_i e - y_t^{T_i(T_i - t)}$$

可以将零息债券收益率的瞬间改变所导致的相对价格变化记为

$$\frac{\mathrm{d}B_t}{B_t} = \sum_{T_i > t} \frac{1}{B_t} \frac{\partial B_t}{\partial y_t^{T_i}} \mathrm{d}y_t^{T_i} = -\sum_{T_i > t} w(t, T_i)(T_i - t)\mathrm{d}y_t^{T_i}$$

如果所有零息债券收益率的变化是相同的,那么相对价格变化与 Fisher-Weil 久期成正比。因此,Fisher-Weil 久期代表了零息债券收益率曲线无限小的平移的价格敏感性。注意,连续复利的收益率曲线的微小平移对应于一个年复利的收益率曲线成比例的微小平移。这可以由连续复利的零息债券收益率 $y_t^{T_i}$ 和年复利的零息债券收益率 $\hat{y}_t^{T_i}$ 之间的关系 $y_t^{T_i} = \ln(1 + \hat{y}_t^{T_i})$ 得到,这意味着 $\mathrm{d}y_t^{T_i} = \mathrm{d}\hat{y}_t^{T_i}/(1 + \hat{y}_t^{T_i})$,因此 $\mathrm{d}y_t^{T_i} = k$ 意味着 $\mathrm{d}\hat{y}_t^{T_i} = k(1 + \hat{y}_t^{T_i})$。

同样也可以定义 Fisher-Weil 凸性

$$K_t^{\mathrm{FW}} = \frac{1}{2} \sum_{T_i > t} w(t, T_i)(T_i - t)^2$$

因此,收益率曲线一个非微小的平移所导致的相对价格的变化可以被近似为

$$\frac{\Delta B_t}{B_t} \approx -D_t^{\mathrm{FW}} \Delta y_t^* + k^{\mathrm{FW}} (\Delta y_t^*)^2$$

在此,Δy_t^* 是所有零息债券收益率的一个共同变化。同样,近似价格在给定期间的变化时,应当将到期时间减少这一因素考虑进来。

12.2.3 无套利原则和收益率曲线的平移

在本节,我们将讨论零息债券收益率曲线在哪些假设之下只能以平移的方式发生改变。我们按照 Ingersoll、Skelton 和 Wei(1978)的研究设计进行分析。如果收益率曲线只能进行微小的平移,那么收益率曲线必定在每一点都具有完全相同的形状。因此,可以将任何零息债券收益率 $y_t^{t+\tau}$ 记为当前短期利率和一个只依赖于收益率的到期时间的函数之和,也就是

$$y_t^T = r_t + h(T - t)$$

其中 $h(0) = 0$。特别地,收益率曲线的变化可以描述成一个短期利率为唯一状态变量的模型,且短期利率的风险中性动态特征为

$$\mathrm{d}r_t = \hat{\alpha}(r_t, t)\mathrm{d}t + \beta(r_t, t)\mathrm{d}z_t^{\mathbb{Q}}$$

其中 $z^{\mathbb{Q}}$ 是风险中性概率测度$\mathbb{Q}$下的一个标准布朗运动。

在这个模型中,基础偏微分方程式(7.2)的函数解可以给出任何固定收益证券的价格。特别地,任何零息债券价格的函数 $B^T(r, t)$满足

$$\frac{\partial B^T}{\partial t}(r, t) + \hat{\alpha}(r, t)\frac{\partial B^T}{\partial r}(r, t) + \frac{1}{2}\beta(r, t)^2\frac{\partial^2 B^T}{\partial r^2}(r, t) - rB^T(r, t) = 0$$
$$(r, t) \in S \times [0, T)$$

且终止条件为 $B^T(r, T) = 1$。然而，零息债券价格的形式为

$$B^T(r, t) = e^{-y_t^T(T-t)} = e^{-r[T-t]-h(T-t)[T-t]}$$

将相关的导数代入偏微分方程，得到

$$h'(T-t)(T-t) + h(T-t) = \hat{\alpha}(r, t)(T-t) - \frac{1}{2}\beta(r, t)^2(T-t)^2$$
$$(r, t) \in S \times [0, T)$$

由于这对所有的 r 成立，右边必定独立于 r。只有在对所有 t，$\hat{\alpha}$ 和 β 独立于 r 才会出现这种情况。因此，得到

$$h'(T-t)(T-t) + h(T-t) = \hat{\alpha}(t)(T-t) - \frac{1}{2}\beta(t)^2(T-t)^2, \ t \in [0, T)$$

等式左边只依赖于时间差 $T-t$，因此右边应当同样如此。这只有在 $\hat{\alpha}$ 和 β 都不依赖于 t 时才成立。因此 $\hat{\alpha}$ 和 β 必须是常数。

从上面的论证知道短期利率的动态特征形如

$$\mathrm{d}r_t = \hat{\alpha}\,\mathrm{d}t + \beta \mathrm{d}z_t^{\mathbb{Q}}$$

否则，收益率曲线将可能发生非平行的移动。短期利率的这一动态特征是第 7.3 节所研究的 Merton 模型的基本假设。在此，零息债券的收益率由

$$y_t^{t+\tau} = r + \frac{1}{2}\hat{\alpha}\tau - \frac{1}{6}\beta^2\tau^2$$

给出，这对应于 $h(\tau) = \frac{1}{2}\hat{\alpha}\tau - \frac{1}{6}\beta^2\tau^2$。由此推断，当且仅当收益率曲线在任何时间点都是一个具有向下倾斜的抛物线形状，且短期利率具有 Merton 模型所描述的动态特征。这些假设非常不切实际。此外，Ingersoll、Skelton 和 Weil(1978)证明了收益率曲线非微小的平行移动与无套利原则相冲突。因此底线是 Fisher-Weil 风险指标并不测量收益率曲线实际移动时所造成债券价格变动的敏感性。Macaulay 风险指标与任何一个无套利动态期限结构模型都不一致。

12.3 单因子扩散模型的风险测度

12.3.1 定义与关系

为了得到与利率期限结构的实际变化相一致的利率风险指标，在合理的动态期限结构模

型中考察不确定的价格运动再自然不过。在一个具有一个或多个状态变量的模型中，我们将重点放在价格对状态变量变化的敏感性上。在这一节，考察第 7 章和第 9 章所研究的单因子扩散模型。多因子扩散模型中的风险指标将在第 12.5 节讨论。

假设短期利率 r_t 是唯一的状态变量，且它遵循真实概率之下的过程

$$dr_t = \alpha(r_t, t)dt + \beta(r_t, t)dz_t$$

对一个价格为 $B_t = B(r_t, t)$ 的资产，伊藤引理意味着

$$dB_t = \left(\frac{\partial B}{\partial t}(r_t, t) + \alpha(r_t, t)\frac{\partial B}{\partial r}(r_t, t) + \frac{1}{2}\beta(r_t, t)^2\frac{\partial^2 B}{\partial r^2}(r_t, t)\right)dt + \frac{\partial B}{\partial r}(r_t, t)\beta(r_t, t)dz$$

于是有

$$\frac{dB_t}{B_t} = \left(\frac{1}{B(r_t, t)}\frac{\partial B}{\partial t}(r_t, t) + \alpha(r_t, t)\frac{1}{B(r_t, t)}\frac{\partial B}{\partial r}(r_t, t) + \frac{1}{2}\beta(r_t, t)^2\frac{1}{B(r_t, t)}\frac{\partial^2 B}{\partial r^2}(r_t, t)\right)dt + \frac{1}{B(r_t, t)}\frac{\partial B}{\partial r}(r_t, t)\beta(r_t, t)dz$$

对一个债券，所考察的模型中的导数 $\frac{\partial B}{\partial r}(r, t)$ 为负，因此债券的波动率由 $-\frac{1}{B(r_t, t)}\frac{\partial B}{\partial r}(r_t, t)\beta(r_t, t)$ 给出[①]。很自然地，可以使用波动率中与资产相关的部分作为风险指标。因此，定义资产的久期为

$$D(r, t) = -\frac{1}{B(r, t)}\frac{\partial B}{\partial r}(r, t) \tag{12.3}$$

注意这一定义与 Macaulay 久期定义的相似性。该资产的非预期相对收益等于负的久期 $D(r, t)$ 和短期利率的非预期变化 $\beta(r, t)dz_t$ 之间的乘积。

此外，将凸性定义为

$$K(r, t) = \frac{1}{2B(r, t)}\frac{\partial^2 B}{\partial r^2}(r, t) \tag{12.4}$$

以及将时间价值定义为

$$\Theta(r, t) = \frac{1}{B(r, t)}\frac{\partial B}{\partial t}(r, t)$$

因此，该资产在下一个无限短的时间里的收益可以记为

$$\frac{dB_t}{B_t} = (\Theta(r_t, t) - \alpha(r_t, t)D(r_t, t) + \beta(r_t, t)^2K(r_t, t))dt - D(r_t, t)\beta(r_t, t)dz_t \tag{12.5}$$

一个由依赖于利率的证券所组成的组合的久期是各个成分证券久期值的加权平均值。例如，

① 资产的波动率被定义为该资产在下一瞬间的收益率的标准差。

考察一个由两个证券组成的组合,其中单价为 $B_1(r, t)$ 资产 1 为 N_1 单位,单价为 $B_2(r, t)$ 的资产 2 为 N_2 单位。组合的价值为 $\Pi(r, t) = N_1 B_1(r, t) + N_2 B_2(r, t)$。组合的久期 $D_\Pi(r, t)$ 可以计算为

$$
\begin{aligned}
D_\Pi(r, t) &= -\frac{1}{\Pi(r, t)} \frac{\partial \Pi}{\partial r}(r, t) \\
&= -\frac{1}{\Pi(r, t)}\left(N_1 \frac{\partial B_1}{\partial r}(r, t) + N_2 \frac{\partial B_2}{\partial r}(r, t)\right) \\
&= \frac{N_1 B_1(r, t)}{\Pi(r, t)}\left(-\frac{1}{B_1(r, t)} \frac{\partial B_1}{\partial r}(r, t)\right) + \frac{N_2 B_2(r, t)}{\Pi(r, t)}\left(-\frac{1}{B_2(r, t)} \frac{\partial B_2}{\partial r}(r, t)\right) \\
&= \eta_1(r, t) D_1(r, t) + \eta_2(r, t) D_2(r, t)
\end{aligned}
\tag{12.6}
$$

其中 $\eta_i = N_i B_i(r, t)/\Pi(r, t)$ 是资产 i 在组合中的权重,$D_i(r, t)$ 为资产 i 的久期,$i=1, 2$。很显然,有 $\eta_1(r, t) + \eta_2(r, t) = 1$。对凸性和时间价值也有相似的结果。特别地,附息债券的久期是以附息债券支付日为到期日的零息债券的久期值的加权平均值。

由风险的市场价格 $\lambda(r_t, t)$ 的定义,任何资产的期望收益减去风险的市场价格与该资产的波动率的乘积必定等于短期利率。由式(12.5)得到

$$\Theta(r, t) - \alpha(r, t) D(r, t) + \beta(r, t)^2 K(r, t) - (-D(r, t)\beta(r, t))\lambda(r, t) = r$$

或

$$\Theta(r, t) - \hat{\alpha}(r, t) D(r, t) + \beta(r, t)^2 K(r, t) = r \tag{12.7}$$

在此 $\hat{\alpha}(r, t) = \alpha(r, t) - \beta(r, t)\lambda(r, t)$ 是短期利率的风险中性漂移。可以通过所知道的解 $B(r, t)$ 代入偏微分方程

$$\frac{\partial B}{\partial t}(r, t) + \hat{\alpha}(r, t)\frac{\partial B}{\partial r}(r, t) + \frac{1}{2}\beta(r, t)^2 \frac{\partial^2 B}{\partial r^2}(r, t) - rB(r, t) = 0$$

就得到与此相同的关系。时间价值、久期和凸性之间的关系对于所有依赖于利率的证券成立,因此,也对由这些证券所组成的所有组合成立①。

注意到证券在下一瞬间的收益率可以写成

$$\frac{dB_t}{B_t} = (r_t - \lambda(r_t, t)\beta(r_t, t)D(r_t, t))dt - D(r_t, t)\beta(r_t, t)dz_t$$

这只包含了久期,而没有包括凸性和时间价值。我们同样知道,为了在单因子模型中复制一个给定的固定收益证券,必须构造一个在任何时点与该证券具有相同的波动率,因此也包括相同久期的组合。这是关于基础偏微分方程的证明结果,见定理 4.10 以及随后关于对冲的讨论。然而,一个完美的对冲要求对组合进行连续的调整。由于存在交易成本以及其他实践问题,这样的连续调整是无法实施的。微分(见练习 12.1)意味着

---

① 在 Black-Scholes-Merton 模型中,时间价值和所谓的 Δ 和 Γ 之间的关系也很相似,见 Hull(2009,第 17.7 节)。很显然,在期限结构模型以及在构建利率风险对冲策略时考虑时间价值的重要性这一背景下,Christensen 和 Sørensen(1994)首先发现这一关系。

$$\frac{\partial D}{\partial r}(r, t)=D(r, t)^2-2K(r, t) \tag{12.8}$$

因此，凸性可以视为久期对利率的敏感性的指标。如果每次调整组合时，组合的凸性与需要对冲的头寸的凸性匹配，那直到进行下一次调整时，它们的久期可能会比较一致。因此，凸性在利率风险管理中同样具有实际用途。

久期、凸性和时间价值同样可以用于投资，也就是说，用于构建一个组合；对未来的利率期限结构的某些预期一旦实现组合，即可获得高收益。例如，通过构建一个久期为零，但凸性为正且取值很大的组合，我们将在短期利率发生很大变化的时期获得一个高收益。由关系式(12.7)可知，这样的一个组合的时间价值为负。因此，当短期利率没有发生很大变化时，该组合将产生负的收益。

式(12.1)所定义的 Macaulay 久期和式(12.2)所定义的 Fisher-Weil 久期都通过时间单位(通常为年)来衡量，因此可以视其为债券的“有效存续期”的衡量指标。式(12.3)所定义的久期并不以时间为单位，但是它可以转换为以时间为单位的久期。根据 Cox、Ingersoll 和 Ross (1979)，我们将附息债券以时间为单位的久期定义为与其具有相同久期的零息债券的存续期。如果我们用表示以时间为单位的久期，那么定义关系可以表述为

$$\frac{1}{B(r, t)}\frac{\partial B}{\partial r}(r, t)=\frac{1}{B^{t+D^*(r, t)}(r, t)}\frac{\partial B^{t+D^*(r, t)}}{\partial r}(r, t)$$

对于只剩下一笔支付的债券，以时间为单位的久期等于其存续期，这一点与 Macaulay 久期和 Fisher-Weil 久期完全一致。

Cox、Ingersoll 和 Ross(1979)使用了随机久期这一术语来表明以时间为单位的久期 $D^*(r, t)$，它建立在期限结构的随机变化之上。其他作者使用随机久期来表示原始久期 $D(r, t)$。注意，这些久期概念的定义都与具体期限结构模型相关，因此这一久期指标也衡量债券价格对与该模型相一致的收益率曲线运动的敏感性。传统 Macaulay 久期和 Fisher-Weil 久期的计算可以独立于模型进行，但是，反过来，它们也只能反应价格对收益率曲线某一类型的运动的敏感性，而与任何其他的利率动态变化并不一致。本节所介绍的风险测度的另一个优势就是，它们对于所有利率依赖的证券都是定义完善的，而 Macaulay 久期和 Fisher-Weil 久期则只对债券而言是有意义的①。为了对由许多不同的固定收益证券构成的组合进行风险管理，需要全部单一证券，如期货、利率顶/底，以及互换期权等的风险指标。

12.3.2 仿射模型中的风险测度计算

在一个时齐仿射单因子扩散模型中，如 Vasicek 模型和 CIR 模型，零息债券的价格形如

$$B^{T_i}(r, t)=e^{-a(T_i-t)-b(T_i-t)r}$$

在时间 T_i，$i=1, \cdots, n$，支付为 Y_i 的附息债券价格为

---

① 由式(12.3)所定义的久期 $D(r, t)$对于任何证券都是定义明确的。由于零息债券的波动率在许多模型中都是从上有界，以时间为单位的久期只能为那些波动率在这一上界之下的证券定义。这对附息债券而言是正确的，但是并不是对所有衍生证券成立。见练习 12.2。

$$B(r, t)=\sum_{T_i>t} Y_i B^{T_i}(r, t)$$

因此,附息债券的久期为

$$D(r, t)=-\frac{1}{B(r, t)} \frac{\partial B}{\partial r}(r, t)=\frac{1}{B(r, t)} \sum_{T_i>t} b(T_i-t) Y_i B^{T_i}(r, t)$$
$$=\sum_{T_i>t} w(r, t, T_i) b(T_i-t)$$

其中 $w(r, t, T_i)=Y_i B^{T_i}(r, t)/B(r, t)$ 是第 i 笔支付占债券的现值的权重。注意时间 T 到期的零息债券久期为 $b(T-t)$,这一数值与 $T-t$ 不一样(在 Merton 模型中例外)。凸性可以计算为

$$K(r, t)=\frac{1}{2} \sum_{T_i>t} w(r, t, T_i) b(T_i-t)^2$$

附息债券的时间价值为

$$\Theta(r, t)=\sum_{T_i>t} w(r, t, T_i)(a'(T_i-t)+b'(T_i-t) r)=\sum_{T_i>t} w(r, t, T_i) f^{T_i}(r, t)$$

在此,$f^{T_i}(r, t)$是在 t 时刻到期日为 T_i 的远期利率。以时间为单位的久期 $D^*(r, t)$是方程

$$\sum_{T_i>t} w(r, t, T_i) b(T_i-t)=b(D^*(r, t))$$

的解。如果 b 可逆,可以将以时间为单位的附息债券的久期计算公司显式地记为

$$D^*(r, t)=b^{-1}\Big(\sum_{T_i>t} w(r, t, T_i) b(T_i-t)\Big) \tag{12.9}$$

[例 12.1] 从第 7.4 节的 Vasicek 模型中可知,函数 b 由

$$b(\tau)=\frac{1}{\kappa}(1-e^{-\kappa\tau})$$

给出,因此附息债券的久期为

$$D(r, t)=\sum_{T_i>t} w(r, t, T_i) \frac{1}{\kappa}(1-e^{-\kappa[T_i-t]})=\frac{1}{\kappa}\Big(1-\sum_{T_i>t} w(r, t, T_i) e^{-\kappa[T_i-t]}\Big)$$

由于

$$\frac{1}{\kappa}(1-e^{-\kappa\tau})=y \Leftrightarrow \tau=-\frac{1}{\kappa} \ln(1-\kappa y)$$

有

$$b^{-1}(y)=-\frac{1}{\kappa} \ln(1-\kappa y)$$

且由式(12.9)知道,附息债券以时间为单位的久期为

$$D^*(r, t)=-\frac{1}{\kappa} \ln\Big(1-\kappa \sum_{T_i>t} w(r, t, T_i) b(T_i-t)\Big)$$

$$=-\frac{1}{\kappa}\ln(1-\sum_{T_i>t}w(r,\ t,\ T_i)(1-e^{-\kappa[T_i-t]}))$$

$$=-\frac{1}{\kappa}\ln(\sum_{T_i>t}w(r,\ t,\ T_i)e^{-\kappa[T_i-t]})$$

由于扩展的 Vasicek 模型(Hull-White 模型)中 b 函数与初始的 Vasicek 模型中相同,可以得到相同的表达式。

[例 12.2] 在 7.5 节所研究的 CIR 模型中,b 函数由

$$b(\tau)=\frac{2(e^{\gamma\tau}-1)}{(\gamma+\hat{\kappa})(e^{\gamma\tau}-1)+2\gamma}$$

给出,因此附息债券的久期为

$$D(r,\ t)=\sum_{T_i>t}w(r,\ t,\ T_i)\frac{2(e^{\gamma[T_i-t]}-1)}{(\gamma+\hat{\kappa})(e^{\gamma[T_i-t]}-1)+2\gamma}$$

在练习 12.3,你被要求证明附息债券以时间为单位的久期为

$$D^*(r,\ t)=\frac{1}{\gamma}\ln\left(1+2\gamma\left[\frac{2}{\sum_{T_i>t}w(r,\ t,\ T_i)b(T_i-t)}-(\hat{\kappa}+\gamma)\right]^{-1}\right) \quad (12.10)$$

12.3.3 与传统久期的比较

Munk(1999)用解析的方式证明了,对于任何债券,Vasicek 模型中以时间为单位的久期小于 Fisher-Weil 久期。如果参数 $\hat{\kappa}=\kappa+\lambda$ 为正,那么 CIR 模型中的情况也是如此,这与典型的参数估计是一致的。因此,Fisher-Weil 久期高估了附息债券的利率风险。除了极端的收益率曲线情况,Macaulay 久期和 Fisher-Weil 久期非常接近,因此,上面的结论同样适用于 Macaulay 久期。

表 12.1 显示了不同到期日的子弹型债券的不同久期指标,这里假设在收益率曲线及其动

表 12.1 不同债券的久期比较

存续期(年)	价 格	收益率(%)	D^{Mac}	D^{FW}	D^*	D
1	100.48	4.50	1.00	1.00	1.00	0.89
2	100.31	4.84	1.95	1.95	1.95	1.56
3	99.70	5.11	2.86	2.86	2.83	2.05
4	98.81	5.34	3.72	3.72	3.63	2.41
5	97.75	5.53	4.54	4.54	4.34	2.67
6	96.60	5.68	5.32	5.31	4.95	2.86
8	94.24	5.93	6.74	6.72	5.86	3.09
10	91.96	6.10	8.01	7.97	6.40	3.21
12	89.87	6.22	9.14	9.07	6.68	3.26
15	87.15	6.35	10.57	10.45	6.83	3.28
20	83.63	6.48	12.39	12.16	6.80	3.28
25	81.13	6.56	13.65	13.30	6.71	3.26

注:假设参数为 $\kappa=0.36$,$\theta=0.05$,$\beta=0.1185$ 和 $\lambda=-0.1302$ 的 CIR 模型提供了关于收益率曲线及其动态特征的正确描述。当前短期利率为 0.04。债券类型为子弹型债券,票面利率为 5%,面值为 100,每年付息一次,距下一次支付日恰好一年。

态特征与给定贴近实际的参数的 CIR 模型一致。从表 12.1 中可以清楚地看到，对于所有的债券，Macaulay 久期和 Fisher-Weil 久期都很接近。对于相对短期的债券，以时间为单位的久期与传统久期相近，但是对于长期债券而言，以时间为单位的久期远远低于 Macaulay 久期和 Fisher-Weil 久期。特别地，我们看到子弹型债券的利率敏感性，因此也包括以时间为单位的久期，首先是上升然后随着存续期的增加而下降。

这些久期之间的差异如何解释？正如第 12.2.3 节所讨论的，如果收益率曲线的演变就像在 Merton 模型中一样，短期利率的漂移率和波动率都保持为常数，那么 Fisher-Weil 久期只是一个合理的利率风险指标。在 Merton 模型中，零息债券波动率与债券的存续时间成正比，见式(7.15)和式(7.29)。换一角度来讲，存续期为 τ 的零息债券的波动率等于 $b(\tau)\beta\sqrt{r}$，其中函数 b 由式(7.49)给出。可以证明，b 是一个增的凹函数，对于所有 τ，有 $b'(\tau)<1$。因此，零息债券的波动率随存续期增加而增加，但是比成正比的情况增加少。同样可以证明，CIR 模型中的 b 函数是调整速度参数 κ 的减函数，因此均值回归越强，两个模型中未来的波动率差距就越大。因此，尽管式(12.10)中 D_t^* 的表达式过于复杂而无法用解析的方式证明，以时间为单位的久期 D_t^* 和 Fisher-Weil 久期通常将随着调整速度参数的增加而增加。

12.4 免疫策略

12.4.1 免疫策略的构建

在很多情况下，个人和公司投资者为了确保能够满足未来债务偿付的需求或者得到适意的未来现金流而投资债券市场。例如，养老基金经常对于未来向客户支付养老金的规模和支付时间有相对准确的估计。对于这样的投资者，确保投资组合的价值与负债的价值相匹配是非常重要的。法律甚至要求一些金融机构在任何时点投资组合的价值应当高于其负债价值一定百分点。

如果现金流或组合的价值不会受到利率期限结构任何可能变动的不利影响，我们称这个现金流或组合是(对利率风险)免疫的。一个必须支付特定现金流的投资者可以通过投资一个由不同的依赖于利率的证券所组成的、完美复制这一现金流的组合，从而构建一个经过免疫的总头寸。例如，如果投资者必须在 5 年后支付 1 000 万美元，他可以通过投资面值为 1 000万美元的、不会违约的 5 年期零息债券而高枕无忧。他的组合的现值将完全不受利率变动的影响。如果投资者未来有一个包含几笔付出的现金流，那么他可以通过构造一个由零息债券组成的、完美复制该现金流的组合。然而，在许多情况下，所需要的零息债券既没有在债券市场交易，也不可能由一个静态的附息债券组合所复制。因此，只能通过构建一个动态调整的交易证券的组合来匹配这一现金流。

从第 4.8 节的讨论可以知道，如果期限结构服从一个单因子扩散模型，任何依赖利率的证券(或组合)可以由任何两个其他的利率依赖证券完美复制。组合的权重必须连续调整，这样才能使得组合价值的波动率始终与所要复制的现金流的价值的波动率相等。换言之，在任何时点上，组合的久期必须与现金流的久期相等。如果令 $\eta(r, t)$ 表示免疫组合中第一个证券

的价值权重，第二个证券的价值权重为 $1-\eta(r,t)$。根据式(12.6)，组合的久期为

$$D_{\Pi}(r,t)=\eta(r,t)D_1(r,t)+(1-\eta(r,t))D_2(r,t)$$

其中，$D_1(r,t)$和 $D_2(r,t)$分别为组合中两个证券的久期。如果 $\bar{D}(r,t)$表示需要匹配的现金流的久期，应当确保对于所有 r 和 t 有

$$\eta(r,t)D_1(r,t)+(1-\eta(r,t))D_2(r,t)=\bar{D}(r,t)$$

如果组合权重 $\eta(r,t)$按以下方式决定，

$$\eta(r,t)=\frac{\bar{D}(r,t)-D_2(r,t)}{D_1(r,t)-D_2(r,t)} \tag{12.11}$$

那么这一关系成立。假设①组合在最初就按这些相对权重构建，并使得投资总额等于所要匹配的现金流的现值；②连续调整组合使得式(12.11)在任何时点都成立。于是，组合必然地匹配这一现金流，也就是说，这一头寸对利率变动完美地免疫。

当然，在实践上对组合进行连续调整不可行(或考虑到真实的交易成本是不可取的)。如果只是对组合进行周期性的调整，那就不能保证完美免疫。在组合被调整时，久期可能是匹配的，但是在调整日期之间，由于利率的变动、时间的流逝，两者的久期可能会出现背离。如果久期不同，那么组合和现金流对于利率的下一个变化的敏感性也不相同。

正如式(12.8)所证明的，凸性测量了久期对于利率期限结构的变化的敏感性。如果组合和现金流的久期和凸性在每次组合进行调整时是匹配的，那么即便经过几次利率的改变，两者的久期也可能会保持接近。因此，匹配凸性将提高免疫策略的有效性。注意，当久期和凸性都被匹配时，由式(12.7)可知，时间价值也是相等的。匹配久期和凸性需要三个证券构成组合。将组合中的三个证券的久期和凸性分别用 $D_i(r,t)$和 $K_i(r,t)$表示。三个证券的价值权重用 $\eta_i(r,t)$表示，现金流的凸性用 $\bar{K}(r,t)$表示。由于 $\eta_3(r,t)=1-\eta_1(r,t)-\eta_2(r,t)$，如果 $\eta_1(r,t)$和 $\eta_2(r,t)$使得

$$\eta_1(r,t)D_1(r,t)+\eta_2(r,t)D_2(r,t)+[1-\eta_1(r,t)-\eta_2(r,t)]D_3(r,t)=\bar{D}(r,t)$$

$$\eta_1(r,t)K_1(r,t)+\eta_2(r,t)K_2(r,t)+[1-\eta_1(r,t)-\eta_2(r,t)]K_3(r,t)=\bar{K}(r,t)$$

成立，那么久期和凸性都将匹配。这一方程组有唯一解

$$\eta_1(r,t)=\frac{(\bar{D}(r,t)-D_3(r,t))(K_2(r,t)-K_3(r,t))-(D_2(r,t)-D_3(r,t))(\bar{K}(r,t)-K_3(r,t))}{(D_1(r,t)-D_3(r,t))(K_2(r,t)-K_3(r,t))-(D_2(r,t)-D_3(r,t))(K_1(r,t)-K_3(r,t))}$$

$$\eta_2(r,t)=\frac{(D_1(r,t)-D_3(r,t))(\bar{K}(r,t)-K_3(r,t))-(\bar{D}(r,t)-D_3(r,t))(K_1(r,t)-K_3(r,t))}{(D_1(r,t)-D_3(r,t))(K_2(r,t)-K_3(r,t))-(D_2(r,t)-D_3(r,t))(K_1(r,t)-K_3(r,t))}$$

如果只有久期被匹配，那么组合的凸性，从而也包括免疫策略的有效性将高度依赖于组合所包括的两个证券。如果组合的凸性大于现金流的凸性，短期利率的较大改变(正或负)将造成总头寸的净值的增加。反过来，如果短期利率几乎保持不变的情况下，总头寸的净值将下降，这是因为组合的时间价值低于现金流的时间价值，见式(12.7)。如果组合的凸性小于现金流的凸性，相反的结论成立。

传统上，免疫策略建立在 Macaulay 久期而不是前面所讨论的随机久期的基础之上。组合的 Macaulay 久期通常接近但不是恰好等于组合中各债券久期的价值加权值。就像从

业者所做的那样，我们通常会忽略这一近似所带来的小误差。等式(12.11)规定了基于 Macaulay 久期的免疫策略，其中 Macaulay 久期被用在等式的右边。我们可以用相似的方式构造基于 Fisher-Weil 久期的免疫策略。在本章的前几节，我们已经指出 Macaulay 久期和 Fisher-Weil 久期对于现实的收益率曲线运动不太合适。因此，建立在这些久期之上的免疫策略可能不那么有效。接下来我们将用一个实验来说明传统的免疫策略到底偏离了多远。

12.4.2 免疫策略的试验比较

为了简单起见，我们考察一个试图匹配恰好 10 年之后支付 1 000 美元的投资者。假设 CIR 模型

$$dr_t = \kappa[\theta - r_t]dt + \beta\sqrt{r_t}\,dz_t = (\kappa\theta - [\kappa + \lambda]r_t)dt + \beta\sqrt{r_t}\,dz_t^{\mathbb{Q}}$$

中的参数 $\kappa = 0.3$，$\theta = 0.05$，$\beta = 0.1$ 和 $\lambda = -0.1$ 为利率期限结构的变化提供了一个正确的描述。渐近的长期收益率 y_∞ 因此为 6.74%。如果当前短期利率低于 6.12%，零息债券收益率曲线将上升，如果短期利率高于 7.5%，零息债券收益率曲线将下降。当短期利率取中间值时，收益率曲线将有一个小驼峰。

1. 匹配久期的免疫策略

接下来我们将比较几个建立在 Macaulay 久期、Fisher-Weil 久期和根据 CIR 模型所推导的随机久期基础之上的久期匹配免疫策略的有效性。除了所应用的这些久期指标之外，免疫策略还受到调整频率以及构成组合的证券的影响。我们将考察策略按照每年 2 次、12 次、52 次均匀时间区间调整的结果。我们只考察由两支不同到期日的子弹型债券构成的策略。这些债券的票面利率为 5%，每年付息一次，且距下一支付日恰好一年。我们假设投资者在策略开始实施时可以在存续期为{1, 2, …}的债券集合中自由的选取所投的债券。对于存续期的选择，有两个标准。一个标准是选择一个 Macaulay 久期略短于所要匹配的债务的 Macaulay 久期的债券，但是两个久期要足够接近。另一个债券的 Macaulay 久期略长于所要匹配的债务的 Macaulay 久期。这一标准意味着组合和债务的 Macaulay 凸性将比较接近，这将提高对免疫组合的周期性调整的有效性。我们将把这一标准称为 Macaulay 标准。另一个标准是选择一个短期债券和一个长期债券，使得组合的凸性显著高于债务的凸性。短期债券的存续期最长 1 年，而长期债券在债务到期后的 5 年之后到期。我们将这一标准称为短期—长期标准。撇开所采用的标准，假设在债务到期前 1 年，组合由存续期只有 1 年的债券代替。因此，该策略将不受最后一年利率变动的影响。

用 CIR 模型模拟债务到期的 10 年中，收益率曲线的 30 000 次模拟来检验免疫策略的有效性(关于蒙特卡罗模拟的细节见 16 章)。在模拟中，我们采用每年 360 步。表 12.2 说明了不同免疫策略的有效性。表格的左边部分是基于 Macaulay 久期标准的结果，而右边的部分是基于短期—长期债券的第二个标准。为了解释表中的数字，选取表格最右边的一列作为例子。这一列的数字来源于基于 CIR 久期匹配，包含短期和长期债券构建的组合。对于每年 2 次调整，组合的 30 000 次模拟的平均期末值为 1 000.01，与 1 000 的目标值非常接近。与适意的组合价值的平均绝对偏差为 0.124%。在 30 000 次模拟结果中，29.1%的绝对偏差小于

0.05%。53.3%的模拟结果的绝对偏差小于0.1%，如此等等[①]。

表 12.2　关于一个 10 年期的负债的免疫策略的 30 000 次 CIR 模型模拟结果

	组合每年 2 次调整					
	Macaulay 标准			短期—长期标准		
	Mac	FW	CIR	Mac	FW	CIR
终值均值	994.41	994.42	999.99	968.32	968.41	1 000.01
绝对偏差均值	1.28	1.27	0.072	5.65	5.60	0.124
偏差<0.05%	2.2	2.2	45.2	0.4	0.4	29.1
偏差<0.1%	4.3	4.3	76.2	0.9	0.8	53.3
偏差<0.5%	21.5	21.5	99.7	4.5	4.5	98.6
偏差<1.0%	42.4	42.6	100.0	8.9	8.9	99.9
偏差<5.0%	99.6	99.6	100.0	45.9	46.2	100.0
	组合每年 12 次调整					
	Macaulay 标准			短期—长期标准		
	Mac	FW	CIR	Mac	FW	CIR
终值均值	994.54	994.43	1 000.00	968.62	968.53	1 000.01
绝对偏差均值	1.28	1.27	0.032	5.61	5.59	0.053
偏差<0.05%	2.2	2.2	80.5	0.4	0.4	59.6
偏差<0.1%	4.5	4.4	97.1	0.9	0.8	86.0
偏差<0.5%	21.7	21.5	100.0	4.5	4.5	100.0
偏差<1.0%	42.7	42.7	100.0	9.0	9.0	100.0
偏差<5.0%	99.6	99.6	100.0	46.4	46.3	100.0
	组合每年 52 次调整					
	Macaulay 标准			短期—长期标准		
	Mac	FW	CIR	Mac	FW	CIR
终值均值	994.50	994.47	1 000.00	968.55	968.53	1 000.01
绝对偏差均值	1.27	1.26	0.015	5.61	5.58	0.026
偏差<0.05%	2.1	2.2	97.3	0.4	0.4	87.1
偏差<0.1%	4.3	4.4	99.9	0.9	0.9	98.6
偏差<0.5%	21.2	21.3	100.0	4.3	4.3	100.0
偏差<1.0%	42.7	42.8	100.0	8.7	8.6	100.0
偏差<5.0%	99.7	99.7	100.0	46.8	47.0	100.0

注：当前短期利率为5%。参数为 $\kappa = 0.3$，$\theta = 0.05$，$\beta = 0.1$ 和 $\lambda = -0.1$。

基于 Macaulay 久期和 Fisher-Weil 久期的策略所得到的结果彼此非常相似，因为这些久期的指标本身就非常接近。这些策略的有效性似乎独立于调整的频率。债券的选择似乎更

① 即便有 30 000 次模拟，具体的分位数结果还是非常不稳定，但是平均数已经非常可靠。针对其他随机数序列和大量地模拟所进行的实验得到了相似的分位数结果。

重要。那些由短期和长期债券构成的组合(凸性大的组合)与那些到期日相近的债券所构成的组合(凸性小的组合)相比,对目标值的偏离更大。在超过一半的情况下,凸性大的策略的偏离超过5%。

匹配随机久期的CIR策略远比匹配Macaulay久期和Fisher-Weil久期策略更有效。这可以从平均到期组合价值,平均绝对偏差,以及所列示的绝对偏差的分布的分位数看出。甚至在每年只有两次组合调整的情况下,不论采取哪种债券选择标准,CIR策略超过98%的结果相对于目标的偏差小于0.5%。Macaulay久期和Fisher-Weil久期策略在所有的结果中有超过50%的结果的偏差超过1%,即便是按照Macaulay久期选择债券也是如此。很显然,CIR策略的有效性随着组合调整频率的增加而提高。特别地,如果免疫组合的凸性较大,频繁地进行调整是有利的。但是,CIR策略的有效性与传统策略的有效性相比,更少依赖于债券的选择。

使用其他的初始短期利率,因此也就是不同的初始收益率曲线进行模拟,其结果证明Macaulay策略的平均终值高度依赖于初始短期利率。对于几乎平坦的初始收益率曲线,平均终值与目标值1 000非常接近,但是平均绝对偏差不比其他的初始收益率曲线的平均绝对偏差小。在收益率曲线几乎平坦的情况下,CIR策略同样比Macaulay策略有效。策略的有效性随着当前利率水平的提高而降低,这是因为在CIR模型中,利率的波动率随利率水平的提高而变大。此外,免疫策略的准确性通常随β和θ的增加而降低,随κ的增加而提高。

2. 匹配久期和凸性的免疫策略

接下来我们考察匹配债务和投资组合的久期以及凸性的情况。在我们的实验中,假设组合中有一个债券的存续期至多1年,一个债券在债务到期后的2年之后到期,一个债券在债务到期后的10年之后到期。表12.3显示了利用一个由短期和长期债券构成的组合同时匹配债务的久期以及凸性的免疫策略比单纯匹配久期的策略更能带来效率的提升。对于Macaulay策略,平均偏差被降低10倍。Fisher-Weil策略产生了几乎相同的结果,因此可以被忽略。对于CIR策略,相对的改善更显著,即便每月调整一次,所有30 000次的模拟结果的偏差小于0.05%。HW(Hull-White)表头这一栏下的数字将在下面解释。

表12.3 关于一个1 000美元10年期负债的免疫策略的30 000次CIR模型模拟结果

	组合每年调整12次					
	相同的久期			相同的久期+凸性		
	Mac	CIR	HW	Mac	CIR	HW
终值均值	968.62	1 000.01	1 005.39	997.11	1 000.00	999.78
绝对偏差均值(%)	5.61	0.053	0.98	0.57	0.000 2	0.33
偏差<0.05%	0.4	59.6	2.5	4.7	100.0	10.1
偏差<0.1%	0.9	86.0	5.0	9.5	100.0	19.7
偏差<0.5%	4.5	100.0	26.1	47.6	100.0	77.6
偏差<1.0%	9.0	100.0	53.4	86.9	100.0	97.5
偏差<5.0%	46.4	100.0	100.0	100.0	100.0	100.0

注:当期短期利率为5%。

3. 模型不确定性

上述结果清楚地表明，如果 CIR 模型给出了利率期限结构动态特性的正确描述，基于 CIR 风险指标的免疫策略的有效性远远高于基于传统的风险指标得免疫策略。但是，如果 CIR 模型不能很好地说明期限结构的演变，使用 CIR 模型计算出来的随机久期构建的免疫策略将不会太成功。因为在任何情况下，CIR 模型比 Fisher-Weil 久期所依赖的 Merton 模型更能反映短期利率的动态特征，CIR 策略仍有望比传统的策略更加有效。

我们的分析表明，出于免疫的目的，应用与利率期限结构的动态特征相关的风险指标是很重要的。因此，确定一个合理的经验模型，然后根据与模型相关的相关风险指标实施免疫策略（和一般的对冲策略）是很重要的。

如果模型不能正确地描述收益率曲线的动态特征，那么建立在与这个模型相关的风险指标之上的免疫策略的有效性怎样？为了研究这个问题，我们假设 CIR 模型是正确的，但该免疫策略建立在 Hull-White 模型（扩展的 Vasicek 模型）的风险测度之上。在每次组合调整之前，Hull-White 模型都根据真实的收益率曲线，也就是 CIR 模型的收益率曲线，进行校准。这样的一个免疫策略的结果列示在表 12.3 中表头 HW 那一栏。正如预期的那样，该策略的有效性远远低于基于真实收益率曲线动态特征的策略，但是 Hull-White 策略仍然远远超过了传统的 Macaulay 策略。因此，即使我们将免疫策略建立在一个某种意义上偏离现实的模型之上，其有效性也高于使用传统的免疫策略的有效性。

12.5 多因子扩散模型的风险测度

12.5.1 因子久期、凸性和时间价值

在多因子扩散模型中，衡量证券价格对各状态变量变化的敏感性是很自然的。为了说明的需要，我们考察一个两因子扩散模型，其中状态变量 x_1 和 x_2 被假设按照

$$dx_{1t}=\alpha_1(x_{1t}, x_{2t})dt+\beta_{11}(x_{1t}, x_{2t})dz_{1t}+\beta_{12}(x_{1t}, x_{2t})dz_{2t} \tag{12.12}$$

$$dx_{2t}=\alpha_2(x_{1t}, x_{2t})dt+\beta_{21}(x_{1t}, x_{2t})dz_{1t}+\beta_{22}(x_{1t}, x_{2t})dz_{2t} \tag{12.13}$$

变化。对于一个价格为 $B_t=B(x_{1t}, x_{2t}, t)$ 的证券，应用伊藤引理可得到

$$\begin{aligned}\frac{dB_t}{B_t}=&\cdots dt-D_1(x_{1t}, x_{2t}, t)[\beta_{11}(x_{1t}, x_{2t})dz_{1t}+\beta_{12}(x_{1t}, x_{2t})dz_{2t}]\\&-D_2(x_{1t}, x_{2t}, t)[\beta_{21}(x_{1t}, x_{2t})dz_{1t}+\beta_{22}(x_{1t}, x_{2t})dz_{2t}]\end{aligned} \tag{12.14}$$

在此省略了漂移项并引入符号

$$D_1(x_1, x_2, t)=-\frac{1}{B(x_1, x_2, t)}\frac{\partial B}{\partial x_1}(x_1, x_2, t)$$

$$D_2(x_1, x_2, t)=-\frac{1}{B(x_1, x_2, t)}\frac{\partial B}{\partial x_2}(x_1, x_2, t)$$

我们称 D_1 和 D_2 为证券的因子久期。在这样的一个两因子模型中,任何依赖于利率的证券都可以由一个总是具有与该证券相同的因子久期的组合完美复制。同样,在此需要对组合进行连续的调整。

在对冲策略的实际实施过程中,就像我们前面在单因子模型中所做的那样,将二阶导数包括进来是恰当的。在一个两因子模型中,有三个相关的二阶导数,因此有如下几个**因子凸性**:

$$K_1(x_1, x_2, t)=\frac{1}{2B(x_1, x_2, t)}\frac{\partial^2 B}{\partial x_1^2}(x_1, x_2, t)$$

$$K_2(x_1, x_2, t)=\frac{1}{2B(x_1, x_2, t)}\frac{\partial^2 B}{\partial x_2^2}(x_1, x_2, t)$$

$$K_{12}(x_1, x_2, t)=\frac{1}{B(x_1, x_2, t)}\frac{\partial^2 B}{\partial x_1 \partial x_2}(x_1, x_2, t)$$

将时间价值定义为

$$\Theta(x_1, x_2, t)=\frac{1}{B(x_1, x_2, t)}\frac{\partial B}{\partial t}(x_1, x_2, t)$$

得到下面的关系:

$$\begin{aligned}\Theta(x_1, x_2, t)&-\hat{\alpha}_1(x_1, x_2)D_1(x_1, x_2, t)-\hat{\alpha}_2(x_1, x_2)D_2(x_1, x_2, t)\\&+\gamma_1(x_1, x_2)^2K_1(x_1, x_2, t)+\gamma_2(x_1, x_2)^2K_2(x_1, x_2, t)\\&+\gamma_{12}(x_1, x_2)K_{12}(x_1, x_2, t)=r(x_1, x_2)\end{aligned}$$

在此 $\gamma_1^2=\beta_{11}^2+\beta_{12}^2$ 和 $\gamma_2^2=\beta_{21}^2+\beta_{22}^2$ 为第一个和第二个状态变量变化的方差率,$\gamma_{12}=\beta_{11}\beta_{21}+\beta_{12}\beta_{22}$ 为这些改变之间的协方差率。

在两因子仿射模型中,零息债券的价格为

$$B^T(x_1, x_2, t)=e^{-a(T-t)-b_1(T-t)x_1-b_2(T-t)x_2}$$

因此,零息债券的因子久期是 $D_j(x_1, x_2, t)=b_j(T-t)$,其中 $j=1, 2$。价格为 $B(x_1, x_2, t)=\sum_{T_i>t}Y_iB^{T_i}(x_1, x_2, t)$ 的附息债券的因子久期是

$$D_j(x_1, x_2, t)=-\frac{1}{B(x_1, x_2, t)}\frac{\partial B}{\partial x_j}(x_1, x_2, t)=\sum_{T_i>t}w(x_1, x_2, t, T_i)b_j(T_i-t)$$

在此 $w(x_1, x_2, t, T_i)=Y_iB^{T_i}(x_1, x_2, t)/B(x_1, x_2, t)$。凸性和时间价值为

$$K_j(x_1, x_2, t)=\sum_{T_i>t}w(x_1, x_2, t, T_i)b_j(T_i-t)^2, \ j=1, 2$$

$$K_{12}(x_1, x_2, t)=\sum_{T_i>t}w(x_1, x_2, t, T_i)b_1(T_i-t)b_2(T_i-t)$$

$$\Theta(x_1, x_2, t)=\sum_{T_i>t}w(x_1, x_2, t, T_i)(a'(T_i-t)+b_1'(T_i-t)x_1+b_2'(T_i-t)x_2)$$

上面所定义的因子久期可以按照以下方式转换为以时间为单位的因子久期。对于每一状态变量或因子 j 我们定义以时间为单位的因子久期 $D_j^*=D_j^*(x_1, x_2, t)$ 为具有相同的价

格敏感性的零息债券的存续期，从而有与这一状态变量相关的相同因子久期

$$\frac{1}{B(x_1, x_2, t)}\frac{\partial B}{\partial x_j}(x_1, x_2, t)=\frac{1}{B^{t+D_j^*}(x_1, x_2, t)}\frac{\partial B^{t+D_j^*}}{\partial x_j}(x_1, x_2, t)$$

在仿射模型中这一等式简化为

$$\sum_{T_i>t}w(x_1, x_2, t, T_i)b_j(T_i-t)=b_j(D_j^*)$$

因此，在 b_j 可逆的假设下有

$$D_j^*=D_j^*(x_1, x_2, t)=b_j^{-1}\Big(\sum_{T_i>t}w(x_1, x_2, t, T_i)b_j(T_i-t)\Big)$$

12.5.2 多因子模型中的一维风险测度

出于实际的目的，将给定证券的风险概括成一个单一(一维)风险指标具有重大意义。波动率是最自然的选择。根据定义，证券的波动率是该证券的收益率在下一瞬间的标准差。在式(12.12)和式(12.13)所给出的两因子模型中，收益率的方差可以从式(12.14)计算：

$$\begin{aligned}\mathrm{Var}_t\left[\frac{\mathrm{d}B_t}{B_t}\right]&=\mathrm{Var}_t([D_1\beta_{11}+D_2\beta_{21}]\mathrm{d}z_{1t}+[D_1\beta_{12}+D_2\beta_{22}]\mathrm{d}z_{2t})\\&=([D_1\beta_{11}+D_2\beta_{21}]^2+[D_1\beta_{12}+D_2\beta_{22}]^2)\mathrm{d}t\\&=(D_1^2\gamma_1^2+D_2^2\gamma_2^2+2D_1D_2\gamma_{12})\mathrm{d}t\end{aligned}$$

在此，为了符号的简明，省略了函数 D 和函数 β 的变量。波动率因此由

$$\begin{aligned}\sigma_B(x_1, x_2, t)&=(D_1(x_1, x_2, t)^2\gamma_1(x_1, x_2)^2+D_2(x_1, x_2, t)^2\gamma_2(x_1, x_2)^2\\&=2D_1(x_1, x_2, t)D_2(x_1, x_2, t)\gamma_{12}(x_1, x_2))^{1/2}\end{aligned}$$

给出。

同样，这一风险指标可以转换为以时间为单位的风险指标，也就是说，具有与所考察的证券相同波动率的零息债券的存续期。令 $\sigma^T(x_1, x_2, t)$表示 T 到期的零息债券的波动率，以时间为单位的久期 $D^*(x_1, x_2, t)$作为

$$\sigma_B(x_1, x_2, t)=\sigma^{t+D^*}(x_1, x_2, t)$$

的解 $D^*=D^*(x_1, x_2, t)$ 给出，或者，等价地有

$$\sigma_B(x_1, x_2, t)^2=\sigma^{t+D^*}(x_1, x_2, t)^2$$

这一方程只能通过数值方法求解。对一个仿射两因子模型，方程的形式为

$$\gamma_1^2f_1(t)^2+\gamma_2^2f_2(t)^2+2\gamma_{12}f_1(t)f_2(t)=b_1(D^*)^2\gamma_1^2+b_2(D^*)^2\gamma_2^2+2b_1(D^*)b_2(D^*)\gamma_{12}$$

其中

$$f_j(t)=\sum_{T_i>t}w(x_1, x_2, t, T_i)b_j(T_i-t),\ j=1, 2$$

Munk(1999)推导了关于以时间为单位的久期的基本特征。以时间为单位的久期作为一个一维的风险指标比传统的 Macaulay 久期和 Fisher-Weil 久期更具理论合理性。此外,以时间为单位的久期与波动率概念密切相关,大部分投资者对这一概念比较熟悉。

表 12.4　年付息一次的子弹型债券的久期比较(票面利率 5%)

存续期(年)	价　格	收益率(%)	D^{Mac}	D^{FW}	D_1^*	D_2^*	D^*
1	99.83	5.18	1.00	1.00	1.00	1.00	1.00
2	98.94	5.58	1.95	1.95	1.94	1.21	1.94
3	97.60	5.90	2.86	2.86	2.81	1.21	2.81
4	96.01	6.16	3.72	3.71	3.59	1.21	3.59
5	94.30	6.37	4.53	4.52	4.25	1.21	4.25
6	92.56	6.54	5.30	5.29	4.79	1.21	4.79
8	89.20	6.79	6.70	6.68	5.52	1.20	5.52
10	86.15	6.97	7.94	7.89	5.87	1.20	5.87
12	83.45	7.09	9.01	8.94	5.99	1.20	5.99
15	80.07	7.22	10.36	10.23	6.00	1.20	6.00
20	75.88	7.34	11.99	11.75	5.89	1.19	5.89

注:假设参数为 $\beta_1^2 = 0.005$, $\beta_2^2 = 0.0814$, $\kappa_1 = 0.3299$, $\hat{\kappa}_2 = 14.4277$, $\varphi_1 = 0.020112$ 和 $\varphi_2 = 0.26075$ 的 Longstaff-Schwartz 模型正确地描述了收益率曲线的动态特征。当前短期利率为 5%,瞬间方差率 $v = 0.002$。

表 12.4 给出了基于第 8.4.2 节所研究的 Longstaff 和 Schwartz(1992a)的两因子模型的不同久期指标。模型的参数固定为 Longstaff 和 Schwartz(1992b)所估计出的取值,这可以得到关于状态变量和的未来值的一个合理的分布。表中给出了票面利率为 5%的不同到期日的子弹型债券的价格、收益率、Macaulay 久期 D^{Mac}、Fisher-Weil 久期 D^{FW},以及以时间为单位的久期 D_1^* 和 D_2^*,以及一维的以时间为单位的久期 D^*。在这个例子中,传统久期指标高估了长期债券的风险。同样注意到,根据计算所用的参数,第一个以时间为单位的久期 D_1^* 和一维的以时间为单位的久期 D^* 基本上相同。其原因是第二个因子的敏感性很少依赖存续期。对于其他的参数,情况未必如此。

12.6　基于久期的债券期权定价

12.6.1　一般思想

在单因子扩散模型的框架之下,Wei(1997)指出附息债券的欧式认购期权价格可以用一个特别的零息债券欧式认购期权的价格进行近似,该零息债券具有与所要定价的期权的标的附息债券相同的(随机)久期。根据第 6.5.2 节,这一近似同样可以应用在欧式互换期权的定价上。与往常一样,令 $C_t^{K,T,S}$ 表示 T 时刻到期,执行价格为 K 的欧式认购期权在 t 时刻的价格,其中标的债券为 $S>T$ 到期的零息债券。此外,$C_t^{K,T,\mathrm{cpn}}$ 表示 T 时刻到期,执行价格为 K,标的附息债券的欧式认购期权在 t 时刻的价格。用 B_t 表示期权到期之后的债券支付在 t 时刻的价值,也就是 $B_t=\sum_{T_i>T}Y_iB_t^{T_i}$ 其中 Y_i 是 T_i 时刻的支付。Wei 的近似由下面的关系式给出:

$$C_t^{K,T,\mathrm{cpn}}\approx\tilde{C}_t^{K,T,\mathrm{cpn}}=\frac{B_t}{B_t^{t+D_t^*}}C_t^{K^*,T,t+D_t^*} \tag{12.15}$$

在此 $K^*=KB_t^{t+D_t^*}/B_t$,其中 D_t^* 表示标的附息债券在期权到期之后的现金流的以时间为单位的久期。

Wei 并没有进行近似,但是他通过单因子 Vasicek 模型(1977)以及 Cox、Ingersoll 和 Ross(1985b)中的数值示例证明了近似非常准确。在这两个模型中,利用近似的好处就是只需要计算一个零息债券的认购期权的价格。为了应用 Jamshidian 方法(见第 7.2.3 节),我们不得不在期权到期后为附息债券的每一支付日计算一个零息债券的期权价格。此外,必须通过数值求解一个包含一个未知数的方程来确定关键利率 r^*。不过用 Jamshidian 方法可以很快计算出精确价格,但是,如果许多附息债券的期权(或互换期权)需要定价的话,使用稍快一点的近似方法可能更合适。

有关近似的准确度的直觉考虑是,用以近似的期权标的零息债券波动率必须匹配所要定价的期权标的附息债券波动率。因为我们知道标的资产波动率是影响期权的价格的一个非常重要的因素,所以这个选择是很有道理的。

Munk(1999)更仔细地研究了这一近似,给出了一个关于近似精度的变量,并在几个数值示例中说明了多因子模型的精度。注意,在多因子模型中应用近似的方法比在单因子模型中应用近似的方法能够在计算上得到更大的好处,这是因为在多因子模型框架下,还没有发现关于附息债券欧式期权的显示定价公式。除了近似这一方法,我们还可以在单因子模型中用一个稍许复杂的显示表达式,在多因子模型中是使用数值技术,例如蒙特卡罗模拟或者求相关的多维偏微分方程的数值解。在后文中,我们将了解一些关于近似的适用性的分析性论证。在此之后,我们将用数值例子说明近似的精度。

对于文献中一些关于附息债券期权的其他技术,应当同样引起我们的注意。例如,Collin-Dufresne 和 Goldstein(2002b)以及 Singleton 和 Umantsev(2002)在仿射模型框架下引入两种近似方法。在关于这些建立在久期之上的各种方法的精度和计算速度的讨论中,它们是讨论的重点,但是这些方法更难理解。

12.6.2 关于近似的数学分析

我们首先研究近似方法所造成的误差

$$C_t^{K,T,\mathrm{cpn}}\approx\frac{B_t}{B_t^S}C_t^{K_S,T,S} \tag{12.16}$$

其中 S 是任何所要近似的期权的标的零息债券的到期时间,在此 $K_S=KB_t^S/B_t$。在此之后,

我们将证明当 $S=t+D_t^*$ 时，误差将会很小，这恰好是近似式(12.15)。

无论是正确的期权价格还是近似期权的价格，两者都可以写成 S—远期鞅测度$\mathbb{Q}^S$下的期望值。根据定义，任何资产的价格相对零息债券价格 B_t^S 的比值在这一测度下是一个鞅。因此，正确的期权价格可以写成

$$C_t^{K,\,T,\,\text{cpn}}=B_t^S\mathrm{E}_t^{\mathbb{Q}S}\left[\frac{\max(B_T-K,\,0)}{B_T^S}\right]$$

而近似期权的价格为

$$C_t^{K_S,\,T,\,S}=B_t^S\mathrm{E}_t^{\mathbb{Q}S}\left[\frac{\max\left(B_T^S-\dfrac{KB_t^S}{B_t},\,0\right)}{B_T^S}\right]=B_t^S\mathrm{E}_t^{\mathbb{Q}S}\left[\max\left(1-\frac{KB_t^S}{B_tB_T^S},\,0\right)\right]$$

利用近似式(12.16)所产生的美元金额误差因此等于

$$\begin{aligned}C_t^{K,\,T,\,\text{cpn}}-\frac{B_t}{B_t^S}C_t^{K_S,\,T,\,S}&=B_t^S\left(\mathrm{E}_t^{\mathbb{Q}S}\left[\frac{\max(B_T-K,\,0)}{B_T^S}\right]\right.\\&\quad\left.-\frac{B_t}{B_t^S}\mathrm{E}_t^{\mathbb{Q}S}\left[\max\left(1-\frac{KB_t^S}{B_tB_T^S},\,0\right)\right]\right)\\&=B_t^S\mathrm{E}_t^{\mathbb{Q}S}\left[\max\left(\frac{B_T}{B_T^S}-\frac{K}{B_T^S},\,0\right)-\max\left(\frac{B_t}{B_t^S}-\frac{K}{B_T^S},\,0\right)\right]\end{aligned}\tag{12.17}$$

由 S—远期鞅测度的定义可知

$$\mathrm{E}_t^{\mathbb{Q}S}\left[\frac{B_T}{B_T^S}\right]=\frac{B_t}{B_t^S}\tag{12.18}$$

以及

$$\mathrm{E}_t^{\mathbb{Q}S}\left[\frac{K}{B_T^S}\right]=\frac{KB_t^T}{B_t^S}\tag{12.19}$$

对于**深度价内**(deep-in-the-money)的认购期权而言，式(12.17)中的两个极值项以很高的概率返回第一个变量，因此，由式(12.18)可知美元金额误差将接近于零。由于此时期权的价格相对较高，百分比误差将非常接近于零。对于**深度价外**(deep-out-of-money)的认购期权，两个极值项极可能返回零，因此美元误差项同样接近于零。期权的价格也将同样接近于零，因此，百分比误差可能会相当大。

误差因结果中只有一个而不是两个极值项不同于零而产生。当 B_T 和 B_T^S 的实际取值使得比率 K/B_T^S 介于 B_T/B_T^S 和 B_t/B_t^S 之间时，就是这种情形。正如式(12.18)和式(12.19)所指出的，这影响**远期近价**(forward near-the-money)期权的价值，其中 $B_t\approx KB_t^T$。我们可以预料到，这样的期权之间的美元金额定价误差是最大的。

上面的考虑对于任何的 S 都是有效的。为了降低得到导致误差的结果的概率，我们寻求选择 S 使得 B_T/B_t 和 B_T^S/B_t^S 最终比较接近。作为达成这一目标的第一个尝试，尝试选取使得方差 $\mathrm{Var}_t^{\mathbb{Q}S}[B_T/B_t-B_T^S/B_t^S]$ 最小的 S，但是这一思想并不可行，这是因为 B_T^S，特别是 B_T

的表达式通常都比较复杂。于是，我们改变思路，选择使得 B_t 和 B_t^S 在下一瞬间变化最小的 S。这正是使用 $S = t + D_t^*$ 所要达到的目的。

另一个充满希望的选择是 $S = T^{mv}$，这是一个令下一瞬间相对价格变化之差的方差，也就是令 $\mathrm{Var}_t^{\mathbb{Q}^S}[dB_t/B_t - dB_t^S/B_t^S]$ 最小的 S 值。这一思路同样启发了另一个以时间为单位的久期指标 $D_t^{mv} = T^{mv} - t$，我们将其称为方差最小久期。可以证明[见 Munk(1999)]，对于单因子模型而言，这两个久期指标是相同的，$D_t^* = D_t^{mv}$。在多因子模型中，无论我们用哪一个久期指标来确定零息债券的到期日，这两个指标通常也是彼此接近，从而近似的精度也会相同。在指标偏差非常大的极端情况下，基于 D_t^* 的近似似乎更精确。

注意，本小节的分析适用于所有期限结构模型。我们并没有假设期限结构的变化可以由一个单因子扩散模型描述。因此，我们预期在所有模型中，近似都是精确的。接下来我们将在具体的期限结构模型中讨论近似的精度问题，比如第 8.4.2 节所讨论的 Longstaff-Schwartz 模型。这些结果取自 Munk(1999)，对于两因子高斯 Heath-Jarrow-Merton 模型（该模型的介绍见第 10 章），他也展示了相似的结果。Wei(1997)研究了 Vasicek，以及 CIR 单因子模型中的近似的精确性问题。

12.6.3 Longstaff-Schwartz 模型中近似的精确性

根据式(8.28)，Longstaff-Schwartz 模型中零息债券的欧式认购期权价格可以写成

$$C_t^{K,T,S} = B_t^S \chi_1^2 - K B_t^T \chi_2^2$$

其中 χ_1^2 和 χ_2^2 取自两维非中心 χ^2—分布。这一欧式认购期权的价格没有显式的公式。因此，如果精度足够的话，像式(12.15)这样的近似是非常有价值的。

为了估计精度，我们将近似价格 $\tilde{C}_t^{K,T,\text{cpn}}$ 与利用蒙特卡罗模拟（见第 16 章）所得到的“正确”价格 $C_t^{K,T,\text{cpn}}$ 进行比较①。当然，在近似的实际使用中，将利用零息债券的显式期权定价公式计算近似价格。但为了比较的公平，我们将利用计算“正确”期权价格相同的模拟样本路径计算近似价格。用这种方式，对近似方法的评估就不会对模拟技术给“正确”价格带来的可能的偏差敏感。

我们将考察 2 或 6 个月到期的欧式认购期权，子弹型标的债券票面利率为 8%，每年付息一次，期限为 2 年或 10 年。状态变量的动态特征的参数，见式(8.25)和(8.26)，被设定为 $\beta_1^2 = 0.01$，$\beta_2^2 = 0.08$，$\varphi_1 = 0.001$，$\varphi_2 = 1.28$，$\kappa_1 = 0.33$，$\kappa_2 = 14$ 和 $\lambda = 0$。这些参数与 Longstaff 和 Schwartz 的原始论文中的所估计到的参数比较接近。当前的短期利率被假设为 $r = 0.08$，且其瞬间方差为 $v = 0.002$。近似的精确度看上去并不以任何系统的方式依赖于这些参数值。表 12.5 给出了基于 2 年期债券，在远期平价 B_t/B_t^T 上下的不同执行价 K 上的期权的结果。基于 10 年期债券的结果体现在表 12.6 中。表 12.6 中的绝对偏差被定义为近似价格减去“正确”价格，而相对偏差被定义为绝对偏差与“正确”价格之商。这些表格同样也给出了“正确”价格和近似价格之间的模拟偏差的标准差。

① 展示的结果建立在关于两个状态变量和的 10 000 对对偶样本路径的模拟之上。到期权到时的时间去被分隔为每年 100 个子区间。

表 12.5 Longstaff-Schwartz 模型框架下的 2 月期和 6 月期的欧式认购期权价格

2 月期期权				
K	近似价格	绝对偏差	相对偏差(%)	标准差
86	5.084 07	$0.1 \cdot 10^{-5}$	0.000	$1.8 \cdot 10^{-4}$
87	4.103 68	$0.2 \cdot 10^{-5}$	0.000	$1.7 \cdot 10^{-4}$
88	3.125 53	$0.7 \cdot 10^{-5}$	0.000	$1.5 \cdot 10^{-4}$
89	2.162 42	$2.1 \cdot 10^{-5}$	0.001	$1.2 \cdot 10^{-4}$
90	1.266 08	$3.2 \cdot 10^{-5}$	0.003	$1.0 \cdot 10^{-4}$
91	0.560 30	$0.7 \cdot 10^{-5}$	0.001	$0.9 \cdot 10^{-4}$
92	0.159 92	$-2.7 \cdot 10^{-5}$	−0.017	$0.7 \cdot 10^{-4}$
93	0.024 42	$-2.0 \cdot 10^{-5}$	−0.083	$0.7 \cdot 10^{-4}$
94	0.001 63	$-0.4 \cdot 10^{-5}$	−0.253	$0.4 \cdot 10^{-4}$
95	0.000 01	$-0.0 \cdot 10^{-5}$	−1.545	$0.1 \cdot 10^{-4}$
6 月期期权				
K	近似价格	绝对偏差	相对偏差(%)	标准差
91	4.453 64	$2.0 \cdot 10^{-5}$	0.000	$4.8 \cdot 10^{-4}$
92	3.532 50	$4.9 \cdot 10^{-5}$	0.001	$4.0 \cdot 10^{-4}$
93	2.634 34	$8.2 \cdot 10^{-5}$	0.003	$3.4 \cdot 10^{-4}$
94	1.792 87	$9.6 \cdot 10^{-5}$	0.005	$3.2 \cdot 10^{-4}$
95	1.066 78	$5.5 \cdot 10^{-5}$	0.005	$3.1 \cdot 10^{-4}$
96	0.520 36	$-3.3 \cdot 10^{-5}$	−0.006	$2.4 \cdot 10^{-4}$
97	0.190 74	$-9.6 \cdot 10^{-5}$	−0.050	$2.0 \cdot 10^{-4}$
98	0.045 76	$-7.7 \cdot 10^{-5}$	−0.168	$2.0 \cdot 10^{-4}$
99	0.005 76	$-2.7 \cdot 10^{-5}$	−0.474	$1.5 \cdot 10^{-4}$
100	0.000 21	$-0.2 \cdot 10^{-5}$	−1.051	$0.5 \cdot 10^{-4}$

注:标的债券为票面利率 8%的 2 年期子弹型债券。标的债券的当前价格为 89.340 0，2 月期远期价格为 91.204 2，6 月期远期价格为 95.768 7，以时间为单位的随机久期为 1.908 6 年。

表 12.6 Longstaff-Schwartz 模型框架下的 2 月期和 6 月期的欧式认购期权价格

2 月期期权				
K	近似价格	绝对偏差	相对偏差(%)	标准差
74	4.428 74	$1.2 \cdot 10^{-4}$	0.003	$1.9 \cdot 10^{-3}$
75	3.465 69	$2.5 \cdot 10^{-4}$	0.007	$1.6 \cdot 10^{-3}$
76	2.536 43	$3.9 \cdot 10^{-4}$	0.015	$1.4 \cdot 10^{-3}$
77	1.690 05	$4.0 \cdot 10^{-4}$	0.024	$1.4 \cdot 10^{-3}$
78	0.987 99	$1.8 \cdot 10^{-4}$	0.018	$1.3 \cdot 10^{-3}$
79	0.485 42	$-1.7 \cdot 10^{-4}$	−0.036	$1.0 \cdot 10^{-3}$
80	0.190 80	$-3.9 \cdot 10^{-4}$	−0.202	$0.9 \cdot 10^{-3}$
81	0.056 66	$-3.2 \cdot 10^{-4}$	−0.570	$0.9 \cdot 10^{-3}$
82	0.012 67	$-1.6 \cdot 10^{-4}$	−1.263	$0.8 \cdot 10^{-3}$
83	0.001 85	$-0.5 \cdot 10^{-4}$	−2.424	$0.5 \cdot 10^{-3}$

续表

6月期期权				
K	近似价格	绝对偏差	相对偏差(%)	标准差
78	4.273 44	$1.1 \cdot 10^{-3}$	0.027	$4.4 \cdot 10^{-3}$
79	3.428 36	$1.3 \cdot 10^{-3}$	0.037	$4.3 \cdot 10^{-3}$
80	2.642 89	$1.2 \cdot 10^{-3}$	0.045	$4.3 \cdot 10^{-3}$
81	1.936 54	$0.8 \cdot 10^{-3}$	0.042	$4.2 \cdot 10^{-3}$
82	1.333 93	$0.2 \cdot 10^{-3}$	0.015	$3.8 \cdot 10^{-3}$
83	0.850 64	$-0.5 \cdot 10^{-3}$	−0.063	$3.1 \cdot 10^{-3}$
84	0.494 30	$-1.1 \cdot 10^{-3}$	−0.220	$2.8 \cdot 10^{-3}$
85	0.256 41	$-1.3 \cdot 10^{-3}$	−0.508	$2.6 \cdot 10^{-3}$
86	0.114 91	$-1.2 \cdot 10^{-3}$	−1.001	$2.7 \cdot 10^{-3}$
87	0.043 72	$-0.8 \cdot 10^{-3}$	−1.786	$2.6 \cdot 10^{-3}$

注:标的债券为票面利率8%的10年期子弹型债券。标的债券的当前价格为76.932 4,2月期远期价格为78.537 7,6月期远期价格为82.468 2,以时间为单位的随机久期为4.863 0年。

所有的近似价格保留三位小数,百分比偏差也同样很小。在所有的情形之下,绝对偏差远远小于蒙特卡罗模拟偏差的标准差。基于对这些近似的数学分析,我们预期在期权以及标的债券的期限短的情形下误差更小,期限长的情形下,误差更大。我们的例子证明了这一点。同样与我们讨论一致的是,我们看到:远期近价期权的绝对偏差最大,深度价内和深度价外期权的绝对偏差最小。

图12.1说明了近似精度对不同期限的标的零息债券的近似期权的执行价的依赖性。该

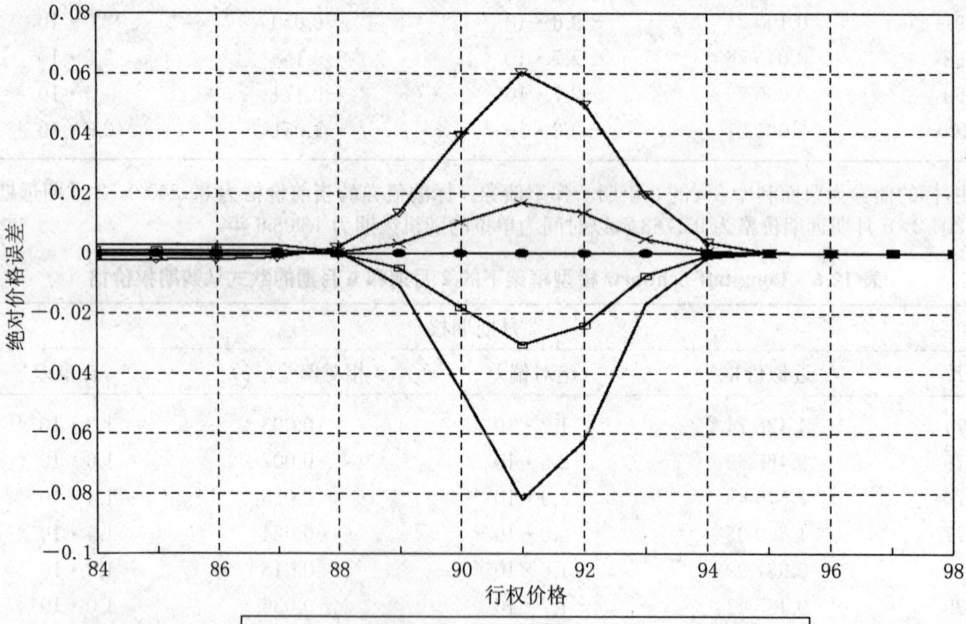

注:标的附息债券的以时间为单位的随机久期 $D^* = 1.908\,6$ 年,附息债券的2月期远期价格是91.204 2。

图12.1 标的为2年期子弹型债券的2月期期权与以不同期限的零息债券为标的的近似期权在Longstaff-Schwartz模型框架下的价格之间的绝对价格误差

图基于标的债券为 2 年期子弹型债券的 2 月期期权作出，但是我们也可以为所考察的其他期权作出相似的图。对于深度价内和深度价外的期权，在近似中无论采用哪支零息债券，近似非常精确，但是对于近价期权，选择合适的零息债券非常重要，比方说，期限等于附息债券以时间为单位的随机久期的零息债券。同样，这些分析论证与前面各小节的讨论是一致的。

12.7 利率风险的其他指标

本章着重探讨了期限结构的无套利动态扩散模型的利率风险度量问题。我们可以为第 10 章和第 11 章所讨论的 HJM 模型和市场模型定义相似的风险指标，但其未必能用于扩散模型框架。在 HJM 模型中，所有的瞬间远期利率都受到单一布朗运动

$$df_t^T = \alpha(t, T, (f_t^s)_{s\geq t})dt + \beta(t, T, (f_t^s)_{s\geq t})dz_t$$

的影响，任何固定收益证券的价格的动态特征将是

$$\frac{dB_t}{B_t} = \mu_B(t, (f_t^s)_{s\geq t})dt + \sigma_B(t, (f_t^s)_{s\geq t})dz_t$$

在此，波动率显然是度量该证券的利率风险的一个指标，且以时间为单位的久期可以通过隐函数定义为

$$\sigma_B(f, (f_t^s)_{s\geq t}) = \sigma^{t+D^*}(t, (f_t^s)_{s\geq t})$$

在此，就是到期的零息债券的波动率，见定理 10.1①。对多于一个布朗运动的 HJM 模型，也可以规定相似的风险指标。

一些更偏向应用的文献提出了一些其他的利率风险指标。比较受欢迎的一种方法就是所谓的 Ho(1992)所介绍的**关键利率久期**(key rate duration)。其基本的思想是选择一些关键利率，也就是一些具有代表性的期限，如 1、2、5、10 和 20 年的零息债券的收益率。这些关键利率中的任何一个发生变化，将会影响到附近期限的收益率。例如，按照上面所列的关键利率，2 年期零息债券收益率的变化将影响所有 1 到 5 年期的零息债券收益率。这些收益率的改变被假定为与关键利率的期限差成比例。例如，2 年期利率改变 0.01(100 个基点)，它将导致 1.5 年期收益率改变 0.005(50 个基点)，这是因为 1.5 年期处于 2 年期和在它之前的 1 年期的关键利率的正中间。相似地，2 年期收益率可能造成 4 年期收益率改变大约 0.003 3(33 个基点)。多个关键利率的同时改变将造成整个收益率曲线的逐段线性改变。有足够多的关键利率的话，任何收益率曲线的变化都可以通过这一方式进行近似。衡量零息债券和附息债券针对关键利率改变的敏感性相对容易。这些敏感性被称为关键利率久期。当不同的债券以及衍生证券的头寸综合在一起时，总的关键利率久期可以得到控制，因此，投资者可以针对具体的收益率曲线运动进行对冲(或投机)。

关键利率久期容易计算，但是在应用这些久期时，存在几个实际的和理论的问题。个别

① 如果 β 为正，严格意义上讲，零息债券的波动率为 $-\sigma^T$。

关键利率并不独立改变，因此我们必须在考虑几个关键利率改变的同时不能违反无套利原则。此外，为了测量一个证券或一个组合的利率风险，我们必须明确可能的关键利率改变的概率分布。从业者往往假设可以用一个多元正态分布来描述不同的关键利率的改变，并可以从历史数据中估计分布的均值、方差和协方差。尽管正态分布容易处理，但是实证研究却不支持这一分布假设。

一个相信收益率曲线的动态特征可以由所选择的几个关键利率的变化所代表的投资者利用一个理论基础更扎实的模型来进行定价和风险管理，例如使用关键利率作为状态变量的无套利动态模型，见第 8.7.3 节的简短讨论。在这样的一个模型中，所有的收益率曲线运动都遵守无套利原则。此外，对于收益率曲线上那些处于关键利率期限之间的点，这样的模型与计算关键利率久期时所采用的简单线性插值方法相比，将更能给出合理的描述。最后，用相对较少的参数就可以确定模型，仍然能够很好地描述关键利率的协方差结构。

其他作者提出了代表价格对收益率曲线的水平，斜率和曲率的变化的敏感性的久期指标，例如 Willner(1996)以及 Phoa 和 Shearer(1997)。这似乎是一个好主意，因为这些因子在经验上很好地描述了收益率曲线的形状和运动，见第 8.1 节的讨论。但是，这些久期指标同样应当在在现实的、无套利的框架下使用这些特征变量进行计算。这可以通过利用这些因子作为状态变量构建一个期限结构模型而得到保证。

练习

练习 12.1 （久期和凸性的联系）证明等式(12.8)。

练习 12.2 （非债券以时间为单位的久期）假设利率服从 Vasicek 模型。你能够定义为任何债券期货或欧式债券期权定义一个以时间为单位的久期吗？如果能，请推导这些资产的久期。

练习 12.3 （CIR 模型中以时间为单位的久期）证明等式(12.10)。

13 可违约债券和信用衍生品

13.1 引言

在前面几章所开发的模型中，我们假设所要估值的证券的发行人总是按照协议条款及时地还本付息。发行人如果不能支付协议款项就构成协议违约。发生这种情况的风险被称为**违约风险**或**信用风险**。违约并不意味着持有人一无所得。在通常情况下，持有人将以现金或新的债权的方式得到一笔**回收款**（recovery payment）。

如果债券由债务占税收收入和GDP比例较低的政府或财政部门发行，那么假设债券不会违约是合理的。如果一个政府发行了债券，随后又面临财政问题，可能会增加税收，削减公共支出，或者——如果债券是本币债券——印制足够的钞票使其能够支付其名义债务。当然，在后一种情况下，持有人的所收到的本息的购买力将比预期缩水。值得注意的是，在历史上有大量国家对其债务部分或全部违约的例子①。

对于私营公司所发行的许多合约，将违约风险考虑进来是非常必要的。最主要的例子就是公司债券，也就是公司通过发行债券，并承诺支付预先确定的未来支付流的方式借入资金。因为各种原因，公司可能最终不能或不愿意向债券持有人继续支付所承诺的款项和金额，因此公司对其债务违约。当然，当潜在的投资者评估一支公司债的时候，他们应当估计发行公司在债券到期日之前发生违约的可能性。本章的主要目的是讨论如何为违约风险建模，以及怎样将其与前面几章讨论的一般估值技术结合起来。

第13.2节介绍了一些关于这类模型的符号和概念，以及关于信用评级和违约的一些历史统计数据。

---

① Tomz和Wright(2007)报告了在1820—2004年期间，总共有106个国家发生了250违约。最近的例子包括1998年8月俄罗斯政府对GKO债券的违约、阿根廷2001年对1 420亿美元本国公债的违约以及2002年对世界银行将近10亿美元的违约。政府债务违约通常是因为一段期间本国经济表现糟糕，但是Tomz和Wright(2007)指出，同样有许多国家在“好年成”违约的例子，例如，该国的政治体制发生了重大变化。在2007年开始的世界范围的金融危机中，有些投资者已经关注包括冰岛、希腊、爱尔兰、葡萄牙、几个东欧国家，甚至包括美国的可能的违约。这些恐惧反映在这些国家所发行的债券的CDS利差上。CDS利差将在本章后文解释。

可违约债券的定价模型有两个主要的模型类型。第 13.3 节所考查的结构模型主要建立在对具体的发行公司所做出的假设之上，例如，一个不确定的收入流以及一个给定的或最优推导出的资本结构。因此，当一个公司发生资产的价值相对"小于"负债的事件时，这一事件就代表了违约。第 13.4 节探讨了简化模型(reduced-form models)。简化模型避免了对每一公司进行复杂的、详细的建模，它建立在对相关公司的违约概率的动态变化做出外生的规定的基础之上。对于这两类模型，我们都将提供可以在实践中应用的模型的例子。第 13.5 节简单介绍了兼具两大主要模型类型特点的混合模型。构建一个合理模型，使其能够捕捉不同公司违约之间的相关性是一个非常具有挑战性的工作。为了达成这一目的，许多从业者用到了所谓的交合函数模型(copulas)。我们在第 13.6 节对这一方法进行了描述和讨论。

在最近的 10 年左右，信用衍生产品已经发展成一个巨大的市场。一个信用衍生产品就是一种收益取决于在一定时间内与事先规定的一个或多个实体(一般为公司)相关的**信用事件**(credit evens)发生与否的合约。一个实体的破产当然是一个信用事件，但是，取决于合同的条款，一个实体的重大重组以及实体对于某些义务不能履行支付责任等事件也可能是一个信用事件。投资者可以运用信用衍生产品来降低他们在某个具体公司的可能违约上的头寸暴露，但是，投资者同样可以利用信用衍生产品建立一个合理的反向头寸来对公司的违约事件进行投资。这一点与其他衍生产品市场并无不同。通过交易股票指数期权，投资者既可以降低对股票市场变动风险的暴露，也可以针对某一具体变动进行投机。第 13.7 节提供了一些关于信用衍生产品市场的信息和统计数据，主要的信用衍生产品类型是信用违约互换。在第 13.8 节，解释了信用违约互换是如何运作的，以及怎样用简化模型对其进行定价。在第 13.9 节讨论了另一个重要的信用相关证券，即担保债务凭证(collateralized debt obligation, CDO)。

最后是本章的总结。尽管本章篇幅相对长，但还是有很多有意思的材料被省略。这包括了很多具体的理论模型和实证研究，各种高级的信用相关证券，对信用风险管理的深度覆盖，以及所考查模型的一些复杂的数学内容，等等。我们推荐读者参考专门的信用风险教科书，如 Bielecki 和 Rutkowski(2002), Duffie 和 Singleton(2003), Lando(2004)等，以及本章所参考的论文以获得更多的信息。

信用风险和信用衍生产品，尤其是那些与抵押借款相关的信用风险和信用衍生产品在 2007 年爆发的金融危机中扮演了非常重要的角色，此次危机对世界各地的金融行业和宏观经济表现产生了毁灭性的冲击。尽管本章对信用衍生产品、评级机构，以及估值模型对于此次危机的贡献进行了评论，但是我们并不试图提供关于此次危机的全面总结、记录或深度分析。近年来讨论金融危机的论文和书籍有 Bhansali, Gingrich 和 Longstaff(2008), Crouhy, Jarrow 和 Turnbull(2008), Demyanyk 和 Van Hemert(2008), Brunnermeier(2009), Gorton(2009)和 Shiller(2008)。读者同样可以参考第 14 章的讨论和所引用的参考资料。

13.2 一些基础概念、关系和实践问题

13.2.1 违约时间和违约概率

在任何单一可违约证券的信用风险管理模型中，不得不规定违约时间，在此，我们将其用

τ 表示。我们事先不知道违约是否会发生，如果它将发生，也不知道它何时发生，因此，τ 是随机的。用技术术语描述，即违约时间 τ 是一个**停止时间**(stopping time)。令 $\mathbf{1}_{\{\tau>t\}}$ 为与之相关的违约指示指标，它的取值为 0，直到违约发生时才跳到 1。给定概率测度$\mathbb{Q}$，如果到 t 为止尚未发生违约，那么在时间区间$[t, t']$发生违约的概率为

$$\mathbb{Q}(t<\tau<t' \mid \tau>t)=\frac{\mathbb{Q}(t<\tau<t')}{\mathbb{Q}(\tau>t)}=\frac{\mathbb{Q}(\tau>t)-\mathbb{Q}(\tau>t')}{\mathbb{Q}(\tau<t)}$$
$$=1-\frac{\mathbb{Q}(\tau>t')}{\mathbb{Q}(\tau>t)} \tag{13.1}$$

在此，第一个等式因贝叶斯法则而成立。注意 $\mathbb{Q}(\tau>t')$ 为企业至少生存到 t'的概率。投资者将对真实世界的违约概率和相关的风险调整测度下的违约概率两者都感兴趣，这是因为前者决定了损益的实际概率，后者影响可违约证券的无套利价格。给定时点 t 的**违约强度**(default intensity)h_t 被定义为 Δt

$$h_t=\lim_{\Delta t\to 0}\frac{1}{\Delta t}\mathbb{Q}(t<\tau<t+\Delta t \mid \tau>t) \tag{13.2}$$

这也就是说，违约强度是在非常近的未来时期的违约概率。至少对于较短期间 Δt，违约概率可以近似表示为

$$\mathbb{Q}(t<\tau<t+\Delta t \mid \tau>t)\approx h_t\Delta t$$

第 13.4 节的简化模型就是建立在对违约密度的直接建模基础之上。

13.2.2 债券价格与信用利差

首先介绍符号。同前面一样，B_t^T 是在 $T\geqslant t$ 时刻具有单位支付的零息债券在 t 时刻的价格，$y_t^T=-(\ln B_t^T)/(T-t)$ 是与其相关的连续复利收益。一如既往，无违约零息债券价格可以表示为 $B_t^T=\mathrm{E}_t^{\mathbb{Q}}[e^{-\int_t^T r_u du}]$，在此，$\mathbb{Q}$ 是一个风险中性概率测度，$r=(r_t)$ 是无违约短期利率过程。令 $\widetilde{B}_t^T$ 和 $\widetilde{y}_t^T=-(\ln \widetilde{B}_t^T)/(T-t)$ 表示在 $T\geqslant t$ 时刻具有单位支付的可违约零息债券在 t 时刻的价格和收益率。将到期日为 T 的信用利差或收益率利差定义为

$$\zeta_t^T=\widetilde{y}_t^T-y_t^T$$

我们看到

$$\frac{\widetilde{B}_t^T}{B_t^T}=e^{-\zeta_t^T(T-t)} \tag{13.3}$$

很显然，可违约债券的价格取决于关于违约时间、发生违约情况下的回收支付和在风险中性概率测度下，违约时间、回收支付以及用于贴现的无违约利率之间的关系的假设。

举一个例子，假设公司在债券到期日之前违约，债券持有人可以在到期日 T 得到一笔 R 的支付①。这笔回收支付 R 一般要到支付日才知道。当然，如果在到期日之前没有发生违

① 这一回收假设被叫做回收国债(recovery of treasury)。我们将在 13.4.1 讨论这一回收方式和另外两种回收方式的假设。在接下来各节所讨论的模型中，回收支付经常被假设在违约时刻而不是到期日给付。

约，也就是 $\tau > T$，那么可违约债券的持有人将在 T 得到所承诺的支付。t 时刻可违约零息债券在到 t 时为止没有发生违约这一条件下的价格因此是

$$\widetilde{B}_t^T = \mathrm{E}_t^{\mathbb{Q}}\left[e^{-\int_t^T r_u \mathrm{d}u}\left(\mathbf{1}_{\{\tau > T\}} + R\mathbf{1}_{\{\tau \leqslant T\}}\right)\right]$$

这等价于

$$\begin{aligned}\widetilde{B}_t^T &= \mathrm{E}_t^{\mathbb{Q}}\left[e^{-\int_t^T r_u \mathrm{d}u}\left(1-(1-R)\mathbf{1}_{\{\tau \leqslant T\}}\right)\right] \\ &= B_t^T - \mathrm{E}_t^{\mathbb{Q}}\left[e^{-\int_t^T r_u \mathrm{d}u}(1-R)\mathbf{1}_{\{\tau \leqslant T\}}\right]\end{aligned} \tag{13.4}$$

其中 B_t^T 是 T 日到期的无违约零息债券的价格。我们可以将 $1-R$ 视为**违约损失**(loss given default)。在没有作出进一步的假设之前，我们暂时还不能太多的谈论后一个期望项。

假定无违约短期利率，违约损失以及违约时间在风险中性概率测度$\mathbb{Q}$下彼此独立。因为一些违约事件的指示指标的(条件)期望等于该事件的(条件)概率，等式(13.4)得到

$$\begin{aligned}\widetilde{B}_t^T &= B_t^T - \mathrm{E}_t^{\mathbb{Q}}\left[e^{-\int_t^T r_u \mathrm{d}u}\right]\mathrm{E}_t^{\mathbb{Q}}[1-R]\mathrm{E}_t^{\mathbb{Q}}\left[1_{\{\tau \leqslant T\}}\right] \\ &= B_t^T - B_t^T\mathrm{E}_t^{\mathbb{Q}}[1-R]\,\mathbb{Q}_t(\tau \leqslant T \mid \tau > t)\end{aligned}$$

这一关系与式(13.3)结合，对 $x \approx 0$ 应用近似 $\ln(1-x) \approx -x$，我们可以将信用利差表示为

$$\begin{aligned}\zeta_t^T &= -\frac{1}{T-t}\ln\left(1-\mathrm{E}_t^{\mathbb{Q}}[1-R]\,\mathbb{Q}_t(\tau \leqslant T \mid \tau > t)\right) \\ &\approx \frac{\mathrm{E}_t^{\mathbb{Q}}[1-R]\,\mathbb{Q}_t(\tau \leqslant T \mid \tau > t)}{T-t}\end{aligned} \tag{13.5}$$

换言之，可以对 $x \approx 0$ 应用近似 $e^x \approx 1+x$，将风险中性违约概率写成

$$\mathbb{Q}_t(\tau \leqslant T \mid \tau > t) = \frac{1-\widetilde{B}_t^T/B_t^T}{\mathrm{E}_t^{\mathbb{Q}}[1-R]} = \frac{1-e^{-\zeta_t^T(T-t)}}{\mathrm{E}_t^{\mathbb{Q}}[1-R]} \approx \frac{\zeta_t^T(T-t)}{\mathrm{E}_t^{\mathbb{Q}}[1-R]} \tag{13.6}$$

给定违约情况下的风险中性期望损失，信用利差提供了一个对风险中性违约概率的估计。

作为独立假设之外的另一种选择，正如通常所做的，我们假设回收支付不是随机的。那么式(13.4)意味着

$$\begin{aligned}\widetilde{B}_t^T &= B_t^T - (1-R)\mathrm{E}_t^{\mathbb{Q}}\left[e^{-\int_t^T r_u \mathrm{d}u}\mathbf{1}_{\{\tau \leqslant T\}}\right] \\ &= B_t^T - (1-R)B_t^T\mathrm{E}_t^{\mathbb{Q}^T}\left[\mathbf{1}_{\{\tau \leqslant T\}}\right] \\ &= B_t^T - (1-R)B_t^T\mathbb{Q}_t^T(\tau \leqslant T \mid \tau > t)\end{aligned}$$

在此$\mathbb{Q}^T$是第 4.4.2 节所介绍的 T—远期鞅测度。因此，$\mathbb{Q}_t^T(\tau \leqslant T \mid \tau > t)$ 是 T—远期测度下的条件违约概率，它可以根据所观察到的债券价格或收益率以及一个给定的回收率估计为

$$\mathbb{Q}_t^T(\tau \leqslant T \mid \tau > t) = \frac{1-\widetilde{B}_t^T/B_t^T}{1-R} \approx \frac{\zeta_t^T(T-t)}{1-R} \tag{13.7}$$

这与基于独立假设的关系式(13.6)相似但不相同。我们将在第 13.4 节更仔细地探讨信用利差，回收率以及风险调整的违约概率。

对不同期限的信用利差进行比较是顺理成章的事。一个给定的发行人在给定时点 t 的

信用利差曲线是函数 $u \mapsto \zeta_t^{t+u}$（的图形）。将信用利差曲线想象为与收益率曲线或利率期限结构相似颇有诱惑力但同样非常具有误导性。将模型所产生的利差曲线解释为风险结构更好，这是因为它们反映了单一零息债券定价是怎样随债券的到期日变化的情况，而不是怎样同时为各种不同的期限的债务合约估值。同样需注意的是，当一个公司发行新的债券时，其将可能改变其违约概率和回收率，因此，不再适用以现有的债务为基础的利差曲线。

13.2.3　附息债券

现在考察一个在承诺 t_i 时刻具有支付固定的 Y_i 的支付流，其中 $t_1 < t_2 < \cdots < t_n$。首先我们对不同的承诺支付允许有不同的回收率，因此，如果发行人在时间 $\tau \in (t_{j-1}, t_j)$ 违约，那么对于每一 $t_i \geqslant t_j$，t_i 时刻的计划支付在 t_i 时刻被 $R^i Y_i$ 所代替。这一求偿权利在 $t < t_n$ 时的价值，假定到此为止尚未违约，因此是

$$\begin{aligned}\widetilde{B}_t &= \sum_{t_i > t} Y_i \mathrm{E}_t^{\mathbb{Q}}\left[e^{-\int_t^{t_i} r_u \mathrm{d}u}\left(1-(1-R^i)\mathbf{1}_{\{\tau < t_i\}}\right)\right] \\ &= \sum_{t_i > t} Y_i \mathrm{E}_t^{\mathbb{Q}}\left[e^{-\int_t^{t_i} r_u \mathrm{d}u}\right] - \sum_{t_j > t} Y_i \mathrm{E}_t^{\mathbb{Q}}\left[e^{-\int_t^{t_i} r_u \mathrm{d}u}(1-R^i)\mathbf{1}_{\{\tau < t_i\}}\right]\end{aligned}$$

第一个表达式表明，这一求偿权可以视为一个具有潜在不同回收率的可违约零息债券的组合。第二行表示可违约的求偿权的价值等于所对应的无违约的求偿权减去发生违约时所发生的损失的现值。将第一个表达式与式(13.4)结合起来，可以将可违约的附息债券的价格记为

$$\widetilde{B}_t = \sum_{t_i > t} Y_i \widetilde{B}_t^{t_i} \tag{13.8}$$

这与无违约零息债券与零息债券之间的关系很相似。但是，注意到应当使用与息票支付 Y_i 相应的回收率 R^i 计算等式右边的可违约零息债券价格 $\widetilde{B}_t^{t_i}$ 是非常重要的，这一回收率可能与由同一发行人所发行的，在 t_i 到期的零息债券的回收支付不同。此外，等式(13.4)以及式(13.8)都预先假设回收支付都发生在计划的支付日。在现实情况下，附息债券的违约将产生一笔单一的回收支付以补偿所有的未发生支付的损失；参见 Jarrow(2004)以获得关于式(13.8)的有效性的更多信息。

公司债券通常为子弹型债券。如果面值为 1，息票为 q，那么 $Y_1 = \cdots = Y_{n-1} = q$，且 $Y_n = 1 + q$。在违约时，未来息票支付通常按相同的回收率补偿，这一回收支付通常低于对面值求偿的补偿(有时甚至为 0)，见 Helwege 和 Turner(1999)。令 R^{cpn} 表示所承诺的息票回收比例，R 表示面值的回收比例。前面的估值等式意味着

$$\widetilde{B}_t = B_t - q\sum_{t_i > t} \mathrm{E}_t^{\mathbb{Q}}\left[e^{-\int_t^{t_i} r_u \mathrm{d}u}(1-R^{\mathrm{cpn}})\mathbf{1}_{\{\tau < t_i\}}\right] - \mathrm{E}_t^{\mathbb{Q}}\left[e^{-\int_t^{t_n} r_u \mathrm{d}u}(1-R)\mathbf{1}_{\{\tau < t_n\}}\right]$$

在此 $B_t = q\sum_{t_i > t} B_t^{t_i} + B_t^{t_n}$ 为对应的无违约附息债券价格。如果回收率不是随机的，可以重新将其价值记为

$$\widetilde{B}_t = B_t - q(1-R^{\mathrm{cpn}})\sum_{t_i > t} B_t^{t_i}\, \mathbb{Q}_t^{t_i}(\tau < t_i \mid \tau > t) - (1-R) B_t^{t_n}\, \mathbb{Q}_t^{t_n}(\tau < t_n \mid \tau > t) \tag{13.9}$$

其中 $\mathbb{Q}_t^{t_i}(\tau < t_i \mid \tau > t)$ 是 t_i—远期鞅测度下，(t, t_i)时间区间的违约概率。或者，通过假设回收支付，无违约短期利率，以及违约时间之间的独立性，得到

$$\widetilde{B}_t = B_t - q \sum_{t_i > t} B_t^{t_i} \mathrm{E}_t^{\mathbb{Q}}[1 - R^{\mathrm{cpn}}] \mathbb{Q}_t(\tau < t_i \mid \tau > t) - B_t^{t_n} \mathrm{E}_t^{\mathbb{Q}}[1 - R] \mathbb{Q}_t(\tau < t_n \mid \tau > t)$$

在此，所有的违约概率都是在风险中性概率测度$\mathbb{Q}$下计算。将可违约和无违约的附息债券的收益率 $\widetilde{y}_t$ 和 y_t 分别定义为

$$\widetilde{B}_t = \sum_{t_i > t} Y_i e^{-\widetilde{y}_t [t_i - t]}, \quad B_t = \sum_{t_i > t} Y_i e^{-y_t [t_i - t]}$$

附息债券的信用利差可以定义为 $\zeta_t = \widetilde{y}_t - y_t$。但是，一般来讲，不可能为这一利差推导出一个又好又简单的表达式。

正如我们可以从本节所推导的等式中看出，在可以评估违约概率以及可违约债券(和其他的可违约证券)的价值之前，需要为违约时间和回收率，以及它们与无违约利率之间的关系建模。我们将在第 13.3 至第 13.5 节讨论这样的模型。

13.2.4 违约相关性

为了评估可违约贷款或债券的潜在损失和价值，很有必要为单笔贷款之间的相关性进行建模。此外，各种不同信用衍生产品与可能违约的多家公司相关。如果不同公司的违约和回收率是完全独立的，对涉及多个发行人的求偿权或贷款组合的估值不比对单一发行人的求偿权估值复杂多少。然而，违约之间是相关的。经济体范围之内的冲击事实上对所有的发行人产生影响，这一点反映在，例如，经典 CAPM 模型中的市场贝塔，或基于消费的 CAPM 模型中的消费贝塔之上。处于同一行业的公司受到相同的外部事件的影响，因此可以想象到，它们将同时面临财务困难。一个公司的实际违约可能会同样影响另一家公司的违约概率。一家公司的违约可能会导致一些与其具有经济联系的公司，如主要的供应商或顾客濒临违约。这一现象被称为传染效应。反过来，在某些情况下，一个行业中的存活下来的公司可能会从竞争对手的违约中得到好处，从而导致违约概率的降低。

企业之间违约风险的共性意味着信用风险不能完全通过构造企业贷款或债券投资组合分散掉。由于在经济不景气的时候整个经济范围的违约风险较高，所以投资者会要求违约风险溢价。因此，风险中性违约概率通常超过真实世界的违约概率。当然，有些公司是反周期的，即当整体经济正处于危机之中时它们往往干得很好，因此，反过来，对于这些公司而言，风险中性违约概率会比真实世界的违约概率更小。此外，在企业债市场通过分散化投资消除企业的特质风险比通过分散化投资消除股票的特质风险面临更大的挑战。这是因为股票和公司债券通常具有不同的收益分布的缘故。股票收益率的分布趋于平稳和相当对称，不会偏离正态分布或对数正态分布太远。相比之下，公司债券的回报分布则不太光滑，更加偏斜。例如，如果你持有的公司债券至到期日，公司债券并没有违约，你会收到由债券的收益率表示的“承诺”的回报。如果公司债券违约，你会得到一个回收支付，与其相对应的是一个很大的负回报。如果需要平滑收益分布及分散违约风险，这需要大量的公司债券。由于构造一个很大的公司债组合的成本非常昂贵，投资者除了需要系统性

违约风险的溢价之外，可能额外需要一些回报溢价，以补偿他们所承受的公司特质性违约风险。

我们考察两个企业，并令随机变量 τ_1 和 τ_2 为其违约时间，相应的违约指示指标为 $\mathbf{1}_{\{\tau 1 \leqslant t\}}$ 和 $\mathbf{1}_{\{\tau 2 \leqslant t\}}$。在时间区间$[0, t]$之上的真实世界违约相关性为

$$\rho_{12}^{D}(0, t) \equiv \mathrm{Corr}[\mathbf{1}_{\{\tau 1 \leqslant t\}}, \mathbf{1}_{\{\tau 2 \leqslant t\}}] = \frac{\mathrm{E}[\mathbf{1}_{\{\tau 1 \leqslant t\}} \mathbf{1}_{\{\tau 2 \leqslant t\}}] - \mathrm{E}[\mathbf{1}_{\{\tau 1 \leqslant t\}}]\mathrm{E}[\mathbf{1}_{\{\tau 2 \leqslant t\}}]}{\sqrt{\mathrm{Var}[\mathbf{1}_{\{\tau 1 \leqslant t\}}]\,\mathrm{Var}[\mathbf{1}_{\{\tau 2 \leqslant t\}}]}}$$

由于指示指标要么为 1 要么为 0，期望和方差可以表示为①

$$\mathrm{E}[\mathbf{1}_{\{\tau 1 \leqslant t\}} \mathbf{1}_{\{\tau 2 \leqslant t\}}] = \mathrm{E}[\mathbf{1}_{\{\tau 1 \leqslant t,\, \tau 2 \leqslant t\}}] = \mathbb{P}(\tau_1 \leqslant t, \tau_2 \leqslant t)$$
$$\mathrm{E}[\mathbf{1}_{\{\tau i \leqslant t\}}] = \mathbb{P}(\tau_i \leqslant t)$$
$$\mathrm{Var}[\mathbf{1}_{\{\tau i \leqslant t\}}] = \mathbb{P}(\tau_i \leqslant t)[1 - \mathbb{P}(\tau_i \leqslant t)]$$

因此，违约相关性变成

$$\rho_{12}^{D}(0, t) = \frac{\mathbb{P}(\tau_1 \leqslant t, \tau_2 \leqslant t) - \mathbb{P}(\tau_1 \leqslant t)\mathbb{P}(\tau_2 \leqslant t)}{\sqrt{\mathbb{P}(\tau_1 \leqslant t)[1 - \mathbb{P}(\tau_1 \leqslant t)]\mathbb{P}(\tau_2 \leqslant t)[1 - \mathbb{P}(\tau_2 \leqslant t)]}} \quad (13.10)$$

两家企业在$[0, t]$同时违约的概率因此是

$$\mathbb{P}(\tau_1 \leqslant t, \tau_2 \leqslant t) = \mathbb{P}(\tau_1 \leqslant t)\mathbb{P}(\tau_2 \leqslant t) + \rho_{12}^{D}(0, t)\sqrt{\rho(\tau_1 \leqslant t)[1 - \mathbb{P}(\tau_1 \leqslant t)]\mathbb{P}(\tau_2 \leqslant t)[1 - \mathbb{P}(\tau_2 \leqslant t)]}$$

在$[0, t]$期间，至少有一家公司违约的概率是

$$\mathbb{P}(\tau_1 \leqslant t \text{ or } \tau_2 \leqslant t) = \mathbb{P}(\tau_1 \leqslant t) + \mathbb{P}(\tau_2 \leqslant t) - \mathbb{P}(\tau_1 \leqslant t, \tau_2 \leqslant t) \quad (13.11)$$

其中最后一项由上式给出。

考察一个小型数值案例。假定每一企业在给定的时长之内有 5%的违约概率，也就是 $\mathbb{P}(\tau_i \leqslant t) = 0.05$ 且对应的方差为 $0.05(1-0.05)=0.047\,5$。如果违约相关性为 0，那么两家企业同时违约的概率是 $(0.05)^2=0.002\,5$，也就是 0.25%，至少一家企业违约的概率是 $0.05+0.05-0.002\,5=0.097\,5$，也就是 9.75%。如果违约相关性为 0.4，联合违约概率变成 2.15%，比原来要高，但是至少一家违约的概率只变为 7.85%。

由于违约的情况发生不多，同一家公司多次违约的情况(前一次违约之后进行重组之后的再违约)甚至更少，所以不可能从历史数据中估计违约相关性。因此，有必要建立一个可以将公司的违约时间与某些容易取得可靠的数据的变量关联起来的模型。我们将在本章后文回到这一问题上来。注意，如果不同贷款或债券的回收率是随机的，回收率之间的任何相关性可以同样影响与这些求偿权相关的估值，因此也应当在模型中予以考虑。

13.2.5 信用评级

在可违约债券的交易与风险管理中，信用评级发挥了重要作用。在评估完信用风险之

① 注意，指示指标和概率中的表达式 $\tau_1 \leqslant t, \tau_2 \leqslant t$ 应当被理解成 $\tau_1 \leqslant t$ 和 $\tau_2 \leqslant t$，即两个事件同时发生。

后，信用评级机构给出可违约债券的发行人和单个可违约债券自身的评级。主要的信用评级机构为设立在美国的标准普尔、穆迪投资者服务，以及惠誉等公司，当然在美国和其他国家也有其他的评级机构。表 13.1 列举了主要评级机构的信用评级分类。有些评级机构通过增加加号或减号(标准普尔和惠誉)，或者增加 1、2、3(穆迪)来将评级进一步细分。信用评级处于前四类的证券被称为投资级证券，而处于更低级的被称为非投资级、投机级或垃圾证券。短期债券的评级通常根据稍许不同的分类方法。各种不同类型的债券发行人，包括国家和当地政府，私营企业以及非赢利组织都有信用评级。注意，相同发行人可能发行具有不同条款的(期限、优先等级等)的债券，这些债券之间的信用风险或多或少存在差异，因此，各自的评级也会不同。担保债务凭证(见第 13.9 节)，抵押贷款支持债券和抵押按揭债务(见第 14 章)一般也需要信用评级。

表 13.1　主要评级机构的评级分类

穆　迪	标准普尔和惠誉	穆　迪	标准普尔和惠誉
Aaa	AAA	B	B
Aa	AA	Caa	CCC
A	A	Ca	CC
Baa	BBB	C	C
Ba	BB		

注：上端的最优评级反映了非常小的违约风险。评级越低，违约风险越大。

如果信用评级机构做出了能够提供很好预测违约频率的可靠信用评级，它们毋庸置疑的提高了市场的效率。按照一个市场的基准，将成千上万个不同的信用风险相关的证券的信用风险进行集中评估(基于复杂和耗时的分析)远比所有的市场参与者从事相似的信用评估更有成本上的效率。没有信用评级行业，那些小型的，尤其是新成立的公司和其他实体想要在金融市场通过发债而借入资金是几乎不可能的。信用评级很显然可以作为一个信用风险的测量指标而被投资者在其投资和风险管理决策过程中采纳。有些投资者被限制在仅能投资某些评级之上的证券，例如，投资级的证券。评级也用于监管目的。例如，当银行计算其监管当局所需要的法定资本准备金时，它们可以使用监管层认可的一些评级机构的评级。评级越低，法定资本准备金要求越高。

表 13.2 表明，信用评级在平均意义上提供了一个合理的信用风险排序。历史违约频率随评级上升而下降，也就是说低评级公司较高，而评级最高的公司接近于 0。但是，评级公司在公司信用降级方面的动作迟缓受到了批评。例如，最严厉的批评是，安然公司直到 2001 年破产前 4 天仍然保持投资级，而评级机构对安然公司的财务问题在很久以前就心知肚明。评级机构所采取的“贯穿周期”的视角可以部分解释评级改变的迟滞，这样做可以反映评级对象的长期违约风险，而不是与一些投资者更相关的短期违约概率。有些实证研究表明，当债券发行公司的信用品质恶化时，市场所确定的信用利差在债券被降级之前就已经上升。

表 13.2 基于穆迪评级 1970—2008 年数据的平均累计全球违约率(%)

	存续期(年)								
	1	2	3	4	5	7	10	15	20
Aaa	0.000	0.013	0.013	0.037	0.107	0.250	0.508	0.955	1.139
Aa	0.017	0.054	0.087	0.157	0.234	0.388	0.551	1.074	2.194
A	0.025	0.118	0.272	0.432	0.612	1.025	1.752	3.111	5.102
Baa	0.164	0.472	0.877	1.356	1.824	2.770	4.397	8.009	11.303
Ba	1.113	2.971	5.194	7.523	9.639	13.263	18.276	27.220	34.845
B	4.333	9.752	15.106	19.864	24.175	32.164	41.088	52.190	56.101
Caa-C	16.015	25.981	34.154	40.515	45.800	52.702	63.275	68.873	70.922
投资级	0.068	0.215	0.416	0.651	0.894	1.399	2.237	3.966	5.952
投机级	4.113	8.372	12.467	16.093	19.245	24.520	30.637	39.343	45.498
所有等级	1.401	2.844	4.193	5.360	6.344	7.938	9.802	12.608	15.125

资料来源:Emery, Ou, Tennant, Matos, and Cantor(2009)。

评级机构有时被指控与它们所评级的公司的关系过于紧密,这将导致利益冲突并影响它们的客观性。评级机构的收入来自发行公司,因此它们可能会讨好发行人,而不是对依赖于这些评级的投资者和监管机构负责。如果一个评级机构告诉发行人他的评级较差,那么发行人可能会将生意交付给那些不那么悲观(或不那么诚实)的评级机构。在目前的金融危机中(大约起始于 2007 年),对主要的评级机构的严厉批评不绝于耳,尤其是它们对结构性产品,如 CDO 和 CMO 给出了高原始评级,后来这些产品被大幅度降级甚至违约。为结构性产品评级成为评级机构有利可图的商机。这些评级机构经常与发行人一起为产品设计可以获得某一高评级的结构,见第 13.9 节。评级机构和发行人之间的独立性化为泡影。2010 年奥巴马总统签署的所谓的多德法兰克华尔街改革和投资者保护法案(Dodd-Frank Wall Street Reform and Consumer Protection Act)强化了对美国知名的评级机构的要求。除此之外,评级机构在确定评级时必须披露所采用的数据和方法,披露表现统计指标,以及任何与销售和营销活动相关的利益冲突信息。

13.2.6 历史违约统计

表 13.2 显示了不同的穆迪评级在不同的时间跨度内的历史违约率数据。例如,全部最初评级为 A 的证券只有 0.025%的证券在 1 年之内出现了违约,只有 0.118%在 2 年之内出现了违约。当然,这些违约的频率随着时间跨度的增加而上升。对于处于评级较高的证券,其违约频率随时间跨度的增加而呈凸性增长,而低评级公司则呈凹性增长。例如,一个评级为 A 的证券只有 0.612%的可能性在第一个 5 年发生违约,但是在第二个 5 年发生违约的可能性有 $1.752\% - 0.612\% = 1.140\%$ 的增加。这 1.140%是在第 6—10 年发生违约的无条件概率。由于第一个 5 年的生存概率为 $100\% - 0.612\% = 99.388\%$,在第 6—10 年违约的条件概率是 1.140/99.388,也就是 1.147%。在第一个 5 年间,有些最初评级最高的公司的信用品质将恶化,因此它们的违约风险将增加。与此形成对照的是,对于评级为 B 的证券,在第一个 5 年间,违约概率为 24.175%,在随后的 5 年违约的概率只增加 16.913%。一些原来评级为 B 的

公司在第一个5年之后将会变得更好,从而违约概率变得更低。这同样反映在表13.3的信用迁移统计数据中。这一张表表明,在1970—2008年间,第一年初,评级为Aaa的所有公司中有88.494%在年底仍然保持了Aaa的评级,7.618%降级为Aa,0.650%降级为A,如此等等。很清楚,年与年之间的评级一般非常稳定,但是评级发生很大变化的情况也确实有发生。当然,一个公司在5年期内从一个评级变为另一个评级的概率远比1年期内发生这种变化的概率高,所以5年期的迁移率矩阵没那么集中在对角线上。

表13.3 基于穆迪评级1970—2008年数据的1年期和5年期平均评级迁移率

原有评级/变迁评级	1年期平均评级迁移率,1970—2008年									
	Aaa	Aa	A	Baa	Ba	B	Caa	Ca-C	违约	WR
Aaa	88.494	7.618	0.650	0.026	0.028	0.002	0.002	0.000	0.000	3.179
Aa	1.047	86.817	7.077	0.288	0.042	0.016	0.008	0.001	0.016	4.688
A	0.066	2.832	87.274	4.961	0.473	0.086	0.028	0.003	0.024	4.253
Baa	0.043	0.191	4.786	84.382	4.165	0.781	0.203	0.021	0.163	5.265
Ba	0.008	0.056	0.395	5.678	76.054	7.070	0.549	0.061	1.084	9.045
B	0.011	0.037	0.133	0.346	5.034	73.939	5.090	0.620	4.165	10.624
Caa	0.000	0.026	0.037	0.222	0.484	8.928	60.781	3.589	13.122	12.810
Ca-C	0.000	0.000	0.000	0.000	0.331	2.790	9.446	39.479	30.033	17.921
原有评级/变迁评级	**5年期平均评级迁移率,1970—2004年**									
	Aaa	Aa	A	Baa	Ba	B	Caa	Ca-C	违约	WR
Aaa	54.006	23.725	5.327	0.470	0.265	0.040	0.038	0.000	0.085	16.044
Aa	3.322	50.875	21.090	3.219	0.540	0.165	0.031	0.000	0.174	20.585
A	0.224	8.378	53.060	14.324	2.781	0.877	0.169	0.013	0.448	19.725
Baa	0.262	1.204	13.616	46.491	9.082	3.039	0.535	0.070	1.729	23.971
Ba	0.046	0.199	2.375	11.885	27.468	10.865	1.386	0.151	8.024	37.602
B	0.044	0.065	0.312	1.712	6.857	22.207	4.536	0.663	20.932	42.672
Caa	0.000	0.000	0.072	1.235	2.222	6.110	7.354	1.010	39.627	42.370
Ca-C	0.000	0.000	0.000	0.308	0.540	1.747	1.850	2.158	47.867	45.529

注:"WR"表示没有评级。
资料来源:Emery, Ou, Tennant, Matos, and Cantor(2009)。

当一家公司对其所发行的一些债务违约时,这意味着债权人没有按时收到合约所承诺的支付,但是,这并不必然意味着债权人空手而归或发行公司不再存在。如果公司的财务困难是暂时的,公司和债权人通常会达成协议,使得公司继续运营下去。这样的协议有时包含了对公司的重组。原有的债权由新的债权所代替。例如,如果公司对其所发行的债券违约,债券持有人在正常情况下将得到一些新的在短期内没有票息或票息很低的长期债券,或得到公司所发行的股票。如果违约公司的财务状况非常糟糕,公司和债权人之间没能达成协议,公司将被清盘,公司资产被出售后的净所得将分配给债权人。一家违约公司索偿权利的持有人所得到的新的索偿权或清盘所得构成了回收支付。通常将回收支付按债权的面值标准化,从而可以得出回收率。注意,有些债权的优先度高于其他债权,因此得到的回收支付也比较高。股东的优先度最低。根据绝对优先规则,公司的清盘净所得将首先用于支付最高等级的债权,如高等级担保债务。如果还有剩余,将考虑第二优先等级,如此顺延。通常而言,基本没什么可以留给股东。但是,绝对优先规则有时也被违反,例如,读者可参见 Eberhart 和 Senbet(1993),Eberhart 和 Weiss(1998)以及 Bebchuk(2002)。

表 13.4 列出了 1985—2008 年间欧洲和北美的公司贷款和债券的平均回收率。回收率说明了债务优先次序方面的预期排名。北美的回收率往往比欧洲高。在不同的评级之间,评级内部,以及随着时间的推移,回收率的变化相当大。回收率往往与违约率负相关,因此,许多公司违约的时候,回收率往往较低,例如,读者可参考 Altman、Brady、Resti 和 Sironi(2005)等的讨论和所提供的参考文献。

表 13.4 欧洲和北美违约者的平均回收率(1995—2008 年)

等 级	欧 洲	北 美
优先级担保贷款	58.7	68.9
优先级无抵押贷款	45.9	56.2
优先级担保债券	42.4	53.5
优先级无抵押债券	28.6	37.2
优先级次级债券	32.6	31.6
次级债券	23.8	30.1

注:回收率按照违约债务的违约后 30 天的买价估计。
资料来源:Parwani, Emery, and Cantor(2009,图表 15)。

在合适的风险调整概率之下,可违约证券的市场价格反映它的违约概率(和回收风险)。特别的,在某些非常严格的假设下,市场价格所隐含的风险中性的违约概率可以通过等式(13.6)计算出来。表 13.5 给出了不同评级的公司债在 7 年的时间跨度内的违约率和隐含违约概率。所观察到的信用利差隐含的违约概率显著高于历史违约率。随着信用品质的降低,隐含违约概率与历史违约概率的比也是下降的,尽管两者之差随着信用品质的降低而增大。历史违约频率和回收率对信用利差的解释程度远小于所观察的程度。换言之,公司债券似乎定价太低,经常提供了较高的平均收益率。但是,正如 13.2.4 节所解释的,信用风险有一个具有在低迷时期高违约率的系统性原因,此时,投资者希望得到的支付高于经济景气时期。风险中性的违约概率因此高于现实的违约概率。可违约债券的基本定价模型仍然不能解释我们所观察到的如此高的信用利差。这一现象被称为信用**利差之谜**(credit spread puzzle)。我们将在 13.4.6 节讨论风险溢价,并在整个建模部分讨论到利差之谜。

表 13.5 7 年期历史和隐含违约概率的均值

等 级	历史违约概率	隐含违约概率	比	差 值
Aaa	0.04	0.60	16.7	0.56
Aa	0.05	0.74	14.6	0.68
A	0.11	1.16	10.5	1.04
Baa	0.43	2.13	5.0	1.71
Ba	2.16	4.67	2.2	2.54
B	6.10	7.97	1.3	1.98
Caa-C	13.07	18.16	1.4	5.50

资料来源:Hull(2009,表 22.4)。

13.3 结构模型

为了量化一些合约发行人的违约风险，为发行人的资产和负债建模也就顺理成章了，这是因为当一个企业的资产小于负债时就会发生违约。这就是一类所谓的结构模型所采用的方法，有时也被称为企业价值模型。正如我们下面所要看到的，在对公司的权益和负债进行估值时，结构模型采用了标准的期权定价技术，因此，这一方法有时也被称为公司债券估值的期权方法。

结构模型的优点在于它们能够洞察企业在何时以及在什么情况下对其债务违约，因此它们可以用于个体公司的违约预测。至少在原则上，它们可以用于分析公司资本结构或资产的动态特征变化是怎样影响违约概率、信用利差等问题的。主要的问题是，公司的资产和负债通常都很复杂，并且很难用容易处理的数学模型来表示，等等。我们也很难观察或估计这类模型的输入变量。此外，许多投资者持有许多其他公司发行的债券和其他的金融合约，而这些公司的资产和负债之间可能是高度彼此相关的，这就要求我们同时为许多公司建模，这将导致模型变得非常庞大而复杂。这样的大型模型对评级机构和非常大的投资者是有用的，甚至是必须的，即使是简单的结构模型也为所有类型的投资者和发行人提供了非常重要的基础性理解。

我们将首先介绍 Merton(1974)的开创性的结构模型，然后在其众多扩展中选取一些进行讨论。与此同时，我们将对这些模型的实践应用和经验表现给出评论。在本节的大部分内容中，我们将重点关注单一发行人问题，但是在本节结尾，我们将简单讨论如何处理多个发行人的问题。

13.3.1 Merton 模型

基本的 Merton(1974)模型基本上就是对 Black-Scholes-Merton 股票期权模型的一个聪明的应用。因此，它具有很多与 Black-Scholes-Merton 股票期权模型相同的假设，也就是，连续且无摩擦的交易、全部资产无限可分、利率保持恒定等。Merton 假设最简单的可能债务结构只有一只零息贷款或债券。令 T 表示到期日，F 表示公司所发行的债券的面值(也就是在到期日对债权人所承诺的支付)。令 V_t 表示 t 时刻公司资产的价值。Merton 假设公司只能在到期日对该笔贷款违约，并且当且仅当资产价值低于贷款面值时才会如此。通过假设没有破产成本，遵循所谓的绝对优先规则，以及因违约所导致的法律过程在瞬间完成，在违约的情况下债券持有人将在时间 T 收到 V_T，当然，在公司没有违约的情况下为 F。因此债券持有人最后得到的支付为

$$\tilde{B}_T = \min(F,\ V_T) = V_T - \max(V_T - F,\ 0) = F - \max(F - V_T,\ 0)$$

以及股权在债券到期日的价值为

$$S_T = V_T - \tilde{B}_T = \max(V_T - F,\ 0)$$

现在与期权的类比就很显然了：T 时刻的股权价值等于一个公司资产的认购期权收益，期权的执行价等于债务的面值。公司的股权所有者有权保持对公司的控制，但是他们需要尊重债权持有者的求偿权。债权持有者的求偿权可以视为确定的 F 减去一个关于企业资产的认沽期权。

与期权的类比马上带来了 Jensen 和 Meckling(1976)最初所指出的资产替代问题：股东具有增强公司资产波动性的动机，这样做会使得他们所持有的期权更有价值。但是需要注意，只是在债务发行之后才是如此。为了给发行的债务定价，潜在的债券持有人将把股东的这一动机考虑进来，并相应地据此对债务进行定价，因此，股东的收益将会减少。资产替代的动机促使人们引入限制股东增加资产波动性的条款①。

在 Merton 模型中，回收支付和违约时间为

$$R = V_T, \quad \tau = \begin{cases} T, \text{当 } V_T < F \text{ 时} \\ \infty, \text{其他} \end{cases}$$

假设存在风险中性概率测度$\mathbb{Q}$和常数无风险利率 r，在 $t < T$ 时刻，债券的价值为

$$\widetilde{B}_t = e^{-r(T-t)} \mathrm{E}_t^{\mathbb{Q}}[\min(F, V_T)]$$

在 $t < T$ 时刻，股权的价值为(假设在 T 之前没有分红)

$$S_t = e^{-r(T-t)} \mathrm{E}_t^{\mathbb{Q}}[\max(V_T - F, 0)]$$

在任何时点，股权和债权的价值之和应当等于资产的价值，$S_t + \widetilde{B}_t = V_t$。

Merton 假设公司资产的价值服从几何布朗运动

$$\mathrm{d}V_t = V_t[\mu \mathrm{d}t + \sigma \mathrm{d}z_t]$$

在此 σ 是资产的波动率，μ 是价值变动率的期望值。为了简单起见，假设公司在债务到期之前不发放红利。通过假设公司的资产由一个交易证券所代表，很显然资产价值的风险中性动态特征将是

$$\mathrm{d}V_t = V_t[r\mathrm{d}t + \sigma \mathrm{d}z_t^{\mathbb{Q}}] \tag{13.12}$$

由此可以得到 $t < T$ 时刻的股权价值与 Black-Scholes-Merton 框架下的股票期权价格相似，

$$S_t = V_t N(\mathrm{d}(V_t, T-t)) - F e^{-r(T-t)} N(\mathrm{d}(V_t, T-t) - \sigma\sqrt{T-t}) \tag{13.13}$$

其中

$$\mathrm{d}(V, u) = \frac{\ln(V/F) + (r + \sigma^2/2)u}{\sigma\sqrt{u}}$$

由第 6 章回想起 $N(\mathrm{d}(V_t, T-t) - \sigma\sqrt{T-t})$ 为 T—远期概率测度下期权最终处于价内的

① 债券条款了可以同样限制向股东派发红利。如果企业处于财务困境且违约即将迫近时，股东就有出售公司资产并将出售所得作为红利发放给股东，从而给债权人留下少许或根本就不留任何价值的动机。此外，如果一个企业发行的新债的优先度等同于(甚至高于)已发行债券，它将降低(稀释)已发行债券的价值，除非该债券可以被认为是无违约风险的。因此，在发行公司债时订立禁止进一步发债的条款是很自然的做法，除非新发行的债券处于更低的优先级。然而，就像 Collin-Dufresne 和 Goldstein(2009)所讨论的，在最近的几十年中，这样的限制条款已经很少见了。

概率。由于现在假设无风险利率为常数，这与相同事件的风险中性概率测度巧合，也就是 $\mathbb{Q}_t(V_T \geqslant F)$。$t$ 时刻债券的价值为

$$\begin{aligned}\tilde{B}_t &= V_t - S_t \\ &= V_t N(-\mathrm{d}(V_t, T-t)) + Fe^{-r(T-t)} N(\mathrm{d}(V_t, T-t) - \sigma\sqrt{T-t}) \end{aligned} \tag{13.14}$$

公司将对其债务违约的风险中性概率由下式给出

$$\begin{aligned}\mathbb{Q}_t(V_T < F) &= 1 - \mathbb{Q}_t(V_T \geqslant F) = 1 - N(\mathrm{d}(V_t, T-t) - \sigma\sqrt{T-t}) \\ &= N(-[\mathrm{d}(V_t, T-t) - \sigma\sqrt{T-t}])\end{aligned}$$

为了计算这一概率，我们需要计算资产的当前价值 V_t 和资产的波动率 σ，但是两者都不能直接观察。如果公司是上市交易的，我们可以观察到股权的当前市值 S_t，同时可以估计股票波动率 σ_{S_t}①。注意，因为股权是关于对数正态过程的一个期权，所以股权价值自身将不服从对数正态过程，因此 σ_{S_t} 不是常数。对式(13.13)(练习 13.1)应用伊藤引理可证明股权价值的风险中性动态特征为

$$\mathrm{d}S_t = S_t[r\mathrm{d}t + \sigma_{St}\mathrm{d}z_t^{\mathbb{Q}}],\ \sigma_{St} = \sigma N(\mathrm{d}(V_t, T-t))\frac{V_t}{S_t} \tag{13.15}$$

从 S_t 和 σ_{S_t} 的表达式可以推出资产价值 V_t 和资产波动率 σ。

类似地，真实世界的违约概率由

$$\mathbb{P}_t(V_T < F) = N(-\mathcal{D}_t)$$

给出，其中

$$\mathcal{D}_t = \frac{\ln(V_t/F) + (\mu + \sigma^2/2)(T-t)}{\sigma\sqrt{T-t}} - \sigma\sqrt{T-t} = \frac{\ln(V_t/F) + (\mu - \sigma^2/2)(T-t)}{\sigma\sqrt{T-t}}$$

有时被称为**违约距离**(distance to default)。违约距离越大，违约概率越低。很显然，违约距离是资产价值的漂移率和当前资产负债比的增函数，是资产波动率的减函数。注意，为了计算 $\mathcal{D}_t$ 和真实世界违约概率，同样需要知道资产价值的漂移率 μ。违约距离指标在实践中经常被用到，是各种商业信用风险评级系统，如穆迪的 KMV 中的关键指标，参见 Croudy、Galai 和 Mark (2000)。②Duffie、Saita 和 Wang(2007)，Bharath 和 Shumway(2008)在他们的实证研究中证明，Merton 的违约距离具有对违约的预测能力。虽然不能匹配所观察到的违约频率，但是违约距离这一指标能够生成一个合理的排序，即违约距离大的公司与违约距离小的公司相比，违约的频率更低。

---

① 在这一模型中，股票的波动率并不是常数，而是一个随机过程。因此对波动率的估计不像在标准期权定价公式 Black-Scholes-Merton 模型中，见 Lando(2004，第 2.11 节)，估计股票价格的常数波动率那么简单。

② KMV 是 Kealhofer，McQuown 和 Vasicek 三个人名字的首字母，他们三人在 1989 年成立了 KMV 公司，随后在 2002 年被穆迪公司以 2 亿美元的价格收购。穆迪的 KMV 公司利用可获得的市场数据以及单个公司的财务报表信息与违约和损失的大型数据库来为所覆盖的公司形成不同时间跨度上的违约概率、违约距离、信用利差曲线以及损失的估计。表面上看，穆迪的 KMV 方法允许包括不同的优先度和期限的更一般的债务结构，它利用历史违约频率将违约距离测度转化为违约概率。

令 $\widetilde{B}_t^T$ 表示 T 时刻到期的可违约零息债券在 t 时刻的价值，且令 $\widetilde{y}_t^T=-\frac{1}{T-t}\ln\widetilde{B}_t^T$ 表示对应的连续复利收益。Merton 模型中的债务的价值因此显然为 $\widetilde{B}_t=F\widetilde{B}_t^T$，且式(13.14)意味着

$$\widetilde{y}_t^T=-\frac{1}{T-t}\ln\Big(\frac{V_t}{F}N(-d)+e^{-r(T-t)}N(d-\sigma\sqrt{T-t})\Big)$$

减去无违约收益率 $y_t^T=r=\frac{1}{T-t}\ln\big(e^{-r(T-t)}\big)$，信用利差为

$$\zeta_t^T=\widetilde{y}_t^T-y_t^T=-\frac{1}{T-t}\ln\Big(\frac{V_t}{Fe^{-r(T-t)}}N(-d)+N(d-\sigma\sqrt{T-t})\Big)\tag{13.16}$$

当然，信用利差总为非负且是资产负债率 V_t/F 的减函数。信用利差的风险结构 $u\mapsto\zeta_t^{t+u}$ 可以上升、下降或者为驼峰状，这取决于杠杆率和参数的不同取值，见练习 13.3。对于财务困境中的高杠杆公司，信用利差是下降的。由于当前的困境，短期信用利差较高，但是如果公司存活下来，它将在未来处于更好的形状，因此长期的信用利差将会更小。然而，Fons(1994)，Sarig 和 Warga(1989)报告了平坦或者下行的风险结构并不常见，即便是对于那些并不处于财务困境中的公司也是如此。相反地，Helwege 和 Turner(1999)在低评级债务中发现了一些上行的风险结构的经验例子。根据 Jones、Mason 和 Rosenfeld(1984)，Huang 和 Huang(2003)，以及 Eom、Helwege 和 Huang(2004)的研究，从 Merton 模型中得到的信用利差太低。

对 $t\to T$ 的信用利差 ζ_t^T 的限制行为很有意思。可以证明，当 $V_T>F$ 时信用利差将趋近于 0，而当 $V_T<F$ 时将趋向于∞，见 Lando(2004，第 2.2.2 节)。如果资产价值在接近到期日的债务之上，信用利差将非常接近于 0。这是因为模型中的资产价值过程具有连续的样本路径，因此在债券到期前的很短的时间里的资产价值将会是对公司是否违约的很好的预测。用专业术语描述，即违约时间 τ 是一个**可预测的**停止时间。但是，从经验上看，即便是高评级的公司债的交易，也存在非 0 的短期信用利差，见 Duffee(1999)以及 Collin-Dufresne 和 Goldstein(2001)。

13.3.2 触及障碍的期前违约

在前面勾勒的基本 Merton 模型中，违约只能发生在零息债务的到期日，但是这是一个限制性的，不切实际的特征。Black 和 Cox(1976)扩展了 Merton 的框架，假定违约可以发生在任何时间，且在公司的价值小于或等于某些违约障碍的情况下将会违约。在到期之前触及障碍的话，债券持有人立即接管公司。对于任何 t，令 $\underline{V}_t$ 表示违约障碍。因此，违约时间为

$$\tau=\inf\{t:V_t\leqslant\underline{V}_t\}$$

在发生期前支付违约的情况下，债权人的回收支付为 $R_\tau=\underline{V}_\tau$。只要坚持采用公司价值和违约障碍两者具有连续样本路径的模型，违约时间是

$$\tau=\inf\{t:V_t=\underline{V}_t\}$$

我们将其称为障碍的首次触及时间。如果 $\tau\leqslant T$，债券持有人在 τ 时刻得到 $\underline{V}_\tau$。如果 $\tau>T$，债券持有人同以前一样在 T 时刻收到 $\min(F,V_T)$。假定到目前为止没有违约，债

券在 t 时刻的价值因此是

$$\begin{aligned}\widetilde{B}_t &= \mathrm{E}_t^{\mathbb{Q}}[e^{-r(\tau-t)}V_\tau \mathbf{1}_{\{\tau \leqslant T\}} + e^{-r(T-t)}\min(F, V_T)\mathbf{1}_{\{\tau > T\}}] \\ &= \underbrace{\mathrm{E}_t^{\mathbb{Q}}[e^{-r(\tau-t)}\underline{V}_\tau \mathbf{1}_{\{\tau \leqslant T\}}]}_{\widetilde{B}_t^{\mathrm{bar}}} + \underbrace{\mathrm{E}_t^{\mathbb{Q}}[e^{-r(T-t)}\min(F, V_T)\mathbf{1}_{\{\tau > T\}}]}_{\widetilde{B}_t^{\mathrm{mat}}}\end{aligned}$$

其中第一部分表示障碍被突破时的支付，第二部分表示到期时发生的支付。到期日潜在支付的价值可以进一步被分解为

$$\widetilde{B}_t^{\mathrm{mat}} = \mathrm{E}_t^{\mathbb{Q}}[e^{-r(T-t)}V_T \mathbf{1}_{\{\tau > T\}}] - \mathrm{E}_t^{\mathbb{Q}}[e^{-r(T-t)}\max(V_T - F, 0)\mathbf{1}_{\{\tau > T\}}]$$

在此，最后一项是关于公司价值的所谓下降敲出认购期权(down-and-out call option)，也就是说，当标的公司的价值在债务到期之前跌破障碍水平，该认购期权就被消灭，这恰好是在所申明的假设之下的股权价值。下跌失效期权事实上是在柜台市场交易，例如，关于汇率的柜台市场交易。当标的资产服从几何布朗运动以及障碍保持不变时，这样的期权价格有封闭的表达式[Rubinstein 和 Reiner(1991)；Björk(2009)，Ch.18]。

$\mathrm{E}_t^{\mathbb{Q}}[e^{-r(T-t)}V_T \mathbf{1}_{\{\tau > T\}}]$ 这一项代表了在债务到期之前没有触及障碍的条件下的公司价值的现值，在那些假设之下，它同样可用封闭的表达式计算。在障碍为常数 $\underline{V}_S = \underline{v}$ 的情况下，可以得到

$$\begin{aligned}\widetilde{B}_t^{\mathrm{mat}} &= \widetilde{B}^{\mathrm{mat}}(V_t, T-t, F, \underline{v}) \equiv vH(V_t, T-t, \underline{v}) - \underline{v}\left[\frac{\underline{v}}{V_t}\right]^{\alpha} H\left[\frac{\underline{v}^2}{V_t}, T-t, \underline{v}\right] \\ &+ C^{\mathrm{BS}}(V_t, \underline{v}, T-t) - \left[\frac{\underline{v}}{V_t}\right]^{\alpha} C^{\mathrm{BS}}\left[\frac{\underline{v}^2}{V_t}, \underline{v}, T-t\right] - C^{\mathrm{BS}}(V_t, F, T-t) \\ &+ \left[\frac{\underline{v}}{V_t}\right]^{\alpha} C^{\mathrm{BS}}\left[\frac{\underline{v}^2}{V_t}, F, T-t\right]\end{aligned}$$

在此，假设 $V_t > \underline{v}$，其中 $\alpha = (2r/\sigma^2) - 1$，$C^{\mathrm{BS}}(v, K, T-t)$ 是执行价为 K 的 Black-Scholes 认购期权价格，剩余期限为 $T-t$，标的的当前价值为 v。给定当前价值 v，如果资产价格 u 年之后终值在 $\underline{v}$ 之上，

$$H(v, u, \underline{v}) = e^{-ru}N\left[\frac{\ln(v/\underline{v}) + \left(r - \frac{1}{2}\sigma^2\right)u}{\sigma\sqrt{u}}\right]$$

在到期日取 1 的值。

这些表达式可以扩展到一个指数违约障碍，$\underline{V}_S = \underline{v}e^{-\gamma(T-s)}$，因此 $\underline{v}$ 是债务到期日的违约障碍，而当 $\gamma > 0$ 时，到期日之前的障碍更低。相关的取值为

$$\widetilde{B}_t^{\mathrm{mat}} = \widetilde{B}^{\mathrm{mat}}(e^{-\gamma(T-t)}V_t, T-t, e^{-\gamma(T-t)}F, e^{-\gamma(T-t)}\underline{v})$$

其中无风险收益率必须进一步由 $r-\gamma$ 替代。

接下来考察障碍水平上的支付。风险中性的公司价值的动态特征式(13.12)意味着 $V_S = V_t\exp\{(r-\sigma^2/2)(s-t)+\sigma(z_S^{\mathbb{Q}}-z_t^{\mathbb{Q}})\}$。因此指数障碍第一次触及 $z_s^{\mathbb{Q}}-z_t^{\mathbb{Q}}=(1/\sigma)[\ln(\underline{v}/V_t)-\gamma(T-s)-(r-\gamma-\sigma^2/2)(s-t)]$，也就是第一次标准布朗运动触及一个边界，这一边界是

一个确定性的关于时间的仿射。这在数学上比较容易处理，且可得到表达式

$$\tilde{B}_t^{\text{bar}} = ve^{-\gamma(T-t)+\beta[m-\tilde{m}]}\left(N\left(\frac{\beta-\tilde{m}(T-t)}{\sqrt{T-t}}\right)+e^{2\beta\tilde{m}}N\left(\frac{\beta+\tilde{m}(T-t)}{\sqrt{T-t}}\right)\right)$$

其中

$$\beta=\frac{\ln(\underline{v}/V_t)-\gamma(T-t)}{\sigma},\ m=\frac{r-\gamma-\sigma^2/2}{\sigma},\ \tilde{m}=\sqrt{2(r-\gamma)+m^2}$$

关于更多的细节，见 Lando(2004，附录 B)的例子。

将 $\tilde{B}_t^{\text{mat}}$ 和 $\tilde{B}_t^{\text{bar}}$ 相加，就可以得到具有外生的指数违约障碍的可违约债券价值。股东显然拥有关于公司资产的一个下降敲出认购期权，这个期权的价值明显低于股东在 Merton 模型中所持有的、与其具有相同的期限和执行价格的标准认购期权的价值。因为股东的情况变得更糟，因此，债权人在这个具有潜在期前违约的模型中的境况必然优于在 Merton 模型中的境况。对长期债务而言，尤其如此。很显然，与 Merton 模型相比，期前违约的机会增加了违约概率。但是，当违约障碍被触及时，债券持有人将接管公司，这超出了违约可能性增加带给他们的补偿。同样需要注意，由于资产的动态特征由扩散模型刻画，债权持有人的所得不会低于障碍价值。

13.3.3 随机利率

在 Merton 基本模型中，无违约利率被假定为常数，但是在现实生活中，无违约利率上下波动，对债券和其他债务合约，以及其他许多金融资产的估值产生非常显著的影响。由于公司债券的违约概率和信用利差同样受到无违约利率的变动，以及无违约利率与公司资产价值协变的显著影响，将 Merton 模型扩展至随机利率的情况变得非常重要。当违约只能发生在到期日时，利率的不确定性并不影响公司的股权等价于公司资产的欧式认购期权这一事实，公司的债务价值等于公司资产价值减去这一认购期权的价值。因此，问题的关键变成了确定随机利率之下认购期权的价值是多少。这一问题与 Black-Scholes-Merton 股票期权定价模型向随机利率的扩展相类似，关于这一问题，Merton(1973)已经考察过无违约利率的高斯模型。Shimko 等(1993)提供了第一份在无违约利率由单因子 Vasicek 模型所描述的假设之下，关于随机无违约利率对公司债券的估值以及信用利差的影响的详细研究，关于 Vasicek 模型的详细研究见第 7.4 节。我们将首先考察无违约利率的一般动态特征情形，然后考察高斯动态特征之下所取得的那些丰富的成果。

股权赋予持有者在 T 时得到支付 $\max[V_T-F,\ 0]$ 的权利，因此，在 $t<T$ 时，这一价值为

$$S_T=\mathrm{E}_t^{\mathbb{Q}}[e^{-\int_t^T r_u du}\max(V_T-F,\ 0)]=B_t^T\mathrm{E}_t^{\mathbb{Q}^T}[\max(V_T-F,\ 0)] \tag{13.17}$$

在此，$\mathbb{Q}^T$是与 T 日到期的无违约零息债券作为计价物相对应的 T—远期鞅测度。公司债务的价值为 $\tilde{B}_t=V_t-S_t$。为了计算式(13.17)中的最后一个期望值，我们需要知道 V_T 在$\mathbb{Q}^T$之下的分布。假设没有派发红利，资产价值的风险中性动态特征为

$$dV_t = V_t[r_t dt + \sigma dz_t^{\mathbb{Q}}]$$

为了找出 V_t 在$\mathbb{Q}^T$下的动态特征，需要利用无违约零息债券的敏感性将漂移率按第 4.4.2 节中所解释的方式进行调整。将 T 日到期的无违约零息债券价格的风险中性动态特征记为

$$dB_t^T = B_t^T[r_t dt + \rho\sigma_t^T dz_t^{\mathbb{Q}} + \sqrt{1-\rho^2}\sigma_t^T d\hat{z}_t^{\mathbb{Q}}]$$

在此，$\hat{z}^{\mathbb{Q}}$ 是独立于 $z^{\mathbb{Q}}$ 的标准布朗运动，σ_t^T 是债券的即时波动率——它可能是随机的，ρ 是资产价值与债券价格之间的即时相关系数。前述的债券价格动态特征非常的一般化，所以它同样也将多因子模型包括在内。

把重点放在 T 时刻交付的资产的远期价格是很有用的，正如第 6.2 节所推导的，该远期价格为 $F_t^T = V_t/B_t^T$。在 T 时刻，远期价格等于即期价格，也就是 $F_T^T = V_T$，我们希望知道它的$\mathbb{Q}^T$—分布。我们知道，在$\mathbb{Q}^T$—测度下，远期价格 F_t^T 是一个鞅，也就是说，漂移为 0。在$\mathbb{Q}^T$—测度和风险中性测度$\mathbb{Q}$下，远期价格对冲击的敏感性是相同的。对 V_t 和 B_t^T 给定上述风险中性过程，远期价格 $F_t^T = V_t/B_t^T$ 的敏感性可由伊藤引理得出。总之，远期价格的$\mathbb{Q}^T$动态特征为

$$dF_t^T = F_t^T[(\sigma - \rho\sigma_t^T)dz_t^T - \sqrt{1-\rho^2}\sigma_t^T d\hat{z}_t^T] \tag{13.18}$$

在此，z^T 和 $\hat{z}^T$ 为$\mathbb{Q}^T$之下独立的标准布朗运动；读者被要求在练习 13.2 中提供证明。对伊藤引理的一个标准应用表明

$$\begin{aligned} d(\ln F_t^T) &= -\frac{1}{2}\left((\sigma - \rho\sigma_t^T)^2 + (1-\rho^2)\sigma_t^T\right)dt + (\sigma - \rho\sigma_t^T)dz_t^T - \sqrt{1-\rho^2}\sigma_t^T d\hat{z}_t^T \\ &= -\frac{1}{2}\left(\sigma^2 + (\sigma_t^T)^2 - 2\rho\sigma\sigma_t^T\right)dt + (\sigma - \rho\sigma_t^T)dz_t^T - \sqrt{1-\rho^2}\sigma_t^T d\hat{z}_t^T \end{aligned}$$

因此，终值为

$$F_T^T = F_t^T \exp\left\{-\frac{1}{2}\int_t^T(\sigma^2 + (\sigma_u^T)^2 - 2\rho\sigma\sigma_u^T)du + \int_t^T(\sigma - \rho\sigma_u^T)dz_u^T - \int_t^T\sqrt{1-\rho^2}\sigma_u^T d\hat{z}_u^T\right\} \tag{13.19}$$

对于一个一般的债券波动率过程 $\sigma^T = (\sigma_t^T)$，右边的$\mathbb{Q}^T$—分布是未知的，但是这一公式作为蒙特卡洛模拟 V_T 的基础，用以近似期望 $E_t^{\mathbb{Q}^T}[\max(V_T - F, 0)]$ 从而求出股权和债务的价值，是非常有用的①。

在债券价格具有确定性波动率 $\sigma_t^T = \sigma^T(t)$ 的情况下，式(13.19)中的随机积分服从正态分布，远期价格是一个$\mathbb{Q}^T$—鞅，因此 $V_T = F_T^T$ 服从均值为 $E_t^{\mathbb{Q}^T}[V_T] = E_t^{\mathbb{Q}^T}[F_T^T] = F_t^T$ 的对数正态分布。由附录 A 中的定理 $A.4$，式(13.17)中的股权价值可以写成封闭形式为

$$S_t = B_t^T(F_t^T N(d_1) - FN(d_2)) = V_t N(d_1) - FB_t^T N(d_2)$$

其中

① 事实上，当资产的波动率 σ 被允许按照某些伊藤过程随机变化时可以应用相似的方法。

$$d_1=\frac{1}{v_F(t, T)}\ln\left(\frac{V_t}{FB_t^T}\right)+\frac{1}{2}v_F(t, T), \ d_2=d_1-v_F(t, T)$$

且

$$\begin{aligned}v_F(t, T)^2 &\equiv \mathrm{Var}_t^{\mathbb{Q}^T}[\ln F_T^T]=\mathrm{Var}_t^{\mathbb{Q}^T}\left[\int_t^T(\sigma-\rho\sigma_u^T)\mathrm{d}z_u^T-\int_t^T\sqrt{1-\rho^2}\sigma_u^T\mathrm{d}\hat{z}_u^T\right]\\&=\int_t^T\left(\sigma-\rho\sigma^T(u)\right)^2\mathrm{d}u+\int_t^T(1-\rho^2)\sigma^T(u)^2\mathrm{d}u\\&=\sigma^2(T-t)+\int_t^T\left(\sigma^T(u)\right)^2\mathrm{d}u-2\rho\sigma\int_t^T\sigma^T(u)\mathrm{d}u\end{aligned}$$

在此，我们利用到了布朗运动 z^T 和 $\hat{z}^T$ 之间的独立性以及定理 3.3。最后关于方差表达式中的第一项是因为标的资产的未来价值的不确定性，第二项是因为无违约贴现因子的不确定性，第三项是因为资产价值和无违约贴现因子的协方差。

在高斯模型中，债券波动率是确定的。例如，在单因子 Vasicek 模型中，债券价格波动率为 $\sigma^T(u)=\sigma_r b(T-u)$，其中 σ_r 是无违约短期利率的(绝对)波动率，$b(s)=(1-e^{-\kappa s})/s$，其中 κ 是均值回归速度。

只要无违约利率和公司价值之间的相关性接近 0，允许利率随机变动对于信用利差的影响非常有限。但是，当相关性较大程度地偏离 0 时，信用利差将变得显著不同。在正相关的情况下，信用利差比 0 相关性(或常数利率)时高。直觉是，如果资产价值下降，无违约利率也将倾向于下降。这将降低资产价值的风险中性漂移，因此违约变得更加可能。反过来，负相关导致信用利差。

有些研究将随机利率和违约障碍结合在一起考虑。Longstaff 和 Schwartz(1995a)考察了一个具有 Vasicek 动态特征的无违约利率，并假设期前违约发生在常数违约障碍的模型。在发生违约的情况下，债券持有人被假定在计划的到期日得到一笔相当于面值一定比例的回收支付，也就是 $(1-w)F$。假定 t 时刻障碍尚未触及，因此债券 t 时刻的价值为

$$\begin{aligned}\tilde{B}_t^T&=F\mathrm{E}_t^{\mathbb{Q}}[e^{-\int_t^T r_s\mathrm{d}s}(1-w\mathbf{1}_{\{\tau\leqslant T\}})]\\&=FB_t^T\mathrm{E}_t^{\mathbb{Q}^T}[1-w\mathbf{1}_{\{\tau\leqslant T\}}]=FB_t^T\left(1-w\mathbb{Q}_t^T(\tau\leqslant T)\right)\end{aligned}$$

公司价值的$\mathbb{Q}^T$—动态特征为

$$\mathrm{d}V_t=V_t[(r_t-\sigma_r b(T-t))\mathrm{d}t+\sigma\mathrm{d}z_t^T]$$

由于在漂移中存在随机的无违约短期利率，当过程触及一个常数障碍时，似乎很难推导出一个封闭表达式，但是可以通过数值方法计算它①。同样，假设无违约利率具有 Vasicek 动态特征，但是随机的违约障碍与相似的无违约债务的价格成正比，也就是对某些常数 $\alpha\leqslant 1$，$\underline{V}_t=\alpha FB_t^T$，Briys 和 de Varenne(1997)确实能够为可违约债务的价值推导出一个封闭表达式。

Kim 等(1993)以及 Cathcart 和 El-Jahel(1998)研究了随机利率情形下可违约债券的其他估值模型。两篇文章都假设了 CIR 类型的无违约利率和常数违约障碍，但是在模型细节上

① 在最初的文章中，Longstaff 和 Schwartz(1995a)确实为概率 $\mathbb{Q}_t^T(\tau\leqslant T)$ 给出了一个封闭表达式，但是这一表达式是错误的，见 Collin-Dufresne 和 Goldstein(2001)的讨论。

存在不同。Nielsen 等(1993)以及 Saa-Requejo 和 Santa-Clara(1999)考察了利率和违约障碍都是随机的情况。除非在非常特殊的情况下,在这些模型中,债务和股权的估值都需要用到数值技术。

13.3.4 更一般的债务合约

Merton 基本模型假设公司债务由一笔单一支付的借款,也就是一笔无息票借款构成。很显然,现实生活中的债务结构更复杂,并且既可能有具有多个支付日(息票借款),也有可能包括一些具有不同还款优先度的借款。

首先,考察企业承诺在 t_i, $t_1<\cdots<t_n$ 时支付 Y_i 的息票借款的情形。在时间 $t\in(t_{n-1}, t_n)$,我们所处的情形就是最初的 Merton 框架,即只剩有单一的支付,因此股权 S_t 的价值由 Black-Scholes 定价公式(3.13)给出,其中 $F=Y_n$, $T=t_n$;如式(13.14),债务的价值为 $\tilde{B}_t=V_t-S_t$。在时间 t_{n-1} 之前,情况更为复杂。股权持有人需要确保在 t_{n-1} 时刻支付计划的债务支付 Y_{n-1} 以保持公司持续运作,取得公司资产的期权价值直至最后的债务偿付日。换言之,股权持有人有一个复合期权:一个购买另一个期权的期权。如果最后一期的期权在 t_{n-1} 的价值低于 Y_{n-1},股权持有者将选择违约。t_{n-1} 时刻的违约障碍为资产价值 $\underline{V}_{n-1}$,此时

$$Y_{n-1}=\underline{V}_{n-1}N\big(\mathrm{d}(\underline{V}_{n-1},\ \Delta t_n)\big)-Y_n e^{-r\Delta t_n}N\big(\mathrm{d}(\underline{V}_{n-1},\ \Delta t_n)-\sigma\sqrt{\Delta t_n}\big)$$

其中 $\Delta t_n=t_n-t_{n-1}$。由此回溯,将不断增加期权的层数。在时间 $t\in(t_{n-3}, t_{n-2})$,股权持有人拥有在 t_{n-2} 时支付 Y_{n-2} 以取得在 t_{n-1} 时支付 Y_{n-1} 换取在到期日 t_n 时以执行价 Y_n 取得资产的期权。

精确的估值取决于期间支付的资金来源。假定股权持有人从自己的口袋掏钱支付,那么公司资产的价值未受影响,因此仍然服从几何布朗运动。在这种情况下,对于这个"认购期权的认购期权"存在一个简单的封闭解,见 Geske(1979),但是当存在更多层的期权时,问题就不那么好处理,这时需要用到数值解技术。采用二项树来近似资产的动态特征是合适的,可以通过树状结构向后递归得出股权和债务的价值。在这一过程中,将同样可以确定何时何地(也就是在什么资产价值水平)股权持有者将不对下一个期权行权,从而导致公司违约。

或者,假设期间支付来源于企业资产的出售,因此企业的价值在 t_i 时刻降低 Y_i。因此,在 t_{n-1}时刻,只要资产价值超过需要的债务支付,企业就会生存下去,这是因为股权持有者将就剩余资产有一个一开始就具有正的价值 $V_{t_{n-1}}-Y_{n-1}$ 的认购期权。股权和债务在此之前的价值确定还是需要借助数值计算,因为标的资产的价值不再服从一个扩散过程而是在支付日发生跳跃,所以这些计算相当繁重。因此,近似二项树不再重组,这将导致计算复杂程度的上升。Eom 等(2004)的实证分析表明,按照复合期权的特征建模将比原始的 Merton 模型造成更高的信用利差,但是他们的结论是,即便如此,模型信用利差还是低于现实的信用利差。

接下来,我们考察企业发行了两笔借款的情况,其中一笔为"高级贷款",具有高于其他贷款的优先度;另一笔为"初级贷款",也就是必须在高级贷款得到完全偿付之后,初级贷款才能得到偿付。为了简单起见,两笔贷款都是 T 日到期的零息贷款。令 F_S 表示高级贷款的面值,F_j 表示初级贷款的面值。表 13.6 提供了一个不同情势下,不同债权人之间的收益情况。如果资产价值总额高于总债务 F_S+F_J,所有的债权人都会收到各自的面值,股权持有者将

继续管理公司。如果资产价值在 F_S+F_J 之下，公司违约——并假设遵守绝对优先规则——股权持有人将一无所获。如果 $F_S<V_T\leqslant F_S+F_J$，高级贷款债权人将得到 F_S，而初级贷款债权人将得到 $V_T-F_S\leqslant F_j$。如果 $V_T\leqslant F_S$，高级贷款债权人得到 V_T，初级贷款债权人将一无所获。现在股权持有人的收益与公司资产的认购期权相似，其中，执行价等于总债务 F_S+F_J。高级债权人的收益与拥有全部资产并卖出一个执行价为 F_S 的认购期权相类似。最后，初级债权人的收益等于一个执行价为 F_S 的认购期权减去一个执行价为 F_S+F_J 的认购期权。

表 13.6　高级债权人、低级债权人和权益层持有人的状态依赖的或有收益以及当前价值

不同债权人	收益			在 t 时刻的价值
	$V_T\leqslant F_S$	$F_S<V_T\leqslant F_S+F_J$	$F_S+F_J<V_T$	
高级债权人	V_T	F_S	F_S	$V_t-c_t(F_S)$
低级债权人	0	V_T-F_S	F_J	$C_t(F_S)-C_t(F_S+F_J)$
权益层持有人	0	0	$V_T-[F_S+F_J]$	$C_t(F_S+F_J)$

注：高级债务和低级债务都是到期日为 T，面值分别为 F_S 和 F_j 的零息贷款。$C_t(K)$ 表示到期日为 T，执行价为 K，标的资产当前价值为 V_t 的认购期权的价值。

13.3.5　静态杠杆

在前面所描述的模型中，我们用几何布朗运动来为企业的价值建模，因此，公司的价值将随时间的推移而呈指数化增长。在企业的对外负债保持不变，甚至下降的情况下（部分债务被偿还），企业的杠杆率也将逐步降低。但是在现实中，企业会发行新的债务，杠杆率似乎保持非常稳定而没有太大的变化。基于这一观察，Collin-Dufresne 和 Goldstein(2001)修改了模型使得企业在未来也可以发行与现有债务的优先等级相同的新债务以使杠杆率维持不变。更准确地讲，他们假设企业价值的风险中性动态特征为

$$dV_t=v_t[r_t\,dt+\sigma\,dz_{1t}^{\mathbb{Q}}]$$

即无违约短期利率 r_t 服从 Vasicek 模型

$$dr_t=\kappa(\hat{\theta}-r_t)dt+\beta\left[\rho_r v\,dz_{1t}^{\mathbb{Q}}+\sqrt{1-\rho_{rV}^2}\,dz_{2t}^{\mathbb{Q}}\right]$$

在此，$z_1^{\mathbb{Q}}$ 和 $z_2^{\mathbb{Q}}$ 为独立的标准布朗运动，且违约障碍 $\underline{V}_t$ 根据

$$d(\ln\underline{V}_t)=k_0(\ln V_t-k_1-k_2[r_t-\hat{\theta}]-\ln\underline{V}_t)dt$$

变动，其中 k_0，k_1 和 k_2 为正的常数。这一规定有一个现实特征就是，企业将倾向于在当前企业价值足够高于当前的违约障碍时发行额外的债务，因此随后的违约障碍将会更高。此外，（对数）违约障碍的漂移是无违约短期利率的减函数，这一点与高利率环境下债务发行将会降低的观察是吻合的。对数杠杆率 $\text{LEV}_t=\ln(\underline{V}_t/V_t)$ 将服从过程（见练习 13.4）

$$d\text{LEV}_t=k_0[\overline{\text{LEV}}(r_t)-\text{LEV}_t]dt-\sigma\,dz_{1t}^{\mathbb{Q}} \tag{13.20}$$

它将围绕一个“目标对数杠杆率”$\overline{\text{LEV}}(r_t)$变化，也就是随无违约短期利率线性地降低。同前

面一样，当企业价值首次触及违约障碍时，企业将违约，这与LEV_t首次（从下面）触及0是相同的。

为了对公司附息债券进行定价，Collin-Dufresne 和 Goldstein 假设息票没有回收值，面值有一个固定的、非随机的回收值。由式(13.9)，可违约附息债券的价格因此为

$$\begin{aligned}\tilde{B}_t &= B_t - q\sum_{t_i>t}\mathrm{E}_t^{\mathbb{Q}}[e^{-\int_t^{t_j} r_u \mathrm{d}u}\mathbf{1}_{\{\tau<t_i\}}] - (1-R)\mathrm{E}_t^{\mathbb{Q}}[e^{-\int_t^{t_n} r_u \mathrm{d}u}\mathbf{1}_{\{\tau<t_n\}}] \\ &= B_t - q\sum_{t_i>t}B_t^{t_i}\mathbb{Q}_t^{t_i}(\tau<t_i \mid \tau>t) - (1-R)B_t^{t_n}\mathbb{Q}_t^{t_n}(\tau<t_n \mid \tau>t)\end{aligned}$$

很显然，从模型可以知道期望和违约概率将只依赖于r_t和LEV_t。在这个两维的框架下，触及障碍的时间的密度函数并没有已知的封闭形式。Collin-Dufresne 和 Goldstein 采用了一个看上去高效率的数值技术来计算相关的违约概率以及债券价格。对一个大概合理的参数选择，他们的模型与违约障碍不变的标准模型相比，为投资级（非投资级）公司债券产生了一个更高（更低）的信用利差。直观地看，投资级企业的当前杠杆率将比长期杠杆率低，所以杠杆倾向于增加并由此导致与不变违约障碍相比更高的长期信用利差。反过来，当前的高杠杆非投资级企业情况会相反。此外，这一模型可以为非投资级的债券生成一个向上倾斜的信用利差期限结构，并且信用利差相对于公司价值的变化相对不敏感。所有这些模型性质与经验观察相符，而标准模型则无法描述这些特征。但是根据 Eom 等(2004)的调查，模型往往高估信用利差。

当然，对模型的一些假设的批评是公平的。首先，模型基本假设新的债务是根据一些外生、固定的规则连续的发行，显然它也允许负债务发行，这可以解释为对部分现有债务的提前偿付。债券发行及偿付是公司管理层的内源性和战略性的决策。其次，新的债务被认为具有与现有债务相同的优先级，这稀释了现有的债权，这很自然地让人想到原来的债务合同与契约将限制未来债务发行的决定。然而，在实践中，大多数企业债务合同不排除将来发行同等优先级债务。因此，最好将模型看成是企业杠杆动态特征的"非常简化的形式"表达，但是这一模型容易处理的，并确实显示了公司未来资本结构变化的可能性能够对当前信用利差产生显著影响。

13.3.6　其他扩展

关于企业标的资产的价值模型，Zhou(2001b)在 Merton 原始模型中所采用的几何布朗运动中增加了服从对数正态分布的跳跃的可能性。如果债务的形式为零息票借款，且只能在到期日违约，股权的价值为半封闭形式，即 Black-Scholes 类型的期权价格的无限级数，这与 Merton(1976)对 Black-Scholes 公式的扩展完全相似。由于存在期前违约的可能性，股权和债务的价值必须使用数值技术来确定。由于在资产价值中存在跳跃元素，违约可能不期而至，这意味着即便非常短的债务，也存在与经验发现相一致的正信用利差。与最初的 Merton 模型相比，跳跃扩散模型一般会造成更高的信用利差以及更具灵活性的风险结构形状。

在上面的大多数模型中，企业的资本结构被假定为不变，直到到期时刻债务因偿还而减少。在 Collin-Dufresne 和 Goldstein(2001)中，债务水平随时间推移而变化建立在外生的规则之上。一个企业的资本结构进行重大调整，这都是管理层按照股东的意愿（忽略代理问题）

所做出的战略选择。有一些论文已经研究过在股权所有者能够动态优化资本结构的情况下的股权和债务估值问题。为了更有意义地探讨资本结构问题,我们需要超越 Modiagliani 和 Miller(1958, 1963)的理想化分析框架。大多数论文假设在债务的税收优势(由税务主管部门负担)和金融困境的成本(包括破产后支付给律师的直接成本以及违约风险高企时客户和员工流失的间接成本)之间存在权衡。因此,违约障碍内生地由最大化股权价值的经理人确定。这些模型中,有些模型允许债务是随时可以偿还的,这样的话,企业可以通过支付剩余的债务并加上一些事先确定的溢价消灭现有的债务合约。因为大部分公司债券是随时可以赎回的,考虑到这一特征很重要。感兴趣的读者可以参考 Lando(2004,第 3 章)或 Brennan 和 Schwartz (1984), Fischer、Heinkel 和 Zechner(1989), Leland(1994), Leland 和 Toft(1996), Mella-Barral 和 Perraudin(1997), Goldstein、Ju 和 Leland(2001),以及 Christensen、Flor、Lando 和 Miltersen(2002)的原始论文。

13.3.7 结构模型中的违约相关性

在结构模型中,每一个体企业的违约受到它的资产价值过程的控制。因此,两家公司的资产价值之间的相关性决定了它们之间的违约相关性。假设两公司的资产价值的动态特征为

$$dV_{1t}=V_{1t}[\mu_1 dt+\sigma_1 dz_{1t}]$$
$$dV_{2t}=V_{2t}\left[\mu_2 dt+\sigma^2\left(\rho_{12}dz_{1t}+\sqrt{1-\rho_{12}^2}\,dz_{2t}\right)\right]$$

在此,ρ_{12}是资产价值之间的即时相关性。此外,假设违约障碍为常数,$\underline{V}_{it}=\underline{v}_i$, $i=1, 2$。那么 $X_i\equiv(\ln[V_{it}/V_{i0}]-[\mu_i-\sigma_i^2/2]t)/(\sigma_i\sqrt{t})$ 是一个标准正态随机变量,因此

$$\mathbb{P}(V_{it}<\underline{v}_i)=N(-\mathcal{D}_{it})\equiv\int_{-\infty}^{-\mathcal{D}_{it}}\frac{1}{\sqrt{2\pi}}e^{-x^2/2}dx \tag{13.21}$$

其中

$$\mathcal{D}_{it}=\frac{\ln(V_{i0}/\underline{v}_i)+(\mu_i-\sigma_i^2/2)t}{\sigma_i\sqrt{t}}$$

是企业 i 的违约距离。此外,(X_1, X_2)是一个相关系数为 ρ_{12}的标准二元正态分布,因此

$$\begin{aligned}\mathbb{P}(V_{1t}<\underline{v}_1, V_{2t}<\underline{v}_2)&=N_2(-\mathcal{D}_{1t}, -\mathcal{D}_{2t}; \rho_{12})\\&=\int_{-\infty}^{-\mathcal{D}_{1t}}\int_{-\infty}^{-\mathcal{D}_{2t}}\frac{1}{\sqrt{2\pi(1-\rho_{12}^2)}}\\&\quad\times\exp\left\{-\frac{x_1^2+x_2^2-2\rho_{12}x_1x_2}{2(1-\rho_{12}^2)}\right\}dx_2dx_1\end{aligned} \tag{13.22}$$

现在将上一表达式与式(13.10)结合并计算时间区间[0, t]的违约相关性为

$$\rho_{12}^{\mathcal{D}}(0, t)=\frac{N_2(-\mathcal{D}_{1t}, -\mathcal{D}_{2t}; \rho_{12})-N(-\mathcal{D}_{1t})N(-D_{2t})}{\sqrt{N(-\mathcal{D}_{1t})[1-N(-\mathcal{D}_{1t})]N(-\mathcal{D}_{2t})[1-N(-D_{2t})]}}$$

且[根据 Crouhy 等(2000)]有些商业评级机构就是这么做的。然而,如果企业 i 在 V_i 第一次触及 $\underline{v}_i$ 时违约,资产价值过程可以再次上升至 $\underline{v}_i$ 之上,所以,即便 $V_{it} \geqslant \underline{v}_i$,企业在 t 时刻同样还是违约。因此,式(13.21)并实际上不是企业 i 在 t 时刻违约的概率,且式(13.22)不是两家企业在 t 时刻违约的概率。因此,上面关于违约相关性的表达式同样有瑕疵。

在企业资产的动态特征如上,企业 i 的违约障碍由 $\underline{V}_i = v_i \exp\{\gamma_i t\}$ 给出的假设之下,Zhou(2001a)推导出两个企业之间的正确违约相关性。各自的违约概率为

$$\mathbb{P}(\tau_i \leqslant t) = N\left(-\frac{\ln\left(\frac{V_{i0}}{\underline{v}_i}\right) + \alpha_i t}{\sigma_i \sqrt{t}}\right) + \left(\frac{V_{i0}}{\underline{v}_i}\right)^{2\alpha i/\sigma_i^2} N\left(\frac{\ln\left(\frac{V_{i0}}{\underline{v}_i}\right) - \alpha_i t}{\sigma_i \sqrt{t}}\right)$$

其中 $\alpha_i = \mu_i - \gamma_i - \frac{\sigma_i^2}{2}$。Zhou 为至少一家企业违约的概率,$\mathbb{P}(\tau_1 \leqslant t$ 或 $\tau_2 \leqslant t)$,得到了一个非常复杂的表达式,该表达式包括了对 Bessel 函数的双重积分,因此只能通过数值方法进行对其估值[①]。给定这些概率,在时间区间$[0, t]$上的违约相关性 $\rho_{12}^D(0, t)$ 可以利用式(13.11)以及随后利用式(13.10)计算。Zhou 所提供的数值结果表明:

(1) 违约相关性 $\rho_{12}^D(0, t)$ 和资产价值相关性 ρ_{12} 具有相同的符号;

(2) 资产的相关性越高,违约的相关性也越高;

(3) 违约相关性比资产相关性小(也就是更接近于 0);

(4) 资信品质高意味着在相关的期限内低违约相关性;

(5) 随着时间的推移,公司的资信品质发生变化,故而违约相关性不断的发生变化。

另一个捕捉违约依赖性特征的方法是所谓的交合函数。我们将在第 13.6 节介绍这一方法。

13.4 简化模型

在对可违约债券和信用衍生品定价时,关于企业特有的输入参数中包括风险中性违约概率和发生违约时的回收率。结构模型试图通过每一公司基础性的资产和负债来解释这些数量。而 Jarrow 和 Turnbull(1995)所创始的简化方法则是直接为违约概率和回收率建模。简化模型同样也被称为强度模型,因为在任何时间段的违约概率都是通过违约强度进行建模,所谓违约强度,就是每一时期的即时违约概率。简化模型的重要动机之一就是要避免为每一发行人的资产动态特征和资本结构构建繁琐的模型,但是与公司相关的变量,如股票价格及其波动率有时也被包括进来作为决定违约强度的因子。在简化模型中,代表违约时间的停止时间 τ 被假定为一个完全不可及的停止时间,这基本意味着违约经常会突然发生,这与扩散类型的结构模型中违约可以被预测形成了鲜明的对比。

---

① 在参数条件 $\gamma_i = \mu_i - \sigma_i^2/2$ 下的解要简单得多,而且由这个解可以得到大致与精确复杂解相同的违约相关性,尽管这些参数并不满足条件。

给定一个概率测度$\mathbb{Q}$，与违约相关的累积风险是一个随机过程 $H=(H_t)$，它由

$$H_t = -\ln \mathbb{Q}_t(\tau > t)$$

所规定，因此 $\mathbb{Q}_t(\tau > t) = e^{-H_t}$。累积风险通常被假定有一个积分形式

$$H_t = \int_0^t h_u \mathrm{d}u$$

在此，h_t 被称为违约强度(或风险率)。现在我们假定违约强度以及累积风险为确定性函数。那么在到 t 时刻为止，发行人没发生违约这一条件下，从 t 到 $t+\Delta t$ 这一期间的违约概率为

$$\begin{aligned}\mathbb{Q}(t < \tau < t+\Delta t \mid \tau > t) &= 1 - \frac{\mathbb{Q}(\tau > t+\Delta t)}{\mathbb{Q}(\tau > t)} = 1 - e^{-(H_{t+\Delta t} - H_t)} \\ &= 1 - e^{-\int_t^{t+\Delta t} h_u \mathrm{d}u} \approx h_t \Delta t\end{aligned}$$

其中第一个等式成立是因为式(13.1)，而近似是因为，对于 $x\approx 0$，有 $e^x \approx 1+x$ 和 $\int_t^{t+\Delta t} h_u \mathrm{d}u \approx h_t \Delta t$。因此，在 t 时刻，违约强度能够捕捉 t 时刻后的短期内(严格意义讲，即时)的条件违约概率。在累积风险和违约强度随机的情况下，在$[t, t']$区间基于到 t 时刻没有发生违约这一条件之上的违约概率为

$$\mathbb{Q}(t < \tau < T \mid \tau > t) = 1 - \mathrm{E}_t^{\mathbb{Q}}[e^{-\int_t^T h_u \mathrm{d}u}] \tag{13.23}$$

在很短的时期内，该违约概率同样也与 t 时刻的违约强度成正比，即

$$\mathbb{Q}(t < \tau < t+\Delta t \mid \tau > t) = 1 - \mathrm{E}_t^{\mathbb{Q}}[e^{-\int_t^{t+\Delta t} h_u \mathrm{d}u}] \approx h_t \Delta t$$

t 时刻的违约强度因此可以被解释为每一很短的时间段内的违约概率。注意，违约强度连接概率测度，因此一般而言，概率测度的改变将造成违约强度的改变。

根据式(13.23)，期望 $\mathrm{E}_t^{\mathbb{Q}}[e^{-\int_t^T h_u \mathrm{d}u}]$ 等于 1 减去违约概率，这是企业在时间区间$[t, T]$幸存的概率。这一幸存概率与无违约零息债券的价格的一般表达式 $B_t^T = \mathrm{E}_t^{\mathbb{Q}}[e^{-\int_t^T r_u \mathrm{d}u}]$ 相似，其中，$r=r(t)$ 是无违约短期利率过程。如果违约强度是一个马尔科夫扩散过程 $x=(x_t)$ 的函数，那么幸存概率 $\mathrm{E}_t^{\mathbb{Q}}[e^{-\int_t^T h_u \mathrm{d}u}]$ 由某些函数 $f(x_t, t)$给出，在此，函数 f 为抛物型偏微分方程的解。如果更进一步，违约强度是 x 的一个仿射函数，且 x 的动态特征属于仿射类，那么幸存概率将是当前值 x_t 的一个指数仿射函数，违约概率随之可以马上得出。

用基于强度的模型来为可违约债券定价，需要就违约情况下的回收支付做出一些假设。我们将一起考察后面三个经常用到的回收规定以及它们各自对应的定价公式。简化模型的一个重要特征就是这些定价公式与无违约债券的定价公式具有相似性。因此，我们可以应用前面几章的工具。接下来，我们将讨论课违约债券的一些具体简化模型。

13.4.1 回收假设和债券定价

为简单起见，考察一个在 T 时刻支付一个货币单位的零息债券。当违约发生在 T 之前时，我们假设债券持有人将得到价值为 R_τ 的回收支付。因此，可违约债券在 $t<T$ 时的价值

是(在此及随后都假设到 t 时尚未发生违约)：

$$\begin{aligned}\widetilde{B}_t^T &= \mathrm{E}_t^{\mathbb{Q}}\left[e^{-\int_t^T r_u \mathrm{d}u}\mathbf{1}_{\{\tau>T\}} + e^{-\int_t^\tau r_u \mathrm{d}u}\mathbf{1}_{\{\tau\leqslant T\}}R_\tau\right] \\ &= \mathrm{E}_t^{\mathbb{Q}}\left[e^{-\int_t^T r_u \mathrm{d}u}\mathbf{1}_{\{\tau>T\}}\right] + \mathrm{E}_t^{\mathbb{Q}}\left[e^{-\int_t^\tau r_u \mathrm{d}u}\mathbf{1}_{\{\tau\leqslant T\}}R_\tau\right]\end{aligned}$$

正如 Lando(1998)所证明的,第一项可以重新记为

$$\mathrm{E}_t^{\mathbb{Q}}\left[e^{-\int_t^T r_u \mathrm{d}u}\mathbf{1}_{\{\tau>T\}}\right] = \mathrm{E}_t^{\mathbb{Q}}\left[e^{-\int_t^T (r_u+h_u)\mathrm{d}u}\right] \tag{13.24}$$

这再次与无违约零息债券价格的一般表达式非常相似。第二项表示回收支付的价值,可以重新记为

$$\mathrm{E}_t^{\mathbb{Q}}\left[e^{-\int_t^\tau r_u \mathrm{d}u}\mathbf{1}_{\{\tau\leqslant T\}}R_\tau\right] = \int_t^T \mathrm{E}_t^{\mathbb{Q}}\left[e^{-\int_t^u (r_s+h_s)\mathrm{d}s}h_u R_u\right]\mathrm{d}u \tag{13.25}$$

因此,

$$\widetilde{B}_t^T = \mathrm{E}_t^{\mathbb{Q}}\left[e^{-\int_t^T (r_u+h_u)\mathrm{d}u}\right] + \int_t^T \mathrm{E}_t^{\mathbb{Q}}\left[e^{-\int_t^u (r_s+h_s)\mathrm{d}s}h_u R_u\right]\mathrm{d}u \tag{13.26}$$

为了继续讨论,我们需要对回收支付做些假设。接下来,我们探讨一下信用文献中常用的三种不同假设。

1. 回收面值

在发生违约时,立即得到的回收支付是面值的一部分,即 w_τ。对于一个零息债券,这意味着在上面的表达式中 $R_\tau = w_\tau$。在回收的面值不变的情况下,债券的价格变为

$$\widetilde{B}_t^T = \mathrm{E}_t^{\mathbb{Q}}\left[e^{-\int_t^T (r_u+h_u)\mathrm{d}u}\right] + w\int_t^T \mathrm{E}_t^{\mathbb{Q}}\left[e^{-\int_t^u (r_s+h_s)\mathrm{d}s}h_u\right]\mathrm{d}u \tag{13.27}$$

如果更进一步,违约强度和无违约利率假定为相互独立,得到

$$\begin{aligned}\widetilde{B}_t^T &= \mathrm{E}_t^{\mathbb{Q}}\left[e^{-\int_t^T r_u \mathrm{d}u}\right]\mathrm{E}_t^{\mathbb{Q}}\left[e^{-\int_t^T h_u \mathrm{d}u}\right] + w\int_t^T \mathrm{E}_t^{\mathbb{Q}}\left[e^{-\int_t^u r_s \mathrm{d}s}\right]\mathrm{E}_t^{\mathbb{Q}}\left[e^{-\int_t^u h_s \mathrm{d}s}h_u\right]\mathrm{d}u \\ &= B_t^T\,\mathbb{Q}(\tau>T \mid \tau>t) + w\int_t^T B_t^u \mathrm{E}_t^{\mathbb{Q}}\left[e^{-\int_t^u h_s \mathrm{d}s}h_u\right]\mathrm{d}u\end{aligned} \tag{13.28}$$

正如下面所要讨论的,在某些假设之下,可以封闭形式计算式(13.27)或式(13.28)中的期望值,但是,仍然需要做些积分运算。当然,在违约强度 $h_u = h$ 为常数的情况下,期望是冗余的,得到

$$\widetilde{B}_t^T = e^{-h(T-t)}B_t^T + wh\int_t^T e^{-h(u-t)}B_t^u \mathrm{d}u$$

2. 回收国债

在发生违约时,公司债券的所有者收到具有相同期限,但面值更低的国债。对一个零息债券而言,这意味着 $R_\tau = w_\tau B_\tau^T$,也就是回收价值等于面值的贴现值的一部分,即 w_τ。原则上,将此代入式(13.26),可以观察到,在 τ 时刻得到 $w_\tau B_\tau^T$ 等价于在原到期日 T 得到 w_τ,利用这一观察更为有用。因此,可违约债券的价格可以表示为

$$\widetilde{B}_t^T = \mathrm{E}_t^{\mathbb{Q}}\left[e^{-\int_t^T r_u \mathrm{d}u}\left(\mathbf{1}_{\{\tau>T\}} + w_\tau \mathbf{1}_{\{\tau\leqslant T\}}\right)\right] = \mathrm{E}_t^{\mathbb{Q}}\left[e^{-\int_t^T r_u \mathrm{d}u}\left(w_\tau + (1-w_\tau)\mathbf{1}_{\{\tau>T\}}\right)\right]$$

在回收比例为常数，即 $w_\tau = w$ 的情况下，可得到

$$\begin{aligned}\tilde{B}_t^T &= w\mathrm{E}_t^{\mathbb{Q}}\left[e^{-\int_t^T r_u \mathrm{d}u}\right] + (1-w)\mathrm{E}_t^{\mathbb{Q}}\left[e^{-\int_t^T r_u \mathrm{d}u}\mathbf{1}_{\{\tau > T\}}\right] \\ &= wB_t^T + (1-w)\mathrm{E}_t^{\mathbb{Q}}\left[e^{-\int_t^T (r_u + h_u)\mathrm{d}u}\right]\end{aligned} \tag{13.29}$$

因为式(13.24)，最后一个等式成立。注意式(13.29)中的最后一个期望与式(13.27)中的第一个期望相似，但是只要违约强度不是常数，式(13.27)中的最后一个期望就更复杂。因此，假设回收常数比例的国债一般比假设回收常数比例的面值所得到的定价公式更为简单。

在第 13.2.2 节我们已经推导出连接可违约债券价格，信用利差和风险中性违约概率的等式。尤其是，当假定违约强度、回收支付，以及无违约利率彼此独立时，可以将信用利差表示为

$$\begin{aligned}\zeta_t^T &= -\frac{1}{T-t}\ln\left(1-(1-\mathrm{E}_t^{\mathbb{Q}}[w])\,\mathbb{Q}_t(\tau \leqslant T \mid \tau > t)\right) \\ &\approx \frac{(1-\mathrm{E}_t^{\mathbb{Q}}[w])\,\mathbb{Q}_t(\tau \leqslant T \mid \tau > t)}{T-t}\end{aligned}$$

且可以将风险中性违约概率记为

$$\mathbb{Q}_t(\tau \leqslant T \mid \tau > t) = \frac{1-e^{-\zeta_t^T(T-t)}}{1-\mathrm{E}_t^{\mathbb{Q}}[w]} \approx \frac{\zeta_t^T(T-t)}{1-\mathrm{E}_t^{\mathbb{Q}}[w]}$$

参见式(13.5)和式(13.6)。这些关系式中的违约概率可以利用式(13.23)表示为违约强度。不幸的是，一般而言，彼此独立性这一假设并不现实。或者，假设一个非随机的回收支付，并且允许违约强度以及无违约利率在风险中性测度下相互独立，就有近似

$$\mathbb{Q}_t^T(\tau \leqslant T \mid \tau > t) \approx \frac{\zeta_t^T(T-t)}{1-w}$$

见式(13.7)。在没做出独立性假设的前提下，这一表达式将 T 远期违约概率测度和信用利差联系起来。T—远期违约概率与 T—远期违约强度之间的关系与式(13.23)相似，但是 T—远期违约强度一般与风险中性违约强度 h 不同。

3. 回收市值

回收支付被假定为违约前片刻，债券市值的一部分 w_τ，且在违约时得到支付。对一个零息债券而言，这意味着 $R_\tau = w_\tau \tilde{B}_{\tau-}^T$，其中"$\tau-$"表时"时间 τ 之前的一瞬间"。换言之，违约意味着债券市值的一部分 $\ell_\tau = 1 - w_\tau$ 遭受损失。如果将违约支付代入式(13.26)，得到一个递归估值表达式，该表达式看上去相当复杂。但是，Duffie 和 Singleton(1999)给出递归关系的解为

$$\tilde{B}_t^T = \mathrm{E}_t^{\mathbb{Q}}\left[e^{-\int_t^T (r_u + h_u \ell_u)\mathrm{d}u}\right] \tag{13.30}$$

这也就是，可违约零息债券的价格与"经违约风险调整"的短期利率 $r + h\ell$ 之间的关联与无违约零息债券的价格和无违约短期利率之间的关联是完全一致的。可以将 $h_u \ell_u$ 视为违约的期望损失的测度指标。回顾一下，无违约零息债券的收益率随期限降至 0 而趋近 r_t。相似地，

可违约零息债券的收益率将趋近于 $r_t + h_t\ell_t$，所以非常短期的信用利差将为 $h_t\ell_t$。假设违约风险调整利率 $r + h\ell$ 在任何的仿射或二次模型中具有风险中性的动态特征，应该可以直接得到一个可违约债券价格的等式。但是，如果希望对具有不同违约强度或者不同违约损失的公司债券进行一致的定价，应当对无违约短期利率和期望损失 $h\ell$ 各自应用动态模型，甚至对违约强度 h 和违约损失 ℓ 采用各自的模型。

由于证明式(13.30)是技术性问题，我们在此只提供离散时间下的论证来支持常数回收率 w，从而也是常数损失率 $\ell = 1 - w$，这一特例下的结论。将时间区间 $[t, T]$ 按间距 Δt 进行分割，因此 $T = t + N\Delta t$。假设发行人到 t 为止尚未违约。那么在下一个 Δt 间隔的违约概率(近似为) $1 - e^{-h_t\Delta t}$，在这一情况下，债券持有者将得到 $w\tilde{B}_t^T$。否则，债券持有者以概率 $e^{-h_t\Delta t}$ 持有价值为 $\tilde{B}_{t+\Delta t}^T$ 的债券，直至这一时段结束。贴现并取期望，得到

$$\tilde{B}_t^T = (1 - e^{-h_t\Delta t})e^{-r_t\Delta t}w\tilde{B}_t^T + e^{-h_t\Delta t}e^{-r_t\Delta t}\mathrm{E}_t^{\mathbb{Q}}[\tilde{B}_{t+\Delta t}^T]$$

这意味着

$$[e^{(r_t+h_t)\Delta t} - (e^{h_t\Delta t} - 1)w]\tilde{B}_t^T = \mathrm{E}_t^{\mathbb{Q}}[\tilde{B}_{t+\Delta t}^T]$$

如果用

$$e^{R_t\Delta t} = e^{(r_t+h_t)\Delta t} - (e^{h_t\Delta t} - 1)w$$

规定 R_t，有 $e^{R_t\Delta t}\tilde{B}_t^T = \mathrm{E}_t^{\mathbb{Q}}[\tilde{B}_{t+\Delta t}^T]$，因此有 $\tilde{B}_t^T = e^{-R_t\Delta t}\mathrm{E}_t^{\mathbb{Q}}[\tilde{B}_{t+\Delta t}^T]$。此外，利用当 x 接近于 0 时 $e^x \approx 1 + x$ 这一近似，得到

$$1 + R_t\Delta t \approx 1 + (r_t + h_t)\Delta t - wh_t\Delta t = 1 + \big(r_t + (1-w)h_t\big)\Delta t$$

于是得到所需要的

$$R_t \approx r_t + (1-w)h_t \equiv r_t + \ell h_t$$

上面两个连续日期的债券价格之间的关系对于全部的 Δt 间隔是有效的。例如 $\tilde{B}_{t+\Delta t}^T = e^{-R_{t+\Delta t}\Delta t}\mathrm{E}_{t+\Delta t}^{\mathbb{Q}}[\tilde{B}_{t+2\Delta t}^T]$。因此，有

$$\begin{aligned}\tilde{B}_t^T &= e^{-R_t\Delta t}\mathrm{E}_t^{\mathbb{Q}}[\tilde{B}_{t+\Delta t}^T] = e^{-R_t\Delta t}\mathrm{E}_t^{\mathbb{Q}}[e^{-R_{t+\Delta t}\Delta t}\mathrm{E}_{t+\Delta t}[\tilde{B}_{t+2\Delta t}^T]] \\ &= \mathrm{E}_t^{\mathbb{Q}}[e^{-(R_t+R_{t+\Delta t})\Delta t}\tilde{B}_{t+2\Delta t}^T]\end{aligned}$$

如果继续迭代，并利用 $\tilde{B}_T^T = 1$，将得到

$$\tilde{B}_t^T = \mathrm{E}_t^{\mathbb{Q}}\Big[\exp\Big\{-\sum_{n=0}^{N-1}R_{t+n\Delta t}\Delta t\Big\}\Big] \approx \mathrm{E}_t^{\mathbb{Q}}\Big[\exp\Big\{-\sum_{n=0}^{N-1}(r_t + n\Delta t + \ell h_{t+n\Delta t})\Delta t\Big\}\Big]$$

这就是式(13.30)在离散时间下的情况。

在完全的一般性下，这三个关于回收的假设是等价的。但是，正如前面已经指出的，简单的定价公式通常要求回收比率 w_τ 为常数或者是某些具体变量的特定函数，这将使得等价关系瓦解。例如，回收支付为市值的一定比例，$R_\tau = w\tilde{B}_{\tau-}^T$，所对应的面值比例则是随机的，即 $w_\tau = w\tilde{B}_{\tau-}^T$。

很显然，无论采用何种回收假设，我们可以利用前面几章所得到的结果。无违约债券和

衍生品的主要模型类型为(一维或多维的)仿射模型。例如,如果 r 和 h 为某些扩散过程 x 的仿射函数,该过程可能是多维扩散过程、具有仿射漂移和即时方差—协方差矩阵。对于特定普通微分方程的解函数 A 和 B,有

$$\mathrm{E}_t^{\mathbb{Q}}\left[e^{-\int_t^T (r_u+h_u)\mathrm{d}u}\right]=e^{A(T-t)+B(T-t)^{\top}x_t} \tag{13.31}$$

这照顾到了式(13.29)中的期望和式(13.27)中的第一个期望。此外,由 Duffie 等(2000)可知,式(13.27)中的第二个期望给出

$$\mathrm{E}_t^{\mathbb{Q}}\left[e^{-\int_t^u (r_s+h_s)\mathrm{d}s}h_u\right]=\left(\hat{A}(u-t)+\hat{B}(u-t)^{\top}x_t\right)e^{A(u-t)+B(u-t)^{\top}x_t} \tag{13.32}$$

在此,$\hat{A}$ 和 $\hat{B}$ 为可以从某些普通微分方程中求出的其他确定性函数(见练习 13.7)。只要 r 和 $h\ell$ 为具有仿射动态特征的变量的仿射函数,式(13.30)中的期望将同样具有指数仿射的形式。

在构建这样的模型时,我们理应知道关于违约概率或者违约强度和回收率的波动情况的经验发现,以及与违约相关的这些变量与无违约利率之间的联系。接下来,我们将首先仔细研究一个非常简单的 Vasicek 类模型,然后再考察更为精巧的模型。

13.4.2 一个简单的仿射简化模型

本节我们考察一个非常简单的仿射模型,并用其说明这一一般方法。Kraft 和 Munk(2007)研究过这一模型示例。假设无违约短期利率服从第 7.4 节的 Vasicek 模型,且风险中性动态特征为

$$\mathrm{d}r_t=\kappa(\hat{\theta}-r_t)\mathrm{d}t+\beta\mathrm{d}z_t^{\mathbb{Q}}$$

因此,无违约零息债券价格为

$$B_t^T=e^{-a(T-t)-b(T-t)r_t}$$

其中

$$b(s)=\frac{1}{\kappa}(1-e^{-\kappa s}),\ a(s)=\frac{1}{\kappa}\left(\hat{\theta}-\frac{\beta^2}{2\kappa}\right)(s-b(s))+\frac{\beta^2}{4\kappa}b(s)^2$$

进一步假设在此适用 Duffie-Singleton 的回收市场价值法则,以及违约风险调整的短期利率是无违约短期利率的仿射,

$$\tilde{r}_t\equiv r_t+h_t\ell_t=k_0+k_1r_t$$

这样的一种关系在两种情况下满足:

(1) 常数损失率 $\ell_t=L\geqslant 0$,仿射违约强度 $h_t=H_0+H_1r_t$。因此,$k_0=H_0L$ 和 $k_1=1+H_1L$。

(2) 常数违约强度 $h_t=H>0$,仿射损失率 $\ell_t=L_0+L_1r_t$。因此,$k_0=HL_0$ 和 $k_1=1+HL_1$。

在这些假设之下,可违约零息债券的价格变成

$$\tilde{B}_t^T = \mathrm{E}_t^{\mathbb{Q}}\left[e^{-\int_t^T (k_0+k_1 r_u)\mathrm{d}u}\right] = e^{-k_0(T-t)}\,\mathrm{E}_t^{\mathbb{Q}}\left[e^{-\int_t^T k_1 r_u \mathrm{d}u}\right]$$

由于

$$\mathrm{d}(k_1 r_t) = k_1 \mathrm{d}r_t = \kappa[k_1\hat{\theta} - (k_1 r_t)]\mathrm{d}t + k_1\beta \mathrm{d}z_t^{\mathbb{Q}}$$

我们看到 $k_1 r_t$ 是一个 Vasicek 类型的随机过程，具有相同的均值回归速度参数 κ，但是长期水平是 $k_1\hat{\theta}$ 而不是 $\hat{\theta}$，波动率是 $k_1\beta$ 而不是 β。通过与无违约债券价格计算的类比有

$$\mathrm{E}_t^{\mathbb{Q}}\left[e^{-\int_t^T k_1 r_u \mathrm{d}u}\right] = e^{-k_1\tilde{a}(T-t)-b(T-t)k_1 r_t}$$

其中

$$\tilde{a}(s) = \frac{1}{\kappa}\left(\hat{\theta} - \frac{k_1\beta^2}{2\kappa}\right)(s - b(s)) + \frac{k_1\beta^2}{4\kappa}b(s)^2$$

可违约零息债券的价格因此为

$$\tilde{B}_t^T = e^{-k_0[T-t]-k_1\tilde{a}(T-t)-b(T-t)k_1 r_t} = e^{f(T-t)}(B_t^T)^{k_1} \tag{13.33}$$

其中

$$f(s) = -k_0 s + \frac{\beta^2 k_1(k_1-1)}{2\kappa^2}\left(s - b(s) - \frac{\kappa}{2}b(s)^2\right)$$

无违约和可违约的零息债券的收益率分别为

$$y_t^{t+s} = \frac{a(s)}{s} + \frac{b(s)}{s}r_t,\quad \tilde{y}_t^{t+s} = k_1 y_t^{t+s} - \frac{f(s)}{s}$$

因此，收益率利差变为

$$\zeta_t^{t+s} = \tilde{y}_t^{t+s} - y_t^{t+s} = (k_1-1)y_t^{t+s} - \frac{f(s)}{s} = (k_1-1)\frac{a(s)}{s} - \frac{f(s)}{s} + (k_1-1)\frac{b(s)}{s}r_t$$

对关键参数的经验证据是混乱的。利用 1989—1998 年美国国债和公司债券价格数据，Bakshi 等人(2006)估计了 Duffie-Singleton 框架下的几个具体的违约风险调整短期利率 $\tilde{r}_t$。与上面的假设一致，在一个 $\tilde{r}_t = k_0 + k_1 r_t$ 的模型中，他们估计的 BBB 级债券的 k_1 为 1.018，A 级债券为 0.985。增加一个公司特定的困境变量 x_t 使得 $\tilde{r}_t = k_0 + k_1 r_t + k_2 x_t$，他们估计 k_1 小于 1，也就是对 BBB 级债券而言，处于[0.767, 0.910]区间，对 A 级债券而言，处于[0.902, 0.966]区间，这取决于用什么代理指标来表示公司困境。Jarrow 和 Yildirim(2002)假设了一个 Vasicek 模型，一个常数损失率，一个作为无违约短期利率的仿射的违约强度。他们利用 22 家公司的违约互换报价来进行估计。他们对公司各自的 H_1 的估计都为正，范围从 1.3 到 26.9 基点。Longstaff 和 Schwartz(1995b)，Duffee(1998)以及 Papageorgiou 和 Skinner(2006)的实证研究得出的结论是，在无违约收益率中，收益率利差一般是下降的。在当前的框架之内，如果 $k_1 < 1$ 就是这种情形。

为了进行具体讨论，我们假设适用版本 1 的模型，也就是损失率由常数 L 决定，违约强度为 $h_t = H_0 + H_1 r_t$。假设当前的短期利率是 4%，$\kappa = 0.15$，$\beta_r = 0.01$ 和 $\hat{\theta} = 0.0522$，由此可知无违约收益率曲线是一条向上倾斜的曲线，渐近长期零息收益率为 5%。假定发生违约的损失为 40%。违约强度的固定部分为 $H_0 = 0.025$，因此 $k_0 = 0.01$。我们在 −0.5 和 0.5 之间

改变H_1，这对应于违约强度(在当前的短期利率之下)在0.005和0.045之间发生变化，k_1在0.8到1.2之间发生变化。图13.1显示了不同H_1取值之下的收益率利差曲线。所有的利差曲线都相当平坦。很显然，违约强度是利差水平的一个重要决定因素。注意，我们可以看到，图13.1中的短期利差全部大于零。事实上，可以证明对于$s\to 0$，$f(s)/s\to k_0$，因此，即时利差变成

$$\lim_{s\to 0}\zeta_t^{t+s}=\lim_{s\to 0}\tilde{y}_t^{t+s}-\lim_{s\to 0}y_t^{t+s}=k_1r_t+k_0-r_t=(k_1-1)r_t+k_0$$

这只有在$\tilde{r}_t=r_t$时，也就是没有违约风险时才为零。

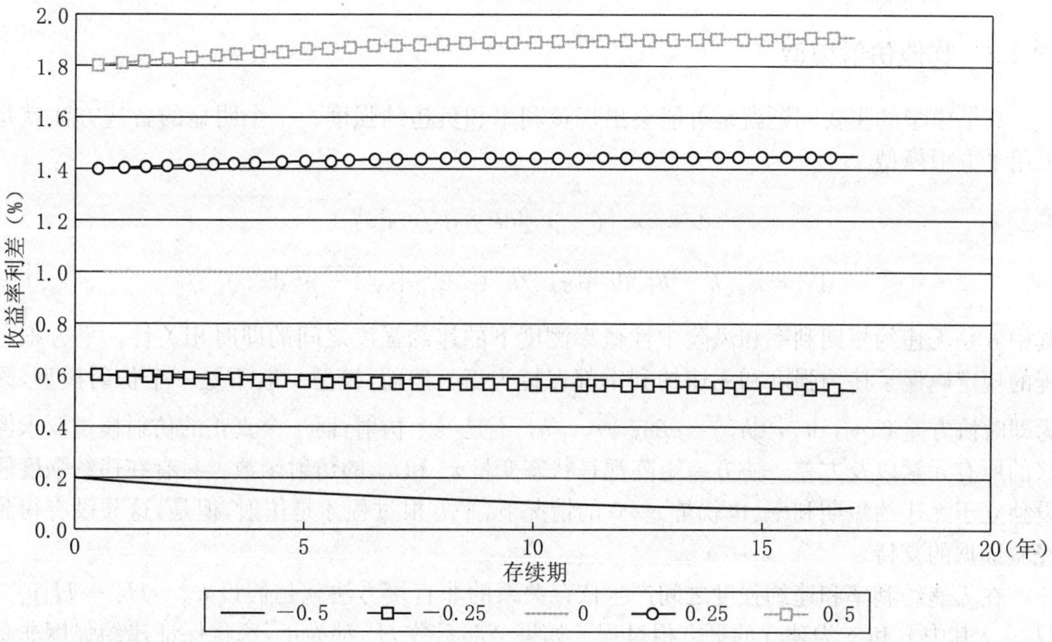

注：本图显示了公司零息债券和无违约零息债券的收益率之差作为期限的函数的情况。不同的曲线对应着参数H_1从−0.5(底下那条曲线)到0.5(最上面那条曲线)的变化。当前的无违约短期利率为4%。短期利率过程的参数为$\kappa=0.15$，$\sigma_r=0.01$和$\hat{\theta}=0.0522$，因此渐近零息收益率为5%。违约时损失为$L=0.4$以及违约强度的固定部分为$H_0=0.025$。

图13.1 零息收益率利差

关于无违约利率的Vasicek模型的局限性在前面几章得到了广泛讨论。因此，我们将重点放在模型中关于违约风险因素的假设之上。假定经过违约调整的短期利率依赖于无违约的短期利率。正如上面所指出的，Bakshi等(2006)在一个实证研究中表明，无违约短期利率是公司债券收益率和信用利差的重要决定因素，但是对于低评级债券，当允许经过违约调整的短期利率同样依赖于发行人的杠杆水平(债务的账面价值除以企业的总价值)或另一个企业特定的困境变量时，实证研究的表现将显著改善。超越无违约利率的宏观变量似乎并没有系统的影响经过违约调整的短期利率①。当然，按照模型版本1，为违约强度建立Vasicek模

① 与这儿的简单模型中单因子完全仿射模型相反，Bakshi等(2006)为无违约利率假设了一个两因子本质仿射Vasicek模型。

型驱动的无违约短期利率仿射模型意味着违约强度可能取负值，这不仅不切实际，而且荒谬无比。模型版本 2 并没有更好，因为它允许损失率既可以低于 0 也可以高于 1。砍掉违约强度为 0 或损失比率为 0 和 1 的情况，我们可以得到关于可违约债券价格及信用利差很好的解析表达式。

上面所讨论的精确模型的另一个问题是，违约强度被假定为依赖无违约短期利率，没有其他的随机来源，这将导致不受数据支持的完美相关问题。正如前面所提到的，当并无其他宏观因素对违约强度产生多大的影响时，违约强度中仍然有一些随机性的变化不能被无违约利率解释。为了改善这一点，必须引入另一个随机因素。

13.4.3 其他仿射模型

高斯模型的主要问题就是可能会出现负利率和负违约强度。一个明显的备选方法就是采用平方根模型

$$dr_t = \kappa_r[\theta - r_t]dt + \beta\sqrt{r_t}\,dz_{1t}^{\mathbb{Q}}$$

$$dh_t = \kappa_h[\bar{h} - h_t]dt + \sigma_h\sqrt{h_t}\,(\rho\,dz_{1t}^{\mathbb{Q}} + \sqrt{1-\rho^2}\,dz_{2t}^{\mathbb{Q}})$$

其中 ρ 是无违约短期利率和风险中性概率测度下的违约强度之间的即时相关性。平方根过程的规定确保了违约强度和无违约利率都保持为正。然而，模型一般不是一个仿射模型，因为即时协方差 $\mathrm{Cov}_t[dr_t, dh_t] = \rho\beta\sigma_h\sqrt{r_t}\sqrt{h_t}$ 不是一个仿射，而一个真正的仿射模型要求漂移的所有元素以及方差—协方差矩阵都是状态变量 r_t 和 h_t 的仿射函数。只有在违约强度假设独立于无违约短期利率，也就是 $\rho=0$ 的情况下，平方根过程才是仿射，但是，这并没有得到经验证据的支持。

在无违约利率和违约强度之间产生依存关系的非直接方法就是假设 $h_t = H_0 + H_1 r_t + H_2 y_t$，其中 r 和 y 为独立的平方根过程。如果全部系数 H_i 都为正，这将保证违约强度非负且为仿射类型，即时相关系数 $\mathrm{Corr}_t[dr_t, dh_t]$ 当然也为正。但是，关于 H_1 的符号的经验证据并不是像前面各小节中所讨论的那么一刀切。即便 r 和 h 为多元平方根过程的仿射函数，也不可能同时得到一个非负的违约强度，以及一个违约强度和无违约短期利率之间的非负即时相关系数，见 Duffie 和 Singleton(1999)以及 Dai 和 Singleton(2000)的讨论。

Duffie 和 Singleton(1999)提供了一个能够生成负的(正的)相关关系而保持违约强度非负的仿射模型例子。模型假设

$$r_t = \delta_0 + \delta_1 Y_{1t} + Y_{2t} + Y_{3t},\ h_t = H_0 + H_1 Y_{1t} + H_2 y_{2t}$$

且 $Y_t = (Y_{1t}, Y_{2t}, Y_{3t})^{\top}$ 的风险中性动态特征为

$$dY_t = \mathcal{K}(\Theta - Y_t)dt + \Sigma\sqrt{S(Y_t)}\,dz_t^{\mathbb{Q}}$$

其中 $z^{\mathbb{Q}}$ 是一个三维标准布朗运动，Θ 是一个常数“长期均值”向量，

$$\mathcal{K} = \begin{pmatrix} \kappa_{11} & \kappa_{12} & 0 \\ \kappa_{21} & \kappa_{22} & 0 \\ 0 & 0 & \kappa_{33} \end{pmatrix},\ \Sigma = \begin{pmatrix} 1 & 0 & 0 \\ 0 & 1 & 0 \\ \sigma_{31} & \sigma_{32} & 0 \end{pmatrix}$$

且 $S(Y_t)$是一个元素为

$$S_{11}(Y_t)=Y_{1t},\ S_{22}(Y_t)=\beta_{22}Y_{2t},\ S_{33}(Y_t)=\alpha_3+\beta_{31}Y_{1t}+\beta_{32}Y_{2t}$$

的 3×3 对角矩阵。系数 δ_i，H_i 和 β_{ij} 全部严格为正。κ_{12} 和 κ_{21} 为非负可以确保 Y_1 和 Y_2 非负，因此也就是可以保持违约强度非负。σ_{31} 和 σ_{32} 的符号不受限制，这意味着 Y_3 可以和 Y_1 或 Y_2 负相关。因此，违约强度可以与无违约短期利率负相关。注意，Y_3 在这一模型中可以取负值，因此也包括 r 可取负值。

最后，我们注意到 Duffie 和 Liu(2001)给出了一个二次类型模型的例子，在这一例子中，保持无违约利率和违约强度都是非负，以及与此同时，允许无违约短期利率和违约强度之间存在负相关性是可能的。

13.4.4　公司债券的市场风险

违约风险并不是公司债券的唯一风险。和其他债券一样，公司债券对一般的市场风险也较为敏感，对利率风险尤其如此。第 12 章讨论了无违约债券利率风险的测量。一个关键的指标是债券的久期，它所测度的是无违约短期利率(或其他相关的状态变量)的单位变化所造成的债券价格的变化的百分比。更一般地，我们可以将任何资产的久期规定为相对于短期利率的价格百分比敏感性，也就是，V_t 表示资产在 t 时刻的价值，久期被定义为

$$D_t^V=-\frac{\partial V_t}{\partial r}\frac{1}{V_t}$$

特别地，我们可以用这种方式测量公司债券的利率风险。一个有意思的问题是，在什么情况下，公司债券的久期大于或小于它们的无违约债券等价物的久期？Kraft 和 Munk(2007)研究了这一问题。

为了进行具体研究，我们考察第 13.4.2 节中所讨论的一个简单的 Vasicek 类型模型。可违约零息债券的价格由式(13.33)给出，因此该债券的久期为

$$\tilde{D}_t^T\equiv D_T^{\tilde{B}^T}=k_1b(T-t)$$

但是，无违约零息债券的久期为 $b(T-t)$。在模型的第 1 种情况下，损失率为 $\ell_t=L>0$，违约强度为 $h_t=H_0+H_1r_t$，因此，$k_1=1+H_1L$。如果 $H_1<0$(如果 $H_1>0$)，可违约零息债券的久期因此比相同期限的无违约零息债券的久期小(大)。如果 $H_1<-1/L$，公司债券的久期将为负，这在理论上是可能出现的情况。同样可以注意到[正如 Longstaff 和 Schwartz (1995b)的讨论所指出的]公司债券久期的符号并不依赖于违约概率水平而是依赖于违约概率的利率敏感性。从 13.4.2 节中的讨论可知，对于情形 1 的实证估计是混乱的，即有些研究指向 $H_1<0$，另一些研究却指向 $H_1>0$。在违约强度为 $h_t=H>0$，损失率为 $\ell_t=L_0+L_1r_t$，因此 $k_1=1+HL_1$ 的第 2 种情形下，如果 $L_1<0$(如果 $L_1>0$)，可违约债券的久期小于(大于)无违约债券的久期。

Kraft 和 Munk(2007)考查了附息债券的情况，他们指出，在某些合理的假设之下，下面的结论成立：如果任何可违约零息债券的久期小于或等于等价的无违约零息债券的久期，那么公司附息债券的久期小于等价的无违约附息债券的久期。即便可违约零息债券的久期稍

许大于无违约零息债券的久期,可违约附息债券的久期也小于无违约附息债券的久期。

在生成图 13.1 的 Vasicek 模型中,票面利率 3%,每半年付息一次的 10 年期国债的久期是 4.309 9。图 13.2 显示了 10 年期公司附息债券的久期怎样随参数 H_1 的变化而变化。对于 $H_1 < 0$,任何期限的公司零息债券的久期小于相似的无违约零息债券的久期,我们从图 13.1 中可以看出,公司附息债券的久期小于附息国债的久期。对于 $H_1 = 0$,具有相同期限的公司债券的久期和无违约零息债券的久期相同。不过,10 年期公司附息债券的久期(4.266 3)小于相似的无违约债券的久期。对于稍许大于 0 的 H_1(近似为 0.027),情况同样如此。对于大于 0.027 的 H_1,公司零息债券和公司附息债券的久期都高于那些无违约零息债券和附息债券的久期。给定上面所报告的实证参数估计,对于一些公司债券而言,情况也可能如此。

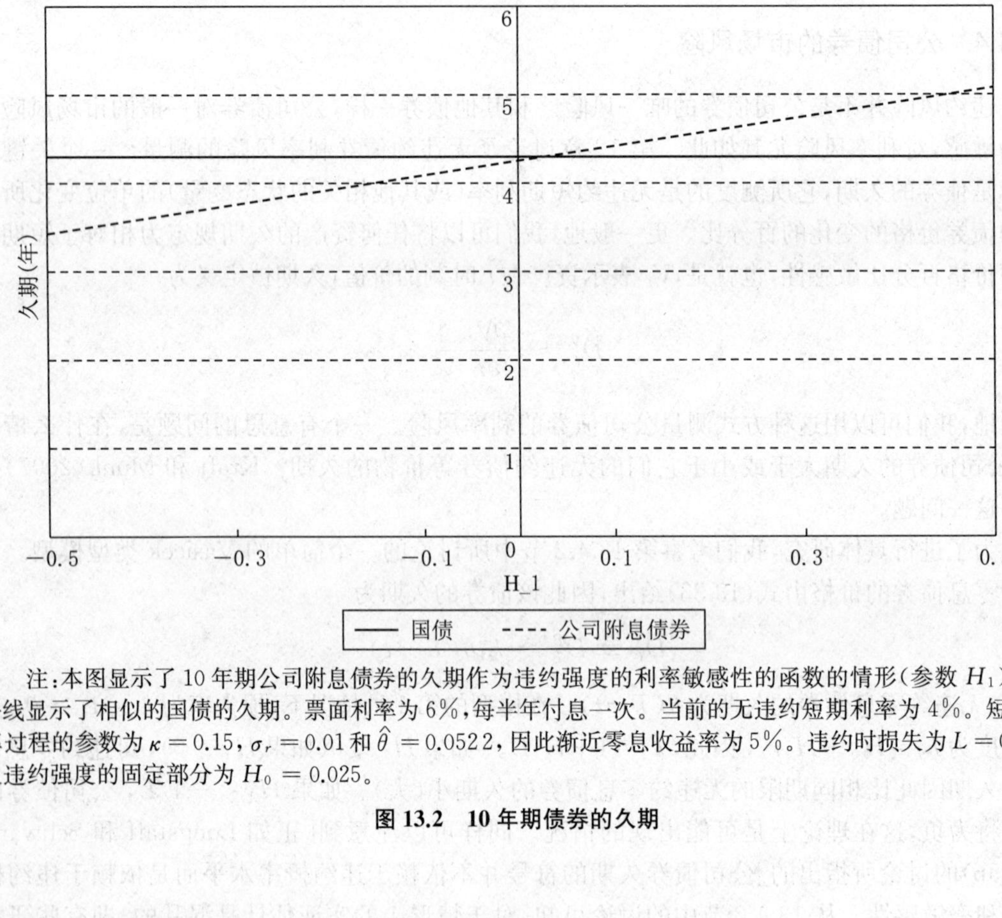

注:本图显示了 10 年期公司附息债券的久期作为违约强度的利率敏感性的函数的情形(参数 H_1)。水平线显示了相似的国债的久期。票面利率为 6%,每半年付息一次。当前的无违约短期利率为 4%。短期利率过程的参数为 $\kappa = 0.15$, $\sigma_r = 0.01$ 和 $\hat{\theta} = 0.0522$,因此渐近零息收益率为 5%。违约时损失为 $L = 0.4$ 以及违约强度的固定部分为 $H_0 = 0.025$。

图 13.2 10 年期债券的久期

13.4.5 多发行人模型

正如 13.2.4 节所讨论的,对由可违约贷款或债券所构成的组合进行正确定价和风险管理,需要有一个合理的模型用来评估企业之间的违约以及回收情况之间的联系。

Collin-Dufresne、Goldstein 和 Martin(2001)以及 Elton、Gruber、Agrawal 和 Mann(2001)的实证研究指出,不同公司之间的信用利差变化存在系统性的变化。可以通过令不同公司的违约强度依赖于一个或多个共同的因子来捕捉这一特点。Collin-Dufresne、Goldstein

和 Martin(2001)进一步指出,广泛的金融和经济变量集只是部分解释了这些共同的变化,这意味着违约强度中的众多因子中至少有一个因子是一个隐含因子。所谓隐含因子,就是一个不能直接观察,但是能够从其他可观察变量中推断出来的变量。违约强度中共同因子的存在将导致违约具有相关性。Duffie 和 Gârleanu(2001),Driessen(2005),Mortensen(2006)和 Eckner(2009)都曾研究过这一类型的模型。

我们看一个简单的例子。假设任何给定发行人 i 的风险中性违约强度可以分解成

$$h_{it}=x_{it}+\beta_i y \tag{13.34}$$

其中 $y=(y_t)$ 捕捉违约强度中共同的、系统性的成分,$x_i=(x_{it})$ 表示具体发行人的、独特的因素。参数 $\beta_i>0$ 表示发行人 i 对共同违约强度因子的敏感性。假设不论是共同的还是特质的违约强度因子,都服从风险中性概率测度下的独立平方根过程①:

$$\mathrm{d}x_{it}=\kappa_i(\theta_i-x_{it})\mathrm{d}t+\sigma_i\sqrt{x_{it}}\,\mathrm{d}z_{it}^{\mathbb{Q}}$$

$$\mathrm{d}y_t=\kappa_y(\theta_y-y_t)\mathrm{d}t+\sigma_y\sqrt{y_t}\,\mathrm{d}z_{yt}^{\mathbb{Q}}$$

注意,在模型构建时保证违约强度为非负。违约强度的即时方差为

$$\mathrm{Var}[\mathrm{d}h_{it}]=\mathrm{Var}[\mathrm{d}x_{it}]+\beta_i^2\mathrm{Var}[\mathrm{d}y_t]=(\sigma_i^2x_{it}+\beta_i^2\sigma_y^2y_t)\mathrm{d}t$$

两个不同发行人的违约强度之间的即时协方差为

$$\mathrm{Cov}[\mathrm{d}h_{it},\mathrm{d}h_{jt}]=\beta_i\beta_j\mathrm{Var}[\mathrm{d}y_t]=\beta_i\beta_j\sigma_y^2y_t\mathrm{d}t$$

因此即时相关性为

$$\mathrm{Corr}[\mathrm{d}h_{it},\mathrm{d}h_{jt}]=\frac{\beta_i\beta_j\sigma_y^2y_t}{\sqrt{\sigma_i^2x_{it}+\beta_i^2\sigma_y^2y_t}\sqrt{\sigma_j^2x_{jt}+\beta_j^2\sigma_y^2y_t}}$$

这一相关性为正且随时间变化而变化。Eckner(2009)对于所有 i 施加了限制 $\kappa_i=\kappa_y$ 和 $\sigma_i=\sqrt{\beta_i}\sigma_y$,这就极大地减少了参数的个数,这在某种程度上得到了 Feldhütter(2008b)的实证研究的支持。违约相关性因此简化为

$$\mathrm{Corr}[\mathrm{d}h_{it},\mathrm{d}h_{jt}]=\frac{\sqrt{\beta_i\beta_j}\,y_t}{\sqrt{x_{it}+\beta_iy_t}\sqrt{x_{jt}+\beta_jy_t}}$$

在任何情况下,模型的仿射本质使得经由式(13.23)计算的违约概率对于相应的确定性函数 a_i, b_i, $\hat{a}_i$, $\hat{b}_i$,具有指数仿射的表达式:

$$\begin{aligned}\mathbb{Q}(t<\tau<T\mid\tau>t)&=1-\mathrm{E}_t^{\mathbb{Q}}[e^{-\int_t^T h_u\mathrm{d}u}]\\&=1-\mathrm{E}_t^{\mathbb{Q}}[e^{-\int_t^T x_{iu}\mathrm{d}u}]\mathrm{E}_t^{\mathbb{Q}}[e^{-\beta_i\int_t^T y_u\mathrm{d}u}]\\&=1-e^{-a_i(T-t)-b_i(T-t)x_{it}-\hat{a}_i(T-t)-\hat{b}_i(T-t)y_t}\end{aligned}$$

Mortensen(2006)和 Eckner(2009)解释了在这一建模框架下怎样为一个贷款组合计算损失

① 刚才提到的论文允许 x_{it} 和 y_t 为“仿射”跳跃,但是为了表述的简单,我们选择了无视跳跃的存在。

分布以及为信用衍生产品进行定价。

在上面的模型框架下，一家企业的违约不会对另一家企业产生反馈效应，基于式(13.34)中的共同因子，不同企业之间的违约都是独立事件。但是，正如第 13.2.4 节所解释的，给定企业的违约强度很容易受到竞争者、客户、供应商以及交易对手的违约所带来的积极或消极的影响。Jarrow 和 Yu(2001)通过直接允许一家公司的违约强度依赖于另一家公司是否违约而将这一特征考虑进来。规定企业的违约强度的一个简单例子为

$$h_{jt} = H_0 + H_1 r_t + H_2 \mathbf{1}_{\{t \geqslant \tau i\}}$$

因此，当企业 i 违约时，企业 j 的违约强度将跳升 H_2。Jarrow 和 Yu(2001)提供了一些可违约债券具有封闭表达式的简单例子。

Kraft 和 Steffensen(2007)建议利用马尔科夫链捕捉全部相关企业在任何时点的违约状态。例如，对于两个最初都未违约的企业 i 和 j，我们需要一个四种状态的马尔科夫链，例如$\{0, 1, 2, 3\}$。令状态 0 表示两家企业都没有违约，状态 1 表示企业 i 违约企业 j 没违约，状态 2 表示企业 j 违约但企业 i 没有违约，状态 3 表示两家企业都违约。马尔科夫链的可能转换为从状态 0 转换到状态 1 或 2，从状态 1 到状态 3，从状态 2 到状态 3①。从状态 0 转换到状态 1，以及从状态 2 转换到状态 3 都是因为企业 i 的违约，但是在状态转换中企业 j 的状态不同。通过令这两个转换的转换概率不同，得到一个关于企业 j 的违约对于企业 i 的违约概率的冲击模型。相似地，可以通过使得状态 0 到状态 2 的转换概率不同于状态 1 到 3 的转换概率而允许企业 i 的违约影响企业 j 的违约概率。因此，通过解偏微分方程组我们就可以为债权进行定价，这在相应的假设之下可以为可违约债权得到一个非常显式的定价公式。很显然，随着更多的企业被包括进来，马尔科夫链的状态的数目将急剧增加。

13.4.6 简化模型中的测度变换

我们需要风险溢价来连接风险中性定价测度$\mathbb{Q}$和真实世界测度$\mathbb{P}$之下的相关变量的动态特征。我们已经在第 5 章看到，测度变换对应着扩散过程的漂移调整。但是，包含了违约可能的模型不是一个纯粹的扩散模型。在发行企业出现违约时，其债券价格将会出现向下的跳跃。违约事件本身就是一个带有风险溢价的风险。此外，违约风险的溢价与扩散风险所产生的溢价的进入方式不一样。更准确地讲，令 $h_t^{\mathbb{P}}$和 $h_t^{\mathbb{Q}}$分别表示真实世界和风险中性概率测度下的违约强度，也就是像式(13.2)一样，

$$h_t^{\mathbb{P}} = \lim_{\Delta t \downarrow 0} \frac{1}{\Delta t} \mathbb{P}(t < \tau < t + \Delta t \mid \tau > t), \quad h_t^{\mathbb{Q}} = \lim_{\Delta t \downarrow 0} \frac{1}{\Delta t} \mathbb{Q}(t < \tau < t + \Delta t \mid \tau > t)$$

这两个违约强度之间一般通过一个趋增的风险溢价联系起来，将其表示为 λ_t^{def}，因此

$$h_t^{\mathbb{Q}} = (1 + \lambda_t^{\text{def}}) h_t^{\mathbb{P}}$$

事件风险溢价 λ_t^{def} 必须严格大于-1 且能随时间随机地改变。

① 不允许两家企业同时违约。

Jarrow、Lando 和 Yu(2005)指出，当违约风险可以“有条件的分散化”时，事件风险的溢价为 0。他们假设所有企业的违约强度依赖于有限维的状态变量 X。如果在经济体中存在无数多的企业，且取决于状态变量的取值，违约事件是独立的，那么违约风险就是可以进行有条件的分散化。在那种情况下，任何不是由共同状态变量 X 驱动的违约风险可以通过构造一个由不同发行人所发行的公司债组成的大型组合而分散掉。只有有限的公司债和(或)一些(条件)依赖的违约，事件风险溢价可能为非负。

根据 Yu(2002)，我们考察一个 Duffie-Singleton 类型的小模型。无违约利率由单因子 CIR 模型

$$dr_t = \kappa[\theta - r_t]dt + \beta\sqrt{r_t}\,dz_t,\quad \lambda_{zt} = \frac{\lambda\sqrt{r_t}}{\beta}$$

所描述。风险中性的动态特征因此是

$$dr_t = \hat{\kappa}[\hat{\theta} - r_t]dt + \beta\sqrt{r_t}\,dz_t^{\mathbb{Q}}$$

其中 $\hat{\kappa} = \kappa + \lambda$ 和 $\hat{\theta} = \theta\kappa/\hat{\kappa}$。$T$ 时刻到期的无违约零息债券价格由

$$B_t^T = \mathrm{E}_t^{\mathbb{Q}}[e^{-\int_t^T r_u du}] = e^{-a(T-t)-b(T-t)r_t} \tag{13.35}$$

给出，其中

$$b(\tau) = \frac{2(e^{\gamma\tau}-1)}{(\gamma+\hat{\kappa})(e^{\gamma\tau}-1)+2\gamma}$$

$$a(\tau) = -\frac{2\hat{\kappa}\hat{\theta}}{\beta^2}\left(\ln(2\gamma) + \frac{1}{2}(\hat{\kappa}+\gamma)\tau - \ln[(\gamma+\hat{\kappa})e^{\gamma\tau}-1)+2\gamma]\right)$$

以及 $\gamma = \sqrt{\hat{\kappa}^2 + 2\beta^2}$。细节可见第 7.5 节。假设风险中性的期望损失率 $s_t^{\mathbb{Q}} = h_t^{\mathbb{Q}}\ell_t$ 的真实世界动态特征为

$$ds_t^{\mathbb{Q}} = \kappa^*[\theta^* - s_t^{\mathbb{Q}}]dt + \beta^*\sqrt{s_t^{\mathbb{Q}}}\,dz_t^*$$

在此，z^* 是 $\mathbb{P}$ 下独立于 z 的标准布朗运动。进一步假设与 z^* 相关的风险的市场价格是 $\lambda_{z^*t} = \lambda^*\sqrt{s_t^{\mathbb{Q}}}/\beta^*$。因此，$s_t^{\mathbb{Q}}$的风险中性动态特征是

$$ds_t^{\mathbb{Q}} = \hat{\kappa}^*[\hat{\theta}^* - s_t^{\mathbb{Q}}]dt + \beta^*\sqrt{s_t^{\mathbb{Q}}}\,dz_t^{*\mathbb{Q}}$$

其中 $\hat{\kappa}^* = \kappa^* + \lambda^*$ 和 $\hat{\theta}^* = \theta^*\kappa^*/\hat{\kappa}^*$。类比式(13.35)，有

$$\mathrm{E}_t^{\mathbb{Q}}[e^{-\int_t^T s_u^{\mathbb{Q}} du}] = e^{-a^*(T-t)-b^*(T-t)s_t^{\mathbb{Q}}}$$

其中确定 a^* 和 b^* 的方式与确定 a 和 b 的方式相同，只是在所有相关的参数上面加上“*”号。由 Duffie-Singleton 定价规则式(13.30)以及 r 和 $s^{\mathbb{Q}}$ 之间的独立性，如果到 t 时刻没有发生违约，我们得出可违约零息债券的价格为

$$\begin{aligned}\tilde{B}_t^T &= \mathrm{E}_t^{\mathbb{Q}}[e^{-\int_t^T (r_u + s_u^{\mathbb{Q}})du}] = \mathrm{E}_t^{\mathbb{Q}}[e^{-\int_t^T r_u du}]\mathrm{E}_t^{\mathbb{Q}}[e^{-\int_t^T s_u^{\mathbb{Q}} du}] \\ &= e^{-a(T-t)-a^*(T-t)-b(T-t)r_t-b^*(T-t)s_t^{\mathbb{Q}}}\end{aligned}$$

由此可得出，在接下来的一瞬间 t，以在这一期间不发生违约为条件的债券价格为

$$\frac{\mathrm{d}\tilde{B}_t^T}{\tilde{B}_t^T}=\left(r_t+s_t^{\mathbb{Q}}-\lambda b(T-t)r_t-\lambda^* b^*(T-t)s_t^{\mathbb{Q}}\right)\mathrm{d}t \\ -b(T-t)\beta\sqrt{r_t}\,\mathrm{d}z_t-b^*(T-t)\beta^*\sqrt{s_t^{\mathbb{Q}}}\,\mathrm{d}z_t^* \tag{13.36}$$

但是，在很短的区间 $[t,\ t+\mathrm{d}t]$ 内企业发生违约的真实世界概率为 $h_t^{\mathbb{P}}$，在这种情况下，企业的价值将降低 ℓ_t。债券的真实期望收益因此是

$$\begin{aligned}(1-h_t^{\mathbb{P}}\mathrm{d}t)&\left(r_t+s_t^{\mathbb{Q}}-\lambda b(T-t)r_t-\lambda^* b^*(T-t)s_t^{\mathbb{Q}}\right)\mathrm{d}t+(h_t^{\mathbb{P}}\mathrm{d}t)(-\ell_t)\\ &=\left(r_t+s_t^{\mathbb{Q}}-\lambda b(T-t)r_t-\lambda^* b^*(T-t)s_t^{\mathbb{Q}}-h_t^{\mathbb{P}}\ell_t\right)\mathrm{d}t\\ &=\left(r_t-\lambda b(T-t)r_t-\lambda^* b^*(T-t)s_t^{\mathbb{Q}}+\lambda_t^{\mathrm{def}}h_t^{\mathbb{P}}\ell_t\right)\mathrm{d}t\end{aligned}$$

其中第一个等式通过省略$(\mathrm{d}t)^2$项而得到，第二个等式通过将 $s_t^{\mathbb{Q}}=h_t^{\mathbb{Q}}\ell_t=(1+\lambda_t^{\mathrm{def}})h_t^{\mathbb{P}}\ell_t$ 代入而得到。公司债引起暴露于无违约利率风险而带有风险溢价。只是 λ^* 非零，它同时还有因给定违约而产生的损失的风险中性期望的变化而形成的风险溢价。注意，这一风险溢价随债权期限的增加而增加。如果 λ_t^{def} 为非零，可违约债券将还有与违约事件自身相关的风险溢价。这一风险溢价独立于债券的期限，因此可以对所有期限的债券的造成信用利差的增加。我们因此可以得出结论：因不可分散的违约事件风险而形成的风险溢价至少可以部分的解释信用利差的困惑。Driessen(2005)提供了关于一个违约事件风险具有正风险溢价的实证支持，但是不能对这一溢价做出高精度的估计。

13.4.7 基于评级的模型

基于评级的模型试图推导出不同评级类型的公司债券的价格。在基本的基于评级的模型中，所有处于同一评级的债券都得到平等处理，因此具有相同的价格和信用利差。其主要思想是利用马尔科夫链方法为不同信用等级，包括违约级之间的转换建立模型。很短时间内的风险中性评级转换概率将表示任何时长的风险中性违约强度和转换概率，这是决定债券价格的关键因素。当然，一个关键的问题是怎样将表 13.3 所给出的真实世界的转换概率转换成风险中性的转换概率。很显然，因为具有相同信用评级的公司并不一定具有同样的风险，所以债券评级是衡量其违约风险的一个粗糙的指标。然而，根据市场数据对其进行校准，一个基于评级的模型将为具体公司债券进行信用利差评估提供有用基准。此外，一些金融合约中构造了内建的评级触发机制，因此，一旦发生某些评级上的变化，将触发原来排定的现金流发生预先设定的变化。对于这样的合约，采用基于评级的模型是非常自然的。

在这里我们不会对基于评级的模型做深入的挖掘，感兴趣的读者可以参考 Lando(1994)以及 Jarrow、Lando 和 Turnbull(1997)等的开创性论文，Das 和 Tufano(1996)，Lando(1998)，Acharya、Das 和 Sundaram(2002)，以及 Lando 和 Mortensen(2005)所做的扩展和应用，同时，还包括 Lando(2004，第 6 章)的参考书中的文献综述。

13.5 混合模型

基于违约强度的简化模型在计算上具有吸引力，但是标准的简化模型并没有将与每一企业相关联的违约强度和回收率与企业的一些重要特征，如资产价值和波动率，企业债务的规模与期限等挂起钩来，而这些正是结构模型的本质所在。我们很难利用简化模型评估一家企业的资本结构或者运作风险的变化对信用利差以及违约概率的影响。一些作者试图通过允许违约强度依赖于企业具体的状态变量，如资产价值、股权价值或股票的波动率，等等，将企业具体的信息结合到简化模型当中。感兴趣的读者可以参考 Madan 和 Unal(1998，2000)以及 Bakshi、Madan 和 Zhang(2006)。

Duffie 和 Lando(2001)调查了结构模型和简化模型更基础的联系。他们建立的结构性模型中，市场参与者不能直接观察到企业的资产，而只能周期性的从会计报表中接收关于资产的真实价值的一些并不完全准确的信息。在观察间隔期间，企业完全可以出人意料地发生违约。因此，违约时间是一个完全不可预见的停止时间，与这一停止时间相关联的违约强度过程与资产价值的可获得的市场信息联系之间存在着千丝万缕的联系。从直觉上讲，标的资产的不确定性将导致更高的信用利差，因此这有助于解释关于信用利差的困惑。

Jarrow 和 Protter(2004)提供了一个关于结构模型和简化模型的有趣比较，比较的重点是两者关于可获得信息的假设。读者同样可以参考 Cetin、Jarrow、Protter 和 Yildirim(2004)。

13.6 交合函数

在管理大型贷款组合或者为依赖于这样的组合的合约进行定价时，我们需要考察组合中全部贷款的违约时间的完整分布。在从业者中流行的一个方法就是所谓的违约时间交合函数模型。我们将首先对交合函数进行一个一般的介绍，然后讨论它在信用风险中的应用。

一个交合函数是一个将一些单变量(边际)概率分布函数转换成一个多元(联合)概率分布函数的函数。更正式的解释是，一个 N 维的交合函数是一个从 N 维单位立方体 $[0, 1]^N$ 到区间 $[0, 1]$ 的函数 C。假设我们给定 N 个一元随机变量 X_n，其边际分布函数为 F_n，也就是 $F_n(x_n)=\mathbb{P}(X_n \leqslant x_n)$。一个关于 N 维随机变量 $(X_1, \cdots, X_N)$ 的多元分布函数，也就是 $F(x_1, \cdots, x_n)=\mathbb{P}(X_1 \leqslant x_1, \cdots, X_N \leqslant x_n)$，可以这样生成

$$F(x_1, \cdots, x_N)=\mathrm{C}(F_1(x_1), \cdots, F_N(x_N))$$

由于分布函数是增函数，交合函数必须是每一元素的增函数。因为我们需要 $F(\infty, \cdots, \infty, x_n, \infty, \cdots, \infty)=F_n(x_n)$，一个交合函数必须满足特性

$$\mathrm{C}(1, \cdots, 1, y_n, 1, \cdots, 1)=y_n,\ n=1, \cdots, N,\ 0 \leqslant y_n \leqslant 1$$

根据 Sklar 定理，任何具有边际分布函数 $F_1, \cdots, F_N$ 的多元分布函数可以由某些交合函数生成。注意，我们可以将交合函数自身视为一个在$[0, 1]^N$ 上取值的 N 维随机变量的多元概率分布函数，所对应的概率密度函数，如果存在的话，就是导数

$$c(y_1, \cdots, y_N) = \frac{\partial^N}{\partial y_1 \cdots \partial y_N} C(y_1, \cdots, y_N)$$

如何在交合函数中反映随机变量之间的依赖性？首先注意到如果随机变量 $X_1, \cdots, X_N$ 独立，多元分布函数就是边际分布函数的乘积，

$$F(x_1, \cdots, x_N) = F_1(x_1) \cdots F_N(x_N)$$

因此，交合函数所对应的独立性为 $C(y_1, \cdots, y_N) = y_1 \cdots y_n$，且对应的密度函数为 $c(y_1, \cdots, y_N) = 1$。随机变量之间的独立性因此可以由交合函数如何偏离 1 来捕捉。比如，如果两个变量的交合函数在点(0.9, 0.6)超过了 1，那么第一个变量处于它的 90%分位，第二个变量处于它的 60%分位比两个变量彼此独立的可能性更大。

两个随机变量总是相同时，它们之间的依赖性最大。假设 X_1 和 X_2 总是相同。那么

$$\begin{aligned} F(x_1, x_2) &= \mathbb{P}(X_1 \leqslant x_1, X_2 \leqslant x_2) = \mathbb{P}(X_1 \leqslant x_1, X_1 \leqslant x_2) \\ &= \mathbb{P}(X_1 \leqslant \min\{x_1, x_2\}) = F_1(\min\{x_1, x_2\}) = \min\{F_1(x_1), F_2(x_2)\} \end{aligned}$$

其中最后一个等式成立是因为 X_2 和 X_1 的概率分布函数相同，即 $F_2 \equiv F_1$ 且为增函数。对应的交合函数因此是

$$C(y_1, y_2) = \min\{y_1, y_2\}$$

因为所有的概率质量都位于对角线 $y_1 = y_2$ 上，所以这一交合函数没有密度函数。只要 X_2 是 X_1 的单调函数，同一交合函数一样有效，这是因为在这种情况下，两个变量之间也是最大程度地依赖的。这同样表明，交合函数在某些方面比相关系数更能衡量变量之间的相关性，后者，根据其定义，只是反映线性依赖关系。由 Brigo 和 Mercurio(2006，第 21.1.9 节)的例子，可以证明，标准正态随机变量 X 和 X^3 的相关性是$\sqrt{3/5}$，这当然小于 1，但是 X 和 X^3 很显然在任何合理的意义上都是最大程度的依赖的。X 和 X^3 的交合函数与 X 与其自身的交合函数是相同的，也就是最大依赖性的交合函数。最大依赖性的交合函数可以很容易推广到更高的维度。

如果 $X_2 = 1 - X_1$，很显然 X_1 和 X_2 之间的相关性是-1，因此在某种意义上它们之间具有最低依赖性(或者最大的负相关性)。因此，X_2 的概率分布函数是

$$F_2(x_2) = \mathbb{P}(X_2 \leqslant x_2) = \mathbb{P}(X_1 \geqslant 1 - x_2) = 1 - \mathbb{P}(X_1 < 1 - x_2) = 1 - F_1(1 - x_2)$$

假设 X_1 有一个连续分布，联合分布函数是

$$\begin{aligned} F(x_1, x_2) &= \mathbb{P}(X_1 \leqslant x_1, X_2 \leqslant x_2) = \mathbb{P}(1 - x_2 \leqslant X_1 \leqslant x_1) \\ &= F_1(x_1) - F_1(1 - x_2) = F_1(x_1) + F_2(x_2) - 1 \end{aligned}$$

无论 $x_1 > 1 - x_2$，还是 $F(x_1, x_2) = 0$。对应的交合函数因此是

$$C(y_1, y_2) = \max\{y_1 + y_2 - 1, 0\}$$

$C(y_1, \cdots, y_N)=\max\{\sum_n y_n-(N-1), 0\}$ 是对更高纬度的一个推广，尽管这更难与相关性联系起来，但由于下面的结果，它仍然是有重大意义的。可以证明，任何交合函数都是有界的，边界就是我们刚刚考察的极端交合函数：

$$\max\left\{\sum_{n=1}^{N} y_n-(N-1), 0\right\} \leqslant C(y_1, \cdots, y_N) \leqslant \min\{y_1, \cdots, y_N\}$$

交合函数的边界被称为 Fréchet-Hoeffding 边界。

交合函数在概率和统计学中具有悠久的历史，但是直到近年才被 Li(2000)引入信用风险领域，用于为不同发行人 $n=1, \cdots, N$ 的违约时间 τ_n 之间的依赖性建立模型。令 F_n 为 τ_n 的风险中性概率分布函数 $F_n(t_n)=\mathbb{Q}(\tau_n \leqslant t_n)$，令 F 为违约时间 $\tau_1, \cdots, \tau_N$ 的风险中性联合分布函数，也就是

$$F(t_1, \cdots, t_N)=\mathbb{Q}(\tau_1 \leqslant t_1, \cdots, \tau_N \leqslant t_N)$$

于是交合函数 C 将所有违约时间的边际分布和联合分布经由

$$F(t_1, \cdots, t_N)=C\big(F_1(t_1), \cdots, F_N(t_N)\big)=C(y_1, \cdots, y_N)$$

联系起来，在此 $y_n=F_n(t_n)$，也就是 $t_n=F_n^{-1}(y_n)$，假设反函数 F_n^{-1} 存在。对交合函数的选择决定了违约时间之间的相关性。接下来我们将考察一些例子。为简单起见，我们只考察两个发行人和两个违约时间 τ_1 和 τ_2 的情况。

从业者们较多使用的是高斯交合函数。相关系数为 ρ 的高斯交合函数为

$$C(y_1, y_2)=N_2\big(N^{-1}(y_1), N^{-1}(y_2); \rho\big)$$

因此，违约时间的联合分布为

$$F(t_1, t_2)=C(F_1(t_1), F_2(t_2))=N_2\big(N^{-1}(F_1(t_1)), N^{-1}(F_2(t_2)); \rho\big)$$

在这 $N_2(\cdot, \cdot; \rho)$ 表示一个二元标准正态随机变量(X_1, X_2)的概率分布函数，其中 X_1 和 X_2 的相关系数为 ρ，$N^{-1}(\cdot)$ 是单变量标准正态分布随机变量的概率分布函数的反函数。每一违约时间 τ_n 被首先转换为 $x_n=N^{-1}\big(F_n(\tau_n)\big)$，由于

$$\begin{aligned}\mathbb{Q}(x_n \leqslant k)&=\mathbb{Q}\big(N^{-1}(F_n(\tau_n)) \leqslant k\big)=\mathbb{Q}\big(F_n(\tau_n) \leqslant N(k)\big)\\&=\mathbb{Q}\big(\tau_n \leqslant F_n^{-1}(N(k))\big)=F_n\big(F_n^{-1}(N(k))\big)=N(k)\end{aligned}$$

所以这是一个标准正态变量。于是，假设相关系数为 ρ，我们将这两个"标准化违约时间"x_1 和 x_2 联系起来。联合的违约行为完全由边际违约时间分布，也就是 F_1 和 F_2 以及相关系数参数 ρ 所决定。高斯交合函数的密度为(见练习 13.9)

$$c(y_1, y_2)=\frac{n_2\big(N^{-1}(y_1), N^{-1}(y_2); \rho\big)}{n\big(N^{-1}(y_1)\big)n\big(N^{-1}(y_2)\big)} \tag{13.37}$$

其中

$$n(a)=\frac{1}{\sqrt{2\pi}}\exp\left\{-\frac{a^2}{2}\right\} \text{以及}$$

$$n_2(a_1,\ a_2,\ \rho)=\frac{1}{\sqrt{2\pi(1-\rho^2)}}\exp\left\{-\frac{a_1^2+a_2^2-2\rho a_1 a_2}{2(1-\rho^2)}\right\}$$

分别为一维和二维的标准正态分布。对 $\rho>0$，当 y_1 和 y_2 两者之一或全部接近于 0 时，交合函数的密度最高，当 y_1 接近于 0，y_2 接近于 1，或者反过来，y_2 接近于 0，y_1 接近于 1 时，交合函数的密度最低。这反映了企业有在相对靠近的日子发生违约的倾向。如果交合函数的相关系数为负，则情况相反。图 13.3 显示了 $\rho=0.2$ 时的高斯交合函数密度，其高点在(0, 0)和(1, 1)非常明显。在实践中，通常假设交合函数相关系数的取值与两个发行企业的股票收益之间的相关系数或在 Merton 类型的结构模型中的资产价值的相关性相等。或者，我们可以选择使得模型匹配第 13.2.4 节和第 13.3.7 节中所讨论的一段时间的违约相关性的交合函数相关系数。如果能够找到可信的，依赖于两家企业的联合违约行为的证券价格，我们可以选择最佳匹配这些价格数据的交合函数相关系数，但是，这样的价格通常很难找到。确定交合函数相关系数，或者更一般地说，确定违约相关性的模型的参数时存在的偶然性，这是整个交合函数方法的一个主要不足之处。

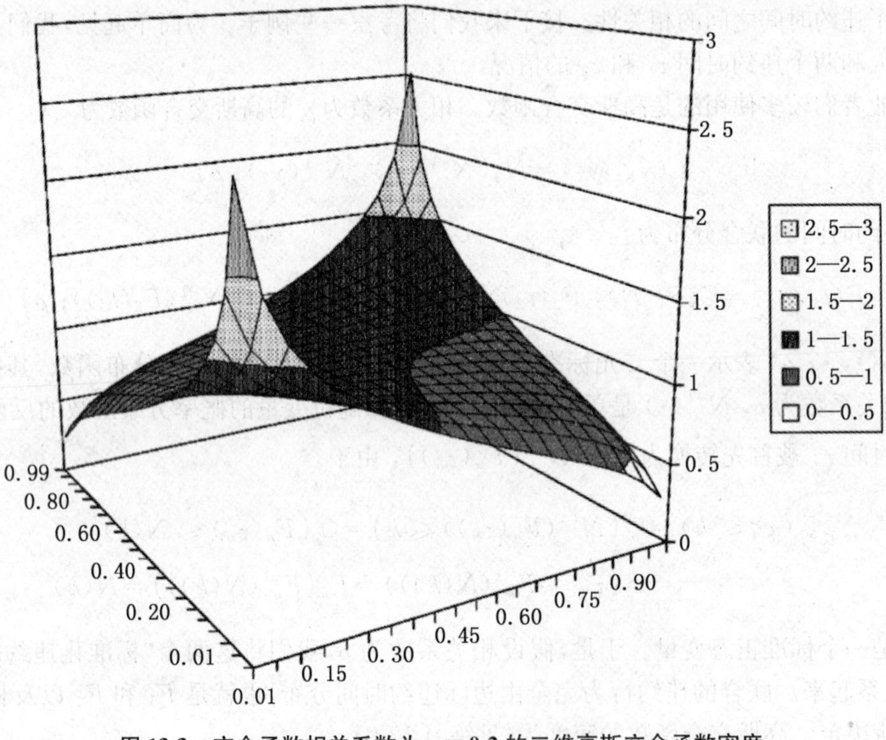

图 13.3　交合函数相关系数为 $\rho=0.2$ 的二维高斯交合函数密度

在需要同时为许多违约时间建模的时候，为了保持模型的简约，通常采用一个因子结构。事实上，对从业者之间所处理的那些五花八门的信用问题，所谓的单因子高斯交合函数模型最为常用。每一相关实体的违约概率经由

$$x_n = \alpha_n M + \sqrt{1-\alpha_n^2}\varepsilon_n,\ n=1,\cdots,N$$

而建立隐式模型，在这 M 是共同因子，ε_n 是各实体的特质因子。M 和全部的 ε_n 都是独立随机变量，且各自服从标准正态分布。常数 α_n 处于 -1 和 $+1$ 之间，决定了横截面之间的相关性：$\mathrm{Corr}[x_n, x_k] = \alpha_n \alpha_k$。实体 n 在 t_n 之前违约，无论什么时候 $x_n \leqslant N^{-1}(F_n(t_n))$，只要

$$\varepsilon_n \leqslant \frac{N^{-1}(F_n(t_n)) - \alpha_n M}{\sqrt{1-\alpha_n^2}}$$

就会发生违约。以共同因子 M 为条件，实体 n 在时间 t_n 之前违约的概率因此是

$$\mathbb{Q}(\tau_n \leqslant t_n \mid M) = N\left(\frac{N^{-1}(F_n(t_n)) - \alpha_n M}{\sqrt{1-\alpha_n^2}}\right)$$

由于条件分布独立，联合条件分布就是边际分布的乘积

$$\mathbb{Q}(\tau_1 \leqslant t_1, \cdots, \tau_N \leqslant t_n \mid M) = \prod_{n=1}^{N} \mathbb{Q}(\tau_n \leqslant t_n \mid M) = \prod_{n=1}^{N} N\left(\frac{N^{-1}(F_n(t_n)) - \alpha_n M}{\sqrt{1-\alpha_n^2}}\right)$$

对 M 积分，就可以求得违约时间的无条件联合分布，

$$\mathbb{Q}(\tau_1 \leqslant t_1, \cdots, \tau_N \leqslant t_n) = \int_{-\infty}^{\infty}\left\{\prod_{n=1}^{N} N\left(\frac{N^{-1}(F_n(t_n)) - \alpha_n M}{\sqrt{1-\alpha_n^2}}\right)\right\}\frac{1}{\sqrt{2\pi}}e^{-M^2/2}\mathrm{d}M$$

这一积分必须使用数值方法。在实施过程中，通常假设所有实体的 α_n 相同，即 $\alpha_n = \alpha$。令 $\rho = \mathrm{Corr}[x_n, x_k] = \alpha^2$，于是得到

$$\mathbb{Q}(\tau_n \leqslant t_n \mid M) = N\left(\frac{N^{-1}(F_n(t_n)) - \sqrt{\rho}M}{\sqrt{1-\rho}}\right)$$

同样地，通常假设边际分布 F_n 相同。

为了给一个依赖于全部 N 个实体的违约的资产进行估值，首先必须明确资产的收益结构。将收益结构与违约时间的联合分布结合起来，至少在原则上，这一资产是可以估值的。如果收益是随机的，通常假设其与违约时间和风险中性定价测度之下的无违约利率之间是独立的。

其他交合函数可以生成比相当平滑的高斯交合函数更明显的相关型模式。一个例子就是由

$$\mathrm{C}(y_1, y_2) = t_{v,2}\left(t_v^{-1}(y_1), t_v^{-1}(y_2); \rho\right)$$

所定义的两维 t -交合函数，在此 t_v 是一个自由度为 v 的一维 t 分布，$t_{v,2}(\cdot, \cdot; \rho)$ 是一个两维的，相关系数为 ρ 的二维分布。这一交合函数可以在极端位置（规定交合函数方块的四个角[0, 1]×[0, 1]）产生比高斯交合函数更高的顶，从而可以反映更高的尾部依赖性。交合函数并不一定用概率分布定义。例如，所谓的一般 Clayton 类型交合函数可以定义为

$$\mathrm{C}(y_1, y_2) = \{[(y_1^{-\theta}-1)^{\delta} + (y_2^{-\theta}-1)^{\delta}]^{1/\delta} + 1\}^{-1/\theta}$$

式中 $\delta \geqslant 1$ 和 $\theta > 0$。不像高斯交合函数和 t 交合函数，这一交合函数是显式的，因此也更容易处理。它同样可以在(0, 0)和(1, 1)附近产生非常高的密度。注意，所考察的这三个交合函数都能很容易扩展到更多的发行人的情况。高斯交合函数和 t 交合函数一般包括成对的相关性，但是相关性结构仅限于减少参数的数目。

总而言之，交合函数为不同发行人的违约时间之间的依赖性提供了一个数学上非常优雅的表达方式。关于企业个体的违约时间分布可以从 Merton 类型的模型或简化模型中得出。然而，我们通常很难或不可能为特定的交合函数可以捕捉违约依赖性提供一个合理的经济学解释，也很难为交合函数确定一个合适的参数。因此，交合函数很容易成为一个可以魔术般地产生一个可用于特定证券定价或一个由公司贷款或债券所构成的组合的估值的联合违约分布，而事实上我们又对其步骤和结果知之甚少。此外，交合函数是违约依赖型的静态模型，而违约依赖性通常随时间和经济状况的变化而变化。金融相关性倾向于随时间和经济环境的改变而变化，所以任何根据给定数据集校准的相关性模型被用在另一时期时将会产生严重的误导。一个带有黑盒子的相关性校准模型甚至更危险。感兴趣的读者可以参考 Nelsen (1999)以及 Cherubini、Luciano 和 Vecchiato(2004)，了解更多关于交合函数的信息。

13.7 信用衍生产品市场

信用衍生产品是一个便于信用风险从一个市场参与者转移到另一个市场参与者的金融合约。信用衍生产品的现金流和价值主要由一个或多个公司，主权实体或贷款的信用表现决定。投资者能够用信用衍生产品管理他们的信用头寸风险。它们可用于降低某些具体的信用风险(对冲)或总体信用暴露(分散化)或者增加具体的信用风险暴露或总体信用风险暴露(投机)。衍生产品市场的主要玩家有大型银行、保险公司、对冲基金，例如，具体可见 Mengle (2007)。信用风险多数在 OTC 市场交易，但是大多数合约还是按照 ISDA，也就是国际掉期与衍生工具协会(International Swaps and Derivatives Association, ISDA)所制定的标准而交易的相对标准化的产品。最近(自 2007 年起)一些信用衍生产品被引入有组织的交易所市场。对于那些交易所交易的合约，交易所的清算机构是所有交易的对手方，这就消除了(至少极大的)交易的对手风险。2008 年 9 月，信用市场活跃的参与者莱曼兄弟破产，这一事件已经证明对手风险是非常真实的风险。莱曼兄弟的倒闭给那些与其进行大量信用衍生产品交易的金融机构带来了巨大的麻烦，因此也在金融危机的传染中扮演了非常重要的角色。从那时起，政客和监管者都开始试图改革交易实践，促使更多(如果不是全部)的信用衍生产品通过中央清算机构进行交易①。

信用衍生产品的正式场外市场在 20 世纪 90 年代中期就已经开始并迅猛发展到 2007 年。信用衍生产品市场交易的品种繁多，但是信贷违约掉期(credit default swaps, CDSs)一直占主导地位。CDS 可以取决于一个实体或多个实体的违约，因此可以分为单一(single-name)CDS 和组合(multi-name)CDS。根据 Mengle(2007)，各种类型的 CDS 占了 2006 年全

① 参考 Duffie 和 Zhu(2009)对这一思想的批判性评价。

部信用衍生产品市场的76%的份额，担保债务凭证(collateralized default obligations，CDOs)以17%的市场份额紧随其后。因此，其他类型的信用衍生产品，如所谓的全收益互换、资产互换以及各种期权产品的交易非常少。图13.4和13.5分别显示了根据国际清算银行(2009)的

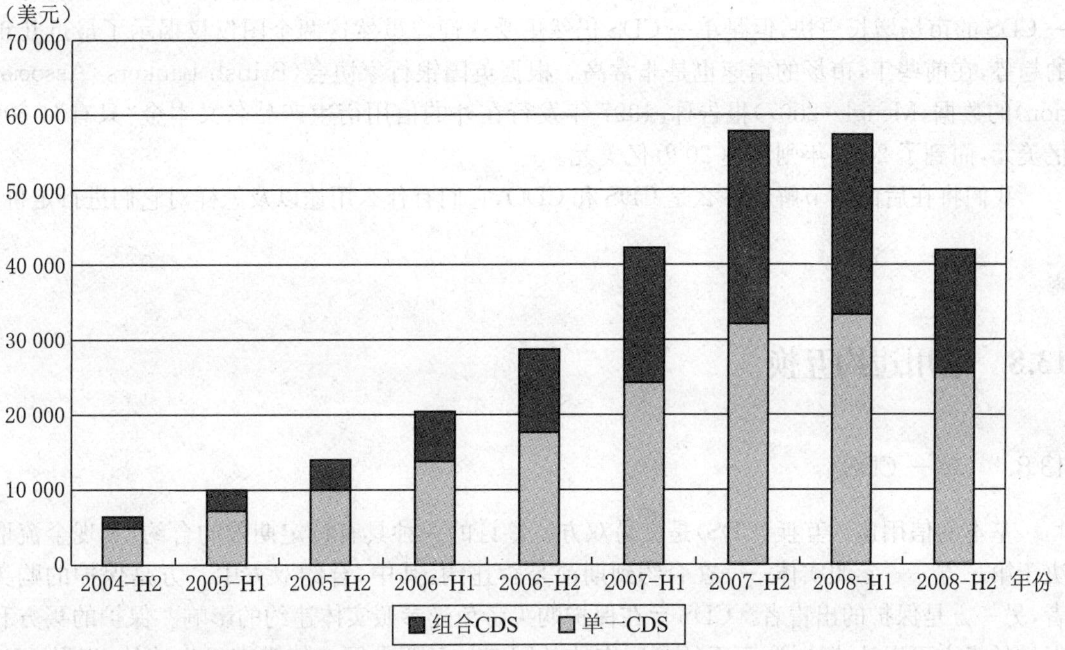

资料来源：国际清算银行(2009)。

图13.4 2004—2009年CDS名义金额

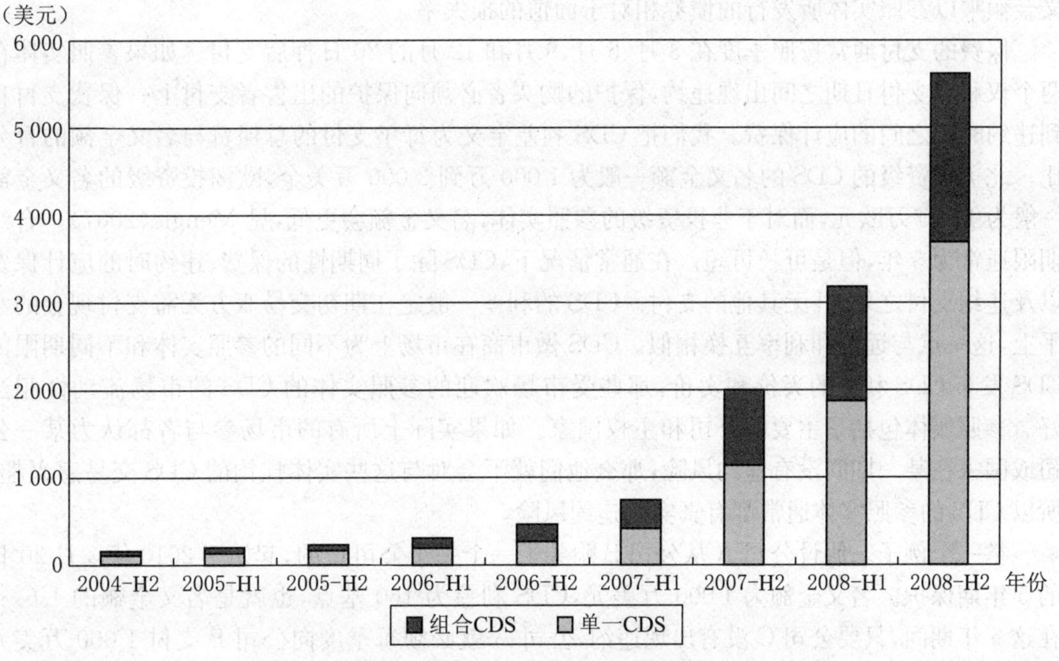

图13.5 2004—2009年CDS的总市值

数据制作的,从 2004 下半年到 2008 下半年 CDS 的名义本金和总市值的变化情况图。名义本金的高峰出现在 2007 年,面值大约为 57 万亿美元,但是自此之后开始下降。但是与此相反的是,因为对违约风险的担心和出于对流动性的考虑,信用利差和 CDS 的价格也在上升,所以,即便在金融危机期间,总市值一直在增长。我们注意到,在此期间组合 CDS 的市场比单一 CDS 的市场增长更快,但是单一 CDS 仍然更受欢迎。虽然这两个图仅仅揭示了最近几年的趋势,在前些年,市场的增速也是非常高。根据英国银行家协会(British Bankers' Association)的数据,Mengle(2007)报告称,1997 年发行在外的信用衍生产品名义本金"只有"1 800 亿美元,而到了 2006 年则高达 20 万亿美元。

我们将在后面两节解释什么是 CDS 和 CDO,它们有什么用途以及怎样对它们进行定价。

13.8 信用违约互换

13.8.1 单一 CDS

基本的信用违约互换(CDS)是交易双方所签订的一种具有特定期限的合约,其现金流取决于第三方——参照实体——在合约到期前是否违约,其中,合约双方中一方是保护的购买者,另一方是保护的出售者。CDS 旨在保护购买者免受参照实体违约的影响。保护的买方和保护的卖方可以达成协议,而无须参照实体的同意。只要参照实体没有发生违约,以及 CDS 没有到期,保护的购买者必须向保护的出售者支付周期性的保费。如果参照实体在 CDS 到期前出现违约,保护的出售者应当向保护的购买者支付违约支付。违约支付等于 CDS 的名义金额乘以参照实体所发行的债券相对于面值的损失率。

保费的支付通常按照季度在 3 月、6 月、9 月和 12 月的 20 日押后支付。如果参照实体在两个权利金支付日期之间出现违约,保护的购买者必须向保护的出售者支付上一保费支付日到违约时刻之间的应计保费。我们把 CDS 利差定义为每年支付的总保费与名义金额的百分比。北美投资级的 CDS 的名义金额一般为 1 000 万到 2 000 万美金,欧洲投资级的名义金额一般为 1 000 万欧元,而对于非投资级的参照实体,名义金额会更低,见 Mengle(2007)。合约期限通常为 5 年,但是可长可短。在通常情况下,CDS 除了周期性的保费、违约时的应计保费以及违约支付之外,并无其他的支付。CDS 的利差一般定在期初交易双方无需支付现金的水平上,这一点与远期和利率互换相似。CDS 做市商在市场上为不同的参照实体和不同期限的 CDS 发布 CDS 利差的买价和卖价,那些受市场欢迎的参照实体的 CDS 的市场流动性相当好。参照实体包括了主要的公司和主权国家。如果实际上所有的市场参与者都认为某一公司或国家在某一期间没有违约风险,那么他们就不会对与这些实体挂钩的 CDS 交易感兴趣,所以 CDS 的参照实体通常都有真实的违约风险。

举一个例子。假设公司 A 从公司 B 购买了一个关于公司 C 的,起始于 2010 年 3 月 20 日的 5 年期保护。名义金额为 1 000 万美元,CDS 利差为 160 基点,也就是名义金额的 1.6%。在这 5 年期间,只要公司 C 没有出现违约,公司 A 就必须每季度向公司 B 支付 1 000 万美元的 0.4%,即 40 000 美元。第一笔保费支付日为 2010 年 6 月 20 日。现在假设公司 C 在 2012

年 11 月 5 日出现违约，且公司 C 所发行的债券在违约后的即时价值为每 100 美元的面值 40 美元。那么损失为 60%，因此，公司 B 必须向公司 A 支付 1 000 万美元的名义金额的 60%，也就是 600 万美元。另一方面，在公司 C 发生违约时，公司 A 必须向公司 B 支付从 2012 年 9 月 20 日至违约日，大约为半个季度的应计保费 20 000 美元。如果公司 A 拥有面值为 1 000 万美元由公司 C 发行的债券，CDS 将恰好补偿债券头寸的损失。或者，公司 A 可能发现 CDS 利差低估了公司 C 发生违约的概率。公司 A 因此将从持有 CDS 至违约/到期或直到 CDS 利差上升，公司 A 可以用比原来支付的 CDS 保费更高的价格出售一个抵消违约保护的方式获利(在风险调整贴现的基础之上)。

CDS 可以实券或现金清算。在实券清算的情况下，保护的购买者有权利将参照实体所发行的债券按照名义金额出售给保户的出售者。在这种情况下，保户的购买者通常拥有一个在参照实体所发行的不同债券之间选择交付证券的交付期权。在现金清算的情况下，当违约发生时，参照债券会有市场竞价，竞价所得将归属保护的购买者。保护的出售者将向保护的购买者现金支付参照债券的面值与其按照市场竞价回收价值之间的可能差额。在美国，实券交割曾经最为普遍，但是逐渐被欧洲最为常用的现金清算所取代。

很自然，CDS 的交易双方对于参照实体的“违约”意味着什么取得一致是非常重要的。除了实际破产以外的其他事件也可以造成违约支付。触发 CDS 违约支付的事件被称为信用事件。特别地，交易双方必须就参照实体的重组、对公司债券条款的违背等是否是信用事件达成一致。

基本的 CDS 是最为常见的信用衍生产品，但是稍作改动的 CDS 也可以在市场上看到。在**预付型 CDS**(upfront CDS)中，保护的购买者在订立合约之初就需要预先支付全部的保费(的现值)。这在期限短的 CDS 或参照实体的违约风险高的情况下比较常用。在一个**远期 CDS**(forward CDS)中，保护的购买者和出售者同意 CDS 在未来某个时间以定约日确定的 CDS 利差生效。在一个**二值 CDS**(binary CDS)中，违约支付被预先确定，因此，它独立于违约参照债券的实际回收率。最后还有一种**固定期限 CDS**(constant maturity CDS)，它的保费将根据事先确定的某一固定期限的基准 CDS 利差，如某一参照实体的 5 年期 CDS 利差，进行周期性的重置。接下来我们将重点介绍基本 CDS 的估值，但是修改版本的 CDS 也可以用相似的方式进行估值。关于 CDS 的期权也有交易①。

13.8.2 单一 CDS 的估值

我们考察简化模型框架下的单一 CDS 估值问题。假设排定的支付日为 $T_1, \cdots, T_n$，在此，为了简单起见，我们假设 $T_{i+1}-T_i=\delta$。如式(1.12)所介绍的，我们定义 $i(t)=\min\left\{i \in \{1, 2, \cdots, n\}: T_i > t\right\}$，因此，$T_{i(t)}$ 是最靠近 t 的下一排定支付日。令 F 表示 CDS 的名义金额。假定 CDS 有一个年化的保费 k。假定 t 时刻没有违约发生，未来的保费(排除违约时的应计支付)价值为

① 见 Hull 和 White(2003)以及 Brigo 和 Mercurio(2006，第 23 章)关于 CDS 期权的定价。

$$
\begin{aligned}
V_t^{\text{prem}} &= \mathrm{E}_t^{\mathbb{Q}}\Big[\sum_{i=i(t)}^{n} \delta k F e^{-\int_t^{T_i} r_u \mathrm{d}u} \mathbf{1}_{\{\tau > T_i\}}\Big] \\
&= \delta k F \sum_{i=i(t)}^{n} \mathrm{E}_t^{\mathbb{Q}}\big[e^{-\int_t^{T_i} r_u \mathrm{d}u} \mathbf{1}_{\{\tau > T_i\}}\big] \\
&= \delta k F \sum_{i=i(t)}^{n} \mathrm{E}_t^{\mathbb{Q}}\big[e^{-\int_t^{T_i} (r_u + h_u) \mathrm{d}u}\big]
\end{aligned} \tag{13.38}
$$

其中最后一个等式成立是由于式(13.24)。最后一个期望是一个零回收率的可违约零息债券 t 时刻的价格。令 $\ell_\tau = 1 - R_\tau$ 表示参照实体在违约情况下的损失率。CDS 的违约支付因此是 $F\ell_\tau$，其现值为

$$
V_t^{\text{prot}} = \mathrm{E}_t^{\mathbb{Q}}\big[F\ell_\tau e^{-\int_t^{\tau} r_u \mathrm{d}u} \mathbf{1}_{\{\tau \leqslant T_n\}}\big] = F\int_t^{T_n} \mathrm{E}_t^{\mathbb{Q}}\big[e^{-\int_t^{u}(r_s + h_s)\mathrm{d}s} h_u \ell_u\big]\mathrm{d}u
$$

在此，我们利用到了式(13.25)。通常情况下，我们认为损失事先可以知道且保持不变，在这种情况下得到

$$
V_t^{\text{prot}} = F\ell \int_t^{T_n} \mathrm{E}_t^{\mathbb{Q}}\big[e^{-\int_t^{u}(r_s + h_s)\mathrm{d}s} h_u\big]\mathrm{d}u
$$

τ 时刻违约，前一笔保费支付发生在 $T_{i(\tau)-1}$。违约时刻的应计支付因此为 $[\tau - T_{i(\tau-1)}]kF$，再次利用式(13.25)可得到其现值为

$$
\begin{aligned}
V_t^{\text{accr}} &= \mathrm{E}_t^{\mathbb{Q}}\Big[e^{-\int_t^{\tau} r_u \mathrm{d}u}\big[\tau - T_{i(\tau)-1}\big]kF\mathbf{1}_{\{\tau \leqslant T_n\}}\Big] \\
&= kF\mathrm{E}_t^{\mathbb{Q}}\Big[e^{-\int_t^{\tau} r_u \mathrm{d}u}\big[\tau - T_{i(\tau)-1}\big]\mathbf{1}_{\{\tau \leqslant T_n\}}\Big] \\
&= kF\int_t^{T_n} \mathrm{E}_t^{\mathbb{Q}}\Big[e^{-\int_t^{u}(r_s + h_s)\mathrm{d}s} h_u\Big]\big[u - T_{i(u)-1}\big]\mathrm{d}u
\end{aligned}
$$

将所有项目相加，利差为 k 的 CDS 的净现值对于保护购买者的价值为

$$
\begin{aligned}
V_t^{\text{CDS}} &= V_t^{\text{prot}} - V_t^{\text{prem}} - V_t^{\text{accr}} \\
&= F\int_t^{T_n} \mathrm{E}_t^{\mathbb{Q}}\big[e^{-\int_t^{u}(r_s + h_s)\mathrm{d}s} h_u \ell_u\big]\mathrm{d}u - \delta k F \sum_{i=i(t)}^{n} \mathrm{E}_t^{\mathbb{Q}}\big[e^{-\int_t^{T_i}(r_u + h_u)\mathrm{d}u}\big] \\
&\quad - kF\int_t^{T_n} \mathrm{E}_t^{\mathbb{Q}}\big[e^{-\int_t^{u}(r_s + h_s)\mathrm{d}s} h_u\big]\big[u - T_{i(u)-1}\big]\mathrm{d}u
\end{aligned}
$$

对于给定的期限和参照实体，t 时刻的公平 CDS 利差是使得 $V_t^{\text{CDS}} = 0$ 的。我们将其表示为 ζ_t^{CDS} 并发现有

$$
\zeta_t^{\text{CDS}} = \frac{\int_t^{T_n} \mathrm{E}_t^{\mathbb{Q}}\big[e^{-\int_t^{u}(r_s + h_s)\mathrm{d}s} h_u \ell_u\big]\mathrm{d}u}{\delta \sum_{i=i(t)}^{n} \mathrm{E}_t^{\mathbb{Q}}\big[e^{-\int_t^{T_i}(r_u + h_u)\mathrm{d}u}\big] + \int_t^{T_n} \mathrm{E}_t^{\mathbb{Q}}\big[e^{-\int_t^{u}(r_s + h_s)\mathrm{d}s} h_u\big]\big[u - T_{i(u)-1}\big]\mathrm{d}u}
$$

在损失率为常数的情况下，可以简化为

$$
\zeta_t^{\text{CDS}} = \frac{\ell\int_t^{T_n} \mathrm{E}_t^{\mathbb{Q}}\big[e^{-\int_t^{u}(r_s + h_s)\mathrm{d}s} h_u\big]\mathrm{d}u}{\delta \sum_{i=i(t)}^{n} \mathrm{E}_t^{\mathbb{Q}}\big[e^{-\int_t^{T_i}(r_u + h_u)\mathrm{d}u}\big] + \int_t^{T_n} \mathrm{E}_t^{\mathbb{Q}}\big[e^{-\int_t^{u}(r_s + h_s)\mathrm{d}s} h_u\big]\big[u - T_{i(u)-1}\big]\mathrm{d}u} \tag{13.39}
$$

当我们把损失率假设为不变的常数时，r 和 h 可能是一些具有仿射漂移和即时方差—协方差矩阵的多维扩散过程 x 的仿射函数，式(13.39)中的期望可由式(13.31)和式(13.32)给出封闭解。或者，除了假设损失率为常数，我们还假设一个确定性的违约强度 $h(u)$，在这种情况下幸存概率为 $\mathbb{Q}(\tau > T \mid \tau > t) = \exp\left\{-\int_t^T h(u)\mathrm{d}u\right\}$。因此，公平 CDS 利差变成

$$\zeta_t^{\mathrm{CDS}} = \frac{\ell \int_t^{T_n} h(u)\,\mathbb{Q}(\tau > u \mid \tau > t) B_t^u \,\mathrm{d}u}{\delta \sum_{i=i(t)}^{n} \mathbb{Q}(\tau > T_i \mid \tau > t) B_t^{T_i} + \int_t^{T_n} h(u)\,\mathbb{Q}(\tau > u \mid \tau > t) B_t^u [u - T_{i(u)-1}]\,\mathrm{d}u}$$

应计支付的现值与其他项相比通常较小。省略应计项，得到一个简单的近似

$$\zeta_t^{\mathrm{CDS}} \approx \frac{\ell \int_t^{T_n} h(u)\,\mathbb{Q}(\tau > u \mid \tau > t) B_t^u \,\mathrm{d}u}{\delta \sum_{i=i(t)}^{n} \mathbb{Q}(\tau > T_i \mid \tau > t) B_t^{T_i}}$$

这给出了 CDS 利差和幸存(因此也是违约)概率之间的一个简单关系。可以证明

$$\zeta_t^{\mathrm{CDS}} \approx \frac{\ell \sum_{i=i(t)}^{n} \mathbb{Q}(T_{i-1} < \tau \leqslant T_i \mid \tau > t) B_t^{T_i}}{\delta \sum_{i=i(t)}^{n} \mathbb{Q}(\tau > T_i \mid \tau > t) B_t^{T_i}} \tag{13.40}$$

如果假设违约之后的保护支付发生在下一个排定的保费支付日。注意，等式(13.40)看上去与普通利率互换中的公平互换利率非常相似，见式(6.31)。给定所观察到的不同期限的 CDS 利差，我们可以从这些表达式推导出不同时间跨度上的隐含风险中性违约概率。

13.8.3 组合 CDS

信用指数交易于 2004 年引入市场时起就得到了快速的发展。事实上，在 2006 年，指数 CDS 的市场份额就与单一 CDS 的份额旗鼓相当，见 Mengle(2007)。指数 CDS 合约提供了对一个参照实体组合的违约保护。在合约的存续期中，只要组合中的实体之一出现违约，保护购买者就会收到一笔违约支付。违约支付的计算方式与单一 CDS 的计算方式完全一致。在发生违约时，名义金额和保费都会降低，以反映实体组合中实体数目下降这一事实。举例来说，我们考察一个 5 年期的包括 100 家公司的指数 CDS。假设每家公司的名义金额是 100 万美元，那么名义金额总计为 1 万亿美元，同时假设指数 CDS 利差为 80 基点每年。只要 100 家公司中没有发生违约的情况，保护的购买者必须按季支付保费，即 1 亿美元的 $0.8\%/4 = 0.2\%$，也就是 20 万美元。当第一家公司违约时，保护的购买者收到等于损失率乘以 100 万美元的名义金额的违约支付。直到第二家公司发生违约，总的名义金额变为 0.99 亿美元，每季度的保险费降为 0.99 亿的 0.2%，即 19.8 万美元。指数合约的应计保费支付的计算与单一 CDS 的应计保费方式相同。

公平的指数 CDS 利差应当大致等于指数组合中参照实体的公平 CDS 利差的均值。CDS 利差较高的公司的权重应当小于 CDS 利差低的公司的权重。这是因为，利差所反映的违约概率的差异意味着高利差的公司不可能像低利差的公司那样支付得长久。同样需要注意的

是,在信用事件的认定上,指数 CDS 可能与单一 CDS 存在不同。在确定指数 CDS 利差的时候,组合中的公司之间的违约相关性也很重要。原则上,我们可以采用包括公司之间的违约强度相关性的简化模型,但是,这样的计算很快就会变得一团糟。大多数市场参与者在处理组合 CDS 时依靠高斯交合函数。

指数 CDS 合约主要有 CDX 指数和 iTraxx 指数两类。CDX 指数包括了北美 125 家投资级公司,而 iTraxx 指数包括了 125 家欧洲公司,其中大多数为投资级。这些组合都在每年的 3 月 20 日和 9 月 20 日进行一次调整。这些指数 CDS 期限为 3、5、7 和 10 年,通常到期日为 6 月 20 日和 12 月 20 日,具有非常好的市场流动性。我们同样可以购买或出售一个指数中的某些部分的保护,也就是只有当组合的总损失在某一区间,如 $[F_1, F_2]$ 时,才提供保护。只要因违约所造成的总损失低于 F_1,保护的购买者不会从保护的出售者那儿得到补偿,当损失超过 F_1 时,保护被触发,但是购买者从出售者处获得的支付不超过 F_2-F_1。

另一类组合 CDS 就是篮子违约互换,它为一篮子(通常 5—10 支)具体的参照实体提供违约保护。最为普通的是**首次违约即止型篮子 CDS**(first-to-default basket CDS),这一类型的 CDS 卖家在篮子中第一个实体发生违约时就为保护的购买者提供补偿,随后 CDS 即终止。只要实体的违约之间具有条件独立性,也就是说给定所有的其他不确定性,各实体之间的违约事件是独立的,首次违约即止型篮子 CDS 利用简化模型进行处理相对容易。令 $\tau_1, \cdots, \tau_K$ 表示 K 个实体的违约时间,且令 $h_1, \cdots, h_K$ 为与之相关的风险中性违约强度。首次违约时间显然为

$$\tau^*=\min\{\tau_1, \cdots, \tau_K\}$$

在条件独立性假设之下,τ^* 有一个由

$$h_t^*=h_{1t}+\cdots+h_{Kt}$$

给出的相关风险中性违约强度。直觉上理解,在下一瞬间,有一个实体违约的概率等于各参照实体个体违约概率之和。由于保费的支付在第一个违约之后就停止,那么保费支付可以按照式(13.38)那样计算,但是我们使用的是违约强度 h^*。第一个违约发生在很短的期间 $[t, t+dt]$,且实体 k 发生违约的概率为 $h_{kt}\exp\left\{-\int_0^t h_s^*\, ds\right\} dt$。如果 $F\ell_{kt}$ 表示这一情形下的保护支付,可以证明,见 Lando(2004,第 8 章),保护支付的价值变成

$$V_t^{\text{prot}}=F\sum_{k=1}^{K}\int_t^{T_n}\mathrm{E}_t^{\mathbb{Q}}\left[e^{-\int_t^u (r_s+h_s^*)ds}h_{ku}\ell_{ku}\right]du$$

首次违约即止型篮子 CDS 的公平保费现在可以通过匹配保费支付与保护支付的价值的方式进行计算。但是,必须注意,正如我们在本章前面所讨论的一样,前面关于违约的独立性假设似乎并不符合实际情况。篮子 CDS 的估值对于所假设的相关性非常敏感。

更高级的篮子 CDS 同样存在。例如**第 k 次违约即止篮子 CDS** 只有在篮子中的实体发生第 k 次违约的情况下才提供保护,随后合约终止。这样的合约的估值非常复杂,读者可以参考 Bielecki 和 Rutkowski(2002)。

练习 13.5 和 13.6 包括了更多的关于篮子 CDS 估值的信息。

13.9 担保债务凭证

担保债务凭证是一种将一个贷款组合中的支付按照预先确定的方式分配给不同的证券的金融结构。贷款可以是普通的银行消费贷款和公司贷款、信用卡贷款,等等。由贷款之外的其他资产支持的结构也同样存在,如债券①。通常的结构设计如下。银行或其他金融机构提供贷款给不同的客户。银行建立一个与自身隔离的,被称为特殊目的载体(special purpose vehicle, SPV)的法律实体,或者通道(conduit),然后将贷款组合出售给这一实体。通常情况下,银行继续为贷款提供服务,也就是从借款人处回收款项并为此收取一定费用。SPV 然后发行和出售现金流由组合中贷款的支付所确定的,并扣除银行服务费的证券。如果创始银行没有购买任何的这些证券,那么它就不会暴露在借款人的信用风险之下。这些信用风险已经被证券化并出售给其他投资者。但是,银行正常情况下都会保留一些发行的证券,其原因稍后解释。

SPV 将通常发行少数几个具有非常不同的风险和收益特征的分级。我们首先考察一个简单的例子,在此,标的贷款组合的总面值为 1 亿美元,所有的贷款的到期日都为 T,且中途没有利息支付。假设 SPV 发行了由这个贷款组合支持的三个分级,第一层[称为权益层(equity tranche)或低级层(junior tranche)]的面值为 500 万美元,第二层[夹层(the mezzanine tranche)]的面值为 1 500 万美元,第三层[高级层(senior tranche)]的面值为 8 000 万美元。每一层都被分割成更小的等值单位供投资者交易。令 R 表示 T 时刻贷款池收到的实际支付。如果所有的贷款人都全额偿还债务,所有三个分层都将收到各自的面值。如果有少数贷款违约,比方说处于 9 500 万美元到 1 亿美元之间,第二层和第三层的投资者都能收到面值,但是第一层的投资者只能收到 $R-95 \leqslant 500$ 万美元。如果相对多的投资者发生违约,假设处于 8 000 万美元到 9 500 万美元之间,第一层投资者将得到 0,第二层投资者将得到 $R-8\,000$ 万美元,而第三层投资者将得到全部 8 000 万美元。最后,假定许多贷款发生违约,R 小于 8 000 万美元,第一层和第二层投资者将得到 0,但是第三层投资者的所得 R 也低于承诺。权益层首先受到信用风险的冲击,因此信用风险最大,而第三层高级层受到的违约保护最强,只有在发生贷款大面积违约的情况下才会遭受信用风险。很明显,投资者将会对其所承担的信用风险要求更高的回报。

通常情况下,CDO 是银行和信用评级机构通力合作的结果,所以高级层的评级可以评到最高等级并以高价卖给那些相信最高评级代表为没有信用风险的证券的投资者。但是,即便是如此高的评级,始料未及的标的贷款大量违约也会造成这些层级蒙受巨大损失。从 2005 年第一季度到 2007 年第一季度,66%的资产支持证券的 CDO 被降级,其中 44%从投资级降到了非投资级,见 Crouhy、Jarrow 和 Turnbull(2008)。信用评级机构通过为银行提供服务而赚得盆满钵满,并因向如此多的 CDO 层级提供正面评级而遭受谴责。一种批评是银行一

① 有时名字反映了贷款或资产的基础类型,例如,担保贷款凭证(collateralized loan obligation, CLO),抵押按揭凭证(collateralized mortgage obligation, CMO),或者抵押债券凭证(collateralized bond obligation, CBO)。

开始就向没有做过资信评估的客户放款,因为银行可以在随后将信用风险通过 CDO 将信用风险转嫁给其他投资者。当然,CDO 各个层级的投资者应当因此注意这些贷款的风险并据此进行定价,但是大多数投资者似乎信任这些经过注水的评级。风险最高的权益级,并没有进行评级,有时被创造 CDO 的银行自己保留,这将至少部分地激励它们对借款人个体做些信用分析。

评级通常为 BBB 的中等风险的夹层销售一般较难。富有创造力的金融工程师对这一问题也有答案。他们将不同 CDO 中的夹层集合在一起,构造一个基于这些支付的新的 CDO,该 CDO 同样有高级层、夹层和权益层。这种结构被称为 CDO 平方结构。这个第二纬度的 CDO 的高级层同样被赋予高的评级,从而同样可以以较高的价格出售。在标的贷款组合中不同时出现大量的违约的情况下,这样的评级是合理的,但是这同样取决于同一贷款组合中的贷款之间,以及不同贷款组合之间的违约相关性。

为了理解违约相关性对收益影响的重要性,以及 CDO 的价格和风险,我们考察完全独立和完美相关两个极端情况。假设在接下来 5 年中,构成组合的 100 笔贷款中每笔贷款的违约概率为 3%。如果违约是独立的,不发生违约的概率是 $(0.97)^{100}=0.047\,55$,也就是低于 5%。发生 5 次或更多的违约的概率——这将消除我们上面的 CDO 例子中的权益层——为 18.2%,而发生 20 次或以上的违约的概率——这将消除夹层投资——是 $1.85\cdot10^{-6}$。在这一例子中,高级层实际上就是无风险的。

在违约完美相关的情形下,全部贷款要么不发生违约,要么全部违约。不发生违约的概率为 97%,全部违约的概率为 3%。在这种极端情况下,CDO 的各个层级具有同等的风险。与违约独立的情况相比,在这种情况下,权益层(通常由 CDO 发行人持有)的风险没那么高,而高级层(实际上当作无风险的层级出售)的风险其实更高。现在人们一般相信在许多 CDO 的估值中违约相关性被低估,并且评级机构和发行人有足够的动机这么做。

在上面的例子中,我们假设标的贷款都是具有相同到期日的零息贷款。这就使得我们在定义从贷款收到的支付怎样流向各个层级变得更为容易。在现实中,标的贷款通常为附息贷款——可能是浮动的利息——期限和摊销日程也可能各不相同。CDO 中的全部或部分层级将同样收到固定或浮动的利息。在这种情况下,确定贷款的支付是如何流向个层级的持有人将变得相当的复杂。如果在 CDO 存续期的早期,没有或很少有贷款发生违约,那么从贷款中收到的支付或许可以覆盖各层级的利息支付。但是,如果在 CDO 快到期时有许多贷款发生违约,那么高级层都不太可能获得全额支付。在这种情况下,权益层已经收到了一部分支付,而高级层却未能完全收回面值,这就与 CDO 的最初思想发生了冲突。为了避免发生这种情况,在 CDO 的存续期间,SPV 将保留一部分资金,以确保不会出现在未能完全兑付高级层的情况下次优先级投资者得益的情况。将贷款的现金流重新分配到 CDO 的各个层级的方案通常非常复杂,这被称为 CDO 的瀑布方案。同样需要注意的是,CDO 会在某种意义上具备超额担保,也就是标的贷款的总面值超过 CDO 层级的总面值,这将降低所有层级的信用风险。

在上面所描述的 CDO 结构中,SPV 发行拥有标的贷款或资产的层级,这样的结构因此被称为现金 CDO。另一种结构是合成 CDO,在这种结构中,CDO 的发行人不是贷款和资产的法定所有人,但是他们通过持有与各个实体相关的 CDS 的短仓而暴露在其信用风险之下,这也就是说 CDO 的发行人出售了这些实体的违约保护。所有这些 CDS 的保费和违约支付都被集中在一起,然后把不同的层级像现金 CDO 一样出售给其他投资者。

CDO 的估值有多种不同的方法。在从业者中最受欢迎的方法是因子交合函数的方法，特别是第 13.6 节中所描述的高斯交合函数得到了广泛地使用，但是，其他的交合函数也曾被应用过。此外，交合函数技术被扩展到允许动态相关性结构的情况。更多的关于交合函数用于 CDO 定价的细节，可以参考 Andersen 和 Sidenius(2005)，Burtschell、Gregory 和 Laurent(2009)，Gregory 和 Laurent(2005)，以及 Hull 和 White(2004，2006)。Duffie 和 Gârleanu(2001)假设组合中的每一笔贷款的违约强度为共同变量和各笔贷款的特质变量之和，也就是 $h_{it}=X_t^C+X_t^i$，其中所有的变量 X^C，X^1，…，X^K 为独立的仿射随机过程。因此，贷款的违约强度因共同的变量 X^C 而变得相关。假设给定违约的损失率在(0，1)区间均匀分布。假设无违约利率，损失率和违约强度(在风险中性概率测度下)独立，然后用蒙特卡洛模拟为 CDO 定价。尽管同样可以对非仿射过程实施模拟，但是在仿射模型结构下计算更有效率。他们的例子进一步说明了违约强度的截面相关性对 CDO 的价格的影响。Mortensen(2006)扩展了这一方法，并提供了支持性的实证结果。最后，Hull、Predescu 和 White(2006)提出了一个结构模型，在这一结构模型中组合信用结构中的各实体的资产是相关的。对于 CDO 平方的建模，可以参考 Dorn(2007)。

结束语

本章为信用风险建模以及可违约债券和信用衍生产品的定价做了一个介绍。主要的建模方法建立在标准的期权定价模型和动态期限结构模型之上。构建模型的一个重要挑战是模型要与所观察到可违约债券和信用衍生产品的价格，以及所观察到的信用利差曲线的水平、形状及其动态特征保持一致。为不同的企业和贷款之间的违约相关性建立模型是另一个重要挑战。市场上所使用的高斯交合函数方法似乎错误地规定了真实的相关性结构。但是，更恰当的模型往往在估计模型以及应用模型进行定价时带来大量的计算。

一些在本章的主要部分没能顾及的问题同样值得我们注意。第一个问题是流动性。公司债券的交易成本更高，与可比的债券相比，流动性更差。投资者希望因流动性水平或交易成本，也许同样包括流动性风险，即关于未来流动性的不确定性，而得到一笔"流动性溢价"的补偿，即更高的期望收益，该期望收益应当在将交易成本、流动性因素考虑进来之后仍与那些具有非常好的流动性的资产的期望收益相同。Amihud、Mendelson 和 Pedersen(2005)调查了关于流动性对资产价格所产生的影响的相关理论和实证研究的文献。一些最近的论文研究了如何在公司债券和衍生产品市场为流动性定价的问题，见 Driessen(2005)，Longstaff、Mithal 和 Neis(2005)，Chen、Lesmond 和 Wei(2007)，Bongaerts、de Jong 和 Driessen(2009)，以及 Dick-Nielsen、Feldhütter 和 Lando(2009)。他们的研究发现对于低评级的债券，流动性溢价相当高，且随着信用品质的改善而增加，通常也随债券的期限增加而增加。例如 Dick-Nielsen、Feldhütter 和 Lando(2009)计算了所谓的次贷危机前(2005 年第 1 季度到 2007 年第 1 季度)和次贷危机后(2007 年第 2 季度到 2008 年底)不同评级、不同期限的公司债券的流动性溢价。在他们的所有发现中(见他们的表 6)，有一个发现是：AAA 评级和 AA 评级的债券的流动性溢价在危机之前为 1—2 个基点，在危机后为 13—45 个基点，而 B 级债券在危机前的流动性溢价是 69—116 基点，而在危机开始后上升到 162—309 基点。这些研究表明公司债券中流动性风险的影响非常显著，至少可以部分解释所谓的信用利差之惑。在回收市值的框架下，Duffie 和 Singleton(1999)建议通过在最初的违约风险调整利率之上加入流动性变量，也就是将式(13.30)中的 $r_u + h_u \ell_u$ 替换为 $r_u + h_u \ell_u + \mathrm{liq}_u$，其中 liq_u 为流动性相关的过程，而直接对贴现率进行调整。但是要应用这样的一个模型，对流动性变量进行量化并给出简单而又合理的解释是非常困难的。

第二个问题是许多公司债券是可以赎回的，这意味着发行人具有按照预先确定的价格(面值加上赎回期权的权利金)在债务到期或到期之前偿还债务的权利。赎回债券的决定由发行公司的管理层做出，因此在具有相应结构的模型中研究赎回决策以及评估可赎回债券的价格也是很自然的了，读者可以参考 Goldstein、Ju 和 Leland(2001)。通过引入赎回强度来为赎回决策的概率进行建模，简化模型也能将赎回特征包括进来，见 Jarrow、Li、Liu 和 Wu(2010)。

第三个问题就是或多或少被我们忽视的对手风险。对手风险在除公司债券或贷款之外的很多合约性关系中存在，例如，柜台市场的衍生品交易。假设 A 公司从 B 公司买入一个期权。如果期权以价内结束，但是 B 公司已经违约，那么 A 公司将不会得到承诺的期权收益。衍生产品交易商通常在他们的合约中包括了各种条款以缓释信用风险，例如采用轧差(如果一个公司在一个合约上对交易对手违约，那么他必定对交易对手方的所有现有合约违约)和担保(使用预先达成一致的公式定期盯市)，但是这也不能完全消除对手风险。关于对手风险的研究可见 Duffie 和 Huang(1996)、Huge 和 Lando(1999)以及 Hübner(2001)。

练习

练习 13.1 利用伊藤引理证明式(13.15)。

练习 13.2 证明式(13.18)。

练习 13.3 考察 13.3.1 节中的基本 Merton 模型。定义 $\mathcal{L}_t = Fe^{-\bar{r}[T-t]}/V_t$，这是公司杠杆的标准化测量指标。

(a) 证明式(13.16)中的信用利差可以重新记为

$$\zeta_t^T = -\frac{1}{T-t}\ln(\mathcal{L}_t^{-1}N(\theta_1) + N(\theta_2))$$

其中

$$\theta_1 = -\frac{\frac{1}{2}\sigma^2(T-t) - \ln\mathcal{L}}{\sigma\sqrt{T-t}} \text{ 和 } \theta_2 = -\frac{\frac{1}{2}\sigma^2(T-t) - \ln\mathcal{L}}{\sigma\sqrt{T-t}}$$

(b) 为所有的 $\sigma \in \{0.1, 0.3, 0.5\}$ 和 $\mathcal{L} \in \{0.25, 1, 4\}$ 的组合，画出利差曲线 $u \mapsto \zeta_t^{t+u}$ (期限从 0 到 $u=30$ 年)。你能为 σ 和 $\mathcal{L}$ 对利差曲线的形状的影响得出什么样的结论?

练习 13.4 利用伊藤引理证明式(13.20)并讨论过程 LEV 的特征。

练习 13.5 哪一个合约更便宜:(关于相同的组合，具有相同的期限等)首次违约即止的 CDS 还是第二次违约即止的 CDS? 两者的价格是如何依赖于组合的违约相关性的?

练习 13.6 考察一个公司债券篮子。篮子中的所有个券都有 CDS 交易,同样也有一个首次违约即止的 CDS 在交易。解释为什么首次违约即止的 CDS 的公平保费小于全部个券的公平保费之和。是不是首次违约即止的保费必须小于个券 CDS 的公平保费的最大者?

练习 13.6 假设 $x=(x_t)$ 是一个放射过程,其动态特征为

$$dx_t=(\varphi-\kappa x_t)dt+\sqrt{\delta_1+\delta_2 xt}\,dz_t$$

那么 7.2 节已经证明,

$$E_t\left[e^{-\int_t^T xu\,du}\right]=e^{-a(T-t)-b(T-t)x_t}$$

对函数 a 和 b 是普通微分方程组的解。证明

$$E_t\left[e^{-\int_t^T xu\,du}(v_1+v_2x_T)\right]=(\hat{a}(T-t)+\hat{b}(T-t)x_t)e^{-a(T-t)-b(T-t)x_t}$$

在此 a 和 b 与上面相同,且 $\hat{a}$ 和 $\hat{b}$ 都为确定性函数。提供一个普通微分方程组(具有合适的边界条件),使得 $\hat{a}$ 和 $\hat{b}$ 是它的解。提示:首先 $E_t\left[\exp\left\{-\int_t^T x_u\,du\right\}(v_1+v_2x_T)\right]$ 可以对某些函数 f 写成 $f(x_t,t)$。利用定理 4.10 写下 f 的一个偏微分方程并证明当确定性函数是相应的普通微分方程的解时,$f(x,t)=(\hat{a}(T-t)+\hat{b}(T-t)x)\exp\{(a(T-t)+b(T-t)x)\}$ 是一个解。

练习 13.6 证明式(13.36)。

练习 13.6 证明式(13.37)。

14

抵押贷款和抵押贷款支持证券

14.1 引言

按揭抵押贷款是金融机构向特定的房地产所有者提供的(所有者)以该房地产作为抵押的贷款。在许多国家,例如,美国、英国、德国、西班牙、法国、荷兰和斯堪的纳维亚国家,按揭抵押贷款是购买住宅物业(主要)的一种标准融资方式。在一些国家,按揭抵押贷款通常通过发行债券来进行融资。原始的出借机构或一些其他金融机构将大量相似的按揭抵押贷款汇集在一起。这些汇集机构发行一些支付与基础按揭抵押贷款的支付密切相关的、在市场上公开交易的债券。本章的主要目的就是讨论抵押贷款支持证券的估值问题。

抵押贷款支持债券在几个方面与政府债券存在不同。其中最重要的是,此类债券持有人所获得的现金流依赖于基础按揭抵押贷款的借款人的支付。虽然按揭抵押贷款有一个具体的分期还款计划,但是多数按揭抵押贷款允许借款人提前偿还债务。这种情况通常发生在市场利率下降的时候,一些按揭抵押贷款人将结束现有的高利率贷款,而用更低的利率进行融资。正如我们将在本章后面所要讨论的,还有其他的原因导致按揭抵押贷款被提前还款。为借款人的提前还款行为建立模型是对抵押贷款支持证券进行估值的最大挑战,因为他们的按揭抵押贷款构成了这些债券的基础。一旦可以确定债券的状态依赖现金流,就可以用标准的估值工具为其估值。

第 14.2 节提供了一些关于按揭抵押贷款的概览。第 14.3 节描述了一些标准类型的按揭抵押贷款支持债券,即所谓的过手债券。第 14.4 节把重点放在多数按揭抵押贷款中所嵌套的提前偿付期权,并列举了若干可能影响提前还款的因素。对于提前还贷行为的建模,存在着对抵押贷款支持债券产生影响的两种截然不同建模方法。第 14.5 节所讨论的基于期权的方法侧重于确定借款人的理性提前还款行为。由于提前还款期权可以解释成一个利率依赖证券的美式认购期权,那么最优的提前还款策略与确定一个美式期权的最优行权策略完全相同。但是,这只能捕捉利率下降时的提前还款情况,但是借款人可能会因其他情况而提前还款。因此,我们同样考虑了建立在这一基本的期权定价方法的基础之上的其他变通方式。第

14.6 节所列出的经验方法是试图根据实际提前偿付行为的历史纪录，推导出提前还款行为与不同解释变量之间的关系。关于抵押贷款支持债券的投资风险指标在第 14.7 节得到了讨论。第 14.8 节提供了标准过手证券之外的其他抵押贷款支持证券一些简单介绍，而第 14.9 节则为 2006 年对美国按揭抵押贷款和住宅市场造成巨大冲击的次贷危机提供了一个非常简短的概述。最后，结束语对本章做出总结。

在单独的一章中，我们不可能将这一个相当先进和创新的按揭抵押贷款以及按揭抵押贷款支持证券市场的许多方面、惯例以及机构的诸多细节都涵盖进来。如需尤其是美国抵押贷款行业的更多详细信息，可参阅 Fabozzi(2010，第 10—14 章)。对欧洲市场的进一步信息可以在 Batten，Fetherston 和 Szilagyi(2004)中找到。

14.2　按揭抵押贷款

按揭抵押贷款是一种以指定的房地产作为抵押的贷款。出借人为金融机构，借款人为房地产的业主。借款人承诺按照指定的付款时间表偿还债务。如果借款人不能按照商定的日程偿还出借人，那么出借人有权取消抵押品的赎回权并扣押该物业。通常而言，按揭抵押贷款发生在物业开始交易且新的所有者需要融资购买的情况之下，但是，有时物业的现有业主同样有可能需要(新的)按揭抵押贷款。在提供按揭抵押贷款之前，金融机构通常会对物业的市场价值以及潜在购买人的信用进行评估。两个重要的比率是贷款市值比和支出收入比。贷款市值比为借款金额与物业市值的比率(在物业尚未开始交易的情况下，需要对其市值进行估计)。支出收入比是指抵押按揭贷款的周期性还款与借款人收入的比率。很显然，高的支出收入比和贷款市值比意味着更高的贷款违约可能性。法规对可提供的按揭抵押贷款施加了限制，例如，最初的贷款市值比率最高不得超过 80%。此外，额外的借贷可以通过标准的银行系统完成。物业的市场价值与利用该物业作为抵押而借入的贷款总额之差被称为物业的权益。

出借人同样也被称为按揭抵押贷款的发起人。在美国，按揭抵押贷款的发起人通常把按揭抵押贷款出售给另一家金融机构，在很多情况下，该金融机构通常会购买许多相似的按揭抵押贷款并将其汇集在一起作为证券发行的担保品。于是，这些证券被称为按揭抵押贷款支持证券(mortgage-backed securities，MBS)，原来的按揭抵押贷款从而被证券化。有时按揭抵押贷款的发起人自己也会发行他们自己所发起的按揭抵押贷款支持的证券。

在美国，房利美(the Federal National Mortgage Association，美国联邦国民抵押贷款协会)和房地美(the Federal Home Loan Mortgage Corporation，美国联邦住宅贷款抵押公司)始终把持着购买和汇集按揭抵押贷款然后销售高流动性的按揭抵押贷款支持证券的业务。两者都是在纽约股票交易所上市的私营公司，但是同样也有政府资助的实体，它们的活动受到联邦政府的控制。这些实体存在的目的是为了支持按揭抵押市场，以降低借款人的融资利率，使得更多的人拥有住房。当房利美和房地美发行按揭抵押贷款支持证券时，它们保证即便基础按揭抵押贷款的借款人出现违约，这些预定的本金和利息都会得到偿付。尽管这些保证并没有得到美国联邦政府的正式支持，市场参与者对于政府将为这些实体提供它们履行保证承诺的任何规模的资金帮助从无疑义。但是,这些实体所购买的按揭抵押贷款已经远远超出了它们所能打包出售的按揭抵押贷款支持证券的规模,因此,在它们自己的户头上保留了很大一部分按揭抵押贷款,因此实际上充当了房屋购买者的出借人而不是一个高效的按揭抵押贷款重新打包机构。由于房价大幅贬值的结果,房利美和房地美在2007年和2008年遭遇巨额亏损,并于2008年9月7日双双被联邦政府接管。

另一个与政府相关的玩家是吉利美[Ginnie Mae,政府国民抵押贷款协会(Governmental National Mortgage Association)]。这是一个得到美国政府明确支持的联邦机构。吉利美并不发起或购买按揭抵押贷款,且不发行任何证券。吉利美为其他联邦机构,比如联邦住房管理局(Federal Housing Administration)所发行的按揭抵押贷款支持证券对投资者提供按时支付本金和利息的保证(后文有更多关于按揭抵押贷款保险和担保的内容)。吉利美所担保的按揭抵押贷款支持债券由获吉利美批准的金融公司发行。这些公司通过付费获取吉利美的担保,从而将大量缺乏流动性的个人贷款转化为高流动性且几乎没有违约风险的证券。最后,证券化过程和担保将使得按揭抵押贷款的利率变得更低,从而使"居者有其屋"更为容易。但是,如果房屋的买家和卖家只关注贷款的支付(首付)而不是房屋的价格,降低融资的利率(至少部分地)将被资本化为更高的房价,因此,最终是现有的业主收益超过有意置业的业主。

在讨论按揭抵押贷款的不同特征之前,首先介绍一些符号。令时间0表示按揭抵押贷款最初发行的时间。按揭抵押贷款的预定支付日期为t_1, $t_2\cdots$, $<t_N$,我们假设每次支付之间的时间间隔相等,即有一个δ,使得对所有i有$t_{i+1}-t_i=\delta$。因此,$t_i=i\delta$。例如,$\delta=1/12$表示每月支付,$\delta=1/4$表示每季支付。我们令$D(t)$表示t时刻(在t时刻支付完成后的即刻)的未偿债务。特别地,$D(0)$为按揭抵押贷款的初始面值。在任何时刻t_n,借款人还款日程上的支付可以分割成三个部分:

(1) 利息支付$I(t_n)$;

(2) 部分提前偿还的本金$P(t_n)$;

(3) 手续费用$F(t_n)$。

t_n时刻的预定支付因此是$Y(t_n)=I(t_n)+P(t_n)+F(t_n)$。

贷款利息为上一次支付之后的未偿债务与名义利率(同样被称为按揭抵押贷款款利率或合约利率)的乘积。贷款最初面值通常被按照贷款的摊销类型分割在几个日期分步偿还。很显然,所有的部分偿付的本金必须等于最初的贷款金额$D(0)=\sum_{n=1}^{N}P(t_n)$,且我们有$D(t_{n+1})=D(t_n)-P(t_{n+1})$和$D(t_N)=0$,因为此时贷款已经被完全清偿。

手续费用于覆盖为贷款提供服务所产生的成本,例如,从借款人处收款、准备按揭抵押贷款对财政的影响分析材料等。按揭服务可以由最初的贷款机构直接完成,也可以由其他机构完成。通常这些费用是未偿债务的特定比例,且在给定的日期支付。它可能被包括在按揭抵押贷款的名义利率中,在这种情况下,并没有单独的费用支付。

按揭抵押贷款通常是具有预先确定的周期性(例如,按月或按季)还本付息安排的长期(比如30年)贷款。按揭抵押贷款的形式可以不同形式出现。按揭抵押贷款可以按照以下特征[部分与Fabozzi(2010)相似]进行分类:

留置权状态(Lien status)。贷款相对于同一物业作为抵押担保的其他贷款的优先度。如果借款人违约,物业被清算,**第一留置权**(first lien)贷款具有最高优先级。**第二留置权**

(second lien)或**次级留置权**(junior lien)的优先度相对更低。

信用分类。如果借款人的信用质量较高(基于贷款市值比率,支付收入比和借款人的信用记录),那么这笔按揭抵押贷款被称为**优质抵押贷款**(prime loan)。如果借款人的信用质量较差或者贷款不是处于第一留置权,这笔按揭抵押贷款被称为**次级抵押贷款**(subprime loan)。处于这两者之间的被称为 **alt-A 贷款**(alt-A loans)。根据标准分类,有些贷款属于优质抵押贷款,但是由于缺乏文档或其他关于借款人的信用品质的不确定性,这些贷款一般比其它优质抵押贷款风险更大。

利率类型。按揭抵押贷款的名义利率要么在整个贷款期间保持固定[**固定利率按揭抵押贷款**(fixed-rate mortgage)],要么是可以按照一些明确的条件进行浮动[**可调整利率按揭抵押贷款**(adjustable-rate mortgage)]。可调整利率的按揭抵押贷款的利率在事先确定的日期按照事先确定的条款进行重置。利率重置的时间间隔一般是固定的,比如说 1 年或每 5 年一次。对合约利率进行重置可以反映当前的市场利率,因此合约利率与某些可观察的利率,如相对短期的政府债券收益率或货币市场利率等有着密切的关系。有些可调整利率的抵押按揭贷款的利率对于贷款的整个期间或贷款开始后的某个固定期间带有利率上限,这是合约利率所能达到的最高值。可调整利率的按揭抵押贷款的利率可以在前面几年保持固定,尔后可以进行周期性的重置。**诱饵贷款**(teaser loan)就是一种可调整利率的按揭抵押贷款,在这种贷款的前面几年,借款人只需支付相当低的初始利率,在这之后,利率将会急剧上升。如果物业的增值足够大的话,借款人可能在适用高利率之前进行再融资。

分期偿还类型。贷款的分期偿还原则决定了按揭抵押贷款的本金如何在各个支付日进行分配。等额还款计划,即每期支付的本金和利息的总和保持不变,是一个相对简单而且颇受欢迎的按揭抵押贷款。任何一个给定支付日的利息支付等于固定的区间合约利率(贷款的名义利息)与未偿债务的乘积。这是一种**年金贷款**(annuity loan)。在美国,这些按揭抵押贷款被称为**水平支付固定利率按揭抵押贷款**(level-payment fixed-rate mortgages)。

令 R 表示一个按揭抵押贷款的固定的期间合约利率。通常而言,年化的名义利率将在合同中明确,而区间利率则是年化利率除以每年的支付日的数目。令 A 表示由利息支付和本金偿还构成的区间支付。利用 R 作为贴现率,N 个等于 A 的支付的现值为

$$A(1+R)^{-1}+A(1+R)^{-2}+\cdots+A(1+R)^{-N}=A\,\frac{1-(1+R)^{-N}}{R}$$

为了使得现值等于 $D(0)$,区间支付必须是

$$A=D(0)\,\frac{R}{1-(1+R)^{-N}}$$

从第 n 个支付日之后,剩余的现金流是一个 $N-n$ 笔支付的年金,所以未偿债务必定为

$$D(t_n)=A\,\frac{1-(1+R)^{-(N-n)}}{R} \tag{14.1}$$

这笔支付中的利息部分为

$$I(t_{n+1})=RD(t_n)=A\left(1-(1+R)^{-(N-n)}\right)=RD(0)\,\frac{1-(1+R)^{-(N-n)}}{1-(1+R)^{-N}}$$

因此偿还的本金部分为

$$P(t_{n+1}) = A - I(t_{n+1}) = A - A(1-(1+R)^{-(N-n)})$$
$$= A(1+R)^{-(N-n)} = RD(0)\frac{(1+R)^{-(N-n)}}{1-(1+R)^{-N}}$$

特别地，$P(t_{n+1}) = (1+R)P(t_n)$，因此，在按揭抵押贷款期间，区间支付中的本金偿还部分呈几何级数增长。

当可调整利率的按揭抵押贷款的名义利率进行重置时，剩余的支付计划将按照未偿债务、支付期数以及新的名义利重新计算。一般而言，我们假设新的名义利率将在贷款完全偿付之前不会改变。

注意上面的等式给出了整个按揭抵押贷款期间的现金流和未偿债务安排，但是现金流和未偿债务的实际变化可能会因为支付延迟、遗失或未曾预料到的提前还款而不同。

在最近的10—20年中，按揭抵押贷款市场出现了一个非常重要的创新产品。市场上出现了各种具有非标准的还款计划以及对可调整利率的按揭抵押贷款的利率进行重置的产品。一个较为流行的例子是**只付利息型抵押贷款**(interest-only mortgage)。在这样的贷款中，借款人在从贷款开始时的一定期间的锁定期内，通常是5—10年，只需要支付利息，不需要偿还本金。很显然，与具有相同面值和名义利率的标准年金贷款相比，在锁定期间，支付利息型抵押贷款的支付更低，但是由于要在锁定期后的更少的支付日偿还本金，所以锁定期过后，借款人的支付将急剧增加。只付利息型按揭抵押贷款可以允许年轻家庭马上购买更大、更贵的房子而不需要首先购买一个更小、更便宜的房子然后在交易中以小换大，一步一步置换成更大的房子，并支付相应的交易成本和忍受因此而带来的不便。贷款的锁定期可以让借款人在减少相对利率较低的按揭抵押贷款债务之前，有能力首先削减其他高利率的债务。其他的按揭抵押贷款在特定的初始期间具有**负摊还**(negative amortization)。给定名义利率和贷款面值，在这一时期，不仅不需要偿还本金，而且借款人的总支付低于应计利息。总支付与应计利息支付之间的差额计入贷款余额，所以未来的支付是按照更大的面值计算，更低的前期支付意味着更高的后期支付。

提前偿付。多数按揭抵押贷款带有一个提前偿付的期权。基本上在任何时点，借款人都有可能选择比还款计划安排中更大的支付，从而发生提前偿付。此时，未偿债务会相应减少，未来的利息支付也会降低，贷款可能被提前偿还。尤其是，在当前的抵押按揭贷款利率低于现有的按揭抵押贷款的利率的时候，借款人可能通过一笔全新的未偿债务来替换现有的按揭抵押贷款。或者，如果当前贷款价值比相当低，借款人可能希望借入一笔新的更大的贷款，从而将物业的部分权益转换为现金并增加消费。在有些国家，包括美国，无论何时，只要物业正在被出售，就必须提前偿还按揭抵押贷款。在其他国家，新的业主可以接管现有的贷款，但是他们通常选择偿还现有的贷款并借入一笔新的贷款。

除了偿还未偿债务，借款者在提前偿还时必须要付出一些提前偿付的成本。通常而言，这些成本中很小一部分可以归咎于对现有按揭抵押贷款的偿还，而大部分是与全部提前还款之后的新按揭抵押贷款相关的成本，比方说，申请费、发起费、信用评估费，等等。确定是否提前还款的操心，以及填写各种表格等因素都应该被考虑进来。

我们将在后几节讨论提前还款的动机以及怎样为提前还款期权建立模型。

信用担保。如上所述，按揭抵押贷款自身也具有信用风险，因为借款人在抵押品的价值低于未偿债务时发生违约。在有些国家，包括美国，那些具有较高的贷款市值比的按揭抵押贷款通常都由第三方提供保险或担保，因此，一旦借款人出现对按揭抵押贷款违约，那么出借人或按揭抵押贷款的投资者（如果按揭抵押贷款被出售，就是按揭抵押贷款的当前持有人）将会得到保险公司的赔偿。借款人必须以一次性付款、定期缴付，或者两者结合的方式支付保费。通常情况下，当贷款价值比率因借款人提前还款或物业的价值增加而低于某一门槛时，担保就会取消。在美国，有几家私人抵押贷款保险公司。此外，两家政府机构为某些群体的按揭抵押贷款提供担保，以便这些人群更容易购房置业。联邦住房管理局（Federal Housing Administration，FHA）为那些只能提供低首付的低收入群体提供担保，而退伍军人管理局（Veterans Administration，VA）则为退伍军人和预备役群体提供担保。当然，如果保险人破产，担保变得一文不值，所以贷款人或按揭抵押贷款的投资者应该关心保险人的违约风险。由于 FHA 和 VA 最终由美国政府支持，他们的违约风险被认为可以忽略不计。通过 FHA 和 VA 担保的按揭抵押贷款被称为**政府贷款**（government loans），而其他按揭抵押贷款被称为**常规贷款**（conventional loans）。

合格贷款或非合格贷款（conforming or non-conforming loans）。房利美和房地美所汇集的，用于支持按揭抵押贷款支持证券发行的按揭抵押贷款池中的按揭抵押贷款必须要么是政府贷款，要么是所谓的合格常规贷款，也就是符合一定标准的常规贷款。入池的按揭抵押贷款的利率可能低于其他按揭抵押贷款，因此，获得合格贷款的资格非常具有吸引力。

点数。在美国（很显然，不是在其他国家），一些贷款人提供了在按揭抵押贷款选择方面的更多灵活性。对于一个给定期限和给定贷款类型，借款人可以在具有不同的合约利率和所谓的**点数**的贷款之间进行选择。一笔 2 点的贷款意味着借款人必须在前端支付按揭抵押贷款的 2%。作为补偿，按揭抵押贷款的利率被降低。有些贷款机构为客户提供不同贷款利率和点数组合的按揭抵押贷款供借款人选择。当然，点数越高，按揭抵押贷款利率越低。甚至有可能出现点数为负的按揭抵押贷款，但是贷款利率将比点数为零的广告利率更高。

当借款人选择不同组合时，必须考虑他是否有能力支付前端支付以及他所希望的保留按揭抵押贷款的期限，因为在较长的期间他将会从更低的利率中获益。因为这一理由，我们可以看到按揭抵押贷款的提前偿还的概率和支付点数之间的联系。LeRoy（1996）构造了一个用点数将提前偿还概率高的借款人（点数低或为零，相对较高的抵押贷款利率）和低提前偿还概率的借款人（支付点数，相对较低的抵押贷款利率）区别开来的模型。Stanton 和 Wallace（1998）提供了一个相关的分析。

14.3 按揭抵押贷款支持债券

在一些国家，按揭抵押贷款经常由贷款机构或其他的金融机构汇集在一起形成资产池，然后以其作为支持发行指定按揭贷款资产池的利息所有者的按揭抵押贷款支持证券。因此，一个按揭抵押贷款支持证券就是来自某一特定按揭抵押贷款资产池的现金流的某一部分的所有者。通常而言，汇集在一起的按揭抵押贷款具有非常高的相似性，至少在贷款期限和合约利率上确保如此。按揭抵押贷款支持证券的发行人将提供基础资产池的一些汇总统计数据，如贷款规模、地理位置、贷款市值比、确切的剩余期限、票面利率等。

按揭抵押贷款支持债券是按揭抵押贷款支持证券中迄今为止最大的产品类型。资产池的按揭抵押贷款的借款人的支付基本上被过手给债券的持有人。因此，标准的按揭抵押贷款支持债券也被称为**过手债券**(pass-through bonds)。过手给债券持有人的只有按揭抵押贷款的利息很本金，不包括相应的服务费。特别地，在借款人的服务费被包括在合同利率当中时，在利息过手给债券持有人之前必须将这一部分服务费扣除。此外，债券的保险成本也必须扣除。因此，债券的票面利率比按揭抵押贷款的合同利率要低(一般为半个百分点)。债券发行的名义规模等于资产池中全部按揭抵押贷款的本金之和。如果资产池中的按揭抵押贷款是具有相同期限和合同利率的水平支付抵押贷款，那么给债券持有人的计划支付相当于年金。从债券的发行人在给定的到期日收到借款人的支付，然后发放给债券持有人，中间可能有几个星期的延迟，从这一意义上讲，存在轻微的支付时间错配，因此，在为债券估值时，必须对未来提前偿还的金额和时间做出估计。

显然，为房地产建设或购买提供融资的想法可以追溯到 1797 年，那时，丹麦首都哥本哈根在一场大火中大部分建筑被摧毁，这就突然催生了灾后重建的巨大融资需求。目前，在各个国家，包括美国、德国、丹麦和瑞典都建立起了发达的按揭抵押贷款支持证券市场。美国市场启动于 20 世纪 70 年代，到现在已经是所有这些市场中最大的市场。按揭抵押贷款支持债券的市场甚至大于美国国债市场。美国市场中的按揭抵押贷款支持证券多数属于所谓的机构按揭抵押贷款支持证券，这意味着资产池中的按揭抵押贷款是合格贷款，也就是说，这些贷款满足按揭抵押贷款机构房地美、房利美和吉利美的承销标准。房地美和房利美自身也发行大量的按揭抵押贷款支持证券，正如上面所解释的，这些证券被认为实际上不存在违约风险。一些商业银行和其他金融机构也发行按揭抵押贷款支持证券，即所谓的非机构按揭抵押贷款支持证券。一些非机构按揭抵押贷款支持证券得到了优质抵押贷款的支持，还有一些非机构按揭抵押贷款支持证券得到了次级抵押贷款的支持。这些债券的信用品质得到了为其他债券，如公司债券评级的机构的评级，见第 13 章。欧洲最大的按揭抵押支持债券市场是德国所谓的 Pfandbriefe 市场，但相对于 GDP 而言，丹麦和瑞典的市场更大，因为在这些市场，很大部分的按揭抵押贷款是通过发行按揭抵押贷款支持债券进行融资的。

不同国家的过手证券构造存在不同。例如，在美国，过手债券按面值发行。相反，在丹麦，过手债券的年化利率要求是整数，因此在发行时可能会低于面值。这一做法的目的在于构造一个相对较大的、具有流动性的债券序列而不是许多较小的债券序列。

14.4 提前偿还期权

当然，如果要使用喜欢的期限结构模型去给抵押按揭贷款的计划现金流或过手按揭抵押支持债券进行估值没有任何问题。如果过手债券的支付得到了政府支持机构的保证，债券的投资者不需要担心违约风险问题。但是,当按揭抵押贷款嵌入了提前偿还期权时,债券投资者在对过手债券进行估值时就不得不将提前偿还期权的因素考虑进来,这是因为提前偿还款项将从借款人转移到债券持有人。这是为标准过手抵押按揭支持债券进行估值时面临的主要挑战。

在借款人决定在区间 $(t_{n-1}, t_n]$ 提前偿还按揭抵押贷款时,我们假设他不得不支付当期的计划支付 $Y(t_n)$,以及在 t_n 时刻偿还计划的按揭抵押贷款部分之后的未偿债务 $D(t_n)$,以及相应的提前偿还成本。回想一下,有 $Y(t_n)=I(t_n)+P(t_n)+F(t_n)$ 和 $D(t_n)=D(t_{n-1})-P(t_n)$。因此,在 $t\in(t_{n-1}, t_n]$ 做出提前偿还决定后,t_n 时刻的支付可以写成 $Y(t_n)+D(t_n)=D(t_{n-1})+I(t_n)+F(t_n)$,在此我们再次考虑到了提前偿还的成本。

假设 Π_{t_n} 是按揭抵押贷款在 t_{n-1} 时刻或之前没有被提前偿还,而在 $(t_{n-1}, t_n]$ 时期被提前偿还的概率。因此,t_n 时刻的期望提前偿还支付为

$$\Pi t_n D(t_{n-1})+(1-\Pi_{t_n})P(t_n)=P(t_n)+\Pi_{t_n}D(t_n)$$

t_n 时刻的总的期望支付为

$$I(t_n)+P(t_n)+\Pi_{t_n}D(t_n)+F(t_n)=Y(t_n)+\Pi_{t_n}D(t_n)$$

加上期望提前偿还成本。如果资产池中的所有按揭抵押贷款都具有相同的提前偿还概率,但是借款人个人的实际提前偿还决策是彼此独立的,我们可以将 Π_{t_n} 视为资产池的一部分,且(1)在 t_{n-1} 时刻或之前没有被提前偿还;(2)在 $(t_{n-1}, t_n]$ 期间被提前偿还。这是为人所知的(期间)资产池**条件提前偿还率**(conditional prepayment rate)。一些模型规定了一个**即时**(instantaneous)的条件提前偿还率,即同时为人熟知的**风险率**(hazard rate)。对于每一个 $t\in[0, t_N]$ 给定一个风险率 π_t,期间条件提前偿还率可以从

$$\Pi_{t_n}=1-e^{-\int_{t_{n-1}}^{t_n}\pi_t\,\mathrm{d}t}\approx\int_{t_{n-1}}^{t_n}\pi_t\,\mathrm{d}t\approx(t_n-t_{n-1})\pi_{t_n}=\delta\pi_{t_n} \tag{14.2}$$

计算出来。注意第 13 章所讨论的违约概率与违约强度之间的紧密关系。

由于按揭抵押贷款的提前偿还将影响过手债券的现金流,因此确定那些决定借款人的提前偿还行为的因素对于债券投资者而言是非常重要的。下面,我们列举了一些可以被假设为对单个按揭抵押贷款的提前偿还,从而对支持过手债券的整个资产池的提前偿还产生影响的因素。

当前的再融资利率。在当前的抵押贷款利率低于借款人的按揭抵押贷款合同利率时,借款人可以考虑提前偿还全部现有的按揭抵押贷款,并以更低的借款利率进行再融资。如果没有提前偿还成本,如果当前再融资利率低于合同利率,提前偿还是最优的。在这里,相关的再融资利率是对于与现有的按揭抵押贷款除票面利率之外的其他情况,例如存续期,都相同的按揭抵押贷款而言的。这个再融资利率考虑了未来可能发生的提前还款行为。

我们可以将提前偿还期权视为一个购买与按揭抵押贷款剩下的排定现金流相同的现金流的期权。这相当于一个假想的不可赎回债券,这是一个水平支付固定利率按揭抵押贷款情况下的年金债券。因此,提前偿还期权像一个债券的美式认购期权,其执行价为债券的面值。从期权定价理论可以知道,只有当美式期权处于深度价内时,行权才是合理的,刚刚进入价内

状态时，不应当被行权。因此，在行权前，计划的未来支付（假想的不可赎回债券的面值）的现值足够高于未偿债务（假想的不可赎回债券的面值）才是最优的。直观而言，当前利率足够低时就是这种情况。期权定价模型可以帮助量化术语“足够低”，从而有助于解释和预测这种类型的提前偿还行为。我们将在第 14.5 节进行更详细的讨论。

前期的再融资利率。不仅仅是当前的再融资利率，同样包括从按揭抵押贷款开始时的整个历史的再融资利率，将影响给定按揭抵押贷款的提前偿还行为。当前的再融资利率可能相对于合同利率非常低，但是如果再融资利率在前期也较低甚至更低，那么资产池中的大部分按揭抵押贷款早已被提前偿还。其余的按揭抵押贷款可能是借给了那些出于某些原因不太可能提前还款的借款人。这种现象被称为耗竭。另一方面，如果目前的再融资利率是历史低位，那么可能会有大量的提前偿还。

如果我们要在模型包括耗竭现象，必须将其量化。衡量一个资产池的耗竭程度的指标就是 t 时刻资产池中的当前未偿债务 D_t 与没有发生提前偿还的情况下的未偿债务 D_t^* 的比率。后者可以从等式(14.1)中得到。

收益率曲线的斜率。借款人不应该只考虑用一个新的，相似的按揭抵押贷款进行再融资。他应该同样考虑换一个不同的按揭抵押贷款的情况。例如，当收益率曲线很陡地上升时，一个借入固定利率长期按揭抵押贷款的借款人可能会发现提前偿还现有的按揭抵押贷款，而用一个合约利率与短期利率挂钩的可调整利率按揭抵押贷款进行再融资是最佳选择。

房屋销售。在有些国家，包括美国，在标的物业被出售之前，按揭抵押贷款必须提前偿还。在另一些国家，新的业主可以接管现有的贷款，但是他们往往会选择偿还现有贷款而借入一笔新的贷款。因此，在房屋市场的换手率较高时，提前偿还的现象也就越多。住宅物业的交易数量会有春夏高于秋冬的季节性变化。这一现象也会反映在提前偿还现象中。

房价的变化。提前偿还活动容易因为房价的上升而增加。当物业的价值显著增加时，业主可能提前偿还现有的按揭抵押贷款，而借入一笔本金更高的按揭抵押贷款，用以为其他投资进行融资，或者，仅仅是为了增加消费。反过来，如果物业的市场价值显著下降，借款人或多或少被套牢。由于所提供的按揭抵押贷款受到物业市场价值的限制，所以借款人不太可能获得足够大的新按揭抵押贷款来完全覆盖现有按揭抵押贷款的提前偿还需要。

借款人的一般经济状况。一个收入大幅增加的借款人可能会卖出他当前的住房而购买一套更大、更好的住房，或只是想利用其改善个人财务状况消除债务。反过来，一个收入下降的人可能会搬至一处更便宜的房屋，或需要对他现有的房屋进行再融资。同样，尽管提前偿还期权只是稍稍处于价内，而按照最优的行权策略，价内程度还远远不够，处于财务困境的借款人可能会对提前偿付感兴趣。但是，需要注意的是，借款人必须符合新贷款的贷款条件。如果他处于财务困境中，他可能只能以溢价利率取得新的贷款。这至少部分解释了为什么一些按揭抵押贷款即便在当前（对合格的借款人）的按揭抵押贷款利率远远低于合同利率的情况下也没有发生提前支付的现象。如果这些原因造成的提前偿付现象可以由一些与可观察的商业周期相关的宏观经济变量所捕捉的话，将这些变量包括在按揭抵押贷款支持证券的估值模型中是可行的。

糟糕的建议或知识的缺乏。多数借款人不清楚美式期权模型更精确的细节。因此，他们倾向于向专业人士咨询。贷款机构经常在借款人应该提前偿还现有债务的时候发行一些关于按揭抵押贷款选择的一般性建议报告。但是,由于这些机构从每一笔提前偿还中得利,因此,他们的建议并不必然是公正的。

资产池特征。资产池中按揭抵押贷款的准确构成对于提前偿还活动是非常重要的。在其他情况相同的情况下,由较大的单笔按揭抵押贷款所组成的资产池比由许多小额贷款所组成的资产池的提前偿还更多,这是因为固定的提前偿还成本对于较大的单笔贷款而言显得不是那么重要。同样,一些资产池包括了很大一部分非住宅(商业)按揭抵押贷款。非住宅按揭抵押贷款往往更大,商业贷款人也通常会更密切地关注提前偿还按揭抵押贷款的盈利性。在美国,资产池可能还有地域性的差异。从某种程度上讲,不同的地区具有不同的移民模式或经济前景,如果可能的话,潜在的债券投资者应该考虑到这一点。

14.5 理性提前偿付模型

14.5.1 纯粹基于期权的方法

提前偿还期权本质上赋予了借款人以偿付未偿债务加上提前偿还成本为代价购买按揭抵押贷款剩下的计划排定支付的权利。这可以解释成一个关于债券的美式认购期权。对于一个水平支付的固定利率按揭抵押贷款而言,标的债券是一个年金债券。很显然,确定一个动态期限结构,并根据这一模型找出美式认购期权的最优行权策略是一个为借款人的提前偿还行为建模的策略。对一个期限结构的扩散模型而言,我们通过用数值技术求解相关的偏微分方程或者构建一个近似树就可以得出最优的行权策略和按揭抵押贷款的现值。这一方法最初由 Dunn 和 McConnell(1981a, 1981b)以及 Brennan 和 Schwartz(1985)采用。注意,在这一框架下,部分提前偿还是不被允许(或不是最优的)。

提前偿还成本影响了期权的实际行权价。正如前面所讨论的,提前偿还可能会产生一些固定的成本以及一些占未偿债务一定比例的成本。同前面一样,我们令 $D(t)$ 表示 t 时刻的未偿债务。用 $X(t)=X(D(t))$ 表示 t 时刻的提前偿还成本。因此,实际的行权价格为 $D(t)+X(t)$。

借款人将最大化其提前偿还期权的价值。这对应于最小化其按揭抵押贷款的现值。令 M_t 表示 t 时刻按揭抵押贷款的价值,也就是按揭抵押贷款计划的未来支付在最优提前偿还策略之下的现值。我们假设一个短期利率 r_t 为状态变量的单因子扩散模型。那么 $M_t=M(r_t, t)$。注意 r 不是再融资利率,再融资利率是新的按揭抵押贷款的合同利率,但是很显然,短期利率越低,再融资利率也就越低。

假设在风险中性概率测度下的短期利率过程为

$$dr_t=\hat{\alpha}(r_t)dt+\beta(r_t)dz_t^{\mathbb{Q}}$$

那么由 4.8 节可以知道,在间隔期间不发生提前偿还或计划的按揭抵押贷款支付的情况下,按揭抵押贷款的价值函数 $M(r, t)$必须满足以下偏微分方程(PDE)

$$\frac{\partial M}{\partial t}(r, t)+\hat{\alpha}(r)\frac{\partial M}{\partial r}(r, t)+\frac{1}{2}\beta(r)^2\frac{\partial^2 M}{\partial r^2}(r, t)-rM(r, t)=0 \tag{14.3}$$

在 t_N 最后一笔按揭抵押贷款支付之后的即刻，有 $M(r, T_N)=0$，这就是偏微分方程的终止条件。在任何一个支付日 t_n，按揭抵押贷款的价值会发生离散的跳跃

$$M(r, t_{n-})=M(r, t_n)+Y(t_n)$$

有限差分法是求解式(14.3)这样的偏微分方程所使用的标准数值方法。接下来，我们将侧重于为提前偿还所扮演的角色做一个简短的介绍。关于这一方面的更多细节和讨论请见第16章。有限差分法建立在对时间和状态的离散化之上。例如，估值和可能的行权只在时间点 $t\in\bar{\mathcal{T}}\equiv\{0, \Delta t, 2\Delta t, \cdots, \bar{N}\Delta t\}$ 上考察，其中 $\bar{N}\Delta t=t_N$。短期利率的取值空间用有限空间 $\bar{S}\equiv\{r_{\min}, r_{\min}+\Delta r, r_{\min}+2\Delta r, \cdots, r_{\max}\}$ 近似。因此，我们将自己限制在一个时间点和短期利率所构成的网格 $\bar{S}\times\bar{\mathcal{T}}$ 中。对于我们在此考察的按揭抵押贷款，规定所有的支付日 t_n 有 $t_n\in\bar{\mathcal{T}}$ 是很有帮助的。不论支付日之间的时间长度，δ 是关于格子的长度 Δt 的某个乘积。为了简单起见，我们假设这些时间间隔长度是相同的，所以我们只需考察提前偿还和按揭抵押贷款在支付日的价值问题。同前面一样，我们假设，借款人在时间点 t_n 决定(完全)提前偿还按揭抵押贷款，但是他除了偿还 t_n 之后的即刻的未偿债务 $D(t_n)$ 之外，仍然需要支付刚过去那段时间的计划支付 $Y(t_n)$，以及提前偿还成本 $X(t_n)$。

有限差分法的第一步就是使得

$$M(r, t_N)=0,\ r\in\bar{S}$$

因此

$$M(r, t_{N-})=Y(t_N),\ r\in\bar{S}$$

在偏微分方程中利用有限差分近似，可以在时间上逐期回溯。在每一时间步，检查在任何利率水平上提前偿还是不是最优。假定在时间 t_{n+1} 之前的瞬间已经计算出按揭抵押贷款可能的价值，也就是对所有 $r\in\bar{S}$，已经知道 $M(r, t_{n+1}^-)$。为了计算时间 t_n 时刻的按揭抵押贷款价值，如果选择不在 t_n 时刻提前偿还，首先利用有限差分近似价值 $M^c(r, t_{n+1}^-)$，并在后面做出最优的提前偿还决定。(上标"c"表示"连续")。于是，寻找提前偿还的时机。对于给定的利率水平 $r\in\bar{S}$，如果这能使得按揭抵押贷款的价值更低，也就是

$$M^c(r, t_n)>D(t_n)+X(t_n)$$

在 t_n 时刻提前偿还是最优的。与此相对应的条件提前偿还概率 $\Pi_{t_n}\equiv\Pi(r_n, t_n)$ 是

$$\Pi(r, t_n)=\begin{cases}1 & \text{if } M^c(r, t_n)>D(t_n)+X(t_n)\\ 0 & \text{if } M^c(r, t_n)\leqslant D(t_n)+X(t_n)\end{cases}$$

t_n 时刻的按揭抵押贷款价值是

$$\begin{aligned}M(r, t_n)&=\min\{M^c(r, t_n), D(t_n)+X(t_n)\}\\&=(1-\Pi(r, t_n))M^c(r, t_n)+\Pi(r, t_n)(D(t_n)+X(t_n)),\ r\in\bar{S}\end{aligned} \tag{14.4}$$

t_n 时刻前的价值是

$$M(r,\ t_n-)=M(r,\ t_n)+Y(t_n),\ r\in\bar{S}$$

由于按揭抵押贷款价值是利率水平的减函数，因此，存在一个由等式 $M^c(r^*(t_n),\ t_n)=D(t_n)+X(t_n)$ 规定的临界利率 $r^*(t_n)$ 使得当且仅当利率水平低于临界水平，即 $r_{t_n}<r^*(t_n)$ 时，在 t_n 时刻提前偿还是最优的。注意 $r^*(t_n)$ 将取决于提前偿还成本。成本越高，临界利率越低。

按揭抵押贷款支持债券可与按揭抵押贷款自身同时进行估值。我们必须了解，提前偿还的决定是由借款人做出，而且债券持有人不会收到提前偿还成本。尽管在实践中按揭抵押贷款的部分支付可能会被原始的贷款人或债券发行人保留，但是我们在此假设按揭抵押贷款的全部计划支付都被过手给债券持有人。这一分析很容易适应计划支付在双方进行分配的不同情况。令 $B(r,\ t)$ 表示短期利率为 r 时，债券在 t 时刻的价值。如果基础按揭抵押贷款没有被提前偿还，债券在最后一个计划支付日之前的瞬间的价值由

$$B(r,\ t_N-)=Y(t_N),\ r\in\bar{S}$$

给出。在任何的计划支付日 t_n，首先通过有限差分近似计算债券的连续价值，也就是 $B^c(r,\ t_n),\ r\in\bar{S}$。因此，对任何 $r\in\bar{S}$，在 t_n 时刻排除支付的债券价值为

$$\begin{aligned}B(r,\ t_n)&=(1-\Pi(r,\ t_n))B^c(r,\ t_n)+\Pi(r,\ t_n)D(t_n)\\&=\begin{cases}B^c(r,\ t_n) & \text{当}\ M^c(r,\ t_n)\leqslant D(t_n)+X(t_n)\ \text{时}\\ D(t_n) & \text{当}\ M^c(r,\ t_n)>D(t_n)+X(t_n)\ \text{时}\end{cases}\end{aligned}\tag{14.5}$$

于是计划支付可以相加：

$$B(r,\ t_n-)=B(r,\ t_n)+Y(t_n),\ r\in\bar{S}$$

上面的讨论建立在有限差分的基础之上，熟悉扩散模型的树状近似的读者将会意识到，在这里用到了与利用利率树近似利率过程中所用到的、相似的后向迭代估值技术。关于利率树的构建，参考第 16 章。

如果该按揭抵押贷款是某些过手债券的资产池的一部分的话，在丹麦的按揭抵押融资体系中，按揭抵押贷款还有另一个期权特性。借款人不仅可以用现金偿还未偿债务（加上成本），他还可以通过购买面值等于他的按揭抵押贷款的过手债券（基于这一特定的按揭抵押款资产池）来提前偿还。这些债券必须交割给按揭抵押贷款的贷款人，在丹麦的体系中，同时也是债券的发行人。在债券的市场价值低于未偿债务的情形下——在市场利率足够高的情况下就是如此——这一额外的期权在借款人希望（为次优的理由）提前偿还时是非常有价值的。如果假设通过购买债券进行提前偿还产生成本 $\hat{X}(t_n)$，那么只要 $B(r,\ t_n)+\hat{X}(t_n)<D(t_n)+X(t_n)$，就会偏向现金提前支付。在后向迭代时，应当考虑到这一点。

在实践中，借款人必须在提前偿还生效前的一段时间通知贷款人。如果借款人希望时间 t_n 为按揭抵押贷款的最后一个支付日，那么通知时间应当是某个固定时期 $h>0$ 之前的 t_n-h。因此，上面的等式必须稍作修改。假设 $t_n-h>t_{n-1}$。如果

$$M^c(r,\ t_n-h)>(D(t_n)+X(t_n)+Y(t_n))B^{t_n}(r,\ t_n-h)$$

那么在通知日 t_n-h 决定提前偿还是最优的。在此，如果借款人决定提前偿还，等式的右边是 t_n 时刻的总支付在 t_n-h 时刻的价值。等式的左边是按揭抵押贷款在 t_n-h 时刻的价值，

假设借款人不决定提前偿还并在未来做出最优的提前偿还决定。这一价值包括了即将到来的计划支付 $Y(t_n)$。债券的价值可以进行相似的修改。

根据上面的分析,所有具有相同的按揭抵押贷款和提前偿还成本的借款人将在相同的状态和时间点提前偿还,特别是在再融资利率足够低时。如果 $r_{t_n} < r^*(t_n)$,条件提前偿还率为 1,否则为 0。在实践中,给定资产池中的按揭抵押贷款在同一时间被提前偿还的现象从未出现过。一个可能的解释是,资产池中的按揭抵押贷款并非完全相同,因此,临界利率也不尽相同。正如第 14.4 节所讨论的,借款人因再融资利率更低之外的原因提前偿还是另一个解释。在接下来的几个小节,我们将讨论这些特征是如何纳入基于期权的方法的。

14.5.2 异质性

一个资产池中的按揭抵押贷款不可能完全相同。特别是,不同的按揭抵押贷款的提前偿还成本可能是不同的。为了研究这些不同成本的影响,我们假设所有的按揭抵押贷款具有相同的合同利率和相同的期限,因此所有的按揭抵押贷款的计划支付流(相对于按揭抵押贷款的未偿债务)是相同的。假设资产池可以分割成 M 个子池以使得在任何时点,给定子池具有相同的提前偿还行为。如果任何单一按揭抵押贷款的提前偿还成本是未偿债务的固定比例,那么我们必须根据这一比例划分子池。所有比例为 x_m 的按揭抵押贷款都属于子池 m。在这种情况下,给定子池中的按揭抵押贷款的面值可能不同。反过来,如果同样存在一个固定的提前偿还成本部分,我们不得不将按揭抵押贷款按照面值进行划分。在任何情况下,我们将子池 m 的按揭抵押贷款的提前偿还成本设定为由 $X_m(t_n)$ 给出。

注意,取得将资产池中的单一按揭抵押贷款进行这样的分类所必需的信息可能是非常困难的,但是在有些国家至少对每一按揭抵押贷款资产池有一些有用的概要性统计资料可以利用。为了估计成本参数,我们需要反映每一子池的提前偿还特征的观察数据。如果按揭抵押贷款是新发行的,那么可能需要使用相似的,但更成熟的按揭抵押贷款的提前偿还数据。为了避免分别对每一子池的成本参数进行估计,我们可以假设资产池中的按揭抵押贷款的提前偿还成本的变化可以由包括一个或两个参数,可由实际提前偿还行为描述的分布来刻画。例如,Stanton(1995)假设每一按揭抵押贷款的提前偿还成本是未偿债务的一个常数比例,但是在各按揭抵押贷款之间,这一常数比例的大小由一个[0, 1]区间上的所谓贝塔分布确定。贝塔分布完全由两个参数确定。出于实施的目的,该分布由一个可以取 M 个由完整分布的特定分位值确定的可能值 $x_1, \cdots, x_M$ 的离散分布近似。

利用前一小节的方法,我们可以为每一子池推导临界利率边界 $r_m^*(t_n)$。注意,如果 $X_m(t_n)$ 足够高,则不管利率是多少,在 t_n 时刻提前偿还按揭抵押贷款是次优的。在这种情况下,$r_m^*(t_n)$ 必定设在可能利率的最低水平上。

怎样评估由异质按揭抵押贷款构成的资产池所支持的过手债券呢?可以将这一个由整个资产池支持的过手债券看做是由各个子池支持的假想的过手债券的组合。考虑到各子池中的按揭抵押贷款的提前偿还,任何子池的假想债券都可以用前面小节中所讨论的方式进行估值。令 $B_m(r, t)$是债券(标准化为给定的面值,如 100)t 时刻,短期利率为 r 时的价值。假设 w_{mt} 表示 t 时刻子池 m 在资产池中的比例。由定义 $\sum_{m=1}^{M} w_{mt} = 1$,于是,由整个资产池支持的债券的价值就是各假想的子池债券的加权平均值：

$$B(r, t)=\sum_{i=1}^{M} w_{mt} B_m(r, t)$$

注意到子池的权重 w_{mt} 随时间变化是非常重要的，这种变化取决于利率的变动。子池在给定时点的权重取决于自债券发行以来利率变动的整个历史。

尽管将提前偿还成本的异质性考虑进来是对模型的一种改进，但是它仍然与实际观察到的提前偿还行为不一致。根据模型，同一子池的按揭抵押贷款将被同时偿还。当利率首次降至某一提前偿还成本的临界利率时，该子池的所有按揭抵押贷款将被马上提前偿还——所有具有更低的提前偿还成本的按揭抵押贷款已经被提前偿还。如果利率上升然后再跌至临界水平，不再有提前偿还发生。当利率触及一些子池的临界利率水平时，大量的按揭抵押贷款被同时偿还将使债券价格产生巨大的、突然的变动。这种现象在实践中未曾观察到过。

14.5.3 允许看似非理性的提前偿还

上面描述的纯粹基于期权的方法在构造上只能生成理性的提前偿还，这仅仅意味着提前偿还期权在深度价内时会保证发生提前行权。正如第 14.4 节所广泛讨论的，借款人可能会出于其他原因而提前偿还。有几个作者就基于期权的模型提出了一些小小的修改，试图以一种简单的方式将借款人看似非理性的提前偿还行为包括进来。

Dunn 和 McConnell(1981a, 1981b)假设对于每一个按揭抵押贷款，其次优的提前偿还可以用一个风险率 λ_t 描述。给定按揭抵押贷款在 t_{n-1} 之前未被提前偿还，借款人在 $(t_{n-1}, t_n]$ 区间因"外生"的原因提前偿还按揭抵押贷款的概率是

$$\Pi_{t_n}^e \equiv 1-e^{-\int_{t_{n-1}}^{t_n} \lambda_t \mathrm{d}t} \approx \int_{t_{n-1}}^{t_n} \lambda_t \mathrm{d}t \approx (t_n - t_{n-1})\lambda_{t_n} = \delta\lambda_{t_n} \tag{14.6}$$

这也就是说，模型已经不从利率的角度考虑是否是最优。只要风险率 λ_t 至多依赖于时间和当前利率，也就是 $\lambda_t=\lambda(r_t, t)$，这可以很容易地被包括在基于期权的方法中。在一个合理规模的资产池（或子池），如果所有的按揭抵押贷款的 λ_t 是相同的，这意味着可以预期在任何情况下，在一个 Δt 的期间内按揭抵押贷款的一部分 $\lambda_t \Delta t$ 将会被提前偿还。这引入了一个最低水平的提前偿还活动。

Santon(1995)增加了次优性的第二个来源。他假设借款人不会一直评估提前偿还是否有利。如果提前偿还行为是基于风险率 η_t 考虑，那么借款人在 $(t_{n-1}, t_n]$ 将会检查最优提前偿还的概率是

$$1-e^{-\int_{t_{n-1}}^{t_n} \eta_t \mathrm{d}t} \approx \int_{t_{n-1}}^{t_n} \eta_t \mathrm{d}t \approx (t_n - t_{n-1})\eta_{t_n} = \delta\eta_{t_n}$$

连续的提前偿还评估对应于 $\eta_t=\infty$。非连续的决策行为可能反映了考虑提前偿还行为是否最优的成本和困难。再次，为了易于处理，风险率 η_t 被假定为至多依赖于时间和利率水平，$\eta_t=\eta(r_t, t)$。我们可以将 η_t 解释为最优提前偿还规则适用的资产池（或子池）的一定（期望）比例。有了这一修改，即便从利率的角度看，提前偿还是最优的，不是所有的按揭抵押贷

款都会被提前偿还。

结合这两处修改，在提前偿还为最优的情况下，一笔按揭抵押贷款在时间间隔$[t, t+\Delta t]$没被提前偿还的概率必定是

$$\begin{aligned}\text{Prob}(\text{没有提前偿还}) &= \text{Prob}((\text{没有最优提前偿还})\ \text{和}(\text{没有次优提前偿还}))\\ &= \text{Prob}(\text{没有最优提前偿还}) \times \text{Prob}(\text{没有次优提前偿还})\\ &= e^{-\eta_t \Delta t} e^{-\lambda_t \Delta t}\\ &= e^{-(\eta_t+\lambda_t)\Delta t}\end{aligned}$$

因此，给定提前偿还是最优策略的前提下，提前偿还在$(t_{n-1}, t_n]$区间发生的概率是

$$\Pi_{t_n}^r = 1 - e^{-\int_{t_{n-1}}^{t_n}(\eta_t+\lambda_t)\mathrm{d}t} \approx \int_{t_{n-1}}^{t_n}(\eta_t + \lambda_t)\mathrm{d}t \approx \delta(\eta_{t_n} + \lambda_{t_n}) \tag{14.7}$$

注意$\Pi_{t_n}^r \geqslant \Pi_{t_n}^e$以及同样注意对于$\eta_t \to \infty$，有$\Pi_{t_n}^r \to 1$。

如果假设风险率η_t和λ_t至多为时间和短期利率的函数，我们利用式(14.6)和式(14.7)中最右边的近似——这将是实施过程中最自然的一个近似——在$(t_{n-1}, t_n]$期间的期间条件提前偿还率Π_{t_n}将是t_n和r_{t_n}的函数。当提前偿还为次优时，它将是Π^e，以及当提前偿还为最优时，它将是Π^r，也就是

$$\Pi(r, t_n) = \begin{cases}\Pi^e(r, t_n) & \text{当}\ M^c(r, t_n) \leqslant D(t_n) + X(t_n)\ \text{时}\\ \Pi^r(r, t_n) & \text{当}\ M^c(r, t_n) > D(t_n) + X(t_n)\ \text{时}\end{cases}$$

在后向估值迭代过程中，用

$$\begin{aligned}M(r, t_n) &= (1-\Pi(r, t_n))M^c(r, t_n) + \Pi(r, t_n)(D(t_n) + X(t_n))\\ &= \begin{cases}(1-\Pi^e(r, t_n))M^c(r, t_n) + \Pi^e(r, t_n)(D(t_n) + X(t_n)),\\ \qquad\qquad \text{当}\ M^c(r, t_n) \leqslant D(t_n) + X(t_n)\ \text{时}\\ (1-\Pi^r(r, t_n))M^c(r, t_n) + \Pi^r(r, t_n)(D(t_n) + X(t_n)),\\ \qquad\qquad \text{当}\ M^c(r, t_n) > D(t_n) + X(t_n)\ \text{时}\end{cases}\end{aligned}$$

替换等式(14.4)。将存在一个临界利率$r^*(t_n)$给出在t_n时刻提前偿还为最优策略的最大利率，但是，这一利率将与纯粹基于期权的方法所得到的利率不同，这是因为连续估值考虑到了采取次优的提前偿还行动或错失未来的最优提前偿还机会等因素的影响。相似地，债券估值的等式(14.5)被替换为

$$\begin{aligned}B(r, t_n) &= (1-\Pi(r, t_n))B^c(r, t_n) + \Pi(r, t_n)D(t_n)\\ &= \begin{cases}(1-\Pi^e(r, t_n))B^c(r, t_n) + \Pi^e(r, t_n)D(t_n),\\ \qquad\qquad \text{当}\ M^c(r, t_n) < D(t_n) + X(t_n)\ \text{时}\\ (1-\Pi^r(r, t_n))B^c(r, t_n) + \Pi^r(r, t_n)D(t_n),\\ \qquad\qquad \text{当}\ M^c(r, t_n) \geqslant D(t_n) + X(t_n)\ \text{时}\end{cases}\end{aligned}$$

迭代估值过程中的其他步骤没有改变，而且依然可以将按揭抵押贷款分成子池。

Stanton(1995)的模型同时考虑到了异质性、次优提前偿还和非连续的决策。他在应用模型时假设风险率 λ_t 和 η_t 为常数。他估计各种不同的参数值,以使模型估计的结果尽可能地贴近给定样本的提前偿还比率。所估计的提前偿还成本分布的均值为未偿债务的41%,即便我们将提前偿还的各种隐含成本(花费的时间等)考虑进来,这还是一个非常高的结果。对风险率 η 的估计意味着两次连续的最优提前偿还检查之间的平均时间($1/\eta$)是8个月,这似乎也是一个长得非常不合理的时间。对 λ 的估计表明,在给定年份有3.4%的按揭抵押贷款因外生原因被提前偿还。使用这一估计模型,Santon预测了给定资产池的提前偿还率并将预测结果与实现的提前偿还率进行了比较。模型的预测具有合理的准确性,且略优于 Schwartz 和 Torous(1989)所建议的纯粹实证模型。我们在下面将研究这一模型。

14.5.4 一个例子

考察一个每季支付的30年期按揭抵押贷款。从所有120个支付日的计划利息支付与本金偿还之和相等这一意义上来讲,这一按揭抵押贷款是一笔年金贷款。这笔按揭抵押贷款由一个金融机构发行,并通过发行"过手"按揭抵押贷款支持债券进行融资。为了便于说明,我们假设债券是由一个单一的按揭抵押贷款(或者等价的,许多相同的按揭抵押贷款)支持。年化息票率为5%,面值为100。在每一个支付日,借款人必须向金融机构支付一笔费用。费用为自上一支付日后的未偿债务的0.125%(对应于年化0.5%)。这些费用不会过手给债券投资者。图14.1显示了按揭抵押贷款存续期内的计划支付以及剩余债务情况(练习14.1要求你计算这些结果)。

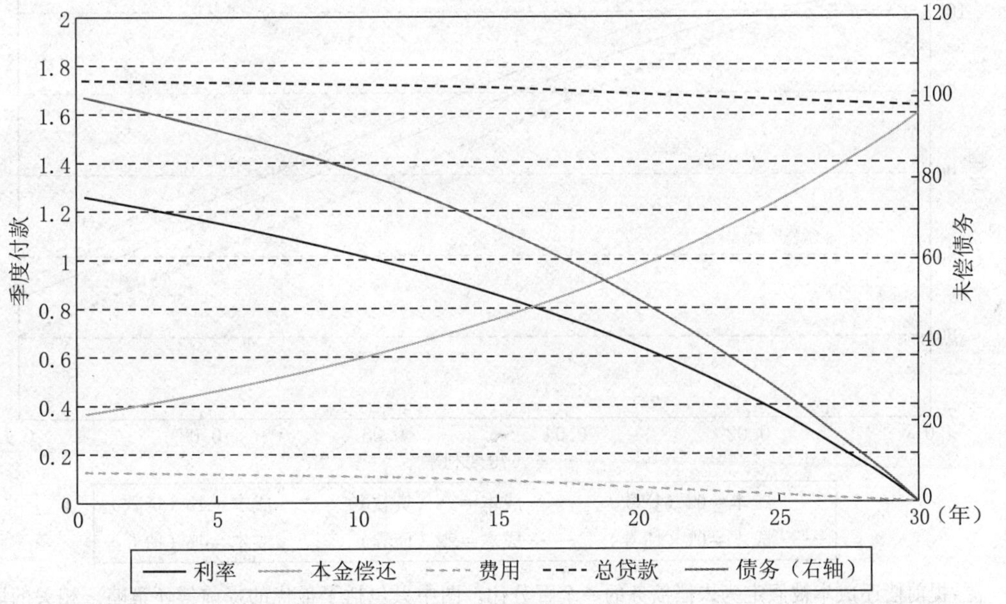

图 14.1 第 14.5.4 节中的例子所描述的按揭抵押贷款存续期间的计划支付与未偿债务

按揭抵押贷款的借款人有权利在任何支付日提前偿还。为了评估按揭抵押贷款和债券以及找到最优的提前偿还策略,我们不得不对利率的动态特征做些假设。假设 CIR 单因子模型是合适的,也就是

$$dr_t = \kappa[\theta - r_t]dt + \beta\sqrt{r_t}\,dz_t,\ \lambda(r,\ t) = \lambda\sqrt{r}/\beta$$

假设 $\kappa = 0.3$, $\theta = 0.045$, $\beta = 0.15$ 和 $\lambda = -0.0717$。特别地,渐近长期收益率 y_∞ 因此等于 5%。现在可以利用第 16.2 节所解释的有限差分技术求解相关的偏微分方程得到按揭抵押贷款和债券的估值。假设提前偿还成本为未偿债务的固定百分比,也就是 $X(t_n) = kD(t_n)$,其中 $D(t_n)$ 是 t_n 之后的未偿债务。

图 14.2 给出了按揭抵押贷款的当前值(也就是未来支付的现值)以及债券的当前价值作为当期短期利率的函数在三个不同的成本参数 k 之下的情况。贷款的价值是成本的增函数,这是因为高成本意味着在提前偿还时更高的支付。成本的最大影响发生在提前偿还可能很快发生的当前短期利率较低的时候,但是即便在当前短期利率非常高的时候,成本参数对于贷款的价值依然很重要,因为在按揭抵押贷款的 30 年存续期中,提前偿还发生的机会仍然比较高。债券的价值对于成本参数的敏感性低很多,因为债券持有人并没有收到提前偿还成本。提前偿还成本对于债券的影响只是通过提前偿还策略产生。图 14.3 显示了按揭抵押贷款存续期间,临界短期利率在不同水平的成本参数之下的变化情况。成本参数越高,临界短期利率越低。当提前偿还期权的行权成本很贵时,行权所带来的收益也必须更高,也就是说,再融资的利率必须更低。

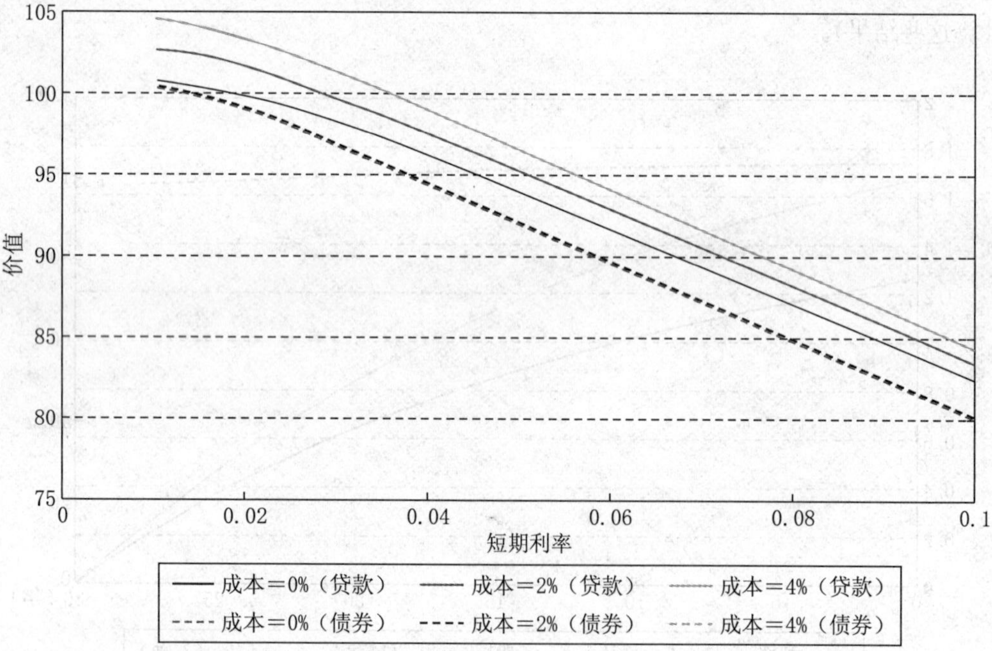

注:提前偿还成本被假定为未偿债务的一个百分比。图中只包括了最优的提前偿还策略。相关的取值根据隐式有限差分方法得出。

图 14.2　第 14.5.4 节中的例子所描述的按揭抵押贷款及其所支持的债券的价值作为短期利率的函数

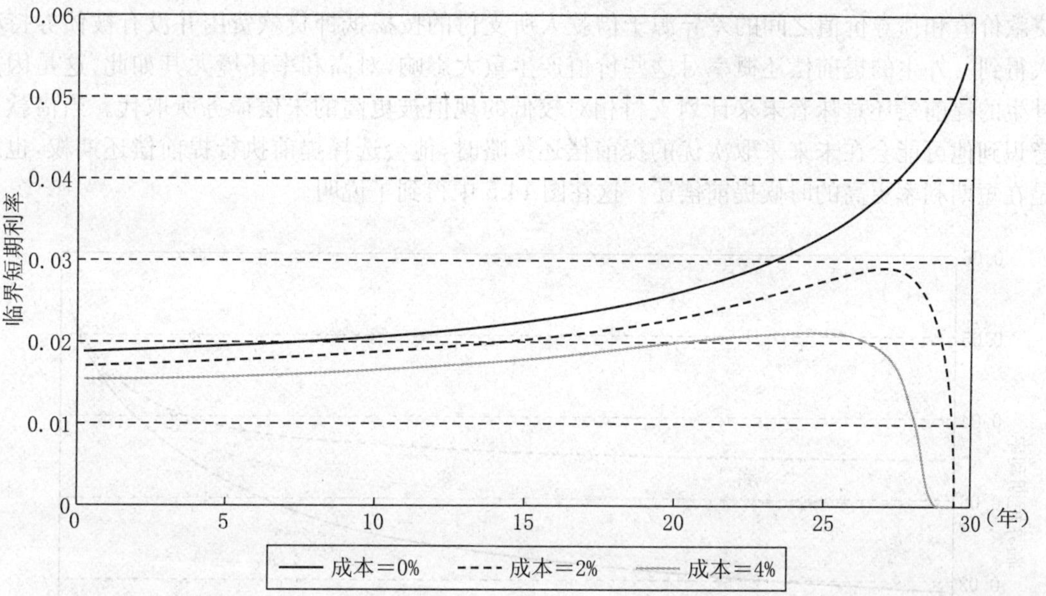

注：提前偿还成本被假定为未偿债务的一个百分比。图中只包括了最优的提前偿还策略。短期利率首次从上面穿过曲线时，按揭抵押贷款被提前偿还是最优的。相关的取值是根据隐式有限差分方法得出。

图 14.3　第 14.5.4 节中的例子所描述的按揭抵押贷款的临界短期利率作为时间的函数

接下来，假设有一个外部给定的提前偿还概率 Π^e，但是提前偿还可以零成本的实施。图 14.4 显示了外生地确定的提前偿还概率为 0%、5%和 10%的情形下，贷款和债券的价值。

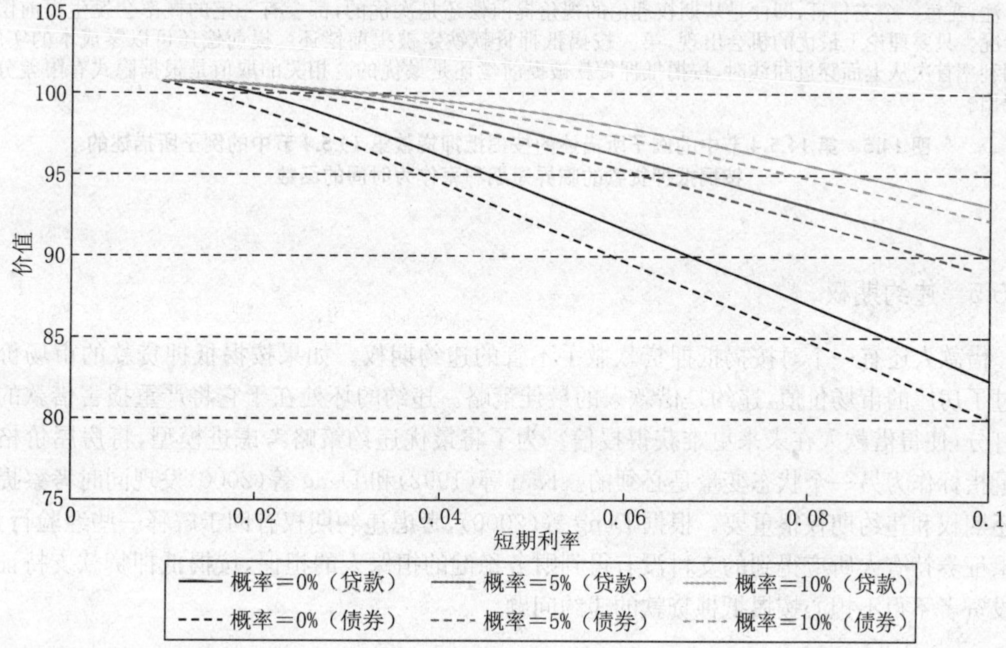

注：在每一个支付日，即便是从期权理论的视角提前偿还是次优的，都会有一定的概率会发生提前偿还的情况。只要最优的机会出现，第一按揭抵押贷款铁定被提前偿还。提前偿还可以零成本的实施。相关的取值是根据隐式有限差分方法得出。

图 14.4　第 14.5.4 节中的例子所描述的按揭抵押贷款及其所支持的债券的价值作为短期利率的函数

贷款价值和债券价值之间的差异源于借款人所支付的按揭抵押贷款费用并没有被债券持有人得到。外生的提前偿还概率对这些价值产生重大影响，对高利率环境尤其如此，这是因为外生的提前偿还意味着未来计划支付相对较低的现值被更高的未偿债务所取代。当借款人意识到他可能会在未来采取次优的提前偿还策略时，他会选择提前执行提前偿还期权，也就是在短期利率更高的时候提前偿还。这在图 14.5 中得到了说明。

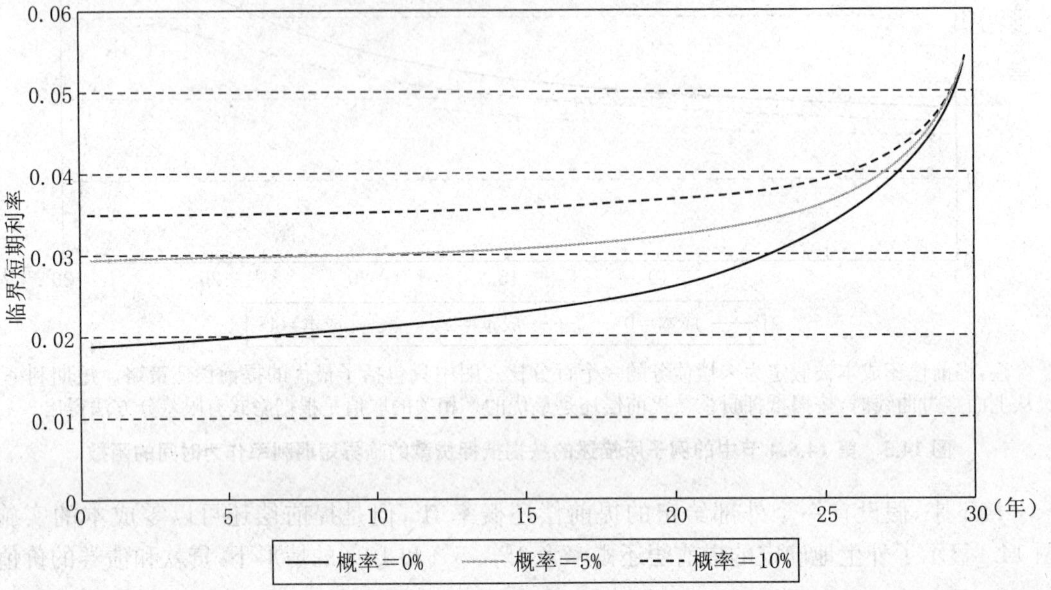

注：在每一个支付日，即便是从期权理论的视角提前偿还是次优的，都会有一定的概率会发生提前偿还的情况。只要理论上最优的机会出现，第一按揭抵押贷款铁定被提前偿还。提前偿还可以零成本的实施。短期利率首次从上面穿过曲线时，按揭抵押贷款被提前偿还是最优的。相关的取值是根据隐式有限差分方法得出。

图 14.5　第 14.5.4 节中的例子所描述的按揭抵押贷款第 14.5.4 节中的例子所描述的按揭抵押贷款的临界短期利率作为时间的函数

14.5.5　违约期权

借款人还有一个对按揭抵押贷款撒手不管的违约期权。如果按揭抵押贷款的市场价值超过了房屋的市场价值，违约是借款人的最佳策略。违约的坏处在于它将严重损害借款的信用打分，使得借款人在未来更难获得授信。为了将最优违约策略考虑进模型，将房屋价格的衡量指标作为另一个状态变量是必须的。Kau 等（1992）和 Deng 等（2000）发现同时考察提前偿还期权和违约期权很重要。根据 Deng 等（2000），考虑违约期权有助于解释一些经验行为。如果证券持有人所应得到的支付没有得到财务稳健的担保人的担保，按揭抵押贷款支持证券的投资者不得不担心按揭抵押贷款的违约问题。

14.5.6　其他理性模型

上面所描述的期权定价方法侧重于最小化当前按揭抵押贷款的价值。在大多数情况下，一笔按揭抵押贷款的结束将马上有一笔新的按揭抵押贷款。在存在提前偿还成本的情况下，单独地看待一笔按揭抵押贷款并不真正合理。对当前按揭抵押贷款提前偿还决策的择时影响下一笔按揭抵押贷款的合同利率，因此也影响了提前偿还那笔按揭抵押贷款的潜在盈利性。借款人应当具有一个终生的视角并使得终生的按揭抵押贷款成本最小化。例如，他们可能希望在一生中采取相对少的提前偿还行动以降低其总的提前偿还成本。生命周期的视角得到了 Stanton 和 Wallace(1998)以及 Longstaff(2005)的推崇。

按揭抵押贷款的提前偿还决策只是任何一个借款人在人生中的众多决策之一。借款人不得不对金融资产的投资，物业以及其他耐用消费品的交易上做出决策。对于一个理性的个体而言，所有这些决策都是为了最大化一生中从不同物品，包括易损耗的物品(食物、娱乐等)和耐用消费品(房屋、汽车等)的消费中所获得的期望效用。提前偿还并不是借款人的众多财务决策中的一个独立决策。因此，构建一个将提前偿还决策包括在最优的消费组合中的模型是非常有用的。这可能为单笔抵押贷款的理性提前偿还给出一个更好的解释，例如，它具有指出在何种经济情境下借款人选择对按揭抵押贷款违约或者将会因流动性原因提前偿还等等的可能性。这样的模型同样也可以解释借款人对按揭抵押贷款的选择，例如，谁将喜欢固定利率按揭抵押贷款或谁将喜欢可调整利率按揭抵押贷款等。Campbell 和 Cocco(2003)以及 Van Hemert(2009)的模型就是很好的例子。但是这样的模型肯定相当复杂。

关于提前还款的期权理论的更多应用和讨论方面的信息，可以参考 Kau 等(1995)，Azevedo-Pereira 等(2003)，Longstaff(2005)，以及 Sharp 等(2009)。

14.6 经验提前偿付模型

提前还款的历史纪录显然显示了基本的美式期权定价模型不能完全解释的按揭抵押贷款的实际提前偿还情况。这一观察促使 Green 和 Shoven(1986)以及 Schwartz 和 Torous(1989，1992)为提前偿还行为构造了一个纯粹的实证模型。一个按揭抵押贷款池的提前偿还率被假设为一些尚待确定的解释性状态变量的函数，也就是 $\Pi_t = \Pi(t, v_t)$，其中，v 是一个解释性变量的向量。第 14.4 节提供了一个相关的解释变量的名单。给定解释变量的历史数据，确定函数的参数，以使函数尽可能地接近该按揭抵押贷款池(或相似的资产池)的历史提前偿还率。然后，利用由所估计的参数确定的函数，根据解释变量的未来值对未来的提前偿还率做出预测。这将确定按揭抵押贷款支持债券的状态依赖现金流。因此，这一现金流可以用标准的估值方法估值。

在按揭抵押贷款的存续期内，至少有一些解释变量是随机的。为了进行估值，我们不得不为这些变量的随机动态特征做些假设。对于任何合理的实证模型，实际的估值工作不得不利用标准的数值技术完成，也就是，通过构造一个树结构或有限差分格子或进行蒙特卡罗模拟，见第 16 章。接下来，我们将讨论估值技术如何应用可能取决于所包括的解释性变量。不论采用这些技术中的哪一种，必须将时间离散化，这样我们只需考查时间点 $t \in \overline{\mathcal{T}} \equiv \{0, \Delta t, 2\Delta t, \cdots, \bar{N}\Delta t\}$，其中，$\bar{N}\Delta t = t_N$ 为最后支付日。

Schwartz 和 Torous(1989)最初的建议是将提前偿还的风险率建模为

$$\pi(t, v_t) = \pi_0(t) e^{\theta^{\mathrm{T}} v_t}$$

其中,θ 是参数的向量,且 $\pi_0(t)$ 为给出提前偿还率的"基准线"的确定性函数

$$\pi_0(t) = \frac{\gamma p (\gamma^t)^{p-1}}{1 + (\gamma^t)^p}$$

这一函数有 $\pi_0(0) = 0$ 和 $\lim_{t \to \infty} \pi_0(t) = 0$,从 $t = 0$ 到 $t = (p-1)^{1/p} / \gamma$ 为增函数,其后为时间的减函数。这与新的按揭抵押贷款和老的按揭抵押贷款的条件提前偿还率较低、中期按揭抵押贷款的提前偿还率较高的经验观察是一致的。由提前偿还风险率,可用等式(14.2)推导出任何时期的条件提前偿还率。Schwartz 和 Torous 所选择的解释变量如下:

(1) 票面利率和当前长期利率(稍有滞后)之差,反映再融资的收益;

(2) 上面利差的 3 次幂,反映潜在的利率节省和提前偿还率关系中的非线性特征;

(3) 由当前资产池中未偿债务与没有发生任何提前偿还情况下的未偿债务的比率所表示的耗竭指标;

(4) 季节性的哑变量,反映春夏季节的房地产交易——及与其相关的提前偿还——多于秋冬季节。

在 Schwartz 和 Torous 所考查的样本中,这一提前偿还函数得到的结果与所观察到的提前偿还率比较合理地接近。但是,需要注意的是,这是一份样本内的比较,即函数的参数是从同一样本数据中估计出来的。对于估计期之后的提前偿还行为的预测才是对这一函数的真正检验。

最近的许多实证提前偿还模型建立在期间条件提前偿还率的形式为

$$\Pi(t, v_t) = N(f(v_t; \theta))$$

的基础之上,其中,$N(\cdot)$是标准正态分布的累积分布函数,f 为尚待确定的函数。一个非常简单的例子是令

$$\Pi(t, g_t) = N(\theta_0 + \theta_1 g_t)$$

其中,θ_0 和 θ_1 为常数,g_t 是衡量 t 时刻提前偿还的收益现值的指标。

如果具有异质性的按揭抵押贷款资产池可以分成 M 个同质的按揭抵押贷款子池,那么规定各个子池的提前偿还函数 $\Pi_m(t, v_t)$是值得尝试的。于是,整个资产池的条件提前偿还率是各个子池的提前偿还函数的加权平均,

$$\Pi(t, v_t) = \sum_{m=1}^{M} w_{mt} \Pi_m(t, v_t)$$

在此 w_{mt} 是 t 时刻子池 m 的相对权重。

要认识到一些潜在解释变量是前瞻性的,而另一些解释变量是向后看的。将这两种类型的变量包括在同一模型中相当困难。例如,任何衡量提前偿还的货币收益的合理指标是前瞻性的,因为它包括了未来支付的现值。这样的变量很难在基于蒙特卡洛的估值技术中使用,但是在格子和树状结构等后向迭代方法中却很合适。反过来,耗竭因子本质上就是一个向后看的变量,因为它依赖于前期的提前偿还活动,例如,利率所取的路径。这也适用于不同子池的相对权重。这样的变量很难在后向迭代框架下处理,而是更适合蒙特卡罗模拟。但是,正

如前面所提到的，耗竭因子可以用当前未偿债务与没有发生任何提前偿还情况下的未偿债务的比率来近似。由于这个比例的分母是确定的，因此，耗竭因子可以通过将当前的未偿债务作为基于树状结构或格子结构的估值模型中的状态变量而捕捉。

很显然，纯粹的实证提前偿还模型的主要限制在于，未来的提前偿还行为可能与估计期的提前偿还行为不同。如果基础经济环境改变，而这又未能被所包括的解释变量所捕捉，实证提前偿还模型可能会对未来的提前偿还率给出非常糟糕的预测。

按揭抵押贷款支持证券的卖家和投资者以及一些独立的金融研究公司都开发了各种实证提前偿还模型。一个广泛使用的模型是由公众证券业协会(Public Securities Association)，也就是现在的证券业和金融市场协会(Securities Industry and Financial Market Association, SIFMA)所推出的PSA标准提前偿还模型。

在最近的文献中，一些论文直接利用了抵押担保债券(见下一节)和信用衍生产品之间清晰的联系，为抵押担保债券的估值提出了与第13.4节中所讨论的简化模型有着密切关系的简化模型。提前偿还强度要么被模型化为一个独立过程，要么是作为其他的可观察过程，例如，政府债券的短期利率的函数。对于有些具体的相关过程，对按揭抵押贷款和相关的过手债券的估值问题已经变得容易处理，例如，可参考 Gorovoy 和 Linetsky(2007)以及 Liao 等(2008)。同样可见本章后的练习14.3。

14.7 按揭抵押贷款支持债券的风险指标

正如第12章一样，我们可以将按揭抵押贷款支持债券的风险指标定义为债券价值对于各相关状态变量，也就是对驱动政府债券收益率曲线因子，任何影响按揭抵押贷款提前偿还活动，可能还包括信用风险的特有因子等的导数。由于按揭抵押贷款支持债券没有封闭的表达式，因此这些风险指标也不能用封闭表达式表示。

但是，我们还是有可能就提前偿还期权对于债券价格关于利率水平的敏感性的影响得出一些结论。提前偿还活动水平在(与按揭抵押贷款的合同利率相比)当前利率水平低时比当前利率水平高时更活跃。当利率水平下降时，不带提前偿还期权的债券的价格以凸性方式增加。债券的价格可以轻易地(远)高于其面值。与此相反，按揭抵押贷款支持债券价格的上升空间是有限的。随着利率的下降，越来越多的借款人将会发现提前偿还他们的按揭抵押贷款并以更低的利率进行再融资是有利可图的。在提前偿还期权被行权之前，与美式期权一样，当提前偿还期权处于深度价内才是最优的，这同时也是考率到了提前偿还的成本。因此，按揭抵押贷款支持债券的价格不可能高过面值太多。当市场利率低于某个门槛值(必须在对债券估值时同时应用数值技术计算这一门槛值)，债券的价值是利率水平的凹函数而不是凸函数，也就是说按揭抵押贷款支持债券对于低利率有一个负的凸性。对于高利率，按揭抵押贷款支持债券的行为与政府债券的行为无异，这是因为提前偿还活动水平很低，提前偿还期权也不再那么有价值。在第14.5.4节的例子所做出的假设之下，按揭抵押贷款支持债券价格的局部凹性可以在图14.2和14.4中看出(对于中等和较高的利率，债券价格看上去是一个线性函数，但是事实上稍微带点凸性)。

14.8 其他按揭贷款支持证券

从所有的投资者收到相同的支付这一意义上看，按揭抵押贷款支持的过手债券代表了一种将按揭抵押贷款借款人的支付向一组投资者发放的最简单方式。在所谓的抵押担保债券中，基于同一按揭抵押贷款资产池发行了不同类型或层级的债券。每一层级中的债券得到相同的支付，但是不同层级的债券得到的支付是不同的。不同层级的债券具有不同的风险——收益特征，因此可以吸引不同的投资者。在美国，抵押担保债券可以由政府机构和按揭抵押贷款行业中的其他机构发行①。政府机构发行的抵押担保债券的违约风险可以忽略不计，抵押担保债券的构造主要是规定利息支付和本金偿还（包括提前偿还）如何在不同的层级之间分配。对那些没有保险的非政府机构发行的抵押担保债券而言，违约风险是一个重要的考察因素，在构造抵押担保债券时必须规定违约对各个层级的影响。这一点对于基础按揭抵押贷款为次级贷款的次级贷款抵押担保债券而言尤为重要。请注意抵押担保债券与第 13.9 节中所描述的担保债务凭证（CDO）的相似性。

一个抵押担保债券结构的例子是顺序支付抵押担保债券（a sequential-pay CMO）。各个层级的本金之和等于按揭抵押贷款资产池的总本金。每一层级有一个票面利率。各层级的利率可以与基础按揭抵押贷款的利率不同，而且各层级的利率也可互不相同。给定按揭抵押贷款资产池在给定时期的总的利息支付和债务提前偿还情况，每一层级得到由层级票面利率和未偿债务所计算出来的承诺利息支付。按揭抵押贷款的剩余支付于是被用于各层级的本金偿还。在这里，顺序支付的构造意味着最初只有第一层级得到本金支付，但是直到第一层级本金被完全偿还及第一层级到期，其他层级得不到本金支付。在此之后，第二层级收到本金支付直至得到完全偿还。于是，依次轮到第三层级，如此下去，由于基础按揭抵押贷款有提前偿还，所以各个层级的本金偿还（从而也包括未来的未偿债务和利率支付）的准确日期具有不确定性。所以，在对抵押担保债券的各个层级进行估值时，对提前偿还行为的预测是非常重要的。

抵押担保债券可以设计仅有权获得利息支付或本金偿还的层级。一个紧密相关的产品就是所谓的机构本息分离按揭抵押贷款支持证券。在这里，根据同一按揭抵押贷款资产池发行了两类债券，即只付利息类型（IO）和只付本金（PO）类型。按揭抵押贷款池中的全部利息分配给 IO 债券，所有的本金支付（计划支付和提前偿还）分配给 PO 债券。很显然，PO 债券的现金流和收益严重依赖于按揭抵押贷款资产池提前偿还的活跃度。IO 债券同样对提前偿还情况相当敏感，这是因为 IO 债券持有人只能收到未偿债务所产生的利息，如果发生提前偿还，利息收入将会减少。

构造非政府机构的抵押担保债券时，不同层级的信用风险是需要考虑的一个重要的问题。与第 13.9 节中所描述的担保债务凭证完全一样，有信用风险相当低的高级层级和信用风险非常高的低级层级或权益级。评级机构通常会协助发行人为不同层级取得合意的评级，例如，确保

---

① 机构发行的抵押担保债券被称为房地产按揭抵押贷款投资管道（Real Estate Mortgage Investment Conduits，REMIC）。

高级层级获得最好的可能评级。为了降低信用风险,次级贷款的抵押担保债券通常得到超额担保,即基础次级按揭抵押贷款的总面值超过全部抵押担保债券的本金。发行人可以同样通过从所谓的单线保险公司(monoline insurance companies)获得财务担保而获得信用增强。

关于如何为各种按揭抵押贷款支持证券估值的例子可参考 McConnell 和 Singh(1994)以及 Childs 等(1996)。

14.9 次贷危机

1997 至 2006 年的美国房价迅速增加,这种现象通常被称为房地产泡沫。从图 14.6 可以看出,从平均上看,房价在这 10 年间增长超过一倍。黑灰色的曲线显示了 1987—2010 年标普/Case-Shiller 美国国家房价指数的变化。正如图 14.6 中 3 月期国债收益率的淡灰色曲线所反映的一样,房屋价格的急剧增加部分地受到了降息的驱动。此外,在同一时期,美国国会向按揭抵押贷款机构施压增加对低收入人群的贷款,让这些人更能承受这些贷款。房屋的拥有率确实(大致)从 1994 年的 64%增加到了 2004 年的 69%。很大一部分新的房屋拥有者通过次级按揭抵押贷款获得融资。按揭抵押贷款中的次级贷款比例从 1994 年的不到 2%,上升到 2003 年的 8%以及 2005 年的大约 20%,详见哈佛大学住房研究联合中心(Joint Center for Housing Studies of Harvard University)报告(2008)。可调整利率的按揭抵押贷款,只付利息型按揭抵押贷款、诱饵贷款,以及其他与传统固定利率的按揭抵押贷款具有更低前期付款的贷款也显著增加。对首付的要求也被放宽,物业的买家可以轻易地得到 100%的融资(甚至更多)。

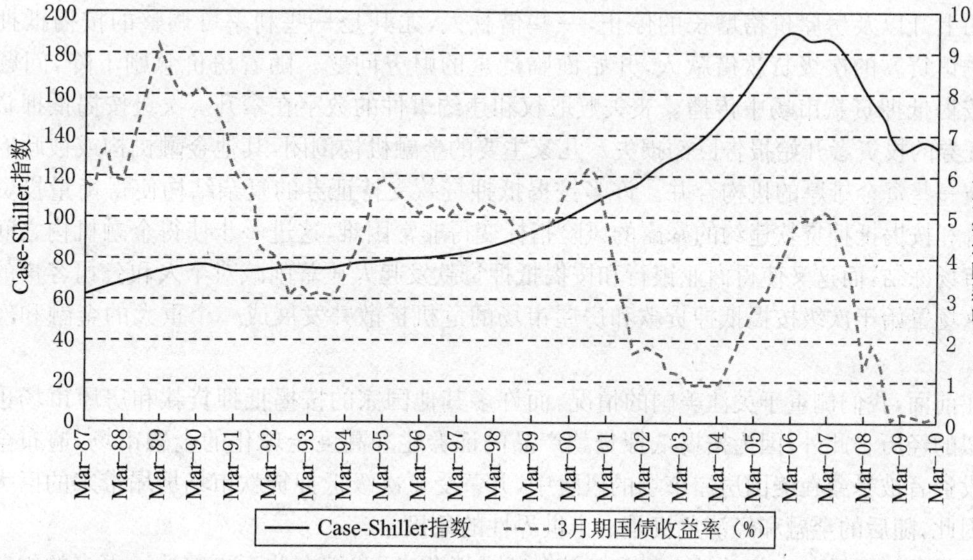

注:黑线(左轴)显示了经过季节调整的标普/Case-Shiller 美国国家房价指数值。浅灰色曲线显示了 3 月期美国国债收益率。

资料来源:www.standardpoors.com 和 www.federalreserve.gov。

图 14.6 1987—2010 年美国房屋价格和利率

鉴于政府债券的收益率低，许多投资者，包括大的外国投资者都急于投资收益更高的按揭抵押贷款支持证券。显然，对于按揭抵押贷款支持证券的高需求促使按揭抵押贷款行业放松贷款的标准。按揭抵押贷款发起人简化了取得贷款的收入和资产文档要求，愿意向接管人放松资信标准，因为他们通常会把这些按揭抵押贷款销售给那些不怎么关心单个按揭抵押贷款违约的买家。不管有意还是无意，发行人和评级公司可能低估了各种按揭抵押贷款支持证券的违约风险，以使比政府债券具有更高期望(承诺)收益的高评级证券能够向潜在投资者提供。在为未保险的按揭抵押贷款所支持的证券进行估值时，投资者和分析师经常应用第 13.6 节所介绍的高斯交合函数来为资产池中贷款之间的相关性进行建模，这一做法很显然严重低估了违约相关性。只要按揭抵押贷款行业里的所有玩家获取到了巨大的利润，很少有人质疑这一商业模型的可持续性和所应用的估值方法。优质贷款和次级贷款之间的利差缩小，住房拥有率提升。按揭抵押贷款和房屋市场的发展可以视为一个现代金融创新和证券化为普通民众和社会作为整体带来好处的完美例子。

只要房价持续上涨，诱饵贷款的借款人就可以在低息期即将结束，不得不支付本金时轻松地进行再融资。此外，通过银行贷款或信用卡也很容易得到授信。储蓄率下降，支出上升。扶摇直上的房价吸引投机者入市买入住宅用于投资。在商业银行拥有充足授信的房产投机者的群体越来越大，他们在商业地产和公寓市场进行大量的高杠杆投资。

房屋价格涨势导致了高住宅成交量和建设热潮。未出售房屋的数目最终急剧增加。媒体对一些经济学家和市场分析师关于房地产泡沫将要破灭的担忧的报道越来越频繁，这些担忧在市场参与者之间传播。从 2004 年到 2006 年，利率急剧上升使得再融资变得更加昂贵。美国房屋价格在 2006 年上半年见顶。在大约一年里，房价似乎企稳且只是略微低于最高价，但是从 2007 年初，价格开始急剧下降，到 2010 年 3 月(根据标普/Case-Shiller 季节调整国家房价指数)，国家平均房屋价格相对于 2006 年 3 月的最高点下降 29.5%。随着利率的上升以及房屋价格增长的停止，一些借款人，尤其是一些利率可调整的按揭抵押贷款和诱饵贷款的次级贷款借款人，开始面临严重的财务问题。随着房价急剧下降，问题在次级按揭抵押贷款市场中传播。丧失赎取权和违约事件的数字在攀升。次级按揭抵押贷款支持证券的投资者开始报告巨额损失。几家主要的金融机构倒闭，其他金融机构或被政府救助或被一些资金雄厚的机构合并。许多按揭抵押贷款支持证券的复杂结构使得衡量投资者对房价和按揭抵押贷款违约的暴露的风险指标变得非常困难，这进一步使得金融机构之间的信用市场冻结，而这又使得商业银行和按揭抵押贷款发起人显著削减对个人和公司客户的贷款。这场肇始于次级按揭抵押贷款和房屋市场的危机扩散并发展成一个重大的金融和经济危机。

在前面，我们侧重于关注美国的情况，而许多其他国家的按揭抵押贷款和房屋市场也有着相似的经历。此外，因为按揭抵押贷款产品的证券化和高度全球化的金融市场，遍布全世界的投资者被暴露在美国房屋市场的风险中，并蒙受了次级抵押贷款市场坍塌带来的巨大损失。因此，随后的金融和经济危机是一个世界性的危机。

次贷危机以及与之相关的金融和经济危机非常复杂，我们在此不再赘述。更多的细节和讨论，感兴趣的读者可以参考 Crouhy 等(2008)，Demyanyk 和 Van Hemert(2008)，Sanders(2008)，Shiller(2008)，Gorton(2009)，Swan(2009)以及 Berndt 等(2010)。

结束语

美国和许多其他发达国家的按揭抵押贷款市场已经发展成一个巨大的、复杂的、创新的市场。本章简单地介绍了一些主要的产品、概念、估值以及建模的挑战。一个重要的问题是，在许多按揭抵押贷款中所嵌套的提前偿还期权，在处理这一期权时，要保持对提前行权的理论预测与所观察到的提前偿还的行为一致，这可谓困难重重。任何一个为标准的按揭抵押贷款或按揭抵押贷款支持证券进行估值的模型都需要在 30 年的跨度上对利率的动态特征和提前偿还行为做出假设。注意，因为预测提前偿还行为非常困难，债券投资者可能在对按揭抵押贷款支持债券进行估值时增加一个“安全边际”，这将导致更低的债券价格以及更高的借款利率。

按揭抵押贷款建模中的另一个关键问题是借款人的潜在违约问题。在有些情况下，违约风险被转移至投资按揭抵押贷款支持证券的投资者，而在另一些情况下，违约风险由作为发起人的贷款人或保险公司承担。在任何情况下，充分了解并评估按揭抵押贷款的违约风险对于建设一个健康的按揭抵押贷款市场是至关重要的。

练习

练习 14.1 考察一个第 14.5.4 节中所描述的按揭抵押贷款的例子。

(a) 计算按揭抵押贷款存续期间的支付方案，并与图 14.1 进行比较。

假设一个过手债券由一个包含许多相同的抵押按揭贷款组成的资产池支持。这些按揭抵押贷款的条款如第 14.5.4 节中的例子。假定每一债券的面值都为 100。

(b) 如果没有按揭抵押贷款被提前偿还，确定债券的现金流。

(c) 如果在每一支付日，5%的按揭抵押贷款被提前完全偿还，确定债券的现金流。

(d) 如果在每一支付日，10%的按揭抵押贷款被提前完全偿还，确定债券的现金流。将答案与前面两个问题的答案进行比较并评论提前偿还和提前偿还风险对债券的影响。

练习 14.2 考察一个面值为 100 000 美元，每月支付的 30 年期年金型按揭抵押贷款。为简单起见，不考虑任何按揭抵押费用。初始的名义利率为 6%每年，但是名义利率每 5 年调整一次。

(a) 初始每月支付是多少？

(b) 计算按揭抵押贷款存续期间名义利率不发生变化时的支付计划(将支付分隔成本金和利息)。

(c) 现再假设 5 年之后，名义利率被重置为 3%每年。确定该按揭抵押贷款在剩余期限里的每月支付计划。

(d) 现再假设 10 年之后，名义利率被重置为 6%每年。确定该按揭抵押贷款在剩余期限里的每月支付计划。

练习 14.3 如第 14.6 节结尾时所述，按揭抵押贷款支持债券可以用第 13.4 节中讨论的可违约证券的建华模型进行定价。因此，必须尤其是对提前偿还强度进行建模。假设政府债券收益率曲线可以由一个短期利率作为状态变量的单因子扩散模型进行描述。提前偿还强度是如何依赖于短期利率的？提前偿还强度能够/应该依赖于其他变量吗？你能想出一个简单而又合理的模型，使得在这样的简化方法下能够得到一个按揭抵押贷款支持债券的封闭表达式吗？

15 随机利率与股票和外汇衍生产品

15.1 引言

在第 7—11 章开发期限结构模型时，我们将重点放在那些支付和价值只依赖于利率期限结构，而不依赖于其他随机变量的证券。但是，收益率曲线的形状和动态特征同样也对那些支付和价值依赖于其他随机变量的证券价格，例如股票价格和汇率。这是因为在计算证券的现值时需要对其未来现金流进行贴现，而选择合适的贴现因子取决于利率的不确定性以及利率和决定证券支付的随机变量之间的相关性。

第 15.2 节考察允许利率随机变化的情况下的股票期权定价问题，这与经典的 Black-Scholes-Merton 模型形成为了对比。我们证明了在高斯期限结构模型下，欧式股票期权的价格可以通过对 Black-Scholes-Merton 公式进行一个简单的推广而得到。这一个广义定价公式与从业者运用 Black-Scholes-Merton 公式的方式相对应。第 15.3 节讨论了股票的远期和期货的欧式期权定价问题，并提供了高斯利率框架下的显式定价公式。最后，第 15.4 节研究了支付与汇率相关的证券。在这一整章我们都将重点放在欧式认购期权上。欧式认沽期权的价格则可以通过合适的期权平价公式得出。与往常一样，我们一般不得不求助于数值法对美式期权进行定价。

15.2 股票期权

15.2.1 一般分析

我们考察一个 $T>t$ 时刻到期的欧式认购期权，标的股票的价格过程为 (S_t)，执行价为 K。从 4.4 节知道，这一期权在 t 时刻的价格为

$$C_t = B_t^T \mathrm{E}_t^{\mathbb{Q}^T}[\max(S_T - K, 0)] \tag{15.1}$$

其中$\mathbb{Q}^T$是一个T—远期鞅测度。为简单起见，假设标的资产在期权存续期间并没有产生任何的支付。标的资产在T日交付的远期价格由$F_t^T = S_t / B_t^T$给出。特别地，$F_T^T = S_T$，因此期权价格可以重新写成

$$C_t = B_t^T \mathrm{E}_t^{\mathbb{Q}^T}[\max(F_T^T - K, 0)]$$

回想一下，根据T—远期鞅测度的定义，有$\mathrm{E}_t^{\mathbb{Q}^T}[F_T^T] = F_t^T = S_t / B_t^T$。无论是通过封闭形式还是通过模拟形式计算期望价值，必须知道T—远期鞅测度下的$S_T = F_T^T$的分布。这一分布可由远期价格F_t^T的动态特征得出。但是，我们将首先为标的股票价格和相关的贴现因子，也就是零息债券价格建立模型。

与往常一样，我们将只考虑那些由一个或几个标准布朗运动表示其基本不确定性的模型。与第8章引言中的讨论进行比较，在只有一个布朗运动的模型中，所有的随机过程都是即时完美相关的。在随机利率的框架下为股票期权定价，必须为股票价格和合适的贴现因子同时建模。由于这两个变量并非完美相关，必须在我们的模型中引入不止一个布朗运动。

在风险中性或即期鞅测度$\mathbb{Q}$下，任何交易资产的价格（在这一时间区间内没有红利发放）的漂移率等于短期利率r_t。标的资产价格的动态特征的形式为

$$\mathrm{d}S_t = S_t[r_t \mathrm{d}t + (\sigma_t^{\mathrm{st}})^{\mathsf{T}} \mathrm{d}z_t^{\mathbb{Q}}] \tag{15.2}$$

在此，$z^{\mathbb{Q}}$是风险中性测度$\mathbb{Q}$下的多维标准布朗运动，且σ_t^{st}是一个代表股票价格针对外生冲击的敏感性向量。将σ^{st}称为股票价格的敏感性向量。一般而言，σ_t^{st}自身可能是随机的，例如，依赖于股票价格水平，但是，我们只在σ_t^{st}是时间的确定性函数情况下推导显式期权价格公式，因此用符号$\sigma^{\mathrm{st}}(t)$表示。很难想象股票的波动率直接取决于日历时间，因此一个常数敏感性向量是确定性波动率最重要的例子。我们同样可以将式(15.2)写成

$$\mathrm{d}S_t = S_t[r_t \mathrm{d}t + \sum_{j=1}^{n} \sigma_{jt}^{\mathrm{st}} \mathrm{d}z_{jt}^{\mathbb{Q}}]$$

其中n为模型中独立的1维布朗运动的数目，$\sigma_1^{\mathrm{st}}, \cdots, \sigma_n^{\mathrm{st}}$为敏感性向量中的元素。

相似地，我们将假设T时到期的零息债券的价格按照

$$\mathrm{d}B_t^T = B_t^T[r_t \mathrm{d}t + (\sigma_t^T)^{\mathsf{T}} \mathrm{d}z_t^{\mathbb{Q}}] \tag{15.3}$$

变化，在这债券的敏感性向量σ_t^T依赖于利率的当前期限结构（在理论上也依赖于前面的期限结构）。等价地，可以将债券价格的动态特征记为

$$\mathrm{d}B_t^T = B_t^T[r_t \mathrm{d}t + \sum_{j=1}^{n} \sigma_{jt}^T \mathrm{d}z_{jt}^{\mathbb{Q}}]$$

在由式(15.2)和式(15.3)所给出的模型中，股票即时收益率的方差由

$$\mathrm{Var}_t^{\mathbb{Q}}\left[\frac{\mathrm{d}S_t}{S_t}\right] = \mathrm{Var}_t^{\mathbb{Q}}[\sum_{j=1}^{n} \sigma_{jt}^{\mathrm{st}} \mathrm{d}z_{jt}^{\mathbb{Q}}] = \sum_{j=1}^{n} (\sigma_{jt}^{\mathrm{st}})^2 \mathrm{d}t$$

给出，因此，股票的波动率等于向量σ_t^{st}的长度，也就是$\|\sigma_t^{\mathrm{st}}\| = \sqrt{\sum_{j=1}^{n} (\sigma_{jt}^{\mathrm{st}})^2}$。相似地，零息

债券的波动率为 $\|\sigma_t^T\|$。股票的收益率与零息债券的收益率之间的协方差为 $(\sigma_t^{st})^\top\sigma_t^T=\sum_{j=1}^n\sigma_{jt}^{st}\sigma_{jt}^T$。因此，即时相关系数为 $(\sigma_t^{st})^\top\sigma_t^T/[\|\sigma_t^{st}\|\cdot\|\sigma_t^T\|]$。

注意，如果我们希望为这一特定股票建模，一个 $n=2$ 的模型已经足够捕捉这份不完美的相关性。例如，如果将价格的动态特征确定为

$$dS_t=S_t[r_t\,dt+v_t^{st}\,dz_{1t}^{\mathbb{Q}}]$$

$$dB_t^T=B_t^T[r_t\,dt+\rho v_t^T\,dz_{1t}^{\mathbb{Q}}+\sqrt{1-\rho^2}\,v_t^T\,dz_{2t}^{\mathbb{Q}}]$$

股票和债券的价格的波动率别由 v_t^{st} 和 v_t^T 给出，且 $\rho\in[-1,1]$是即时相关系数。但是，我们再次将使用早前引入的更一般的符号。

给定等式(15.2)和式(15.3)的股票价格和债券价格的动态特征，通过对两个随机过程的函数应用伊藤引理，我们得到$\mathbb{Q}^T$—概率测度下的远期价格 $F_t^T=S_t/B_t^T$ 的动态特征，见定理3.7。知道 F_t^T 是一个$\mathbb{Q}^T$—鞅，因此它的漂移是零，我们并不是非得从伊藤引理中计算漂移项。因此，只需要计算敏感性向量，我们知道，这一向量在所有相关的概率测度下都是相同的。记 $F_t^T=g(S_t,B_t^T)$，其中 $g(S,B)=S/B$，相关的导数为$\partial g/\partial S=1/B$ 和 $\partial g/\partial B=1/B^2$，于是得到以下的远期价格动态特征：

$$dF_t^T=\frac{\partial g}{\partial S}(S_t,B_t^T)S_t(\sigma_t^{st})^\top dz_t^T+\frac{\partial g}{\partial B}(S_t,B_t^T)B_t^T(\sigma_t^T)^\top dz_t^T$$

$$=F_t^T(\sigma_t^{st}-\sigma_t^T)^\top dz_t^T$$

经过一个标准的计算得到

$$d(\ln F_t^T)=-\frac{1}{2}\|\sigma_t^{st}-\sigma_t^T\|^2dt+(\sigma_t^{st}-\sigma_t^T)^\top dz_t^T$$

因此

$$\ln S_T=\ln F_T^T=\ln F_t^T-\frac{1}{2}\int_t^T\|\sigma_u^{st}-\sigma_u^T\|^2du+\int_t^T(\sigma_u^{st}-\sigma_u^T)^\top dz_u^T \tag{15.4}$$

一般而言，σ^{st}和 σ^T 是随机的，在这一情况下，我们不能确定 $\ln S_T$ 的分布，从而也不能确定 S_T 的分布，但是等式(15.4)为 S_T 的蒙特卡罗模拟提供了一个基础，进而可以近似期权的价格。接下来，我们将讨论σ^{st}和σ^T 为确定量的情况。在这种情况下，我们可以得到一个显式的期权定价公式。

15.2.2 确定性波动率

如果假设 σ_t^{st} 和σ_t^T 两者都是时间 t 的确定性函数，在 T—远期鞅测度下，由式(15.4)和定理3.3可知 $\ln S_T=\ln F_T^T$ 服从正态分布，也就是 $\ln S_T=\ln F_T^T$ 服从对数正态分布。由附录中的定理A.4，方程(15.1)中的股票期权价格可以写成封闭形式

$$C_t=B_t^T\{E_t^{\mathbb{Q}^T}[F_T^T]N(d_1)-KN(d_2)\}$$

其中

$$d_1=\frac{1}{v_F(t,\ T)}\ln\left(\frac{\mathrm{E}_t^{\mathbb{Q}^T}[F_T^T]}{K}\right)+\frac{1}{2}v_F(t,\ T)$$

$$d_2=d_1-v_F(t,\ T)$$

$$v_F(t,\ T)=(\mathrm{Var}_t^{\mathbb{Q}^T}[\ln F_T^T])^{1/2}$$

由鞅性质，$\mathrm{E}_t^{\mathbb{Q}^T}[F_T^T]=F_t^T=S_t/B_t^T$，可以计算方差为

$$\begin{aligned}
v_F(t,\ T)^2&=\mathrm{Var}_t^{\mathbb{Q}^T}[\ln F_T^T]=\mathrm{Var}_t^{\mathbb{Q}^T}\left[\int_t^T(\boldsymbol{\sigma}^{\mathrm{st}}(u)-\boldsymbol{\sigma}^T(u))^{\top}\mathrm{d}\boldsymbol{z}_u^T\right]\\
&=\mathrm{Var}_t^{\mathbb{Q}^T}\left[\int_t^T\sum_{j=1}^n(\sigma_j^{\mathrm{st}}(u)-\sigma_j^T(u))\mathrm{d}z_{ju}^T\right]\\
&=\sum_{j=1}^n\mathrm{Var}_t^{\mathbb{Q}^T}\left[\int_t^T(\sigma_j^{\mathrm{st}}(u)-\sigma_j^T(u))\mathrm{d}z_{ju}^T\right]\\
&=\sum_{j=1}^n\int_t^T(\sigma_j^{\mathrm{st}}(u)-\sigma_j^T(u))^2\mathrm{d}u\\
&=\int_t^T\sum_{j=1}^n(\sigma_j^{\mathrm{st}}(u)-\sigma_j^T(u))^2\mathrm{d}u\\
&=\int_t^T\|\boldsymbol{\sigma}^{\mathrm{st}}(u)-\boldsymbol{\sigma}^T(u)\|^2\mathrm{d}u\\
&=\int_t^T\|\boldsymbol{\sigma}^{\mathrm{st}}(u)\|^2\mathrm{d}u+\int_t^T\|\boldsymbol{\sigma}^T(u)\|^2\mathrm{d}u-2\int_t^T\boldsymbol{\sigma}^{\mathrm{st}}(u)^{\top}\boldsymbol{\sigma}^T(u)\mathrm{d}u
\end{aligned}$$

在此，第三个等式布朗运动 z_1^T，…，z_n^T 的独立性得出，第四个等式由定理 3.3 得出。很明显，方差最后一个表达式中的第一项是由于标的股票价格所具有的不确定性，第二项是因为贴现因子的不确定性，第三项是因为股票价格和贴现因子的协方差。期权的价格可以重新记为

$$C_t=S_tN(d_1)-KB_t^TN(d_2)\tag{15.5}$$

其中

$$d_1=\frac{1}{v_F(t,\ T)}\ln\left(\frac{S_t}{KB_t^T}\right)+\frac{1}{2}v_F(t,\ T)$$

$$d_2=d_1-v_F(t,\ T)$$

如果股票的敏感性向量为常数向量，得到

$$v_F(t,\ T)^2=\|\boldsymbol{\sigma}^{\mathrm{st}}\|^2(T-t)+\int_t^T\|\boldsymbol{\sigma}^T(u)\|^2\mathrm{d}u-2\int_t^T(\boldsymbol{\sigma}^{\mathrm{st}})^{\top}\boldsymbol{\sigma}^T(u)\mathrm{d}u\tag{15.6}$$

Black-Scholes-Merton 模型是一个短期利率 r 为常数的特殊情况，这意味着一个常数的，平坦的收益率曲线以及 $\boldsymbol{\sigma}^T(u)\equiv 0$ 的确定性零息债券价格 $B_t^T=e^{-r[T-t]}$。在这些额外的假设之下，期权定价公式简化为著名的 Black-Scholes-Merton 公式

$$C(t)=S_tN(d_1)-Ke^{-r[T-t]}N(d_2)\tag{15.7}$$

其中

$$d_1=\frac{1}{\|\sigma^{st}\|\sqrt{T-t}}\ln\left(\frac{S_t}{Ke^{-r[T-t]}}\right)+\frac{1}{2}\|\sigma^{st}\|\sqrt{T-t}$$

$$d_2=d_1-\|\sigma^{st}\|\sqrt{T-t}$$

更一般的公式(15.5)首先由 Merton(1973)证明。它对于所有的高斯期限结构成立,例如 Vasicek 模型,高斯 HJM 模型,这是因为零息债券的敏感性向量从而也包括其波动率都是时间的确定性函数。在简化的均衡模型,如 Vasicek 模型中,进入期权定价公式的零息债券价格由模型的零息债券价格公式给出,例如单因子 Vasicek 模型中的式(7.36)。对于推广的 Vasicek 模型和高斯 HJM 模型,在期权定价公式里所使用的是当前观察到的零息债券价格。后一种方法与实务界人士应用 Black-Scholes-Merton 公式的方式是一致的,这是因为他们使用观察到的零息债券到期权的到期日为止的收益率 y_t^T 而不是对所有的期限的期权固定一个利率。但是,Merton 公式(15.7)中的方差 $v_F(t, T)^2$ 同样与 Black-Scholes-Merton 公式中不同。考虑到利率的变动以及利率与股价的协变,其他两项也必须加进来。从业者似乎忽略了这两项。在练习 5.1,读者将被要求比较某些参数值的期权价格。在多数情况下,方差的后两项远远小于前一项,所以忽略最后两项所带来的误差也并不显著。因此,Merton 的推广支持了从业者使用 Black-Scholes-Merton 公式的方式。但是因为高斯期限结构模型非常不切实际,所以 Merton 的推广基础假设存在问题。

对于其他的期限结构模型,必须借助数值方法计算股票期权价格。一种可能性是利用 T—远期测度之下的,利用式(15.4)进行蒙特卡罗模拟,并以终点股价的平均收益近似式(15.1)中的期望值。注意到如果 σ_u^T 依赖于短期利率,r_u 在$[t, T]$期间的短期利率必须与股票价格一起模拟。另一种方法是,基础偏微分方程可以通过数值技术求解。

很显然,关于随机利率对于股票期权的定价和对冲比率的影响的研究并不是很多。根据同时基于随机股票价格波动率和随机利率的模型,Bakshi 等(1997)得出了典型的欧式期权价格对于股票价格波动率上下波动的敏感性比对于利率波动的敏感性更强。对于短期和中期股票期权的定价,将利率的不确定性考虑进来似乎并不重要。相反地,在构建有效的期权对冲策略和长期股票期权定价时,考虑利率的不确定性确实会得到不同的效果。这一结论是否可以推广至模型的其他参数情况或其他的合约条款,如美式期权,这还是一个尚未回答的问题。

15.3 远期和期货的期权

在本节,我们将讨论一个以价格 S_t 交易的证券的远期和期货的期权的定价问题。同前面一样,我们假设这一标的资产没有红利支付。我们为所有价格波动率都是确定性函数的欧式认购期权推导出显式定价公式。Amin 和 Jarrow(1992)为期限结构动态特征由高斯 HJM 模型决定的特殊情形,即零息债券的波动率为确定性函数,得到了相似的结果。我们将用T 表示期权的到期日,令 $\bar{T}$ 表示远期或者期货合约的交割日(或最后结算日)。在此,$T\leqslant\bar{T}$。

15.3.1　远期和期货价格

正如6.2节所证明的,在 $\bar{T}$ 时刻交割的远期价格由 $F_t^{\bar{T}}=S_t/B_t^{\bar{T}}$ 给出,而最后结算日为 $\bar{T}$ 的期货价格 $\Phi_t^{\bar{T}}$ 的特征由

$$\Phi_t^{\bar{T}}=\mathrm{E}_t^{\mathbb{Q}}[S_{\bar{T}}]=\mathrm{E}_t^{\mathbb{Q}}[F_{\bar{T}}^{\bar{T}}]$$

概括。

如同前一节一样,假设风险中性概率测度 $\mathbb{Q}$ 下的远期和期货的标的证券的动态特征为

$$\mathrm{d}S_t=S_t[r_t\,\mathrm{d}t+(\sigma_t^{\mathrm{st}})^{\top}\mathrm{d}z_t^{\mathbb{Q}}]$$

$\bar{T}$ 日到期的零息债券价格动态特征为

$$\mathrm{d}B_t^{\bar{T}}=B_t^{\bar{T}}[r_t\,\mathrm{d}t+(\sigma_t^{\bar{T}})^{\top}\mathrm{d}z_t^{\mathbb{Q}}]$$

应用伊藤引理首先得到

$$\mathrm{d}F_t^{\bar{T}}=F_t^{\bar{T}}[-(\sigma_t^{\bar{T}})^{\top}(\sigma_t^{\mathrm{st}}-\sigma_t^{\bar{T}})\mathrm{d}t+(\sigma_t^{\mathrm{st}}-\sigma_t^{\bar{T}})^{\top}\mathrm{d}z_t^{\mathbb{Q}}] \tag{15.8}$$

以及,随后有

$$\mathrm{d}(\ln F_t^{\bar{T}})=\left[-\frac{1}{2}\|\sigma_t^{\mathrm{st}}-\sigma_t^{\bar{T}}\|^2-(\sigma_t^{\bar{T}})^{\top}(\sigma_t^{\mathrm{st}}-\sigma_t^{\bar{T}})\right]\mathrm{d}t+(\sigma_t^{\mathrm{st}}-\sigma_t^{\bar{T}})^{\top}\mathrm{d}z_t^{\mathbb{Q}}$$

于是

$$\ln F_{\bar{T}}^{\bar{T}}=\ln F_t^{\bar{T}}+\int_t^{\bar{T}}\left[-\frac{1}{2}\|\sigma_u^{\mathrm{st}}-\sigma_u^{\bar{T}}\|^2-(\sigma_u^{\bar{T}})^{\top}(\sigma_u^{\mathrm{st}}-\sigma_u^{\bar{T}})\right]\mathrm{d}u+\int_t^{\bar{T}}(\sigma_u^{\mathrm{st}}-\sigma_u^{\bar{T}})^{\top}\mathrm{d}z_u^{\mathbb{Q}}$$

由于 $S_{\bar{T}}=F_{\bar{T}}^{\bar{T}}$,得到

$$S_{\bar{T}}=F_t^{\bar{T}}\exp\left\{\int_t^{\bar{T}}\left[-\frac{1}{2}\|\sigma_u^{\mathrm{st}}-\sigma_u^{\bar{T}}\|^2-(\sigma_u^{\bar{T}})^{\top}(\sigma_u^{\mathrm{st}}-\sigma_u^{\bar{T}})\right]\mathrm{d}u+\int_t^{\bar{T}}(\sigma_u^{\mathrm{st}}-\sigma_u^{\bar{T}})^{\top}\mathrm{d}z_u^{\mathbb{Q}}\right\}$$

因此期货价格可以写成

$$\Phi_t^{\bar{T}}=F_t^{\bar{T}}\mathrm{E}_t^{\mathbb{Q}}\left[\exp\left\{\int_t^{\bar{T}}\left[-\frac{1}{2}\|\sigma_u^{\mathrm{st}}-\sigma_u^{\bar{T}}\|^2-(\sigma_u^{\bar{T}})^{\top}(\sigma_u^{\mathrm{st}}-\sigma_u^{\bar{T}})\right]\mathrm{d}u+\int_t^{\bar{T}}(\sigma_u^{\mathrm{st}}-\sigma_u^{\bar{T}})^{\top}\mathrm{d}z_u^{\mathbb{Q}}\right\}\right]$$

在波动率 σ^{st} 和 $\sigma^{\bar{T}}$ 为确定性函数的情况下,期货价格以封闭形式给出为

$$\Phi_t^{\bar{T}} = F_t^{\bar{T}} \exp\left\{\int_t^{\bar{T}} \left[-\frac{1}{2}\|\sigma^{\mathrm{st}}(u) - \sigma^{\bar{T}}(u)\|^2 - \sigma^{\bar{T}}(u)^{\top}(\sigma^{\mathrm{st}}(u) - \sigma^{\bar{T}}(u))\right] \mathrm{d}u\right\}$$

$$\times \mathrm{E}_t^{\mathbb{Q}}\left[\exp\left\{\int_t^{\bar{T}} (\sigma^{\mathrm{st}}(u) - \sigma^{\bar{T}}(u))^{\top} \mathrm{d}z_u^{\mathbb{Q}}\right\}\right] \tag{15.9}$$

$$= F_t^{\bar{T}} \exp\left\{-\int_t^{\bar{T}} \sigma^{\bar{T}}(u)^{\top}(\sigma^{\mathrm{st}}(u) - \sigma^{\bar{T}}(u)) \mathrm{d}u\right\}$$

其中最后一个等式是应用定理 3.3 和定理 A.2 的结果。如果波动率不是确定性函数，期货价格不存在显式的表达式。

15.3.2 远期的期权

由第 4.4 节的分析，我们知道远期的欧式认购期权的价格为

$$C_t = B_t^T \mathrm{E}_t^{\mathbb{Q}^T}[\max(F_T^{\bar{T}} - K, 0)] \tag{15.10}$$

其中 T 是到期日，K 是执行价。现在来找出 T—远期鞅测度$\mathbb{Q}^T$下的远期价格 $F_t^{\bar{T}}$ 的动态特征。由式(4.21)可以通过应用关系

$$\mathrm{d}z_t^T = \mathrm{d}z_t^{\mathbb{Q}} - \sigma_t^T \mathrm{d}t \tag{15.11}$$

将概率测度$\mathbb{Q}$ 转换为$\mathbb{Q}^T$。将其代入式(15.8)，可以将$\mathbb{Q}^T$之下 $F_t^{\bar{T}}$ 的动态特征记为

$$\mathrm{d}F_t^{\bar{T}} = F_t^{\bar{T}}[(\sigma_t^T - \sigma_t^{\bar{T}})^{\top}(\sigma_t^{\mathrm{st}} - \sigma_t^{\bar{T}})\mathrm{d}t + (\sigma_t^{\mathrm{st}} - \sigma_t^{\bar{T}})^{\top}\mathrm{d}z_t^T]$$

注意只有当 $\bar{T} = T$ 时，漂移才为 0，$F_t^{\bar{T}}$ 将是一个$\mathbb{Q}^T$—鞅。随之有

$$\ln F_T^{\bar{T}} = \ln F_t^{\bar{T}} + \int_t^T (\sigma_u^T - \sigma_u^{\bar{T}})^{\top}(\sigma_u^{\mathrm{st}} - \sigma_u^{\bar{T}})\mathrm{d}u$$

$$-\frac{1}{2}\int_t^T \|\sigma_u^{\mathrm{st}} - \sigma_u^{\bar{T}}\|^2 \mathrm{d}u + \int_t^T (\sigma_u^{\mathrm{st}} - \sigma_u^{\bar{T}})^{\top}\mathrm{d}z_u^T$$

在 σ_u^{st}，σ_u^T 和σ_u^T 都为时间的确定性函数的假设之下，我们知道 $\ln F_T^{\bar{T}}$(给定 $F_t^{\bar{T}}$)在$\mathbb{Q}^T$下服从正态分布，分布的均值为

$$\mu_F \equiv \mathrm{E}_t^{\mathbb{Q}^T}[\ln F_T^{\bar{T}}] = \ln F_t^{\bar{T}} + \int_t^T (\sigma^T(u) - \sigma^{\bar{T}}(u))^{\top}(\sigma^{\mathrm{st}}(u) - \sigma^{\bar{T}}(u))\mathrm{d}u$$

$$-\frac{1}{2}\int_t^T \|\sigma^{\mathrm{st}}(u) - \sigma^{\bar{T}}(u)\|^2 \mathrm{d}u$$

方差为

$$v_F^2 \equiv \mathrm{Var}_t^{\mathbb{Q}^T}[\ln F_T^{\bar{T}}] = \int_t^T \|\sigma^{\mathrm{st}}(u) - \sigma^{\bar{T}}(u)\|^2 \mathrm{d}u$$

应用附录 A 中的定理式(A.4)，可以由式(15.10)计算得到期权价格为

$$C_t = B_t^T\{e^{\mu_F + \frac{1}{2}v_F^2} N(d_1) - KN(d_2)\}$$

其中

$$d_1=\frac{\mu_F-\ln K}{v_F}+v_F=\frac{\mu_F+\frac{1}{2}v_F^2-\ln K}{v_F}+\frac{1}{2}v_F$$

$$d_2=d_1-v_F$$

由于

$$\mu_F+\frac{1}{2}v_F^2=\ln F_t^{\bar{T}}+\int_t^T(\sigma^T(u)-\sigma^{\bar{T}}(u))^\top(\sigma^{\mathrm{st}}(u)-\sigma^{\bar{T}}(u))\mathrm{d}u$$

可以将 $e^{\mu_F+\frac{1}{2}v_F^2}$ 替换为 $F_t^{\bar{T}}e^{\xi}$，其中

$$\xi=\int_t^T(\sigma^T(u)-\sigma^{\bar{T}}(u))^\top(\sigma^{\mathrm{st}}(u)-\sigma^{\bar{T}}(u))\mathrm{d}u$$

因此期权价格可以重新记为

$$C_t=B_t^TF_t^{\bar{T}}e^{\xi}N(d_1)-KB_t^TN(d_2) \tag{15.12}$$

其中 d_1 可以重新记为

$$d_1=\frac{\ln(F_t^{\bar{T}}/K)+\xi}{v_F}+\frac{1}{2}v_F$$

15.3.3 期货期权

期货的欧式认购期权为

$$C_t=B_t^T\mathrm{E}_t^{\mathbb{Q}^T}[\max(\Phi_T^{\bar{T}}-K,0)]$$

在波动率为确定性函数的情况下，可以应用式(15.9)并插入 $\Phi_T^{\bar{T}}=F_T^{\bar{T}}e^{-\psi(T,\bar{T},\bar{T})}$，在此引入符号

$$\psi(T,U,\bar{T})=\int_T^U\sigma^{\bar{T}}(u)^\top(\sigma^{\mathrm{st}}(u)-\sigma^{\bar{T}}(u))\mathrm{d}u$$

因此，期权价格可以写成

$$\begin{aligned}C_t&=B_t^T\mathrm{E}_t^{\mathbb{Q}^T}[\max(F_T^{\bar{T}}e^{-\psi(T,\bar{T},\bar{T})}-K,0)]\\&=B_t^Te^{-\psi(T,\bar{T},\bar{T})}\mathrm{E}_t^{\mathbb{Q}^T}[\max(F_T^{\bar{T}}-Ke^{\psi(T,\bar{T},\bar{T})},0)]\end{aligned}$$

我们看到，在这些假设之下，执行价为 K 的期货认购期权等价于 $e^{-\psi(T,\bar{T},\bar{T})}$ 单位，执行价为 $Ke^{\psi(T,\bar{T},\bar{T})}$ 的远期认购期权。由式(15.12)可知期货期权的价格为

$$C_t=e^{-\psi(T,\bar{T},\bar{T})}[B_t^TF_t^{\bar{T}}e^{\xi}N(d_1)-Ke^{\psi(T,\bar{T},\bar{T})}B_t^TN(d_2)]$$

该价格可以重新记为

$$C_t=F_t^{\bar{T}}B_t^Te^{\xi-\psi(T,\bar{T},\bar{T})}N(d_1)-KB_t^TN(d_2)$$

其中

$$d_1=\frac{\ln(F_t^{\bar{T}}/K)+\xi-\psi(T,\bar{T},\bar{T})}{v_F}+\frac{1}{2}v_F$$

$$d_2=d_1-v_F$$

$$v_F=\left(\int_t^T \|\sigma^{st}(u)-\sigma^{\bar{T}}(u)\|^2 du\right)^{1/2}$$

应用 $F_t^{\bar{T}}=\Phi_t^{\bar{T}}e^{\psi(t,\bar{T},\bar{T})}$ 和 $\psi(t,\bar{T},\bar{T})-\psi(T,\bar{T},\bar{T})=\psi(t,T,\bar{T})$，可以同样将期权价格表示为

$$C_t=\Phi_t^{\bar{T}}B_t^T e^{\xi-\psi(t,T,\bar{T})}N(d_1)-KB_t^T N(d_2)$$

其中

$$d_1=\frac{\ln(\Phi_t^{\bar{T}}/K)+\xi-\psi(t,T,\bar{T})}{v_F}+\frac{1}{2}v_F$$

在练习 15.2，你将被要求计算和比较股票波动率为常数，Vasicek 期限结构模型假设之下基于股票远期和期货的各种期权的价格。

15.4 汇率衍生产品

由于外汇汇率的波动不可预测，开展国际业务的公司和个人都暴露在汇兑风险之下。我们可以通过合适的金融合约降低这些风险暴露。在有组织的交易所和 OTC 市场，有大量收益与外汇相关的产品在交易。这些产品中，有些依赖于其他经济变量，例如利率或股价。但是，我们在此将重点放在支付只取决于单一远期汇率的外汇衍生产品。这就是标准的外汇远期、期货和期权。

在进入外汇衍生产品估值之前，将先介绍一些符号。1 单位外国货币在 t 时刻的现货价格用 ε_t 表示。这是兑换 1 单位的外国货币所要支付的本国货币的单位数。如同以前，r_t 表示本币的短期利率，B_t^T 表示（本币）在时间 T 交付 1 单位本币的零息债券价格。用 $\breve{B}_t^T$ 表示在 T 时刻交付 1 单位外币的零息债券的价格。相似地，$\breve{r}_t$ 和 $\breve{y}_t^T$ 分别表示外币短期利率和 T 日到期的外币零息债券的收益率。

15.4.1 外汇远期

最简单的外汇衍生产品就是 1 单位的外汇远期合约。这是一个在 T 时刻按事先规定的汇率 K 交付 1 单位的外汇的约束性合约，该合约 T 时刻的收益是 ε_T-K。这一收益在时间 $t<T$ 的无套利价值是 $\breve{B}_t^T\varepsilon_t-B_t^T K$，这是因为这一价值与一个提供相同收益的组合，即 1 单位 T 时刻到期的外币零息债券多头和 K 单位 T 时刻到期的本币零息债券多头所构成的组合的价值是相等的。t 时刻 T 日交割的远期汇率用 F_t^T 表示，它被定义为使得现值为 0 的交割

价，也就是

$$F_t^T = \frac{\breve{B}_t^T}{B_t^T}\varepsilon_t \tag{15.13}$$

这一关系式与第 6 章所给出的远期价格是一致的。远期汇率可以表示为

$$F_t^T = \varepsilon_t e^{(y_t^T - \breve{y}_t^T)(T-t)}$$

其中，y_t^T 和 $\breve{y}_t^T$ 分别表示 T 日到期的本币和外币零息债券收益率。如果 $y_t^T > \breve{y}_t^T$，远期汇率将高于即期汇率，否则将存在套利机会。反过来，如果 $y_t^T < \breve{y}_t^T$，远期汇率将低于即期汇率。远期汇率的这一表达式的基础是无套利原则，且独立于即期汇率与两国利率的动态变化而成立。

15.4.2 汇率模型

为了给外汇远期之外的外汇衍生证券定价，有必要为即期汇率的变化做些假设。同往常一样，我们把重点放在布朗运动所表示的不确定性上。由于必须同时为汇率和两国的期限结构建模，并且这些对象并不是完全相关，所以模型不得不利用多维布朗运动。

外汇可以放在存款账户中用以获得外国短期利率。因此，可以将外汇视为一项提供连续红利的资产，其红利率等于外国短期利率 $\breve{r}_t$。在本国风险中性测度$\mathbb{Q}$下，任何资产的期望收益率等于本国短期利率。由于外汇提供了一个现金收益率 $\breve{r}_t$，外汇价格，也就是汇率，增加的期望百分比必须等于 $r_t - \breve{r}_t$。即期汇率的动态特征因此形如

$$d\varepsilon_t = \varepsilon_t[(r_t - \breve{r}_t)dt + (\sigma_t^\varepsilon)^\top dz_t^{\mathbb{Q}}] \tag{15.14}$$

在此，$z^{\mathbb{Q}}$ 是一个风险中性概率测度$\mathbb{Q}$下的一个多维标准布朗运动，σ_t^ε 是即期汇率对于各个布朗运动的变化的敏感性向量。注意到，一般而言，式(15.14)中的 r，$\breve{r}$ 和 σ^ε 都是随机过程。

定义 $Y_t = \breve{B}_t^T \varepsilon_t$，也就是 Y_t 是外币零息债券以本币单位计价的价格。如果令 $\breve{\sigma}_t^T$ 表示外币零息债券的敏感性向量，也就是

$$d\breve{B}_t^T = \breve{B}_t^T[\cdots, dt + (\breve{\sigma}_t^T)^\top dz_t^{\mathbb{Q}}]$$

由伊藤引理可知，Y_t 的敏感性向量可以写成 $\sigma_t^\varepsilon + \breve{\sigma}_t^T$。此外，我们知道，以本币计价的任何资产的期望收益率在风险中性概率测度$\mathbb{Q}$下将等于 r_t。因此，有

$$dY_t = Y_t[r_t dt + (\sigma_t^\varepsilon + \breve{\sigma}_t^T)^\top dz_t^{\mathbb{Q}}]$$

本币零息债券的价格动态特征为

$$dB_t^T = B_t^T[r_t dt + (\sigma_t^T)^\top dz_t^{\mathbb{Q}}]$$

根据式(15.13)，远期汇率由 $F_t^T = Y_t / B_t^T$ 给出。应用伊藤引理得到远期汇率的动态特征为

$$dF_t^T = F_t^T[-(\sigma_t^T)^\top(\sigma_t^\varepsilon + \breve{\sigma}_t^T - \sigma_t^T)dt + (\sigma_t^\varepsilon + \breve{\sigma}_t^T - \sigma_t^T)^\top dz_t^{\mathbb{Q}}] \tag{15.15}$$

除了股票价格敏感性向量 σ_t^{st} 被 Y_t 的敏感性向量$\sigma_t^\varepsilon + \breve{\sigma}_t^T$ 替换之外，这与股票的远期价格的

动态特征基本相同。随之有

$$\varepsilon_T = F_T^T = F_t^T \exp\left\{\int_t^T \left[-\frac{1}{2}\|\sigma_u^\varepsilon + \breve{\sigma}_u^T - \sigma_u^T\|^2 - (\sigma_u^T)^\top[\sigma_u^\varepsilon + \breve{\sigma}_u^T - \sigma_u^T]\right]du + \int_t^T [\sigma_u^\varepsilon + \breve{\sigma}_u^T - \sigma_u^T]^\top dz_u^{\mathbb{Q}}\right\} \tag{15.16}$$

在此 σ^ε，$\breve{\sigma}^T$ 和 σ^T 一般为随机过程。

正如前面所提到的，可以将 F_t^T 视为一项到期之前不发生支付的交易资产（外币零息债券）。我们知道远期价格过程（F_t^T）是一个 $\mathbb{Q}^T$—鞅。特别地，$\mathrm{E}_t^{\mathbb{Q}^T}[F_T^T] = F_t^T$，在 $\mathbb{Q}^T$ 测度下，F_t^T 的漂移为 0。因此，在 T—远期鞅测度 $\mathbb{Q}^T$ 下，远期价格 F_t^T 的动态特征为

$$dF_t^T = F_t^T(\sigma_t^\varepsilon + \breve{\sigma}_t^T - \sigma_t^T)^\top dz_t^T \tag{15.17}$$

这同样可以通过将式(15.11)代入式(15.15)得出。

为了得到外汇衍生证券的价格的显式表达式，在接下来的两节我们将把重点放在 σ^ε，$\breve{\sigma}^T$ 和 σ^T 都为时间的确定性函数的情况之上。与前面讨论的一样，只有在高斯期限结构模型中，例如单因子或双因子 Vasicek 模型和高斯 HJM 模型，才能得到零息债券的确定性波动率。

15.4.3 汇率期货

令 Φ_t^T 表示清算日为 T 的外汇期货价格，由式(6.3)有

$$\Phi_t^T = \mathrm{E}_t^{\mathbb{Q}}[\varepsilon_T]$$

在此，可以插入式(15.16)。一般来说，我们不能够显式地计算这一期望，但是如果假设 σ^ε，$\breve{\sigma}^T$ 和 σ^T 全部为确定性函数，得到

$$\Phi_t^T = F_t^T \exp\left\{-\int_t^T \sigma^T(u)^\top(\sigma^\varepsilon(u) + \breve{\sigma}^T(u) - \sigma^T(u))du\right\} \tag{15.18}$$

见练习 15.3。Amin 和 Jarrow(1991)在本币和外币的期限结构都为高斯 HJM 模型的假设之下证明了这一点。特别地，我们发现了当 $\sigma^T(u)=0$，也就是本币期限结构非随机时，$\Phi_t^T = F_t^T$ 的显著结果。

15.4.4 外汇期权

现在我们考察 1 单位外汇的欧式认购期权。令 T 表示期权的到期日，K 为（以本币计价）的执行价。期权赋予其持有者在 T 时刻以支付 K 单位本币取得 1 单位外币的权利，也就是期权的收益为 $\max(\varepsilon_T - K, 0)$。根据第 4.4 节的分析，期权在 $t < T$ 时刻的价值为

$$C_t = B_t^T \mathrm{E}_t^{\mathbb{Q}^T}[\max(\varepsilon_T - K, 0)]$$

在此，$\mathbb{Q}^T$ 是一个 T—远期鞅测度。这一关系可以用于蒙特卡洛模拟 $\mathbb{Q}^T$ 测度下终点时间的汇率 ε_T 以近似期权的价值。将关系式(15.11)代入式(15.14)，得到

$$d\varepsilon_t = \varepsilon_t[(r_t - \breve{r}_t + (\sigma_t^\varepsilon)^\top \sigma_t^T)dt + (\sigma_t^\varepsilon)^\top dz_t^T]$$

因此,在一般情况下,除了需要模拟汇率之外,还需要模拟两国的短期利率。

假设 σ_t^ε, $\breve{\sigma}_t^T$ 和 σ_t^T 全部是关于时间的确定性函数。据其定义,即刻交割的远期价格等于即期价格,因此 ε_T 可以被 F_T^T 替换:

$$C_t = B_t^T \mathrm{E}_t^{\mathbb{Q}^T}[\max(F_T^T - K,\ 0)]$$

由式(15.17)可知,未来远期汇率 F_T^T 服从对数正态分布

$$v_F(t,\ T)^2 \equiv \mathrm{Var}_t^{\mathbb{Q}^T}[\ln F_T^T] = \int_t^T \| \sigma^\varepsilon(u) + \breve{\sigma}^T(u) - \sigma^T(u) \|^2 du$$

注意,未来即期汇率在这些波动率假设之下同样服从风险中性测度 $\mathbb{Q}$ 和 T—远期鞅测度 $\mathbb{Q}^T$之下的对数正态分布,但是在真实世界概率测度之下未必如此。与前面的计算保持一致,期权价格变为

$$C_t = B_t^T F_t^T N(d_1) - K B_t^T N(d_2)$$

其中

$$d_1 = \frac{\ln(F_t^T / K)}{v_F(t,\ T)} + \frac{1}{2} v_F(t,\ T)$$

$$d_2 = d_1 - v_F(t,\ T)$$

同样可以插入 $F_t^T = \breve{B}_t^T \varepsilon_t / B_t^T$ 并将期权价格记为

$$C_t = \varepsilon_t \breve{B}_t^T N(d_1) - K B_t^T N(d_2) \tag{15.19}$$

其中 d_1 可以表示为

$$d_1 = \frac{1}{v_F(t,\ T)} \ln\left(\frac{\varepsilon_t \breve{B}_t^T}{K B_t^T}\right) + \frac{1}{2} v_F(t,\ T)$$

另一表达式就是代入 $B_t^T = e^{-y_t^T(T-t)}$ 和 $\breve{B}_t^T = e^{-\breve{y}_t^T(T-t)}$,这将得到

$$C_t = \varepsilon_t e^{-\breve{y}_t^T(T-t)} N(d_1) - K e^{-y_t^T(T-t)} N(d_2)$$

其中 d_1 可以写成

$$d_1 = \frac{\ln(\varepsilon_t / K) + [y_t^T - \breve{y}_t^T](T-t)}{v_F(t,\ T)} + \frac{1}{2} v_F(t,\ T)$$

相似的公式最初由 Grabbe(1983)推导出。Amin 和 Jarrow(1991)给出了本国和外国的利率期限结构可以用高斯 HJM 模型描述的结果。

在最著名的外汇期权定价模型中,Garman 和 Kohlhagen(1983)假设两国的短期利率为常数,这意味着两国的收益率曲线是水平的。在这种情况下,有 $B_t^T = e^{-r[T-t]}$, $\breve{B}_t^T = e^{-\breve{r}[T-t]}$ 和 $\sigma^T(t) = \breve{\sigma}^T(t) = 0$。此外,汇率的敏感性向量,也就是 $\sigma^\varepsilon(t)$,被假设为常数。因此,该模型可以被视为 Black-Scholes-Merton 股票期权定价模型的简单变换。在这些限制性假设之下,上面的期权定价公式将被简化为

$$C_t = \varepsilon_t e^{-\check{r}[T-t]} N(d_1) - K e^{-r[T-t]} N(d_2) \tag{15.20}$$

其中

$$d_1 = \frac{\ln(\varepsilon_t / K) + (r - \check{r})(T - t)}{\| \sigma^{\varepsilon} \| \sqrt{T-t}} + \frac{1}{2} \| \sigma^{\varepsilon} \| \sqrt{T-t}$$

$$d_2 = d_1 - \| \sigma^{\varepsilon} \| \sqrt{T-t}$$

这一期权定价公式被称为 Garman-Kohlhagen 公式。如果与等式(15.19)进行比较，我们看到从常数利率向高斯利率的推广，意味着 Garman 和 Kohlhagen 公式(15.20)中的利率 r 和 $\check{r}$ 必须分别由零息债券收益率 y_t^T 和 $\check{y}_t^T$ 替换。此外，相关的方差必须同时反映汇率和贴现因子的上下波动。正如前面所讨论的，方差中的额外项似乎对股票期权影响不大，但是，对于外汇期权，额外项的影响尤其不能忽视。

15.4.5 其他汇率模型

对于那些不能自由浮动的汇率，上面的汇率模型不再合适。对于那些加入所谓的目标区的国家，它们的汇率只能围绕中心平价在一定幅度内上下浮动。这些国家的中央银行为了使汇率处于浮动区间之内，将会对金融市场进行干预。如果目标区是完美可信的，汇率模型不得不将未来的汇率跑出区间之外的概率设为 0①。很显然，当汇率服从对数正态分布时，情况并不是如此。Krugman(1991)建议了一个更适于汇率的动态变化处于一个可信区间的模型。但是，大多数目标区间并不是完美可信的，这是因为参与的国家可能会改变汇率的中枢区间和波动幅度。这些所谓的重新组合的可能性对于外汇衍生产品的定价有着很大的影响。Christensen 等(1997)提供了一个具有重组可能性的目标区间汇率模型，并说明了如何通过数值方法在这一模型中为外汇期权定价。读者可以参考 Dumas 等(1995)的另一个不同但是相关的模型。

结束语

在本章，当把利率的随机性因素考虑进来之后，我们重点考察了股票和外汇的远期，期货和欧式期权的定价问题。在这些严格的假设条件之下，我们为期权价格推导出了 Black-Scholes-Merton 类型的定价公式。在相似的假设之下，其他证券的显式定价公式也可以推导出来。例如，Miltersen 和 Schwartz(1998)研究了随机利率之下商品远期和期货的期权的定价问题。与股票、债券、汇率等相比，商品通常具有与消费品和生产资料同等的价值。这种价值通常用便利性收益(convenience yield)进行建模，见 Hull(2009，第 5 章)。为了给商品远期和期货的期权进行定价，我们必须为商品价格以及便利性收益的动态特征建立模型。

① 这必须在真实世界概率测度下成立，且因为鞅测度与真实世界概率测度等价，所以在鞅测度下也同样成立。

Miltersen 和 Schwartz 在与我们在本章做出的相似的假设之下,例如标的商品的便利性收益服从高斯分布,为此类期权得出了 Black-Scholes-Merton 类型的定价公式。

国际 OTC 市场中交易的另一类证券就是外国证券的期权,例如,一个以欧元支付,但是收益却是由一个美国指数确定的期权。期权的收益可以按照期权结束时的美元/欧元现货价格转换为欧元,也可以按照事先确定的汇率进行转换(在这种情况下,期权被称为 quanto 期权)。根据对相关变量的动态特征给出特定的假设,可以得出 Black-Scholes-Merton 类型的定价公式。相关例子可见 Musiela 和 Rutkowski(1997,第 17 章)。

在 OTC 市场,一些证券交易涉及两种货币和两个国家的收益率曲线。一个简单的例子就是一个货币互换,交易双方互相交换两笔利息支付现金流,其中一笔现金流由第一个国家的浮动利率确定,另一笔现金流由另一个国家的浮动利率确定。这样的货币互换的许多变种以及期权都有大规模的交易。有些证券在 Musiela 和 Rutkowski(1997,第 17 章)的论著中有更详细的描述,他们同样在确定性波动率假设之下提供了定价公式。

练习

练习 15.1 一支股票当前价格(时间 $t=0$)的价格为 100,波动率为常数 30%。利率期限结构服从单因子 Vasicek 模型,短期利率波动率为 $\beta=0.03$,均值回归速度 $\kappa=0.3$,长期均值为 $\theta=0.05$。利率风险的市场价格为 $\lambda=-0.15$。当前的短期利率为 4%。短期利率和股票价格之间的相关系数是 -0.2(这样股价与任何债券价格之间的相关性为 $+0.2$)。

(a) 计算所有参数组合下的股票欧式认购期权的价格,参数为执行价 $K\in\{80, 90, 100, 110, 120\}$,期权的期限 $T\in\{0.25, 0.5, 1, 2, 5\}$年。在期权的存续期间,股票不支付红利。

(b) 将(a)中所计算的价格与在 Black-Scholes 公式下,假设利率为常数且等于期权剩余期限的真实债券收益率所得到的价格进行比较。两者之间的绝对价差和相对价差有多大或多小?

(c) 期权价格与股票价格和短期利率之间的相关性的敏感性如何?对 κ 呢?对 β 呢?对短期利率呢?

练习 15.2 一支股票当前价格(时间 $t=0$)的价格为 100,波动率为常数 30%。在接下来的 5 年,股票不发放红利。利率期限结构服从单因子 Vasicek 模型,短期利率波动率为 $\beta=0.03$,均值回归速度 $\kappa=0.3$,长期均值为 $\theta=0.05$。利率风险的市场价格为 $\lambda=-0.15$。当前的短期利率为 4%。短期利率和股票价格之间的相关系数是 -0.2(这样股价与任何债券价格之间的相关性为 $+0.2$)。

(a) 计算(并比较)所有交割期为 $\overline{T}\in\{0.25, 1, 5\}$的股票远期和期货价格。

(b) 计算所有参数组合下的股票远期合约的欧式认购期权价格,参数为执行价 $K\in\{80, 90, 100, 110, 120\}$,期权的期限 $T\in\{0.25, 0.5, 1\}$年,远期交割日为 $\overline{T}\in\{0.25, 1, 5\}$(当然 $\overline{T}\geqslant T$)。

(c) 计算所有参数组合下的股票期货合约的欧式认购期权价格,参数为执行价 $K\in\{80, 90, 100, 110, 120\}$,期权的期限 $T\in\{0.25, 0.5, 1\}$年,期货交割日为 $\overline{T}\in\{0.25, 1, 5\}$(当然 $\overline{T}\geqslant T$)。与远期的期权价格进行比较。

(d) 期权价格与股票价格和短期利率之间的相关性的敏感性如何?对 κ 呢?对 β 呢?对短期利率呢?

练习 15.3 证明等式(15.18)。

16 数值技术

16.1 引言

理想情况下，金融模型应该足够简单，使其能够为一些最重要的数量，也就是为一些典型资产的价格和风险指标提供容易实现和可以解释的封闭表达式。事实上，在本书中，我们为得到封闭的定价表达式进行了不懈的努力。然而具有提前行权特征的资产，如美式期权，就是不能用封闭形式进行定价，所以我们只能求助于数值方法，这一点是众所周知的。所谓数值方法，就是那些可以在电脑上实现的算法，它们可以为我们所要得到的数量提供近似量。一些没有提前行权特征的资产的收益结构过于复杂，以至于即便在非常简单的动态模型中也不能推导出封闭的表达式，所以它们同样需要用数值方法进行处理。金融模型也需要贴近现实市场，这需要更复杂的多维模型，在这些模型中得到价格的封闭表达式比在基本模型中得到封闭表达式更难。同样，人们必须求助于数值方法。

本章将介绍在各种定价模型中非常有用的三种数值方法。三种类型的数值方法各有优劣，这取决于所要定价的资产以及所假定的基础动态模型。所有三种方法都在学术研究和金融行业的定价和风险管理实践中得到广泛应用。所以，无论是研究人员还是业界的"宽客"，都应该掌握所三种方法。

第 16.2 节介绍了**有限差分法**(finite difference approach)求偏微分方程的数值解。在一个扩散型模型中，金融资产的价格可以写成一个关于时间和一个或几个状态变量的函数，该函数为以特定资产终止条件的，特定二阶偏微分方程的解。我们已经在第 4.8 节的一般框架下证明了这一结果，并且在第 7 章和第 8 章的几个具体模型中得到应用。在仿射类模型或二次模型中，与零息债券和许多简单的衍生产品相关的偏微分方程和终止条件都具有封闭解，或者至少可以将问题简化成求解某类普通微分方程。但是，对仿射模型或二次模型的其他资产以及其他扩散模型中的几乎所有资产而言，相关的偏微分方程无法获得封闭解。对于美式期权而言尤其如此——美式期权的定价函数只在延续区域满足偏微分方程，也就是说，行权时的状态和时间组合是次优的。延续区域不是事先知道的，需要与定价函数一起确定。该问题被称为自由边界问题，远比求解没有未知边界的偏微分方程更难。我们将讨论有限差分法的不同变体对标准的定价偏微分方程求解以及讨论如何修正该技术该，以使其能够刻画提前行权的特征。

蒙特卡罗模拟(Monte Carlo Simulation)是本章所覆盖的第二种数值方法，我们在第 16.3 节对其进行了介绍。该方法的出发点就是将一项资产的价格视为相应的风险调整测度下的贴现收益的期望值。在本书中所考察的全部模型中，贴现率和收益都取决于某些特定的连续时间随机过程。这一数值方法的思想就是大量模拟这些过程的路径。在每一路径上计算贴现收益，于是资产的价格可以用所有模拟路径的贴现收益的平均值近似。贴现收益的标准差提供了关于价格近似的精确度信息。这种基本的方法并不适用于美式期权。在给定点的美式期权的延续值不能仅从单条路径确定，而是取决于未来所有的路径。因此，我们不可能通过逐条路径计算贴现收益的方式来做出提前行权的决策。但是，其他模拟路径所包含的信息可以用于一个美式期权在给定路径上的延续值的估计，因此也包括了行权决策和收益的估计。基于这个想法，蒙特卡罗模拟已经在具有提前行权特征的资产领域得到了广泛的应用。

第 16.4 节简单介绍了在动态模型中利用近似树计算价格和风险指标的方法。其基本的思想就是建立一个离散时间近似树，用其表示状态变量的连续时间动态特征——这些状态变量对我们感兴趣的数量产生影响。树结构的根部节点代表了初始状态。然后在离散化中所考察的每一个时间点之后都加入一层节点。每一层都有若干个代表该时间点上可能的不同节点。两个连续的层级之间的节点由分支连接在一起，这表示了从一个时间点到另一个时间点的状态转换，每一分支被赋予一个概率，故而使得树状结构中的状态变化在某种意义上更贴近连续时间下的动态特征。一项收益状态依赖的资产在某一时间点的价格可以通过在时间上向后递归，也就是通过树的不同层级回到根部节点。这一方法可以很容易扩展并用于处理提前行权问题。当我们把树作为连续时间模型的近似时，应当注意到一些动态期限结构模型已经直接构建在树结构上，例如 Ho 和 Lee(1986)，随后，我们可以推导出一些限制性的连续时间模型。

第 16.5 节提供了一个关于三种方法及其对固定收益定价和风险管理的适用性的简短摘要和比较。本章只是介绍金融中所用到的数值技术，并没有将不同方法的各个方面全面呈现。尤其是，我们不会深入介绍各种方法的精度、收敛以及稳定等高度相关的正式研究。有几本书专门研究金融中的数值方法，它们包含了关于这一主题的更多话题。例如，Seydel(2009)和 Tavella(2002)讨论了好几种数值方法，Glasserman(2003)侧重于蒙特卡罗模拟，Tavella 和 Randall(2000)只处理有限差分法。关于不同方法的更多引用，本章各处都有给出。对数值分析，包括金融中有用的其他方法的更广泛介绍可以参考 Kincaid 和 Cheney(2009)以及 Press、Teukolsky、Vetterling 和 Flannery(2007)。

16.2 偏微分方程的数值解

在许多金融资产定价模型中出现了二阶偏微分方程求解的问题，本节简单介绍了利用有限差分法求其数值解的方法。我们将首先介绍一般问题的求解，然后在本节结尾的一个动态期限结构模型中讨论这一方法的应用问题。关于我们在这里所讨论的这一技术以及它的一些替代方法的信息,感兴趣的读者可以参考 Wilmott、Dewynne 和 Howison(1993),Thomas(1995),Wilmott(1998),Tavella 和 Randall(2000)以及 Seydel(2009)。Schwartz(1977),Brennan 和 Schwartz(1977)等的论文是最早在期权定价领域应用有限差分方法的文献。

假设我们希望找到一个函数 $f(x, t)$,即 $f: \mathcal{S} \times [0, T] \mapsto \mathbb{R}$,它是以下二阶偏微分方程的解:

$$\frac{\partial f}{\partial t}(x, t)+\mu(x, t)\frac{\partial f}{\partial x}(x, t)+\frac{1}{2}\sigma(x, t)^2\frac{\partial^2 f}{\partial x^2}(x, t)-r(x, t)f(x, t)=0$$

$$(x, t) \in \mathcal{S} \times [0, T) \tag{16.1}$$

其终止条件为

$$f(x, T)=F(x), \ x \in \mathcal{S} \tag{16.2}$$

在此 $F: \mathcal{S} \mapsto \mathbb{R}$ 是一个已知函数,且$\mathcal{S} \subset \mathbb{R}$。我们已经在第 4.8 节看到,这是与一个扩散模型中为一个金融资产进行定价相关的问题。在此,f 是一项依赖于在$\mathcal{S}$中取值的基础状态变量 x 的资产的未知价格,通常$\mathcal{S}=\mathbb{R}$ 或$\mathcal{S}=\mathbb{R}_+ \equiv [0, \infty)$。函数 r 是短期连续复利无风险利率,我们同样假设它至多依赖于时间 t 和状态 x。事实上,在第 7 章的经典单因子扩散模型中,r 自身就是状态变量,也就是 $x=r$。函数 F 是资产的收益函数,因此 $F(x)$是资产在到期日 T 的状态依赖收益。最后 μ 是风险中性概率测度下状态变量的漂移率,而 σ 表示 x 的绝对波动率。换言之,我们假设状态变量的风险中性动态特征为 $dx_t=\mu(x_t, t)dt+\sigma(x_t, t)dz_t$,在此 $z=(z_t)$是风险中性概率测度下的标准布朗运动。

16.2.1 问题的离散化

我们在这里讨论的近似解技术建立在将问题(16.1)—(16.2)式转化为一个可以从式(16.2)所给出的到期日的已知值开始迭代求解的差分方程序列的基础之上。为了实现这一目的,我们假设变量只能取以下值

$$x_{\min} \equiv x_0, x_1, x_2, \cdots, x_{J-1}, x_J \equiv x_{\max}$$

在此,对于所有 j,有 $x_{j+1}-x_j=\Delta x$,也就是 $x_j=x_0+j\Delta x$。特别地,$\Delta x=(x_{\max}-x_{\min})/J$。从直觉上很容易理解,一个关于未知解的合适的近似要求 x 取大于 $x_{\max}$或小于 $x_{\min}$的概率是可以忽略的。在有些情况下,选择一个或两个边界值 $x_{\max}$, $x_{\min}$不足为奇,但是在其他的问题中,可能需要做出主观的选择。在许多情况下,你主要关注的是未知函数在某一具体状态变量之下的取值,例如 $f(x^*, 0)$,其中 x^* 是状态变量的当前值。在那种情况下,施加的边界条件应当离 x^* 足够远,这样才能使得近似解 $f(x^*, 0)$对于这些边界的微小改变不那么敏感。一般而言,试验 $x_{\min}$和 $x_{\max}$的不同取值经常是有用的。此外,假设时间变量只能取 $N+1$ 个不同值

$$0, \Delta t, \cdots, N\Delta t=T$$

因此 $\Delta t=T/N$。于是,状态空间$\mathcal{S} \times [0, T]$可以与点阵

$$\{x_0, x_1, \cdots, x_J\} \times \{0, \Delta t, \cdots, N\Delta t\}$$

近似。函数 f 在节点(j, n)的取值对应于 x 值 x_j 和 t 值 $n\Delta t$,用 $f_{j,n}$ 表示。相似地,$\mu_{j,n}$ 表示 $\mu(x_j, n\Delta t)$,$\sigma_{j,n}^2$ 表示 $\sigma(x_j, n\Delta t)^2$,以及 $r_{j,n}$ 代表 $r(x_j, n\Delta t)$。

有限差分法的基本思想是将偏微分方程中的偏导数用差分表示。首先考察偏导数 $\frac{\partial f}{\partial x}$。显然,$\frac{\partial f}{\partial x}(x_j, n\Delta t)$ 有两个候选差分表达式

$$D_x^+ f_{j,n} = \frac{f_{j+1,n} - f_{j,n}}{\Delta x} \tag{16.3}$$

$$D_x^- f_{j,n} = \frac{f_{j,n} - f_{j-1,n}}{\Delta x} \tag{16.4}$$

在此 D_x^+ 被称为前向差分算子,D_x^- 被称为后向差分算子。一个简图就可以说明由

$$D_x f_{j,n} = \frac{f_{j+1,n} - f_{j-1,n}}{2\Delta x} \tag{16.5}$$

给出的中心差分算子 D_x 将给出对 $\frac{\partial f}{\partial x}$ 更精确的近似。因此我们将利用这一中心差分算子。二阶导数 $\frac{\partial^2 f}{\partial x^2}$ 可以由

$$D_x^2 f_{j,n} = \frac{f_{j+1,n} - 2f_{j,n} + f_{j-1,n}}{(\Delta x)^2} \tag{16.6}$$

给出的差分算子 D_x^2 近似。最后,我们必须近似出现在偏微分方程式(16.1)中的导数。在此,显然有前向差分和后向差分两种选择。在接下来这两节,我们将探讨这两者。

16.2.2 显式有限差分法

首先,应用导数 $\frac{\partial f}{\partial x}$ 的后向差分近似,也就是,用

$$D_t^- f_{j,n} = \frac{f_{j,n} - f_{j,n-1}}{\Delta t} \tag{16.7}$$

替换式(16.1)中的 $\frac{\partial f}{\partial x}(x_j, n\Delta t)$。

将近似式(16.5)、式(16.6)和式(16.7)代入偏微分方程式(16.1),对 $0 < j < J$, $0 < n \leqslant N$ 对应于节点(j, n),得到

$$\frac{f_{j,n} - f_{j,n-1}}{\Delta t} + \mu_{j,n} D_x f_{j,n} + \frac{1}{2}\sigma_{j,n}^2 D_x^2 f_{j,n} - r_{j,n} f_{j,n} = 0 \tag{16.8}$$

也就是

$$\frac{f_{j,n}-f_{j,n-1}}{\Delta t}+\mu_{j,n}\frac{f_{j+1,n}-f_{j-1,n}}{2\Delta x}+\frac{1}{2}\sigma_{j,n}^2\frac{f_{j+1,n}-2f_{j,n}+f_{j-1,n}}{(\Delta x)^2}-r_{j,n}f_{j,n}=0$$

这可以重新记为

$$f_{j,n-1}=\alpha_{j,n}f_{j-1,n}+\beta_{j,n}f_{j,n}+\gamma_{j,n}f_{j+1,n} \tag{16.9}$$

其中

$$\alpha_{j,n}=\frac{1}{2}\Delta t\left(\frac{\sigma_{j,n}^2}{(\Delta x)^2}-\frac{\mu_{j,n}}{\Delta x}\right)$$

$$\beta_{j,n}=1-\Delta t\left(r_{j,n}+\frac{\sigma_{j,n}^2}{(\Delta x)^2}\right)$$

$$\gamma_{j,n}=\frac{1}{2}\Delta t\left(\frac{\sigma_{j,n}^2}{(\Delta x)^2}+\frac{\mu_{j,n}}{\Delta x}\right)$$

我们现在可以利用后面的后向迭代方法计算 $f(x, 0)$的一个近似。首先，对于所有 j，使得 $f_{j,N}=F(x_j)$保持与终止条件(16.2)式一致。然后利用式(16.9)连续向后逐步倒推至时间 0。注意，"新"的值 $f_{j,n-1}$由式(16.9)用已经计算出来的 $f_{j-1,n}$，$f_{j,n}$和 $f_{j+1,n}$显式地给出，见图 16.1的左边。因此，这种求解偏微分方程的数值解的方法被称为显式有限差分方法①。

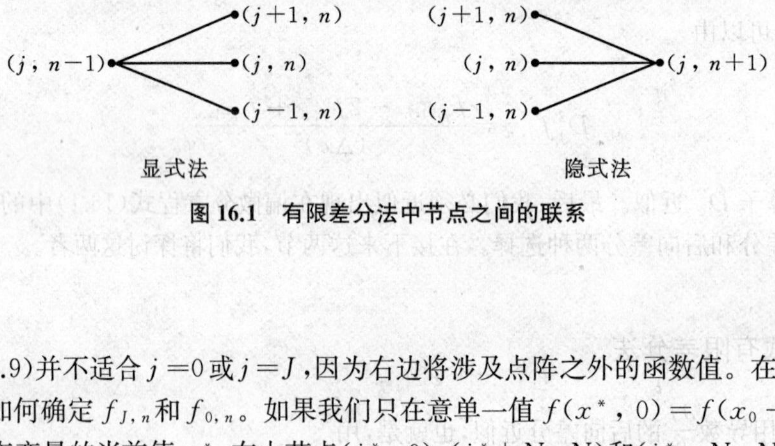

图 16.1　有限差分法中节点之间的联系

等式(16.9)并不适合 $j=0$ 或 $j=J$，因为右边将涉及点阵之外的函数值。在第 16.2.5 节，我们将讨论如何确定 $f_{J,n}$和 $f_{0,n}$。如果我们只在意单一值 $f(x^*, 0)=f(x_0+j^*\Delta x, 0)$，例如对应状态变量的当前值 x^*，在由节点$(j^*, 0)$，(j^*+N, N)和(j^*-N, N)所确定的三角形中足以计算 $f_{j,n}$。在这种情况下，显式有限差分方法与第 16.4 节所讨论的三项树方法非常相似。

很显然，点阵越密(更多的节点)，所得到的对未知函数 $f(x, t)$的近似就更好。特别地，我们希望近似解在 Δx 和 Δt 趋近于 0 时收敛于精确解。但是，可以证明为了确保显式有限差分方法的收敛性，Δt 必须相对于 Δx 非常小。宽泛地讲，为了最后得到一个关于未知解的好的近似，你不得不采用很多的时间步(如果在应用这一方法时所用的时间步数太大，这就很明显了，因为所得到的结果很显然是不切实际的)。尽管在每一时间步只进行简单的计算，见式(16.9)，但是总的步骤将非常耗时。这与快速得到近似解的诉求是矛盾的。

① 这一方法也被称为欧拉法。

16.2.3 隐式有限差分法

现在试着利用前向差分近似时间的偏导数，也就是，利用

$$D_t^+ f_{j,n} = \frac{f_{j,n+1} - f_{j,n}}{\Delta t} \tag{16.10}$$

替代式(16.1)中的$\frac{\partial f}{\partial t}(x_j, n\Delta t)$。将式(16.5)、式(16.6)和式(16.10)代入偏微分方程式(16.1)，对于 $0 < j < J$，$0 \leqslant n < N$，得到以下对应于节点(j, n)的等式：

$$\frac{f_{j,n+1} - f_{j,n}}{\Delta t} + \mu_{j,n} D_x f_{j,n} + \frac{1}{2}\sigma_{j,n}^2 D_x^2 f_{j,n} - r_{j,n} f_{j,n} = 0 \tag{16.11}$$

亦即

$$\frac{f_{j,n+1} - f_{j,n}}{\Delta t} + \mu_{j,n} \frac{f_{j+1,n} - f_{j-1,n}}{2\Delta x} + \frac{1}{2}\sigma_{j,n}^2 \frac{f_{j+1,n} - 2f_{j,n} + f_{j-1,n}}{(\Delta x)^2} - r_{j,n} f_{j,n} = 0$$

可以将该式重新记为

$$a_{j,n} f_{j-1,n} + b_{j,n} f_{j,n} + c_{j,n} f_{j+1,n} = f_{j,n+1} \tag{16.12}$$

其中

$$a_{j,n} = -\frac{1}{2}\Delta t\left(\frac{\sigma_{j,n}^2}{(\Delta x)^2} - \frac{\mu_{j,n}}{\Delta x}\right)$$

$$b_{j,n} = 1 + \Delta t\left(r_{j,n} + \frac{\sigma_{j,n}^2}{(\Delta x)^2}\right)$$

$$c_{j,n} = -\frac{1}{2}\Delta t\left(\frac{\sigma_{j,n}^2}{(\Delta x)^2} + \frac{\mu_{j,n}}{\Delta x}\right)$$

再一次，我们希望应用从终止日期的已知函数值，也就是 $f_{j,N} = F(j\Delta x)$，开始向后迭代的步骤。假设对所有 j，得到 $f_{j,n+1}$，于是对所有 j 计算 $f_{j,n}$。与显式方法相反，我们不能从已知值中直接计算 $f_{j,n}$，见图 16.1。但是因为式(16.12)必须对所有 $j = 1, \cdots, J-1$ 成立，有一个包含未知函数的 $f_{j,n}$ 的方程组。更准确地讲，有 $J+1$ 个未知数 $f_{0,n}, \cdots, f_{J,n}$，以及 $J-1$ 个方程。因此，我们要么增加两个方程(与其他方程线性无关)或者固定两个未知数的值。特别地，如果我们增加两个形如

$$a_{J,n} f_{J-1,n} + b_{J,n} f_{J,n} = d_{J,n+1} \tag{16.13}$$

和

$$b_{0,n} f_{0,n} + c_{0,n} f_{1,n} = d_{0,n+1} \tag{16.14}$$

的方程，整个方程组将具有一个非常好的结构，这将简化方程解。为了了解这一点，将方程式(16.12)、式(16.13)和式(16.14)写成矩阵的形式

$$
\begin{pmatrix}
b_{0,n} & c_{0,n} & 0 & 0 & 0 & \cdots & 0 \\
a_{1,n} & b_{1,n} & c_{1,n} & 0 & 0 & \cdots & 0 \\
0 & a_{2,n} & b_{2,n} & c_{2,n} & 0 & \cdots & 0 \\
\vdots & & \ddots & \ddots & \ddots & & \vdots \\
\vdots & & & \ddots & \ddots & \ddots & \vdots \\
0 & \cdots & 0 & 0 & a_{J-1,n} & b_{J-1,n} & c_{J-1,n} \\
0 & \cdots & 0 & 0 & 0 & a_{J,n} & b_{J,n}
\end{pmatrix}
\begin{pmatrix}
f_{0,n} \\ f_{1,n} \\ f_{2,n} \\ \vdots \\ \vdots \\ f_{J-1,n} \\ f_{J,n}
\end{pmatrix}
=
\begin{pmatrix}
d_{0,n+1} \\ d_{1,n+1} \\ d_{2,n+1} \\ \vdots \\ \vdots \\ d_{J-1,n+1} \\ d_{J,n+1}
\end{pmatrix}
\tag{16.15}
$$

在此对于 $j=1,\cdots,J-1$，有 $d_{j,n+1}=f_{j,n+1}$。对于所有 j 给定 $f_{j,n+1}$，可以通过解方程组(16.15)而对所有 j 计算出 $f_{j,n}$。这一矩阵是一个三对角线矩阵，这极大简化了方程组的解，正如将在第 16.2.6 小节讨论的一样。在第 16.2.5 小节，将讨论如何提出在格子的边界上得到形如式(16.13)和式(16.14)的方程。

上面所描述的方法被称为**隐式有限差分法**(implicit finite difference method)①。因其在每一时间步都需要解方程组，在实施上比显式有限差分法更困难。但反过来，它不需要相对于使用非常小的时间步以确保隐式方法所得到的近似解与真实解之间的收敛性。因此，隐式方法被认为优于显式方法。

16.2.4 Crank-Nicolson 方法

等式(16.8)是显式有限差分法中的一个关键等式。如果用 $n+1$ 替换 n，它将变成

$$\frac{f_{j,n+1}-f_{j,n}}{\Delta t}+\mu_{j,n+1}D_x f_{j,n+1}+\frac{1}{2}\sigma_{j,n+1}^2 D_x^2 f_{j,n+1}-r_{j,n+1}f_{j,n+1}=0 \tag{16.16}$$

在隐式有限差分法中，关键等式由式(16.11)给出，也就是

$$\frac{f_{j,n+1}-f_{j,n}}{\Delta t}+\mu_{j,n}D_x f_{j,n}+\frac{1}{2}\sigma_{j,n}^2 D_x^2 f_{j,n}-r_{j,n}f_{j,n}=0 \tag{16.17}$$

所谓的 Crank-Nicolson 方法就是建立在取两个等式(16.16)和式(16.17)的“平均值”的基础之上，这将得到

$$\frac{f_{j,n+1}-f_{j,n}}{\Delta t}+\frac{1}{2}\{\mu_{j,n+1}D_x f_{j,n+1}+\mu_{j,n}D_x f_{j,n}\}+\frac{1}{2}\left\{\frac{1}{2}\sigma_{j,n+1}^2 D_x^2 f_{j,n+1}+\frac{1}{2}\sigma_{j,n}^2 D_x^2 f_{j,n}\right\} -\frac{1}{2}\{r_{j,n+1}f_{j,n+1}+r_{j,n}f_{j,n}\}=0$$

在用差分算子替代并经过一些运算，得到等式

$$A_{j,n}f_{j-1,n}+B_{j,n}f_{j,n}+C_{j,n}f_{j+1,n}=-A_{j,n+1}f_{j-1,n+1}+B_{j,n+1}^{*}f_{j,n+1}-C_{j,n+1}f_{j+1,n+1} \tag{16.18}$$

其中

---

① 这一方法也被称为后向欧拉法。

$$A_{j,n}=\frac{1}{4}\Delta t\left(\frac{\sigma_{j,n}^{2}}{(\Delta x)^{2}}-\frac{\mu_{j,n}}{\Delta x}\right)$$

$$B_{j,n}=-1-\frac{1}{2}\Delta t\left(\frac{\sigma_{j,n}^{2}}{(\Delta x)^{2}}+r_{j,n}\right)$$

$$C_{j,n}=\frac{1}{4}\Delta t\left(\frac{\sigma_{j,n}^{2}}{(\Delta x)^{2}}+\frac{\mu_{j,n}}{\Delta x}\right)$$

$$B_{j,n}^{*}=-1+\frac{1}{2}\Delta t\left(\frac{\sigma_{j,n}^{2}}{(\Delta x)^{2}}+r_{j,n}\right)$$

再次连续进行后向迭代，其中式(16.18)的右边为已知而左边包括了未知的 $f_{j-1,n}$，$f_{j,n}$ 和 $f_{j+1,n}$。为了使得“方程组完整”，再次需要增加两项形如

$$A_{J,n}f_{J-1,n}+B_{J,n}f_{J,n}=d_{J,n+1}$$

和

$$B_{0,n}f_{0,n}+C_{0,n}f_{1,n}=d_{0,n+1}$$

的等式。由此得到的方程组具有与隐式方法相同的三对角线结构。

与隐式方法一样，Crank-Nicolson 方法的收敛不要求相对 Δx 非常小的时间步。Crank-Nicolson 方法通常比隐式方法收敛更快，因此在相同的点阵中它能为未知解提供更精确的近似。

16.2.5 怎样处理边界问题

在有些情况下，将资产在网格边界，也就是节点(J, n)和$(0, n)$上的值固定下来是合理的。于是可以直接得到像式(16.13)和式(16.14)一样的等式。例如，固定 $f_{J,n}=k$，那么令 $a_{J,n}=0$，$b_{J,n}=1$ 和 $d_{J,n+1}=k$ 即可。作为一个例子，考察 Black-Scholes-Merton 模型下的股票欧式认沽期权，在此，状态变量 x 就是标的股票的价格，假设利率 r 为常数。由于股票价格服从对数正态分布，一个明显的选择就是将下界设在 $x_{\min}=0$ 且令 $f_{0,n}=Ke^{-r[T-n\Delta t]}$，在此，$K$ 是认沽期权的执行价。如果股票价格到达零，它将停留在零，于是认沽期权的收益就是 K。反过来，可以设 $f_{J,n}=0$，因为当股票价格非常高时，认沽期权的价格将接近于一文不值。

但是，在许多情况下，在边界上确定未知函数 $f(x, t)$的值是非常困难的，尽管如此，对其在边界上的导数施加一些限制可能是合理的。对于有些资产，可以合理地将其在上界的二阶导数$\frac{\partial^2 f}{\partial x^2}$限制为 0。如果，更进一步，上界处的一阶导数$\frac{\partial f}{\partial x}$可以用一个像式(16.4)一样单侧的，回望的差分进行近似，隐式有限差分法使得

$$\frac{f_{J,n+1}-f_{J,n}}{\Delta t}+\mu_{J,n}\frac{f_{J,n}-f_{J-1,n}}{\Delta x}-r_{J,n}f_{J,n}=0$$

这可以重新记为

$$\frac{\Delta t}{\Delta x}\mu_{J,n}f_{J-1,n}+\left(1+r_{J,n}\Delta t-\frac{\Delta t}{\Delta x}\mu_{J,n}\right)f_{J,n}=f_{J,n+1}$$

注意这一方程具有式(16.13)的形式。

相应的边界条件取决于基础模型的性质以及所要定价的具体资产。寻找合适的边界条件往往需要深思熟虑加上丰富的经验。

16.2.6 怎样解三对角线方程组

在应用隐式有限差分法和 Crank-Nicolson 方法时,需要对形如式(16.15)的三对角线方程求解。数学家解决这一问题的方法就是计算矩阵的逆矩阵,但这并不是在计算机上解这种方程组的最有效率的做法。一个更有效率的解决办法如后所述。首先,进行高斯消元[①]:

$$\text{对于 } j=0, 1, \cdots, J-1:$$
$$a_{j+1,n} := a_{j+1,n}/b_{j,n}$$
$$b_{j+1,n} := b_{j+1,n} - a_{j+1,n}c_{j,n}$$

其次,实施前向替代

$$\text{对于 } j=0, 1, \cdots, J-1:$$
$$d_{j+1,n+1} := d_{j+1,n+1} - a_{j+1,n}d_{j,n+1}$$

第三,实施后向替代

$$f_{J,n} := d_{J,n+1}/b_{J,n}$$
$$\text{对于 } j=J-1, J-2, \cdots, 1, 0:$$
$$f_{j,n} := [d_{j,n+1} - c_{j,n}f_{j+1,n}]/b_{j,n}$$

注意,如果在所有的时间步矩阵都相同,也就是系数 $a_{j,n}$, $b_{j,n}$和$c_{j,n}$独立于n,则只需要进行一次高斯消元。还需注意的是,如果几个方程组涉及同一矩阵——但是右侧不同,则在求解时,对于每一个不同的右侧情况都需要完成一次前向替代和一次后向替代,而高斯消元在所有的情况下都是相同的。如果有几项资产要在相同的模型中进行定价,这是很重要的。

16.2.7 美式衍生证券

对于那些具有美式行权特征的衍生资产而言,定价函数 $f(x, t)$只需要在延续区域满足偏微分方程式(16.1),该延续区域是$\mathcal{S}\times[0, T]$的子集,在该子集对衍生资产行权不是最优的。如果延续区域为已知,在这种情况下采用有限差分技术就比较容易,但是,延续区域是未知的,且不得不与定价函数联合确定。对于标准的衍生证券和扩散模型,各证券特定的曲线 $\tilde{x}(t)$, $t\in[0, T]$,也就是所谓的行权边界,将延续区域和行权区域两者分开。一些衍生证券应当在状态变量取足够高的值的时候行权,且当且仅当 x_t 在 $\tilde{x}(t)$之上时,在 t 时刻行权才

---

① 符号":="应当解释为一个计算机可以理解的赋值运算符。例如,命令行 $a_{j+1,n} := a_{j+1,n}/b_{j,n}$ 意味着变量 $a_{j+1,n}$ 被赋予一个它的一个当前值除以变量$b_{j,n}$所得到的商的新赋值。因此,在后续的计算中,将采用 $a_{j+1,n}$ 的新值,直到该变量被赋予新的值。

是最优的。一些衍生证券应当在状态变量取足够低的值的时候行权，也就是 x_t 在 $\tilde{x}(t)$之下。为偏微分方程增加一个形如

$$f(\tilde{x}(t),\ t)=F(\tilde{x}(t),\ t)$$

的边界条件，其中 $F(x,\ t)$给出了如果衍生证券在 t 时刻，状态变量取值 x 时的行权收益。在确定定价函数的后向迭代过程中检查提前行权是否最优，就可以得到行权边界 $\tilde{x}(t)$的近似。假设在$(n+1)\Delta t$ 时刻知道美式衍生证券的价值，也就是，对所有 j，得到 $f_{j,\ n+1}$。首先，像前面小节所解释的那样，对所有 j 计算值 $f_{j,\ n}$，然后用将其用 $\max\{f_{j,\ n},\ F(x_j,\ n\Delta t)\}$代替。接下来，可以后退至另一个时间步。这一简单的方法是 Brennan 和 Schwartz(1977)所提出的。

刚刚所述的步骤是首先对所有 j 解方程组 $f_{j,n}$，然后对每一个解 $f_{j,n}$进行调整。对隐式有限差分法和 Crank-Nicolson 方法而言，提前行权这一特征可以包括在解方程组的时候检查提前行权是否最优这一更有效率的方法中。这只需对后向替代稍作调整即可：

$$f_{J,\ n} := \max\{d_{J,\ n+1}/b_{J,\ n},\ F(x_J,\ n\Delta t)\}$$
for $j=J-1,\ J-2,\ \cdots,\ 1,\ 0$：
$$f_{j,\ n} := \max\{[d_{j,\ n+1}-c_{j,\ n}f_{j+1,\ n}]/b_{j,\ n},\ F(x_j,\ n\Delta t)\}$$

现在，当 $f_{j,n}$的值计算出来时，右边的 $f_{j+1,n}$已经被修改，把节点$(j+1,\ n)$上提前行权的可能性考虑进来。因此，$f_{j,n}$的计算值是建立在一个更好的 $f_{j+1,n}$的近似之上。

上面的程序比较简单而且能够产生具有合理准确度的结果。此外，还有一些其他更有计算效率的方法，但是理解和实施这些方法都太复杂。参考 Tavella 和 Randall(2000)以及 Tangman、Gopaul 和 Bhuruth(2008)获取更多的信息。

16.2.8 具有中间支付的资产

正如第 4.8 节所解释的，一个具有连续红利率 $q(x,\ t)$的资产的价格 $f(x,\ t)$必须满足具有相应边界条件的偏微分方程

$$\frac{\partial f}{\partial t}(x,\ t)+\mu(x,\ t)\frac{\partial f}{\partial x}(x,\ t)+\frac{1}{2}\sigma(x,\ t)^2\frac{\partial^2 f}{\partial x^2}(x,\ t)-(r(x,\ t)-q(x,\ t))f(x,\ t)=0$$
$$(x,\ t)\in\mathcal{S}\times[0,\ T)$$

在这里，新增加的 $q(x,\ t)$项在上面所讨论的有限差分法中并没有造成任何麻烦。

接下来考察在预先确定的时间点，产生离散支付的资产的情况，如 $F(x(\tau_i),\ \tau_i)$在时间点 τ_i，$i=1,\ 2,\ \cdots,\ n$，其中，$0<\tau_1<\cdots<\tau_n=T$。这与附息债券是相关的。这种资产的价格 $f(x,\ t)$必须在支付日之间，也就是在所有的$(\tau_i,\ \tau_{i+1})$满足偏微分方程。在每一个支付日，资产的价格将恰好下降与支付相等的金额。为这样的资产定价时，可以用前一节所介绍的后向迭代方法，只是在每一中间支付 $F(x,\ \tau_i)$处做一个很小的调整。假设 $\tau_i\in[n\Delta t,\ (n+1)\Delta t)$且对所有 j，$f_{j,\ n+1}$的值已经计算。于是，在时间 $n\Delta t$ 处的值可以像前面所描述的一样，首先计算 $f_{j,\ n}$，然后用 $f_{j,\ n}+F(x_j,\ \tau_i)e^{-r_{j,\ n}[\tau_i-n\Delta t]}$ 替换 $f_{j,\ n}$。最好的情况是在划分点

阵时使得期间支付的日期落在点阵上。

16.2.9 风险指标

任何有限差分法都能给出完整定价函数的近似,包括不同状态变量取值之下的当前价格。尽管我们的主要目是计算当前可观察变量值下的资产价格,但是计算邻近格点的价格近似对于对冲和风险管理很有意义。在构造点阵时,应当使得状态变量的当前值落在点阵上,比方说等于 x_j,这通常会离边界相对较远。因此,$f_{j,0}=f(x_j, 0)$表示所考察资产的当前价格的有限差分近似。最相关的风险指标就是价格对状态变量的导数,有时被称为资产的“德尔塔”(Delta),它与等式(12.3)所定义资产的久期密切相关。对式(16.5)两边进行微分,我们可以得到这一导数的近似,也就是

$$\frac{\partial f}{\partial x}(x_j, 0) \approx \frac{f_{j+1,0}-f_{j-1,0}}{2\Delta x}$$

另一个常用的风险指标是当前价格的二阶导数。这被称为资产的“伽玛”(Gamma),与第 12 章所定义的凸性密切相关。可以用式(16.6)近似凸性,也就是

$$\frac{\partial^2 f}{\partial x^2}(x_j, 0) \approx \frac{f_{j+1,0}-2f_{j,0}+f_{j-1,0}}{(\Delta x)^2}$$

对时间的导数说明了在状态变量保持不变的情况下价格将如何变化情况,可以用

$$\frac{\partial f}{\partial t}(x_j, 0) \approx \frac{f_{j,1}-f_{j,0}}{\Delta t}$$

近似这一导数。为了评估所计算的价格和风险指标对于基础模型参数的敏感性,对于新的参数集都必须重新运行有限差分程序。

16.2.10 多维问题

在多因子扩散模型中,定价函数是多维偏微分方程的解,请比较第 4.8 节的一般框架和第 8 章的具体模型。为了使问题变得简单且具体化,选取一个二维问题,考察代表资产收益的终止条件为

$$f(x, y, T)=F(x, y), \ \forall (x, y) \in \mathbb{R}_+ \times \mathbb{R}_+$$

的二阶微分方程

$$\begin{aligned} &\frac{\partial f}{\partial t}(x, y, t)+\mu_1(x, y, t)\frac{\partial f}{\partial x}(x, y, t)+\mu_2(x, y, t)\frac{\partial f}{\partial y}(x, y, t) \\ &+\frac{1}{2}\sigma_1(x, y, t)^2\frac{\partial^2 f}{\partial x^2}(x, y, t)+\frac{1}{2}\sigma_2(x, y, t)^2\frac{\partial^2 f}{\partial y^2}(x, y, t) \\ &+\sigma_{12}(x, y, t)\frac{\partial^2 f}{\partial x \partial y}(x, y, t)-r(x, y, t)f(x, y, t)=0 \end{aligned} \tag{16.19}$$

$$(x, y, t) \in \mathbb{R}_+ \times \mathbb{R}_+ \times [0, T)$$

的解 $f(x, y, t)$，其中 $f: \mathbb{R}_+ \times \mathbb{R}_+ \times [0, T] \to \mathbb{R}$。为了简化符号，已经假设 $x, y \in \mathbb{R}_+$。通过假设 (x, y, t) 只能在

$$\{0, \Delta x, 2\Delta x, \cdots, J\Delta x \equiv x_{\max}\} \times \{0, \Delta y, 2\Delta y, \cdots, K\Delta y \equiv y_{\max}\}$$
$$\times \{0, \Delta t, 2\Delta t, \cdots, N\Delta t \equiv T\}$$

取值，将这一问题离散化，且定义 $f_{j,k,n} = f(j\Delta x, k\Delta y, n\Delta t)$。除了 $\partial^2 f/\partial x \partial y$，偏导数可以像在1维的情况下一样用差分近似。$(j\Delta x, k\Delta y, n\Delta t)$ 中的混合二阶导数可以通过

$$D_{xy}^2 f_{j,k,n} = \frac{f_{j+1,k+1,n} - f_{j+1,k-1,n} - f_{j-1,k+1,n} + f_{j-1,k-1,n}}{4\Delta x \Delta y}$$

近似。将近似代入偏微分方程式(16.19)，再次得到依赖于近似时间的导数的关系式所构成显式或隐式的方程组。Crank-Nicolson 方法源于将显式或隐式方法中得到的等式进行"平均"。因其糟糕的稳定性和收敛性特征，我们再次不推荐使用显式方法。

隐式方法和 Crank-Nicolson 方法可以得到一组形如

$$a_{j,k,n} f_{j-1,k-1,n} + b_{j,k,n} f_{j-1,k,n} + c_{j,k,n} f_{j-1,k+1,n}$$
$$+ a'_{j,k,n} f_{j,k-1,n} + b'_{j,k,n} f_{j,k,n} + c'_{j,k,n} f_{j,k+1,n}$$
$$+ a''_{j,k,n} f_{j+1,k-1,n} + b''_{j,k,n} f_{j+1,k,n} + c''_{j,k,n} f_{j+1,k+1,n} = d_{j,k,n+1}$$

的等式，在此，等式右边并没有包含 f 在时间 $n\Delta t$ 或之前的价值。在构造矩阵系统 $M_n f_n = d_{n+1}$ 的等式以及相应的边界条件之前，我们必须确定点 (x_j, y_k) 的顺序，也就是 (j, k)。可以选择 $(0, 0)$, $(0, 1)$, $\cdots$, $(0, K)$, $(1, 0)$, $(1, 1)$, $\cdots$, $(1, K)$, $\cdots$, $(J, 0)$, $(J, 1)$, $\cdots$, (J, K)。在这种情况下，矩阵 M_n 的各行通常看上去像

$$0, \cdots, 0, a_{j,k,n}, b_{j,k,n}, c_{j,k,n}, 0, \cdots, 0, a'_{j,k,n}, b'_{j,k,n}, c'_{j,k,n}$$
$$0, \cdots, 0, a''_{j,k,n}, b''_{j,k,n}, c''_{j,k,n}, 0, \cdots, 0$$

其中，在 $c_{j,k,n}$ 和 $a'_{j,k,n}$ 以及 $c'_{j,k,n}$ 和 $a''_{j,k,n}$ 之间有 $K-2$ 个0。总而言之，包括所有非零元素的最窄频带为 $3+(K-2)+3+(K-2)+3=2K+5$ 个元素。采用高斯消元法，这一带状矩阵将全部是需要计算和储存的非零元素。现在高斯消元法以及前向和后向替代远比在一维框架下的三对角线模型所耗费的时间更多。矩阵的带宽越高，需要的计算就越多。类似地，将索引 (j, k) 按照 $(0, 0)$, $(1, 0)$, $\cdots$, $(J, 0)$, $(0, 1)$, $(1, 1)$, $\cdots$, $(J, 1)$, $\cdots$, $(0, K)$, $(1, K)$, $\cdots$, (J, K) 排序，可以得到一个带宽为 $2J+5$ 的矩阵。对于有些问题，如果要得到高精度的结果，需要一个维度的格子比另一个维度的格子更细，举例来说，J 远大于 K。在这一情况下，我们应当选择使得矩阵的带宽最小的排序。除了采用高斯消元法和前向/后向替代直接解方程组之外，我们还有各种其他的迭代求解技术可以使用，例如逐步超松弛法(successive overrelaxtion)。当矩阵的频带很高(或者根本没有带状结构)时，这就显得尤其重要。注意，提前行权特征和中间支付的处理与一维情况下的处理方式完全一样。

原则上，隐式方法和 Crank-Nicolson 方法可以很容易推广到维度更高的问题，但其所需要的计算和所要求的内存会出现指数性增加，因此，对于边界条件的个数应当给予特别的注

意。两三个状态变量的问题尚能应付，对于维度更高的问题，除非偏微分方程具有简化问题的具体结构，否则很难处理。

关于隐式方法和 Crank-Nicolson 方法的一个很好的替代方法就是所谓的**交替方向隐式有限差分法**(alternating direction implicit finite difference method，简称 ADI 方法)。其基本思想就是只在一个维度上使用隐式近似而在其他维度上使用显式近似，这将使得方程组的求解变得相当简单，随后，在不同的维度之间交替使用隐式近似。将针对一个二维的偏微分方程

$$\frac{\partial f}{\partial t}(x, y, t)+\mu_1(x)\frac{\partial f}{\partial x}(x, y, t)+\mu_2(y)\frac{\partial f}{\partial y}(x, y, t)+\frac{1}{2}\sigma_1(x)^2\frac{\partial^2 f}{\partial x^2}(x, y, t)$$
$$+\frac{1}{2}\sigma_2(y)^2\frac{\partial^2 f}{\partial y^2}(x, y, t)-r(x, y)f(x, y, t)=0$$
$$(x, y, t)\in\mathbb{R}_+\times\mathbb{R}_+\times[0, T) \tag{16.20}$$

说明怎样应用这一思想。这一偏微分方程是式(16.19)的特例。注意，式(16.20)这样的偏微分方程与第 8.4.2 节中的 Longstaff-Schwartz 模型相关。

假设对于所有(j, k)，已经知道 $f_{j,k,n+1}$，并且希望为所有(j, k)确定 $f_{j,k,n}$。插入一个额外的时间点 $n+\frac{1}{2}$ 并从 $n+1$ 到 $n+\frac{1}{2}$ 时隐式地处理 x，显式地处理 y。也就是，用 $D_x^2 f_{j,k,n+1/2}$ 和 $D_x f_{j,k,n+1/2}$ 近似 $\partial^2 f/\partial x^2(x_j, y_k, (n+1/2)\Delta t)$ 和 $\partial f/\partial x(x_j, y_k, (n+1/2)\Delta t)$，而用 $\bar{D}_y^2 f_{j,k,n+1}$ 和 $\bar{D}_y f_{j,k,n+1}$ 近似 $\partial^2 f/\partial y^2(x_j, y_k, (n+1/2)\Delta t)$ 和 $\partial f/\partial y(x_j, y_k, (n+1/2)\Delta t)$①。偏微分方程式(16.20)对于所有 $0<j<J$ 和 $0<k<K$ 在点 $\left(j, k, n+\frac{1}{2}\right)$ 被近似为

$$\frac{f_{j,k,n+1}-f_{j,k,n+\frac{1}{2}}}{\frac{1}{2}\Delta t}+\mu_1(j\Delta x)\frac{f_{j+1,k,n+\frac{1}{2}}-f_{j-1,k,n+\frac{1}{2}}}{2\Delta x}$$
$$+\mu_2(k\Delta y)\frac{f_{j,k+1,n+1}-f_{j,k-1,n+1}}{2\Delta y}$$
$$+\frac{1}{2}\sigma_1(j\Delta x)^2\frac{f_{j+1,k,n+\frac{1}{2}}-2f_{j,k,n+\frac{1}{2}}+f_{j-1,k,n+\frac{1}{2}}}{(\Delta x)^2}$$
$$+\frac{1}{2}\sigma_2(k\Delta y)^2\frac{f_{j,k+1,n+1}-2f_{j,k,n+1}+f_{j,k-1,n+1}}{(\Delta y)^2}-r(j\Delta x, k\Delta y)f_{j,k,n+\frac{1}{2}}=0$$

它可以重新记为

$$a_{jk}f_{j-1,k,n+\frac{1}{2}}+b_{jk}f_{j,k,n+\frac{1}{2}}+c_{jk}f_{j+1,k,n+\frac{1}{2}}=A_{jk}f_{j,k-1,n+1}+B_{jk}f_{j,k,n+1}+C_{jk}f_{j,k+1,n+1}$$

其中

---

① 如果片微分方程涉及混合偏导数，那么它同样不得不显式的近似，也就是说只能使用已知的函数值。

$$a_{jk}=\frac{\sigma_1(j\Delta x)^2\Delta t}{4(\Delta x)^2}-\frac{\mu_1(j\Delta x)\Delta t}{4\Delta x}$$

$$b_{jk}=-\frac{\sigma_1(j\Delta x)^2\Delta t}{2(\Delta x)^2}-\frac{1}{2}r(j\Delta x,k\Delta y)\Delta t-1$$

$$c_{jk}=\frac{\sigma_1(j\Delta x)^2\Delta t}{4(\Delta x)^2}+\frac{\mu_1(j\Delta x)\Delta t}{4\Delta x}$$

$$A_{jk}=-\frac{\sigma_2(k\Delta y)^2\Delta t}{4(\Delta y)^2}+\frac{\mu_2(k\Delta y)\Delta t}{4\Delta y}$$

$$B_{jk}=\frac{\sigma_2(k\Delta y)^2\Delta t}{2(\Delta y)^2}-1$$

$$C_{jk}=-\frac{\sigma_2(k\Delta y)^2\Delta t}{4(\Delta y)^2}-\frac{\mu_2(k\Delta y)\Delta t}{4\Delta y}$$

再次，我们不得不分开处理边界条件。假设$\sigma_1(0)=\sigma_2(0)=0$和$f(\infty,y,t)=f(x,\infty,t)=0$。于是让$f_{J,k,n+\frac{1}{2}}=0$和$f_{J,k,n+\frac{1}{2}}=0$。对于$j=0$，用单侧差分$\frac{f_{1,k,n+\frac{1}{2}}-f_{0,k,n+\frac{1}{2}}}{\Delta x}$近似$\partial f/\partial x$。类似地，对于$k=0$，用$\frac{f_{j,1,n+1}-f_{j,0,n+1}}{\Delta y}$近似$\partial f/\partial y$。因此可以在边界上建立简单的方程，所有这些方程可以用矩阵形式

$$M_k f_{\cdot,k,n+\frac{1}{2}}=d_{k,n+1}$$

表示，在此，$f_{\cdot,k,n+\frac{1}{2}}$为向量$(f_{0,k,n+\frac{1}{2}},f_{1,k,n+\frac{1}{2}},\cdots,f_{J,k,n+\frac{1}{2}})^\top$，$M_k$是一个三对角线矩阵，$d_{k,n+1}$是一个可以从已知值确定的向量。对于每一个$k$，都有一个这样的方程组。解这一方程组，为所有$j$和特别的$k$值求出$f_{j,k,n+\frac{1}{2}}$。由于已经假设$f_{j,K,n+\frac{1}{2}}=0$，不得不对$k=0,1,2,\cdots,K-1$解这样的一个方程组，也就是$K$方程组，每一方程组的维度为$J+1$，都必须求解。于是对于所有$(j,k)$确定了$f_{j,k,n+\frac{1}{2}}$。

接下来，从时间点$n+\frac{1}{2}$到n时，以显式方法处理x，隐式方法处理y，于是偏微分方程式(16.20)在点$(x_j,y_k,n\Delta t)$可以被近似为

$$\frac{f_{j,k,n+\frac{1}{2}}-f_{j,k,n}}{\frac{1}{2}\Delta t}+\mu_1(j\Delta x)\frac{f_{j+1,k,n+\frac{1}{2}}-f_{j-1,k,n+\frac{1}{2}}}{2\Delta x}$$
$$+\mu_2(k\Delta y)\frac{f_{j,k+1,n}-f_{j,k-1,n}}{2\Delta y}+\frac{1}{2}\sigma_1(j\Delta x)^2\frac{f_{j+1,k,n+\frac{1}{2}}-2f_{j,k,n+\frac{1}{2}}+f_{j-1,k,n+\frac{1}{2}}}{(\Delta x)^2}$$
$$+\frac{1}{2}\sigma_2(k\Delta y)^2\frac{f_{j,k+1,n}-2f_{j,k,n}+f_{j,k-1,n}}{(\Delta y)^2}-r(j\Delta x,k\Delta y)f_{j,k,n}=0$$

它可以重新被记为

$$A_{jk}f_{j,k-1,n}+\hat{B}_{jk}f_{j,k,n}+C_{jk}f_{j,k+1,n}=a_{jk}f_{j-1,k,n+\frac{1}{2}}+\hat{b}_{jk}f_{j,k,n+\frac{1}{2}}+c_{jk}f_{j+1,k,n+\frac{1}{2}}$$

其中

$$\hat{B}_{jk}=\frac{\sigma_2(k\Delta y)^2\Delta t}{2(\Delta y)^2}+\frac{1}{2}r(j\Delta x, k\Delta y)\Delta t+1$$

$$\hat{b}_{jk}=-\frac{\sigma_1(j\Delta x)^2\Delta t}{2(\Delta x)^2}+1$$

边界点的处理与前面的过程一样。对于每一 j，可以通过解形如

$$Q_j f_{j,\cdot,n}=e_{j,n+\frac{1}{2}}$$

的方程组为所有的 k 解出 $f_{j,k,n}$，在此 Q_j 是一个三对角线矩阵，$f_{j,\cdot,n}$ 是向量$(f_{j,0,n}, f_{j,1,n}, \cdots, f_{j,K,n})^{\mathsf{T}}$，$e_{j,n+\frac{1}{2}}$ 是一个仅取决于已知值的向量。由于我们已经假设 $f_{J,k,n}=0$，在这一步中，在每一维度 $K+1$，必须为 $j=0, 1, 2, \cdots, J-1$ 解一个 J 方程组。于是，最后可以为所有(j, k)解出 $f_{j,k,n}$。

很显然，ADI 方法涉及了大量方程组的数值解，但它们都有一个非常简单的结构，可以非常快速地求解。尽管相对简单，但是 ADI 方法具有非常好的收敛特征，见 Thomas(1995)。这一方法可以像其他有限差分方法一样应用于美式证券。ADI 方法可以扩展到更高的维度，但是计算的复杂性当然也快速提高。

16.2.11 在单因子 CIR 模型中的应用

我们将说明隐式有限差分法是怎样应用于 Cox、Ingersoll 和 Ross(1985b)所介绍的，并在第 7.5 节得到深入讨论的单因子动态期限结构模型。在这一模型中，短期利率自身就是一个状态变量，也就是 $r=x$，相关的偏微分方程为

$$\frac{\partial f}{\partial t}(r, t)+(\hat{\varphi}-\hat{\kappa}r)\frac{\partial f}{\partial r}(r, t)+\frac{1}{2}\beta^2 r\frac{\partial^2 f}{\partial r^2}(r, t)-rf(r, t)=0,\ (r, t)\in\mathbb{R}_+\times[0, T)$$

这可以将式(7.2)和式(7.45)相结合而看出。与通常情况下一样，这一偏微分方程有一个由资产具体规定的终止条件，$f(r, T)=F(r)$。状态空间$\mathbb{R}_+\times[0, T)$由点阵$\{0, \Delta t, 2\Delta r, \cdots, J\Delta r\equiv r_{\max}\}\times\{0, \Delta t, 2\Delta t, \cdots, N\Delta t\equiv T\}$替代，所以短期利率被施加了一个人为规定的上限。在点阵的内部，隐式有限差分法得到方程式(16.12)，这一个具体模型的系数为

$$a_{j,n}=-\frac{1}{2}\frac{\Delta t}{\Delta r}(\beta^2 j-(\hat{\varphi}-\hat{\kappa}j\Delta r))$$

$$b_{j,n}=1+\Delta t\left(j\Delta r+\frac{\beta^2 j}{\Delta r}\right)$$

$$c_{j,n}=-\frac{1}{2}\frac{\Delta t}{\Delta r}(\beta^2 j+(\hat{\varphi}-\hat{\kappa}j\Delta r))$$

这些系数独立于 n，因为无论是风险中性的漂移还是短期利率的波动率都不依赖于时间。在底部边界 $r=0$，偏微分方程简化为

$$\frac{\partial f}{\partial t}(0, t)+\hat{\varphi}\frac{\partial f}{\partial r}(0, t)=0$$

利用单侧差分$(f_{1,n}-f_{0,n})/\Delta t$ 近似$\partial f/\partial r(0, n\Delta t)$，同前面一样，用$(f_{0,n+1}-f_{0,n})/\Delta t$ 表示针对时间的导数，得到方程

$$\left(1+\hat{\varphi}\frac{\Delta t}{\Delta r}\right)f_{0,n}-\hat{\varphi}\frac{\Delta t}{\Delta r}f_{1,n}=f_{0,n+1}$$

如我们所希望的一样，它形如式(16.14)。这可以用于任何资产。考察上界，首先必须注意的是，超过这一上界的概率可以忽略不计。对于 CIR 模型中的相应参数，一个等于长期(风险中性)平均水平 $\hat{\varphi}/\hat{\kappa}$ 的三到四倍的 $r_{\max}$应当已经足够高。对于那么高的利率，可以合理假设定价函数大致为线性函数，因而它的二阶导数接近于 0。偏微分方程因此简化为

$$\frac{\partial f}{\partial t}(r_J, t)+(\hat{\varphi}-\hat{\kappa}r_J)\frac{\partial f}{\partial r}(r_J, t)-r_J f(r_J, t)=0$$

通过应用$\frac{\partial f}{\partial r}(r_J, t)$的单侧近似$(f_{J,n}-f_{J-1,n})/\Delta r$，以及通常针对时间的导数，我们得到等式

$$\frac{\Delta t}{\Delta r}(\hat{\varphi}-\hat{\kappa}J\Delta r)f_{J-1,n}+\left(1+J\Delta r\Delta t-\frac{\Delta t}{\Delta r}(\hat{\varphi}-\hat{\kappa}J\Delta r)\right)f_{J,n}=f_{J,n+1}$$

这具有适意的式(16.13)的形式。我们现在可以将这些等式堆叠起来得到一个矩阵等式 $Mf_n=d_{n+1}$。在此，矩阵 M 是一个三对角线矩阵，且对所有步骤都是如此，因此只需进行一次高斯消元法。

假设参数值$\beta=0.2$，$\hat{\kappa}=0.3$ 和 $\hat{\varphi}=0.02$。我们考察一个面值为 100 的 5 年期零息债券。出于说明的目的，我们首先使用一个非常稀的格子，(1)$\Delta r=0.005=0.5\%$ 和 $r_{\max}=0.15=15\%$，因此，$J=30$ 以及(2)$\Delta t=0.25$，因此只有 $N=20$ 个时间步。所有必要的计算都在一个简单的运算表中进行。表 16.1 给出了应用隐式有限差分法所得到的部分结果。该表格显示，在 0 时刻得到的结果非常接近于利用封闭表达式(7.46)所求的结果。即便在这非常稀疏的点阵中，基于有限差分法的价格与最相关的利率水平的偏差小于 0.1%。在接近上界的地方，价格的精确度出现下降，但是如果担心如此高的利率水平下的价格，就应当选择一个更高的 $r_{\max}$。图 16.2 显示了各种不同的 J, N 和 $r_{\max}$组合之下，利用隐式有限差分法所计算的债券价格，这证明了我们的直觉是正确的，即更密的点阵能得到更准确的价格。但是，在 N 固定的情况下，J 的增加可能并不能得到更好的结果。反过来，如果 J 固定，N 的增加可能导致价格估计更不准确。只有当 J 和 N 按照一定关系同时增加的时候，才能获得最佳的收敛效果。注意，即便对于 $J=20\,000$ 和 $N=100$ 如此相对精细的点阵，在任何现代计算机上，全部的价格计算只需要几秒钟。

接下来，我们考察一个 5 年期零息债券的 2 年期期权。为了解释提前行权，我们选取一个执行价为 82 的认沽期权。同前面一样，标的债券的面值为 100，我们使用相同的参数。表 16.2 显示了使用 $J=2\,000$，$r_{\max}=20\%$和期权存续期内 $N=100$ 个时间步的参数之下，隐式有限差分法所计算的欧式和美式认沽期权的价格。CIR 模型中的零息债券价格的已知封闭表达式用于行权时期权收益的计算。这一表格同样也列出了使用封闭表达式所计算出的欧式认沽期权的价格以及使用隐式方法所计算出的价格与它的偏离程度。尽管将精确度提高到好于 2%也是可能，实际上价格之间的偏离非常小。然而，需要注意的是，封闭表达式同

表 16.1　隐式有限差分法用在单因子 CIR 模型的 5 年期零息债券之上

r(%)	分析价格	数值误差(%)	时间 0	0.25	0.5	…	4.5	4.75	5
0.0	85.707	−0.10	85.622	86.637	87.644	…	99.662	99.884	100
0.5	84.684	−0.09	84.606	85.630	86.648	…	99.440	99.769	100
1.0	83.673	−0.08	83.605	84.638	85.666	…	99.219	99.653	100
⋮	⋮	⋮	⋮	⋮	⋮	⋮	⋮	⋮	⋮
4.0	77.855	−0.04	77.823	78.900	79.986	…	97.906	98.967	100
4.5	76.925	−0.04	76.894	77.977	79.073	…	97.690	98.853	100
5.0	76.007	−0.04	75.973	77.064	78.168	…	97.474	98.740	100
5.5	75.099	−0.05	75.062	76.158	77.271	…	97.259	98.627	100
6.0	74.203	−0.06	74.159	75.262	76.382	…	97.044	98.514	100
⋮	⋮	⋮	⋮	⋮	⋮	⋮	⋮	⋮	⋮
14.0	61.229	−1.02	60.604	61.790	63.025	…	93.690	96.737	100
14.5	60.498	−1.17	59.791	60.982	62.223	…	93.484	96.627	100
15.0	59.776	−1.33	58.978	60.174	61.421	…	93.277	96.518	100

注：模型的参数为 $\beta = 0.2$，$\hat{\kappa} = 0.3$ 和 $\hat{\varphi} = 0.02$。债券的面值为 100。近似点阵建立在 $J = 30$，$r_{\max} = 0.15 = 15\%$ 以及 $N = 20$，因此 $\Delta r = 0.5\%$ 和 $\Delta t = 0.25$ 之上。

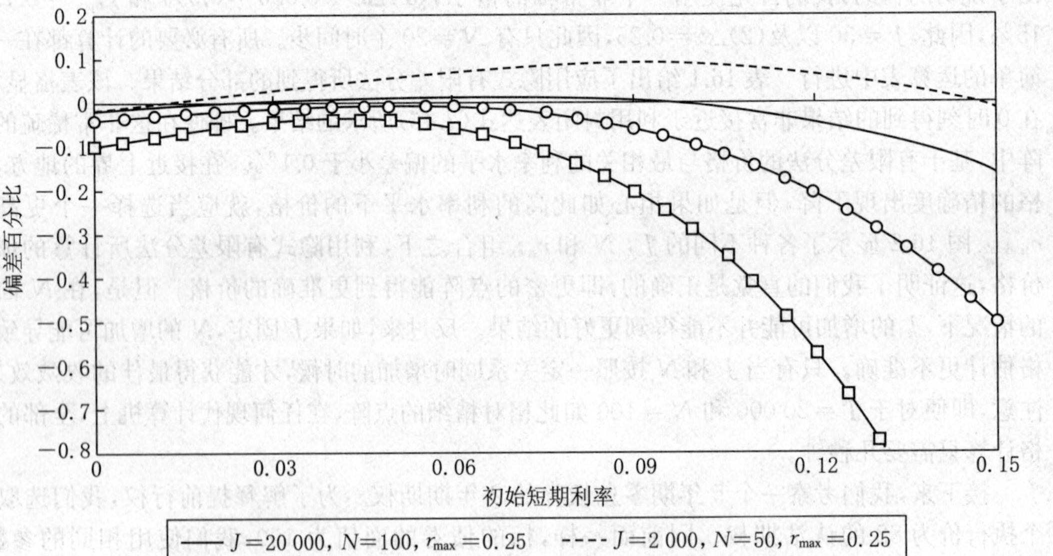

注：模型的参数为 $\beta = 0.2$，$\hat{\kappa} = 0.3$ 和 $\hat{\varphi} = 0.02$。债券的面值为 100。图形显示了不同的近似格子之下，隐式有限差分法所计算的价格相对于封闭解所计算价格的偏离百分比。

图 16.2　隐式有限差分法用在单因子 CIR 模型的 5 年期零息债券之上

表 16.2 单因子模型中的债券期权价格

r(%)	欧式认沽期权 分析价格	欧式认沽期权 数值价格	欧式认沽期权 偏差	美式认沽期权 数值价格
1	0.655 5	0.644 8	−1.635 3	1.341 2
2	0.926 7	0.905 3	−2.309 9	2.138 2
3	1.215 2	1.186 7	−2.345 7	3.146 5
4	1.518 5	1.486 6	−2.099 5	4.404 9
5	1.834 2	1.802 6	−1.722 8	5.993 0
6	2.160 1	2.132 4	−1.283 6	7.797 2
7	2.494 3	2.474 0	−0.814 3	9.558 5
8	2.834 8	2.825 4	−0.330 5	11.278 0
9	3.179 8	3.184 9	0.160 4	12.956 7
10	3.527 9	3.551 0	0.655 9	14.595 5

注：模型的参数为 $\beta = 0.2$，$\hat{\kappa} = 0.3$ 和 $\hat{\varphi} = 0.02$。债券为一个 5 年期的零息债券，面值为 100。期权在 2 年后到期，行权价格为 82。数值价格由隐式有限差分方法计算，$J = 2\,000$，$r_{\max} = 20\%$ 以及 $N = 100$。

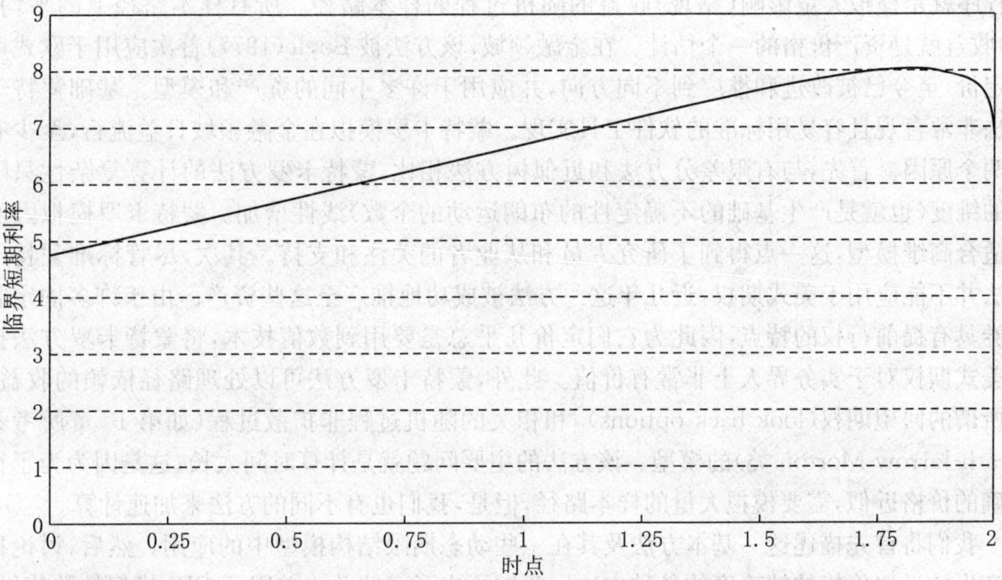

注：模型的参数为 $\beta = 0.2$，$\hat{\kappa} = 0.3$ 和 $\hat{\varphi} = 0.02$。债券为一个 5 年期的零息债券，面值为 100。期权在 2 年后到期，行权价格为 82。某一具体时点上的临界短期利率是一个使得保有期权（留待以后在最优情况下行权）的价值和马上行权的收益相等的利率值。只要短期利率在临界利率之上，美式认沽期权行权就是最优的。临界短期利率由隐式有限差分方法计算，$J = 2\,000$，$r_{\max} = 20\%$ 以及 $N = 100$。

图 16.3 单因子模型中零息债券美式认沽期权的临界短期利率

样涉及了在应用非中心 χ^2—分布的累积分布函数时使用近似的问题。此外，我们并没有试图对有限差分的实施进行微调。这一方法用于具有状态独立的终值的零息债券的精确度优于用于具有状态依赖的收益且在行权价处有一个弯折的期权，这丝毫不会令人奇怪。

在这些给出的参数值下，这一表格显示出美式期权的价格远高于相应的欧式认沽期权的价格，因此提前行权这一特征具有很高的价值。在根据有限差分方法在时间上回退时检查提前行权与否时，计算期权存续期内的临界短期利率（也就是行权边界）是一件容易的事情。某一具体时点上的临界短期利率是一个让美式期权的持有人在行权和不行权之间没有差异的短期利率值。人们应当在债券价格足够低，也就是短期利率足够高时对债券的认沽期权行权。图 16.3 显示了 5 年期零息债券的 2 年期美式认沽期权的临界短期利率，如实施有限差分时所计算的一样。在曲线上方提前行权是最优的。特别地，如果当前短期利率在 4.8%之上，美式认沽期权应当被马上行权。

在练习 16.6 中，读者被要求对一个单因子 Vasicek 模型实施隐式有限差分方法，并用其为债券和债券期权定价，就像在上面的 CIR 模型中一样。

16.3 蒙特卡罗模拟

本节介绍蒙特卡罗模拟方法用于金融模型中的资产定价问题。该方法是建立在一项资产的无套利价格等于该项资产（在相应的概率测度下的）期望收益（经过贴现）这一结果之上。该程序就是模拟大量影响（贴现）收益的随机过程的样本路径。所有样本路径上的平均（贴现）收益就是资产价格的一个估计。在金融领域，该方法被 Boyle(1977)首次应用于欧式期权的定价，至今已被改进和推广到不同方向，并应用于许多不同的资产和模型。基础蒙特卡罗方法非常直观且容易用标准的软件工具实现。蒙特卡罗模拟在金融领域日益流行，至少有以下两个原因。首先，与有限差分方法和近似树方法相比，蒙特卡罗方法的计算复杂性只随问题的维度（也就是产生基础的不确定性的布朗运动的个数）线性增加。蒙特卡罗模拟因而非常适合高维模型，这一点得到了研究人员和从业者的关注和支持。其次，尽管标准蒙特卡罗方法并不能应用于美式期权，近几年这一方法被成功地推广至这些资产。由于许多固定收益证券具有提前行权的特点，因此为它们定价几乎总是要用到数值技术，将蒙特卡罗方法扩展到美式期权对于实务界人士非常有价值。此外，蒙特卡罗方法可以处理路径依赖的收益[比如所谓的回望期权(look back options)]和相关的随机过程非扩散过程（如第 10 章所考察的 Heath-Jarrow-Morton 类）的模型。该方法的主要问题就是计算时间太长，这是因为为了得到准确的价格近似，需要模拟大量的样本路径，但是，我们也有不同的方法来加速计算。

我们将首先描述这一基本方法及其在一些动态期限结构模型中的应用。然后，讨论提高所产生的近似价格的精确度的各种方法。我们给出了一些关于单因子 CIR 模型的数值结果。最后简单地介绍了向美式期权的扩展。有关蒙特卡罗及其在金融领域中的应用，请有兴趣的读者参考 Glasserman(2003)以及 Asmussen 和 Glynn(2007)的著作，进一步的参考如下。

16.3.1 基本知识

假如想要知道随机变量 x 的函数 F 的期望，也就是 $E[F(x)]$，但是不能明确地计算。通过计算一些随机变量的一些样本 x^1，…，x^M，可以用简单平均

$$\mathrm{E}[F(x)] \approx \bar{F}_M \equiv \frac{1}{M}\sum_{m=1}^{M} F(x^m) \tag{16.21}$$

近似这一期望。直觉上理解，只有当样本的分布能代表随机变量 x 的真正的分布时，这才是一个好的近似，这通常要求 M 取较大的值。在此，x 可能是随机过程(x_t)在给定时间的取值，如 T，此时，随机过程的动态特征已经已知。对于一个动态特征为

$$dx_t = \mu(x_t, t)dt + \sigma(x_t, t)dz \tag{16.22}$$

的扩散过程，x_T 的确切分布只是对某些函数 μ 和 σ 是已知的。如果 x_T 确切的分布是未知的，那么模拟结束于 x_T 的全部路径是必要的。

样本路径的生成涉及了将相关的时间区间，如$[0, T]$分割成长度为 Δt 的子区间，并为从 x_t 计算 $x_{t+\Delta t}$ 以及这一子区间上的对过程的随机冲击 $z_{t+\Delta t} - z_t$ 的样本值建立迭代程序。在这样的程序中，最简单的做法就是建立在上一动态特征的基础之上的欧拉近似，也就是

$$x_t + \Delta t = x_t + \mu(x_t, t)\Delta t + \sigma(x_t, t)\varepsilon\sqrt{\Delta t} \tag{16.23}$$

其中 ε 是一个来自标准正态分布 $N(0, 1)$的样本值，并且 $\varepsilon\sqrt{\Delta t}$ 有与 $z_{t+\Delta t} - z_t$ 相同的分布。按照一个时间步一个时间步向前迭代，利用 ε 的独立样本值，将产生(x_t)的一个样本路径(的一个近似)，特别地，x_T 的一个样本值以及相关的函数值 $F(x_T)$。在重复这一程序 M 次后，就可以计算式(16.21)中的近似。注意，F 可以是路径依赖的，也就是依赖于过程(x_t)在不同时间点的取值。无论怎样模拟整个样本路径，都不会使得过程变得过于复杂。

正如第 4 章所解释且在贯穿于本书之中的，金融资产的无套利价格等于该资产在相应的风险调整概率测度之下、经过相应的贴现的收益的期望值。蒙特卡罗方法因此可以直接应用于金融资产定价。让我们在一个单因子扩散模型中来说明这一思想，在该模型中，短期利率的动态特征形如

$$dr_t = \mu^{\mathbb{Q}}(r_t, t)dt + \beta(r_t, t)dz_t^{\mathbb{Q}} \tag{16.24}$$

在此，$z^{\mathbb{Q}} = (z_t^{\mathbb{Q}})$风险中性概率测度$\mathbb{Q}$下的一个一维的标准布朗运动。假设我们想要给一个在时间 T 具有由某个函数 H 所给出的收益 $H(r_T)$的资产进行定价。那么可以知道 t 时刻它的价格 P_t 由

$$P_t = \mathrm{E}_t^{\mathbb{Q}}[e^{-\int_t^T r_u du} H(r_T)] \tag{16.25}$$

给出。这一思想就是从它们的联合$\mathbb{Q}$分布中生成 r_T 和 $I_T = \int_t^T r_u du$ 的 M 个样本。令 r_T^m 和 I_T^m 表示第 m 个样本的取值，其中 $m = 1, 2, \cdots, M$。因此，该价格的蒙特卡罗近似是

$$P_t \approx P_t^{\mathrm{MC}} \equiv \frac{1}{M}\sum_{m=1}^{M} e^{-I_T^m} H(r_T^m) \tag{16.26}$$

样本(r_T^m, I_T^m)是怎样生成的？在一些模型中，短期利率过程是如此简单，因此 r_T 和 I_T 的$\mathbb{Q}$联合分布是已知的，可以从该分布直接抽取样本。更一般地，联合分布为未知，因此有必要模拟短期利率的整个样本路径，例如，根据欧拉近似方法有

$$r_t + \Delta t = r_t + \mu^{\mathbb{Q}}(r_t, t)\Delta t + \beta(r_t, t)\varepsilon\sqrt{\Delta t} \tag{16.27}$$

时间区间$[t, T]$被分割成 N 个由时间点 $t_n = t + n\Delta t$, $n = 0, 1, \cdots, N$ 所确定的长度为 Δt 的子区间。特别地，$t_N = T$ 和 $N = (T - t)/\Delta t$。现在可以通过迭代计算

$$r_{t_{n+1}}^{m}=r_{t_n}^{m}+\mu^{\mathbb{Q}}(r_{t_n}^{m},\ t_n)\Delta t+\beta(r_{t_n}^{m},\ t_n)\varepsilon_{n+1}^{m}\sqrt{\Delta t},\ n=0,\ 1,\ \cdots,\ N-1 \quad (16.28)$$

$m=1, 2, \cdots, M$，生成短期利率过程的 M 条离散的样本路径。在此，$M \cdot N$ 个不同的 ε_n^m 值抽取自标准正态分布。特别地，给出一个短期利率终值 r_T^m 的样本，可以用简单的求和 $I_T^m=\sum_{n=0}^{N-1} r_{t_n}^m \Delta t$ 近似式(16.25)中的积分。再次，可以用式(16.26)得到价格的近似。

在编程语言中，蒙特卡罗模拟的实施经常使用“从 $m=1$ 到 M 执行”这样的算法，这样的话，当有新增的样本生成的时候，式(16.26)中的和就会迭代地更新。正如稍后讨论的，M 的一个大取值(在很多情况下为 10 000 或更高)才能得到价格的一个好的近似。原则上，所有的计算都可以在一个简单的运算表中完成，例如，在运算表中同时生成 M 行 N 列的所有条路径，但是当 M 非常大时，这就变得不可行而且非常耗时。

如果你想用蒙特卡罗模拟去近似几个仅仅依赖于短期利率过程的不同资产的价格，你可以对所有这些资产使用相同的模拟短期利率路径组合。因为这样做无需储存路径以备后用，所以同时为这些资产定价计算效率更高。当给定的短期利率路径生成时，如路径 m，于是每一资产的(贴现)收益可以计算出来并加到式(16.26)的和中去。然后，可以移动到路径 $m+1$。

正如在前面几章所看到的一样，有时变换计价物以及相应的改变测度使得所考查的资产的价格表示为

$$P_t=S_t \mathrm{E}_t^{\mathbb{Q}^S}\left[\frac{H(r_T)}{S(r_T)}\right]$$

的形式是有利的，在此，$S=(S_t)$ 为计价物资产的价格过程，$\mathbb{Q}^S$ 是相关的风险调整概率测度。在此，我们已经假设计价物和资产的定价完全依赖于短期利率。一个基于蒙特卡洛的近似价格 P_t 现在涉及在与 $\mathbb{Q}^S$ 动态特征

$$\mathrm{d}r_t=\mu^{\mathbb{Q}^S}(r_t,\ t)\mathrm{d}t+\beta(r_t,\ t)\mathrm{d}z_t^{\mathbb{Q}^S}$$

相对应的 $\mathbb{Q}^S$—测度之下抽取 r_T，这再次使得模拟短期利率的整个样本路径变得必要。

在这一情况下，只需要抽取短期利率终值即可，无需抽取积分 $\int_t^T r_u \mathrm{d}u$。无论是所要定价的资产的收益函数，还是计价物的终值，两者都可以依赖短期利率的整个路径。回想一下，风险中性测度 $\mathbb{Q}$ 之下的定价只是银行账户余额作为计价物的一种特殊情况，也就是 $S_t=\exp(\int_0^t r_u \mathrm{d}u)$，这显然是路径依赖的。尽管蒙特卡洛模拟可以用式(16.26)为所有利率依赖的资产进行定价，也不能无视改变计价物所带来的计算简化的好处。

在高斯模型中，$I_T=\int_t^T r_u \mathrm{d}u$ 和 r_T 的联合风险中性分布，或者说短期利率 r_T 在另一个相关的测度 $\mathbb{Q}^S$ 之下的分布是已知的，因此，只要为相同日期 T 到期的资产进行定价，就不需要在 $[t,\ T]$ 模拟整个短期利率路径。但是，如果所要定价的各种资产具有不同的到期日，那么模拟一个 M 条直到最近的到期日的路径的集合，并用其给所有资产定价的计算效率高于为每一个到期日模拟一条路径或每一资产模拟一条路径的计算效率。使用蒙特卡罗方法很容易花费大量的时间，所以在开始计算机实施时，我们需要仔细考虑到底需要哪些信息，怎样设计最佳的算法。

蒙特卡洛方法可以很容易扩展到基础的不确定性是由多维标准布朗运动的情形。假设式(16.22)中的 z 的维度是 d。那么欧拉近似式(16.23)中的 ε 同样具有维度 d，也就是说 ε 应当抽取自 d 维的标准正态分布，这只是一个从一维的标准正态分布中独立抽取的样本所构成的向量。工作量的增加基本与问题的维度呈线性关系，而与此形成对照的是，在有限差分中，计算量随格点数的增加而呈指数化增长。所以，当有限差分法实际上不可能处理大于三维的问题时，蒙特卡罗方法却可以应用于解决多维问题。

16.3.2　连续时间过程的近似方法

对连续时间过程的离散时间近似是蒙特卡罗模拟中的重要部分。在上面，由动态特征(16.24)式所规定的短期利率过程由式(16.27)近似。这就是所谓的欧拉近似。对于一些连续时间过程，很容易想到更好的近似方法，这将有助于得到更精确的价格近似。作为第一个例子，考察一个在第 3.8.2 节中介绍过的，并用于单因子 Vasicek 模型中的 OU 过程，在该模型中，短期利率具有风险中性的动态特征

$$dr_t = \kappa[\hat{\theta} - r_t]dt + \beta dz_t^{\mathbb{Q}}$$

见式(7.35)。在此，未来短期利率的确切风险中性分布是众所周知的，

$$r_{t+\Delta t} \mid r_t \sim N\left(\hat{\theta} + (r_t - \hat{\theta})e^{-\kappa\Delta t},\ \frac{\beta^2}{2\kappa}(1 - e^{-2\kappa\Delta t})\right)$$

等价的，可以记

$$r_{t+\Delta t} = e^{-\kappa\Delta t}r_t + \theta(1 - e^{-\kappa\Delta t}) + \varepsilon\beta\sqrt{\frac{1}{2\kappa}(1 - e^{-2\kappa\Delta t})} \tag{16.29}$$

在此，$\varepsilon \sim N(0, 1)$。相反，通过使用式(16.27)，得到近似

$$r_{t+\Delta t} = r_t + \kappa(\hat{\theta} - r_t)\Delta t + \beta\varepsilon\sqrt{\Delta t} = (1 - \kappa\Delta t)r_t + \kappa\hat{\theta}\Delta t + \beta\varepsilon\sqrt{\Delta t} \tag{16.30}$$

这同样可以得到服从正态分布的 $r_{t+\Delta t}$，但其方差和均值是错误的。注意欧拉近似式(16.30)可以视为对精确关系式(16.29)中的指数项应用一阶泰勒近似 $e^x \approx 1 + x$。当 Δt 很小时，两种递归方法的差异也会很小，但是，当 Δt 很小时，所需要的时间步和所要抽取的随机变量越多，这将导致计算时间的增加。在任何情况下，人们可能使用精确关系式(16.29)而不是欧拉近似式(16.30)，因为每一时间步的计算是相似的。

作为另一个例子，我们考察一个动态特征为

$$dx_t = \mu x_t dt + \sigma x_t dz_t$$

的几何布朗运动 $x = (x_t)$，其中 $z = (z_t)$ 是一个相关定价测度之下的标准布朗运动。在此，欧拉近似是

$$x_{t+\Delta t} = x_t + \mu x_t \Delta t + \sigma x_t \varepsilon\sqrt{\Delta t} \tag{16.31}$$

其中 $\varepsilon \sim N(0, 1)$。与对任何其他过程一样，欧拉近似使得 $x_{t+\Delta t}$ 服从以 x_t 为条件的正态分

布。然而，精确解意味着

$$x_{t+\Delta t}=x_t\exp\left\{\left(\mu-\frac{1}{2}\sigma^2\right)\Delta t+\sigma(z_{t+\Delta t}-z_t)\right\}$$

见第 3.8.1 节，因此模拟应当使用

$$x_{t+\Delta t}=x_t\exp\left\{\left(\mu-\frac{1}{2}\sigma^2\right)\Delta t+\sigma\varepsilon\sqrt{\Delta t}\right\} \tag{16.32}$$

关系式(16.32)产生开了一个正确的对数正态分布。不仅仅是式(16.32)比式(16.31)更精确，欧拉近似式(16.31)还有带来负的 x 值得风险，尽管连续时间过程保持非负。如果 x_t 接近于零，如果抽取的 ε 取很小的负值，很有可能真的造成 $x_{t+\Delta t}$ 为负。精确离散化式(16.32)避免了 x 取负值的情况。几何布朗运动常用于股票价格的建模，同时也用于第 11 章中所研究的利率顶、利率底以及互换期权。

另一个常用的随机过程是第 3.8.3 节所介绍的平方根过程。例如，在 7.5 节的 CIR 模型中，短期利率被假定在真实世界概率测度和风险中性概率测度下(在两个测度下 κ 和 θ 取不同值)具有如下动态特征

$$\mathrm{d}r_t=\kappa(\theta-r_t)\mathrm{d}t+\beta\sqrt{r_t}\,\mathrm{d}z_t \tag{16.33}$$

回想一下，短期利率的未来值服从非中心 χ^2—分布。但是 Brute Force 欧拉近似为

$$r_{t+\Delta t}=r_t+\kappa(\theta-r_t)\Delta t+\beta\sqrt{r_t}\,\varepsilon\sqrt{\Delta t}$$

这再次意味着 $r_{r+\Delta t}$ 服从以 r_t 为条件的正态分布。特别地，欧拉近似有得到负利率的风险，这与最初的平方根过程并不一致，此外，将导致下一步计算平方根的步骤无法进行，因此，这一模拟过程不是定义明确的。这里有各种临时性的修复措施。将平方根项稍做调整，

$$r_{t+\Delta t}=r_t+\kappa(\theta-r_t)\Delta t+\beta\sqrt{\max(r_t,\ 0)}\,\varepsilon\sqrt{\Delta t} \tag{16.34}$$

就能实施这一程序，但是仍然能碰到负的利率。可以通过使用

$$r_{t+\Delta t}=\max(0,\ r_t+\kappa(\theta-r_t)\Delta t+\beta\sqrt{r_t}\,\varepsilon\sqrt{\Delta t}) \tag{16.35}$$

避免负利率，或引入绝对值

$$r_{t+\Delta t}=\left|\ r_t+\kappa(\theta-r_t)\Delta t+\beta\sqrt{r_t}\,\varepsilon\sqrt{\Delta t}\ \right| \tag{16.36}$$

无论是采用三种方法中的哪一种，我们都丢失了 $r_{t+\Delta t}$ 的正确分布和矩。

实际上，我们可以通过平方根过程的精确非中心 χ^2—分布的方式模拟 $r_{t+\Delta t}$。但是这非常耗时并且涉及从中心 χ^2—分布和泊松分布中取样的问题，这与我们所讨论的其他模拟中只需从标准正态分布取样更为复杂。Glasserman(2003，第 3.4 节)详细地描述了精确模拟过程。Andersen(2008)介绍了两个具有中等程度复杂性的另类模拟方法，与上面所概括的更为简单的备选方法相比，这些方法在他的数值检验中表现良好。对于涉及平方根过程的小规模模拟而言，高精度高计算速度并不是特别重要，由式(16.34)—式(16.36)所给出的粗糙的模拟程序也能很好地完成工作，见后面的第 16.3.6 节。

16.3.3 服从正态分布的随机数

上面给出的蒙特卡罗模拟方法要求从标准正态分布 $N(0, 1)$中抽取(或取样)一序列独立的样本值。一些运算表应用、编程环境以及其他的软件工具可能有内置的程序生成这样的序列,但是并不是所有的序列都具有好的质量,也就是说利用这些程序生成一些抽取值,但是这些样本值的分布可能完全不同于标准正态分布。如果喜欢的计算机工具没有内置的正态随机数生成器,或者不信任它所形成的结果,都可以通过从单位区间的均匀分布,一个我们将其记为$U[0, 1]$的分布的抽取值进行转换而生成来自 $N(0, 1)$的抽取值。大多数用于金融应用的计算机工具具有内置的$U[0, 1]$分布随机数生成器,但是,生成这些抽取值的算法也可以很容易地应用在编程环境中,例如,可见 Press、Teukolsky、Vetterling 和 Flannery(2007,第7章)。

这里有几种将来自均匀分布 $U[0, 1]$的独立抽取转换为来自正态分布 $N(0, 1)$的独立抽取的方法。一个流行的选择是所谓的 Box-Muller 转换,这一方法由 Box 和 Muller(1958)提出。给定两个来自均匀分布 $U[0, 1]$的抽取 U_1 和 U_2,由

$$\varepsilon_1 = \sqrt{-2\ln U_1}\cos(2\pi U_2),\ \varepsilon_2 = \sqrt{-2\ln U_1}\sin(2\pi U_2)$$

规定的 ε_1 和 ε_2 是来自标准正态分布的两个抽取值。另一个方法就是将来自 $U[0, 1]$的抽取 U 通过

$$\varepsilon = N^{-1}(U)$$

转换为来自 $N(0, 1)$分布的抽取,其中 $N^{-1}(\cdot)$表示标准正态分布的概率分布函数 $N(\cdot)$的反函数,也就是 $N(x) = \int_{-\infty}^{x} \frac{1}{\sqrt{2\pi}} \exp(-z^2/2)\mathrm{d}z$。这由$\mathbb{P}(\varepsilon < a) = \mathbb{P}(N^{-1}(U) < a) = \mathbb{P}(U < N(a)) = N(a)$这一事实所得出。当然,这一方法要求求出正态分布反函数 $N^{-1}(\cdot)$,但这一函数没有封闭表达式。再次,一些运算表工具(如微软的 Excel)具有计算正态分布的逆的算法,但是算法的精度对于用户而言是未知的,且计算的时间比使用 Box-Muller 方法更多①。

16.3.4 风险指标

除了对资产的价格之外,交易员和分析师同时也对不同的风险指标,例如,价格对状态变量的微小改变或重要参数的敏感性,非常感兴趣。举例来说,在单因子扩散模型中,我们在第

① 这里有一些金融教科书中提到的另一种方法。给定 12 个独立抽取自均匀分布 $U[0, 1]$的样本 $U_1, \cdots, U_{12}$,变量

$$\varepsilon = \left(\sum_{i=1}^{12} U_i\right) - 6$$

可以代表一个抽取自 $N(0, 1)$分布的样本。每一个 U_i 具有均值为 0 和方差 1/12,所以将具有正确的前两阶矩,即均值为 0,方差为 1。但是,显然 ε 只能在区间$(-6, 6)$取值,尽管从 $N(0, 1)$分布中取样落在这一区间之外的概率非常小,因此它不服从正态分布。与此相反,Box-Muller 转换产生来自正确分布的样本。此外,Box-Muller 转换因为可以从两个均匀分布中得到两个正态变量而显得更简约,而上面的备选方法只能从 12 个均匀分布中得到一个正态变量。

12.3 节中定义并讨论的久期和凸性指标就包含了与固定收益资产的市场风险相关的重要信息。假定资产的价格是短期利率和时间的函数 $B(r, t)$，比较式(12.3)和式(12.4)，那么久期 $D(r, t)$和凸性 $K(r, t)$被定义为

$$D(r, t)=-\frac{1}{B(r, t)} \frac{\partial B}{\partial r}(r, t), K(r, t)=\frac{1}{2B(r, t)} \frac{\partial^2 B}{\partial r^2}(r, t)$$

现在我们应当很清楚怎样在相应的定价测度下利用短期利率过程的蒙特卡罗模拟近似价格 $B(r, t)$。由于用于计算价格的所有路径的初始值等于当前短期利率 r，它们并不包括资产在稍许不同的当前短期利率水平上的价格信息，这就需要用相应的导数$\frac{\partial B}{\partial r}(r, t)$和$\frac{\partial^2 B}{\partial r^2}(r, t)$来进行近似。因此，我们需要进行额外的模拟。

正如在第 16.2 节开发有限差分技术时所解释的，在近似一阶导数时，我们可以用向上的单侧差分式(16.3)，向下的单侧差分式(16.4)或者更精确的中间差分式(16.5)。用当前的符号，中央差分为

$$\frac{\partial B}{\partial r}(r, t) \approx \frac{B(r+\Delta t, t)-B(r-\Delta r, t)}{2\Delta r}$$

在此，$\Delta r>0$ 表示对当前短期利率的一个微小的偏离。因此，必须计算 $B(r+\Delta r, t)$ 和 $B(r-\Delta r, t)$ 的蒙特卡罗估计。然后，同样得到计算二阶导数

$$\frac{\partial^2 B}{\partial r^2}(r, t) \approx \frac{B(r+\Delta r, t)-2B(r, t)+B(r-\Delta r, t)}{(\Delta r)^2}$$

的必要取值，见式(16.6)。出于这一目的，有必要模拟一组初始值为 $r+\Delta r$ 的新路径和一组初始值为 $r-\Delta r$ 的新路径。但是，为了降低近似$\partial B/\partial r$(降低计算时间)的潜在偏差，在生产三组具有不同的初始利率 r，$r+\Delta r$，$r-\Delta r$ 的短期利率路径时，在式(16.28)中需要使用完全相同的随机数序列的抽取值，例如 ε_n^m，$m=1, \cdots, M$，$n=1, \cdots, N$。由于某种原因，模拟可能是有偏的，例如上偏，即价格近似 $B^{MC}(r, t)$超过真实价格(但一般而言处于未知的价格)$B^{MC}(r, t)$，因此有可能价格近似 $B^{MC}(r+\Delta r, t)$[相应地，$B^{MC}(r-\Delta r, t)$]将超过真实价格 $B(r+\Delta r, t)$[相应地，$B(r-\Delta r, t)$]几乎同样的金额。因此，对$\partial B/\partial r$ 和$\partial^2 B/\partial r^2$ 的近似实际上是无偏的。为了避免储存大量的随机数，对 $B(r, t)$，$B(r+\Delta r, t)$，$B(r-\Delta r, t)$等三个价格的蒙特卡罗近似应当同时计算，因此，对于任何 $m=1, \cdots, M$，与三个不同初始值对应而生成的三条不同短期利率路径使用相同的随机数序列 $\varepsilon_1^m, \cdots, \varepsilon_N^m$。

针对任何给定模型参数的价格敏感性都可以用相似的方法计算。例如，在 Vasicek 模型中，可以通过两个价格的蒙特卡罗近似估计一项具体资产的价格对于短期利率波动率参数围绕 β 波动时的敏感性。两个价格近似中一个是基于使用利率波动率 $\beta+\Delta\beta$ 模拟的路径，另一个是使用利率波动率为 $\beta-\Delta\beta$ 模拟的路径，在此 $\Delta\beta$ 为正且(与 β 相比)微小。于是可以与上面近似$\partial B/\partial r$ 相同的方式近似价格对 β 的导数。再次，当我们计算这两个价格近似时，应当使用相同的随机数序列 ε_n^m。

蒙特卡罗模拟同样适用于实践中风险管理的其他风险指标的估计，例如，所谓的在险值(VaR)指标。特定资产组合的 VaR 被定义成一个门槛损失，组合在事先确定的时间跨度内

的损失只以预先确定的概率(通常取 1%或 5%)超过这一门槛。很显然,VaR 由具体的时间跨度末的组合价值的概率分布所确定。对影响组合价值的不确定因素的蒙特卡罗模拟可以得到对其分布的近似。VaR 可以从所估计的分布的较低的尾部估计出来。蒙特卡罗模拟方法用于定价建立在用平均值作为某些分布下的期望的近似的基础之上。应当注意到,尾部概率远比均值更难进行精确的估计。再次,我们建议读者参考 Asmussen 和 Glynn(2007)以及 Glasserman(2003),以获取更多信息。

16.3.5 精度与改善

蒙特卡罗模拟所得到的价格(和风险指标)只是实际的,通常也是未知的价格的近似,因此,一个有意思的问题是,这些近似的精度怎样。考察近似

$$\bar{F} \equiv \mathrm{E}_t[F_T] \approx \bar{F}_M \equiv \frac{1}{M}\sum_{m=1}^{M} F_T^m$$

其中 F_T 的实现依赖于基础随机过程 x 在 T 时刻的取值(也许还依赖于更早的取值)。每一个 m 对应于 x_T 的一个样本(也许是相关的更早的取值),F_T^m 表示 F_T 相关的实现。假设每一 F_T^m 是 F_T 的一个无偏估计。那么平均值 $(1/M)\sum_m F_T^m$ 确实就是期望最好的估计。假定 $\mathrm{Var}_t[F_T^m]=\sigma_F^2<\infty$。那么根据中心极限定理,当 $M\to\infty$ 时,$\sqrt{M}(\bar{F}_M-\bar{F})$ 将依分布收敛于正态分布 $N(0,\sigma_F^2)$。因此,对于大的 M,近似误差 $\bar{F}_M-\bar{F}$ 大致服从分布 $N(0,\sigma_F^2/M)$。特别地,真实的 F 的 95%置信区间由

$$\left[\bar{F}_M - 1.96\frac{\sigma_F}{\sqrt{M}},\ \bar{F}_M - 1.96\frac{\sigma_F}{\sqrt{M}}\right]$$

给出,其中真实的标准差 σ_F 在实践中必须由样本标准差,即

$$\hat{\sigma}_F = \sqrt{\frac{1}{M-1}\sum_{m=1}^{M}(F_T^m-\bar{F}_M)^2} = \sqrt{\frac{1}{M-1}\sum_{m=1}^{M}(F_T^m)^2 - \frac{M}{M-1}(\bar{F}_M)^2}$$

所替换。这些结果给出了样本数量 M 和期望的蒙特卡罗近似的精度之间的大致联系。为了使得近似的精度翻倍,也就是为了得到近似误差的标准差 $\sigma_F/\sqrt{M}$,我们必须将样本数提高 4 倍。为了将精度提高 10 倍(获得更高位数的精度),我们必须将样本数增加到 100 倍。由于计算蒙特卡罗模拟所要花费的时间大致与 M 成正比,因此从计算时间的角度看,获得高精度的成本是高昂的。

并不能总是确保模拟的终值 F_T^m 是真实未知值的无偏估计。正如上面所讨论的,如果基础过程 x 是高斯过程或者相对简单的话,有时可以保证模拟值抽取自精确分布。但是,一般而言,连续时间过程必须以某种并不复制精确分布的方式进行离散化。结果值 F_T^m 可能因此而有偏。当离散化期间的数量,也就是前面所介绍的符号 N 所表示的区间数趋向于无穷时,大多数离散化方法都能得到正确的分布。在这些情况下,同样需要高的 N 以获得高的精度,但是这同样也增加了计算时间。但是,实验性的经验表明,对于金融模型中常用的扩散过程而言,一个非常低的 N(比方说,对应于 10—100 个时间步每年)就可以为标准的金融资产得到一个满意的精度,至少当 M 足够高时是如此。在任何具体的情况下,我们建议实验不同的

N 和 M 的取值，这样可以获得一个可以接受的精度以及可以接受的计算时间。

上面的讨论促使我们寻求降低方差的技术，而在蒙特卡罗模拟在金融领域的应用中，各种降低方差的技术被提出并得到应用。我们将只做简单介绍，如需了解更多的细节，读者应当咨询 Glasserman(2003，第 4 章)和其中的文献。

1. 控制变量

假设如式(16.21)一样使用蒙特卡罗模拟估计一个期望，

$$\mathrm{E}[F] \approx \bar{F}_M \equiv \frac{1}{M}\sum_{m=1}^{M} F^m$$

在有些情况下，可以使用封闭的形式计算依赖于具有与 F 相同的基础不确定性的一个不同随机变量 G 的期望，也就是，知道 $\mathrm{E}[G]$的精确值。通过计算同一期望的蒙特卡罗近似 $\bar{G}_M$，可以观察到近似误差 $\bar{G}_M - \mathrm{E}(G)$。这一信息通常在估计 $\mathrm{E}[F]$的近似误差时有用，因而可以得到更好的近似。为了了解这是如何产生作用的，令 b 为某些常数，并且定义 $\mathrm{E}[F]$的一个经调整的蒙特卡罗估计为

$$\bar{F}_M(b) = \bar{F}_M - b(\bar{G}_M - \mathrm{E}[G])$$

这基本上就是假设 F 的蒙特卡罗误差等于 b 乘以 G 的蒙特卡罗误差。等价地，我们能够将每一样本值 F^m 调整为

$$F^m(b) = F^m - b(G^m - \mathrm{E}[G])$$

然后取平均值

$$\begin{aligned}\frac{1}{M}\sum_{m=1}^{M} F^m(b) &= \frac{1}{M}\sum_{m=1}^{M}(F^m - b(G^m - \mathrm{E}[G])) \\ &= \frac{1}{M}\sum_{m=1}^{M} F^m - b\left(\frac{1}{M}\sum_{m=1}^{M} G^m - \mathrm{E}[G]\right) = \bar{F}_M(b)\end{aligned}$$

这将得到相同的估计。G 被称为(F)的一个控制变量。

做出这一调整的目的是为了确保经过调整的 $F^m(b)$值的方差低于原来的 F^m 值的方差，使得经过调整的平均值 $\bar{F}_M(b)$比原来的 $\bar{F}_M$ 更精确。任何调整值 $F(b) = F^m(b)$的方差为

$$\mathrm{Var}[F(b)] = \mathrm{Var}[F - b(G - \mathrm{E}[G])] = \mathrm{Var}[F] + b^2\mathrm{Var}[G] - 2b\mathrm{Cov}[F, G]$$

当 b 等于

$$b^* \equiv \frac{\mathrm{Cov}[F, G]}{\mathrm{Var}[G]} = \rho[F, G]\frac{\sigma[F]}{\sigma[G]} \tag{16.37}$$

时，方差值最小，这就规定了最优的调整蒙特卡罗估计 $\bar{F}_M(b^*)$。并不奇怪，最优的调整依赖于 F 和 G 之间的相关性。最优调整估计的方差为

$$\mathrm{Var}[F(b^*)] = (1 - \rho[F, G]^2)\mathrm{Var}[F] \tag{16.38}$$

见练习 16.4。因此，相关系数的平方决定了方差缩减的程度。± 0.95 的相关系数能够大致

将方差缩减 90%，而±0.7 的相关系数大概可以降低方差 50%。回想一下，如果只是通过增加样本数 M 将方差缩减 90%(或 50%)，要求的样本数将增加 10(或 4)倍，计算需要的时间的增加也是如此。控制变量技术只需增加少量的计算时间就可以实现相同的方差缩减①。

在实践中，$\sigma[F]$和$\rho[F, G]$(甚至$\sigma[G]$)为未知，但是它们可以从模拟样本中估计出来并得到 b^*，

$$\hat{b}_M = \frac{\sum_{m=1}^{M} F^m G^m - M\bar{F}_M \bar{G}_M}{\sum_{m=1}^{M} (G^m)^2 - M(\bar{G}_M)^2}$$

这随之被用于调整中，也就是经过调整的蒙特卡罗模拟 $\mathrm{E}[F]$是 $\bar{F}_M - \hat{b}_M(\bar{G}_M - \mathrm{E}[G])$，其中 $\bar{F}_M$，$\bar{G}_M$ 以及 $\hat{b}_M$ 都从模拟样本计算得到。

通过识别一个价格可以封闭计算的资产，控制变量技术可以用于改善资产价格的蒙特卡罗近似。如果想为一个衍生资产定价，标的资产自身经常是一个很好的、易于实现的控制变量。在许多动态期限结构模型中，债券的价格是已知的封闭形式，因此它可以用作各种衍生证券的控制变量。这就与第 9 章所讨论的将模型根据所观察到的债券价格校准的思想联系起来了：如果基础资产不能进行正确的定价，我们怎么能够信任所计算的衍生证券的价格？另外，对于具体的衍生证券，有可能找到一个相关的、可以封闭定价的衍生证券。

在上面，控制变量是同一模型中不同资产的价格，但是我们也可以利用同一资产在不同模型中的价格，即它是通过嵌套真正关心的模型的模型。例如，在一个期限结构的两因子扩散模型中(如短期利率具有随机波动率的模型)，不能为各种固定收益资产进行封闭定价，但是，如果通过假设第二个因子为常数而关闭一个不确定性的来源，就可能推导出一个显式的定价表达式。因此，当用蒙特卡罗方法计算同一资产在一般模型中的价格时，可以在简单模型中使用这样的资产的价格作为控制变量。当然，这种简单模型中基于模拟的价格近似将只涉及第一个因子的样本，因此它不太可能导致方差出现戏剧性的降低。但是，应该明白，即便是适度的方差缩减至少，也不会额外计算成本。

原则上，控制变量方法可与蒙特卡罗模拟之外的数值方法结合。如果用有限差分方法计算一项资产的价格 F^{num}，很容易失去真正的未知价格 F^{exact}。但是，可以找到一项相关的资产，该项资产有一个精确价格 G^{exact}，因此用同一有限差分格子对该项资产定价就可以得到一个数值定价误差的观察值 $G^{\mathrm{num}} - G^{\mathrm{exact}}$。如果知道式(16.37)中所给出的相应的 b^* 值，就可以基于第一项资产的价格调整有限差分而得到更精确的近似

$$\tilde{F} = F^{\mathrm{num}} - b^*(G^{\mathrm{num}} - G^{\mathrm{exact}})$$

但是 b^* 一般是未知的——与蒙特卡罗模拟相反——有限差分法无法产生 b^* 的估计值。如果两项资产接近于完美正相关，用 b^* 应用上述调整可能得到比有限差分算法所得到的未经调整的价格 F^{num} 更好的价格近似，但是我们不能保证这一点。

---

① 有些教科书只描述了控制变量 $b=1$ 的情况，例子可见(Hull，2009，第 19.7 节)，但是除非真实的 b^* 接近于 1，否则在实施控制变量时假设 $b=1$ 是低效率的，甚至可能导致更高的方差。

2. 对偶变量

再次考察一个基本蒙特卡罗近似

$$\mathrm{E}[F(x)] \approx \bar{F}_M \equiv \frac{1}{M}\sum_{m=1}^{M} F(x^m)$$

在此，每一样本 x^m 是建立在独立抽取于标准正态分布的序列，ε_1^m，…，ε_N^m（有时 $N=1$ 就足够）之上。对偶变量技术建立在一个简单观察之上，也就是，当 ε 服从 $N(0, 1)$—分布时，$-\varepsilon$ 同样服从 $N(0, 1)$—分布。应用序列 $-\varepsilon_1^m$，…，$-\varepsilon_N^m$ 而不是原始序列将得到基础随机量 x 的不同样本 $\tilde{x}^m$。对所有 M 样本进行同样的处理，可以计算对偶变量估计量

$$\bar{F}_M^{\mathrm{AV}} \equiv \frac{1}{2M}\Big(\sum_{m=1}^{M} F(x^m) + \sum_{m=1}^{M} F(\tilde{x}^m)\Big) = \frac{1}{M}\sum_{m=1}^{M}\Big(\frac{F(x^m)+F(\tilde{x}^m)}{2}\Big)$$

由于 $F(x^m)$ 和 $F(\tilde{x}^m)$ 不独立，$\bar{F}_M^{\mathrm{AV}}$ 的方差估计以及相应的置信区间不应当从所有 $2M$ 个值 $F(x^1)$，$F(\tilde{x}^1)$，…，$F(x^M)$，$F(\tilde{x}^M)$ 的样本方差中推导。相反，注意到 M 对配对均值

$$\frac{F(x^1)+F(\tilde{x}^1)}{2}, \cdots, \frac{F(x^M)+F(\tilde{x}^M)}{2}$$

是彼此独立的，因此，由它们的样本标准差 $\hat{\sigma}_M^{\mathrm{AV}}$ 可得到真实期望 $\mathrm{E}[F(x)]$ 的 95% 的置信区间为

$$\left[\bar{F}_M^{\mathrm{AV}} - 1.96\frac{\hat{\sigma}_M^{\mathrm{AV}}}{\sqrt{M}}, \bar{F}_M^{\mathrm{AV}} - 1.96\frac{\hat{\sigma}_M^{\mathrm{AV}}}{\sqrt{M}}\right]$$

生成 M 对对偶样本（x^m，$\tilde{x}^m$）比生成 $2M$ 个独立样本 x^1，…，x^{2M} 在计算上稍许简单，置信区间也更窄。对偶变量方法直观上更有吸引力。如果样本值 ε_n^m 因为某些原因是向上有偏，这将导致 $F(x^m)$ 向上有偏，于是，很有可能“对偶样本”$F(\tilde{x}^m)$ 在相反的方向上有偏。总体平均 $\bar{F}_M^{\mathrm{AV}}$ 因此而接近于无偏。

3. 矩匹配

矩匹配的思想就是对从标准正态分布中得到的样本 ε_n^m 进行调整，确保它们事实上有一个为 0 的均值和一个单位样本方差。第一步是生成并储存全部 $M \cdot N$ 个样本 ε_n^m，然后计算样本均值 $\hat{\mu}$ 和样本方差 $\hat{\sigma}^2$，最后用

$$\tilde{\varepsilon}_n^m = \frac{\varepsilon_n^m - \hat{\mu}}{\hat{\sigma}}$$

替换每个 ε_n^m。现在，调整的 $\tilde{\varepsilon}_n^m$ 用在相关的随机过程和随机变量的模拟中。矩匹配具有立竿见影的效果，但是它有两个问题。首先，存储和处理全部 $M \cdot N$ 个样本是非常笨拙、耗时的方法，且对有些计算机的内存形成挑战。其次，由于所有经过调整的 $\tilde{\varepsilon}_n^m$ 经由 $\hat{\mu}$ 和 $\hat{\sigma}$ 联系在一起，它们并不独立，所以标准的收敛结果和置信区间的构造并没有充分的合理性。此外，值得注意的是，对偶技术自动的保证了一阶矩是匹配的。

4. 分层抽样

如果我们从给定分布模拟的样本数 M 较小，样本值的分布与真实分布之间可能存在相当大的差异。例如，当我们从标准正态分布取样时，碰巧或者是因随机数生成器不好，与真实

的分布相比,我们可能会得到更少的极高值和极低值。在有些情况下,例如,为特定的奇异期权定价时,极端值对于资产价值,也就是模拟程序所要估计的期望值,具有很大的影响。分层抽样,宽泛地讲,是一个确保样本分布与真实分布保持一致的方法。

作为一个简单的说明,假设你希望估计期望 $\mathrm{E}[F(x)]$,其中 x 服从标准正态分布。基本的蒙特卡罗方法就是从 $N(0, 1)$分布生成 M 个样本 $x^1, \cdots, x^M$,然后计算 $(1/M)\sum_{m=1}^{m} F(x^m)$。原则上,样本 $x^1, \cdots, x^M$ 可以是任意的实数集。由分层抽样,实数轴被分割成一些区间,如 K 个区间,区间形如 $A_k=(a_{k-1}, a_k]$, $k=1, \cdots, K$,其中 $-\infty \equiv a_0 < a_1 < \cdots < a_K \equiv \infty$。如果 $p_1, \cdots, p_K$ 为总和为 1 的正数,可以规定

$$a_k = N^{-1}(p_1 + \cdots + p_k),\ k=1, \cdots, K-1$$

其中 $N^{-1}(\cdot)$是标准正态分布概率分布函数的反函数。这意味着 x 落于 A_k 的概率由

$$\begin{aligned}\mathbb{P}(x \in A_k) &= \mathbb{P}(a_{k-1} < x \leqslant a_k) = \mathbb{P}(x \leqslant a_k) - \mathbb{P}(x \leqslant a_{k-1}) \\ &= (p_1 + \cdots + p_k) - (p_1 + \cdots + p_{k-1}) = p_k\end{aligned}$$

给出。由贝叶斯法则,有

$$\mathrm{E}[F(x)] = \sum_{k=1}^{K} \mathbb{P}(x \in A_k)\mathrm{E}[F(x) \mid x \in A_k] = \sum_{k=1}^{K} p_k \mathrm{E}[F(x) \mid x \in A_k]$$

如果对于每一 k,从给定 $x \in A_k$ 的 x 的条件分布生成 M_k 个样本 $x^{k1}, \cdots, x^{kM_k}$,可以用

$$\mathrm{E}[F(x) \mid x \in A_k] \approx \frac{1}{M_k}\sum_{m=1}^{M_k} F(x^{km})$$

近似每一个条件期望,于是,分层抽样的蒙特卡罗模拟是

$$\mathrm{E}[F(x)] \approx \sum_{k=1}^{K} \frac{p_k}{M_k} \sum_{m=1}^{M_k} F(x^{km}) \tag{16.39}$$

接下来需要解释的是,给定 $x \in A_k = (a_{k-1}, a_k]$的情况下,怎样从 x 的条件分布生成样本 x^{km}。令 U 抽取自均匀分布 $U(0, 1)$。因此

$$x = N^{-1}(N(a_{k-1}) + [N(a_k) - N(a_{k-1})]U)$$

具有适意的条件分布。这是因为

$$\begin{aligned}\mathbb{P}(x < a) &= \mathbb{P}(N(x) < N(a)) = \mathbb{P}(N(a_{k-1}) + [N(a_k) - N(a_{k-1})]U < N(a)) \\ &= \mathbb{P}\left(U < \frac{N(a) - N(a_{k-1})}{N(a_k) - N(a_{k-1})}\right)\end{aligned}$$

它对于 $a \in (a_{k-1}, a_k]$,等于$[N(a) - N(a_{k-1})]/[N(a_k) - N(a_{k-1})]$,对于 $a \notin (a_{k-1}, a_k]$ 等于 0。

分层造成了所生成的样本之间存在相关性。如果需要某些过程的整个样本路径,则需要尊重标准布朗运动的增量之间的独立性这一客观事实。然而,可以在不同的路径之间分层。关于怎样为分层抽样近似式(16.39)计算方差估计,以及怎样最优地选择子集和其他的相关

问题的更多信息,读者可以参考 Glasserman(2003,第 4.3 节)。

5. 重要性抽样

对一些函数 $F(\cdot)$,如果 F 在某一区域为 0 或很小,那么与其他区域相比,样本 x^1, …, x^M 中的许多可能取值对于估计 $\mathrm{E}[F(x)]$没有多大影响,这意味着宝贵的计算时间被浪费。例如,令 x 表示一个基础资产的价格,$F(x)=\max(x-K, 0)$是执行价为 K 的认购期权的收益。假设认购期权深度价外,即标的资产的初始价格远小于 K。那么很有可能出现大多数的模拟将得到零收益,从而无助于期权价格的估计。重要性抽样的思想就是对期望贡献最多的样本赋予更大的权重。分布被切换到"大多数行动发生"的区域。关于重要性抽样的更多细节和例子,见 Glasserman(2003,第 4.6 节)或相似的材料。

6. 拟蒙特卡罗方法

前面所介绍的方差缩减技术是为了改善从相关不确定性对象,也就是反映基础不确定性的随机变量或随机过程的抽样问题。拟蒙特卡罗方法(也称为低偏差方法)则非常不同。该方法并不试图模仿固有的随机性。它并不从一些分布中抽取随机数,而是使用纯粹的确定性数字序列,有时被称为伪随机数序列,尽管这并不是一个非常贴切的术语。假定目标是计算某个期望 $\mathrm{E}[F(x)]$,其中 x 与 d 个独立的,服从均匀分布 $U(0, 1)$的随机变量有关,例如 $x=h(U_1, \cdots, U_d)$。如果令 $f=F\circ h$ 表示复合函数,那么正在寻找

$$\mathrm{E}[f(U_1, \cdots, U_d)]=\int_{[0,1]^d} f(u)\mathrm{d}u$$

在此,是在一个 d 维的单位多维体$[0, 1]^d$ 上积分。拟蒙特卡罗近似因此是

$$\int_{[0,1]^d} f(u)\mathrm{d}u \approx \frac{1}{N}\sum_{n=1}^{N} f(u_n)$$

其中 $u_1, \cdots, u_N$ 是从多维体$[0, 1]^d$ 中精心且确定性选择的点。通过增加 N 增加选择点,多维体以一种特定的方式被填充。有许多不同的方法选择点序列。Glasserman(2003,第 5 章)给出了对不同方法的概述和比较,并指出所谓的 Sobol 序列对于金融应用是最有效的。拟蒙特卡罗方法与真正的蒙特卡罗方法相比,能潜在地改善近似的收敛率。反过来,涉及真正的随机数的真正蒙特卡罗方法非常直观,对于很多人都可以理解,并且容易在各种软件工具中实施。

16.3.6 在单因子 CIR 模型中的应用

我们将在单因子 CIR 模型中说明蒙特卡罗模拟的一些特征。在单因子 CIR 模型中,短期利率的风险中性动态特征形如式(16.33)。在第 16.2.11 节的有限差分例子中,初始短期利率是 5%,参数值为 $\beta=0.2$, $\kappa=0.3$ 和 $\theta=0.02/0.3\approx 0.0667$,我们的侧重点是为面值为 100 的 5 年期零息债券进行定价。该债券的精确价格为 76.007。图 16.4 显示了短期利率由离散化,式(16.34)所生成的 10 条模拟路径(细的不规则的线)以及短期利率在 10 000 条模拟路径上的平均值(光滑的粗线)。需要注意的是,有些路径轻微降至零以下,正如式(16.34)所解释的一样。

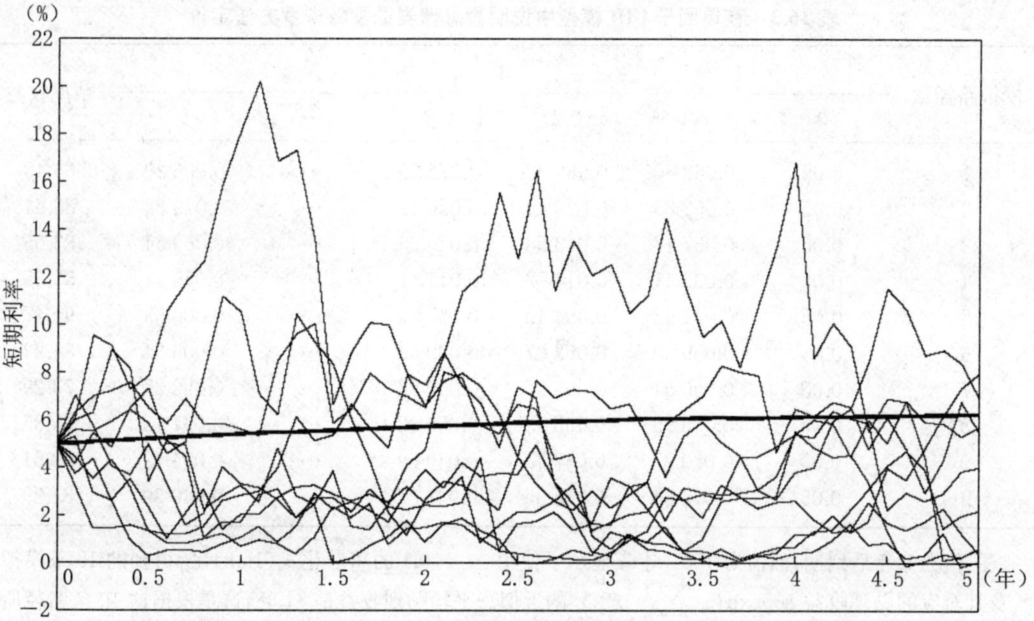

注：十条细线中的每一条都代表了使用 $\Delta t = 0.1$ 年的离散化(16.34)所模拟的短期利率的路径。初始利率为 5%，(风险中性参数)为 $\beta = 0.2$，$\kappa = 0.3$ 以及 $\theta = 0.02/0.3 \approx 0.0667$。粗的曲线显示了 10 000 条模拟路径上的平均短期利率。

图 16.4　在单因子 CIR 模型中蒙特卡罗模拟短期利率

使用前面所介绍的符号，时间 T 到期，具有单位收益的零息债券的价格为

$$B^T(r_t, t) = \mathrm{E}^{\mathbb{Q}}\left[\exp\left\{-\int_t^T r_u \mathrm{d}u\right\}\right] \approx \frac{1}{M}\sum_{m=1}^{M}\exp\left\{-\sum_{n=0}^{N-1} r_{t_n}^m\right\}$$

为了说明这一程序，表 16.3 给出了一部分模拟的短期利率和贴现因子 $\exp\{-\sum_{n=0}^{N-1} r_{t_n}^m\}$，经面值 100 放大，与图 16.4 所显示的 10 条路径放在一起。所选择的 10 条路径的指数贴现因子的均值为 81.58，这与债券的精确价格相去甚远。表 16.4 给出了根据 100，1 000 和 10 000 条模拟路径所估计的 5 年期零息债券价格及其 95%的置信区间，其中 $\Delta t = 0.25$ 和 $\Delta t = 0.1$，不包括对偶变量，而 $\Delta t = 0.1$ 则包括了不包含对偶变量和包含对偶变量两种情况。注意，随着路径条数的增加，价格估计越来越接近精确价格，置信区间也变得更窄。建立在离散间隔 $\Delta t = 0.1$ 基础之上的价格估计比建立在离散间隔 $\Delta t = 0.25$ 基础之上的价格估计更接近精确价格，但是与所增加的将近 $0.25/0.1 = 2.5$ 倍的计算努力相比，这种改善是比较温和的。对于 $\Delta t = 0.1$ 和 $M = 10\,000$，基于对偶变量技术的估计与精确价格非常接近。表 16.4 中的所有置信区间都包括精确价格。

表 16.5 比较了根据式(16.34)、式(16.35)和式(16.36)三种离散化方式进行蒙特卡罗模拟所得到的价格近似。在所有三种情形下，所采用的随机数序列是相同的。在这一试验中，离散化式(16.34)产生了最好的结果。事实上，对于其他两种离散化，精确价格落在根据 10 000 条路径所获得的置信区间之外。

表 16.3　在单因子 CIR 模型中说明零息债券的蒙特卡罗方法定价

模拟路径数	年						贴现收益
	0	0.1	0.2	0.3	…	5	
1	0.05	0.062 80	0.069 88	0.072 25	…	0.006 20	64.45
2	0.05	0.052 85	0.029 49	0.026 42	…	0.079 82	88.64
3	0.05	0.037 47	0.043 58	0.026 25	…	0.069 54	83.05
4	0.05	0.032 41	0.014 72	0.014 61	…	0.055 14	85.35
5	0.05	0.041 62	0.054 42	0.048 57	…	0.000 63	91.47
6	0.05	0.059 80	0.063 07	0.089 53	…	0.006 34	84.23
7	0.05	0.060 54	0.095 35	0.090 98	…	0.022 27	73.29
8	0.05	0.055 75	0.055 43	0.059 32	…	0.057 12	75.35
9	0.05	0.070 27	0.057 48	0.040 69	…	0.004 42	88.61
10	0.05	0.044 54	0.035 35	0.043 37	…	0.040 30	81.39

注：债券 5 年后到期，面值为 100。本表显示了使用 $\Delta t = 0.1$ 的离散化式(16.34)所得到的 10 条模拟路径，及其对应的贴现收益 $100\exp\left\{-\sum_{n=0}^{N-1} r_{t_n}^m\right\}$ 的近似。平均贴现收益是 81.58，这是根据这 10 条路径所得到的债券价格的近似。初始短期利率为 5%，风险中性参数为 $\beta = 0.2$，$\kappa = 0.3$，以及 $\theta = 0.02/0.3 \approx 0.066\,7$。债券的精确价格为 76.007。

表 16.4　面值为 100 的 5 年期零息债券在单因子 CIR 模型中的价格近似

模拟路径数	$\Delta t = 0.25$		$\Delta t = 0.1$		$\Delta t = 0.1$, antithetic	
	价格	95%置信区间	价格	95%置信区间	价格	95%置信区间
100	73.09	[69.93; 76.24]	74.13	[70.94; 77.32]	75.54	[74.65; 76.42]
1 000	76.32	[75.51; 77.13]	76.29	[75.48; 77.10]	75.92	[75.68; 76.15]
10 000	76.20	[75.96; 76.45]	76.12	[75.87; 76.37]	76.02	[75.94; 76.09]

注：本表显示了使用短期利率的离散化式(16.34)所估计出的价格及其 95%的置信区间。初始短期利率为 5%，风险中性参数为 $\beta = 0.2$，$\kappa = 0.3$，以及 $\theta = 0.02/0.3 \approx 0.066\,7$。债券的精确价格为 76.007。

表 16.5　面值为 100 的 5 年期零息债券在单因子 CIR 模型中的价格近似

模拟路径数	离散化(16.34)		离散化(16.35)		离散化(16.36)	
	价格	95%置信区间	价格	95%置信区间	价格	95%置信区间
100	75.54	[74.65; 76.42]	75.44	[74.54; 76.33]	75.32	[74.41; 76.22]
1 000	75.92	[75.68; 76.15]	75.80	[75.56; 76.04]	75.69	[75.45; 75.93]
10 000	76.02	[75.94; 76.09]	75.91	[75.83; 75.98]	75.79	[75.72; 75.87]

注：本表显示了使用短期利率的三种离散化方法。离散化时间步长为 $\Delta t = 0.1$，并应用了对偶变量法。初始短期利率为 5%，风险中性参数为 $\beta = 0.2$，$\kappa = 0.3$，以及 $\theta = 0.02/0.3 \approx 0.066\,7$。债券的精确价格为 76.007。

练习 16.3 要求你在短期利率动态特征由单因子 Vasicek 模型给出的情况下，利用蒙特卡罗方法为债券和债券期权进行定价。

16.3.7 提前行权

上面所介绍的蒙特卡罗定价方法假设所要定价的资产的收益是固定的，且在已知的时点收到。因此，这一方法并不能直接适用于带有提前行权特征的衍生产品，如美式期权（至此，我们也将百慕大期权包括进来）。最初可能会想到一个可行的简单方法：一旦模拟好完整的路径，在该路径上找到使得期权收益最大的点，然后将这一收益贴现到初始日。所有路径的贴现值的平均值似乎是美式期权价格的合理近似。但是，这一估计存在向上的偏差，而且在通常情况下，严重高估了期权的价格。其中的问题在于，在每一条路径上所做出的行权决策都假设了对这一路经的未来部分的完美预测。而实际情况是，当然，在给定时点的行权决策只能依赖于可获得的信息，这意味着依赖于相关变量到决策时间点为止的路径。在给定时间点和给定世界状况时所做出的行权决策建立在对期权立即行权的收益和期权的延续价值之间的比较之上。所谓期权的延续价值，就是期权当前并不行权，而是在未来，包括期权的到期日，最优行权所能获得的收益。延续价值自身也是未来贴现收益的期望，你不能从单一路径来估计估计一个期望。在文献中，有各种包含了提前行权决策的蒙特卡洛方法。在此，我们将介绍最小二乘蒙特卡罗方法（least-squares Monte Carlo）并在随后介绍几个其他方法。需要大量的计算资源是所有这些方法的共同特点。

1. 最小二乘蒙特卡罗

最小二乘蒙特卡罗方法的思想就是从模拟路径的截面数据中运用回归方法估计延续价值。Carriére(1996)、Tsitsiklis 和 Van Roy(2001)，以及 Longstaff 和 Schwartz(2001)，都提出了各种不同的方法，而后者很显然是实务界最受欢迎的方法。关于这些方法的收敛性的理论和实验研究可见 Clément 等(2002)以及 Stentoft(2004a, 2004b)。

这一方法只能处理有限个可能的行权日期，因此，如果期权确实是一个美式期权，这就涉及一个近似问题。在这种情况下，尽管并不必然要求如此，在基础随机过程的离散化结构中的每一个时间步检查是否行权是很自然的做法。如果期权是百慕大期权，随机过程的离散化结构应当确保可能行权的日期与离散化时间点重合，也就是说，对于某些 i，必须有 $t_i = t_0 + i\Delta t$。

令 $T_1 < \cdots < T_k < \cdots < T_K = T$ 表示希望检查行权的未来日期。令 $x = (x_t)$ 表示描述利率和其他状态变量的动态特征的基础随机过程。最后，令 $P(x, t)$ 表示期权在时间 t 的价格。期权的价格因此可以从最后可能的行权日开始递归地确定。在最后的行权日，

$$P(x_{T_K}, T_K) = H(x_{T_K}, T_K)$$

其中 H 是收益关于状态和时间的函数。对于状态变量的一系列取值，收益可以为 0。在每一个更早的可能行权日 T_k，期权的价格满足关系

$$P(x_{T_k}, T_k) = \max\left(H(x_{T_k}, T_k),\ \mathrm{E}^{\mathbb{Q}}_{T_k}\left[\exp\left\{-\int_{T_k}^{T_{k+1}} r(x_u)\mathrm{d}u\right\} P(x_{T_{k+1}}, T_{k+1})\right]\right)$$

其中，$H(x_{T_k}, T_k)$ 是期权在时间 T_k 被行权后所获得的收益。其中

$$C(x_{T_k}, T_k) = \mathrm{E}^{\mathbb{Q}}_{T_k}\left[\exp\left\{-\int_{T_k}^{T_{k+1}} r(x_u)\mathrm{d}u\right\} P(x_{T_{k+1}}, T_{k+1})\right]$$

是期权的延续价值。注意，它涉及了随后的可能行权日的期权价格，并且，因后向的递归结构，这一价格纳入了在所有未来路径上的最佳可能行权决策。向前模拟 x 过程，计算任何日期行权的收益不存在任何问题，但是延续价值依赖于随机过程所有未来的路径。原则上，当我们考察 T_k 时刻行权时，可以模拟一组从 X_{T_k} 开始的路径用于估计延续价值，但是这种情况下，除非行权日期的数目非常小，否则工作量的增加将变得无比巨大①。

在任何潜在行权日 T_k，延续价值是一个当日状态变量值的一个未知函数。最小二乘蒙特卡罗方法假设延续价值是某些用 $\psi_1, \cdots, \psi_L$ 表示的基函数的组合，也就是

$$C(x, T_k) = \sum_{\ell=1}^{L} \beta_\ell^k \psi_\ell(x) = (\beta^k)^\top \psi(x)$$

在此 $\psi(x) = \{\psi_1(x), \cdots, \psi_L(x)\}^\top$ 集合了向量的基函数，以及 $\beta^k = (\beta_1^k, \cdots, \beta_L^k)^\top$ 集合了与之相关的系数。基函数是事先确定的，且通常为状态向量 x 的各种多项式。

我们所面临的挑战就是寻找对应于全部潜在行权日的系数向量的最优值 $\beta^1, \cdots, \beta^{K-1}$。可以按照以下方式处理。模拟状态变量到时间 $T_k = T$，也就是最晚的可能行权日的一组 M 条路径。首先，需要确定倒数第二个潜在行权日 T_{k-1} 所对应的系数向量 β^{K-1}。对于每一路径 m，可以在时间 T_{k-1} 观察到期权是否出于价内，也就是 $H(x_{T_{k-1}}^m, T_{k-1}) > 0$，在这种情况下，提前行权可能是重要的。对于每一条"价内"路径，我们观察到终止日 T_k 的期权价值并将其贴现回时间 T_{k-1}，这就给出了一个观察的延续价值

$$\begin{aligned} C_{K-1}^m &\equiv C^m(x_{T_{K-1}}^m, T_{K-1}) = \exp\left\{-\int_{T_{K-1}}^{T_K} r(x_u^m)\mathrm{d}u\right\} P(x_{T_K}^m, T_K) \\ &= \exp\left\{-\int_{T_{K-1}}^{T_K} r(x_u^m)\mathrm{d}u\right\} H(x_{T_K}^m, T_K) \end{aligned}$$

在有些模型中，短期利率的积分不得不由求和近似。令 $\psi_{K-1}^m = \psi(x_{T_{k-1}}^m)$。选择系数向量 β^{K-1} 使得

$$\sum_m [C_{K-1}^m - (\beta^{K-1})^\top \psi_{K-1}^m]^2$$

最小，这也就是像回归模型

$$C_{K-1}^m = (\beta^{K-1})^\top \psi_{K-1}^m + \varepsilon$$

的系数估计一样。其中 ε 是均值为 0 的残差。令 $\hat{\beta}^{K-1}$ 表示 β^{K-1} 的最小二乘估计。我们所估计的 T_{k-1} 时刻的延续价值作为状态变量的函数因此是

$$\hat{C}(x, T_{K-1}) = (\hat{\beta}^{K-1})^\top \psi(x)$$

注意，只有"价内"的路径用于回归。根据 Longstaff 和 Schwartz(2001)，这样处理提高了方法的准确性。对于 T_{k-1} 时刻的每一"价内"路径 m，在时间 T_{k-1} 决定行权的条件是当且仅当行权收益 $H(x_{T_{k-1}}^m, T_{k-1})$ 超过所估计的延续价值 $\hat{C}(x_{T_{k-1}}^m, T_{k-1})$。在这种情况下，沿着路径 m 在更晚的 T_k 时刻行权的收益已经不相关，这是因为即便路径 m 实现，期权的存续不会超

① 嵌套模拟与 Broadie 和 Glasserman(1997)以及 Broadie 等(1997)所提出的所谓的随机树方法有着紧密的联系。

过 T_{k-1}。我们需要保持对每条路径上所选择的行权日期的追踪。令 τ^m 表示路径 m 上的最优行权日期，当行权决定按照前面所描述的方式做出时。对于每一 $H(x^m_{T_{k-1}}, T_{k-1}) > \hat{C}(x^m_{T_{k-1}}, T_{k-1})$ 的路径，令 $\tau^m = T_{k-1}$。对于其他路径，令 $\tau^m = T_k$，这表示期权在 T_k 行权或到期价值为 0。当逐条路径回溯时，这些路径上的行权日期被更新。

在先前的潜在行权日 T_{k-2}，系数向量 β^{K-2} 根据相似的方式估计，也就是将延续价值 $C^m_{K-2} \equiv C^m(x^m_{T_{k-2}}, T_{K-2})$ 对基函数值 $\psi^m_{K-2} \equiv \psi^m(x^m_{TK-2})$ 进行回归。再次，回归只包括时间 T_{k-2} 时刻期权处于价内的路径 m。注意，利用可能的未来最佳行权日以及相关的行权收益贴现回 T_{k-2}，路径 m 上的延续价值现在计算为

$$C^m_{K-2} \equiv C^m(x^m_{TK-2}, T_{K-2}) = \exp\left\{-\int_{TK-2}^{\tau^m} r(x^m_u)\mathrm{d}u\right\} H(x^m_{\tau^m, \tau^m})$$

给定最小二乘估计 $\hat{\beta}^{K-2}$ 和对应的延续价值函数 $\hat{C}(x, T_{K-2})$，在路径 m 上期权在时间 T_{k-2} 被行权的前提条件是立即行权的收益超过了估计的延续价值。因此，如果期权在 T_{k-2} 时在路径 m 上处于价内，$H(x^m_{T_{k-2}}, T_{k-2}) > \hat{C}(x^m_{T_{k-2}}, T_{k-2})$，令 $\tau^m = T_{k-2}$。

按照这种方式回溯，对每一路径生成了一个最优的行权日以及与之相关的收益值，因此，美式期权的价值可以由所有路径的平均值近似为

$$P_t \approx P_t^{\mathrm{LSM}} \equiv \frac{1}{M}\sum_{m=1}^{M} \exp\left\{-\int_t^{\tau m} r(x^m_u)\mathrm{d}u\right\} H(x^m_{\tau m}, \tau^m)$$

在有些路径上，行权从未是最优的，因此，$\tau^m = T_k$ 且 $H(x^m_{T\tau m}, \tau^m) = 0$。在计算平均值时，这些路径可以忽略。

通过利用模拟路径的信息估计行权决策将造成在估计期权价格时存在带有某种程度上的预见性，这将造成对期权价值的高估。但是，这与简单方法中的完美预见相去甚远。通过一组（非常小）模拟路径估计延续价值，用另一组模拟路径（更大且独立于第一组路径）去计算一个“样本外”期权价格可以避免这种高估。实验表明，“样本内”期权价格和“样本外”期权价格之间实际上并无多大差异，这意味着高估的偏差并不是一个实际需要关注的问题。所选择的行权规则建立在对延续价值的近似的基础之上，因此它不太可能成为实际的行权规则。实际的行权规则导致低偏差。低偏差的大小由估计延续价值时所用的基函数的类型和数量所决定。在其他情况相同的条件下，尤其是当前的基函数的个数较少时，增加非现有基函数而不超越基函数将产生对延续价值函数和所估计的期权价格更好的近似。如果已经在使用数量较多的基函数，再增加一个基函数对于准确性的提升并没有多大的效果。但是，基函数的增加无疑会增加每次回归的复杂性和计算的时间，所以在相关问题的经验和所要处理的具体问题的实验的结合过程中，必须对准确度和计算工作量做出权衡。

通常所考查的基函数是标准的多项式①或者各种被称为 Legendre、Laguerre、Hermite 或 Chebyshev 多项式的非标准多项式，读者可以参考 Moreno 和 Navas(2003)了解它们的定义及其关系。基函数的最佳选择以及基函数的个数取决于模型的维度和复杂性，以及所要定价的期权的精确类型。Longstaff 和 Schwartz(2001)考察了不同的检验，在这些检验中，他们

① 如果 x 是一维的，标准多项式为 $\psi^\ell(x) = x^\ell$，如果 $x = (x_1, x_2)$ 是二维的，对 $j = 0, 1, \cdots, \ell$，$\psi^\ell(x_1, x_2) = x_1^j x_2^{\ell-j}$，如此下去。

对由最小二乘蒙特卡罗方法计算的价格与由有限差分计算的价格进行了比较，他们的报告称，即便是个数较少的多项式，也产生了很好的结果。例如，再简单的 Black-Scholes-Merton 框架下，他们证明了在只有一个常数和前三个 Laguerre 多项式的情况下，可以非常准确地为美式认沽期权定价。在高维问题中，需要更多的基函数（在他们的例子中，多达 20 个基函数）。Moreno 和 Navas(2003)提供了额外的实验性证据，那就是这一方法对于所采用的多项式类型是健壮的。此外，当已经有 4 阶的多项式被包括进来时，增加更高阶的多项式并不显著改善模型的表现。事实上，加入许多高阶多项式似乎导致回归时出现数值问题。

2. 替代方法

在基于模拟的框架之下，有各种关于处理提前行权决策的其他方法被提出。寻找行权的边界，也就是区分延续区域和行权区域的边界，是一个在各种不同情形下被探讨的总体思路。在一个只有一维状态变量的问题中，行权边界仅仅是一条曲线，见图 16.3，该图给出了单因子 CIR 模型中债券美式认沽期权的行权边界。如果假定行权边界是参数化的函数——也许是一些不同基函数的线性组合——我们可以寻找使得美式期权的价格最高的参数。估计这些行权边界不需要很高的精确度，因为期权的价值对于围绕最优边界的行权边界的选择不是很敏感。这就提出了一个两步骤的程序：第一步，模拟状态变量的少数路径。对于任何给定的参数组合以及从而给定的行权边界，每一路径上的收益由模拟的状态变量首次穿过行权边界时确定，期权的价值被估计为相应贴现收益的平均值。我们加入一个优化程序来寻找使得期权的价值最大化的参数组合，从而规定了近似的行权边界。第二步涉及模拟更高数量的路径。每一路径上的期权收益是由第一步所估计的近似行权边界所确定。再次，所估计的期权价格是所有路径的贴现收益的平均值。第二步所用到的路径必须独立于第一部中所用到的路径，这样才能避免任何“样本内高偏差”。这样估计的期权价格是偏低的，因为它建立在一个特定的行权行权策略之上。而尽管我们希望它接近于最优策略，这一策略实际上并不是最优的。

对于一维的问题，很容易用有限差分法或基于树结构的方法为美式期权定价，所以只有对于高维的美式期权问题，才最需要基于模拟的方法。然而，高维问题中的行权区域将远比上面所描述的一维问题复杂。因此，要得到一个参数化的边界也就更加困难。在程序的第一步，边界就可能涉及许多参数的优化问题，以及相应地存在复杂性和计算时间增加的问题。尽管如此，依然存在希望。Andersen(2000)在一个多因子 LIBOR 市场模型中考察了百慕大互换期权的定价问题。在这样的模型中，真实行权边界将依赖于所有基础远期 LIBOR 利率，因此，非常复杂。Andersen 建议，让期权的行权决策只依赖于标的互换本身，这将导致参数化行权边界以及识别最佳参数化边界的最大化问题得到极大简化。在各种检验中，他证明了他的方法能够得到期权价格的很好近似。这再次表明，为了得到具有提前行权特征的典型衍生产品基于模拟的有用价格近似，并不需要对行权边界做出详细和精确的估计。对于在第 8 章所考察的多因子扩散模型而言，这样的思想可能同样是有用的。在一个涉及多个股票的美式期权的定价研究中，Garcia(2003)在高维框架下，同样采用了一套简单而有用但是精心构建的低维行权决策规则，并发现所估计的期权价格非常准确。

关于美式期权的其他基于模拟的方法，读者可以参考 Tilley(1993)，Barraquand 和 Martineau(1995)，Boyle 等(1997)，Carr 和 Yang(2001)，Andersen 和 Broadie(2004)以及 Haugh 和 Kogan(2004)。

16.4 近似树

利用树结构为衍生产品定价至少可以追溯到 Cox 等(1997)以及 Rendleman 和 Bartter (1979),而现今二项树几乎出现在大部分入门性质的金融教科书中,并得到了广泛的应用。一个树结构可以用于描述离散随机过程的可能路径,也可以用于近似连续随机过程的样本路径。树的根节点代表了过程的初始值,每一层上的节点包含了未来不同时间点的可能取值。相邻的两层的节点经由分支连接,这代表着过程值从一个时间点到另一个时间点之间的可能转移。这些分支有相应的转移概率。对于那些只依赖于此类随机过程的资产,我们可以通过树结构从最后一层(对应于资产的到期日)向根部节点(对应于当前日期)采用后向迭代的方法对其进行定价。提前行权的问题只需在每一节点比较立即行权的收益和延续价值,就可以很容易得到处理。因为进行后向迭代,所以延续价值是已知的。

在 Black-Scholes-Merton 模型中,Cox-Ross-Rubinstein 二项树被用于近似股票价格的动态特征。对于动态期限结构建模,树结构必须能够描述与固定收益证券定价相关的动态期限结构。一些动态期限结构模型直接建立在树结构之上,见 Ho 和 Lee(1986), Pedersen 等(1989),以及 Black 等(1990)①。正如本书所反映的,在连续时间框架下构造的模型是现代的且最受欢迎的模型。对于这样的模型,近似树对于那些不能以封闭形式定价的资产是有用的。就第 7 章所介绍的单因子连续时间模型而言,近似树必须能够反映短期利率的动态特征。为单因子模型构建和应用近似树已经在 Nelson 和 Ramaswamy(1990), Tian(1993), Hull 和 White(1990b, 1993, 1994a, 1996)以及 Hull(2009,第 30 章)中得到讨论。Hull 和 White(1994b)介绍了这一方法向一些两因子模型的扩展。如果对于每一个因子都使用二项过程,那么使用四项树是一个很自然的选择,所谓四项树,就是在每一个节点有四个分支,代表两个因子的可能转移。不幸的是,这一方法意味着随着因子的增加,树结构中的节点和分支将指数化增加,这样的树结构很少用于具有三到四个状态变量的模型。然而,应当提及的是,He(1990)引入了一个近似 n 因子扩散模型的 $n+1$ 项离散时间模型,这是一个在每一节点具有 $n+1$ 个分支的树结构。这一模型可以用于更高维的模型。

16.4.1 为普通单因子模型构造三项树结构

我们将侧重为第 7 章所介绍的单因子短期利率模型构造树结构。与 Black-Scholes-Merton 模型中通常采用二项树结构近似股票价格相反,在单因子利率模型中,树结构通常为三项树,也就是说,从每一节点发出三个分支。每一个节点从两个分支变成三个分支增加了模型的灵活性,使得对均值回归的复制更为容易,见 Hull 和 White(1990b, 1993)的讨论。我们知道,均值回归是利率模型的一个典型特征。

---

① 对于这些模型中的一些模型,可以随之推导出限制性连续时间模型。例如,Ho 和 Lee(1986)年所引入的二项树模型的连续时间版本在第 9.3 节得到了讨论。

分支程序也比 Cox-Ross-Rubinstein 的股票价格树更灵活。在二项股票价格树中，分支在整个树中都是相同的。一个分支代表股票价格乘以 u，另一个分支代表股票价格乘以 $d < u$。与分支相对应的概率在整个树结构中相同，对分支情况也是如此。由于在未来一个时间区间里股票价格的相对变化独立于股票的当前和过去的价格，所以这是合理的。在任何合理的利率模型中，短期利率在下阶段的漂移(甚至同样包括波动率)都依赖于它的当前水平。通过转移概率在不同节点之间的变化以及使得可达到的节点依赖于当前节点，也就是当前利率水平，我们可以将这些特点包括进来。直观地说，假设短期利率显示出均值回归的特征，如果在给定日期，短期利率已经很低，对应于树中最低的可能节点，那么它在下一时间步进一步下降的可能性较低，因此，在树结构的下一层增加另一个对应于更低的利率的节点是低效率的。相反的情形是当前的利率已经很高。换言之，在树结构的边界可能出现非标准的分支。

首先，讨论如何构建一个三项树近似具有扩散动态特征

$$dx_t = \mu(x_t, t)dt + \sigma(x_t, t)dz_t$$

的状态变量 x。然后，将把这一程序与具体的单因子短期利率模型联系起来。令 $t = t_0$ 表示当前日期，Δt 为树结构中的时间步，并使得树结构中的时间点为 $t_n = t_0 + n\Delta t$，$n = 1, 2, \cdots, N$，其中最后一个时点 $t_N = T$ 由树结构所定价的资产的到期日确定。在这里，我们所构建的树结构在时间上是等距的，但是可以一般化到任何具有不同时间步 Δt_n 的任何时间空间 $t_{n+1} = t_n + \Delta t_n$，这样的推广对于某些资产的定价而言是非常宝贵的。在任何时点 t_n，我们假设构造的树结构中任何相邻节点之间的距离是相同的，$\Delta x_n > 0$，但是我们一般能够允许在不同的时点有不同的距离。关于 Δx_n 的选择，我们将在后面讨论。

t_n 时刻在节点 j 的过程近似值用 $x_{j,n}$ 表示。令 x_0 表示初始(时间 $t = t_0$)状态。树中对应于 t_0 的唯一节点被称为节点 0，所以 $x_{0,0} = x_0$ 是状态变量在根部节点的取值。现在考察从树结构中一个普通节点(j, n)发出的分支，与其相关的状态为 $x_{j,n} = x_0 + j\Delta x_n$，因此正(负)的 j 表示状态变量高(低)于初始状态。随后的三个可能节点为“上升”节点$(k+1, n+1)$，“中间”节点$(k, n+1)$以及“下降”节点$(k-1, n+1)$，所以状态变量的三个取值为 $x_{k+1,n+1} = x_0 + (k+1)\Delta x_{n+1}$，$x_{k,n} = x_0 + k\Delta x_{n+1}$ 和 $x_{k-1,n} = x_0 + (k-1)\Delta x_{n+1}$。与之相关的三个转移概率分别用 $q^u_{j,n}$，$q^m_{j,n}$和 $q^d_{j,n}$ 表示，且

$$q^u_{k,n} + q^m_{k,n} + q^d_{k,n} = 1 \tag{16.40}$$

对 k 的选择将在后面进行讨论。注意，只要 $\Delta x_n \neq \Delta x_{n+1}$，即便 $k = j$，中间的可能状态也不同于当前的状态。

使得状态变量在树结构中经过一个时间步后的前两阶矩与连续时间过程的前两阶矩相同是选择概率的方式。与式(16.40)一起，我们得到一个求三个概率由三个方程所组成的方程组①。令

$$M_{j,n} = \mathrm{E}^{\mathbb{Q}}[x_{t_{n+1}} \mid x_{t_n} = x_{j,n}],\ V^2_{j,n} = \mathrm{Var}^{\mathbb{Q}}\,\mathrm{E}[x_{t_{n+1}} \mid x_{t_n} = x_{j,n}]$$

---

① 两个矩的匹配条件对于转移概率的确定以及对于离散时间过程向真实连续时间过程的收敛而言都是一个中心问题。关于收敛的理论问题，可以参考 Hubalek 和 Schachermayer(1998)以及 Lesne 等(2000)。

表示根据实际的连续时间过程，经过一个时间步之后的状态变量的条件期望和方差。这些矩对于某些函数 μ 和 σ 有封闭的表达式，或者它们可以近似为

$$M_{j,n} \approx x_{j,n} + \mu_{j,n}\Delta t,\ V_{j,n}^2 \approx \sigma_{j,n}^2 \Delta t \tag{16.41}$$

其中，我们已经引入符号

$$\mu_{j,n} = \mu(x_{j,n},\ t_n),\ \sigma_{j,n} = \sigma(x_{j,n},\ t_n)$$

为了匹配均值，需要有

$$M_{j,n} = q_{j,n}^u x_{k+1,n+1} + q_{j,n}^m x_{k,n+1} + q_{j,n}^d x_{k-1,n+1} = x_{k,n+1} + (q_{j,n}^u - q_{j,n}^d)\Delta x_{n+1}$$

这意味着

$$(q_{j,n}^u - q_{j,n}^d)\Delta x_{n+1} = M_{j,n} - x_{k,n+1} \tag{16.42}$$

为了匹配方差，需要

$$\begin{aligned} V_{j,n}^2 + (M_{j,n})^2 &= q_{j,n}^u x_{k+1,n+1}^2 + q_{j,n}^m x_{k,n+1}^2 + q_{j,n}^d x_{k-1,n+1}^2 \\ &= x_{k,n+1}^2 + 2(q_{j,n}^u - q_{j,n}^d) x_{k,n+1}\Delta x_{n+1} + (q_{j,n}^u + q_{j,n}^d)(\Delta x_{n+1})^2 \end{aligned}$$

应用式(16.42)，得到

$$(q_{j,n}^u + q_{j,n}^d)(\Delta x_{n+1})^2 = V_{j,n}^2 + (M_{j,n} - x_{k,n+1})^2 \tag{16.43}$$

由式(16.40)、式(16.42)和式(16.43)所构成的方程组的解是

$$q_{j,n}^u = \frac{V_{j,n}^2 + (M_{j,n} - x_{k,n+1})^2}{2(\Delta x_{n+1})^2} + \frac{M_{j,n} - x_{k,n+1}}{2\Delta x_{n+1}} \tag{16.44}$$

$$q_{j,n}^m = 1 - \frac{V_{j,n}^2 + (M_{j,n} - x_{k,n+1})^2}{(\Delta x_{n+1})^2}$$

$$q_{j,n}^d = \frac{V_{j,n}^2 + (M_{j,n} - x_{k,n+1})^2}{2(\Delta x_{n+1})^2} - \frac{M_{j,n} - x_{k,n+1}}{2\Delta x_{n+1}} \tag{16.45}$$

在这一点，不能确定这些数字是非负的，即它们真正地表示概率，但是仍有选择 k 和 Δx_{n+1} 的灵活性。

高波动率使得过程远离期望值的可能性更大，因此使得状态维度中的间距 Δx_{n+1} 反映随机过程在下一时间步的波动率是有道理的。我们假设扩散系数 $\sigma(x,\ t)$ 独立于 x。因此，式(16.41)中 $V_{j,n}$ 近似独立于 j，也就是对所有 j，$V_{j,n} = V_n$①。假设使用间距

$$\Delta x_{n+1} = \delta V_n$$

其中 $\delta > 0$ 是一个需要确定的系数。于是

---

① 事实上，即便 σ 独立于 x 在时间区间 $[t_n,\ t_{n+1}]$ 上的变化 $x_{t_{n+1}} - x_{t_n}$ 的方差可能随着 $x_{t_n} = x_{j,n}$ 的变化而变化；这取决于漂移 $\mu(x,\ t)$。

$$q_{j,n}^{u}=\frac{1}{2\delta^{2}}+\frac{1}{2\delta^{2}}\left(\frac{M_{j,n}-x_{k,n+1}}{V_{n}}\right)^{2}+\frac{1}{2\delta}\left(\frac{M_{j,n}\ x_{k,n+1}}{V_{n}}\right)$$

$$q_{j,n}^{m}=1-\frac{1}{\delta^{2}}-\frac{1}{\delta^{2}}\left(\frac{M_{j,n}-x_{k,n+1}}{V_{n}}\right)^{2}$$

$$q_{j,n}^{d}=\frac{1}{2\delta^{2}}+\frac{1}{2\delta^{2}}\left(\frac{M_{j,n}-x_{k,n+1}}{V_{n}}\right)^{2}-\frac{1}{2\delta}\left(\frac{M_{j,n}-x_{k,n+1}}{V_{n}}\right)$$

此外,选择 k 使得中间节点的状态 $x_{k,n+1}$,尽可能接近期望状态 $M_{j,n}$。这意味着

$$|M_{j,n}-x_{k,n+1}|\leqslant\frac{1}{2}\Delta x_{n+1}=\frac{\delta}{2}V_{n}\Rightarrow\frac{M_{j,n}-x_{k,n+1}}{V_{n}}\in\left[-\frac{\delta}{2},\frac{\delta}{2}\right]$$

如果选择 δ 使得对于所有 $y\in[-\sigma/2,\ \delta/2]$

$$\frac{1}{2\delta^{2}}y^{2}+\frac{1}{2\delta}y+\frac{1}{2\delta^{2}}\geqslant 0\Leftrightarrow y^{2}+\delta y+1\geqslant 0$$

向上的概率将总为非负。当 $y=-\delta/2$ 时,$y^2+\delta y+1$ 取最大值 $(-\delta/2)^2+\delta(-\delta/2)+1=1-\delta^2/4$。因此,需要 $\delta\leqslant 2$。只要对于所有 $y\in[-\delta/2,\ \delta/2]$, $\delta^2\geqslant 1+y^2$,中间概率将为非负。这要求 $\delta\geqslant 2/\sqrt{3}\approx 1.155$。因此,如果选择处于 $2/\sqrt{3}$ 和 2 之间的 δ 值,就真的可以将 $q_{j,n}^{u}$, $q_{j,n}^{m}$ 和 $q_{j,n}^{d}$ 解释为概率。间距系数的标准选择是 $\delta=\sqrt{3}\approx 1.732$,根据 Hull 和 White (1990b),这降低了近似误差,从而能够改善收敛。

接下来,我们将做出更强的假设,即方差 V_n^2 同样独立于 n,也就是说,它是一个常数。如果扩散系数 $\sigma(x,\ t)$ 为常数,这将近似于"真实"。在这种情况下,整个树结构的间隔都是相同的,

$$\Delta x=\delta V\approx\delta\sigma\sqrt{\Delta t}$$

树结构中任何节点$(j,\ n)$发出的分支由 j 和 k 之间的距离规定,其中,$(k,\ n+1)$是三个节点中可以从$(j,\ n)$到达的中间点。距离由过程的飘移确定。在许多应用中,飘移使得树中的大多数节点$(j,\ n)$的随后三个节点中的中间节点为$(j,\ n+1)$,因此,这被称为"标准分支"方法,并在图 16.5 中的左边部分得到了说明。如果使用近似式(16.41),有

$$M_{j,n}-x_{k,n+1}=M_{j,n}-x_{j,n+1}=\mu_{j,n}\Delta t$$

带 Δx 的概率式(16.44)至式(16.45)可以重新记为

$$q_{j,n}^{u}=\frac{\sigma^{2}\Delta t}{2(\Delta x)^{2}}+\frac{\mu_{j,n}^{2}(\Delta t)^{2}}{2(\Delta x)^{2}}+\frac{\mu_{j,n}\Delta t}{2\Delta x}$$

$$q_{j,n}^{m}=1-\frac{\sigma^{2}\Delta t}{(\Delta x)^{2}}-\frac{\mu_{j,n}^{2}(\Delta t)^{2}}{(\Delta x)^{2}}$$

$$q_{j,n}^{d}=\frac{\sigma^{2}\Delta t}{2(\Delta x)^{2}}+\frac{\mu_{j,n}^{2}(\Delta t)^{2}}{2(\Delta x)^{2}}-\frac{\mu_{j,n}\Delta t}{2\Delta x}\tag{16.46}$$

对 $\Delta x=\delta\sigma\sqrt{\Delta t}$,得到

$$q_{j,n}^{u}=\frac{1}{2\delta^2}+\frac{1}{2\delta^2}\left(\frac{\mu_{j,n}\sqrt{\Delta t}}{\sigma}\right)^2+\frac{1}{2\delta}\frac{\mu_{j,n}\sqrt{\Delta t}}{\sigma} \tag{16.47}$$

$$q_{j,n}^{m}=1-\frac{1}{\delta^2}-\frac{1}{\delta^2}\left(\frac{\mu_{j,n}\sqrt{\Delta t}}{\sigma}\right)^2$$

$$q_{j,n}^{d}=\frac{1}{2\delta^2}+\frac{1}{2\delta^2}\left(\frac{\mu_{j,n}\sqrt{\Delta t}}{\sigma}\right)^2-\frac{1}{2\delta}\frac{\mu_{j,n}\sqrt{\Delta t}}{\sigma} \tag{16.48}$$

如果 Δt 和漂移的绝对值较小,带$(\mu_{j,n}\sqrt{\Delta t}/\sigma)^2$ 项显著小于其他项,有时我们将其省略,但是在一般情况下,不建议将其去掉。

直观地说,如果期望与状态变量在下一时间步的改变的标准差的比率 $\mu_{j,n}\sqrt{\Delta t}/\sigma$ 很大,式(16.48)中的 $q_{j,n}^{d}$ 可能变成负值,当 $k>j$ 时,恰好就是这种情况,因此不应该应用标准分支程序。如果 x 是一个具有均值回归特征的过程,状态值降低时漂移率较高,因此树结构并不允许生成一个更低的状态值。在这种情况下,我们将假设 $k=j+1$,因此状态将不会发生改变,增加 Δx,或增加 $2\Delta x$,见图 16.5。因此这将为非标准的"不能进一步下降"的分支得到概率

$$q_{j,n}^{u}=\frac{1}{2\delta^2}+\frac{1}{2\delta^2}\left(\frac{\mu_{j,n}\sqrt{\Delta t}}{\sigma}\right)^2-\frac{1}{2\delta}\frac{\mu_{j,n}\sqrt{\Delta t}}{\sigma}$$

$$q_{j,n}^{m}=-\frac{1}{\delta^2}-\frac{1}{\delta^2}\left(\frac{\mu_{j,n}\sqrt{\Delta t}}{\sigma}\right)^2+\frac{2}{\delta}\frac{\mu_{j,n}\sqrt{\Delta t}}{\sigma}$$

$$q_{j,n}^{d}=1+\frac{1}{2\delta^2}+\frac{1}{2\delta^2}\left(\frac{\mu_{j,n}\sqrt{\Delta t}}{\sigma}\right)^2-\frac{3}{2\delta}\frac{\mu_{j,n}\sqrt{\Delta t}}{\sigma}$$

但反过来,如果 $\mu_{j,n}\sqrt{\Delta t}/\sigma$ 是绝对值很大的负值,式(16.47)中的 $q_{j,n}^{u}$ 可能为负。对于均值回归过程,当状态变量取值很大且 $k<j$ 时,这就会发生。假设 $k=j-1$,在下一时间步,状态要么保持不变,下降 Δx 或下降 $2\Delta x$,见图 16.5。即便状态变量可以取很高值时,树状解构并不会被允许对状态变量取更大的值。在这种情况下,

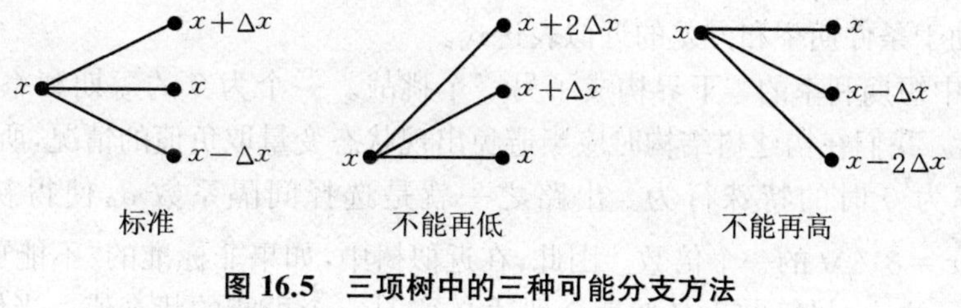

图 16.5　三项树中的三种可能分支方法

$$M_{j,n}-x_{k,n+1}=M_{j,n}-x_{j-1,n+1}=\mu_{j,n}\Delta t+\Delta x$$

由它将为非标准的"不能再高"的分支的得到概率

$$q_{j,n}^{u}=1+\frac{1}{2\delta^2}+\frac{1}{2\delta^2}\left(\frac{\mu_{j,n}\sqrt{\Delta t}}{\sigma}\right)^2+\frac{3}{2\delta}\frac{\mu_{j,n}\sqrt{\Delta t}}{\sigma}$$

$$q_{j,n}^{m}=-\frac{1}{\delta^2}-\frac{1}{\delta^2}\left(\frac{\mu_{j,n}\sqrt{\Delta t}}{\sigma}\right)^2-\frac{2}{\delta}\frac{\mu_{j,n}\sqrt{\Delta t}}{\sigma}$$

$$q_{j,n}^{d}=\frac{1}{2\delta^2}+\frac{1}{2\delta^2}\left(\frac{\mu_{j,n}\sqrt{\Delta t}}{\sigma}\right)^2+\frac{1}{2\delta}\frac{\mu_{j,n}\sqrt{\Delta t}}{\sigma}$$

在第 7.4 节原始的 Vasicek 模型以及第 9.4 节 Hull-White 版本的扩展中，短期利率 r_t 服从一个波动率为常数的均值回归扩散过程，因此，用 r_t 替换 x_t 上面的程序马上适用。注意，当为资产定价构造和应用利率树时，需要近似的是在相应定价测度之下的利率的动态特征。一个为短期利率近似它的风险中性动态特征的树结构包含了为收益可以表示为支付日短期利率的函数的资产进行定价的所有必要信息。对于 Vasicek 模型，相关的一阶和二阶（风险中性）矩为已知的封闭形式，见有风险中性参数的式(7.33)和式(7.34)，在 Δt 期后短期利率的方差独立于短期利率的当前值。

由于短期利率的波动率依赖于短期利率的水平，因此在 CIR 模型中不能直接套用上面构造短期利率近似树的方法。但是，根据 Nelson 和 Ramaswamy(1990)，可以将短期利率 r 转化为具有常数波动率的状态变量 x。当

$$dr_t=\kappa(\theta-r_t)dt+\beta\sqrt{r_t}\,dz_t \tag{16.49}$$

和 $x_t=f(r_t)$时，应用伊藤引理得到

$$dx_t=\left(f'(r_t)\kappa(\theta-r_t)+\frac{1}{2}f''(r_t)\beta^2 r_t\right)dt+f'(r_t)\beta\sqrt{r_t}\,dz_t$$

当 $f'(r)$与 $1/\sqrt{r}$ 成正比时，可以得到一个确定性的波动率。特别地，当 $x=f(r)=2\sqrt{r}/\beta$ 时，有 $f'(r)=1/(\beta\sqrt{r})=\beta^{-1}r^{-1/2}$ 和 $f''(r)=-\frac{1}{2}\beta^{-1}r^{-3/2}$。因此，状态变量的动态特征变为

$$dx_t=\left[\left(\frac{2\kappa\theta}{\beta^2}-\frac{1}{2}\right)x_t^{-1}-\frac{\kappa}{2}x_t\right]dt+dz_t \tag{16.50}$$

且其波动率为 1。现在，可以构造 x 的动态特征的树近似，任何节点值 $x_{j,n}$ 转换为短期利率 $r_{j,n}=f^{-1}(x_{j,n}/2)^2=(\beta x_{j,n}/2)^2$。在这种情况下构造 x 近似树，因式(16.50)中复杂的漂移项，不得不求助于条件期望和方差的近似表达式。

CIR 模型中短期利率的零下界构成了另一个挑战。一个为 0 的短期利率转换为随机过程 x 的 0 取值。我们在构建树结构时应当避免出现状态变量取负值的情况，所以树结构应当重视短期利率为 0 时的特殊行为。出路之一就是选择间隔系数 δ，使得初始状态 $x_0=2\sqrt{r_0}/\beta$ 是 $\Delta x=\delta\sqrt{\Delta t}$ 的一个倍数。因此，在近似树中，如果非标准的“不能更低”的分支所处的水平在 Δx 之上，尽管并不必然地会到达 0，它是一个可能的状态值。当然，当达到一个节点 $x=0$，将不允许其转移至更低的取负值的状态。x 在 0 处的漂移并不是定义明确的，所以我们不再匹配 x 的矩，转而匹配短期利率本身的矩。对于为 0 的短期利率，波动率为 0，因此我们只需匹配期望，该期望可以只从两个分支求得。更低的分支简单的使得 x（从而也使得短期利率）在 0 处不变。假设上面的分支指向一个状态值 $x=k\Delta x$ 对应于短期利率 $r=(\beta k\Delta x/2)^2$ 的节点。如果 q_0^u 和 $q_0^d=1-q_0^u$ 表示这两个节点的概率，我们希望确保

$$\kappa\theta\Delta t = q_0^u\left(\frac{k\Delta x}{2}\right)^2 = q_0^u\frac{k^2}{4}\delta^2\beta^2\Delta t$$

于是向上的概率被设定为

$$q_0^u = \frac{4\kappa\theta}{\delta^2 k^2 \beta^2} \tag{16.51}$$

当然，我们希望 $q_0^u \leqslant 1$，但是我们再希望 q^u 尽可能地高，所以被粘在 0 处的概率尽可能地低。因此，k 被选择为超过 $2\sqrt{\kappa\theta}/(\delta\beta)$ 的最小整数。

16.4.2 在单因子 CIR 模型中应用

我们在单因子 CIR 模型中说明三项树的构造和使用。在 CIR 模型中，短期利率的风险中性动态特征的形如式(16.49)。正如第 16.2.11 小节和第 16.3.6 小节有限差分和蒙特卡罗的例子中一样，参数值被假定为 $\beta=0.2$，$\kappa=0.3$ 和 $\theta=0.02/0.3\approx 0.066\,7$，我们的重点是为面值 100 的 5 年期零息债券进行定价。我们将构造一个时间步长 $\Delta t=0.1$ 的树结构，因此，$N=50$ 个时间区间。初始短期利率转化为 $x_0\approx 2.236\,1$。由 $\delta=\sqrt{3}$，我们将有 $\Delta x\approx 0.547\,7$ 和 $x_0/\Delta x\approx 4.082\,5$。为了确保 x_0 是 Δx 的倍数，我们将 Δx 降至 0.447 2，对应于 $\delta\approx 1.414\,2$，从而有 $x_0/\Delta x=5$。现在让树开始增长，只要与标准分支方法相关的概率式(16.47)至式(16.48)为正，树结构就按标准分支生成。由于原始 CIR 模型中的短期利率的动态特征并没有直接的时间依赖关系，转移概率独立于 n 且只依赖于 j。根据这些给定的参数，向"不能更低"的分支的转移发生在 0 下界，在此，状态随后可以以式(16.51)给定的概率上升到 $2\Delta x$，或者停留在 0 处。在树的顶端，向"不能更低"的分岔发生在 $j=24$ 对应于 $x\approx 12.97$ 或 $r\approx 1.68=168\%$。树结构的几何形状如图 16.6 所示，相关的转移概率列在表 16.6 中。

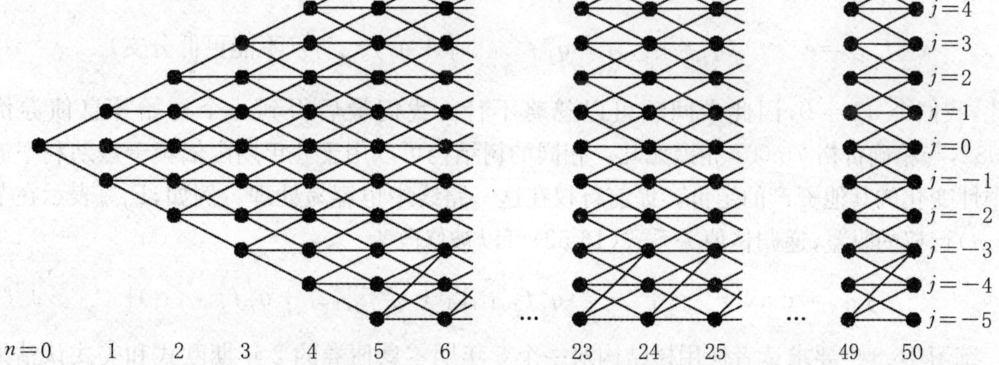

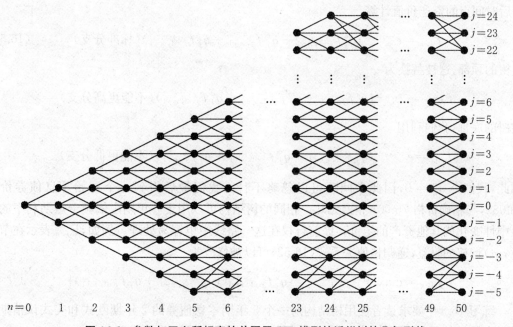

图 16.6 参数如正文所规定的单因子 CIR 模型的近似树的几何形状

表 16.6　单因子 CIR 模型的转移概率近似树参数表

j	r_j	q_j^u	q_j^m	q_j^d	j	r_j	q_j^u	q_j^m	q_j^d
24	1.682	0.795 9	0.066 6	0.137 5	9	0.392	0.142 2	0.401 2	0.456 5
23	1.568	0.141 6	0.034 7	0.823 7	8	0.338	0.147 8	0.417 9	0.434 3
22	1.458	0.137 2	0.069 0	0.793 7	7	0.288	0.154 2	0.433 3	0.412 5
21	1.352	0.133 6	0.102 1	0.764 3	6	0.242	0.161 6	0.447 3	0.391 1
20	1.250	0.130 5	0.134 0	0.735 5	5	0.200	0.170 0	0.460 0	0.370 0
19	1.152	0.128 1	0.164 6	0.707 3	4	0.162	0.179 6	0.471 3	0.349 1
18	1.058	0.126 4	0.193 9	0.679 7	3	0.128	0.190 7	0.481 1	0.328 2
17	0.968	0.125 4	0.222 0	0.652 6	2	0.098	0.203 6	0.489 3	0.307 1
16	0.882	0.125 0	0.248 8	0.626 2	1	0.072	0.218 9	0.495 6	0.285 6
15	0.800	0.125 3	0.274 4	0.600 3	0	0.050	0.237 8	0.499 4	0.262 8
14	0.722	0.126 3	0.298 7	0.575 0	−1	0.032	0.262 8	0.499 4	0.237 8
13	0.648	0.128 0	0.321 7	0.550 2	−2	0.018	0.300 0	0.491 6	0.208 4
12	0.578	0.130 5	0.343 5	0.526 0	−3	0.008	0.370 0	0.460 0	0.170 0
11	0.512	0.133 6	0.364 0	0.502 4	−4	0.002	0.600 3	0.274 4	0.125 3
10	0.450	0.137 5	0.383 3	0.479 2	−5	0.000	0.375 0	0.000 0	0.625 0

现在可以用这一树结构为利率资产定价了，其过程就是通过从资产的到期日开始沿着树结构回溯。令 $f_{j,n}$ 表示资产在节点 (j, n) 的值。对于 5 年期零息债券，我们从假设到期日的每一节点值为 100 开始，也就是对于所有相关的 j，$f_{j,N}=100$，在我们所规定的这种情况下为 $j=-5, -4, \cdots, 24$。 在任何具有标准分支的节点 (j, n)，我们通过利用已经计算得到的随后时间点的资产价值计算

$$f_{j,n}=e^{-r_{j,n}\Delta t}(q_j^u f_{j+1,n+1}+q_j^m f_{j,n+1}+q_j^d f_{j-1,n+1})\text{（标准分支）} \tag{16.52}$$

在树的顶部，这被替换为

$$f_{j,n}=e^{-r_{j,n}\Delta t}(q_j^u f_{j,n+1}+q_j^m f_{j-1,n+1}+q_j^d f_{j-2,n+1})\text{（不能更高分支）}$$

在树的底部，我们利用

$$f_{j,n}=e^{-r_{j,n}\Delta t}(q_j^u f_{j+2,n+1}+q_j^m f_{j+1,n+1}+q_j^d f_{j,n+1})\text{（不能更低分支）}$$

在此，我们令 $q_j^m=0$，因此中间项可以忽略不计。我们最后得到一个初始零息债券价格 76.082，与精确价格 76.007 相差无几。相同的树结构可以用于 5 年期内依赖于短期利率的风险中性变化的其他资产的定价。提前行权在这一路线中也容易处理。例如，$F_{j,n}$ 表示在节点 (j, n) 行权的收益，递归估值关系式(16.52)可以被修改为

$$f_{j,n}=\max\{F_{j,n};\ e^{-r_{j,n}\Delta t}(q_j^u f_{j+1,n+1}+q_j^m f_{j,n+1}+q_j^d f_{j-1,n+1})\}$$

练习 16.5 中要求读者使用树结构对一个 5 年期零息债券的 2 年期欧式和美式认沽期权进行定价。练习 16.6 则构造一个三项树用于近似原始的 Vasicek 模型。

16.4.3 树结构的更多讨论

Hull 和 White(1994a, 1996)开发了一个两步构造匹配债券观察价格三项树方法。这一方法直接用于风险中性定价测度下利率动态特征为

$$dr_t=(\hat{\varphi}(t)-\kappa r_t)dt+\beta dz_t$$

的原始 Vasicek 模型的 Hull-White 扩展。此外,它很容易推广到一些短期利率的函数 $f(r)$ 服从一个相似的过程模型,对于 Black-Karasinski 是如此,其中 $f(r)=\ln r$,对比第 7.7 节中的式(7.54)。这一方法并不适用于 Cox-Ingersoll-Ross 模型或其他相似的模型。第一步是构造一个树结构近似辅助随机过程 $R^*=(R_t^*)$,其动态特征为围绕 0 对称的

$$dR_t^*=-\kappa R_t^* dt+\beta dz_t$$

树结构的构造与上面所描述的方法相似,但是对应 $(\mu(x, t)\sqrt{\Delta t}/\beta)^2$ 的项目在概率中被省略。这些项目通常很小,至少离树结构的中心很近。第二步就是计算赋予不同节点的短期利率,并使其匹配在各个在 Δt, $2\Delta t$, …, $N\Delta t$ 到期的零息债券的观察价格。这可以通过根据树结构进行前向归纳而完成。现在我们有一个短期利率树,其概率在第一步计算得到,其节点值在第二步计算得到。利率衍生产品的价格因此可以通过常规的根据树结构利用后向归纳技术得到。

Leippold 和 Wiener(2004)讨论了怎样将 Hull-White 的两步程序推广到其他的短期利率模型,并提供一个备选方法匹配观察到的债券价格,该方法避免了繁琐耗时的前向归纳步骤。

通过上述步骤构建的树结构是一个重组树,对于近似一个扩散过程而言,这很自然——这是因为未来一段时间的增量独立于其过往值。但是,一些资产的收益依赖于基础过程的路径。为了给此类资产进行定价,必须使用非重组树,例如,在这里,我们对"先降后升"和"先升后降"的转移是有区分的。非重组树中的节点数随着时间步的增加而指数化增长,这使得应用它时计算量非常巨大,并且很难在合理的时间范围内得到准确的价格近似。

对图 16.1 和图 16.5 左边的比较说明了显式有限差分方法和三项树之间的密切关系。如果我们回溯并将式(16.52)稍作改变,得到

$$f_{j,n-1}=e^{-r_{j,n-1}\Delta t}q_j^d f_{j-1,n}+e^{-r_{j,n-1}\Delta t}q_j^m f_{j,n}+e^{-r_{j,n-1}\Delta t}q_j^u f_{j+1,n}$$

这恰好与显式有限差分方法中的重要递归等式(16.9)具有相同的形式。这两个等式的右边的系数关系紧密,但并不完全相同。例如,将式(16.9)下面的 $\alpha_{j,n}$ 的表达式与 $e^{-r_{j,n-1}\Delta t}q_j^d$ 进行比较,其中 q_j^d 由式(16.46)给出。就三项树方法而言,状态空间的上界和下界是外生地确定的(基于基础状态变量的漂移和波动率),而这些边界在有限差分法中是预先设定的。直观上说,三项树方法应该比显式有限差分法表现出更好的效率和精度。

最后需要注意,从三项树中可以推导出相关的风险指标。例如,当用某个状态变量 x 的一个三项树结构为资产定价时,价格对状态变化的初始敏感性可以被近似为

$$\frac{\partial f}{\partial x}(x_0, 0)\approx\frac{f_{1,1}-f_{-1,1}}{2\Delta x}$$

其他的导数也可以用相似的方式近似。

结束语

本章已经介绍了利率模型中计算价格和风险指标的三种广为使用的数值方法。人们对这三种方法提出了各种有意思的扩展和计算效率的改进建议，在金融行业中建立大规模的实际应之前，读者应当参考更专门、更详细的教科书。我们在此为这三种方法的优缺点做个简单总结。有限差分和近似树方法要求基础不确定性可以由低维的扩散过程描述，而蒙特卡罗模拟则能处理非扩散和高维的过程。有限差分方法和近似树方法能够很容易应用于具有提前行权特征的资产。很长一段时间以来，提前行权特征被认为不太可能纳入蒙特卡罗方法，但是最近的发展表明，这在计算复杂性可以容忍的范围内是可以处理的。此外，具有路径依赖收益的资产也很容易利用蒙特卡罗方法定价，但是另两种方法不行。

练习

练习 16.1(有限差分，Vasicek)　开发一个可以应用于单因子 Vasicek 模型的一个运算表或一个计算机程序。特别地，应当能够为面值为 100 的 5 年期零息债券以及基于这一债券的执行价为 82 的 2 年期欧式和美式认沽期权定价。短期利率的风险中性动态特征为

$$dr_t = \kappa[\theta - r_t]dt + \beta dz_t$$

其中，参数值为 $\kappa = 0.3$, $\beta = 0.03$ 和 $\theta = 0.065$。初始短期利率为 $r_0 = 0.05$。利用 $\Delta t = 0.1$ 和 $\Delta r = 0.0025 = 0.25\%$ 所规定的格子。

(a) 解释你如何确定网格的上界和下界。

(b) 你对边界上的定价函数做出了什么假设？正如教科书中所建议的，偏微分方程中的二阶导数在上界和下界处通常被省略。利用零息债券的封闭解定价公式检查边界处的带二阶导数的项目与偏微分方程中的其他项相比是不是真的很小。

(c) 根据第 7 章所开发的定价公式，债券和欧式认沽期权的价格是多少？

(d) 根据你的三项树结构，相同资产的价格是多少？

(e) 改变网格的间距参数 Δt 和 Δx，讨论其对结果精度的影响。

(f) 利用有限差分方法为美式认沽期权定价，并找出相关的行权边界。

(g) 你能够使用控制变量微调你所估计的美式认沽期权的价格吗？

练习 16.2(有限差分，CIR，按揭抵押贷款支持债券)　本练习的目的就是复制第 14.5.4 节中对按揭抵押贷款和按揭抵押贷款支持债券的估值结果。本练习与练习 14.1 在一定程度上有重叠。

假定单因子 CIR 模型是真实的，也就是

$$dr_t = \kappa[\theta - r_t]dt + \beta\sqrt{r_t}\,dz_t,\ \lambda(r, t) = \lambda\sqrt{r}/\beta$$

其中 $z = (z_t)$ 是真实世界概率测度 $\mathbb{P}$ 下的标准布朗运动。假设 $\kappa = 0.3$, $\theta = 0.045$ 和 $\beta = 0.15$，确定常数 λ

的值，使得长期利率 y_∞ 等于 0.05。

考察一个按季支付的 30 年期按揭抵押贷款。该贷款是一笔年金贷款，亦即在 120 个支付日，计划的利息支付和本金偿还的总和是相等的。这笔按揭抵押贷款由一家金融机构发行，并通过发行"过手"按揭抵押贷款支持债券进行融资。年化的票面利率是 5%，面值为 100。在每一个支付日，借款人必须同时向金融机构支付费用。费用为上一支付日后的未偿债务的 0.125%（对应于额外的年化 0.5%）。这笔费用不向债券投资者支付。

(a) 计算并图示 30 年中借款人的计划支付中的不同组成成分以及给债券投资者的支付。

按揭抵押贷款的借款人拥有在任何支付日提前还款的权利。为了评估揭抵押贷款以及债券且找出最优的行权策略，你被要求使用有限差分技术为相关的偏微分方程进行数值求解。但是，首先假设借款人不能提前偿还，也就是所有的支付都按照计划进行。

(b) 解释你怎样为 CIR 模型应用和实施有限差分技术。特别地，解释你怎样在你的有限差分方法中将中间支付考虑进来，例如，上面所介绍的债券季度支付。

(c) 忽略可能的提前偿还问题，利用你的有限差分方法计算债券的价格，也就是计算计划的债券支付的现值。将这一价格与你用 CIR 模型中的零息债券的著名定价公式所得到的价格进行比较。选择不同的短期利率水平，例如 2%、3%、4%、5%、6%和 7%完成这一工作。这也将是你的有限差分结果的对照，同时也能为你选择格子的间距参数 Δt 和 Δr 时提供指导。

接下来你必须将提前偿还因素考虑进来。借款人只能通过偿还未偿债务（如果存在提前偿还成本，还要将提前偿还成本考虑进来）的方式提前偿还，而不是以市场价买回债券。最优的提前偿还策略可以由一个每一个支付日的临界短期利率所代表，即短期利率低于临界短期利率时提前偿还是最优的，反过来在其之上则是次优。你的实施应当考虑到形如

$$X(t_n) = x_0 + x_1 D(t_n)$$

的前提前偿还成本，其中 $D(t_n)$ 是 t_n 之后的未偿债务。你还需考虑从期权理论的角度看提前行权是次优的情况下仍然有固定的概率 Π^e（从期权理论角度看，提前偿还最优时概率设定为 1）发生提前偿还的情况。

(d) 解释你的有限差分算法是怎样处理可能的提前偿还问题以及怎样找到临界短期利率。

(e) 首先假设没有成本以及没有次优的提前偿还（也就是说 $x_0 = x_1 = \Pi^e = 0$）。找出最优的提前偿还策略。对所选择的当前短期利率水平，找出按揭抵押贷款和债券的现值。讨论你的结果并评估提前偿还期权。这些结果是怎样依赖于利率过程的参数的？

(f) 通过改变参数 x_0, x_1 和 Π^e，讨论并说明提前偿还成本和次优提前偿还的可能性对于最优提前偿还策略以及按揭抵押贷款和债券估值的影响。例如，考察 $x_0 \in \{0, 2, 4\}$, $x_1 \in \{0, 0.02, 0.04\}$ 和 $\Pi^e \in \{0, 0.05, 0.1\}$。

练习 16.3（蒙特卡罗，Vasicek） 开发一个你可以将蒙特卡罗模拟方法用于单因子 Vasicek 模型的运算表和计算机程序。特别地，你应当能够为面值为 100 的 5 年期零息债券以及基于这一债券的执行价为 82 的 2 年期欧式认沽期权定价。短期利率的风险中性动态特征为

$$dr_t = \kappa[\theta - r_t]dt + \beta dz_t$$

其中参数值为 $\kappa = 0.3$, $\beta = 0.03$ 和 $\theta = 0.065$。初始短期利率为 $r = 0.05$。

(a) 根据第 7 章的封闭定价公式，债券和欧式认沽期权的价格是多少？

(b) 运用以下三种方式，利用 $M = 10\,000$ 个样本，采用蒙特卡罗模拟方法近似债券的价格：

(i) 无离散化：从债券的到期日的短期利率的精确分布直接模拟样本。

(ii) 精确离散化：将 5 年期间分割成长度为 $\Delta t = 0.1$ 的子间隔，并使用每一子区间 $[t, t+\Delta t]$ 上 $r_{t+\Delta t}$ 基于条件 r_t 的精确路径模拟离散样本路径。

(iii) 欧拉离散化：将 5 年期间分割成长度为 $\Delta t = 0.1$ 的子间隔，给定每一子区间 $[t, t+\Delta t]$ 上的 r_t，使用

$r_{t+\Delta t}$ 的欧拉近似模拟离散样本路径。

为上述三种方法，找出每种方法得到的债券价格的95%置信区间，并讨论近似价格的精确度。

(c) 对上面三种方法之一(最好是最准确的方法)，改变样本数目 M，讨论其对债券近似价格的准确度的影响。

(d) 为债券的欧式认沽期权推导基于蒙特卡罗的价格近似。你能实现全部上述三种方法，为认沽期权定价吗？请将价格近似和显式定价公式所计算出来的价格进行比较。

练习 16.4(控制变量)　为控制变量技术，证明等式(16.37)和式(16.38)。

练习 16.5(三项树，CIR)　如第16.4.2节所解释的那样，为将三项树应用到单因子CIR模型开发一个运算表和计算机程序。证实转移概率如表16.6所规定，以及树结构所得到的债券价格与正文中一致。运用树技术为5年期零息债券的欧式和美式认沽期权定价。期权为2年期，行权价为82(你可以将计算得到的价格与第16.2.11中的有限差分结果进行比较)。

练习 16.6(三项树，Vasicek)　考察用一个三项树近似Vasicek模型中的短期利率的动态特征，也就是

$$dr_t = \kappa(\theta - r_t)dt + \beta dz_t$$

(a) 写出那些适用标准分支步骤的节点的转移概率。假设 $\delta=\sqrt{3}$。

(b) 对于多大的 j 值，你不得不转向非标准的"不能再高"分支。请为这种类型的分支写下转移概率。

(c) 对于多大的 j 值，你不得不转向非标准的"不能再低"分支。请为这种类型的分支写下转移概率。

开发一个你可以应用在Vasicek模型中的运算表或计算机程序。假设上面的等式显示出短期利率的风险中心动态特征，且参数为 $\kappa=0.3$，$\beta=0.03$ 和 $\theta=0.065$。初始短期利率为 $r_0=0.05$。构造一个可以用于面值为100的5年期零息债券以及基于这一债券，执行价为82的2年期欧式和美式认沽期权的定价的树结构。从 $\Delta t=0.1$ 开始。

(d) 根据第7章的封闭定价公式，债券和欧式认沽期权的价格是多少？

(e) 根据你的三项树，相同资产的价格是多少？

(f) 改变 Δt(因此也同时改变了 $\Delta r=\beta\sqrt{3\Delta t}$)并讨论树结构所确定的价格的精度是怎样依赖于 Δt 的。

(g) 根据近似树说明5年之后的短期利率分布，并将其与精确概率分布进行图形比较。

(h) 利用三项树为美式认沽期权进行定价，并找出其行权边界。

(i) 你能够使用控制变量微调你所估计的美式认沽期权的价格吗？

附录 A

关于对数正态分布的一些结果

随机变量 Y 服从对数正态分布，如果随机变量 $X=\ln Y$ 服从正态分布。接下来我们令 m 为 X 的均值，s^2 为 X 的方差，于是

$$X=\ln Y \sim N(m,\ s^2)$$

X 的概率密度函数由下式给出：

$$f_X(x)=\frac{1}{\sqrt{2\pi s^2}}\exp\left\{\frac{(x-m)^2}{2s^2}\right\},\ x\in\mathbb{R}$$

定理 A.1　Y 的概率密度函数为

$$f_Y(y)=\frac{1}{\sqrt{2\pi s^2}\,y}\exp\left\{-\frac{(\ln y-m)^2}{2s^2}\right\},\ y>0$$

且对 $y\leqslant 0$，$f_Y(y)=0$。

这一结果可从作为由其他随机变量的函数给出的随机变量的分布的一般性结论中得出，读者可参阅任何关于概率理论和分布的入门教材。

定理 A.2　对 $X\sim N(m,\ s^2)$ 和 $\gamma\in\mathbb{R}$ 我们有

$$\mathrm{E}[e^{-\gamma X}]=\exp\left\{-\gamma m+\frac{1}{2}\gamma^2 s^2\right\}$$

证明：根据定义有

$$\mathrm{E}[e^{-\gamma X}]=\int_{-\infty}^{+\infty} e^{-\gamma x}\frac{1}{\sqrt{2\pi s^2}}e^{-\frac{(x-m)2}{2s^2}}\mathrm{d}x$$

对指数部分进行操作得到

$$\mathrm{E}[e^{-\gamma X}] = e^{-\gamma m+\frac{1}{2}\gamma^2 s^2}\int_{-\infty}^{+\infty}\frac{1}{\sqrt{2\pi s^2}}e^{-\frac{1}{2s^2}[(x-m)^2+2\gamma(x-m)s^2+\gamma^2 s^4]}\mathrm{d}x$$

$$= e^{-\gamma m+\frac{1}{2}\gamma^2 s^2}\int_{-\infty}^{+\infty}\frac{1}{\sqrt{2\pi s^2}}e^{-\frac{(x-[m-\gamma s^2])^2}{2s^2}}\mathrm{d}x$$

$$= e^{-\gamma m+\frac{1}{2}\gamma^2 s^2}$$

在这最后一个等式成立是因为函数

$$x \mapsto \frac{1}{\sqrt{2\pi s^2}}e^{-\frac{(x-[m-\gamma s^2])^2}{2s^2}}$$

是一个密度函数，也就是说，它是一个服从 $N(m-\gamma s^2,\ s^2)$ 分布的随机变量的密度函数。 □

根据这一定理，我们很容易计算服从对数正态分布的随机变量 $Y=e^X$ 均值和方差。均值是（令 $\gamma=-1$）

$$\mathrm{E}[Y] = \mathrm{E}[e^X] = \exp\left\{m+\frac{1}{2}s^2\right\}$$

当 $\gamma=-2$ 得到

$$\mathrm{E}[Y^2] = \mathrm{E}[e^{2X}] = e^{2(m+s^2)}$$

因此 Y 的方差是

$$\mathrm{Var}[Y] = \mathrm{E}[Y^2]-(\mathrm{E}[Y])^2$$

$$= e^{2(m+s^2)} - e^{2m+s^2}$$

$$= e^{2m+s^2}(e^{s^2}-1)$$

下一定理为计算服从对数正态分布的随机变量的截断均值提供了一个表达式，所谓截断均值就是分布中在某一水平之上的那部分的均值。我们定义指示变量 $1\{Y>K\}$ 当随即变量 Y 大于常数 K 时取值为 1，否则为 0。

定理 A.3 如果 $X=\ln Y \sim N(m,\ s^2)$ 和 $K>0$，于是我们有

$$\mathrm{E}[Y\mathbf{1}_{\{Y>K\}}] = e^{m+\frac{1}{2}s^2}N\left(\frac{m-\ln K}{s}+s\right)$$

$$= \mathrm{E}[Y]N\left(\frac{m-\ln K}{s}+s\right)$$

证明：因为 $Y>K \Leftrightarrow X>\ln K$，由随机变量的期望的定义可知

$$\mathrm{E}[Y\mathbf{1}_{\{Y>K\}}] = \mathrm{E}[e^X\mathbf{1}_{\{X>\ln K\}}]$$

$$= \int_{\ln K}^{+\infty} e^x \frac{1}{\sqrt{2\pi s^2}}e^{-\frac{(x-m)^2}{2s^2}}\mathrm{d}x$$

$$= \int_{\ln K}^{+\infty}\frac{1}{\sqrt{2\pi s^2}}e^{-\frac{(x-[m+s^2])^2}{2s^2}}e^{\frac{2ms^2+s^4}{2s^2}}\mathrm{d}x$$

$$= e^{m+\frac{1}{2}s^2}\int_{\ln K}^{+\infty} f_{\bar{X}}(x)\mathrm{d}x$$

在此

$$f_{\bar{X}}(x)=\frac{1}{\sqrt{2\pi s^2}}e^{-\frac{(x-[m+s2])2}{2s2}}$$

是服从 $N(m+s^2, s^2)$分布的随机变量的概率密度函数。计算

$$\begin{aligned}\int_{\ln K}^{+\infty} f_{\bar{X}}(x)\mathrm{d}x &= \mathrm{Prob}(\bar{X}>\ln K)\\ &=\mathrm{Prob}\left(\frac{\bar{X}-[m+s^2]}{s}>\frac{\ln K-[m+s^2]}{s}\right)\\ &=\mathrm{Prob}\left(\frac{\bar{X}-[m+s^2]}{s}<-\frac{\ln K-[m+s^2]}{s}\right)\\ &=N\left(-\frac{\ln K-[m+s^2]}{s}\right)\\ &=N\left(\frac{m-\ln K}{s}+s\right)\end{aligned}$$

完成本证明。 □

定理 A.4 如果 $X=\ln Y\sim N(m, s^2)$ 且 $K>0$，得到

$$\begin{aligned}\mathrm{E}[\max(0, Y-K)] &= \mathrm{e}^{m+\frac{1}{2}s^2}N\left(\frac{m-\ln K}{s}+s\right)-KN\left(\frac{m-\ln K}{s}\right)\\ &=\mathrm{E}[Y]N\left(\frac{m-\ln K}{s}+s\right)-KN\left(\frac{m-\ln K}{s}\right)\end{aligned}$$

证明:注意有

$$\begin{aligned}\mathrm{E}[\max(0, Y-K)] &= \mathrm{E}[(Y-K)\mathbf{1}_{\{Y>K\}}]\\ &=\mathrm{E}[Y\mathbf{1}_{\{Y>K\}}]-K\,\mathrm{Prob}(Y>K)\end{aligned}$$

第一项从定理 A.3 可知,第二项可以记为

$$\begin{aligned}\mathrm{Prob}(Y>K) &= \mathrm{Prob}(X>\ln K)\\ &=\mathrm{Prob}\left(\frac{X-m}{s}>\frac{\ln K-m}{s}\right)\\ &=\mathrm{Prob}\left(\frac{X-m}{s}<-\frac{\ln K-m}{s}\right)\\ &=N\left(-\frac{\ln K-m}{s}\right)\\ &=N\left(\frac{m-\ln K}{s}\right)\end{aligned}$$

证毕。 □

参考文献

Abramowitz, M. and I.Stegun(1972). *Handbook of Mathematical Functions*. Dover Publications.

Acharya, V. V., S. R. Das, and R. K. Sundaram(2002). Pricing credit derivatives with rating transitions. *Financial Analysts Journal 58*(3), 28—44.

Aiyagari, S.R.(1994). Frictions in asset pricing and macroeconomics. *European Economic Review 38*(3—4), 932—939.

Altman, E., B.Brady, A.Resti, and A.Sironi(2005). The link between default and recovery rates: Theory, empirical evidence, and implications. *Journal of Business 78*(6), 2203—2228.

Amihud, Y., H.Mendelson, and L.H.Pedersen(2005). Liquidity and asset prices. *Foundations and Trends in Finance 1*(4), 269—364.

Amin, K.I. and R.A.Jarrow(1991). Pricing foreign currency options under stochastic interest rates. *Journal of International Money and Finance 10*(3), 310—329.

Amin, K.I. and R.A.Jarrow(1992). Pricing options on risky assets in a stochastic interest rate economy. *Mathematical Finance 2*(4), 217—237.

Amin, K.I. and A.J.Morton(1994). Implied volatility functions in arbitrage-free term structure models. *Journal of Financial Economics 35*(2), 141—180.

Andersen, L.(2000). A simple approach to the pricing of Bermudan swaptions in the multifactor LIBOR market model. *Journal of Computational Finance 3*(2), 1—32.

Andersen, L.(2007). Discount curve construction with tension splines. *Review of Derivatives Research 10*(3), 227—267.

Andersen, L.(2008). Simple and efficient simulation of the Heston stochastic volatility model. *Journal of Computational Finance 11*(3), 1—42.

Andersen, L. and J.Andreasen(2000). Volatility skews and extensions of the LIBOR market model. *Applied Mathematical Finance 7*(1), 1—32.

Andersen, L. and M. Broadie(2004). A primal-dual simulation algorithm for pricing multidimensional American options. *Management Science 50*(9), 1222—1234.

Andersen, L. and R.Brotherton-Ratcliffe(2001, December). Extended LIBOR market models with stochastic volatility. Working paper available at SSRN: http://ssrn.com/abstract=294853.

Andersen, L. and J.Sidenius(2005). Extensions of the Gaussian copula model. *Journal of Credit Risk 1*(1), 29—70.

Andersen, T.G. and J.Lund(1997). Estimating continuous-time stochastic volatility models of the short-term interest rate. *Journal of Econometrics 77*(2), 343—377.

Anderson, N., F.Breedon, M.Deacon, A.Derry, and G.Murphy(1996). *Estimating and Interpreting the Yield Curve*. John Wiley & Sons, Inc.

Arrow, K.(1951). An extension of the basic theorems of classical welfare economics. In J.Neyman(Ed.), *Proceedings of the Second Berkeley Symposium on Mathematical Statistics and Probability*, pp.507—532. University of California Press.

Arrow, K.(1953). Le rǒle des valeurs boursières pour la repartition la meillure des risques. *Econometrie 40*, 41—47. English translation: Arrow(1964).

Arrow, K.(1964). The role of securities in the optimal allocation of risk-bearing. *Review of Economic*

Studies 31(2), 91—96.

Arrow, K.(1971). *Essays in the Theory of Risk Bearing*. North-Holland.

Asmussen, S.and P.W.Glynn(2007). *Stochastic Simulation: Algorithms and Analysis*. Springer Verlag.

Azevedo-Pereira, J.A., D.P.Newton, and D.A.Paxson(2003). Fixed-rate endowment mortgage and mortgage indemnity valuation. *Journal of Real Estate Finance and Economics 26*(2—3), 197—221.

Babbs, S.H. and N.J.Webber(1994, February). A theory of the term structure with an official short rate. Working paper, Warwick Business School, University of Warwick, Coventry CV4 7AL, UK.

Bachelier, L.(1900). *Théorie de la Spéculation*, Volume 3 of *Annales de l'Ecole Normale Supérieure*. Gauthier-Villars. English translation in Cootner(1964).

Bakshi, G., D.Madan, and F.Zhang(2006). Investigating the role of systematic and firmspecific factors in default risk: Lessons from empirically evaluating credit risk models. *Journal of Business 79*(4), 1955—1988.

Bakshi, G.S. and Z.Chen(1996). Inflation, asset prices and the term structure of interest rates in monetary economies. *Review of Financial Studies 9*(1), 241—275.

Bakshi, G.S. and Z.Chen(1997). An alternative valuation model for contingent claims. *Journal of Financial Economics 44*(1), 123—165.

Bakshi, G.S., C.Cao, and Z.Chen(1997). Empirical performance of alternative option pricing models. *Journal of Finance 52*(5), 2003—2049.

Balduzzi, P., G.Bertola, and S.Foresi(1997). A model of target changes and the term structure of interest rates. *Journal of Monetary Economics 39*(2), 223—249.

Balduzzi, P., S.R.Das, and S.Foresi(1998). The central tendency: A second factor in bond yields. *Review of Economics and Statistics 80*(1), 62—72.

Balduzzi, P., S.R.Das, S.Foresi, and R.Sundaram(1996). A simple approach to three-factor affine term structure models. *Journal of Fixed Income 6*(3), 43—53.

Bank for International Settlements(2009). *BIS Semiannual OTC derivatives statistics at end-March 2009*. Bank for International Settlements. Available at http://www.bis.org/statistics/derstats.htm.

Bank for International Settlements(2010, March). *BIS Quarterly Review: International Banking and Financial Market Developments. Statistical Annex*. Bank for International Settlements. Available at http://www.bis.org/publ.

Bansal, R. and I.Shaliastovich(2009, July). A long-run risks explanation of predictability puzzles in bond and currency markets. Working paper, Duke University.

Bansal, R. and A.Yaron(2004). Risks for the long run: A potential resolution of asset pricing puzzles. *Journal of Finance 59*(4), 1481—1509.

Barraquand, J. and D.Martineau(1995). Numerical valuation of high dimensional multivariate American securities. *Journal of Financial and Quantitative Analysis 30*(3), 383—405.

Batten, J.A., T.A.Fetherston, and P.G.Szilagyi(Eds.)(2004). *European Fixed Income Markets*. Wiley.

Beaglehole, D.R. and M.S.Tenney(1991). General solutions of some interest rate-contingent claim pricing equations. *Journal of Fixed Income 1*(2), 69—83.

Beaglehole, D.R. and M.S.Tenney(1992). Corrections and additions to "A nonlinear equilibrium model of the term structure of interest rates". *Journal of Financial Economics 32*(3), 345—353.

Bebchuk, L.A.(2002). Ex ante costs of violating absolute priority in bankruptcy. *Journal of Finance 57*(1), 445—460.

Berndt, A., B.Hollifield, and P.Sandås(2010, May). The role of mortgage brokers in the subprime crisis. Available at SSRN: http://ssrn.com/abstract=1573312.

Bhansali, V., R.Gingrich, and F.A.Longstaff(2008). Systemic credit risk: What is the market telling us?

Financial Analysts Journal 64(4), 16—24.

Bhar, R. and C. Chiarella(1997). Transformation of Heath-Jarrow-Morton models to Markovian systems. *European Journal of Finance 3*(3), 1—26.

Bhar, R., C.Chiarella, N.El-Hassan, and X.Zheng(2000). The reduction of forward rate dependent volatility HJM models to Markovian form: Pricing European bond options. *Journal of Computational Finance 3*(3), 47—72.

Bharath, S.T. and T.Shumway(2008). Forecasting default with the Merton distance to default model. *Review of Financial Studies 21*(3), 1339—1369.

Bielecki, T.R. and M.Rutkowski(2002). *Credit Risk: Modeling, Valuation and Hedging*. Springer.

Björk, T.(2009). *Arbitrage Theory in Continuous Time*(Third ed.). Oxford University Press.

Björk, T. and B. J. Christensen (1999). Interest rate dynamics and consistent forward rate curves. *Mathematical Finance 9*(4), 323—348.

Björk, T. and C.Landén(2002). On the construction of finite dimensional realizations for nonlinear forward rate models. *Finance and Stochastics 6*(3), 303—331.

Black, F.(1976). The pricing of commodity contracts. *Journal of Financial Economics 3*(1—2), 167—179.

Black, F.and J.Cox(1976). Valuing corporate securities: Some effects of bond indenture provisions. *Journal of Finance 31*(2), 351—367.

Black, F.and P. Karasinski (1991). Bond and option pricing when short rates are lognormal. *Financial Analysts Journal 47*(4), 52—59.

Black, F. and M. Scholes (1973). The pricing of options and corporate liabilities. *Journal of Political Economy 81*(3), 637—654.

Black, F., E.Derman, and W.Toy(1990). A one-factor model of interest rates and its application to treasury bond options. *Financial Analysts Journal 46*(1), 33—39.

Bliss, R.R.and D.C.Smith(1997, November). The stability of interest rate processes. Working paper 97—13, Federal Reserve Bank of Atlanta.

Bongaerts, D., F. de Jong, and J.Driessen(2009). Derivative pricing with liquidity risk: Theory and evidence from the credit default swap market. Forthcoming in *Journal of Finance*.

Boudoukh, J., M. Richardson, R. Stanton, and R. F. Whitelaw (1999, June). A multifactor, nonlinear, continuous-time model of interest rate volatility.Working paper, Stern School of Business, NYU and Haas School of Business, UC Berkeley. Forthcoming in "Volatility and Time Series Econometrics: Essays in Honor of Robert F.Engle", Oxford University Press.

Box, G.E.P. and M.E.Muller(1958). A note on the generation of random normal deviates. *The Annals of Mathematical Statistics 29*(2), 610—611.

Boyle, P., M. Broadie, and P. Glasserman(1997). Monte Carlo methods for security pricing. *Journal of Economic Dynamics and Control 21*(8—9), 1267—1321.

Boyle, P.P.(1977). Options: A Monte Carlo approach. *Journal of Financial Economics 4*(3), 323—338.

Brace, A., D.Gatarek, and M.Musiela(1997). The market model of interest rate dynamics. *Mathematical Finance 7*(2), 127—155.

Breeden, D. T. (1986). Consumption, production, inflation and interest rates. *Journal of Financial Economics 16*(1), 3—39.

Breeden, D.T., M.R.Gibbons, and R.H.Litzenberger(1989). Empirical tests of the consumption-oriented CAPM. *Journal of Finance 44*(2), 231—262.

Brennan, M.J. and E.S.Schwartz(1977). The valuation of American put options. *Journal of Finance 32*(2), 449—462.

Brennan, M.J. and E.S.Schwartz(1979). A continuous time approach to the pricing of bonds. *Journal of*

Banking and Finance 3(2), 133—155.

Brennan, M.J. and E.S.Schwartz(1980). Analyzing convertible bonds. *Journal of Financial and Quantitative Analysis 15*(4), 907—929.

Brennan, M.J. and E.S.Schwartz(1984). Valuation of corporate claims: Optimal financial policy and firm vaulation. *Journal of Finance 39*(3), 593—609.

Brennan, M.J. and E.S.Schwartz(1985). Determinants of GNMA mortgage prices. *Journal of the American Real Estate and Urban Economics Association 13*(3), 209—228.

Brenner, R., R.Harjes, and K.Kroner(1996). Another look at alternative models of the shortterm interest rate. *Journal of Financial and Quantitative Analysis 31*(1), 85—107.

Brigo, D.and F.Mercurio(2006). *Interest Rate Models—Theory and Practice*(Second ed.). Springer-Verlag.

Briys, E.and F.de Varenne(1997). Valuing risky fixed rate debt: An extension. *Journal of Financial and Quantitative Analysis 32*(2), 239—248.

Broadie, M. and P. Glasserman (1997). Pricing American-style securities using simulation. *Journal of Economic Dynamics and Control 21*(8—9), 1323—1352.

Broadie, M., P.Glasserman, and G.Jain(1997). Enhanced Monte Carlo estimates for American option prices. *Journal of Derivatives 5*(1), 25—44.

Brown, R.H. and S.M.Schaefer(1994). The term structure of real interest rates and the Cox, Ingersoll, and Ross model. *Journal of Financial Economics 35*(1), 3—42.

Brown, S.J. and P.H.Dybvig(1986). The empirical implications of the Cox, Ingersoll, and Ross theory of the term structure of interest rates. *Journal of Finance 41*(3), 617—630.

Brunnermeier, M.K.(2009). Deciphering the liquidity and credit crunch 2007—2008. *Journal of Economic Perspectives 23*(1), 77—100.

Burtschell, X., J.Gregory, and J.-P.Laurent(2009). A comparative analysis of CDO pricing models. *Journal of Derivatives 16*(4), 9—37.

Buser, S.A., P.H.Hendershott, and A.B.Sanders(1990). Determinants of the value of call options on default-free bonds. *Journal of Business 63*(1), S33—S50.

Campbell, J.Y.(1986). A defense of traditional hypotheses about the term structure of interest rates. *Journal of Finance 41*(1), 183—193.

Campbell, J. Y. and J. F. Cocco (2003). Household risk management and optimal mortgage choice. *The Quarterly Journal of Economics 118*(4), 1449—1494.

Campbell, J.Y., A.W.Lo, and A.C.MacKinlay(1997). *The Econometrics of Financial Markets*. Princeton University Press.

Canabarro, E.(1995). Where do one-factor interest rate models fail? *Journal of Fixed Income 5*(2), 31—52.

Carr, P. and G. Yang (2001). Simulating Bermudan interest rate derivatives. In M. Avellaneda (Ed.), *Quantitative Analysis in Financial Markets*, Volume 2, pp.295—316. Springer-Verlag.

Carriére, J.F.(1996). Valuation of the early-exercise price for options using simulations and nonparametric regression. *Insurance: Mathematics and Economics 19*(1), 19—30.

Carverhill, A.(1994). When is the short rate Markovian? *Mathematical Finance 4*(4), 305—312.

Carverhill, A.(1995). A note on the models of Hull and White for pricing options on the term structure. *Journal of Fixed Income 5*(2), 89—96.

Casassus, J., P.Collin-Dufresne, and R.S.Goldstein(2005). Unspanned stochastic volatility and fixed income derivatives pricing. *Journal of Banking and Finance 29*(11), 2723—2749.

Cathcart, L. and L.El-Jahel(1998). Valuation of defaultable bonds. *Journal of Fixed Income 8*(1), 65—78.

Cetin, U., R.Jarrow, P.Protter, and Y.Yildirim(2004). Modeling credit risk with partial information. *Annals of Applied Probability 14*(3), 1167—1178.

Chan, K.C., G.A.Karolyi, F.A.Longstaff, and A.Sanders(1992). An empirical comparison of alternative models of the short-term interest rate. *Journal of Finance 47*(3), 1209—1227.

Chapman, D.A., J.B.Long, Jr., and N.D.Pearson(1999). Using proxies for the short rate: When are three months like an instant? *Review of Financial Studies 12*(4), 763—806.

Chen, L.(1996). Stochastic mean and stochastic volatility—a three-factor model of the term structure of interest rates and its applications in derivatives pricing and risk management. *Financial Markets, Institutions & Instruments 5*(1), 1—88.

Chen, L., D.Lesmond, and J.Wei(2007). Corporate yield spreads and bond liquidity. *Journal of Finance 62*(1), 119—149.

Chen, N.-F., R.Roll, and S.A.Ross(1986). Economic forces and the stock market. *Journal of Business 59*(3), 383—403.

Chen, R.-R. and L.Scott(1992). Pricing interest rate options in a two-factor Cox-Ingersoll-Ross model of the term structure. *Review of Financial Studies 5*(4), 613—636.

Chen, R.-R. and L.Scott(1993). Maximum likelihood estimation for a multifactor equilibrium model of the term structure of interest rates. *Journal of Fixed Income 3*(3), 14—31.

Cheridito, P., D.Filipovic, and R.L.Kimmel(2007). Market price of risk specifications for affine models: Theory and evidence. *Journal of Financial Economics 83*(1), 123—170.

Cherubini, U., E.Luciano, and W.Vecchiato(2004). *Copula Methods in Finance*. Wiley.

Cheyette, O.(1996, August). Markov representation of the Heath-Jarrow-Morton model. Working paper, BARRA Inc.

Childs, P.D., S.H.Ott, and T.J.Riddiough(1996). The pricing of multiclass commercial mortgage-backed securities. *Journal of Financial and Quantitative Analysis 31*(4), 581—603.

Christensen, B.J., R.Poulsen, and M.Sørensen(2001, November). Optimal inference in diffusion models of the short rate of interest. Working paper 102, Centre for Analytical Finance, Aarhus.

Christensen, J.H.E., F.X.Diebold, and G.D.Rudebusch(2009). An arbitrage-free generalized Nelson-Siegel term structure model. *Econometrics Journal 12*(3), C33—C64.

Christensen, P.O. and B.G.Sørensen(1994). Duration, convexity, and time value. *Journal of Portfolio Management 20*(2), 51—60.

Christensen, P.O., K.Larsen, and C.Munk(2010, May). Equilibrium in securities markets with heterogeneous investors and unspanned income risk. Available at SSRN: http://ssrn.com/abstract=1364237.

Christensen, P.O., D.Lando, and K.R.Miltersen(1997). State-dependent realignments in target zone currency regimes. *Review of Derivatives Research 1*(4), 295—323.

Christensen, P.O., C.R.Flor, D.Lando, and K.R.Miltersen(2002). Dynamic capital structure with callable debt and debt renegotiation. Available at SSRN: http://ssrn.com/abstract=320161.

Clément, E., D.Lamberton, and P.Protter(2002). An analysis of a least squares regression method for American option pricing. *Finance and Stochastics 6*(4), 449—471.

Clewlow, L. and C.Strickland(1994). A note on parameter estimation in the two-factor Longstaff and Schwartz interest rate model. *Journal of Fixed Income 3*(4), 95—100.

Cochrane, J.H.(2005). *Asset Pricing*(Revised ed.). Princeton University Press.

Collin-Dufresne, P. and R.S.Goldstein(2001). Do credit spreads reflect stationary leverage? Reconciling structural and reduced-form frameworks. *Journal of Finance 56*(5), 1929—1957.

Collin-Dufresne, P. and R.S.Goldstein(2002a). Do bonds span the fixed income markets? Theory and evidence for unspanned stochastic volatility. *Journal of Finance 57*(4), 1685—1730.

Collin-Dufresne, P. and R.S.Goldstein(2002b). Pricing swaptions within the affine framework. *Journal of*

Derivatives 10(1), 1—18.

Collin-Dufresne, P., R.S. Goldstein, and J.S. Martin(2001). The determinants of credit spread changes. *Journal of Finance 56*(6), 2177—2207.

Constantinides, G.M.(1992). A theory of the nominal term structure of interest rates. *Review of Financial Studies 5*(4), 531—552.

Constantinides, G.M. and D.Duffie(1996). Asset pricing with heterogeneous consumers. *Journal of Political Economy 104*(2), 219—240.

Cootner, P.H.(Ed.)(1964). *The Random Character of Stock Market Prices*. MIT Press.

Courtadon, G.(1982). The pricing of options on default-free bonds. *Journal of Financial and Quantitative Analysis 17*(1), 75—100.

Cox, J.C. and S.A. Ross(1976). The valuation of options for alternative stochastic processes. *Journal of Financial Economics 3*(1—2), 145—166.

Cox, J.C., J.E.Ingersoll, Jr., and S.A.Ross(1979). Duration and the measurement of basis risk. *Journal of Business 52*(1), 51—61.

Cox, J.C., J.E.Ingersoll, Jr., and S.A.Ross(1981a). A re-examination of traditional hypotheses about the term structure of interest rates. *Journal of Finance 36*(4), 769—799.

Cox, J.C., J.E.Ingersoll, Jr., and S.A.Ross(1981b). The relation between forward prices and futures prices. *Journal of Financial Economics 9*(4), 321—346.

Cox, J.C., J.E.Ingersoll, Jr., and S.A.Ross(1985a). An intertemporal general equilibrium model of asset prices. *Econometrica 53*(2), 363—384.

Cox, J.C., J.E.Ingersoll, Jr., and S.A.Ross(1985b). A theory of the term structure of interest rates. *Econometrica 53*(2), 385—407.

Cox, J.C., S.A.Ross, and M.Rubinstein(1979). Option pricing: A simplified approach. *Journal of Financial Economics 7*(3), 229—263.

Crouhy, M., D.Galai, and R.Mark(2000). A comparative analysis of current credit risk models. *Journal of Banking and Finance 24*(1—2), 59—117.

Crouhy, M.G., R.A.Jarrow, and S.M.Turnbull(2008). The subprime credit crisis of 07. *Journal of Derivatives 16*(1), 81—110.

Culbertson, J.M.(1957). The term structure of interest rates. *Quarterly Journal of Economics 71*(4), 489—504.

Dai, Q.and K.J.Singleton(2000). Specification analysis of affine term structure models. *Journal of Finance 55*(5), 1943—1978.

Das, S.R. and P.Tufano(1996). Pricing credit-sensitive debt when interest rates, credit ratings and credit spreads are stochastic. *Journal of Financial Engineering 5*(2), 161—198.

Daves, P.R. and M.C.Ehrhardt(1993). Joint cross-section/time-series maximum likelihood estimation for the parameters of the Cox-Ingersoll-Ross bond pricing model. *The Financial Review 28*(2), 203—237.

De Jong, F., J.Driessen, and A.Pelsser(2001). LIBOR market models versus swap market models for pricing interest rate derivatives: An empirical analysis. *European Finance Review 5*(3), 201—237.

Debreu, G.(1953). Une economie l'incertain. Working paper, Electricité de France.

Debreu, G.(1954). Valuation equilibrium and pareto optimum. *Proceedings of the National Academy of Sciences 40*(7), 588—592.

Debreu, G.(1959). *Theory of Value*. Yale University Press.

Delbaen, F. and W.Schachermayer(1994). A general version of the fundamental theorem of asset pricing. *Mathematische Annalen 300*(1), 463—520.

Delbaen, F. and W.Schachermayer(1999). The fundamental theorem of asset pricing for unbounded stochastic processes. *Mathematische Annalen 312*(2), 215—250.

Dell' Aquila, R., E. Ronchetti, and F. Trojani(2003). Robust GMM analysis of models for the short rate process. *Journal of Empirical Finance 10*(3), 373—397.

Demyanyk, Y. S. and O. Van Hemert (2008, December). Understanding the subprime mortgage crisis. Available at SSRN: http://ssrn.com/abstract=1020396. Forthcoming in *Review of Financial Studies*.

Deng, Y., J.M.Quigley, and R.Van Order(2000). Mortgage terminations, heterogeneity and the exercise of mortgage options. *Econometrica 68*(2), 275—307.

Dick-Nielsen, J., P.Feldhütter, and D.Lando(2009, March). Corporate bond liquidity before and after the onset of the subprime crisis. Available at http://ssrn.com/ abstract=1364635.

Ding, C.G.(1992). Algorithm AS 275: Computing the non-central χ^2 distribution function. *Applied Statistics 41*(2), 478—482.

Dorn, J.(2007). Modeling of CDO squareds: Capturing the second dimension. *Journal of Fixed Income 17*(2), 27—45.

Dothan, M.U. (1978). On the term structure of interest rates. *Journal of Financial Economics 6* (1), 59—69.

Dothan, M.U.(1990). *Prices in Financial Markets*. Oxford University Press.

Driessen, J.(2005). Is default event risk priced in corporate bonds? *Review of Financial Studies 18* (1), 165—195.

Duarte, J. (2004). Evaluating an alternative risk preference in affine term structure models. *Review of Financial Studies 17*(2), 379—404.

Duffee, G.R.(1996). Idiosyncratic variation of Treasury Bill yields. *Journal of Finance 51*(2), 527—551.

Duffee, G.R. (1998). The relation between treasury yields and corporate bond yield spreads. *Journal of Finance 53*(6), 2225—2241.

Duffee, G.R.(1999). Estimating the price of default risk. *Review of Financial Studies 12*(1), 197—226.

Duffee, G.R.(2002). Term premia and interest rate forecasts in affine models. *Journal of Finance 57* (1), 405—443.

Duffie, D.(2001). *Dynamic Asset Pricing Theory*(Third ed.). Princeton University Press.

Duffie, D.and L. G. Epstein(1992). Asset pricing with stochastic differential utility. *Review of Financial Studies 5*(3), 411—436.

Duffie, D. and N.Gârleanu(2001). Risk and valuation of collateralized debt obligations. *Financial Analysts Journal 57*(1), 41—59.

Duffie, D. and M.Huang(1996). Swap rates and credit quality. *Journal of Finance 51*(3), 921—949.

Duffie, D. and R.Kan(1996). A yield-factor model of interest rates. *Mathematical Finance 6*(4), 379—406.

Duffie, D. and D.Lando(2001). Term structures of credit spreads with incomplete accounting information. *Econometrica 69*(3), 633—664.

Duffie, D. and J.Liu(2001). Floating-fixed credit spreads. *Financial Analysts Journal 57*(3), 76—87.

Duffie, D. and K. Singleton(1999). Modeling term structures of defaultable bonds. *Review of Financial Studies 12*(4), 687—720.

Duffie, D. and K. Singleton (2003). *Credit Risk: Pricing, Measurement, and Management*. Princeton University Press.

Duffie, D. and R. Stanton(1992). Pricing continuously resettled contingent claims. *Journal of Economic Dynamics and Control 16*(3—4), 561—574.

Duffie, D. and H.Zhu(2009, May). Does a central clearing counterparty reduce counterparty risk? Available at SSRN: http://ssrn.com/abstract=1348343.

Duffie, D., J.Ma, and J.Yong(1995). Black's consol rate conjecture. *Annals of Applied Probability* 5(2),

356—382.

Duffie, D., J. Pan, and K. Singleton(2000). Transform analysis and asset pricing for affine jump-diffusions. *Econometrica 68*(6), 1343—1376.

Duffie, D., L. Saita, and K. Wang(2007). Multi-period corporate default prediction with stochastic covariates. *Journal of Financial Economics 83*(3), 635—665.

Dumas, B., L. P. Jennergren, and B. Näslund(1995). Realignment risk and currency option pricing in target zones. *European Economic Review 39*(8), 1523—1544.

Dunn, K.B. and J. J. McConnell(1981a). A comparison of alternative models for pricing GNMA mortage-backed securities. *Journal of Finance 36*(2), 471—484.

Dunn, K.B. and J.J. McConnell(1981b). Valuation of GNMA mortage-backed securities. *Journal of Finance 36*(3), 599—616.

Dybvig, P.H.(1988). Bond and bond option pricing based on the current term structure. Working paper, School of Business, Washington University, St. Louis.

Eberhart, A.C. and L. W. Senbet(1993). Absolute priority rule violations and risk incentives for financially distressed firms. *Financial Management 22*(3), 101—116.

Eberhart, A.C. and L.A. Weiss(1998). The importance of deviations from the absolute priority rule in Chapter 11 bankruptcy proceedings. *Financial Management 27*(4), 106—110.

Eckner, A.(2009). Computational techniques for basic affine models of portfolio credit risk. *Journal of Computational Finance 13*(1), 63—97.

Elton, E.J., M.J. Gruber, D. Agrawal, and C. Mann(2001). Explaining the rate spread on corporate bonds. *Journal of Finance 56*(1), 247—277.

Emery, K., S. Ou, J. Tennant, A. Matos, and R. Cantor(2009, February). Corporate default and recovery rates, 1920—2008. Special comment, Moody's Investors Service.

Eom, Y.H., J. Helwege, and J.-Z. Huang(2004). Structural models of corporate bond pricing: An empirical analysis. *Review of Financial Studies 17*(2), 499—544.

Fabozzi, F.J.(2010). *Bond Markets, Analysis and Strategies*(Seventh ed.). Pearson Prentice-Hall.

Fama, E.F.(1981). Stock returns, real activity, inflation, and money. *American Economic Review 71*(4), 545—565.

Fama, E.F. and M. Gibbons(1982). Inflation, real returns and capital investment. *Journal of Monetary Economics 9*(3), 297—323.

Feldhütter, P.(2008a, April). Can affine models match the moments in bond yields? Available at SSRN: http://ssrn.com/abstract=915323.

Feldhütter, P.(2008b). An empirical investigation of an intensity-based model for pricing CDO tranches. Available at SSRN: http://ssrn.com/abstract=984836.

Filipović, D.(1999). A note on the Nelson-Siegel family. *Mathematical Finance 9*(4), 349—359.

Fischer, E., R. Heinkel, and J. Zechner(1989). Dynamic capital structure choice: Theory and tests. *Journal of Finance 44*(1), 19—40.

Fisher, I.(1896). Appreciation and interest. *Publications of the American Economic Association*, 23—29 and 88—92.

Fisher, I.(1907). *The Rate of Interest*. Macmillan.

Fisher, L. and R.L. Weil(1971). Coping with the risk of interest rate fluctuations: Returns to bondholders from naive and optimal strategies. *Journal of Business 44*(4), 408—431.

Fisher, M. and C. Gilles(1998). Around and around: The expectations hypothesis. *Journal of Finance 52*(1), 365—383.

Flesaker, B.(1993). Testing the Heath-Jarrow-Morton/Ho-Lee model of interest rate contingent claims pricing. *Journal of Financial and Quantitative Analysis 28*(4), 483—485.

Fons, J.S.(1994). Using default rates to model the term structure of credit risk. *Financial Analysts Journal 50*(5), 25—32.

Garcia, D.(2003). Convergence and biases of Monte Carlo estimates of American option prices using a parametric exercise rule. *Journal of Economic Dynamics and Control 27*(10), 1855—1879.

Garman, M.B. and S.W.Kohlhagen(1983). Foreign currency option values. *Journal of International Money and Finance 2*(3), 231—237.

Geman, H.(1989). The importance of the forward neutral probability in a stochastic approach of interest rates. Working paper, ESSEC.

Geske, R.(1979). The valuation of compound options. *Journal of Financial Economics 7*(1), 63—81.

Gibbons, M.R. and K.Ramaswamy(1993). A test of the Cox, Ingersoll, and Ross model of the term structure. *Review of Financial Studies 6*(3), 619—658.

Glasserman, P.(2003). *Monte Carlo Methods in Financial Engineering*. Springer Verlag.

Glasserman, P. and S.G.Kou(2003). The term structure of simple forward rates with jump risk. *Mathematical Finance 13*(3), 383—410.

Goldstein, R. and F.Zapatero(1996). General equilibrium with constant relative risk aversion and Vasicek interest rates. *Mathematical Finance 6*(3), 331—340.

Goldstein, R., N.Ju, and H.Leland(2001). An EBIT-based model of dynamic capital structure. *Journal of Business 74*(4), 483—512.

Gorovoy, V. and V.Linetsky(2007). Intensity-based valuation of residential mortgages: An analytically tractable model. *Mathematical Finance 17*(4), 541—573.

Gorton, G.(2009). The subprime panic. *European Financial Management 15*(1), 10—46.

Grabbe, J.O.(1983). The pricing of call and put options on foreign exchange. *Journal of International Money and Finance 2*(3), 239—253.

Green, J. and J.B.Shoven(1986). The effects of interest rates on mortgage prepayments. *Journal of Money, Credit, and Banking 18*(1), 41—59.

Gregory, J. and J.-P.Laurent(2005). Basket default swaps, CDOs and factor copulas. *Journal of Risk 7*(4), 103—122.

Grossman, S.J., A.Melino, and R.J.Shiller(1987). Estimating the continuous-time consumption-based asset-pricing model. *Journal of Business & Economic Statistics 5*(3), 315—327.

Gupta, A. and M.G.Subrahmanyam(2005). Pricing and hedging interest rate options: Evidence from cap floor markets. *Journal of Banking and Finance 29*(3), 701—733.

Hagan, P.S. and G.West(2006). Interpolation methods for curve construction. *Applied Mathematical Finance 13*(2), 89—129.

Hagan, P.S., D.Kumar, A.S.Lesniewski, and D.E.Woodward(2002). Managing smile risk. *Wilmott Magazine*(September), 84—108.

Hansen, A.T. and P.L.Jørgensen(2000). Fast and accurate approximation of bond prices when short interest rates are log-normal. *Journal of Computational Finance 3*(3), 27—46.

Harrison, J.M. and D.M.Kreps(1979). Martingales and arbitrage in multiperiod securities markets. *Journal of Economic Theory 20*(3), 381—408.

Harrison, J.M. and S.R.Pliska(1981). Martingales and stochastic integrals in the theory of continuous trading. *Stochastic Processes and their Applications 11*(3), 215—260.

Harrison, J.M. and S.R.Pliska(1983). A stochastic calculus model of continuous trading: Complete markets. *Stochastic Processes and their Applications 15*(3), 313—316.

Haugh, M.B. and L.Kogan(2004). Pricing American options: A duality approach. *Operations Research*

52(2), 258—270.

He, H.(1990). Convergence from discrete-to continuous-time contingent claims prices. *Review of Financial Studies 3*(4), 523—546.

Heath, D., R.Jarrow, and A.Morton(1990). Contingent claim valuation with a random evolution of interest rates. *Review of Future Markets 9*(1), 54—82.

Heath, D., R.Jarrow, and A.Morton(1992). Bond pricing and the term structure of interest rates: A new methodology for contingent claims valuation. *Econometrica 60*(1), 77—105.

Heidari, M. and L.Wu(2003). Are interest rate derivatives spanned by the term structure of interest rates? *Journal of Fixed Income 13*(1), 75—86.

Helwege, J.and C.M.Turner(1999). The slope of the credit yield curve for speculative-grade issuers. *Journal of Finance 54*(5), 1869—1884.

Hicks, J.R.(1939). *Value and Capital*. Oxford: Clarendon Press.

Ho, T.S.Y.(1992). Key rate durations: A measure of interest rate risks. *Journal of Fixed Income 2*(2), 29—44.

Ho, T. S. Y. and S.-B. Lee(1986). Term structure movements and pricing interest rate contingent claims. *Journal of Finance 41*(5), 1011—1029.

Hogan, M.(1993). Problems in certain two-factor term structure models. *Annals of Applied Probability 3*(2), 576—581.

Hogan, M. and K. Weintraub(1993). The log-normal interest rate model and Eurodollar futures. Working paper, Citibank, New York.

Honoré, P.(1998, January). Maturity induced bias in estimating spot-rate diffusion models. Working paper, Department of Finance, Aarhus School of Business.

Huang, C.-F. and R.H.Litzenberger(1988). *Foundations for Financial Economics*. Prentice-Hall.

Huang, J.-Z.and M.Huang(2003, May). How much of corporate-treasury yield spread is due to credit risk? A new calibration approach. Working paper. Available at SSRN: http://ssrn.com/abstract=307360.

Hubalek, F. and W.Schachermayer(1998). When does convergence of asset price processes imply convergence of option prices? *Mathematical Finance 8*(4), 385—403.

Hübner, G.(2001). The analytic pricing of asymmetric defaultable swaps. *Journal of Banking and Finance 25*(2), 295—316.

Huge, B. and D.Lando(1999). Swap pricing with two-sided default risk in a rating-based model. *European Finance Review 3*(3), 239—268.

Hull, J. and A.White(1990a). Pricing interest-rate-derivative securities. *Review of Financial Studies 3*(4), 573—592.

Hull, J.and A.White(1990b). Valuing derivative securities using the explicit finite difference method. *Journal of Financial and Quantitative Analysis 25*(1), 87—100.

Hull, J.and A. White(1993). One-factor interest-rate models and the valuation of interest-rate derivative securities. *Journal of Financial and Quantitative Analysis 28*(2), 235—254.

Hull, J. and A.White(1994a). Numerical procedures for implementing term structure models I: Single-factor models. *Journal of Derivatives 2*(1), 7—16.

Hull, J.and A.White(1994b). Numerical procedures for implementing term structure models II: Two-factor models. *Journal of Derivatives 2*(2), 37—48.

Hull, J. and A. White(1995). "A note on the models of Hull and White for pricing options on the term structure": Response. *Journal of Fixed Income 5*(2), 97—102.

Hull, J. and A.White(1996). Using Hull-White interest rate trees. *Journal of Derivatives 3*(3), 26—36.

Hull, J. and A.White(2003). The valuation of credit default swap options. *Journal of Derivatives 10*(5),

40—50.

Hull, J. and A.White(2004). Valuation of a CDO and an n-th to default CDS without Monte Carlo simulation. *Journal of Derivatives 12*(2), 8—23.

Hull, J. and A. White (2006). Valuing credit derivatives using an implied copula approach. *Journal of Derivatives 14*(2), 8—28.

Hull, J., M. Predescu, and A. White (2006, November). The valuation of correlation-dependent credit derivatives using a structural model. Working paper, University of Toronto and Oxford University.

Hull, J.C.(2009). *Options, Futures, and Other Derivatives*(7th edn). Prentice-Hall, Inc.

Ingersoll, Jr., J.E.(1987). *Theory of Financial Decision Making*. Lanham, MD: Rowman & Littlefield.

Ingersoll, Jr., J. E., J. Skelton, and R. Weil (1978). Duration forty years later. *Journal of Financial and Quantitative Analysis 13*(4), 627—650.

Inui, K. and M. Kijima (1998). A Markovian framework in multi-factor Heath-Jarrow-Morton models. *Journal of Financial and Quantitative Analysis 33*(3), 423—440.

James, J. and N.Webber(2000). *Interest Rate Modelling*. Wiley.

Jamshidian, F.(1987). Pricing of contingent claims in the one factor term structure model. Working paper, Merrill Lynch Capital Markets.

Jamshidian, F.(1989). An exact bond option formula. *Journal of Finance 44*(1), 205—209.

Jamshidian, F.(1991, June). Forward induction and construction of yield curve diffusion models. *Journal of Fixed Income 1*(1), 62—74.

Jamshidian, F. (1996). Bond, futures and option valuation in the quadratic interest rate model. *Applied Mathematical Finance 3*, 93—115.

Jamshidian, F. (1997). LIBOR and swap market models and measures. *Finance and Stochastics 1* (4), 293—330.

Jarrow, R.A.(2004). Risky coupon bonds as a portfolio of zero-coupon bonds. *Finance Research Letters 1*(2), 10—15.

Jarrow, R.A. and S.M. Turnbull (1995). Pricing derivatives on financial securities subject to credit risk. *Journal of Finance 50*(1), 53—85.

Jarrow, R.A. and Y.Yildirim(2002). Valuing default swaps under market and credit risk correlation. *Journal of Fixed Income 11*(4), 7—19.

Jarrow, R.A.and F.Yu(2001). Counterparty risk and the pricing of defaultable securities. *Journal of Finance 56*(5), 1765—1799.

Jarrow, R.A., D.Lando, and S.M.Turnbull(1997). A Markov model for the term structure of credit risk spreads. *Review of Financial Studies 10*(2), 481—523.

Jarrow, R.A., D.Lando, and F.Yu(2005). Default risk and diversification: Theory and empirical implications. *Mathematical Finance 15*(1), 1—26.

Jarrow, R.A., H.Li, and F.Zhao(2007). Interest rate caps "smile" too! But can the LIBOR market models capture the smile? *Journal of Finance 62*(1), 345—382.

Jarrow, R. A. and P. Protter (2004). Structural versus reduced form models: A new information based perspective. *Journal of Investment Management 2*(2), 1—10.

Jarrow, R.A., H.Li, S.Liu, and C.Wu(2010). Reduced-form valuation of callable corporate bonds: Theory and evidence. *Journal of Financial Economics 95*(2), 227—248.

Jaschke, S.R. (1998). Arbitrage bounds for the term structure of interest rates. *Finance and Stochastics 2*(1), 29—40.

Jeffrey, A.(1995). Single factor Heath-Jarrow-Morton term structure models based on Markov spot interest rate dynamics. *Journal of Financial and Quantitative Analysis 30*(4), 619—642.

Jensen, M. C. and W. H. Meckling (1976). Theory of the firm: Managerial behavior, agency costs and ownership structure. *Journal of Financial Economics 3*(4), 305—360.

Joint Center for Housing Studies of Harvard University(2008). *The State of the Nation's Housing 2008*. Joint Center for Housing Studies of Harvard University. Available at http://www.jchs.harvard.edu/publications/publications_by-year.htm.

Jones, E.P., S.P.Mason, and E.Rosenfeld(1984). Contingent claims analysis of corporate capital strucutres: An empirical investigation. *Journal of Finance 39*(3), 611—627.

Joshi, M. and R. Rebonato (2003). A displaced-diffusion stochastic volatility LIBOR market model: Motivation, definition and implementation. *Quantitative Finance 3*(6), 458—469.

Kan, R.(1992, June). Shape of the yield curve under CIR single factor model: A note. Working paper, University of Chicago.

Karatzas, I. and S.E.Shreve(1988). *Brownian Motion and Stochastic Calculus*, Volume 113 of *Graduate Texts in Mathematics*. New York: Springer-Verlag.

Karatzas, I. and S.E.Shreve(1998). *Methods of Mathematical Finance*, Volume 39 of *Applications of Mathematics*. New York: Springer-Verlag.

Karlin, S. and H.M.Taylor(1981). *A Second Course in Stochastic Processes*. Academic Press, Inc.

Kau, J.B., D.C.Keenan, W.J.Muller, III, and J.F.Epperson(1992). A generalized valuation model for fixed-rate residential mortgages. *Journal of Money, Credit, and Banking 24*(3), 279—299.

Kau, J.B., D.C.Keenan, W.J.Muller, III, and J.F.Epperson(1995). The value at origination of fixed-rate mortgages with default and prepayment. *Journal of Real Estate Finance and Economics 11*(1), 5—36.

Kim, J., K.Ramaswamy, and S.Sundaresan(1993). Does default risk in coupons affect the valuation of corporate bonds? *Financial Management 22*(3), 117—131.

Kincaid, D. and W.Cheney(2009). *Numerical Analysis: Mathematics of Scientific Computing* (3rd revised edn). American Mathematical Society.

Knez, P.J., R.Litterman, and J.Scheinkman(1994). Explorations into factors explaining money market returns. *Journal of Finance 49*(5), 1861—1882.

Kraft, H. and C.Munk(2007). Bond durations: Corporates vs. Treasuries. *Journal of Banking and Finance 31*(12), 3720—3741.

Kraft, H. and M.Steffensen(2007). Bankruptcy, counterparty risk, and contagion. *Review of Finance 11*(2), 209—252.

Krugman, P.R.(1991). Target zones and exchange rate dynamics. *The Quarterly Journal of Economics 106*(3), 669—682.

Lando, D.(1994). *Three Essays on Contingent Claims Pricing*. Ph.D.thesis, Cornell University.

Lando, D.(1998). On Cox processes and credit risky securities. *Review of Derivatives Research 2*(2—3), 99—120.

Lando, D.(2004). *Credit Risk Modeling*. Princeton University Press.

Lando, D. and A.Mortensen(2005). On the pricing of step-up bonds in the European telecom sector. *Journal of Credit Risk 1*(1), 71—110.

Langetieg, T.C.(1980). A multivariate model of the term structure. *Journal of Finance 35*(1), 71—97.

Leippold, M. and Z.Wiener(2004). Efficient calibration of trinomial trees for one-factor short rate models. *Review of Derivatives Research 7*(3), 213—239.

Leippold, M. and L.Wu(2002). Asset pricing under the quadratic class. *Journal of Financial and Quantitative Analysis 37*(2), 271—295.

Leland, H.(1994). Corporate debt value, bond covenants, and optimal capital structure. *Journal of Finance 49*(4), 1213—1252.

Leland, H.E. and K.B.Toft(1996). Optimal capital structure, endogenous bankruptcy, and the term structure of credit spreads. *Journal of Finance 51*(3), 987—1019.

LeRoy, S.F.(1996). Mortgage valuation under optimal prepayment. *Review of Financial Studies 9*(3), 817—844.

LeRoy, S.F. and J.Werner(2001). *Principles of Financial Economics*. Cambridge University Press.

Lesne, J.-P., J.-L.Prigent, and O.Scaillet(2000). Convergence of discrete time option pricing models under stochastic interest rates. *Finance and Stochastics 4*(1), 81—93.

Li, A., P.Ritchken, and L.Sankarasubramanian(1995). Lattice models for pricing American interest rate claims. *Journal of Finance 50*(2), 719—737.

Li, D.X.(2000). On default correlation: A copula approach. *Journal of Fixed Income 9*(4), 43—54.

Li, H. and F.Zhao(2006). Unspanned stochastic volatility: Evidence from hedging interest rate derivatives. *Journal of Finance 61*(1), 341—378.

Liao, S.-L., M.-S.Tsai, and S.-L.Chiang(2008). Closed-form mortgage valuation using reduced-form model. *Real Estate Economics 36*(2), 313—347.

Linton, O., E.Mammen, J.Nielsen, and C.Tanggaard(2001). Yield curve estimation by kernel smoothing methods. *Journal of Econometrics 105*(1), 185—223.

Litterman, R. and J.Scheinkman(1991, June). Common factors affecting bond returns. *Journal of Fixed Income 1*(1), 54—61.

Litzenberger, R.H. and R.Rolfo(1984). An international study of tax effects on government bonds. *Journal of Finance 39*(1), 1—22.

Longstaff, F.A.(1989). A nonlinear general equilibrium model of the term structure of interest rates. *Journal of Financial Economics 23*(2), 195—224.

Longstaff, F.A.(1993). The valuation of options on coupon bonds. *Journal of Banking and Finance 17*(1), 27—42.

Longstaff, F.A.(2005). Borrower credit and the valuation of mortgage-backed securities. *Real Estate Economics 33*(4), 619—661.

Longstaff, F.A. and E.S.Schwartz(1992a). Interest rate volatility and the term structure: A two-factor general equilibrium model. *Journal of Finance 47*(4), 1259—1282.

Longstaff, F.A. and E.S.Schwartz(1992b). A two-factor interest rate model and contingent claims valuation. *Journal of Fixed Income 2*(3), 16—23.

Longstaff, F.A. and E.S.Schwartz(1993a). Implementation of the Longstaff-Schwartz interest rate model. *Journal of Fixed Income 3*(2), 7—14.

Longstaff, F.A. and E.S.Schwartz(1993b). Interest rate volatility and bond prices. *Financial Analysts Journal 49*(4), 70—74.

Longstaff, F.A. and E.S.Schwartz(1994). Comments on "a note on parameter estimation in the two-factor Longstaff and Schwartz interest rate model". *Journal of Fixed Income 3*(4), 101—102.

Longstaff, F.A. and E.S.Schwartz(1995a). A simple approach to valuing risky fixed and floating rate debt. *Journal of Finance 50*(3), 789—819.

Longstaff, F.A. and E.S.Schwartz(1995b). Valuing credit derivatives. *Journal of Fixed Income 5*(1), 6—12.

Longstaff, F.A. and E.S.Schwartz(2001). Valuing American options by simulation: A simple least-squares approach. *Review of Financial Studies 14*(1), 113—147.

Longstaff, F.A., S.Mithal, and E.Neis(2005). Corporate yield spreads: Default risk or liquidity? New evidence from the credit-default swap market. *Journal of Finance 60*(5), 2213—2253.

Lutz, F.(1940). The structure of interest rates. *Quarterly Journal of Economics 55*(1), 36—63.

Macaulay, F.R.(1938). *Some Theoretical Problems Suggested by the Movements of Interest Rates, Bond Yields, and Stock Prices in the United States since 1856*. New York: Columbia University Press.

Madan, D.B. and H. Unal(1998). Pricing the risks of default. *Review of Derivatives Research 2*(2—3), 121—160.

Madan, D.B. and H.Unal(2000). A two-factor hazard-rate model for pricing risky debt and the term structure of credit spreads. *Journal of Financial and Quantitative Analysis 35*(1), 43—65.

Marsh, T.A. and E.R.Rosenfeld(1983). Stochastic processes for interest rates and equilibrium bond prices. *Journal of Finance 38*(2), 635—646.

Marshall, D.(1992). Inflation and asset returns in a monetary economy. *Journal of Finance 47*(4), 1315—1342.

McConnell, J.J. and M. Singh(1994). Rational prepayments and the valuation of collateralized mortgage obligations. *Journal of Finance 49*(3), 891—921.

McCulloch, J.H.(1971). Measuring the term structure of interest rates. *Journal of Business 44*(1), 19—31.

McCulloch, J.H.(1975). The tax-adjusted yield curve. *Journal of Finance 30*(3), 811—830.

McCulloch, J.H.(1993). A reexamination of traditional hypotheses about the term structure of interest rates: A comment. *Journal of Finance 48*(2), 779—789.

Mehra, R. and E.C.Prescott(1985). The equity premium: A puzzle. *Journal of Monetary Economics 15*(2), 145—162.

Mella-Barral, P. and W.Perraudin(1997). Strategic debt service. *Journal of Finance 52*(2), 531—556.

Mengle, D.(2007). Credit derivatives: An overview. Economic Review Fourth Quarter, Federal Reserve Bank of Atlanta.

Mercurio, F. and J.M.Moraleda(2000). An analytically tractable interest rate model with humped volatility. *European Journal of Operational Research 120*(1), 205—214.

Merton, R.C.(1970). A dynamic general equilibrium model of the asset market and its application to the pricing of the capital structure of the firm. Working paper 497—70, Sloan School of Management, MIT. Reprinted as Chapter 11 in Merton(1992).

Merton, R.C.(1973). Theory of rational option pricing. *Bell Journal of Economics and Management Science 4*(1), 141—183. Reprinted as Chapter 8 in Merton(1992).

Merton, R.C.(1974). On the pricing of corporate debt: The risk structure of interest rates. *Journal of Finance 29*(2), 449—470. Reprinted as Chapter 12 in Merton(1992).

Merton, R.C.(1976). Option pricing when underlying stock returns are discontinuous. *Journal of Financial Economics 3*(1—2), 125—144. Reprinted as Chapter 9 in Merton(1992).

Merton, R.C.(1992). *Continuous-Time Finance*. Padston, UK: Basil Blackwell Inc.

Miltersen, K.R.(1994). An arbitrage theory of the term structure of interest rates. *Annals of Applied Probability 4*(4), 953—967.

Miltersen, K.R.(1998). Pricing of interest rate contingent claims: Implementing a simulation approach. *Journal of Computational Finance 1*(3), 37—62.

Miltersen, K.R. and E.S.Schwartz(1998). Pricing of options on commodity futures with stochastic term structures of convenience yields and interest rates. *Journal of Financial and Quantitative Analysis 33*(1), 33—59.

Miltersen, K.R., K. Sandmann, and D. Sondermann(1997). Closed form solutions for term structure derivatives with log-normal interest rates. *Journal of Finance 52*(1), 409—430.

Modiagliani, F. and M.H. Miller(1958). The cost of capital, corporation finance, and the theory of investment. *American Economic Review 48*(3), 261—297. Errata: Modiagliani and Miller(1963).

Modiagliani, F. and M.H. Miller(1963). Corporate income taxes and the cost of capital: A correctiom.

American Economic Review 53(3), 433—443.
Modigliani, F. and R.Sutch(1966). Innovations in interest rate policy. *American Economic Review 56*(1—2), 178—197.
Moreno, M. and J. F. Navas(2003). On the robustness of least-squares Monte Carlo for pricing American derivatives. *Review of Derivatives Research 6*(2), 107—128.
Mortensen, A.(2006). Semi-analytical valuation of basket credit derivatives in intensitybased models. *Journal of Derivatives 13*(4), 8—26.
Morton, A.J.(1988). Arbitrage and martingales. Technical Report 821, Cornell University, New York.
Munk, C.(1999). Stochastic duration and fast coupon bond option pricing in multi-factor models. *Review of Derivatives Research 3*(2), 157—181.
Munk, C.(2002). Price bounds on bond options, swaptions, caps, and floors assuming only nonnegative interest rates. *International Review of Economics and Finance 11*(4), 335—347.
Munk, C.(2010). *Financial asset pricing theory*. Lecture notes, Aarhus University. To be published by Oxford University Press.
Musiela, M. and M. Rutkowski(1997). *Martingale Methods in Financial Modelling*, Volume 36 of *Applications of Mathematics*. Springer-Verlag.
Negishi, T. (1960). Welfare economics and existence of an equilibrium for a competetive economy. *Metroeconometrica 12*(2—3), 92—97.
Nelsen, R.(1999). *An Introduction to Copulas*. New York: Springer.
Nelson, C.R. and A.F.Siegel(1987). Parsimonious modeling of yield curves. *Journal of Business 60*(4), 473—489.
Nelson, D.B. and K.Ramaswamy(1990). Simple binomial processes as diffusion approximations in financial models. *Review of Financial Studies 3*(3), 393—430.
Nielsen, L. T., J. Saa-Requejo, and P. Santa-Clara(1993). Default risk and interest rate risk: The term structure of default spreads. Working paper, INSEAD.
Ogden, J.(1987). An analysis of yield curve notes. *Journal of Finance 42*(1), 99—110.
Øksendal, B.(2003). *Stochastic Differential Equations*(6th edn). Springer-Verlag.
Papageorgiou, N. and F.S.Skinner(2006). Credit spreads and the zero-coupon treasury spot curve. *Journal of Financial Research 29*(3), 421—439.
Parwani, K., K.Emery, and R.Cantor(2009, May). European corporate default and recovery rates, 1985—2008. Special comment, Moody's Investors Service.
Pearson, N.D. and T.-S.Sun(1991, June). An empirical examination of the Cox, Ingersoll, and Ross model of the term structure of interest rates. Technical report, Graduate School of Business, Columbia University, New York, NY 10027, USA.
Pearson, N.D. and A. Zhou(1999, October). A nonparametric analysis of the forward rate volatilities. Working paper, University of Illinois and SUNY Binghamton.
Pedersen, H.W., E.S.W.Shiu, and A.E.Thorlacius(1989). Arbitrage-free pricing of interestrate contingent claims. *Transactions of Society of Actuaries 41*, 231—279.
Pennacchi, G.(2008). *Theory of Asset Pricing*. Pearson Education.
Phoa, W. and M. Shearer(1997). A note on arbitrary yield curve reshaping sensitivities using key rate durations. *Journal of Fixed Income 7*(3), 67—71.
Piazzesi, M.(2005). Bond yields and the federal reserve. *Journal of Political Economy 113*(2), 311—344.
Press, W.H., S.A.Teukolsky, W.T.Vetterling, and B.P.Flannery(2007). *Numerical Recipes: The Art of Scientific Computing*(Third ed.). Cambridge University Press.
Rebonato, R.(1996). *Interest-Rate Option Models*. John Wiley & Sons, Inc.

Rendleman, R. and B.Bartter(1979). Two state option pricing. *Journal of Finance 34*(5), 1093—1110.

Rendleman, R. and B.Bartter(1980). The pricing of options on debt securities. *Journal of Financial and Quantitative Analysis 15*(1), 11—24.

Riedel, F.(2000). Decreasing yield curves in a model with an unknown constant growth rate. *European Finance Review 4*(1), 51—67.

Riedel, F.(2004). Heterogeneous time preferences and humps in the yield curve-the preferred habitat theory revisited. *European Journal of Finance 10*(1), 3—22.

Ritchken, P.and L.Sankarasubramanian(1995). Volatility structures of forward rates and the dynamics of the term structure. *Mathematical Finance 5*(1), 55—72.

Rogers, L.C.G.(1995). Which model for term-structure of interest rates should one use? In M.H.A.Davis, D. Duffie, W.H.Fleming, and S.E.Shreve(Eds), *Mathematical Finance*, Volume 65 of *The IMA Volumes in Mathematics and Its Applications*, pp.93—115. Springer-Verlag.

Ross, S.A.(1978). A simple approach to the valuation of risky streams. *Journal of Business 51*(3), 453—475.

Rubinstein, M. and E.Reiner(1991). Breaking down the barriers. *Risk 4*(8), 28—35.

Saa-Requejo, J. and P.Santa-Clara(1999). Bond pricing with default risk. Working paper, UCLA.

Sanders, A.(2008). The subprime crisis and its role in the financial crisis. *Journal of Housing Economics 17*(4), 254—261.

Sandmann, K. and D.Sondermann(1997). A note on the stability of lognormal interest rate models and the pricing of Eurodollar futures. *Mathematical Finance 7*(2), 119—125.

Sankaran, M.(1963). Approximations to the non-central χ^2 distribution. *Biometrika 50*(1—2), 199—204.

Sarig, O. and A.Warga(1989). Some empirical estimates of the risk structure of interest rates. *Journal of Finance 44*(5), 1351—1360.

Schrager, D.F. and A.A.J.Pelsser(2006). Pricing swaptions in affine term structure models. *Mathematical Finance 16*(4), 673—694.

Schwartz, E.S.(1977). The valuation of warrants: Implementing a new approach. *Journal of Financial Economics 4*(1), 79—93.

Schwartz, E.S. and W.N.Torous(1989). Prepayment and the valuation of mortgage-backed securities. *Journal of Finance 44*(2), 375—392.

Schwartz, E.S. and W.N.Torous(1992). Prepayment, default, and the valuation of mortgage pass-through securities. *Journal of Business 65*(2), 221—239.

Seydel, R.U.(2009). *Tools for Computational Finance*(4th edn). Springer Verlag.

Sharp, N.J., P.V.Johnson, D.P.Newton, and P.W.Duck(2009). A new prepayment model(with default): An occupation-time derivative approach. *Journal of Real Estate Finance and Economics 39*(2), 118—145.

Shea, G.S.(1984). Pitfalls in smoothing interest rate term structure data: Equilibrium models and spline approximations. *Journal of Financial and Quantitative Analysis 19*(3), 253—269.

Shea, G.S.(1985). Interest rate term structure estimation with exponential splines: A note. *Journal of Finance 40*(1), 319—325.

Shiller, R.J.(2008). *The Subprime Solution*. Princeton, NJ: Princeton University Press.

Shimko, D.C., M.Tejima, and D.R.van Deventer(1993). The pricing of risky debt when interest rates are stochastic. *Journal of Fixed Income 3*(2), 58—65.

Singleton, K.J. and L.Umantsev(2002). Pricing coupon-bond options and swaptions in affine term structure models. *Mathematical Finance 12*(4), 427—446.

Skiadas, C.(2009). *Asset Pricing Theory*. Princeton University Press.

Stambaugh, R.F.(1988). The information in forward rates: Implications for models of the term structure.

Journal of Financial Economics 21(1), 41—70.

Stanton, R. (1995). Rational prepayment and the valuation of mortgage-backed securities. *Review of Financial Studies 8*(3), 677—708.

Stanton, R. and N. Wallace(1998). Mortgage choice: What's the point? *Real Estate Economics 26*(2), 173—205.

Stentoft, L. (2004a). Assessing the least squares Monte-Carlo approach to American option valuatiom. *Review of Derivatives Research 7*(2), 129—168.

Stentoft, L.(2004b). Convergence of the least squares Monte-Carlo approach to American option valuation. *Management Science 50*(9), 1193—1203.

Svensson, L.E.O.(1995). Estimating forward interest rates with the extended Nelson-Siegel method. *Sveriges Riksbank Quarterly Review 3*, 13—26.

Swan, P.L.(2009). The political economy of the subprime crisis: Why subprime was so attractive to its creators. *European Journal of Political Economy 25*(1), 124—132.

Tanggaard, C. (1997). Nonparametric smoothing of yield curves. *Review of Quantitative Finance and Accounting 9*(3), 251—267.

Tangman, D.Y., A.Gopaul, and M.Bhuruth(2008). A fast high-order finite difference algorithm for pricing American options. *Journal of Computational and Applied Mathematics 222*(1), 17—29.

Tavella, D.(2002). *Quantitative Methods in Derivatives Pricing*. Wiley.

Tavella, D.and C.Randall(2000). *Pricing Financial Instruments: The Finite Difference Method*. Wiley.

Telmer, C.I.(1993). Asset-pricing puzzles and incomplete markets. *Journal of Finance 48*(5), 1803—1832.

Thomas, J. W. (1995). *Numerical Partial Differential Equations*, Volume 22 of *Texts in Applied Mathematics*. Springer-Verlag.

Tian, Y.(1993). A simplified approach to the pricing of interest-rate contingent claims. *Journal of Financial Engineering 1*(1), 285—314.

Tilley, J.A.(1993). Valuing American options in a path simulation model. *Transactions of the Society of Actuaries 45*, 83—104.

Tomz, M. and M.L.J.Wright(2007). Do countries default in "bad times"? *Journal of the European Economic Association 5*(2—3), 352—360.

Trolle, A.B. and E.S.Schwartz(2009). A general stochastic volatility model for the pricing of interest rate derivatives. *Review of Financial Studies 22*(5), 2007—2057.

Tsitsiklis, J. and B.Van Roy(2001). Regression methods for pricing complex American-style options. *IEEE Transactions on Neural Networks 12*(4), 694—703.

Van Hemert, O.(2009, February). Household interest rate risk management. Unpublished working paper, NYU Stern. Available at SSRN: http://ssrn.com/abstract=891034.

Vasicek, O.(1977). An equilibrium characterization of the term structure. *Journal of Financial Economics 5*(2), 177—188.

Vetzal, K.R.(1997). Stochastic volatility, movements in the short term interest rates, and bond option values. *Journal of Banking and Finance 21*(2), 169—196.

Wachter, J. A. (2006). A consumption-based model of the term structure of interest rates. *Journal of Financial Economics 79*(2), 365—399.

Wang, J. (1996). The term structure of interest rates in a pure exchange economy with heterogeneous investors. *Journal of Financial Economics 41*(1), 75—110.

Wei, J.Z.(1997). A simple approach to bond option pricing. *Journal of Futures Markets 17*(2), 131—160.

Weil, P.(1989). The equity premium puzzle and the risk-free rate puzzle. *Journal of Monetary Economics 24*(3), 401—421.

Wilcox, D.W. (1992). The construction of U.S. consumption data: Some facts and their implications for empirical work. *American Economic Review 82*(4), 922—941.

Willner, R. (1996). A new tool for portfolio managers: Level, slope, and curvature durations. *Journal of Fixed Income 6*(1), 48—59.

Wilmott, P. (1998). *Derivatives: The Theory and Practice of Financial Engineering*. Oxford University Press.

Wilmott, P., J.Dewynne, and S.Howison(1993). *Option Pricing: Mathematical Models and Computation*. Oxford Financial Press.

Wu, S. (2008, August). Long-run consumption risk and the real yield curve. Available at SSRN: http://ssrn.com/abstract=1130087.

Yu, F. (2002). Modeling expected return on defaultable bonds. *Journal of Fixed Income 12*(2), 69—81.

Zhou, C. (2001a). An analysis of default correlations and multiple defaults. *Review of Financial Studies 14*(2), 555—576.

Zhou, C. (2001b). The term structure of credit spreads with jump risk. *Journal of Banking and Finance 25*(11), 2015—2040.

上海市版权局著作权合同登记号　图字:09-2013-891 号

图书在版编目(CIP)数据

固定收益建模/(丹)芒克(Munk,C.)著;陈代云译.—上海:格致出版社:上海人民出版社,2015
(高级金融学译丛)
ISBN 978-7-5432-2573-2

Ⅰ.①固… Ⅱ.①芒… ②陈… Ⅲ.①证券投资-投资收益-经济模型-研究 Ⅳ.①F830.91

中国版本图书馆CIP数据核字(2015)第235038号

责任编辑 程 倩
装帧设计 储 平

高级金融学译丛
固定收益建模
[丹麦]克劳斯·芒克 著
陈代云 译

出 版 世纪出版股份有限公司 格致出版社 世纪出版集团 上海人民出版社 (200001 上海福建中路193号 www.ewen.co) 格致出版 编辑部热线 021-63914988 市场部热线 021-63914081 www.hibooks.cn	印 刷 浙江临安曙光印务有限公司 开 本 787×1092 1/16 印 张 29 插 页 1 字 数 700,000 版 次 2015年11月第1版 印 次 2015年11月第1次印刷
发 行 上海世纪出版股份有限公司发行中心	

ISBN 978-7-5432-2573-2/F·887 定价:75.00元

高级金融学译丛

固定收益建模
[丹]克劳斯·芒克/著　陈代云/译

财务金融建模——用Excel工具(第四版)
[美]西蒙·本尼卡/著　邵建利　等/译

信用风险定价模型:理论与实务(第二版)
[德]贝尔恩德·施密德/著　张树德/译

公司违约风险测度
[美]达雷尔·达菲/著　王蕾/译

信用风险:建模、估值和对冲
[美]托马斯·R.比莱茨基　等/著　唐齐鸣　等/译

数理金融基准分析法
[澳]埃克哈特·布兰顿　等/著　陈代云/译

衍生证券教程:理论和计算
[美]克里·贝克/著　沈根祥/译